M'explico

Carles Puigdemont
amb Xevi Xirgo

M'EXPLICO

De la investidura a l'exili
(2016-2017)

La Campana

Paper certificat pel Forest Stewardship Council®

MIXT
Paper procedent de fonts responsables
FSC® C117695

Primera edició: abril del 2020
Tercera reimpressió: agost del 2020

Travessera de Gràcia, 47-49. 08021 Barcelona
Fotografies de Jordi Bedmar i Rubén Moreno cedides amb autorització de la Generalitat de Catalunya
Fotografies de Jami Matamala i Xevi Xirgo cedides amb autorització

Printed in Spain — Imprès a Espanya

ISBN: 978-84-16863-91-4
Dipòsit legal: B-4.239-2020

Compost a La Nueva Edimac

Imprès a EGEDSA
Sabadell (Barcelona)

CA 6 3 9 1 4

Penguin
Random House
Grupo Editorial

Pròleg de Carles Puigdemont

130è president de la Generalitat de Catalunya

El pròleg d'aquest llibre hauria de portar com a títol general una nota que digués «Avís al lector», a tall d'advertiment que suggerís, sense necessitat d'haver-ne llegit encara res, de quin tipus de material està fet i en quines circumstàncies. M'agradaria que el lector, abans d'endinsar-se en un fragment, en una data o en una referència que cridi molt l'atenció, comencés llegint aquesta reflexió sobre un treball que és el resultat d'un esforç que ve de lluny i que ha estat sacsejat al mateix temps que els esdeveniments sacsejaven el país i les nostres vides.

El més senzill i còmode hauria estat no fer aquest llibre. Durant força temps he sospesat l'opció de desar-lo en un calaix la clau del qual la tinguessin generacions futures menys implicades directament en la gestació i l'inici del procés d'independència de Catalunya, perquè pensava que la mirada que calia adreçar a aquesta etapa de la nostra història s'havia de desproveir de vincles directes de tipus partidista, polític i també emocional. Les implicacions directes sempre són un inconvenient a l'hora d'abordar explicacions que, sense poder ser mai neutrals del tot, aspirin a ser una aproximació plausible a la veritat. Pensava que calia una perspectiva temporal que ens ajudés a reduir la importància d'allò circumstancial, anecdòtic, particular de la nostra vivència històrica —d'allò que t'envolta sovint com una primera pell— i ens facilités de centrar-nos en allò més transcendent, rellevant i general.

No ha estat un exercici pacífic del qual un en pugui sortir amb una conclusió neta i ben cisellada, que resolgui els dubtes i els temors. Tenint en compte el subjecte que anàvem a abordar, potser no podia ser d'una altra manera; tampoc no era possible resoldre d'una forma nítida i incontrovertible els dubtes i temors que s'escauen a un procés com el nostre. He hagut de resoldre les contradiccions no pas derrotant-les sinó privilegiant l'interès major per damunt dels temors o de les inclinacions més particulars, i el resultat és, inevitablement, incòmode i complex.

Si n'he resolt la publicació és perquè he cregut que el seu contingut podria ser útil no només per entendre millor el passat i el present sinó, molt especialment, per preparar-nos per al futur. En el futur reconeixement internacional de la República catalana hi haurà un moment fundacional, que sens dubte serà el referèndum de l'1 d'octubre i la declaració d'independència. En les primeres referències que vaig fer al procés d'independència com a president de la Generalitat, vaig assenyalar sempre que no existia un botó que en prémer-lo aparegués instantàniament una república. És un procés de construcció que s'allarga en el temps i que necessita molta perseverança, paciència i persistència, sobretot per a quan venen els inevitables temps de dificultats. Però és un procés que ja ha començat, i no té marxa enrere. I aquest llibre intenta documentar-lo des d'una mirada circumstancialment privilegiada.

Que sigui útil i positiu no vol dir, tanmateix, que estigui lliure d'algunes agrors que tots hauríem volgut estalviar-nos: no és un relat blanc, ni conformista, ni mancat d'autocrítica. A causa de la metodologia que va proposar en Xevi Xirgo des del començament de la meva presidència, és un relat fet a paraula viva en alguns moments, com una narració quasi en directe.

Per això he pensat que a aquest llibre li escauria un manual d'instruccions. S'ha d'entendre i s'ha d'acceptar en el seu conjunt. Extreure'n un fragment, una frase, un pensament o una decisió, i aïllar-los del seu context polític i temporal, conduirà amb tota seguretat a un error seriós, que s'allunyarà totalment de la nostra intenció en escriure'l i publicar-lo. Manipular el seu contingut és fàcil, i es pot fer servir per dividir i per enfrontar. Només es pot fer des de la mala fe i un concepte molt pervers de la legitimat per derrotar l'adversari.

Aquest llibre neix de la necessitat d'explicar i d'explicar-me. La seva publicació neix de la necessitat de contrastar un determinat corrent narratiu que alguns, amb una greu irresponsabilitat que només es pot entendre per aquella mirada perversa a què m'acabo de referir, han intentat imposar des dels dies d'octubre del 2017. Potser per això hi haurà qui se'n sorprendrà, però no pas perquè certes coses no les hagi explicat abans, sinó perquè la força esclafadora del domini sobre la construcció del relat les ha fet oblidar, les ha fet invisibles... i ja hi ha qui s'ha encarregat de substituir-les per coses fàcils d'ingerir: bons i dolents, responsables i irresponsables, moderats i radicals, valents i covards, donar la cara o fugir, assenyats i forassenyats, etc., etc., etc. Hi ha il·lustres obrers de la narrativa que han posat la ploma i els micros al servei d'aquesta enginyeria. Tant se val: la batalla pel relat a curt termini ha estat, per a mi, una batalla que sempre he considerat perduda; era impossible fer front al tsunami ofensiu que m'ha vingut de dins i de fora. Per això he actuat sempre amb la mirada llarga, a mitjà i llarg terminis; no m'he dedicat a respondre un per un tots els atacs que he rebut i rebo. Vaig dir que m'explicaria després de la sentència als nostres líders i companys injustament empresonats perquè de cap manera volia que interferís en les estratègies de la seva defensa. No volia ni vull tampoc passar comptes ni revenjar-me de ningú, com falsament han fet córrer i han publicat alguns per tal de condicionar negativament el que comparteixo amb vosaltres a través d'aquest treball. Mirada llarga i serenitat, malgrat que de provocacions, no n'han faltat.

Quan l'efervescència baixi, quan l'edifici del relat impostat comenci a presentar senyals de fatiga i una part de la gent que l'ha comprat faci allò tan saludable en el pensament obert i no sectari —el principi de dubte—, buscarà respostes algunes de les quals trobarà en aquest llibre. És el que he procurat. No hi ha totes les respostes a totes les preguntes; molts passatges s'han suprimit per no comprometre persones que no han estat involucrades en cap procés judicial i que no tinc cap propòsit d'assenyalar. Però se'n farà una idea abastament més completa, que es complementa amb d'altres treballs que han volgut aproximar-se també a la realitat dels fets.

És un llibre que aguanta malament la fragmentació —novament deixeu-me parafrasejar l'Aurora Bertrana: no el condemneu sense llegir-lo— i la velocitat. S'ha de llegir, si m'és permès de suggerir-ho, de manera reposada i amb el cervell una mica més distanciat del paper del que no ho poden estar els ulls. I també és un llibre el final del qual s'escriurà en condicions molt diferents de com el vam començar, i segurament amb autors també diferents.

Finalment, aquestes pàgines que llegireu, si teniu la bondat de fer-ho, demanen una mica d'indulgència i de generositat, perquè, malgrat l'honestedat i el sacrifici inqüestionable de tots plegats, en alguns dels passatges d'aquesta història no quedem bé. Jo tampoc, és clar.

Gener del 2020

El mestre i l'escorpí

Un mestre oriental va veure un escorpí que s'estava ofegant i va decidir salvar-lo. Quan el va agafar per treure'l de l'aigua, l'escorpí el va picar. El mestre va sentir una fiblada de dolor i el va deixar anar. L'animal va tornar a caure a l'aigua i va començar a ofegar-se un altre cop. El mestre va intentar treure'l una altra vegada, i una altra vegada l'escorpí el va picar. Algú que ho havia observat tot es va apropar al mestre i li va dir: «Perdoni… és molt tossut, vostè! ¿No entén que cada vegada que intenti treure'l de l'aigua el picarà?». El mestre va respondre: «La naturalesa de l'escorpí és picar, i això no farà canviar la meva, que és ajudar». I llavors, ajudant-se d'una fulla, va treure l'escorpí de l'aigua i li va salvar la vida. No canviïs la teva naturalesa si algú et fa mal; però pren precaucions.

Pròleg de Xevi Xirgo

Aquest llibre que teniu a les mans —i també la seva segona part, que es publicarà d'aquí unes setmanes— és fruit de les més de seixanta trobades —algunes en situacions ben rocambolesques— que he mantingut al llarg dels darrers quatre anys amb el president Puigdemont. Quan ja feia un mes que era president de la Generalitat (i quan acabaven de sortir al mercat una desena de llibres intentant explicar qui era), em va semblar, conscient com era que la seva no seria una legislatura normal, que el més interessant de la seva biografia era el que havia de passar a partir d'aquell moment. Per això li vaig proposar veure'ns periòdicament per prendre notes, per parlar amb tranquil·litat, per saber què estava passant en cada moment, i per deixar-ne constància escrita en aquest text que ara veu la llum en forma de dietari.

Li estaré agraït sempre més. Perquè em va dir que sí, i perquè mai, per més complicades que fossin les circumstàncies, m'ha negat cap conversa, per incòmoda que fos i per incòmodes que fossin certes preguntes, algunes de les quals entraven més en el terreny personal que no pas en el polític. Ens hem vist a Palau, a la Casa dels Canonges, a casa seva, en àrees de servei d'autopistes o aprofitant trajectes en cotxe. El que sí que no m'hauria imaginat mai és que ens haguéssim de veure en hotels i apartaments de Bèlgica o d'Alemanya ni, esclar, dins de la presó de Neumünster; tampoc que la vida se'ns complicaria tant a tots plegats, i especialment a ell i a la seva família.

El contingut dels llibres (i se'm fa incòmode dir-ho jo mateix) té molt valor, perquè no retrata fets (molts ja han estat explicats en altres llibres o són a les hemeroteques dels diaris) sinó, sobretot, les vivències personals del qui ha estat president de la Generalitat. No hi és tot, perquè en comptes de dos volums hauria estat una enciclopèdia; i de la seva agenda com a president no hi queden reflectides un munt d'activitats i reunions, algunes de les quals potser el lector les hi trobarà a faltar. Hi ha, en tot cas, aquelles a què ell donava més rellevància i en parlàvem.

És important que el lector tingui present com està elaborat aquest text; això és, a partir gairebé exclusivament de gravar la veu del president. Els fets s'hi narren tal com ell me'ls va explicar en el seu moment, i només en alguna ocasió —com el lector ja veurà— he cregut que era imprescindible recórrer a altres fonts. He dissimulat tant com he pogut la meva presència mentre conversàvem, ell s'explicava i jo li feia preguntes, i si en algun dels fets hi surto directament ho he mantingut perquè no fer-ho podia no ser honest.

El llibre sintetitza tot el que vam enregistrar. Com és evident, no podia reproduir les converses senceres perquè el text seria infinit. Espero haver-lo sabut respectar i, fet i fet, ell ho ha revisat i no només no m'ha esmenat la plana sinó que fins i tot un punt trasbalsat m'ha confessat el neguit de reconèixer-s'hi clarament. Sempre que he pogut he utilitzat frases seves literals, que hi apareixen entre cometes. També quan ell m'explicava un diàleg que havia tingut amb tercers, l'he transcrit fil per randa. Algunes de les seves opinions, com podreu comprovar, es matisen o es reafirmen amb el pas del temps. La meva feina ha estat la de fer d'esponja amb voluntat notarial, retratant, sempre que em fos possible, no només el president de la Generalitat, sinó també el Carles Puigdemont persona a qui un bon dia, quan era un feliç alcalde de Girona, se li va capgirar per sempre més la vida després d'una trucada del president Artur Mas.

No hi és tot, en aquest llibre. Hi falten aquells fets o converses que el sentit comú, la prudència, l'oportunitat, o les advertències dels advocats, han aconsellat deixar per a més endavant. Confio poder-lo publicar sencer d'aquí a uns anys.

És per això que en aquesta edició trobareu alguns passatges (en algunes ocasions paràgrafs sencers i en d'altres simplement noms) ratllats en negre. És també una manera que, en llegir el llibre, no oblidem les circumstàncies que viu el país i en què s'ha escrit.

He dit que amb el president Puigdemont ens hem vist en nombroses ocasions al llarg d'aquests anys i que aquest dietari l'he pogut redactar pràcticament en directe, en el moment en què passaven els fets, amb un decalatge de poques setmanes de diferència i quan la seva memòria d'allò viscut era recent. Però també és cert que, per circumstàncies personals i perquè els esdeveniments així ho van aconsellar, vam interrompre aquestes converses (que no les trobades) durant uns quants mesos del 2018. Per això al llibre, com a la vida mateixa del president, hi ha dues parts clarament diferenciades: l'etapa de govern i l'etapa a l'exili. L'una es recull sobretot en el primer volum, i l'altra, en el segon. El relat d'aquest segon període conté menys detalls sobre els fets explicats per ell, i en algun moment d'aquests anys d'exili, el dietari canvia sovint d'estil i es converteix més en un diàleg entre ell i jo, en una entrevista camuflada, que no pas en un relat dels fets: hi ha, però, més profunditat i més reflexió, com el lector comprovarà en el segon volum. M'ha semblat que era important deixar-ho dit, però també que el format de dietari s'alterés com menys millor. Així ha quedat constància no només d'alguns fets sinó també del moment exacte en què vàrem mantenir algunes converses que agafen un to de confessió.

Escriure aquest relat ha estat un privilegi, perquè m'ha permès no només viure en directe molts dels fets transcendents de la història recent d'aquest país, sinó també parlar-ne amb sinceritat amb el seu principal protagonista. Puigdemont, no vull deixar de dir-ho, s'ha sentit sovint incomprès, i en algunes ocasions decebut i sol. Però és un home de pedra picada. Ha estat coherent amb allò que perseguia des de sempre, que no és res més que aconseguir la independència del seu país de manera pacífica, democràticament. És l'Estat, i Europa en algunes ocasions, qui li ha fallat. Però també, en massa ocasions, els seus companys de viatge. Probablement, en aquest dietari en parla obertament per primer cop.

Puigdemont, en canvi, ha sentit sempre la gent al seu costat. És per això, per fidelitat a aquesta gent que se l'ha fet seu, que s'ha arriscat, que ha posat la seva vida en perill i que ha posat entre les cordes la justícia espanyola i l'europea. Però això els lectors ja ho saben prou bé.

Soc conscient que la lectura d'alguns passatges d'aquest llibre pot fer més mal que bé a això que n'hem dit el procés, perquè s'hi retrata la grandesa de la política, però també les seves misèries: les picabaralles internes, les enveges, les traïcions, les conspiracions i, esclar, les angoixes i les pors dels protagonistes. Amb tot, per més dubtes que em generés aquesta certesa, sempre s'ha acabat imposant la mateixa pregunta: ¿cal amagar-les, aquestes febleses? ¿O tenim dret a saber-les?

És evident que si teniu aquest llibre a les mans és perquè tant el president com jo mateix hem optat per contestar afirmativament aquesta última pregunta. La política no pot ser diferent de la vida. I a la política, com a la vida, hi ha gent que és valenta, n'hi ha d'atrevida, de lleial, de prudent, d'indecisa, de poruga o de deslleial. De fet, a molts dels personatges que apareixen en aquest dietari, o a alguns, el que els passa és que sovint han fet papers contradictoris.

Puigdemont també n'ha tingut, de dubtes. Per això he optat per retratar (amb el seu permís, que aquest era el tracte inicial) els seus moments àlgids, però també els de patiment. No obstant, fins i tot en els moments més durs, he vist que el que l'ajudava a refer-se era la seva convicció. Ha lluitat contra els seus adversaris i contra ell mateix, sempre amb una actitud i una seguretat envejables, pròpies dels grans líders. En el seu cas, pròpies d'un líder solitari; en ocasions, em sembla a mi, massa solitari.

No oblideu tampoc que un dels principals actors d'aquest llibre sovint apareix només com una nebulosa: hi és present sempre, però no sempre amb noms i cognoms. Els parlo, esclar, de l'Estat. En totes les seves formes. M'atreviria a dir que, a banda de Puigdemont, aquest és l'altre gran protagonista d'aquest dietari. I és que aquí s'explica sobretot la història d'algú que ha volgut posar l'Estat contra les cordes. Aquest ha estat el fil argumental de les seves actuacions: la reivindicació d'una Catalunya lliure. I és que, quan ha intentat convertir aquesta reivindicació en una realitat, finalment no ha tingut cap altra opció que enfrontar-se a l'Estat. *Puigdemont versus Espanya*, portava per títol la demanda que el mes de març del 2018 va presentar davant del Comitè dels Drets Humans de les Nacions Unides. El títol no podia estar més ben triat. Perquè Puigdemont va intentar dialogar-hi, amb l'Estat; de fet, després de l'1-O, fins i tot va intentar pactar-hi. Però el van enganyar i, valent com és, va plantar-li cara. Li va tornar a plantar cara.

El meu agraïment immens és, doncs, en primer lloc, per al president Puigdemont, pel que ha fet pel país i per la confiança que m'ha fet a mi. I també per a la seva dona, la Marcela Topor, a qui sovint oblidem però que tampoc ho ha tingut gens fàcil. He envaït sovint la intimitat de la parella i ells sempre han fet veure que no era així.

Però hi ha altres persones que es mereixen també el meu agraïment i que, tot i córrer el risc d'allargar-me, no puc deixar d'esmentar: en primer lloc la meva família —la Dolors, la Júlia i l'Adrià—, que ha vist com desapareixia de casa molt de temps, possiblement massa, ja fos perquè era lluny o perquè estava tancat a l'estudi ordenant apunts o escrivint i, per tant, era com si no hi fos.

Però a part de la complicitat de la família, n'he tingut moltes altres: també la de la feina. En Joan Vall, un dels millors periodistes d'aquest país, que s'ha hagut de dedicar més als números que a les lletres i que a hores d'ara és principal accionista d'*El Punt Avui*, el diari on treballo, va entendre des del primer minut el que feia (amb ell parlàvem en clau de les meves «activitats extraescolars») i no només em va facilitar la feina, sinó que sempre em va animar a continuar-la. I als companys del diari —que han conegut l'existència d'aquest dietari pràcticament a la recta final— no puc fer res més que agrair-los, i de tot cor, que en comptes de retreure'm algunes absències meves a la redacció em felicitessin pel treball periodístic.

I, esclar, no puc deixar d'expressar el meu agraïment a Isabel Martí, ànima i editora de La Campana. Li he donat molta feina, a la Isabel. Hem tingut llargues converses; tantes, que ara, més que la meva editora, la considero una amiga. M'ha ordenat la feina, m'ha omplert de correccions i canvis els meus originals (el primer cop em sembla que hi havia més ratllades, anotacions i correccions d'ella que no pas text meu) i m'ha recordat sempre, en els moments de defalliment i cansament, que n'he tingut, la importància del que estàvem fent.

Gràcies també a Sílvia Gonzàlez, la meva secretària del diari, per la seva complicitat i per fer veure que no veia allò que necessàriament jo m'havia d'anotar a l'agenda compartida. I gràcies també a Jami Matamala, que ell sol es mereixeria un llibre (em va dir que no quan l'hi vaig proposar) i que tant m'ha facilitat la feina. I també a tots aquells que en algun moment, intuint-ho o sense saber-ho, m'han ajudat aportant detalls a aquest relat: en especial, al director de l'oficina del president Puigdemont, Josep Rius, que per a mi ha estat un gran còmplice; però també als funcionaris o amics del president, que és millor que no citi perquè tot just ara entendran el perquè de tantes preguntes meves.

Confio que ara, llegint-lo, se'n sentin part.

El que m'agradaria, de fet, és que fossin molts els lectors que, llegint-lo, se'l sentin seu. En són, no sé si els protagonistes, però sí l'argument.

Gener del 2020

2016

Dijous, 7 de gener

«Carles, si posen el teu nom sobre la taula no diguis que no.»

Rep el missatge per WhatsApp en plena executiva del partit. La CUP no vol investir Artur Mas com a president de la Generalitat, i si no hi ha un nou candidat sobre la taula en quaranta-vuit hores, hi haurà noves eleccions a Catalunya.

«¿De qui és el missatge?», es pregunta. «¿El meu nom? ¿Per què el meu nom? ¿Jo, president? ¿Qui em diu això?» No té el contacte a l'agenda i no pot identificar qui és. «Ha de ser algú conegut, que m'enviï això. ¿Jo, candidat a la Generalitat? De cap manera.»

Decideix respondre amb prudència. «No estem en aquest escenari. Nosaltres hem d'aconseguir investir el president Mas», escriu. I mira al voltant de la taula. «¿És d'algú d'aquí?» Mira les cares. Ningú té el mòbil a la mà. Rep la resposta: «Sí, és cert. Però ja he parlat amb ell i l'opció ets tu». Aquest segon missatge l'acaba de neguitejar. No vol ser president de la Generalitat. Ni se li ha passat pel cap. No vol que el misteriós interlocutor sàpiga que no l'ha identificat. Continua sent prudent, però clar: «¿Jo, president de la Generalitat? De cap manera». «Insisteixo, la nostra opció ha de ser investir Mas. Aquesta és la prioritat», torna a escriure.

«Sí, sí. Però si és el cas, no diguis que no. El president Mas ho contempla, i la teva podria ser una de les opcions. Ja en parlarem, que ara soc fora de viatge.»

¿Qui està de viatge? ¿Qui li envia el missatge? A mesura que passa l'estona, el missatge críptic sembla que es fa, quin horror, cada cop més real. Aquesta setmana, al Parlament, també se li ha apropat Lluís Guinó, diputat de J×Sí per Girona i alcalde de Besalú, per comentar-li el que havia sentit pels passadissos: «¿Saps que en Lluís Llach està dient que series un bon candidat a la presidència de la Generalitat?». Es va esverar. «Digue-li, si us plau, que no digui bestieses, que no doni idees...»

Divendres, 8 de gener

Avui li toca estar tot el dia reunit. Com a president de l'AMI —l'Associació de Municipis per la Independència—, ha estat present a les negociacions de darrera hora per desencallar la situació. El cap li bull. La CUP no baixa del burro i no vol, de cap manera, que Mas sigui president. Volen el seu cap. A les deu de la nit, el president de l'ANC, Jordi Sànchez, abandona la reunió i fa una roda de premsa per anunciar que ells i Òmnium Cultural es retiren de les negociacions i que donen per acabada la seva feina d'intermediació entre els partits independentistes.

Està decebut. No es queda fins al final de la reunió i se'n torna cap a Girona. «No fa bona pinta.» Al cotxe, al seu Renault Megane, l'acompanya Lluís Guinó. Quan posen la ràdio, a aquella hora totes les cadenes parlen de la incapacitat de l'independentisme d'arribar a un acord i de la convocatòria imminent de noves eleccions. Quan ha deixat Guinó a la sortida de l'AP-7 perquè reculli el seu cotxe, truca a Marcela Topor, la seva dona.

—¿Com ha anat? —li pregunta ella.

—No ha anat bé. Ja t'ho explicaré quan sigui a casa.

—Demà, però, ¿hi ha més negociacions? ¿Més reunions?

—No. Que jo sàpiga, no. No hi ha res previst. Ja està clar que anem a eleccions. Un desastre. Si més no, Mars, tindré el dia lliure.

Dissabte, 9 de gener

No té, doncs, res a l'agenda. No hi ha reunions previstes i ha decidit sortir a passejar per Girona amb les seves filles, la Magalí i la Maria. La Marcela ha aprofitat per anar-se'n en tren a Barcelona a fer uns encàrrecs. L'acompanyen unes amigues. Ell està feliç, quan pot voltejar tranquil·lament pel centre de Girona. Ha entrat a la llibreria Geli de la Rambla. Fulleja llibres i les filles fan el mateix. Quan en surt, passa per davant de la perruqueria Giramé. Dubta de si entrar-hi, perquè fa dies que es vol tallar els cabells. Però va amb les nenes i opta per passar de llarg i aturar-se a la iogurteria que hi ha a la mateixa Rambla. «Els encanten», pensa tot mirant-se les filles.

De sobte, li sona el mòbil. És Lluís Coromines, un dels homes de confiança d'Artur Mas.

—Ets per Girona?

—Sí.

—Escolta... si avui haguessis de venir ràpidament a Barcelona per un tema que no és de l'AMI, ¿podries fer-ho?

—M'ho hauria d'organitzar, perquè ara estic amb les filles... Però sí.

—És que potser et truca el president Mas. Però crec que hauries d'estar preparat per si et truca.

Mira el rellotge. Són gairebé dos quarts de dotze del migdia. «I ara què faig?» S'ho veu venir. Li ha caigut el cel a sobre.

Truca a la Marcela, la Mars. Ella és a Barcelona, i hi ha anat en tren. Per més que vulgui tornar a casa ràpidament, no pot. S'organitzen. I decideixen trucar a Jami Matamala i a Dolors Mas, dos amics que ara són camí de Santa Coloma de Farners, però que faran mitja volta per tornar a Girona. Els diu si poden tenir cura de les filles, perquè potser ha d'anar urgentment a una reunió a Barcelona i la seva mare no és a Girona. Però no els explica el motiu. Ho fa cap a la una, quan es troba amb la parella al pàrquing que tenen al carrer General Marvà.

—Així, ¿has d'anar a Barcelona? —li pregunta Matamala quan el saluda.

—Sí, per això de la investidura.

—¿Ah, sí? ¿Així no hi haurà eleccions? ¿Hi haurà president? ¿Qui serà?

—Em sembla que m'ho volen proposar a mi.

Silenci absolut. Estan en xoc.

Ell ja fa estona que hi està. Ho viu com si el protagonista no fos ell. Però és molt conscient del que pot passar.

Mas, però, no li ha trucat. És la una. Les nenes han marxat amb els Matamala i ell passeja sol per la Rambla. I decideix dinar al Pont de Pedra. És un self service que queda a tocar de l'Ajuntament, i on ell acostuma a anar perquè li queda a prop de l'alcaldia.

Uns pèsols —li encanten els pèsols— i una escalopa.

El cap li dona voltes. De sobte, no para de rebre missatges al mòbil. Tothom li pregunta si serà el nou president. I també comença a rebre trucades de periodistes. «¿Diuen que estàs entrant a Palau? ¿Que seràs president?», li pregunta un d'ells. «Estic dinant en un restaurant de Girona.» Mentre parla fa una foto del plat de pèsols que té al davant i l'hi envia per WhatsApp perquè vol que quedi clar que no li ha dit cap mentida. Però tampoc no li ha dit tota la veritat.

Surt del restaurant en direcció al carrer Albareda. No ha fet ni cent metres que li torna a sonar el mòbil.

—Hola, Carles, soc el president Mas. Ja saps per què et truco. ¿Cal que parlem? Si vols, en parlem. Si no, també ho entendria...

—Parlem-ne.

—Doncs agafa el cotxe i vine ara mateix, aparca al pàrquing de la catedral i allà ja hi haurà algú que t'estarà esperant.

Fa una hora de cotxe. Tot sol. El cap li continua anant a tota pastilla.

Entra al pàrquing. Aparca a la planta 1 i just quan obre la porta li apareixen dues persones que s'identifiquen com a agents del servei d'escortes dels Mossos d'Esquadra i que s'ofereixen a acompanyar-lo fins a Palau. «¿Com ho han sabut, on aparcaria?» No té temps per pensar. Els agents el fan entrar en un dels cotxes oficials de la Generalitat i el duen fins a Palau. Entren per la plaça Sant Jaume.

El president Mas l'espera, li diuen. Puja les escales, passa pel Pati dels Tarongers i travessa el pont que uneix el Palau amb la Casa dels Canonges. Intenta mantenir-se serè. «És un moment elèctric.» «Jo pretenia fer un cicle de vuit anys a l'Ajuntament de Girona i desconnectar, i ara em trobaré que tota l'atenció em caurà a sobre.» «¿Com em canviarà la vida si dic que sí?», es pregunta. És una situació ben estranya. Se sent alleujat perquè finalment hi haurà investidura, però aclaparat per la responsabilitat que, comença a fer-se'n la idea, li cau al damunt.

Són al despatx del president Francesc Macià, on, per a més inri, hi ha instal·lada la taula on treballava el president Lluís Companys. Avui no ho sap. Ho sabrà al cap d'uns dies. «Si ho hagués sabut, encara m'hauria impressionat més.»

Tots dos s'asseuen i Mas li explica:

—Escolta'm. Ja saps per què ets aquí, ¿no? Jo ara et faig un plantejament, que és el de ser el nou president de la Generalitat. Si em dius que sí, t'explicaré més coses. Si em dius que no, ho deixarem aquí.

—Però deus tenir altres alternatives, ¿no?

—Sí, hi ha altres alternatives. Però vull que ho agafis tu.

—¿I per què no la Neus Munté? És consellera de la Presidència, és dona, té un perfil social, és molt vàlida, aportaria frescor...

—No. La Neus no pot ser. Vull que siguis tu.

Parlen una estona de la situació política. Molt poca estona.

—Si no accepto la proposta que em fas, jo hauria de deixar la política. Després de ser president de l'AMI, de ser dels que més t'he pressionat dins de CDC, i de ser una persona que sempre ha volgut la independència, si ara dic que no, només per preservar la meva confortabilitat, hauré de deixar la política. Hauré de plegar. ¿Quant temps tinc per pensar-m'ho?

—Un quart d'hora.

—¿Un quart d'hora?

—Si vols, vint minuts.

Calla uns segons. Curts però densos. I diu:

—Amb un quart d'hora no resoldré res. Ho accepto. Ho he d'acceptar.

I van per feina. Mas li explica que el nou govern ja està tot pactat, que els departaments entre CDC i ERC ja estan tots repartits, i que fins i tot hi ha decidit els noms dels consellers. «Hauràs d'assumir el càrrec en aquestes condicions. Si no, no.» I afegeix: «Només tinc un dubte amb Santi Vila. Ja li he dit que seria conseller, però dubto entre Cultura i Ensenyament».

—El veig més a Cultura. A Cultura ho farà bé.

Hi ha estat prop d'una hora. Artur Mas truca a la presidenta del Parlament, Carme Forcadell, i li anuncia que ja pot convocar el ple per l'endemà: hi ha candidat i ell fa un pas al costat.

El nou candidat a la presidència de la Generalitat segueix la roda de premsa de Mas, sol, des de la Casa dels Canonges. «M'hi veig amb cor. Em veig capaç de fer-ho i de fer-ho bé. Si no, no ho hauria acceptat», es diu a ell mateix.

Els esdeveniments es precipiten. Reunions i més reunions. I per acabar, consell executiu del partit. En surt molt tard, cap a les onze de la nit. Condueix sol. Torna en el seu cotxe particular cap a Girona. Una càpsula de seguretat dels Mossos, però, ja el segueix. La Mars encara no se'n sap avenir. Li ha dit que ella i una colla d'amics són a Sant Martí Sapresa, a casa de Júlia Ramió, i que l'esperen allà. El cap li esclatarà d'un moment a l'altre, pensa. Està a punt de plorar. És una barreja d'emocions. Per primer cop —ja fa unes quantes hores des que havia aparcat el cotxe al pàrquing de la catedral— torna a estar sol. «Hauria d'estar content i estic trist.» El recorda com un dia dolorós, més que no pas d'alegria.

Diumenge, 10 de gener

Avui, Carles Puigdemont i Casamajó serà investit 130è president de la Generalitat de Catalunya.

Ha tingut molt poc temps per preparar-se el discurs d'investidura.

Mitja hora abans de començar el ple, encara hi estava fent retocs. No ha ni dinat. Quan arriba al Parlament es fixa en les cares. «Hi ha gent a Convergència que fa cara d'estar molt descol·locada», pensa.

«No és temps per a covards, tremolosos o fluixos de cames», diu en la seva intervenció des del faristol. Segur, ferm i convençut. Ha entrat a l'hemicicle molt conscient que, per molt conegut que sigui com a alcalde de Girona, la majoria dels catalans no tenen ni idea de qui és. I que se la juga. «Si l'oposició avui en vol fer sang, en pot fer molta, perquè he arribat de rebot —pensa. Però a mesura que avança la sessió s'adona que no, que no en fan sang—. Ells encara estan més fora de joc que jo.»

En la seva intervenció es despatxa a gust amb Miquel Iceta («La defensa de l'estat federal es defensa federant, senyor Iceta»), amb Xavier García Albiol (que fins a l'últim moment ha intentat impedir que se celebrés el ple d'investidura al·ludint que s'incomplia el reglament) i, sobretot, amb Inés Arrimadas, que probablement ha fet la intervenció més àcida i demagògica del dia.

La Marcela segueix la seva intervenció des de la zona de convidats de l'hemicicle del Parlament. Encara no ho ha paït. I trigarà uns quants dies.

Ell continua. «Ens hi deixarem la pell», afirma, i diu que es compromet a culminar el procés de ruptura. Parla d'un país nou, més equitatiu, més just i més social. I després de rebre els aplaudiments en ser investit, puja altre cop al faristol, dona les gràcies i s'acomiada amb un «Visca Catalunya lliure!» que escandalitza les files unionistes.

No ha ni acabat el ple d'investidura que, a Madrid, el president Mariano Rajoy ja ha convocat la premsa i ha llançat un clar advertiment al nou president: «No dejaré pasar ni una sola actuación que vaya en contra de la unidad de España y su soberanía, ni que vaya en contra de las leyes y los tribunales».

Quan més tard l'hi fan saber, es limita a somriure per sota el nas.

Dimarts, 12 de gener

Avui pren possessió. Ahir la Casa Reial va anunciar que, contràriament al que era tradicional, no rebria la presidenta del Parlament, Carme Forcadell, per fer el tràmit protocol·lari en què ella comunicaria al monarca que Catalunya té un nou president electe.

Al matí, Artur Mas va al Palau de la Generalitat a buidar les seves dependències. Omple personalment les primeres caixes amb els objectes més íntims i en tres dies té preparat el trasllat definitiu. El timó que té al despatx ja està desmuntat, però la bicicleta estàtica i alguna peça de roba que encara hi ha en una habitació de la Casa dels Canonges haurà d'esperar unes quantes setmanes, abans no vagi algú a recollir-les.

La negativa del rei a rebre Forcadell només té un precedent: va ser el 2012, quan l'aleshores rei Joan Carles tampoc no es va reunir amb Núria de Gispert perquè la presidenta del Parlament li comuniqués oficialment la investidura d'Artur Mas. Aleshores, però, hi va haver la justificació que el rei s'estava recuperant d'una operació recent.

Al llarg del dia, ha fet poques declaracions. Avui a Girona s'ha celebrat un ple extraordinari on ell ha renunciat formalment a l'alcaldia. I ha aprofitat el discurs de comiat per lloar el municipalisme. Està convençut que «si un dia falla tot, els ajuntaments seran la clau per tirar endavant el procés d'independència». Respon als periodistes, que li pregunten sobre les advertències de Mariano Rajoy del dia abans. «Rajoy és un president en funcions. No m'interessa el que digui un projecte que s'acaba», els engalta.

El número u de la CUP per Barcelona, Antonio Baños, dimiteix aquest mateix dia. «És una llàstima. Hauria preferit que es quedés com a diputat de la CUP, em sentia molt còmode amb el seu perfil», em diu.

La CUP avui fa autocrítica, mentre anuncia el relleu de Baños. ERC, en canvi, presumeix en una roda de premsa de ser l'única formació que sempre ha cregut en l'acord *in extremis*, i, per la seva banda, els mitjans de comunicació internacionals interpreten que el procés d'independència continua endavant. «El nou líder català promet la secessió en divuit mesos», diu la BBC. *The Guardian*: «La independència de Catalunya es torna a encarrilar amb un líder nou»; *Le Monde* parla del president «que portarà Catalunya a la secessió»; *Le Figaro* diu que «Catalunya forma el seu govern de combat»; el *The New York Times*, que un nou líder català «promet continuar el camí secessionista»; el *Wall Street Journal* tria «Catalunya escull un president separatista» per encapçalar la notícia, i el *Corriere della Sera* editorialitza sobre una «Catalunya independentista». El nou president no ha tingut ni temps de llegir-ho amb calma.

Avui també s'ha sabut que el rei ha signat el cessament d'Artur Mas com a president de la Generalitat obviant un petit detall: en tots els cessaments de presidents autonòmics, el monarca agraeix sempre la dedicació que han tingut al càrrec amb una frase protocol·lària. «Declaro el cessament del president», diu normalment, «agraint-li els serveis prestats». Amb Mas només ha declarat el cessament sense agrair-li res.

D'aquí a uns quants dies, la Casa Reial farà saber discretament a Mas (a través de Francesc Homs, que ara és diputat a Madrid) que el decret l'ha redactat el govern de l'Estat, i que el rei l'ha signat sense fixar-s'hi. L'«error», diuen, ve de la Moncloa.

Un tuit del director de *Vilaweb*, Vicent Partal, amic seu, alertant de bon matí que un catedràtic en Dret Constitucional sosté que és possible prometre el càrrec de president de la Generalitat obviant el jurament a la Constitució i al rei, ha posat en marxa els serveis jurídics de la Generalitat. Sembla que és cert: prendrà possessió del càrrec prometent fidelitat no pas a la Constitució sinó «al poble de Catalunya representat pel Parlament».

Però en el seu entorn ha trobat reticències a l'ús d'aquesta fórmula. Al llarg del dia li porten tres textos alternatius al que ell vol; li suggereixen que és millor que juri fidelitat a la Constitució i, alhora, al poble de Catalunya. «Ja hi som», pensa. I reflexiona: «Hi ha alguns assessors jurídics que mentalment encara estan instal·lats en l'autonomia; em proposen el que tradicionalment havíem fet, que és allò de dir les coses però sense dir-les». Els diu clarament que no. Que no vol prometre la Constitució ni lleialtat al rei. «És una bona ocasió per fer entendre a Palau que hi ha canvis», pensa.

«Acabo de prometre el càrrec de 130è president explicitant lleialtat al Parlament i al poble de Catalunya», ha dit solemnement, i tot seguit ha afegit: «Ho he fet entenent que el Parlament escull el president i que el poble escull el Parlament, en un cercle virtuós de legitimitat indiscutible».

En aquest moment, paga la pena veure, a primera fila, les cares del ministre Fernández Díaz o de la delegada del govern a Catalunya, Llanos de Luna, que no s'afegeixen als aplaudiments. Des del seu lloc, Puigdemont s'hi fixa: «Semblen estàtues de cera».

El cas és que això de no citar ni el rei ni la Constitució fa l'efecte buscat. A Palau, i segurament a moltes cases, llargs aplaudiments, i a Madrid, encara no ha acabat l'acte de presa de possessió que l'advocat de l'Estat anuncia que estudiarà si hi ha base jurídica per impugnar-la. Per més que buscarà, no la trobarà.

A la sala hi ha una altra gran ovació molt llarga quan el president Mas, en el seu discurs de comiat, fa referència implícita al fet que el rei no li hagi agraït els serveis prestats puntualitzant: «Jo sí que agraeixo al poble de Catalunya els serveis prestats».

El nou president acaba el discurs. Una de les primeres d'aixecar-se i aplaudir és l'alcaldessa de Barcelona, Ada Colau, asseguda a primera fila. Fernández Díaz i Llanos de Luna acaben aixecant-se també i aplaudint tímidament. Amb Colau, Puigdemont mantindrà més endavant una llarga trobada de la qual sortirà pensant que tenen «molt bona sintonia». En una entrevista a Catalunya Ràdio, l'alcaldessa expressarà la mateixa sensació.

Saluda pràcticament tots els assistents. Entre els primers, el ministre Fernández Díaz, que, tot i el tràngol que ha hagut de passar, es comporta educadament. «Ha estat molt correcte», pensa el nou president. En acabar l'acte, el ministre li ha donat la mà i li ha desitjat sort amb aquestes paraules: «Molta sort, i a treballar pel bé comú».

Les més de dues-centes persones que hi han assistit desfilen cap al Pati dels Tarongers. Tot i el fred (és el primer dia d'hivern de veritat), la celebració s'allarga fins tard. Mas i ell empaten a fotos. Junts i per separat. Amb tothom. La gentada l'abraça, i també a Mas.

Ha fet entrar uns quants amics seus al nou despatx de president, i, mentre obre els calaixos del seu nou escriptori, diu tot somrient: «¿I ara què faig? ¿On és el manual d'instruccions de president de la Generalitat? ¿Demà truco a algú o espero que em truquin? ¿Com va, això?».

El dia abans, explica, quan Mas li va ensenyar el despatx, van fer la mateixa broma. «Doncs no, no hi ha manual d'instruccions. Ja ho descobriràs. A mi em va passar el mateix. Ara hauràs de fer la teva», li va dir l'ara expresident.

El ja president dona mostres de voler fer «una vida al més normal possible», i cap a quarts de deu del vespre proposa als amics d'anar a sopar amb ell i la seva dona prop de Palau. «El president no pot baixar a la plaça Sant Jaume i començar a preguntar a aquestes hores local per local si tenen taula», li diuen quan ell els proposa sortir tots junts a buscar un lloc per allà a la vora. Ni el president mateix sap com es fa, en aquest moment, això d'anar a sopar amb uns amics.

A Palau estan preparats per a aquestes coses, i al cap de no res sopen en un restaurant proper, l'hostal El Pintor, al carrer de Sant Honorat.

Un sopar ràpid, distès, en què en alguns moments ell sembla absent. Està cansat i segurament prenent consciència de la situació.

—¿Què sents, ara mateix? —li pregunto directament.

—Un gran pes. Sento un gran pes, una gran responsabilitat. Ni alegria, ni satisfacció, ni res que s'hi assembli. Sento un gran pes perquè aquest govern ha de fer el que ha de fer.

Dimecres, 13 de gener

S'estrena rebent l'alcalde d'Artesa de Lleida, Pere Puiggròs. ¿Per què tria reunir-se amb ell? Simplement, perquè va ser el primer a demanar-li una entrevista. «Em sembla que aquest alcalde encara no s'ha refet de l'ensurt que l'hàgim trucat tan aviat», pensa en veure-li la cara. «Els ajuntaments han de ser molt importants, en la nova república», li diu en un moment de la conversa.

Sí, és cert. Estrena oficialment la seva agenda rebent un alcalde perquè està convençut de la importància del municipalisme. Però també és cert que no vol que la història digui que el seu primer acte oficial va ser un partit de futbol de la Copa del Rei entre l'Espanyol i el Barça, a Cornellà. De fet, el primer dia parla també amb altres alcaldes. L'alcaldessa de l'Hospitalet, Núria Marín, li ha fet arribar el dia abans una llarga carta felicitant-lo i exposant-li les problemàtiques del seu municipi, el segon amb més habitants de Catalunya, més de 250.000. Després de llegir la carta, el president, ràpidament, li ha trucat. «Estava esmorzant i em diuen que em passen el president de la Generalitat. No m'ho creia. Estava convençuda que no em trucaria, perquè tradicionalment quan jo demanava hora a qualsevol conseller de la Generalitat per exposar-li alguna problemàtica, o trigava mesos o no em responia. El president, en canvi, em va trucar de seguida», explicarà l'alcaldessa pocs dies més tard.

«L'Hospitalet de Llobregat s'ha de cuidar; no podem deixar de banda poblacions d'aquestes dimensions; de fet no podem deixar de banda cap població amb l'argument que sociològicament pensen i voten diferent —pensa. S'ha emocionat amb la carta de l'alcaldessa—. És reivindicativa però molt sentida.» Però el que l'ha impulsat a trucar-li és una altra reflexió: «Aquesta carta té un gran valor: aquesta alcaldessa em considera el seu president. No és del meu partit, no pensa com jo en relació amb Catalunya, però em reconeix com el seu president i, a més a més, vol parlar de tot un seguit de qüestions», conclou mentre pensa que aquesta carta no és gaire diferent de la que ell mateix hauria pogut escriure com a alcalde de Girona a un nou president de la Generalitat. Si no fos, esclar, que ara el president és ell.

Durant aquesta conversa telefònica amb Marín concerten una visita institucional a la ciutat per al 27 de febrer. Més tard se sabrà que aquest mateix dia ha de prendre possessió del càrrec el nou president del Tribunal Superior de Justícia de Catalunya, Jesús María Barrientos. El president, però, s'estimarà més mantenir el compromís amb Núria Marín i, mentre el nou president del TSJC renya la classe política i alerta de la politització de la justícia, ell visitarà l'Hospitalet.

De fet, durant els primers dies planifica tres visites a tres ajuntaments governats per alcaldesses: a Ada Colau de Barcelona; a Núria Marín de l'Hospitalet de Llobregat, i a Dolors Sabater de Badalona («El dia de la presa de possessió em va dir que comptés amb ella; per al procés i pel que fos»). Són les tres ciutats més grans de Catalunya, totes tres en mans de dones.

Avui a Palau prenen possessió del càrrec els nous consellers de la Generalitat, un govern que no ha nomenat i que s'ha trobat fet i decidit. «No renuncieu a res i sigueu fidels a la idea de fer les coses al màxim de bé, i al màxim d'explicades», els diu. No han passat ni deu minuts que alguns comentaristes ja disserten sobre les fidelitats al president dels nous consellers. «Ja ho sé; però a mi, donades les circumstàncies, ja m'ha anat bé trobar-me l'executiu fet.»

Acaba el dia anant a veure l'Espanyol-Barça, el partit de tornada de la Copa del Rei. No té cap dubte que hi ha d'anar, tot i que durant el sopar d'amics que van tenir fa pocs dies algú li va qüestionar, irònicament, que s'ho podia estalviar amb l'argument que era un partit de la Copa del Rei. «És un gest important i hi he d'anar; només faltaria.» Té molt clar que els independentistes han de mostrar, més que mai, una normalitat absoluta. «Ningú ha de poder dir que jo menystinc una part de la societat catalana perquè pensen o senten diferent; de cap manera. Encara que al camp hi hagi algú que em pugui veure com un dimoni independentista.»

Els de la Curva Jove el xiulen i li canten «Puigdemont, culer;

Puigdemont, dimisión». Se sent des de la tribuna. El president del club, Joan Collet, preocupat perquè no vol que el nou president se senti incòmode, se li excusa. Ell, però, està encantat amb la situació. «Quina grandesa de país», pensa. «Uns joves que fa tres dies no sabien ni el meu nom, ara l'estan corejant ni que sigui per demanar-me la dimissió. Aquest és el poder de la Generalitat, en dos dies coregen el meu nom, el coregen bé, i ara ja saben que un president que és independentista és un paio normal, i que va al seu camp.» El cap de setmana següent farà un doblet futbolístic: primer al camp del Girona (quan era alcalde se'n perdia pocs partits), i després al Camp Nou.

Dijous, 14 de gener

Avui fa la primera entrevista als mitjans de comunicació. Des de la sala Torres Garcia del Palau de la Generalitat, amb Mònica Terribas, dona detalls del full de ruta que ha de seguir el país els propers divuit mesos. Explica que el referèndum sobre la constitució catalana servirà per ratificar o no la independència del país. Amb precisió i fermesa, i transmetent naturalitat, el nou president desgrana la situació que travessen ell i el país i desvetlla als oients que a hores d'ara encara no ha rebut cap trucada de felicitació del president del govern espanyol, Mariano Rajoy, de cap altre president de comunitat autònoma ni del rei Felip VI.

Es presenta com una persona «amb seny». No és un home temerari, diu, i farà les coses «amb seguretat jurídica». Quan parla de l'executiu espanyol i d'una possible oferta de diàleg, introdueix per primer cop una expressió que repetirà en dies posteriors: «Si la fan, l'escoltarem; mentrestant, nosaltres anem tirant».

Ha estat tranquil, durant l'entrevista. S'ha agafat tota la tarda per preparar-se-la. Terribas ha arrencat amb una pregunta sobre corrupció: «¿Vostè està net de corrupció, president?». I tot seguit ha insistit: «¿Res del que sentirem, o del que sentim aquests dies, té a veure amb cap irregularitat?». I encara hi tornarà un tercer cop, aquesta vegada referint-se als membres del govern: «¿Està tranquil, amb tots els membres del govern?». Parla de la «rectitud» que ha presidit sempre la seva vida i respon totes les preguntes, però en acabat no pot evitar pensar que l'entrevista ha estat una llàstima, que s'ha perdut una ocasió per fer que el país el conegui més, que sàpiga com és i què pensa. En el fons, es diu que TV3 ha acabat caient en el relat dels mitjans de comunicació espanyols, que s'entesten a relacionar-lo amb la corrupció.

Divendres, 15 de gener

Avui és dia de trucades. Com que durant l'entrevista amb Mònica Terribas va parlar sobre les trucades de felicitació que no ha rebut, alguns reaccionen. Entre avui i els propers dies parla, entre d'altres, amb el president de la Generalitat valenciana, Ximo Puig; amb Francina Armengol de les Balears; amb el president de la Junta de Extremadura, Guillermo Fernández; amb la d'Andalusia, Susana Díaz; amb el líder de Podemos, Pablo Iglesias, i amb el líder del PSOE, Pedro Sánchez, que aquests dies està entretingut intentant formar govern a Espanya. Sánchez li parla per telèfon de «tender puentes» i li diu: «Que sepas que vamos a proponer una reforma de la Constitución». Ell li respon de forma protocol·lària agraint-li la trucada, però li deixa clar que no hi haurà cap moviment per part seva: «Pedro, tú ya sabes que esto a nosotros no...».

Sí, avui ha rebut moltes trucades, però cap del PP. Per a ell només n'hi ha una, de trucada exigible, i és justament la de Mariano Rajoy, com a president de l'Estat. «A mi em retreuen que no soc el president de tots els catalans i no he fet res per merèixer aquesta acusació; ell, però, des del moment que no em truca, està clar que no es comporta com a president de tots els espanyols.»

Dimarts, 19 de gener

Ni un dia de gràcia. En el primer ple del Parlament al qual va com a president (era diputat de CDC des del 2006), l'oposició aprofita la comissió de control per demanar-li explicacions sobre les subvencions rebudes fins al 2010 per la revista *Catalonia Today*, que ell va impulsar en el seu moment, i que ara pertany al grup que edita *El Punt Avui*. Els presidents dels grups parlamentaris del PSC, Miquel Iceta, i del PP, Xavier García Albiol, pregunten al president sobre aquestes ajudes. Iceta demana «explicacions ràpides» en relació amb «el seu currículum personal, les ingents subvencions rebudes per la revista que vostè va impulsar i de la qual la seva dona és editora». García Albiol s'hi afegeix parlant d'«assumptes poc clars relatius a subvencions rebudes». I diu: «No sabem si compleix la legalitat, però és poc presentable».

Es mostra especialment dolgut: «Quan jo encara no era a la política, vostè ja hi era —li diu a Iceta—. I probablement, quan jo en surti, vostè encara hi serà.» El president explica que abans de la política s'havia dedicat al periodisme i que, certament, havia impulsat projectes de comunicació que, com totes les capçaleres d'aquest país, van presentar-se a concursos públics per rebre ajuts de la Generalitat convocats pel govern tripartit del PSC, ERC i ICV. Finalment recorda a Iceta que el projecte l'hi va presentar precisament a ell. Iceta calla.

El president continua explicant que va deixar el càrrec de director general de la revista *Catalonia Today* quan va entrar en política, el 2006, com a candidat a l'alcaldia de Girona. Quan CiU va tornar a presidir la Generalitat, amb Mas de president, la revista va deixar de rebre subvencions. Ni trampes ni irregularitats, defensa mentre demana rigor als grups de l'oposició a l'hora de plantejar aquestes qüestions.

A partir d'aquest dia no en tornarà a parlar mai més ningú.

Dimecres, 20 de gener

En el primer ple del Parlament amb ell de president va d'un pèl que la CUP no s'estreni votant diferent de Junts pel Sí i fent que el govern perdi una votació. La salven *in extremis*. Aquesta serà una de les preocupacions constants del president: la CUP i ERC.

—¿I els teus, no et preocupen? —li pregunto.

—Sí. Però menys.

Dijous, 28 de gener

Dorm per primer cop a la Casa dels Canonges. Tot i que l'accés principal és pel carrer del Bisbe, s'hi pot entrar també per la Pietat o el Paradís. És la residència oficial del president de la Generalitat. Avui dorm a Barcelona perquè demà té visita oficial a les Terres de l'Ebre i s'ha de llevar molt d'hora.

Ja hi havia estat en alguna ocasió, però mai com a inquilí, esclar. S'emociona. Francesc Macià, primer president de la Generalitat recuperada després de l'abolició de les institucions catalanes arran del Decret de Nova Planta, va ser qui va escollir l'edifici del carrer del Bisbe com a residència oficial. El seu successor, Lluís Companys, va continuar la tradició fins a l'exili. Més tard, amb el retorn de la democràcia, Josep Tarradellas ocuparia la residència des del 1977 fins a les eleccions al Parlament del 1980. Jordi Pujol, Pasqual Maragall, José Montilla i Artur Mas, en canvi, faran com Puigdemont, i a la Casa dels Canonges només hi passaran alguna nit excepcionalment. Ara, l'edifici s'utilitza sobretot per a actes privats.

S'atura davant l'habitació en què hi ha el llit on va morir Francesc Macià. Pell de gallina. Passeja pels despatxos i pel laberint de passadissos que hi ha a la Casa dels Canonges. Un menjador, un altre, una biblioteca, uns despatxos, un petit celler buit... S'està una estona llarga a la sala on Companys projectava pel·lícules. És una sala gran, encara s'hi pot endevinar on hi havia la pantalla. La pintura està escrostonada, els mobles són vells i atrotinats i la fusta està corcada, però és fàcil imaginar-se Companys i els seus consellers mirant un documental o una pel·lícula i comentant l'actualitat. Fa feredat.

Si ell hi dorm poques nits, a la Casa dels Canonges, la seva família encara menys. El primer dia que ho fan tots quatre —el president, la Marcela i les seves dues filles, la Maria i la Magalí— és el 26 de febrer del 2016. Serà una nit accidentada.

La Marcela i les dues filles hi arriben cap al tard. Trepitgen la Casa dels Canonges per primer cop, i tot just entrar el president els ensenya, habitació per habitació, les dependències. S'instal·len en una habitació amb dos llits grans. Les nenes s'ho passen bé. Soparan i dormiran fora de casa i l'endemà aniran al Museu d'Història, que fa jornada de portes obertes. Sopen a la taula, on ell acostuma a rebre les autoritats. Al costat hi ha el piano que un dia va tocar Lluís Llach. La Maria comença a tocar-lo. Com que li agrada, s'hi passa una bona estona. Visiten la biblioteca i les nenes juguen una partida d'escacs abans d'anar al llit. El president llegeix i torna algunes trucades pel mòbil. Finalment se'n van a dormir.

Fins a les dues de la matinada.

La Maria es desperta amb mal d'orella. Cada cop li fa més mal. «Hem d'anar a la farmàcia a buscar Dalsy», diu la Marcela. Però no saben com se surt de Palau. La Marcela insisteix que hi vol anar ella, però no sap com fer-ho, i ell insisteix que no, que hi va ell. A part de la família Puigdemont, a Palau, pel silenci que hi ha, sembla que tothom dorm. Ignora que hi ha un equip de guàrdia permanent.

La parella es passa una estona pensant com ho poden fer per no molestar ningú, fent càbales sobre si el president pot sortir tot sol sense avisar i si els accessos al carrer estaran oberts o no. Prova d'obrir les diferents portes que donen accés a la sortida del Palau. La seva targeta no obre. Sembla que només serveix per a les portes de l'interior de Palau. Finalment, decideixen trucar a un dels assistents al telèfon que li han donat per a casos d'emergència. La Marcela es torna a oferir per anar-hi ella, però ell insisteix que no, i al cap de poc surt per la porta principal acompanyat d'una escorta. Són les dues de la matinada tocades i se'n va a peu fins a la farmàcia de la plaça de la Catedral, però se la troba tancada. Per trobar-ne una d'oberta haurà d'anar fins a la Rambla. El carrer és ple, principalment de turistes: «Tot eren estrangers; no m'ha reconegut ningú».

Dilluns, 1 de febrer

Aquesta nit al Palau de Congressos de Barcelona se celebra la gala de l'esport del *Mundo Deportivo*. A banda d'un acte multitudinari, és el primer contacte amb el Grupo Godó des que és president. A l'entrada, saluda tot l'equip directiu i és rebut per Javier Godó, comte de Godó. A la taula s'asseu al costat del fill, Carlos Godó, conseller delegat del Grupo Godó, empresa editora de *La Vanguardia* i *Mundo Deportivo* i també propietària de 8TV i de RAC1. Amb el pare Godó han quedat de veure's més endavant, però ara és el fill qui l'interroga, a taula, sobre la situació política. Carlos Godó li explica que a Madrid el seu grup és vist com independentista i que a Catalunya, en canvi, se'ls titlla d'unionistes. Durant el sopar es mostra partidari del referèndum, sempre que, li diu, sigui legal i acordat. El president li explica que de referèndum acordat no n'hi haurà, que l'Estat no el permetrà, però li demana respecte cap a la posició del govern. No és el lloc ideal per a una conversa d'aquest tipus i queden per a més endavant, però Godó fill no s'està de preguntar-li què passaria en una Catalunya independent amb les llicències de ràdio i de televisió que ara té el Grupo Godó.

No serà l'únic contacte d'aquests dies amb responsables de mitjans de comunicació. No fa gaire el president ha sopat amb un dels homes més poderosos del món editorial, José Creuheras, president del Grupo Planeta, un dels grups de comunicació més potents de l'Estat i de l'Amèrica Llatina. Planeta, a banda d'editar *La Razón*, té participació dominant a Atresmedia Comunicación, a la qual pertanyen les televisions Antena 3, La Sexta i l'emissora de ràdio Onda

Cero. Al sopar, a la Casa dels Canonges, hi assisteixen també el president Artur Mas —li ha demanat que hi sigui perquè té bona relació amb Creuheras— i el director de comunicació de Planeta, Patrici Tixis, que ara és també president del Gremi d'Editors de Catalunya.

Evidentment, el tema estrella és la situació de Catalunya i la relació amb Espanya. Creuheras li pregunta en diferents ocasions què acceptaria Catalunya, i ell insisteix tantes vegades com l'hi pregunten que no es tracta que ara Catalunya proposi res. Li explica tot el que ha passat amb l'Estatut, per fer-li veure que ja hi va haver una proposta catalana, i li recorda que va ser rebutjada. Té la sensació que són enviats de Madrid que el sondegen constantment sobre què acceptaria Catalunya. Per encàrrec o per iniciativa pròpia, ves a saber. Té la mateixa sensació el dia que es troba amb Antón Costas, president del Cercle d'Economia, que també li pregunta què acceptaria Catalunya.

Ell no veu cap més sortida que el «nosaltres anem passant», que aquest dia ja ha fet servir en diferents ocasions. S'hi manté ferm tant en públic com en privat. De fet, aquest «nosaltres anem passant» ja el va utilitzar fins i tot abans de ser president de la Generalitat. En concret, el dijous 7 de gener, l'endemà de Reis, quan sent alcalde de Girona va dinar amb Josep Oliu, president de Banc Sabadell, per parlar de la situació de Catalunya. Ell s'havia mostrat indignat, com a president de l'Associació de Municipis per la Independència, l'AMI, quan, en plena campanya electoral del 27-S, la banca espanyola havia advertit en un comunicat que una declaració unilateral d'independència de Catalunya implicaria que les entitats signants del document es replantegessin la seva continuïtat a Catalunya. El comunicat venia avalat, entre d'altres, per Ana Botín, Francisco González, Isidre Fainé, Ignacio Goirigolzarri, Àngel Ron i, també, Josep Oliu.

En la nota, els signants advertien d'una fugida de capital, d'una sortida de Catalunya de l'euro i de la Unió Europea i de la «inseguretat jurídica» que es produiria si el 27-S guanyaven els independentistes i seguien el seu full de ruta fins a declarar la independència.

Es va indignar i va enviar una nota de protesta a Oliu com a president de l'AMI. Ho va fer només amb Oliu justament perquè l'AMI treballava amb Banc Sabadell. En aquesta nota li retreia les declaracions i li comunicava, a més, que cancel·lava tots els comptes que l'entitat independentista tenia amb el banc. Al cap de dos dies l'AMI ja treballava amb la Caixa d'Enginyers i es plantejava fer una campanya demanant a tots els ajuntaments catalans que fessin el mateix. Una trucada de part d'Oliu va servir per concretar un dinar que es va fer tres mesos després, just abans que Puigdemont fos investit president de la Generalitat.

Amb Oliu van dinar, doncs, l'endemà de Reis. Els acompanyava el cap de comunicació de l'entitat financera, Ramon Rovira, antic treballador de TV3. Oliu va fer la seva radiografia de la situació, convençut que ni hi hauria referèndum ni els independentistes se'n sortirien, perquè Espanya no acceptaria res i no hi hauria negociació possible. Ell va trobar la radiografia d'Oliu un pèl descarnada, tot i el to amable del president del Sabadell. Fins i tot hi va trobar un punt de cinisme. «Em descriu la situació com si ell no en fos actor», va pensar mentre l'escoltava. L'aleshores president de l'AMI va deixar clar al seu interlocutor que si el que li demanava era resignació, no en tindria. «Política i resignació no van juntes», li va assegurar. Si aquell dinar hagués tingut lloc tres dies més tard, el president de Banc Sabadell hauria estat dinant amb el president de la Generalitat.

«La conversa hauria estat pràcticament la mateixa.» Ara tots dos sabien de quin peu calçava cadascú.

Però aquests dies, a la Casa dels Canonges, ha dinat també amb Jaume Giró, director general de comunicació de la fundació bancària la Caixa. I més endavant es veurà amb Isidre Fainé. Encara no tenen data, però ja li ha demanat a Mas que en aquesta ocasió també l'acompanyi. Són els primers contactes de Puigdemont amb allò que se'n podria dir el poder econòmic i mediàtic. Tots li parlen d'establir ponts; curiosament la mateixa expressió que farà servir aquests mateixos dies el president d'Aragó, Francisco Javier Lambán, quan en una trobada oficial que mantenen a Palau li parlarà del missatge que li porta de part de Pedro Sánchez: «Te transmito que

Pedro Sánchez quiere que les deis una oportunidad, que hay que establecer puentes de entendimiento».

Dimecres, 3 de febrer

El govern ha decidit tirar endavant les tres lleis de desconnexió, però ja entreveu que hi haurà complicacions. El govern espanyol ho durà tot al Tribunal Constitucional, que ara també ha anunciat que vol suspendre el nomenament de Raül Romeva com a conseller d'Exteriors. Són conscients de la importància d'anar «blindant» totes les decisions que es prenguin; no només jurídicament, sinó també políticament. Els grups partidaris de la independència no es poden permetre el luxe de discrepar públicament sobre segons quines coses. Això comencen a tenir-ho clar.

També es comença a parlar del que, en petit comitè, alguns anomenen «l'estat major del procés». De moment han quedat que es veuran quinzenalment tot dinant a Palau (els dimarts de la setmana que no hi ha sessió plenària) i que els seus acords seran secrets. A banda del president de la Generalitat, en formen part el vicepresident Oriol Junqueras, dos membres de Junts pel Sí (Jordi Turull i Marta Rovira) i dos representants de la CUP, que aniran canviant en funció de la quinzena. Aquest cop hi han anat la portaveu del grup parlamentari, Mireia Boya, i la diputada Anna Gabriel.

Un dels primers problemes que tracten és com «protegiran» els funcionaris davant els eventuals atacs de l'Estat. Amb la qüestió de la Conselleria d'Exteriors, ara recorreguda al TC (l'Estat considera que la denominació d'Exteriors és exclusiva), ja hi ha hagut alguns funcionaris que s'han negat a publicar resolucions al *Diari Oficial de la Generalitat*, el DOG, amb l'argument que, si ho feien, serien corresponsables de publicar decisions d'un organisme suspès pel Constitucional.

En aquest departament, durant el primer mes de govern, ha arribat a perillar fins i tot el pagament de les nòmines, perquè, després de la suspensió acordada pel Constitucional, els interventors no tenen clar si les poden autoritzar i tenen por de ser expedientats per l'Estat.

Divendres, 5 de febrer

Amb Ada Colau tenen avui la seva primera trobada oficial. Anirà bé, perquè els equips de tots dos ja fa dies que hi treballen. Parlen d'un front comú amb Rodalies, de la Línia 10, del tramvia... i d'un munt d'acords que anunciaran conjuntament.

Ahir a la nit va convocar a sopar a Palau l'exalcalde Xavier Trias, i la seva mà dreta, el regidor Joaquim Forn. El sopar va ser cordial i el president els va informar de tots els acords que té previst proposar avui.

Del deute de la Generalitat amb l'Ajuntament de Barcelona, ni en parlen. Parlen sobretot del procés. I tots dos comparteixen que es necessiten mútuament. El punt de trobada, conclouen, podria ser el referèndum. Amb una condició, li diu ell: «Nosaltres l'abraçarem; però si el referèndum pactat no és possible, vosaltres participareu en el procés constituent». Colau hi està d'acord. Serà un pacte no escrit i no en parlaran públicament.

L'acord no s'ha pas bastit aquest matí. Fa dies que el president del Consell Nacional pel Dret a Decidir, Joan Rigol, que fa de pont entre ells, hi treballa. Rigol en parla amb Colau però també amb Gerardo Pisarello, i transmet a Palau que la confluència entre els dos mons és possible.

Si és viable el referèndum, els comuns l'abraçaran. Si no és viable, abraçaran el procés constituent que defensen Junts pel Sí i la CUP, resumeixen abans de sortir a atendre els mitjans i després d'haver acordat que no en diran ni una paraula.

Una setmana més tard, en una de les preguntes que fan al president de la Generalitat els grups parlamentaris durant la sessió de control, el líder de Catalunya Sí que es Pot, Lluís Rabell, li pregunta sobre la possibilitat d'un referèndum: «En cas que sigui possible, hi estem d'acord», diu el president. I, mirant-lo directament a ell, afegeix: «Però nosaltres també tenim el dret a demanar-los a vostès què pensen fer si el referèndum no és possible». Rabell assenteix amb el cap, però no contesta.

Pocs dies després, en una entrevista a *The Guardian*, el president parla de la importància del referèndum i el posa en valor. Artur Mas també hi farà referència. De fet, durant els propers dies en parlarà el PSC i en parlarà tothom.

Des del 9 de novembre del 2014 que no s'havia tornat a parlar de referèndum, però el referèndum ha tornat.

Dijous, 11 de febrer

Declaració d'intencions davant dels representants del cos consular a Barcelona. «Barcelona és la tercera ciutat que no és capital d'un estat amb més representants consulars, i encara n'hi haurà més, quan d'aquí a pocs mesos s'hi incorpori com a estat», ha anunciat. I avisa als cònsols que els pròxims divuit mesos «se'ls girarà feina».

«I més enllà també.»

Ho ha dit en una intervenció al saló Sant Jordi, davant de més de dos-cents diplomàtics. Una al·lusió directa i explícita al procés independentista, buscant la complicitat dels representants a Barcelona de la resta d'estats. «Saben quin és el projecte polític que tenim i en quins termes volem desenvolupar-lo. Saben que Catalunya és un país que camina cap a la seva independència», ha declarat en un discurs en què ha combinat el català i el castellà.

Intentant trobar la col·laboració internacional, ha apel·lat als processos d'independència d'altres països. «Alguns de vostès han conegut processos similars i tenen experiència sobre com resoldre aquestes situacions —els ha recordat—. Segueixin fent el que han fet —els ha demanat tot seguit—. Rigor, professionalitat, actitud sempre positiva i traslladar al govern tot allò que preocupa els ciutadans dels seus estats.» Però en aquest punt ha posat encara més deures als representants consulars: que «expliquin bé» el procés als seus països de referència i que els traslladin la realitat d'un país que «vol créixer amb la seva gent, amb factura democràtica, col·laboració, una apel·lació al diàleg permanent i una vocació indestructible d'internacionalització».

De fet, a hores d'ara ja s'ha vist en privat amb un munt de cònsols i ambaixadors, gairebé sempre acompanyat de Raül Romeva. Amb alguns, al despatx al Palau de la Generalitat. Amb d'altres, al mateix consolat. Aquesta setmana s'ha reunit amb el de l'Uruguai i el del Canadà, però la llista de diplomàtics que parlen amb el govern és llarga, llarguíssima. Els atenen a tots.

L'estratègia sempre és la mateixa. Ni ell ni Romeva treuen el tema de la independència de Catalunya si no ho fa el diplomàtic. Però sempre ho fan. I les preguntes són sempre les mateixes: ¿Què fareu?, ¿com ho fareu?, ¿amb quines garanties? I sempre hi ha un moment o altre de la conversa en què el representant estranger fa algun comentari també sobre l'immobilisme de l'Estat espanyol, amb qui solen reconèixer que també han parlat. Els amoïnen dues coses: que Catalunya faci una declaració unilateral i l'immobilisme d'Espanya. No n'hi ha cap que digui que posaria en qüestió un referèndum si es fes d'acord entre totes dues parts. Hi ha algun cònsol que és fins i tot més agosarat i admet que l'única possibilitat que el referèndum es faci és forçar-lo fent una declaració unilateral d'independència. Alguns fins i tot s'ofereixen, en nom del seu país, a fer de mediadors en cas de necessitat. És el cas de Suïssa. Però n'hi ha d'altres.

Sempre els acaba deixant clar el tarannà democràtic de la proposta catalana i la voluntat d'arribar a un acord, però també la incompareixença de l'altra part. «Això que avui fem amb vostès, parlar de la situació, no ho hem pogut fer amb cap representant espanyol», els diu. També els adverteix que la situació es complicarà molt si arriba una sentència condemnatòria pel 9-N, cosa que faria qualsevol acord pràcticament impossible. «Aquesta pressió que vostès ens fan, facin-la també a l'altra part», els demana en més d'una ocasió quan s'apel·la als catalans a actuar amb responsabilitat. «No és just —diu textualment a un dels cònsols— que se'ns pressioni a nosaltres quan nosaltres hem estat permanentment invocant el diàleg; aquí els intransigents són uns altres».

Amb Romeva reben junts els diplomàtics, però també s'han reunit amb algun d'ells per separat. En diversos casos, discretament, fora dels despatxos respectius, buscant un entorn menys formal i més distès. El president és molt clar, quan les preguntes són directes: no deixa cap dubte d'on anem i de la velocitat amb què hi anirem.

Aquesta setmana la trobada és amb el cònsol del Japó, que li expressa la seva preocupació pels interessos del seu país a Catalunya, on operen centenars d'empreses —algunes de grans dimensions— del sector automobilístic. «No han de patir. Nosaltres aprovarem una llei de transitorietat jurídica i respectarem tots els compromisos», li assegura el president. I tot seguit li'n posa uns quants exemples. El cònsol pregunta sobre les infraestructures, sobre l'AVE i, finalment, sobre el deute espanyol. «Assumirem la part que ens toqui en la negociació —diu el president, i tot seguit adverteix—: Si l'Estat no vol negociar, no assumirem res i anirem a la declaració unilateral d'independència.» Quan el diplomàtic li insisteix en la necessitat d'una negociació, replica: «Per negociar han de ser dos, a la taula».

Intercanvi de mòbils, uns quants encàrrecs de coses que s'han de solucionar per part de totes dues bandes, i una línia oberta.

Divendres, 12 de febrer

Avui sopa amb Oriol Junqueras. Són a casa del president, a la urbanització Golf Girona, al terme municipal de Sant Julià de Ramis, a tocar de Girona. Oriol Junqueras hi va acompanyat del seu cap del gabinet de comunicació a la vicepresidència del govern i home de confiança des de fa anys, Sergi Sol. Hi anem tots amb les nostres respectives parelles.

Qualsevol que hagi seguit les discrepàncies públiques que han tingut els dos líders polítics aquesta setmana sobre el projecte Barcelona World s'imaginaria que és un sopar per posar pau. Ni se'n parla, d'aquest tema.

Marcela Topor sap cuinar. Li encanta cuinar plats romanesos. Als entrants, una mica de tot i una mostra de dos plats de la cuina tradicional: una amanida d'albergínia i un humus de cigrons acompanyat amb espècies. De segon, una caldereta que és per llepar-se'n els dits. Però si ningú se'ls llepa no és només per una qüestió d'educació, sinó perquè, tot i que és un sopar distès, plana una certa formalitat en l'ambient.

I també hi plana una altra cosa que pesarà sobre l'ànim dels comensals, i és la preocupació per l'estat de salut de Muriel Casals, que en les darreres hores ha empitjorat i fa témer el pitjor. Durant el sopar està pendent del mòbil. El conseller de Salut, Toni Comín, l'informa puntualment de la situació.

Com que el sopar no té cap objectiu concret, més enllà de veure's fora del context habitual de Palau o de les reunions de govern, la conversa va saltant d'un tema a l'altre. Repassa anècdotes de la seva joventut, polítiques i personals, i Junqueras fa el mateix, però més discretament. Explica que va estudiar a l'escola italiana, o que la cangur dels seus fills, en Lluc i la Joana, és xinesa. Tot i que encara són petits, ja comencen a entendre el xinès. En aquest punt es fa un silenci d'admiració. Puigdemont i Topor expliquen com és Romania i repassen les seves estades i la història del país, sobretot la caiguda de Ceaucescu.

No es parla de política. Només al tram final, quan els faig una pregunta que em volta pel cap fa estona: «¿Voleu dir que ajuda gaire a donar la imatge de govern cohesionat, això d'anar dient coses diferents sobre el Barcelona World?». Discrepen sobre el fons del projecte, però el relat dels fets deixa clar que durant aquesta setmana, a partir d'una pregunta de Josep Cuní al president de la Generalitat en una entrevista a 8TV, tots han anat improvisant una mica, l'un dient que sí a una consulta i l'altre afegint-hi qui hi havia de votar i com.

Acabem passada la mitjanit. Abans de marxar, ens hem fet unes fotos amb el mòbil per immortalitzar el moment. Quan estic a punt d'arribar a casa envio un whatsapp a Junqueras i Sol, que encara són de camí, preguntant-los com creuen que ha anat la trobada. «Cordial. I alhora prou espontani i desenfadat», diu Sol.

Dimecres, 17 de febrer

Ple al Parlament de Catalunya. Aquest matí el president ha estat pensant en la necessitat que del procés d'independència de Catalunya se'n parli a Catalunya, però també a fora. Cal que molta gent d'Espanya reflexioni sobre com va començar tot. I se li acut una frase que farà fortuna.

El jugador del Barça Gerard Piqué havia celebrat el triplet de la temporada anterior fent una referència a Cristiano Ronaldo que va fer enfurismar el Madrid i els seus seguidors. Ronaldo, hores després que el Reial Madrid caigués fulminat per 4-0 al Calderón davant l'Atlético, se'n va anar a celebrar el seu aniversari en una sala de festes on va actuar el cantant colombià Kevin Roldán. Després d'aquella festa, el Madrid no va tornar a ser el mateix. Els van ploure crítiques dels seus aficionats, perquè Ronaldo se n'anava de festa havent perdut un partit, i perquè el club anava a pitjor. Mentrestant, els aficionats del Barça anaven celebrant victòries.

En aquella celebració del triplet al Camp Nou, Piqué va agafar el micro i va donar les gràcies «al cos tècnic, als fisioterapeutes, als doctors, a l'afició... i... sobretot... a Kevin Roldán, que contigo empezó todo».

Ara el president s'ho fa venir bé en una resposta a la comissió de control del Parlament per deixar anar: «Gracias, TC, contigo empezó todo». Així, en castellà. Demà tots els diaris espanyols reproduiran aquesta frase. Fins i tot la premsa esportiva parlarà del procés. «Objectiu aconseguit», pensa Puigdemont mentre repassa els diaris.

Divendres, 19 de febrer

Té la seva primera tarda lliure. Fa dies que ha demanat expressament que no li posin res a l'agenda perquè té una cita a la qual no vol faltar: una tutoria de les seves filles al Col·legi Verd. La Magalí fa tercer de primària, i la Maria, primer. Ha organitzat l'agenda per poder treballar tot el dia des de Girona. Al matí fa la seva primera visita oficial a Salt, on s'entrevista amb l'alcalde i altres autoritats. L'hora de dinar l'aprofita per fer una reunió de treball amb els alcaldes del Gironès.

La Maria i la Magalí van bé, a l'escola. La màxima preocupació del pare és que no alterin el ritme normal, que siguin com qualsevol altre alumne. «Els primers dies va ser molt complicat, perquè tothom donava per fet que haurien de marxar de l'escola i anar-se'n a viure a Barcelona», explica ell a les tutores. Les nenes arribaven a casa i preguntaven: «¿Ara anirem a viure a Barcelona?», i es posaven a plorar perquè no volien deixar les amigues.

Diumenge, 21 de febrer

Avui les càmeres estan pendents de la primera trobada que tenen el nou president de la Generalitat i el rei d'Espanya, Felip VI. Acaba de començar a Barcelona el MWC, el Congrés Mundial del Mòbil (un congrés que es recordarà per les vagues convocades per a aquests dies pels treballadors del metro i dels autobusos), i Felip VI i el president han de sopar al Gran Teatre del Liceu de Barcelona. Hi han arribat i s'han saludat protocol·làriament.

Just en entrar, i tot i que el govern espanyol ha anunciat que vol prohibir a la Generalitat que faci acció exterior i vagi a explicar el procés a fora, es produeix una situació que el rei observa sense dir res. El monarca i Puigdemont estan encaixant la mà un a un als convidats. S'acosta l'ambaixador de [redacted] i, davant del rei, dona a Puigdemont la seva targeta de presentació mentre li diu: «Jo voldria quedar amb vostè perquè m'expliqui el que està passant». Felip VI calla.

El rei presideix el sopar. Ell és a la seva esquerra. A l'altre costat, hi té el president de la Comissió Federal de Telecomunicacions del govern d'Obama, Tom Wheeler. Puigdemont parla amb tots dos alternativament, però quan ho fa amb el rei la conversa és en clau espanyola: parlen d'Ada Colau, de Podemos, de la investidura, de Rajoy, del PP, de la situació política... En un moment donat el rei abaixa la veu (probablement perquè no els senti el ministre d'Indústria, José Manuel Soria, que seu just davant seu) i li diu:

—Yo había pensado, si le parece, que nos viéramos un día para hablar tranquilamente.

—Cuando usted quiera —li respon Puigdemont.

Aleshores el monarca afegeix:

—Creo que ahora vienen tiempos de propuestas.

Avançat el sopar, el rei li comenta que el millor seria veure's un cop aclarida la investidura espanyola i li pregunta també si, com a president de la Generalitat, continuarà presidint, com li correspon protocol·làriament, la Fundació Princesa de Girona. Puigdemont li diu que ell d'això no en farà cap guerra, i que si li correspon protocol·làriament no hi té cap inconvenient. El to és cordial. En cap moment hi ha cap retret del rei sobre el que es viu a Catalunya. Puigdemont li pregunta sobre la situació espanyola: el rei li diu que no veu cap sortida fàcil, i que anar a noves eleccions a Espanya és sinònim que no hi hagi govern fins al setembre.

—Será una catástrofe para la situación económica y para todo —assegura el monarca.

Dimecres, 24 de febrer

Són les set de la tarda. Avui es veu discretament a Palau amb Anna Gabriel, diputada de la CUP. La trobada és a petició del president, que vol saber quina actitud tindrà la CUP a partir d'ara. El neguitegen moltes coses. Parlen sobretot de temes socials i del pla de xoc, però el president no s'està de preguntar-li directament si garantiran l'estabilitat del govern. La CUP va estar a punt de fer-los perdre la primera votació en el primer ple, i en el segon ja han votat diferent en uns quants punts. El govern ja ha perdut algunes votacions.

«Gesticuleu tant com calgui. Però l'estabilitat parlamentària és la condició imprescindible per arribar al final», li diu Puigdemont. De fet, de l'estabilitat parlamentària no se n'ocupa ell —aquest tema correspon als grups parlamentaris, que ja es reuneixen periòdicament—, però ha volgut deixar clar personalment a Gabriel la seva posició. No és partidari de desacords, ni que siguin molt puntuals i pactats. «Aquest no era el pacte que va signar la CUP», pensa. Serà un pensament que es repetirà sovint.

La conversa és llarga, però amable. La CUP, interpreta el president, necessita fer gestos. Anna Gabriel li parla de la necessitat que tant el govern com ell respectin la manera de funcionar del partit. A part d'això aborden també el full de ruta i parlen de l'estratègia d'abraçar ara el referèndum perquè després CSQP, Barcelona en Comú i Podemos puguin assumir el procés constituent. El president li pregunta directament: «¿Però quan calgui estareu per al que calgui estar? ¿Complireu amb el compromís?», insisteix. El sí de Gabriel és contundent.

Dijous, 25 de febrer

Carles Puigdemont no renega mai. Avui ho fa. És a Palau. El seu relleu a l'alcaldia de Girona és més complicat del que preveia. En una jugada arriscada, ha volgut que el seu substitut com a alcalde sigui Albert Ballesta, que anava de número 19 de la llista de CiU, tot i que a les darreres municipals aquesta formació va treure nou regidors. Vuit candidats de la llista han renunciat a la seva acta de regidor perquè Ballesta pogués ser alcalde. «És el millor candidat per a una transició, i per evitar també baralles internes de successió a l'equip de govern», pensa. Però hi ha un gran embolic. Les propostes de

Ballesta no compten amb el vistiplau dels republicans i no pot aprovar ni el nou cartipàs ni la seva retribució com a alcalde. El president interpreta que ERC de Girona està posant traves al seu relleu perquè en vol treure rendiment electoral. En parla amb Oriol Junqueras. Són a la sala gòtica del Palau. «Se us haurien d'encendre totes les alarmes, per aquest cas», li diu. Junqueras li demana temps.

«Tot ha anat massa ràpid; potser nosaltres no ho hem fet prou bé, però no m'ho pensava, que s'aprofitessin de la feblesa que ha generat la meva renúncia inesperada a l'alcaldia», reflexiona.

I, veient que ERC no es mou, opta per negociar alternatives. Parla discretament amb Miquel Iceta, primer secretari del PSC, que li assegura que els quatre regidors del PSC a l'Ajuntament de Girona li poden facilitar l'estabilitat suficient per arribar al final del mandat a canvi d'entrar a formar part del govern. «¿És un acord estable? ¿El feu amb voluntat d'estabilitat?», li pregunta a Iceta. «Sí», li respon. El desgast a Girona és accelerat, però ERC li continua demanant temps. Per això ja ha tancat un acord amb el PSC.

Divendres, 26 de febrer

Avui tots els diaris van plens de la decisió de la Generalitat de retornar al govern d'Aragó cinquanta-tres de les noranta-set obres d'art procedents del monestir de Sixena (Osca) que es troben al Museu Nacional d'Art de Catalunya. S'hi va comprometre ahir el flamant conseller de Cultura, Santi Vila, en una reunió a Saragossa amb la seva homòloga aragonesa, María Teresa Pérez. La premsa critica el gest de Vila, que alguns atribueixen a la seva manera de fer personal. Res més lluny de la veritat. La decisió ha estat pactada amb el president Puigdemont, que, davant d'una sentència ferma de retorn i tenint en compte l'escàs valor dels objectes reclamats (plats, culleres, tasses...), que són en uns calaixos del MNAC, que no estan catalogats i que no s'han exhibit mai, opten per retornar-los.

Ell se'n refia, de Vila, tot i que sap que no és un independentista de pedra picada. «Ell hi ve arrossegat, cap al procés; Vila no voldria ser independentista, però s'hi ha tornat, perquè veu que no hi ha més solució, tot i que pensa el que pensa.» Alguns membres del seu govern, però, en privat repliquen: «¿Però no ho veus, president, que Vila és dels que si hi hagués una oferta seductora de l'Estat s'hi agafaria ràpidament?». Amb tot, no té cap dubte, sobre Vila: «És cert. Si vingués una oferta és dels que s'hi agafaria, com molta gent, com molts electors de Junts pel Sí. Però no vindrà l'oferta. I són els Santi Vila, els que ens duran a la independència».

Aprofito per preguntar-li com és que ell mateix s'autodescarta com a candidat de futur.

—¿Vols dir que no et precipites?

—Sí, ja ho sé; ja m'ho ha dit altra gent. Però és que jo he vingut per fer una cosa molt concreta i ho tinc molt clar.

Com que hi insisteixo, afegeix:

—És que aquesta vida és molt dura, hi ha molta hipocresia, a la política, i això cansa i crema molt. No em veig de cap de cartell.

Dilluns, 29 de febrer

El president es troba amb la junta d'Òmnium Cultural. La trobada és cordial i el president de l'entitat, Jordi Cuixart, en surt satisfet. «Estarem al costat del govern», diu en sortir. Hi ha anat acompanyat de tota la junta. «En algun moment ha semblat fins i tot que Puigdemont era més independentista que alguns membres de la junta d'Òmnium; té les idees molt clares i també què els pot passar a ell i al país», explicarà dies més tard un dels assistents a la reunió.

Aquests dies s'ha anat reunint, públicament i en privat, amb totes les entitats que els darrers Onze de Setembre han donat suport a les celebracions multitudinàries i també amb les que hi han expressat la seva sintonia sense haver-s'hi implicat directament.

Quan li pregunten sobre les querelles contra Mas, Ortega, Rigau i Homs pel 9-N, demana suport a les entitats sobiranistes. Creu que la sentència pot sortir abans de l'estiu i que això donarà impuls al procés. «Si governa Sánchez —afegeix— també podria ser que decidissin retirar-les en un gest de bona voluntat.»

Dimarts, 1 de març

Consell executiu del govern. El conseller Raül Romeva exposa els problemes que té el seu departament. Hi ha funcionaris que es neguen a publicar determinades resolucions, i la prohibició per part de l'Estat que la seva conselleria s'anomeni «d'Exteriors» ja ha provocat divisions internes.

Demana l'opinió a tots els consellers: l'Estat ha deixat clar que no vol la denominació «d'Exteriors», que es reserva en exclusiva per al seu ministeri; ¿han de canviar el nom de la conselleria? Ell és partidari de desobeir i que els denunciïn per desobediència, si cal, però vol saber què en pensa la resta del govern, un per un.

El president volia evitar que la proposta d'adaptar el nom a les exigències del govern espanyol partís dels consellers de Junt pel Sí que provenien de Convergència. El pragmatisme que els caracteritzava havia estat qüestionat tradicionalment des de l'independentisme, i volia evitar que es presentés com una baixada de pantalons dels de sempre. Finalment, la proposta de canvi de nom no va partir de cap membre de CDC. Es va acceptar i es va evitar així el relat posterior que alguns haurien volgut.

El sentiment és unànime: vindran problemes pitjors que aquest i ara és massa aviat per posar en risc l'acció dels funcionaris. A partir d'ara, la conselleria de Raül Romeva ja no serà la Conselleria d'Exteriors. Serà el Departament d'Afers Exteriors, Relacions Institucionals i Transparència. La CUP no trigarà gaire a criticar-ho i a acusar el govern d'haver-se abaixat els pantalons davant Madrid.

També n'ha après una altra cosa, d'aquest episodi: ara CDC i ERC són molt conscients que no tots els funcionaris estan disposats a fer els sacrificis que potser caldrà fer. Amb segons quins, s'hauria de trobar la manera de protegir-los, i amb d'altres, el que caldrà és no comptar-hi.

«Potser el millor és que a partir d'ara els acords que puguin semblar conflictius es facin públics a través d'un decret del president. D'aquesta manera, tot el govern és solidari de la decisió; no és la decisió d'un conseller en concret sinó de tot el govern», es diu. Ell voldria resoldre totes aquestes situacions en el que anomena «l'estat major» del procés, però de moment no acaba de funcionar. Només s'ha fet una primera reunió i ja el troba inoperant. «Hi ha massa recels, entre uns i altres», es lamenta.

Mentrestant, intenta acostar-se a la CUP. Junts pel Sí i la CUP, explica el president, comencen a trobar el desllorigador de com accelerar el procés. No ho explicitaran, però en les converses s'apunta un possible acord: aprovar, en una reunió de govern, en un consell executiu, un paquet de mesures socials ambicioses; ajudes per als més necessitats, donacions a entitats socials, complements per als beneficiaris del PIRMI, per a les vídues, permetre que les infermeres puguin fer receptes, acords sobre pobresa energètica, sancions als bancs que tinguin pisos desocupats... Tot un paquet d'acords necessaris des d'un punt de vista de país (en els quals Junts pel Sí i la CUP estan d'acord), però que legalment la Generalitat no podria tirar endavant.

«Cal explicitar per què volem un país nou, i la millor manera de desafiar l'Estat en aquest sentit és aprovant un paquet de mesures socials justes. Veurem què fa l'Estat, però el cert és que socialment serà poc discutible que tenim raó», opina el president.

Diumenge, 6 de març

Avui ha convidat l'alcalde de Girona, Albert Ballesta, a fer un cafè a casa seva, al Golf Girona. «Hem d'aclarir això d'una vegada», pensa Puigdemont, que no té clar quin serà el desenllaç de la conversa.

A hores d'ara, el pacte amb el PSC a la capital gironina ja està pràcticament tancat i el govern tindrà estabilitat fins a final del mandat. Però Puigdemont no té clar si Ballesta s'hi veu amb cor. «La decisió és seva», pensa, però hi vol tenir una conversa sense presses i valorar amb ell personalment la situació. «Si tu t'hi veus amb cor, et donarem tot el suport. I si no t'hi veus amb cor, també.» Ballesta està dolgut. Dolgut i emprenyat. La seva imatge pública —no només a Girona, sinó arreu de Catalunya— ha quedat molt tocada. Ha estat objecte d'escarni de molts tertulians i opinadors del país. «Si en algun moment m'hagués imaginat que hauria de passar per tot això, evidentment no ho hauria acceptat; m'han trinxat», es lamenta. Puigdemont li dona la raó i li diu que no s'hauria imaginat mai que les coses anessin com han anat. «Evidentment, si ho hagués sabut, Albert, no t'ho hauria proposat mai.»

La conversa s'allarga una bona estona. Ballesta continua lamentant-se que la seva credibilitat i la seva imatge públiques han quedat molt tocades, però sobretot de les dificultats que es trobarà a partir d'ara si ha de continuar governant, fins i tot amb els seus propis companys de partit. Puigdemont és clar: «Ara que has arribat a un acord amb el PSC i que hi haurà estabilitat a l'Ajuntament, pots fer dues coses: o continuar, o fer un pas al costat i deixar clar que no et movien ni els diners ni la cadira. Tu decideixes».

Ballesta li demana unes hores per pensar-s'ho. Està tocat i enfonsat. Ja fa dies que té ganes d'engegar-ho tot a rodar. Quan arriba a casa i obre *La Vanguardia*, pren la decisió definitiva. Ja fa dies que a la ciutat hi ha una discussió sobre quin paper ha de fer el consistori amb la Fundació Princesa de Girona. Ballesta va dir públicament que era partidari de mantenir-hi bones relacions. Avui, però, el rotatiu barceloní fa un reportatge sobre la polèmica i, sense tornar a parlar en cap moment amb ell, basant-se en les declaracions de molts dies enrere, el situa al costat dels partidaris de la Fundació. «Si avui fan servir unes declaracions meves de fa dies, tot plegat per deixar-me com em deixen, això vol dir que no pararan. Els he obert la veda i ara no pararan.»

Dilluns truca al president per fer-li saber que dimitirà. No assistirà ni al ple de la seva renúncia.

Dimarts, 8 de març

Com cada dimarts, es veu a soles amb Junqueras a Palau. Avui mateix s'ha sabut que Marta Madrenas serà la nova alcaldessa de Girona gràcies al suport dels quatre regidors del PSC. I en parlen. «Et demano que això quedi com un tema local, que no vagi a més; heu deixat rostir un alcalde innecessàriament. Tot plegat era innecessari», li diu. Junqueras es queixa que hagin negociat d'amagat amb el PSC i insisteix a repetir que ERC tenia tota la voluntat d'arribar a un acord.

Quan ja és sol a la seva taula, la cap de la secretaria del president, Anna Gutiérrez, li fa saber que li ha trucat el líder del PSOE, Pedro Sánchez. Vol saber si el podria rebre dimarts vinent al Palau de la Generalitat. «Per mi cap problema; si em vol veure, ens veiem —li respon el president—. Pregunta-li a ell quin format vol: si una trobada pública, privada, amb roda de premsa posterior..., que ho decideixi ell.» «Jo no m'he d'amagar de res», pensa mentre es pregunta si Sánchez deu voler parlar de veritat o si simplement és una operació de cara a la seva imatge pública, per mostrar públicament una disponibilitat a parlar que no mostra Mariano Rajoy.

Després de fer càbales sobre què seria el millor per a Catalunya, està convençut que només n'hi ha una, de solució acceptable, si es vol fer d'acord amb Espanya: un govern d'esquerres, amb Podemos, i la celebració d'un referèndum. «Si el que em ve a proposar Sánchez és una reforma de la Constitució, no ens entendrem. Si és per a això, amb mi que no hi comptin», diu en veu alta.

Dimecres, 9 de març

L'expresident Artur Mas és entrevistat a Catalunya Ràdio: «Si algú pensa que d'aquí a setze mesos haurem proclamat la independència, li estem posant al govern un deure que no podrà complir», diu. Mas ressuscita, un cop més, la polèmica sobre quant ha de durar el procés: si divuit mesos —a hores d'ara ja en serien setze—, dinou, vint, tant com calgui...

No en vol saber res, d'aquesta polèmica. «Nosaltres hem de dir setze mesos; si comencem a moure les dates, la gent al final no ens creurà, ni aquí ni a fora. I ara és molt important que ens creguin a fora.» El seu raonament és molt senzill: fins ara, a fora de Catalunya no se'ns creien. «Sempre s'han pensat que ho arreglarien amb una reforma constitucional, que ens farien una oferta i cediríem. Però això ha canviat, i ens hem de mantenir ferms. Per això és important no sembrar dubtes ni en el calendari.»

Està satisfet de com ha anat fins ara el calendari. Una cosa és la sensació que el govern pugui transmetre, i l'altra és la feina que s'ha fet internament. «Hem posat ordre —es diu— i ja tenim un full de ruta clar.» Per coordinar les feines que fan tots els departaments relacionades amb la desconnexió, el govern acaba d'aprovar —ho va fer l'1 de març— un doble nomenament per controlar-ne el disseny i l'aplicació en el dia a dia. D'una banda s'ha creat la Secretaria per al Desenvolupament de l'Autogovern, que depèn de Presidència, amb Víctor Cullell al capdavant, i de l'altra s'ha designat Josep Maria Reniu com a director de la nova Oficina per a la Millora de les Institucions de l'Autogovern, que depèn del vicepresident Oriol Junqueras. El primer òrgan ha de completar els plans per a la desconnexió, i el segon els ha de posar en pràctica seguint el full de ruta de Junts pel Sí.

Al mateix temps s'ha posat fil a l'agulla al que ha d'acabar sent la hisenda pròpia, amb Lluís Salvadó al capdavant, i la seguretat social, amb Josep Ginesta al front. El primer depèn d'Oriol Junqueras, i el segon, de la consellera de Treball, Dolors Bassa. Dos grans pilars de la desconnexió, doncs, en mans d'ERC.

Finalment, hi ha un acord per nomenar els diputats que participaran en la redacció de les normes de règim jurídic català i seguretat social. Al Parlament presidit per Carme Forcadell, es constituirà en breu la comissió d'estudi del procés constituent —presidida per Lluís Llach (Junts pel Sí), amb Gabriela Serra (CUP) com a vicepresidenta, i Albano Dante Fachin (Catalunya Sí que es Pot) de secretari.

Es creen també tres ponències legislatives: la de règim jurídic (amb Lluís Corominas i Marta Rovira per Junts pel Sí i Benet Salellas i Gabriela Serra per la CUP); la de la hisenda catalana (amb Maria Senserrich i Roger Torrent per Junts pel Sí i Eulàlia Reguant i Anna Gabriel per la CUP), i, finalment, la ponència legislativa de la seguretat social (amb Chakir El Homrani i Natàlia Figueras per Junts pel Sí i Mireia Vehí i Albert Botran per la CUP).

«No hi haurà cap país que hagi arribat a la independència tan ben preparat», pensa el president.

Dijous, 10 de març

Carles Puigdemont rep a Palau un sobre de l'expresident Jordi Pujol. Li ha enviat set articles amb reflexions sobre la refundació del partit, els quaranta anys d'existència de CDC i la manera com es van celebrar, i on, en certa manera, es reivindica. En algun moment del text, però, Pujol parla d'ell mateix com aquell qui ha fet tant mal a Convergència. Amb tot, afirma que hi ha una Catalunya que ell descriu, la Catalunya social, integradora, equilibrada, que existeix independentment que ell ho hagi fet molt malament en el terreny personal.

Els escrits de Pujol fan referència a fets del 2015. «Deu pensar que m'interessa saber la seva opinió», es diu. Li agradaria parlar amb ell amb tranquil·litat. «Per a mi Pujol ha estat sempre un referent polític.» Però és conscient que no pot fer-ho. Li ve al cap l'ús que van fer els mitjans de la trobada que Mas va mantenir amb el seu predecessor al capdavant del partit. «Pots comptar que a Pujol el segueix el CNI. Per això van saber que es trobava amb Mas. Van utilitzar políticament la trobada, i a mi això ara no em pot passar.» És conscient que el mateix Jordi Pujol li envia manuscrits per evitar fer-li els comentaris personalment. «Ell també és conscient dels riscos que tindria una trobada.»

Des que ell és president de la Generalitat han coincidit a l'enterrament de Muriel Casals i coincidiran, dissabte, a l'enterrament de mossèn Ballarín. En tots dos casos s'han limitat a fer-se una salutació formal. Cap més comentari. Els membres de protocol de Presidència han vetllat perquè aquestes trobades puntuals amb Pujol siguin sempre fugaces i sense presència de fotògrafs que puguin perjudicar Puigdemont.

Avui començarà a maquinar un pla per poder veure's amb Jordi Pujol en secret i amb tranquil·litat, lluny dels mitjans de comunicació. Li passen pel cap uns quants llocs que coneix, on es podrien trobar si hi arriben discretament en cotxes separats. Però no serà en cap d'aquests.

Dimarts, 15 de març

Amb Pedro Sánchez es veuen avui al Palau de la Generalitat. Finalment ha volgut que la trobada sigui pública i hi hagi sessió de fotografies per part de la premsa. «Està clar que avui Sánchez no ve a treballar de veritat, sinó a construir un relat. A ell la fotografia li interessa perquè el contraposa a Rajoy, que no mou fitxa. I a mi ja em va bé, també.»

Habitualment, les visites que van a veure'l s'esperen sempre a l'Arxiu de Comptes, una sala propera al seu despatx, a tocar del Pati dels Tarongers. En aquest cas, però, no ho faran així. Hi volen donar un aire menys protocol·lari i surt a rebre el líder del PSOE a la sala gòtica de Palau. Sánchez puja per l'escala amb la catifa vermella. És la mateixa escala de la galeria gòtica on l'octubre del 2014 més de set-cents alcaldes de Catalunya van fotografiar-se amb Artur Mas per donar-li suport per al 9-N. En aquella ocasió, els alcaldes havien anat a dur personalment a l'aleshores president de la Generalitat les mocions aprovades en els plens a favor de la consulta popular. Ara és Sánchez qui trepitja aquesta escala.

Se saluden formalment amb un «bon dia» davant dels fotògrafs i entren directament al despatx. Així que s'asseuen, el president pren la iniciativa abans que l'altre tingui temps de començar. Vol ser ell qui marqui el ritme de la conversa i deixa anar el que pensa sense embuts:

—Pedro, yo, antes que nada, te quiero dejar clara una cosa —li diu—. Que no puedo aceptar, y te pido que no la hagas nunca más, esta apelación constante al hecho de que hay un problema de convivencia en Cataluña. No existe ninguno. Y lo que tú haces es muy doloroso para mucha gente, para gente del sí y para gente del no. Estamos haciendo esfuerzos para que nuestra sociedad sea muy convivencial y democrática, y lo estamos consiguiendo. El mismo CEO dice que el 80% de los catalanes aceptaría el resultado de un referéndum, fuese el que fuese, y esto es propio de una sociedad madura. Puedes decir que hay discrepancias políticas en Cataluña, pero no un problema de convivencia. Eso no lo puedes decir, y te pido que no lo vuelvas a hacer.

Sánchez, que se l'ha escoltat amb posat seriós, respon:

—Es cierto. Lo reconozco. Esta misma reflexión me la hizo Quico Homs el otro día, y ya veo que no podemos ir por esta vía. No te preocupes, que no será necesario hablar de este tema nunca más.

Veient que d'entrada ha aconseguit situar el relat allà on ell vol, ara s'hi estén. Li fa notar que a la Gran Bretanya hi ha discrepàncies polítiques sobre si s'ha de sortir o no de la UE, que a Espanya n'hi va haver pel referèndum de l'OTAN, que potser un dia n'hi tornarà a haver si es discuteix de veritat sobre monarquia o república, però que de cap manera això s'ha de traslladar com un problema de convivència, que és el que ells estan fent amb la situació a Catalunya.

Sánchez li torna a donar la raó, i ara és ell qui porta la conversa al seu terreny. Després de dir-li que aquestes situacions s'han de resoldre sempre amb el diàleg, finalment li pregunta:

—Y esto de la reforma de la Constitución, ¿cómo lo ves?

—Nosotros no creemos en esta posibilidad. Porque ¿qué mayoría tienes, para llevarla a término?

La conversa se'n va d'un tema a l'altre molt ràpidament.

—Está claro que tendríamos que esperar el apoyo del PP —li admet Sánchez, que reconeix que això demanaria el seu temps, perquè ara el PSOE no té una majoria per tirar endavant tot sol una reforma de la Constitució.

—Pues nosotros no tenemos tiempo.

Sánchez prova una altra solució:

—¿Y un nuevo Estatut?

—¿Tu has oído que en Cataluña alguien esté pidiendo un nuevo Estatut? —replica—. ¿Y para hacer qué?

—No, no, claro. Es cierto que no lo pide nadie, un nuevo Estatut —admet Sánchez.

—Aquí lo que queremos es un referéndum —li aclareix Puigdemont—. Si tú admites la posibilidad del referéndum, nosotros te ayudaremos; nos podemos entender.

La conversa girarà sobre el referèndum una estona llarga. El líder del PSOE li diu que no el pot fer perquè «eso es romper, partir, la soberanía nacional». Puigdemont discrepa i li explica que a Espanya la sobirania pot ser asimètrica, que hi ha possibilitats legals de referèndum, i que ell ho sap.

—Pero, si se hiciera, debería votar toda España —li diu Sánchez.

Arribats a aquest punt de la conversa s'adona d'un fet que li sembla transcendent: des de fa uns minuts, Sánchez s'ha posat, segurament sense voler, en l'escenari del referèndum; en parla com si fos possible.

—Nosotros aceptaríamos que el referéndum se hiciera en toda España —replica Puigdemont—, pero tú tendrías que aceptar que el resultado de Cataluña fuera vinculante.

—Pero es que la independencia no se puede votar —li insisteix Sánchez.

Ell li proposa que faci una oferta per a Catalunya. La que ell cregui. I la posaran a votació.

—¿Pero pondríais a votación de la gente nuestra oferta, si la hiciésemos, o también el referéndum? —pregunta Sánchez.

—Las dos cosas, claro. Aceptar vuestra oferta o hacer un referéndum: esto es lo que podríamos votar.

Sánchez somriu. Puigdemont insisteix:

—Si vuestra oferta, sea la que sea, no se acepta, nosotros, es evidente, estamos por el referéndum... Tú esto lo tienes claro...

Finalment, li fa aquesta reflexió:

—Si tú eres atrevido con el referéndum, te ayudaremos. Y, además, ten en cuenta que la comunidad internacional te aplaudirá, tendrás apoyo internacional y liderazgo. Todos los diplomáticos que vienen a verme, todos sin excepción, respetarían un referéndum acordado. Ganarás imagen internacional, y ahora España lo necesita —li diu.

Sánchez no diu res. Pensa. Puigdemont aprofita per fer una nova reflexió:

—Si la sentencia del 9-N es condenatoria, será muy grave. Si condenan a Mas, será un punto de ruptura.

—Si llegara a pasar, si hubiera una sentencia condenatoria, la imagen de España quedaría muy tocada, es cierto.

—Sé atrevido... —hi torna—. Si tú eres atrevido, podemos negociar incluso la fecha de la consulta, la pregunta, lo que haga falta...

Ha aconseguit no només que Sánchez es posi en mode referèndum, sinó també que li pregunti fins i tot per la data i què passaria si la independència no guanyés:

—¿Hasta cuántos años después os comprometeríais a no hacer una nueva consulta?

—La fecha la podemos negociar. Y la fecha de una segunda consulta, y cuántos años deberíamos pasar sin hacer ninguna consulta más si la perdiésemos, también.

Sánchez i Puigdemont estan sols al despatx. Sánchez l'escolta impassible. Tot i que ha entrat en la conversa, i que en el darrer quart d'hora de la trobada la qüestió del referèndum a Puigdemont li ha semblat una possibilitat, té la sensació que Sánchez se sent atrapat.

—Tienes que salir de tu zona de confort —li torna a dir.

Tot i que Sánchez torna a insistir que ho té complicat, per saltar-se això de la sobirania nacional, fa una pregunta que deixa clar que ha entrat en el marc mental del referèndum:

—Y este referéndum, ¿cuándo tendríamos que hacerlo?

Puigdemont entén que, si ja li pregunta per la data, és que no descarta res. «Estem parlant com si estiguéssim negociant el referèndum», pensa.

—La fecha la podríamos pactar; en eso sí que no os pondríamos ninguna pega... Cuando a ti te fuera bien.

La conversa s'allarga una estona més al voltant del mateix: el referèndum. Puigdemont pensa que Sánchez no ho té clar i que no es vol implicar, perquè no sap què es trobarà més endavant.

—El referéndum sería lo más normal. Lo que pasa es que en Madrid tenéis una nube informativa tóxica que os paraliza —li deixa anar.

Sánchez no diu res.

La conversa ha durat una hora i mitja. Estan a punt de sortir.

Però just abans d'anar cap a la roda de premsa, Puigdemont li fa aquest comentari:

—Por cierto, donde sí que no hay discusión es en la inmersión lingüística; esa sí que es una línea roja muy grande; es innegociable.

—Nosotros también lo tenemos claro —respon Sánchez.

—Sí, pero este documento de acuerdo que habéis firmado con Ciudadanos es poco claro. El otro día Joan Carles Girauta decía en un programa de televisión que el pacto que ha firmado con vosotros liquida la inmersión lingüística en Cataluña.

—No es cierto.

—Pues lo que deberías hacer es aclararlo. Deberías hacer alguna declaración pública a favor de la inmersión lingüística —li diu quan ja surten del despatx per atendre els periodistes.

Sánchez no farà cap declaració en aquest sentit.

En sortir, davant dels periodistes, no parla de la immersió lingüística però sí que aclareix que a Catalunya no hi ha cap problema de convivència. «No, no hay ninguna posibilidad de referéndum», insistirà quan l'hi pregunten.

Quinze dies més tard, en una entrevista a *La Vanguardia*, l'expresident José Luis Rodríguez Zapatero insistirà que la solució per a Catalunya podria ser un nou Estatut.

Dissabte, 19 de març

Avui és al Mercat del Ram, a Vic. S'ha passejat pels carrers i s'ha fet un munt de fotografies amb la gent que l'aturava. Després anirà cap a Berga. A les quatre hi ha l'enterrament de mossèn Ballarín, i vol ser-hi.

Pel camí, s'atura a Taradell per dinar amb el portaveu de Democràcia i Llibertat al Congrés dels Diputats, Francesc Homs. Dinen a casa seva, amb tota la família. És un dinar ràpid, perquè a les quatre ha de ser a Berga i ja és tard, però tenia molt clar que s'hi volia aturar. «No va voler que l'acompanyés a declarar al Tribunal Superior de Justícia, tot i que a mi em semblava que havia de fer el gest», recorda. Homs va ser taxatiu: «Tu t'has de preservar, perquè més endavant passaran més coses». I Puigdemont li va fer cas, tot i que està permanentment en contacte amb ell. «El que està fent Homs és molt dur; va fer una intervenció molt valenta, davant el TSJC, i no se li està reconeixent prou», pensa.

Diumenge, 20 de març

És un quart de set del matí. A casa del president de la Generalitat hi ha moviment, perquè avui està a punt de fer el seu primer viatge oficial. Se'n va tres dies a París acompanyat de la seva esposa. La Marcela fa una estona que s'ha llevat. Com que han de sortir cap a

París a primera hora de la tarda des de l'aeroport del Prat s'ha aixecat molt d'hora per tenir temps de portar les dues filles, la Maria i la Magalí, a Amer, a casa de la germana del president. S'hi quedaran tres dies, fins dijous. Fins que els seus pares tornin del viatge que la diplomàcia catalana està preparant des de fa dies.

La capital francesa ha estat l'escollida per començar a explicar a Europa el que està passant a la política catalana des del 27-S. Ho farà en el marc de la sala Chapsal, en una conferència que presentarà l'ex-primer ministre d'Itàlia, Enrico Letta, actual degà de la Paris School of International Affairs, coneguda com a Sciences Po. L'amfiteatre Chapsal és el marc en què els principals mandataris que visiten París expliquen la situació dels seus respectius països, i ell vol exposar el full de ruta cap a l'estat català en un dels principals aparadors polítics del continent. Això ho farà, no cal dir-ho, en un moment en què des d'Espanya s'ha alçat un veto a les activitats exteriors de Catalunya.

Aprofitarà l'estada a París per assistir també a la inauguració d'un gran mural de Miquel Barceló en honor a Ramon Llull a la Bibliothèque Nationale de France, en el marc dels actes de commemoració de l'any Llull. A part d'això, es reunirà amb la comunitat catalana a la capital francesa i concedirà una entrevista a la televisió pública.

Marcela Topor fa estona que és fora. Són les vuit del matí. Puigdemont fa servir habitualment dos mòbils. Un per a ús particular (en aquest hi té una agenda més àmplia), i l'oficial de la Generalitat, d'accés més restringit. Aquest número el té la gent del seu equip i els escortes. De nit, sol desconnectar el primer i deixar el segon en silenci. Aquest matí accedeix al correu des d'aquest segon dispositiu i s'adona que hi té un correu urgent avisant-lo d'una gran fatalitat. Un autobús que portava estudiants universitaris ha patit fa poca estona un aparatós accident a l'AP-7, al Montsià, a l'alçada de Freginals. Quan connecta l'altre mòbil comprova que durant els últims vint minuts el conseller Jordi Jané li ha trucat unes quantes vegades. «¿Que no dorm, aquest home?», es pregunta Puigdemont en un primer moment. Li torna la trucada. L'accident és greu. Hi ha morts. No se sap encara quants, però la primera impressió és que molts. El primer que li passa pel cap és «He d'anul·lar el viatge a París». De seguida avisa els escortes que es preparin. Vol sortir cap a Tortosa immediatament. «Ho he de deixar tot.»

Des de l'autopista truca a la Marcela, que ja està tornant d'Amer: «Mars, soc a l'autopista, camí de Tortosa».

Rep des del cotxe tota la informació. En clau, el seu vehicle és el V-1. Sempre que viatja es posa en marxa el que en llenguatge policial es coneix com a «càpsula de protecció». Davant del V-1 circula un altre vehicle amb dos agents per alertar de possibles incidents —el V-2— i, enganxat al darrere del seu, hi ha encara el V-3, per si ha d'intervenir. Ell ni s'hi fixa. Es passa gairebé tot el trajecte parlant per telèfon. Va assegut darrere el copilot, revisant notes. Ha convertit el cotxe en una mena de despatx on prepara algunes de les seves intervencions i repassa els discursos. Tant el conductor com el copilot són dos mossos de l'equip d'escortes. Davant seu hi ha sempre un primer cotxe amb dos agents, i els segueix un altre cotxe on n'hi van dos més. Avui és el primer dia que la comitiva engega els llums blaus d'emergència, tot i que sense la sirena. A aquella hora i per l'autopista és més que suficient. Arriben a lloc cap a quarts d'onze.

El conseller Jané ja ha atès els mitjans de comunicació, i ell ho farà d'aquí a una estona.

El panorama que es troba és esborronador, i encara hi ha ferits per traslladar. Assisteix a la primera reunió del dia: li expliquen al detall la situació, pregunta pels ferits, per l'aixecament dels cadàvers, pel nombre de víctimes, la identificació, els familiars... Vol parlar amb algun ferit.

«Ja es veia que això no acabaria bé», li diu una de les persones que viatjava a l'autobús, una noia de Bilbao, que li explica que durant el trajecte, abans de la col·lisió, el conductor s'acostava molt al bus de davant i accelerava i desaccelerava. «Quan he vist això m'he posat el cinturó», assegura. La noia ha vist com passava tot. El bus s'ha desviat cap a la dreta de la carretera, s'ha acostat molt al voral i, abans de tocar la tanca, el conductor ha donat un cop de volant. Després d'això ha passat el que ha passat. A Puigdemont se li posa la pell de gallina. Pensa en les seves filles. Pensa en els morts, que en aquests moments sembla que en són una vintena, i torna a pensar en les seves filles. Demana per parlar amb altres ferits, però just en aquest moment li truca la seva secretària, Anna Gutiérrez, que li diu que el rei l'està buscant. S'allunya una mica per poder parlar i li passen la trucada.

«Como máxima autoridad de Cataluña, te quiero expresar mi pésame y mi solidaridad», li diu textualment el rei. Puigdemont l'hi agraeix i convoca el gabinet de crisi perquè l'informin de com evoluciona la situació. Mentre dura aquesta reunió, Pedro Sánchez li truca unes quantes vegades, però no s'hi pot posar. Finalment, Sánchez opta per enviar-li un SMS de suport i solidaritat.

Mentre venia cap al lloc de l'accident, el president ha trucat al rector de la Universitat de Barcelona, Dídac Ramírez, i a l'alcaldessa de Barcelona, Ada Colau, per informar-los. Dídac Ramírez es desplaça molt ràpidament a Tortosa i s'hi està tot el dia, atenent víctimes, parlant amb familiars i participant en el gabinet de crisi. L'alcalde de Tortosa, Ferran Bel, també acudeix al lloc dels fets, però a mig matí li truquen que han hagut d'hospitalitzar el seu pare i ha de marxar.

L'hotel Corona de Tortosa s'ha habilitat com a centre de coordinació de l'accident. Ja va fer aquestes funcions durant l'incendi d'Horta de Sant Joan, el 2009. La direcció de l'hotel, d'acord amb els clients, decideix anul·lar els àpats de celebració que tenien previstos per a aquell dia. Se n'assabentarà l'endemà i trucarà personalment al director per agrair-l'hi. «Heu posat la solidaritat i el servei al país per davant del negoci particular; us ho agraeixo. La vostra disponibilitat m'ha commogut, a mi i a tothom», li diu textualment.

Raül Romeva ja s'està posant en contacte amb tots els cònsols afectats, i el conseller Antoni Comín coordina tot el que té a veure amb l'atenció mèdica. El conseller d'Exteriors, però, no pot donar informació detallada perquè encara hi ha molta confusió sobre la llista de passatgers. De moment els fa una primera trucada advertint-los de l'accident i de la possibilitat que hi hagi compatriotes seus ferits o morts. Puigdemont, al seu torn, truca al conseller de Justícia, Carles Mundó, per demanar-li si es pot accelerar tot el tema de les autòpsies, les identificacions i els trasllats. Mundó l'informa que a aquesta hora ja tenen onze forenses que van de camí cap a Tortosa.

«El problema, president», li diu el conseller Jané, «és que la llista d'inscrits no és fiable, perquè hi ha estudiants que s'han canviat d'autobús i d'altres que al final no hi han pujat».

Es reuneix el comitè de coordinació i els fa una reflexió: «Poseu-vos a la pell de les famílies. Tothom sap que fa unes hores que hi ha hagut l'accident i no sabem del cert el nom de totes les víctimes. Això per a les famílies és un patiment extrem. A hores d'ara, dels cinc-cents estudiants de la comitiva d'autobusos, n'hi ha setanta que no sabem on són. Hem de localitzar les seves famílies per dir-los almenys això, que no sabem on són i que podrien ser víctimes de l'accident, però també que podria ser que haguessin decidit no pujar a l'autobús i quedar-se a València. Els hem d'explicar el que sabem. No pot ser que se n'assabentin per les xarxes socials», insisteix. En un dels casos no ho aconseguiran, i la família se n'assabentarà per un whatsapp d'una amiga.

Els primers familiars de les víctimes comencen a arribar a mitja tarda. Han vingut pel seu compte en sentir la notícia. Són els pares de [redacted]. Recordarà sempre més aquest nom. Fa una estona que han trucat demanant si se'ls podia informar de la situació de la seva filla i, com que encara no es tenia la certesa que fos una de les víctimes, Puigdemont ha demanat que, de moment, no se'ls confirmés, que els diguessin només que era possible, però que encara no era segur.

Quan els pares de [redacted] arriben a l'hotel Corona els rep el president. «M'estan mirant als ulls esperant la confirmació; estan pendents d'un gest meu, una mirada, per saber què ha passat», es diu mentre nota com se li neguen els ulls. Ara ja no pensa en les seves filles. Pensa en els seus pares. S'imagina els seus pares rebent una informació com aquesta. Al costat hi ha un equip de psicòlegs. El crit de la mare quan l'hi comuniquen i els plors de la primera família d'arribar al lloc dels fets li ressonaran al cap durant molts dies. Escolta els familiars d'altres víctimes. Una de les joves havia trucat als pares just abans de pujar a l'autobús. Com que dormien, els havia deixat un missatge a la bústia: «Ens ho hem passat molt bé, hem anat a veure les falles de València; no patiu, ara ja soc a l'autocar camí de Barcelona. Demà us truco». Ara ja no els podrà trucar mai més.

La llista final de víctimes supera de llarg els tretze morts, perquè hi ha ferits sense identificar en diferents hospitals, però comença a ser una llista fiable. Romeva ja ho pot comunicar als cònsols i representants consulars afectats. De seguida arribaran al lloc dels fets els cònsols d'Itàlia, Alemanya, Turquia, Suïssa... Es reuneix amb ells i els explica com anirà la repatriació.

Són les deu del vespre i decideix tornar cap a Girona. Ja ha anul·lat fa estona la conferència prevista per a l'endemà a París, però des del cotxe truca personalment a l'ex-primer ministre italià, Enrico Letta, per fer-l'hi saber.

—Tu has estat primer ministre d'Itàlia i saps perfectament el que passa en aquests casos. Sé que ho entens.

Letta li dona ànims i el condol per l'accident.

—Ho entenc perfectament. Ja buscarem una altra ocasió. Ara has de fer el que has de fer.

Dilluns, 21 de març

El govern ha decretat dos dies de dol per les víctimes de l'accident i es fan cinc minuts de silenci davant de la Universitat de Barcelona. Hi ha el president de la Generalitat i el rector de la Universitat de Barcelona, Dídac Ramírez. Tampoc no hi han faltat la presidenta del Parlament, Carme Forcadell; l'alcaldessa de Barcelona, Ada Colau; la delegada del govern, María de los Llanos de Luna; el conseller d'Exteriors, Raül Romeva; el d'Empresa, Jordi Baiget; el de Justícia, Carles Mundó; els tinents d'alcalde de Barcelona, Gerardo Pisarello i Laia

Ortiz; els líders de CiU i del PSC a Barcelona Xavier Trias i Jaume Collboni; el líder del PP català, Xavier García Albiol, i l'inspector general de l'exèrcit, Ricardo Álvarez-Mirall, entre altres personalitats.

A Madrid, el rei Felip VI també fa un minut de silenci en record de les víctimes. Ho fa a la seu de la Unitat Especial d'Intervenció de la Guàrdia Civil a Valdemoro, a Madrid, acompanyat del ministre de l'Interior, Jorge Fernández Díaz, i alts càrrecs de la Guàrdia Civil.

El conseller Jané és al lloc dels fets, i els consellers Mundó, Comín i Romeva continuen fent gestions tot el dia en els seus àmbits respectius.

—M'han trucat tots els rectors de totes les universitats espanyoles donant-me missatges d'ànim i de condol —comenta Ramírez al president.

—¿T'ha trucat Mariano Rajoy? —li pregunta Puigdemont.

—No. ¿I a tu?

—A mi tampoc.

Sembla increïble que en uns moments com aquests el president espanyol no digui res i que l'hi faci dir al ministre Fernández Díaz, comenten.

Arriba al despatx del Palau de la Generalitat, però així que hi posa un peu el ve a trobar el director de l'oficina, Josep Rius:

—President, sembla que hi ha un avió que ha sortit d'Itàlia en direcció a Reus i que hi podria viatjar el primer ministre, Mateo Renzi.

—¿I no ens ha avisat ningú?

No. Cap responsable de l'Estat ha alertat el govern català que el primer ministre italià està volant cap a Catalunya.

—Truqueu-me a l'ambaixador d'Itàlia i passeu-me'l —demana Puigdemont a la seva secretària.

La conversa és breu. Es transmeten el condol pels fets, es posen al corrent de les darreres novetats, i en un moment donat el president pregunta directament:

—Ambaixador, tinc entès que està venint el primer ministre Renzi.

—Sí. Arriba a Reus a les 15.40.

—Doncs, si li sembla, l'aniré a rebre. ¿Li sembla bé?

—Em sembla perfecte. Cap problema per part nostra.

Dona instruccions de sortir com més aviat millor. Són pràcticament les dues i no poden arribar tard. Com que aquests dies tenia previst ser a París, li havia quedat l'agenda lliure de compromisos a l'hora de dinar i havia aprofitat per quedar amb el seu amic Vicent Partal. Li truca per anul·lar-li la cita que han improvisat a mig matí i dina sol a Palau. Un sol plat, com fa sovint.

Des del cotxe, camí de l'aeroport de Reus, truca al conseller Romeva. «Segurament hi haurà en Margallo», diu Romeva. «Normal», pensa. Però no. Arriben a la sala d'autoritats de l'aeroport de Reus i només hi ha la delegada del govern a Catalunya, María de los Llanos de Luna. «¿El ministro Margallo no viene?», li pregunta. «No. No viene», es limita a respondre ella.

S'adona que la incompareixença de cap alt representant espanyol pot jugar a favor seu. Ell és la màxima autoritat a Catalunya. Ha arribat també l'ambaixador italià, Stefano Sannino. Parla un castellà perfecte. Puigdemont li ofereix cedir-li el cotxe oficial del govern català per traslladar Renzi, però l'ambaixador li explica que no cal, que han portat el seu des de Madrid. Per tant queda clar que la visita estava prevista des d'ahir i que cap representant del govern espanyol ha avisat el català. «No és que tot plegat hagi estat improvisat», pensa. «És que no els ha donat la gana d'avisar.»

Renzi arriba amb un avió oficial. El primer que fa Renzi, a peu d'escala de l'avió, és agafar Puigdemont pels braços i després posar-li les mans entre les seves. No les hi deixa anar durant bona part de la conversa. A peu d'escala, parlen cinc minuts llargs mentre l'ambaixador i Llanos de Luna no es mouen del seu lloc. Renzi expressa la seva desolació i demana celeritat en tots els tràmits. «Ve Setmana Santa i els familiars han de tenir els seus fills a casa. Han de poder enterrar-los i fer el dol. Faci, sisplau, els possibles perquè això sigui així. Acceleri-ho tot, president Puigdemont», li diu.

S'adona que no l'ha tractat ni de president regional, ni de comunitat autònoma. Li ha dit «president» i «president de Catalunya» en diverses ocasions. Se sent també primer ministre. «Hem de mostrar la nostra excel·lència fins i tot en aquestes situacions; sobretot en aquestes situacions», es diu a ell mateix. Renzi el torna a agafar pel braç unes quantes vegades i allarga la conversa mentre Llanos de Luna s'espera.

Finalment, Renzi saluda l'ambaixador i la representant de l'Estat i se'n van en comitiva. Aquest cop sí, la comitiva, formada per dos presidents i una delegada del govern, posa llums i sirenes.

A l'autopista, els serveis de protocol de Presidència de la Generalitat reben una trucada de protocol de la Moncloa. «És un viatge privat del primer ministre italià i han d'abandonar la comitiva», els demanen. Puigdemont no se'n sap avenir. «De cap manera! Soc el màxim representant de l'Estat a Catalunya i aquest senyor és el primer ministre d'Itàlia. Jo estic al seu servei, i com a president estaré al seu servei en aquesta visita, i més en aquestes circumstàncies», respon als seus serveis de protocol mentre ordena al xofer que no se separi de cap manera de la comitiva. «¿Què s'han cregut?»

Arriben a Tortosa. Llanos de Luna s'acosta al president Puigdemont però no gosa fer-li cap comentari sobre la situació.

—Nosotros ya nos vamos —es limita a dir-li.

—¿Se'n van? —pregunta.

Sí. El president no dona crèdit a la situació. L'Estat es retira.

Són hores de dolor. La visita als pares de les set noies italianes mortes és esfereïdora. «He reconegut la meva filla perquè de petita va caure de la bicicleta i es va fer una ferida; he vist la cicatriu», explica un dels pares a Renzi. A Puigdemont i a Renzi els costa aguantar el tipus. «¿Qui no recorda haver caigut de la bici?», pensa ell, que també té una cicatriu a la parpella i al llavi, però d'un accident de cotxe. Els pares de les joves agraeixen que els hagin permès recuperar objectes personals de les filles i es lamenten davant dels dos presidents de l'epidèmia dels accidents de circulació. «Facin coses perquè això no es repeteixi», els demanen entre plors, en un silenci que el president no oblidarà mai. «Una tristesa serena», dirà a la Marcela quan li expliqui el que ha viscut en aquella habitació.

Han passat moltes hores des de l'arribada de Renzi, que no se'n vol anar sense haver deixat tancats tots els detalls. El director de l'hotel convertit en sala de coordinació cedeix el seu despatx a Renzi, Puigdemont i uns quants consellers del govern català. Al mandatari italià l'acompanyen un parell de militars italians, el seu servei de protocol i uns quants assessors. Es tanquen al despatx.

És la primera cimera catalanoitaliana, sense cap representant de l'Estat espanyol. N'és conscient, i els consellers que l'acompanyen també. Renzi insisteix que cal accelerar les proves d'ADN i identificar els cadàvers i fer els trasllats en pocs dies. La Setmana Santa és a tocar i tot ha d'estar resolt abans. Fins i tot els proposa fer els trasllats i acabar les feines d'identificació via ADN amb els cossos ja a Itàlia. El govern català no ho troba necessari i es compromet a tenir-ho enllestit en poques hores. Identificació, proves d'ADN i trasllats de víctimes d'un estat a l'altre. Sense cap mediació espanyola. Per incompareixença.

Renzi marxa ja de fosc. Abans de pujar a l'avió, torna a agafar Puigdemont pel braç i li demana un altre cop celeritat. Li dona les gràcies per haver suspès la conferència que tenia prevista a París (Puigdemont no n'hi ha dit res; el primer ministre li aclareix que li ha trucat Letta per dir-l'hi) i li demana el telèfon mòbil.

Tres dies després, els cossos de les tretze joves mortes en l'accident són als seus països d'origen.

Aprofitarà la reunió de govern del dimarts següent per felicitar tots els consellers del govern. Felicita Romeva per la seva acció amb els cònsols; Comín pel treball dels metges; Jané per la bona feina dels Mossos, Mundó... «Humanament dur, però hem sabut actuar com un estat.»

Dimecres, 23 de març

Amb Mariano Rajoy, el president del govern espanyol en funcions, es veuran avui per primer cop des que Puigdemont és president de la Generalitat. Avui hi ha l'acte d'homenatge a les víctimes de Germanwings a l'aeroport del Prat amb motiu del primer aniversari de la catàstrofe, en què es descobrirà una placa commemorativa en record de les cent cinquanta persones que hi van perdre la vida.

Abans ha parlat amb el vicepresident Junqueras. Vol consensuar amb ell què ha de dir a Rajoy en cas que li proposi trobar-se formalment amb el govern català. Si Rajoy els ho proposa, diran que sí, però que sigui ell qui tregui el tema. Amb Junqueras pacten que la visita sigui cordial, però no amistosa. Volen un perfil baix.

Ja és a l'aeroport. Hi ha l'exvicepresidenta Joana Ortega, l'alcaldessa Ada Colau, la majoria dels consellers, la ministra Pastor, la presidenta de l'Associació d'Afectats del Vol Germanwings 9525, Silvia Chaves, i altres autoritats. Puigdemont rep Rajoy a la porta de la sala d'autoritats.

—Presidente, bienvenido. ¿Cómo ha ido el viaje? ¿Cómo estás?

Amb Rajoy tenen allò que col·loquialment en diríem una conversa d'ascensor. No parlen de res. Rajoy li explica que tenia fred i li han hagut de deixar un abric perquè ell no en portava. A Puigdemont li ha passat el mateix. S'ha deixat l'abric al cotxe i n'hi han hagut de deixar un. És el de Carles Fabró, el cap de gabinet de Relacions Externes i Protocol de la Generalitat, que es deu estar pelant de fred.

Després de parlar del temps, el president espanyol li explica que ha estat un vol mogut a causa del vent.

—El avión iba dando tumbos —li diu movent una mà.

Des de l'ensurt d'anys enrere que no vola mai amb helicòpter, li diu en to de broma. Puigdemont es pregunta si el president espanyol és conscient de l'acte al qual assisteix, un homenatge a les víctimes d'un accident aeri. Però s'ho calla.

Els dos presidents creuen la porta d'accés de la sala i es troben davant d'un núvol de fotògrafs que els retrata junts per primer cop.

Un cop situats on els indica el personal de protocol, Junqueras se salta el protocol i allò que han pactat i s'acosta a saludar Rajoy. Puigdemont escolta la conversa:

—Presidente, supongo que ya sabes que me encontré con Montoro y que básicamente estamos de acuerdo…

Se'n sorprèn. No entén tanta cordialitat just quan acabaven de pactar un perfil baix.

No volia que els fotògrafs recullin escenes de cordialitat amb Rajoy, i ara el to de la conversa amb Junqueras li trenca els plans. Aparentment a Jorge Moragas, el director del gabinet de presidència de Mariano Rajoy, també, perquè es posa com qui no vol la cosa davant de tots dos per evitar que les càmeres captin l'escena. La Moncloa tampoc ho vol. Puigdemont no pot evitar somriure, quan veu Moragas tapant el tir de càmera. Moragas li torna el somriure.

L'acte se celebra amb normalitat —si és que es pot parlar de normalitat quan es tracta d'un homenatge a les víctimes d'un accident aeri— i en acabat Rajoy se'n torna cap a casa.

L'acomiadarà amb una frase que ha estat meditant molta estona:

—Presidente, te doy las gracias por venir. Cuando quieras, ya lo sabes, nos vemos.

Rajoy fa com si no l'hagués sentit:

—Bueno, adiós —es limita a dir.

Dirigint-se a Moragas per deixar constància de la conversa que acaba de tenir amb Rajoy, Puigdemont insisteix:

—Jordi —li diu en català—, ja ho has vist, li he dit que quan vulgui i no em contesta.

Moragas somriu, dona la mà al president Puigdemont i se'n va.

Ha comprovat el que volia: «No volen parlar, i avui ha quedat claríssim». El president català no farà públic l'oferiment que ha fet a Rajoy ni tampoc la seva negativa. El seu únic objectiu era comprovar-ho personalment.

El líder de Ciudadanos, Albert Rivera, en canvi, ha fet justament el contrari. Quan s'ha creuat amb Puigdemont li ha dit que volia parlar amb ell. «Veiem-nos una estona, si et sembla.» Li diu que sí, que ja li trucarà. Ho farà el 29 de març.

Quan acaba l'acte al Prat, després de signar al llibre de condols, s'acomiada de tothom dient que se'n va a Palau, però no és cert. Ha quedat discretament amb l'ambaixador de [redacted], que li ha demanat veure's aprofitant que és a Barcelona. Han sortit en cotxes separats però es trobaran a l'hotel Trip, prop de l'aeroport. Hi tenen una sala reservada des de fa dies. Hi és ell, l'ambaixador [redacted] i el conseller Romeva. Mantenen una conversa llarga, distesa... i profitosa.

En sortir, se'n van a recollir el cònsol de Bèlgica, que els espera al despatx per baixar junts a la plaça Sant Jaume a fer un minut de silenci en record de les víctimes de l'atemptat de Brussel·les. Després l'acompanyaran fins al seu despatx i aprofitaran el camí per parlar de la situació política actual. Abans d'acabar el dia s'haurà trobat també amb el cònsol del Japó.

En acabat, encara l'espera una reunió amb Xavier Rubert de Ventós i una altra amb els consellers de CDC, a la Casa dels Canonges. Cap a les deu se'n torna, cansat, cap a Girona.

Dijous, 24 de març

Aquest matí és a casa. Som a les portes de Setmana Santa i avui al vespre anirà a la processó de Verges. Parlem de la mort de Johan Cruyff, que s'ha sabut aquest matí. El president pren quatre notes per fer un article sobre l'exjugador del Barça i de l'Ajax que acabarà d'escriure quan sigui a casa. Ara vol aprofitar la tarda per anar al seu antic pis de la plaça Catalunya de Girona. En van marxar amb presses per instal·lar-se a la casa de Sant Julià de Ramis i molts mobles, i sobretot molts llibres, encara són allà.

Hi ha anat a peu, caminant pel centre de Girona. S'ha estimat més no fer el trajecte en cotxe. Ha quedat amb el seu amic Jami Matamala, que l'ajudarà a acabar de fer el trasllat. Pel camí l'han aturat desenes de persones. S'ha fet fotografies amb tothom qui se li ha acostat. De lluny, com sempre, el segueixen discretament un parell o tres de mossos de paisà.

Al pis, s'hi ha acumulat la pols i regna un cert desordre. El desordre que queda després d'un trasllat fet amb presses. Es passeja per totes les habitacions repassant tot el que hi han deixat: els llits de les nenes, el sofà, uns quants armaris grans i que per tant no es podran moure... i moltes lleixes amb llibres i cedés. Llegeix molt. Sempre que pot. Quan es queda sol, quan va amb cotxe... S'ha proposat fer-ne una tria, però li costa. De cada deu llibres en desestima un. En el fons, els vol tots a la casa de Sant Julià de Ramis. I això que ara a les nits ja no llegeix tant com abans. Ha descobert una aplicació de mòbil que li permet anar a dormir amb àudios d'episodis històrics. Són *podcasts*, capítols de quaranta o cinquanta minuts, narrats, que repassen la història. Anit es va adormir amb *La batalla de Waterloo*. Els tria a ull, sense ordre. Un cada dia. Molts dies quan arriba a casa la Marcela i les nenes o dormen o estan a punt de ficar-se al llit. Des que ha descobert aquesta aplicació, ha repassat centenars d'episodis. La majoria se'ls coneix, i de vegades li costa adormir-se perquè vol comprovar si els àudios són fidels al que ell sap. Es posa els auriculars i escolta fins que s'adorm.

Abans s'adormia amb la ràdio; potser escoltant tertúlies d'actualitat o d'esports, però sempre amb la ràdio. Això sí: sense ni un bri de llum a l'habitació. No suporta que hi entri ni gota de claror. Ara, els àudios d'història li serveixen per desconnectar.

Divendres, 25 de març

Avui inaugura el llibre de firmes en honor de Johan Cruyff que s'ha instal·lat al camp del Barça. De petit era el seu ídol. Ell no era gaire de penjar-hi pòsters, a l'habitació, però el de Cruyff sí que el tenia. No hi va arribar a parlar mai, però se'n recorda perfectament, de quan va arribar de l'Ajax i de la presentació oficial que en van fer al Camp Nou. Era l'any 1973. Puigdemont tenia onze anys.

Hi ha coincidit amb l'expresident del Barça Joan Laporta. Molta gent el titlla de frívol, a Laporta, però ell hi té una bona relació. «No és cert. No és frívol, i és una persona intel·ligent i sensible —em diu—. A Laporta li passa com a Artur Mas; a l'un se'l considera frívol i superficial, i a l'altre, una persona distant, freda i calculadora. I en tots dos casos són etiquetes injustes.» D'aquesta imatge errònia que molts catalans tenen de Laporta, explica Puigdemont, l'expresident del Barça té molt clar que un gran grup de comunicació de Catalunya hi ha tingut molt a veure.

D'aquesta trobada d'avui en sortirà una demà a Cadaqués. Amb Laporta i uns quants amics més, soparan a casa de Rafa Martín.

Dimarts, 29 de març

Dina amb el president del grup parlamentari de Junts pel Sí, Jordi Turull, i amb la portaveu del govern, Neus Munté. Però no és un dinar de govern, és un dinar de partit. Tot indica que, d'aquí a poques setmanes, Turull pugnarà amb l'exconseller Germà Gordó per la secretaria general del partit.

Han anat caminant fins al restaurant Arcano, que és a l'altre costat de la Via Laietana. Han sortit a peu per la plaça Sant Jaume i baixen caminant pel carrer Jaume I. A Puigdemont l'atura la gent. El saluden i s'hi fan fotos. «Sort que en aquesta zona hi ha molt d'estranger i no em coneix tothom; si no, no hi arribaria mai.» I just quan s'acaba de fer una foto amb un grup de turistes que l'han reconegut, veu Quico Pi de la Serra, que viu al barri i ve de comprar. S'abracen. Es van conèixer un dia a Girona. La fan petar deu minuts. «Només per trobar-me amb en Quico, ja ha valgut la pena sortir a peu», pensa.

Són al restaurant. Analitzen la situació del partit. Veu amb bons ulls que Jordi Turull sigui candidat a la secretaria general del partit. Pensa que si Turull i Munté fan tàndem, hi ha un gran futur.

De fet, creu que la portaveu Neus Munté podria ser una bona candidata a la presidència de la Generalitat quan ell plegui; tot i que a ella no l'hi ha dit mai directament. L'hi ha dit a Artur Mas, que és qui lidera el procés de renovació a CDC.

Ara al restaurant parlen de com hauria de ser CDC. Té les idees molt clares: «S'ha de fer partit —li diu a Turull—. Hem de captar aquella gent activa que hi ha als municipis, i que en molts casos no són a CDC perquè tenim un tap a cada lloc.» Turull hi està d'acord, i tots dos pensen com Mas. «Mas ho té clar, molt més clar del que la gent es pensa», reflexiona quan sent parlar Munté i Turull. «Durant molts anys, a CDC no hem renovat la flota, el planter..., i la gent s'ha acomodat, alguns estan fent de tap», pensa el president, que aquests dies de tant en tant es reuneix amb grups de militants joves de CDC de tot el territori. Quan li demanen opinió els acaba recomanant indirectament que votin Turull a la secretaria general de CDC. «La gent ha de visualitzar que amb en Turull hi ha la Neus Munté i que aquest és un equip al qual jo dono suport», pensa mentre s'ofereix a Turull per ajudar-lo en el que calgui.

Li agradaria convertir-se en un actiu per al partit si un dia Turull en fos el secretari general. «Hem de tornar a fer el que feia Pujol en la clandestinitat: anar a buscar els pals de paller dels pobles, gent sana, amb ganes de treballar pel país. Qui hagi d'estar treballant a la seu del partit, que ho faci. Jo em veig més en aquest paper d'anar pels pobles.» «Per mi podries ser el secretari general del partit. M'agrada com treballes i ho pots fer molt bé», li assegura a Turull durant el dinar. Tot i que s'està d'expressar-ho en veu alta, pensa que el fet que Turull no hagi fet tota la carrera política a Barcelona és un valor. «És de Parets, no pertany al rovell de l'ou barceloní, i té una visió molt oberta i molt resolutiva de les coses.»

Decideix tornar a peu a Palau per oxigenar-se una mica. Passa molt temps tancat al despatx, en actes oficials, en reunions i preparant-se discursos. «Visc en una mena de núvol», es diu tot caminant cap al despatx, seguit discretament per uns quants mossos de paisà. Aquesta sensació que viu en una mena de bombolla l'assaltarà de tant en tant. Els seus eviten explicar-li segons quines coses, i ell mateix es protegeix del que li arriba de fora, intentant blindar-s'hi. «Si m'arriba tot, si llegeixo o sé tot el que es diu, sé que hi haurà coses que em doldran i que m'acabaran condicionant.» Per això no llegeix moltes de les coses que li fan arribar. «A vegades hi ha qui m'envia articles perquè sàpiga què es diu de mi, o del procés; però quan ho llegeixo no m'interessa —em confessa. I de seguida afegeix—: O no em convé.» En realitat, segons quines coses no les vol saber, perquè pensa que la seva feina no pot tenir cap component personal. «La gent ha de poder dir el que vulgui, encara que a vegades no tingui raó i que a mi no m'agradi.»

Ell no se n'adona, però en el fons està seguint un dels consells que li va donar Artur Mas en el moment del relleu: «No miris la premsa, no visquis pendent del que diuen, i fes el que hagis de fer».

Aprofita que arriba un pèl aviat a la propera cita per trucar al líder de Ciudadanos, Albert Rivera, però no el troba. De camí cap al despatx pensa que si ja s'ha vist amb Pedro Sánchez i quan pugui es veurà amb Rivera, potser també s'hauria de veure amb Pablo Iglesias. Però el líder de Podemos no li ha trucat. És l'únic, a banda de Rajoy, que no ha fet cap gest. Decideix provocar-lo. Es posa en contacte amb Francesc Homs i li demana que li faci a Iglesias la reflexió de si no seria convenient que es veiés amb el president Puigdemont.

L'estratègia funciona. Al cap de poques hores, rep un whatsapp d'Iglesias: «El día 9 vengo a Cataluña, a un acto de Iniciativa, y me gustaría verte». El president no vol rebre'l un dissabte, quan a Palau tot el dispositiu habitual està en serveis mínims, i li demana si pot ser el dia abans, el divendres dia 8 d'abril. «Me parece muy bien», li respon Iglesias.

Se'n va a una nova reunió. Aquest cop, per parlar de pressupostos. El vicepresident i conseller d'Economia, Oriol Junqueras, presenta avui en petit comitè el primer esbós del que han de ser els pressupostos de la Generalitat per a aquest 2016. A la trobada hi ha també el secretari del govern, Joan Vidal de Ciurana, el secretari d'Economia de la Generalitat, Pere Aragonès (que serà qui durà la veu cantant), i Josep Maria Jové.

El pressupost no dista massa del de l'any anterior. Hi ha un increment de cinc-cents milions en total, dels quals més de dos-cents ja són necessaris de cara al nou curs escolar; la resta, uns dos-cents setanta, són per al pla de xoc social aprovat pel govern. Preveuen un dèficit de l'1,5 %. El president troba que Aragonès fa una exposició tècnicament brillant, molt ben preparada, i els dona el vistiplau i els demana que a partir d'ara treballin en quina seria la distribució departament per departament, perquè d'aquesta manera es podrà començar a discutir políticament quins moviments cal fer. Vol veure si Aragonès i Junqueras han premiat els departaments d'ERC.

«Són d'un autonomisme modèlic», pensa. Són uns pressupostos, creu, que no difereixen gaire dels que feia aquella Convergència més prudent.

A partir d'aquest moment, comença a rumiar com s'ho farà Junts pel Sí per convèncer la CUP que cal votar aquests pressupostos.

Dimecres, 30 de març

Avui el president vol sopar discretament a Girona. Té una visita que no ha volgut apuntar-se. A Palau hi ha molta gent que està al cas de la seva agenda, i això el desespera. De tota manera, ja ha trobat el sistema per mantenir algunes trobades sense que constin enlloc: simplement, no les comunica. Li demana a Anna Gutiérrez, la seva secretària, que li deixi lliure l'agenda un dia en concret i no li dona més explicacions. De vegades ho fa fins i tot amb Josep Rius.

Aquest control l'incomoda. Vol sentir que té marge de decisió, que no tot li ve marcat, i vol improvisar algunes coses. Això desespera l'equip de secretaris i secretàries que té a Palau, que tardaran uns quants mesos a fer-se càrrec que en algunes ocasions vol fer la seva. Ell ja ho sap, que darrere seu es mou tota una maquinària: el departament de premsa, el de protocol, la seguretat, els xofers..., però no vol que això el domini. «Són ells, que s'han d'adaptar a mi, i no a la inversa.» Costarà, però a poc a poc l'aniran entenent.

Avui sopa al restaurant Ca la Pilar, al barri de Pont Major de Girona, on ja ho va fer pocs dies amb Francesc Homs. Ha quedat amb [redacted], de la CUP. El president hi vol mantenir una trobada perquè necessita crear ponts amb aquest partit i pensa que [redacted] el pot ajudar.

Li sembla que [redacted] el pot ajudar a entendre la CUP i que la CUP l'entengui a ell. A Ca la Pilar parlen durant més de dues hores. És una conversa llarga, sincera, durant la qual Puigdemont li deixa clar en més d'una ocasió la necessitat que la CUP compleixi els seus compromisos i que el procés no acabi volant pels aires. L'adverteix dels perills que hi ha i, sense dir-l'hi directament, li demana ajuda. [redacted] l'escolta, comparteix bona part del seu diagnòstic, però li explica que el funcionament de la CUP és el que és, més enllà del que pensi cadascú. Comenten que caldria establir mecanismes paral·lels al govern per debatre les situacions que vagin sorgint sense la pressió parlamentària. Puigdemont li explica el seu intent de crear l'«estat major» del procés, però admet que només s'ha reunit un cop i que no acaba de funcionar. Abans de separar-se, li fa una advertència clara donant a entendre la seva voluntat que la traslladi al seu partit: si no hi ha pressupostos, s'acaba la legislatura.

—T'ho dic a tu perquè jo públicament no ho puc dir; però si no hi ha pressupostos, això s'ha acabat.

—Però jo no represento la CUP —replica [redacted].

Puigdemont ja ho sap. Troba que és una persona pragmàtica i heterodoxa i que s'estima el país. Sap que no té cap càrrec, que no és diputat i que no és del nucli dur de la CUP, però hi confia i li sembla que traslladarà els seus advertiments.

En el fons, el president hi té poques esperances, en un acord pels pressupostos, però se'n va amb la tranquil·litat d'haver pogut parlar en veu alta amb algú de la CUP de la gravetat de la situació, i amb el convenciment que [redacted] intentarà fer de pont entre totes dues bandes, amb lleialtat i sense trair la CUP.

Divendres, 1 d'abril

El vicepresident Oriol Junqueras l'alerta de la carta que acaben de rebre a la seva conselleria. El ministre d'Hisenda, Cristóbal Montoro, l'ha advertit per escrit que castigarà la Generalitat si no es compleix l'objectiu de dèficit, i li dona quinze dies per fer «una retenció» de la disponibilitat de crèdit amb la finalitat de complir els objectius fixats. Diu que, si no, hi haurà «mesures coercitives».

Amb el vicepresident es posen d'acord que cal contestar-la immediatament i amb duresa, en una compareixença del mateix Junqueras. Així mateix, acorden que trametran una carta de protesta formal a Montoro advertint-li que no pensen complir el que els demana. Puigdemont informa Junqueras que intentarà posar-se en contacte amb presidents de comunitats autònomes per veure si es pot fer un front comú.

En parla amb el president d'Extremadura, Guillermo Fernández, i amb la presidenta d'Andalusia, Susana Díaz, i es posa a la seva disposició per si decideixen fer qualsevol acció conjunta. Però no li diran res més. Qui té la posició més bel·ligerant és Francina Armengol, presidenta de les Illes Balears, que li proposa de fer una trobada pública a Palma, a la qual assisteixin també el president d'Aragó, Javier Lambán, i el del País Valencià, Ximo Puig. Puigdemont parla amb tots i es comença a gestionar la possible trobada. Hi serien Catalunya, les Illes, el País Valencià i Aragó. Tots estan en contra dels arguments de Montoro, i intenten quadrar les agendes per veure si es pot fer aviat, abans de la reunió del consell de política fiscal que ja hi ha convocada. Les agendes, però, no quadren.

El cap de setmana, que és quan a la resta els anava bé, el president d'Aragó està de viatge. Armengol proposa fer la trobada igualment, però Puig replica obertament que si no hi assisteix Aragó la cosa canvia força. Que és molt diferent que la reunió sigui només amb

Catalunya, les Illes i el País Valencià. «Hi haurà moltes altres lectures afegides, a banda de la protesta pel límit de dèficit», els diu. A Puigdemont tant li és. Tant li és la imatge de la Corona d'Aragó com la dels Països Catalans, però entén Ximo Puig quan li explica la feblesa parlamentària del seu govern i el temor que se'l pugui interpretar malament. Al final, la reunió no es farà. Javier Lambán diu que té un compromís que no pot desfer.

Dimarts, 5 d'abril

La mesa del Parlament ha de debatre demà la moció sobiranista presentada per la CUP que busca reiterar la resolució independentista aprovada el 9 de novembre del 2015 i suspesa pel Tribunal Constitucional. La postura de la CUP incomoda CDC, que té una estratègia molt diferent sobre com s'ha de tirar endavant el procés. Mentre que la CUP defensa obertament la desobediència contínua (aquests dies recuperaran el lema de campanya «Sense desobediència no hi ha independència»), Convergència pensa que la desobediència és millor concentrar-la tota al final, per no donar massa pistes abans d'hora i per no posar en perill els funcionaris.

N'ha parlat amb la presidenta del Parlament, Carme Forcadell, i ara ho fa per telèfon amb Turull i Corominas. Fan una multiconferència telefònica i parlen de com es poden acostar posicions. Els convergents se senten sols, discrepant de la CUP. Troben a faltar algú a ERC que també defensi la postura de Junts pel Sí. Aquestes darreres hores han fet declaracions públiques contra la moció de la CUP l'expresident Artur Mas; la portaveu del govern, Neus Munté; la portaveu de CDC, Marta Pascal; el portaveu de Democràcia i Llibertat a Madrid, Francesc Homs..., però ningú d'ERC. Puigdemont demana indirectament ajuda a la presidenta del Parlament, Carme Forcadell, exmilitant d'ERC i ben connectada amb la formació republicana. Li demana que parli amb ERC per fer-los entendre que la defensa del full de ruta de Junts pel Sí s'ha de fer conjuntament. Forcadell, amb qui Puigdemont manté molt bona relació personal, es compromet a fer les gestions que pugui. Les fa, però públicament es mantindrà estrictament en el seu paper institucional i no farà cap declaració contra la moció de la CUP.

«Aquí els únics que diem les coses pel seu nom som nosaltres. Ningú més contradiu la CUP, i això ens està costant que hi hagi qui es pensi que som nosaltres els qui estem torpedinant el procés», reflexionen Puigdemont, Rull i Corominas.

La conversa s'allarga. D'alguna manera, se senten atrapats. La CUP ha aconseguit que el seu relat sigui el bo, i Junts pel Sí han de reaccionar sempre *a posteriori*. «No els hem sabut parar els peus», pensa el president. Finalment arriben a la conclusió que a hores d'ara l'única estratègia possible és deixar clar que només aprovaran algunes parts de la declaració que ha fet pública la CUP.

Les negociacions entre Junts pel Sí i la CUP s'acceleren. Acabaran amb un pacte de darrera hora. La paraula «desobediència» desapareixerà del text final de la declaració.

Al president el preocupa la indefinició d'ERC. No pot deixar de pensar en el missatge de text que li va enviar ahir Junqueras en el qual no li expressava cap opinió.

Com cada dimarts tots dos es troben sols, sense ordre del dia; el president li parla obertament de la relació entre la CUP i ERC. En sortirà amb la sensació que Junqueras és prudent perquè l'aparell del partit no el devori com ha fet històricament amb d'altres líders. «Riu-te'n, de l'aparell del PSC.»

En el fons, el que el preocupa, a ell i a més gent de CDC, és si l'estratègia d'ERC no és simplement la de la substitució de CDC.

Avui va al Camp Nou a veure el partit d'anada de la Champions, aquell en què el Barça farà una remuntada a la segona part i s'acabarà imposant per 2-1 contra l'Atlético de Madrid. No servirà de res, perquè a la tornada l'Atlético li clavarà dos gols i quedarà eliminat, però això aquest dimarts encara no se sap. El camp és ple i el president vol gaudir del partit i oblidar-se del dia a dia del govern.

Quan ja és al cotxe, camí del Camp Nou, nota que el mòbil personal, que ha posat en silenci, vibra. És Francesc Homs, que li envia un whatsapp: «¿Tu sabies que en Junqueras es va veure en secret amb Pedro Sánchez?». Puigdemont no s'ho pot creure. «No», li respon. Al cap d'una estona, Josep Cuní ho explica a *La Nit a 8TV*.

El president envia un SMS a Junqueras: «8TV està dient que et vas reunir en secret amb Pedro Sánchez. ¿És veritat?».

Junqueras no respon i el president decideix no trucar-li. Està tan dolgut que li fa por que no acabi engegant-lo a passeig. Es passa els noranta minuts del partit a la llotja intentant gaudir amb el joc del Barça, però no pot desconnectar del tot. Li van arribant missatges de diferents membres del govern i de periodistes que li pregunten si és cert que Junqueras no el va informar. No contesta. Vol fer l'esforç d'estar pel partit.

Quan ja és al cotxe, enfilant la Diagonal de tornada a la Casa dels Canonges, on avui es queda a dormir, rep la trucada de Junqueras.

La conversa és curta. El president li demana explicacions. El líder republicà li admet que sí, que es va veure amb Sánchez, però que no ho va fer com a membre del govern, sinó com a president d'ERC. Puigdemont replica:

—Hi tens tot el dret del món, però em sembla que m'ho hauries d'haver dit.

Junqueras respon amb una mena de disculpa:

—És que va ser ell, qui em va demanar que no ho digués, que s'havia d'amagar....

Puigdemont escolta el que li diu, però està dolgut i li torna a retreure la deslleialtat:

—Però jo no t'amago les meves trobades. I no només això, sinó que fins i tot em vaig oferir a gestionar-te'n una amb Sánchez.

La veritat és que Junqueras havia proposat al president rebre junts Pedro Sánchez, però Puigdemont no ho va considerar oportú.

«Si Sánchez demana veure's amb el president, a mi em sembla que s'ha de veure amb el president», li va respondre. Però a continuació li va oferir una solució: rebre ell a Sánchez com a president i, en acabat, fer una segona part amb Junqueras. El líder republicà, però, no va respondre a l'oferiment.

Puigdemont li retreu: «Ho considero una deslleialtat i no en penso tolerar cap altra. M'has deixat amb el cul a l'aire, i això no es fa —li diu cordialment però amb duresa—. No vull cap més jugada així —li torna a advertir—. Tingues present que a mi no em costa gens tornar-me'n cap a casa. I si torna a passar, ho faré, però deixant ben clar qui és deslleial amb qui.» Junqueras li dona la raó («Entenc el teu punt de vista»), però no es disculpa formalment. Acorden donar el tema per tancat.

Dimecres, 6 d'abril

Com és habitual, abans de la sessió de control, la cúpula del grup parlamentari de Junts pel Sí es reuneix al despatx que el president té al Parlament per acabar de repassar els temes.

Els diaris en van plens, de la trobada Junqueras-Sánchez, i fan hipòtesis sobre com s'ho prendrà el president.

—Els de l'oposició em preguntaran sobre aquesta reunió, i jo donaré el tema per tancat —diu el president tot mirant Junqueras—. ¿Però hi ha cap altra reunió que hagis tingut d'amagat i que hagi de saber? És per si m'ho pregunten.

Junqueras diu que no.

—¿Segur que no n'hi ha pas cap més de prevista, amb algun ministre, o que no n'has demanat cap altra?

—No.

—D'acord.

La reunió acaba amb un silenci dens.

Dijous, 7 d'abril

El president i Marcela Topor assisteixen a la gala del Català de l'Any que organitza *El Periódico* i que tradicionalment retransmet TV3. Són al Teatre Nacional de Catalunya, on després hi haurà un sopar amb més de dos-cents convidats.

Aquest any, però, la gala ha estat a punt de no retransmetre's. La cúpula de TV3 ha debatut llargament sobre la conveniència de retransmetre una gala que organitza un diari editat per una empresa privada, sobretot tenint en compte que no hi ha cap acord similar amb cap altre diari del país per a cap acte semblant.

Quan el diari rep la comunicació formal que no es retransmetrà, el seu director, Enric Hernández, demana entrevistar-se amb el president Puigdemont. El president li explica els motius de la decisió, però Hernández no afluixa. Li insisteix tant, que Puigdemont finalment sospesa els pros i els contres i decideix intercedir perquè aquest any encara es faci. Ell no ha seguit mai la gala i, a més, tampoc no li sembla bé que una cadena pública generi unes despeses per retransmetre la gala d'una empresa privada, però es fa seu l'argument de la tradició —ja fa uns quants anys que es fa— per demanar a la direcció de TV3 que reconsideri la seva decisió.

Puigdemont assisteix, doncs, a la gala. En sortirà guardonat com a Català de l'Any l'activista Òscar Camps, director de Proactiva Open Arms. Assegut a primera fila, escolta incrèdul el discurs d'Enric Hernández. Parla d'una Catalunya dividida, de la necessitat que no hi hagi bons i dolents, i fa una crida al diàleg. El president sap que *El Periódico* té una línia editorial molt allunyada del full de ruta del govern, però no li sembla que el discurs que fa Hernández tingui res a veure amb la realitat. «¿Com pot fer un discurs que sembla de Societat Civil Catalana?», s'exclama per dins. «Sembla que parli de colonitzadors i colonitzats! ¿Com pot presentar aquesta imatge de Catalunya? Que sigui crític amb el govern, si vol, que demani diàleg, però que no presenti aquesta Catalunya de bons i dolents», es diu una vegada i una altra.

Quan arriba el moment de la seva intervenció, aprofita per contestar directament algunes de les afirmacions que s'acaben de sentir i parla de consens. «Som un país de pacte, un país on molta gent que pensa de manera diferent és capaç de posar-se d'acord que l'única manera de resoldre el que són les qüestions polítiques és anant a votar.» El president es dirigeix al públic, però amb qui parla és amb Hernández.

Avui ha convençut la seva dona que l'acompanyi. La Marcela vol fer una vida al més normal possible i va a pocs actes, però ell ha insistit que era una bona ocasió per estar junts, en un ambient distès, i una oportunitat per conèixer i parlar amb gent.

Un cop acabada la gala se servirà el sopar. Puigdemont havia confirmat que s'hi quedaria i a més a més té gana, però vist el que ha hagut d'escoltar, decideix marxar. La parella soparà en un restaurant japonès a tocar dels Jardinets de Gràcia.

Divendres, 8 d'abril

El líder de Podemos, Pablo Iglesias, és a Palau. Ha arribat amb uns quants minuts de retard a la cita, prevista per a les cinc de la tarda. Pantalons negres i camisa blava amb la màniga arromangada fins al colze. Mentre s'asseuen per a la sessió de fotos de rigor, el president aprofita per regalar al líder del partit morat el còmic *Andreu Nin, seguint les teves passes*, escrit per Juste de Nin, familiar llunyà de l'històric líder trotskista. El llibre porta una dedicatòria: «Para Pablo, como agradecimiento para que conozca mejor la biografía de alguien que expresó muy bien el compromiso del obrerismo catalán en la lucha por los derechos nacionales como indisociables del proyecto social».

A Iglesias li fa il·lusió el regal. Primer han parlat una estona de Nin, del POUM, dels fets de maig del 37, del Partit Comunista, dels trotskistes...

Va al gra i li pregunta directament si el tema del referèndum el planteja seriosament o si és simplement una estratègia electoral.

—¡Pues claro que es en serio! —li respon Iglesias, que li assegura que no hi renunciaran i li explica que, al seu entendre, la seva postura favorable a un referèndum té acceptació a gran part d'Espanya.

Esmenta, per exemple, Galícia i el País Basc, llocs que li diu que tenen moltes expectatives de cara a les eleccions parlamentàries d'aquest mateix any.

—Hay demócratas, en España, y los hay que quieren un referéndum. O, más bien dicho, que lo entienden. Y cuando yo les digo que yo también lo quiero, pero para que Cataluña se quede, me entienden aún mejor —li diu Iglesias.

La seva estratègia consisteix a governar amb Bildu a Euskadi si la cosa suma («¡Imagínate qué representaría eso para España!»), créixer a Galícia amb un discurs clarament favorable al referèndum sobre Catalunya… i créixer a Catalunya i al País Valencià.

—En Cataluña y en Valencia nos está yendo todo muy bien —li assegura.

Creu en la sinceritat d'Iglesias, però es quedarà amb el dubte de si Podemos mantindria l'aposta pel referèndum si això els perjudiqués a les enquestes. De moment, no hi ha manera de saber-ho.

Surt a la conversa el pacte que han signat amb el PSOE i Puigdemont pregunta per què no hi ha el referèndum com a condició.

—Lo que yo no quería era que me rechazasen un acuerdo Podemos-PSOE por el tema del referéndum. No se lo quería poner tan fácil. No les quería dar ninguna excusa, para que quedara claro que en el fondo lo que no querían es un acuerdo con nosotros. ¡Y fue así!

Quan analitzen la situació política a Catalunya, s'adona que Iglesias coneix molt bé el que passa aquí:

—Sé que hay un problema. Y sé que, si el Estado no se mueve, probablemente seréis independientes, porque hay dos millones de personas que lo quieren.

Acaben la reunió parlant d'Espanya i de les poques possibilitats que hi ha que es formi un govern i que hi hagi una investidura.

Iglesias fa càbales. Arriba a dir que ell creixerà si hi ha noves eleccions, i que amb un acord amb IU en faran més de vuitanta, de diputats. Fins i tot confia que la suma PSOE-Podemos donarà una majoria estable.

De tornada cap a Girona, a les onze de la nit, al president li sona el mòbil. És un SMS del diputat del PP Enric Millo. Aquesta setmana s'han trobat pels passadissos del Parlament. Fa anys que mantenen una bona relació (el diputat popular també viu a Girona) i van estar xerrant una estona.

—¿Està tot tan enrocat com sembla? —li va preguntar Millo.

Li va dir que sí i li va posar d'exemple la conversa que havia mantingut feia pocs dies amb Mariano Rajoy a l'aeroport:

—Li vaig dir «Cuando quieras, ya lo sabes, nos vemos», i ni em va contestar —li va explicar.

Ara llegeix l'SMS: «Hola, president. Soc l'Enric Millo. Estic sopant amb en Moragas i em diu ok a organitzar una trobada a Moncloa».

A les 23.35 li respon: «Entesos. En quin format?».

La resposta de Millo no arribarà fins a les tres de la matinada, però el president ja ha apagat el mòbil i no la veurà fins l'endemà al matí: «Pot ser pública o privada, en funció del que et convingui».

Li respon que si es veu amb Rajoy ha de ser públicament.

Dissabte, 9 d'abril

Avui torna a sopar amb el vicepresident Junqueras. Han quedat lluny de Palau, fora del ritme diari i amb la voluntat que sigui en un ambient distès. Són amb un grup d'amics a Estanyol. La casa, una masia restaurada als afores de Girona, és propietat d'un amic del president.

A part d'ells dos, hi ha el cap de comunicació de la vicepresidència del govern i home de confiança des de fa anys de Junqueras,

Sergi Sol, i un servidor i la meva dona, la Dolors. S'hi ha afegit també Marcel Dalmau, un dels detinguts i torturats a l'Operació Garzón de l'any 1992. Junqueras i Sol han vingut sense les seves parelles.

D'entrada, truites, amanides i pa amb tomàquet i embotits, i de segon, espatlla de xai al forn. De postres, n'ha portat tothom. La conversa s'allargarà fins a la matinada.

La casa és gran. Dos dels fills dels propietaris de la casa i les dues filles del matrimoni Puigdemont han sopat una estona abans i ara corren d'una habitació a l'altra, jugant. Les filles del president apareixen de tant en tant amb una serp de goma, la col·loquen dissimuladament sobre la taula i hem de fer veure que ens espantem tots. «Aaaah!», se sent de tant en tant, entre somriures.

L'ambient és menys formal que al sopar de fa dos mesos a casa de Puigdemont. Aquest cop s'han capgirat els papers. Ell escolta molt i enraona poc i és Junqueras qui porta la veu cantant. La conversa és fluida. Tothom se sent còmode. Junqueras explica detalls de la trobada que ha tingut fa pocs dies amb el ministre Montoro.

La conversa s'allarga i ens traslladem a la vora del foc. Maria Puigdemont s'ha quedat adormida, estirada en un costat del sofà. El president escolta més que enraona. Els qui més parlen són Marcel Dalmau i Oriol Junqueras, que repassen les independències que hi ha hagut al món els darrers anys. Durant una estona farem hipòtesis sobre la possibilitat que hi hagi un acord d'investidura o de govern a Espanya. Puigdemont i Junqueras són pessimistes, però el primer més que el segon. El president no hi veu cap possibilitat. Junqueras la veu improbable, però no la descarta.

Marcel Dalmau fa una reflexió en veu alta, parlant del moment actual, que dona peu a un diàleg amb Junqueras:

—Ara ens en podem sortir. Però també pot ser que l'Estat cedeixi cap a un estat federal —diu Dalmau.

—Jo vull que sigui ara, però no compateixo la teoria que si no és ara estiguem morts —comenta Junqueras.

Dalmau insisteix que és ara o mai.

I Junqueras hi torna:

—No. Nosaltres ho tenim bé. Ara tenim tota la força. I el temps jugarà a favor nostre, segur. Jo vull que sigui ara; però si no, el temps jugarà a favor nostre. Ara hem sumat molts catalans a l'objectiu, i l'Estat no canviarà la seva actitud. Continuarà sent inviable, i Espanya té un deute impagable... L'any 1714, malgrat tot, la nació va resistir. I és evident que ara, per molt malament que vagi, no anirà ni un u per cent de malament que al 1714. No necessitarem cent anys per tornar a emergir. Si no ens va bé, al cap de dos o tres anys hi tornarem a ser.

—Però per primera vegada es pot diluir la identitat nacional, si no ho fem bé —el contradiu.

—¿I l'efecte del fracàs? —afegeix Dalmau—. ¿Us imagineu quin efecte tindrà en la gent si hi ha un fracàs?

—Sí —diu Junqueras—. Però la realitat és molt complexa. Els irlandesos fracassen el 1916 i triomfen el 1922. Els italians es barallen entre ells i al cap de dos anys guanyen. Els alemanys es van reunificar... I nosaltres en som la prova, d'això. Nosaltres hem resistit sempre. Les nostres famílies en són una mostra. Sempre emergim. I a vegades del no-res. No. No soc pessimista —assegura.

—Tant de bo ho fem com abans millor —conclou Sol.

—Sí, però, si no és ara, serà d'aquí a una mica més —insisteix Junqueras.

A partir d'aquí la conversa gira a l'entorn de la velocitat del procés i de les conseqüències que tindria un fracàs. No diuen ben bé el mateix. Per a Puigdemont, si ara no surt bé, serà un pas enrere difícil de revertir. Junqueras, en canvi, ho matisa.

Són quarts de dues de la matinada. La conversa ha estat animada, però el president s'ha mantingut tota l'estona en un segon terme. O està cansat o vol deixar que parli Junqueras. O potser és que la connexió entre Dalmau, Sol i Junqueras s'ha imposat i ha monopolitzat la conversa. Ningú ha mirat el rellotge i han quedat molts temes per tocar. Per exemple, ningú s'ha atrevit a preguntar ni a fer cap reflexió sobre si caldria fer una candidatura de Junts pel Sí a Madrid si hi hagués noves eleccions al Congrés dels Diputats.

Ara no toca.

La vetllada s'ha acabat. Quan ja estaven a punt de sortir per la porta, tots dos han parlat sols un moment. Ha estat una conversa de dos minuts, prou perquè tingui temps d'informar-lo dels moviments que ha fet la Moncloa a través d'Enric Millo per organitzar una trobada amb Rajoy. La premsa no n'ha dit res fins ara.

És una nit estrellada. La comitiva se'n va amb el compromís de tornar-hi d'aquí a uns mesos.

Dilluns, 11 d'abril

Com cada dilluns, els convergents tenen reunió de coordinació. Hi van Puigdemont, Mas, Corominas, Turull, Munté, Vidal, Cuminal, Homs... No és cap reunió oficial. No surt a cap agenda. No és de partit ni de govern, però hi ha partit i govern i es coordinen. Ho fan cada dilluns a les nou del matí. O a dos quarts de nou, si hi ha sessió plenària.

El president els informa de les novetats pel que fa a la Moncloa. Mas i Homs són els primers a declarar-se partidaris d'acceptar la trobada, però tots plegats coincideixen que ha de ser pública i que, a més a més, Puigdemont escriurà una carta al president Rajoy deixant constància que la trobada tindrà lloc «després dels diferents emplaçaments públics que s'han fet».

«Ha de quedar clar que ens movem per una proposta que ha sortit d'ells.»

Dimarts, 12 d'abril

Avui s'ha reunit amb l'expresident Mas a Palau. És una més de les trobades que mantenen periòdicament. Abans d'acceptar la presidència, Puigdemont va posar com a condició a Mas treballar plegats, i ho han fet des del primer moment.

Fa dies que estan acabant de dissenyar noves estratègies, sobretot després del fracàs de l'anomenat «estat major» del procés, que va fer una única reunió.

Dimecres, 13 d'abril

Ha continuat veient-se discretament amb responsables d'allò que se'n diria el poder econòmic. Si setmanes enrere es va trobar amb el president de Banc Sabadell, Josep Oliu, avui es reuneix amb Isidre Fainé, president de CaixaBank.

No fa gaires dies va tenir una altra trobada també amb el comte de Godó. Amb Javier Godó van fer una anàlisi de la situació a Catalunya que no van compartir, però la conversa va ser molt amable. «A ells el que els dol és la ruptura», va pensar escoltant Godó, que li va agrair al president que hagués rebaixat la tensió, segons les coses que li deien. «Ells saben que vaig a la ruptura, però jo no els incomodo perquè no soc dels seus. Amb en Mas tenien la sensació que els havia traït un dels seus», va concloure el president mentre se l'escoltava. Però Godó, que li va deixar clar que no era partidari de la ruptura amb Espanya, i que no la trobava convenient, també li va dir una altra cosa: «Som una empresa editora que està orgullosa de ser aquí. Ni marxarem ni tancarem el diari». Sigui com sigui, eren partidaris de la consulta, li va assegurar.

Avui, però, és el torn d'Isidre Fainé. Ha vingut sol. El president, en canvi, ha demanat a Artur Mas que l'acompanyi. Sap que es coneixen i intueix que això farà la conversa més distesa. Són les cinc de la tarda. S'asseuen a la taula de vidre del menjador més privat de la Casa dels Canonges. Aigua i cafès. El president no ha tingut mai una conversa llarga, tranquil·la, amb Fainé. Queda impressionat quan Fainé li explica els seus orígens i la seva trajectòria: la seva infantesa en una masia de Santa Coloma de Gramenet, sense aigua calenta ni llum; la primera feina en un taller de bicicletes; les nits estudiant; l'entrada al món de la banca... «Té una ment brillant», pensa mentre el banquer s'esplaia parlant sobre el món, l'economia, la situació política, Catalunya, Espanya... La conversa s'allarga un parell d'hores. Mas i Fainé recorden alguns moments de l'any passat, quan Mas era president, i donen a entendre algunes coses.

Al president li queda clar que en algun moment Fainé, i probablement César Alierta, aleshores president de Telefónica, van fer gestions en pro d'un acord entre Mas i Rajoy. Mas dona a entendre que va ser així, que alguns interlocutors havien arribat a una solució que podria ser sinònim d'un acord entre Catalunya i Espanya, però que Rajoy no va complir el que s'havia acordat.

Mentre els escolta s'adona de com de complicat és tot. Que complicades van ser les negociacions i que complicat serà el que ha de venir, i es pregunta si la caiguda de César Alierta de la presidència de Telefónica no deu tenir alguna cosa a veure amb el paper que va fer per afavorir un acord entre Catalunya i Espanya i amb el fracàs final de les negociacions. Cada cop ho veu més clar.

Són dos quarts de nou. El Barça està a punt de perdre contra l'Atlético de Madrid i de ser eliminat de la Champions. Una nit prou complicada.

Divendres, 15 d'abril

Aquest matí es reuneix amb el líder de Ciudadanos, Albert Rivera. La trobada és a Palau, com en el cas dels altres líders polítics espanyols.

El president li retreu ja d'entrada:

—No pot ser, això que heu estat fent amb el català —li diu.

Avui es troba amb un Rivera pactista, cordial:

—Bé, potser sí. Però ara ja està... —li deixa anar.

Després de parlar-ne una estona llarga, Puigdemont percep que ara a Ciudadanos sembla que no li interessa continuar generant conflicte lingüístic a Catalunya.

Mentre se l'escolta no pot evitar en algun moment la sensació d'un *déjà vu*. Rivera li assegura que no contribuiran a atiar el conflicte lingüístic, que està d'acord que Catalunya recapti tots els impostos i que hi hagi un repartiment més just i transparent de diners a les autonomies, i que a Andalusia el tema és que s'han de posar les piles... Un estat federal on Catalunya se senti còmoda...

Ara ja sap per què té un *déjà vu*: al seu davant no hi veu Albert Rivera, sinó Duran i Lleida. «És el discurs de Duran i Lleida. M'està explicant el programa electoral de la Convergència de fa anys. Va a buscar el vot moderat que nosaltres tenim a dins», es diu. Veu Rivera com un líder intel·ligent i amb capacitat de governar a Madrid. Quan parlen de la situació espanyola, Rivera és contundent: «Hi hagi o no noves eleccions, Mariano Rajoy no serà president».

Pacten la roda de premsa posterior i acorden dir una cosa que a Rivera li interessa i que no deixa de ser certa: que la trobada ha estat molt cordial. «Esclar, és que a ell li interessa dir-ho perquè està buscant els vots de la moderació a Catalunya. Van a buscar el nínxol que era d'Unió», es repeteix.

El president dedueix que, si poguessin, ara esborrarien tot el conflicte que ells mateixos han creat amb la llengua.

El líder de Ciudadanos té una radiografia molt clara del que està passant a Catalunya, i admet que el sentiment independentista és més fort que mai. En un moment de la conversa li explica que una part de la seva família va anar a la Via Catalana. La trobada, tot i les desavinences, certament no ha deixat de ser cordial. Rivera li insinua que després de les properes eleccions generals hi haurà certs moviments.

—Ara no te'n puc dir res, però ja ho veuràs —li diu abans d'acomiadar-se.

Dissabte, 16 d'abril

L'empresari Luis Conde, soci i fundador de l'empresa de caçatalents Seeliger & Conde, reuneix avui la plana major del govern català, quatre ministres espanyols, els líders d'alguns partits i el gran empresariat català i espanyol. És al Mas Anglada de Fonteta, al municipi empordanès de Forallac. La trobada ja es va fer dos anys enrere i és, evidentment, un intent més que el govern català i l'espanyol arribin a acords. Si més no, això és el que intenta Conde. De moment, sense èxit. Tothom hi va. Tothom queda bé. Hi ha cordialitat, però cadascú manté les seves posicions. En l'únic discurs que hi ha durant el dinar, Conde fa una apologia de la moderació i insta els governs català i espanyol a tenir valentia. Parla de ponts de diàleg.

És com un d'aquells casaments que hi has d'assistir per compromís. És tot molt superficial: «hay que hablar», «tenemos que solucionarlo», «necesitamos diálogo»... Tot i que li fa mandra, sap que hi ha d'assistir. Si no, s'entendria com un lleig. Es fixa que el ministre Margallo i Junqueras s'asseuen a la mateixa taula i parlen tota l'estona, aprofitant que ja s'havien conegut quan tots dos eren membres del Parlament Europeu. Ell tot just hi ha tingut una conversa de dos minuts quan han coincidit a l'arribada:

—Hombre, presidente. ¿Qué tal? ¿Cómo estamos?

—¡Muy bien!

—Bueno... ya sabéis que nosotros os queremos mucho —li diu Margallo.

—Ministro, ya sabes que lo nuestro no es un tema de amor. Es un tema de sexo. De lo que hacemos y de lo que no hacemos. A nosotros no nos sirve de nada que nos digas que nos quieres si no hay nada más...

—Bueno, pues dejemos el sexo de lado —li etziba Margallo.

I se'n va.

Saluda tothom. La ministra Pastor, al president del Círculo de Empresarios de Madrid —que aprofita per demanar-li que hi vagi a fer una conferència— i un munt de càrrecs polítics i empresaris, tant catalans com espanyols. Tot plegat, però, són només converses de cortesia, i al final acaben cansant.

No en sortirà res, d'aquesta trobada. És un acte social i punt. Hi assisteix perquè d'alguna manera vol agrair també a Conde l'esforç que fa de reunir tanta gent, però li desperta poc interès. De fet, li interessa molt més la trobada que tindrà d'aquí a unes hores en una altra masia, no gaire lluny de la de Luis Conde.

Artur Mas, Francesc Homs, Joan Vidal, Neus Munté, Jordi Turull i el president marxen del Mas Anglada per separat, però van tots al mateix lloc: a la casa que té Sixte Cambra, al Baix Empordà, no gaire lluny d'allà. Han aprofitat que avui eren tots a Fonteta per reunir-se després i preparar la futura trobada amb Rajoy. Parlen de la possible estratègia, de com enfocar-la.

Puigdemont els proposa doblar els vint-i-tres punts del document que Mas va presentar a Rajoy el 2012. Els recorda que el govern està rebent moltes pressions perquè dialogui amb Madrid: «S'hi ha d'anar; s'ha de demostrar que som partidaris del diàleg, però ha de quedar clar que, més enllà de les formes, no serveix de gaire res. Es tracta d'anar-hi amb moltes propostes concretes per demostrar que a Madrid no proposaran res; hem de fer callar els empresaris i els grups de pressió que ens demanen diàleg demostrant-los que és Madrid qui no el vol, el diàleg. I hem de demostrar a En Comú Podem i a Catalunya Sí que es Pot que el referèndum pactat no té cap possibilitat perquè a Madrid no el volen», explica.

Dimarts, 19 d'abril

Tot està a punt perquè avui el govern català aprovi el conveni que permet desencallar un dels conflictes que enfronten Catalunya i

Aragó des de fa dècades arran de les obres d'art que es conserven en museus com el MNAC i el Museu de Lleida; en concret, noranta-set peces del monestir de Santa Maria de Sixena i cent tretze de les parròquies escindides de la diòcesi de Lleida que el 1995 van passar a formar part de la nova diòcesi de Barbastre-Montsó.

«És una jugada d'estat», pensa. El dia que es va entrevistar amb el seu homòleg d'Aragó, Francisco Javier Lambán, a final de gener, a banda de dur-li aquell missatge de Pedro Sánchez sobre la necessitat d'establir «puentes de diálogo», el president aragonès li va demanar ajuda. Lambán governa gràcies als vots dels seus diputats, els socialistes, però també gràcies al suport dels de Podemos, Izquierda Unida i la Chunta Aragonesista. El PP, a l'oposició, té una actitud molt bel·ligerant amb ell. Aleshores van pactar el retorn a Aragó d'una cinquantena de peces que es troben al magatzem del MNAC (i sobre les quals ja hi ha una sentència ferma de retorn) a canvi d'una posició clara del govern d'Aragó en favor del català i de la seva entrada a l'Institut Ramon Llull. Puigdemont va pensar que era un bon tracte: es retornaven unes peces de poc valor, que mai no s'han exposat i dormen en calaixos, s'evitava la imatge de la policia entrant a endur-se-les quan s'executés la sentència... I, a canvi, aconseguien que Aragó tingués una actitud més oberta amb la qüestió de la llengua i s'asseguraven un cert respecte cap al procés polític que es vivia a Catalunya.

N'ha parlat amb el conseller de Cultura, Santi Vila, i els convenis establerts entre els dos governs ja estan a punt i es poden signar. Però avui, per segona vegada consecutiva, aquests preacords no arriben a la reunió de govern, tal com ell voldria. Al matí s'ha assabentat que el govern ha decidit retirar aquest punt de l'ordre del dia del consell executiu perquè ahir a darrera hora la responsable sectorial de cultura d'ERC va comunicar al secretari general de Cultura del govern, Pau Villòria, la posició contrària dels republicans: «Sapigueu que si aquest punt va a govern, nosaltres ens hi oposarem públicament», els ha dit. El veto a l'acord, li expliquen, té el vistiplau de Junqueras.

No s'ho pot creure. ¿Que no ho veuen, a ERC, que és un bon acord? ¿Que el que tornem són unes peces sense valor sobre les quals, a més, ja pesa una sentència ferma? D'aquí a quatre dies Aragó podria instar un incident d'execució de sentència i les hauríem de tornar igualment. El que més greu li sap és que estava convençut que era una bona estratègia per fer còmplice de la situació catalana el govern d'Aragó. I també, esclar, que ERC no hagi anat de cara.

L'endemà, dimecres, aquest titular d'*El País* furga la ferida: «ERC tumba el acuerdo entre Aragón y Cataluña por el arte de Sijena». «No n'hi ha prou d'amenaçar i aconseguir que no es faci el conveni, que també s'ha de fer públic. Això és una deslleialtat.»

Dimecres, 20 d'abril

Passen deu minuts de les quatre de la tarda i acaba d'arribar a Madrid. Ha sortit de Sants amb l'AVE de dos quarts de dues. L'acompanyen, entre d'altres, el cap de premsa, Pere Martí; el director de l'oficina del president, Josep Rius, i uns quants escortes. Un dels seus cotxes oficials, que ahir ja va fer el viatge, l'està esperant a la porta de l'estació d'Atocha.

El delegat del govern català a la capital espanyola, Ferran Mascarell, el rep a l'andana. La comitiva presidencial ha viatjat en un compartiment reservat de l'AVE que Renfe sol posar a disposició de les autoritats. Com que arriben dinats («un dinar horrorós»), van molt bé de temps. No ha quedat fins a les cinc de la tarda al palau de la Moncloa, on l'ha de rebre el president Mariano Rajoy. Plou molt. Quan puja al cotxe demana al xofer que faci un tomb per la zona abans d'anar cap allà. Els dos cotxes (l'oficial de Mascarell i el de Puigdemont) volten gairebé mitja hora pels carrers de Madrid. El president aprofita per repassar el document de quaranta-sis punts que encara han estat retocant durant el viatge. Ha fet canviar l'ordre dels punts (vol que el que fa referència a les relacions entre Catalunya i Espanya vagi al davant de tot). Ho han enllestit al tren i ho han enviat a Ferran Mascarell, que l'ha fet imprimir i enquadernar. Ara, al cotxe, repassa el document.

Són les cinc en punt.

La comitiva entra al palau de la Moncloa. Des del cotxe, per una finestra, veu Mariano Rajoy esperant-lo a les escales; a l'altre costat, un núvol de fotògrafs. Just quan encaixa la mà amb Rajoy, el núvol de fotògrafs comença a disparar els seus flaixos. Flaixos i més flaixos. Entre la munió de gent reconeix una persona, Dani Duch, el fotògraf de *La Vanguardia*, i l'assenyala amb el dit, com dient-li «t'he vist». No pot evitar pensar en un dia que van sortir de festa plegats quan treballaven tots dos al diari *El Punt*. Era de matinada i l'endemà al matí s'havien compromès a anar a una roda de premsa. Com que no els quedaven gaires hores de marge, van decidir quedar-se a dormir al cotxe, un Seat Panda amb seients abatibles al darrere que havien deixat aparcat davant del diari. Ara, ell és el president de la Generalitat, i en Dani, el fotògraf de *La Vanguardia*. No pot evitar somriure, veient-lo allà.

L'endemà, tots els diaris atribuiran el somriure de Puigdemont en encaixar la mà amb Rajoy a la cordialitat de la trobada.

Rajoy el saluda i li presenta Jorge Moragas, el seu cap de gabinet, i altres càrrecs de govern que l'acompanyen. S'instal·laran a la sala on es reuniran en privat tots dos sols, però abans deixaran entrar els fotògrafs a prendre imatges; allò que en llenguatge periodístics en diuen un «mut», és a dir, prendre imatges sense so.

Pel camí, mentre van cap a aquesta sala, Rajoy li comenta:

—Oye, había pensado regalarte un libro, no sé si te molesta…

Es tracta de l'edició facsímil de la segona part del *Quixot*, ara que és l'any Cervantes. L'hi pot donar davant dels fotògrafs o després, quan estiguin sols, com ell vulgui. Puigdemont li contesta que cap problema, que l'hi doni ara, si prefereix fer-ho així. El llibre, embolicat, ja és sota la taula de vidre, quan entren a la sala. El president es diu que si li hagués dit que no, que res de regals en públic, el llibre s'hauria quedat allà i ningú s'hi hauria fixat. «Ha estat un detall, que m'hagi demanat permís», pensa.

De fet, ell també ha estat a punt de regalar-li un llibre: *L'art de callar*, d'Abbé Dinouart, que aquest any s'acaba d'editar per primer cop en català. El pare Dinouart el va escriure el 1771, i a Puigdemont li agrada per les reflexions que hi fa, sobretot ara que vivim «en un món ple de fressa i de paraules insignificants», com diu el filòsof Alcoberro en la introducció. Ahir va demanar al seu equip de col·laboradors que anessin a buscar el llibre, però quan els en va dir el títol van trobar que el president espanyol s'ho podia prendre malament i els periodistes ho podien interpretar com una indirecta de mal gust. No era ni molt menys la intenció del president, però entén els arguments del seu equip i els dona la raó. Així doncs, arriba a la Moncloa amb les mans buides, però no es pot estar d'explicar a Rajoy:

—Mira, yo también te quería traer un libro, pero como se titula *El arte de callar*, no lo he traído por si no se entendía bien o por si alguien hacía una lectura equivocada...

Rajoy de seguida el talla:

—No, si es lo que opino yo también... Hay que callar.

Fan el mut amb els fotògrafs i es queden sols.

—¿Un cafelito?

—No, gracias.

Rajoy fa un cafè i Puigdemont pren una aigua.

Els primers minuts són només de conversa protocol·lària. Parlen del temps, de si són aficionats al futbol, de la situació del Barça (avui es jugarà un Depor-Barça que els blaugranes guanyaran per 0 a 8). Mentrestant, Puigdemont va observant de reüll la sala. Hi distingeix un Miró sensacional i se'l mira una bona estona. Justament ahir, al seu despatx, al lloc on l'expresident Mas hi tenia un timó, hi va fer penjar un quadre de Narcís Comadira en homenatge a Carles Rahola. A Palau hi ha quadres magnífics, també. A vegades se'ls mira per relaxar-se; com fa ara amb aquest Miró.

—Estos cuadros son magníficos —li diu a Rajoy.

—Sí, son del Reina Sofía. Los van cambiando de vez en cuando —li comenta el president espanyol.

Continuen amb la conversa de circumstàncies. Li parla del Girona FC, i Rajoy, de Tortosa, on hi té un cosí. Surt a la conversa el *Quixot* i Rajoy li explica que demà té un acte al Toboso.

—Mañana tengo que ir a la ciudad de Dulcinea.

Escolta amb sorpresa com també Puigdemont li parla de l'Alcázar de San Juan, d'Almagro. Coneix una mica aquella zona perquè la va visitar anys enrere. Finalment, entren a parlar de política.

Primer, repassen la situació política espanyola. Rajoy es mostra distès. «No sembla gens preocupat», pensa. El troba cordial, desimbolt. Rajoy li diu que a ell li agrada el bipartidisme i li deixa clar que hi haurà eleccions de nou a Espanya; no hi ha cap possibilitat de fer govern a Madrid i tot plegat «es un lío». El president català discrepa amb ell sobre les bondats del bipartidisme i li fa notar que les coses han canviat i s'hi han d'adaptar.

—Sí, pero es un lío, un lío —li insisteix Rajoy.

Diu la paraula «lío» cada dos per tres. El president espanyol sosté que tot plegat s'acabarà amb un pacte entre PP i PSOE i que acabarà triomfant el bipartidisme.

—O eres de derechas o eres de izquierdas; el bipartidismo es eso. Los grandes partidos tienen que entenderse, como ha pasado en otros países —li resumeix.

—Tú, si es necesario, ¿te apartarás, como hizo Artur Mas en Cataluña? —li deixa anar Puigdemont.

—No. Yo, este chantaje de Ciudadanos, no lo acepto. De ninguna manera.

Després de repetir-li que, passat el 26-J, la cosa acabarà amb un pacte PP-PSOE, Rajoy li fa una pregunta molt directa:

—Esto de que Mas se va a presentar a les elecciones… ¿es cierto?

Li aclareix que no i aprofita la pregunta per entrar de ple en la situació política catalana. Li parla dels nous temps, de la nova política: la gent vol votar, vol opinar. Li fa notar que ell és el primer president independentista i amb una majoria absoluta independentista a la cambra catalana i li recorda que ha estat escollit per dur Catalunya a la independència. Li assegura que és el que pensa fer i li comenta que ja ho va dir en el seu discurs d'investidura. Perquè no en quedi cap dubte, n'hi entrega una còpia.

—Incluso en España hay ciudadanos que aceptarían un referéndum —li diu.

Rajoy no es mou ni un pèl del seu discurs. Amable, però contundent. Li diu que això és impossible, que no es pot fer un referèndum sense que hi participi tot Espanya, i que, a més a més, s'ha de fer seguint allò que ja estableix la Constitució. Puigdemont li replica que hi ha fórmules possibles i que, si vol que voti tot Espanya, en tot cas s'hauria de fer acceptant que el resultat de Catalunya fos vinculant.

Ni l'un ni l'altre es mouen de la seva posició. Rajoy l'escolta educadament, però la majoria de les preguntes no les hi respon. Tampoc l'interpel·la. Puigdemont s'adona que Rajoy té la seva estratègia molt clara: no provocar cap conflicte, no dur-li la contrària perquè la conversa es mantingui en un to cordial, però no moure's ni un mil·límetre del seu posicionament.

Davant d'això, decideix que la seva serà no callar res. Ha vingut a dir-li el que ha vingut a dir-li, i l'hi diu:

—Cataluña se irá. Tú imagínate que eres el Santo Padre y que un buen día, cuando te levantas, lees en el *Osservatore Romano* que dos millones de católicos se quieren hacer apóstatas. ¿Sabes qué haría, el Papa? Cogería el primer vuelo hacia allí a ver qué estaba pasando.

Rajoy se l'escolta, però no diu res. De tant en tant deixa anar un «bueno, pero esto...». «En todo caso, después de las elecciones vamos a ver qué... no sé...» Ni s'immuta. Aquesta és la seva estratègia. Puigdemont hi insisteix: treu el tema dels ambaixadors i dels cònsols i li pregunta si és conscient que els cossos diplomàtics sí que fan com el Sant Pare. Rajoy no diu res. Ha decidit no dir res, perquè és la millor manera de no entrar en diàleg ni provocar cap conflicte dialèctic que després Puigdemont pugui aprofitar.

El president català opta per llegir-li un a un els quaranta-sis punts de l'informe amb reclamacions que li ha deixat sobre la taula. S'hi esplaia. No se'n deixa cap. Alguns només els enumera, i amb d'altres s'hi allarga. S'hi passa més de mitja hora. Fins que acaba.

Llavors Rajoy li diu:

—¿Sabes qué pasa, presidente? Que el problema no es este.

I, dit això, truca per telèfon a una secretària per demanar-li uns papers.

—Sí, sí. Traedme el papel aquel de Montoro. El azul, el de color azul, sí...

L'hi porten i l'ensenya a Puigdemont. És una mena de Power Point imprès, amb gràfics sobre els pressupostos espanyols.

—Mira, mira —li diu—. Este es el problema: las pensiones. Fíjate: hemos tenido que destinar miles de millones más a las pensiones. Este es el problema —insisteix mentre li assenyala amb el dit la corba ascendent—. En Defensa ya no podemos gastar menos. Pero en las pensiones ya hemos tenido que poner más dinero porque las hemos subido.

Rajoy ha canviat de tema. Puigdemont li parla dels pressupostos d'Espanya:

—Sí, eso que dices es verdad, pero habéis bajado el IRPF.

—Sí, ya, vale..., pero el problema son las pensiones —li insisteix Rajoy.

Ell aprofita per treure-li el tema del dèficit i l'ofec financer.

—Ahora lo vamos a flexibilizar, ya lo verás.

Quan veu que no aconseguirà arrencar-li res més, torna a la política catalana; fins que, en un moment determinat, Rajoy pregunta:

—Bueno. ¿Y qué vais a hacer?

—Ir hasta el final.

Li fa tot un seguit de reflexions sobre la situació: l'avisa de les conseqüències d'una sentència del 9-N, l'alerta de la judicialització excessiva de tot plegat, li fa saber que creu que els recursos constants al Tribunal Constitucional són un error.

Rajoy calla. Com a molt fa un gest de desaprovació de tant en tant. Puigdemont li posa exemples, l'un rere l'altre. Li insisteix sobre les conseqüències que podria tenir dur al TC la llei de pobresa energètica, sobretot si se'n demanés la suspensió cautelar. Té la sensació que o bé Rajoy és molt cínic, o no sap que quan el govern espanyol presenta un recurs al TC té la potestat de demanar que se suspengui la llei recorreguda o no.

—Bueno, si es así... Tú di que me lo has pedido y que yo te he dicho que me lo voy a estudiar —li diu.

Parlen una estona sobre la judicialització de la política. Considera que és molt greu, però Rajoy no contesta.

—Yo no te pido nada —li diu Puigdemont—. Solo te hago la reflexión de que la judicialización que estáis haciendo de todo es muy grave, y que lo será mucho más; que habrá un antes y un después, si hacéis que el TC suspenda la ley de pobreza energética. Haremos bandera de ello —l'adverteix.

Rajoy li diu que d'acord, que ho analitzarà, però que no es compromet a res.

—Hay gente que lo está pasando muy mal, y si lleváis adelante esta suspensión... es muy grave —torna a insistir.

Més endavant li recorda de nou que li ha donat un document amb quaranta-sis punts:

—Mas te vino a ver con veintitrés puntos. En este espacio de tiempo se han duplicado, y de los que traía Mas solo se han resuelto uno y medio. ¿Qué pensáis hacer?

Rajoy diu que s'ho miraran. El president català li proposa finalment que la vicepresidenta Soraya Sáenz de Santamaría i el vicepresident Oriol Junqueras es trobin per parlar-ne.

—Ya, pero es que estamos en funciones —li respon Rajoy.

—Pero la gente que tiene problemas no tiene ninguna culpa. El problema lo tenéis vosotros aunque estéis en funciones. La gente que lo pasa mal no lo entiende, esto —li replica.

—Vale, vale. Pues por mí, perfecto. Que se vean.

Ja s'aixequen. Dues hores i vint minuts de trobada.

No acaba d'entendre l'estratègia de Rajoy. «A vegades semblava que no hi era, que passava, com si estigués de tornada de tot...» Però això no li lliga amb la contundència dels ministres Montoro o Soraya quan es refereixen a Catalunya. «Potser és que, de la mateixa manera que nosaltres rebem pressions perquè ens reunim amb el govern de Madrid, ells també en reben perquè es reuneixin amb nosaltres. Potser l'únic que volien era això, reunir-se. No calia opinar de res, ni prendre cap compromís. A ell la foto de la trobada ja li va bé, perquè venen eleccions.»

Tots dos pacten el que declararan davant la premsa: que cadascú hi ha dit la seva, que no s'han entès, que ha estat cordial i que Junqueras i Soraya Sáenz es veuran per parlar dels temes de la llista.

—¿Quieres ver la Moncloa? —li pregunta Mariano Rajoy.

Accepta la proposta, pensant-se que el president espanyol delegarà en Moragas o en algun alt funcionari perquè li faci de guia. O en la vicepresidenta, potser, que també és allà. Però no. S'hi ofereix ell mateix. Nota que els de protocol han d'improvisar. «Devia estar pensat que la fes algú altre, però Rajoy de sobte ha decidit fer-la ell. Es deu sentir còmode amb mi», pensa. «Hem mantingut una relació bilateral.»

Cap acord. Puja al cotxe oficial per anar cap a la Blanquerna, la seu oficial de la Generalitat a Madrid. Pel camí fa tres trucades: primer, a Oriol Junqueras, i després, a Artur Mas i a Francesc Homs, que ja és allà esperant-lo.

Fa la roda de premsa i surt cap a Atocha. Ha d'arribar a temps a l'últim AVE. No es pot quedar a Madrid perquè l'endemà a les nou té ple al Parlament. Arriba a Sants passada la una de la nit. Sopa al tren. «Un sopar horrorós.»

L'endemà, el Consell de Ministres durà tres noves lleis catalanes al TC: la norma catalana que regula la gestió dels pisos buits, la llei d'igualtat i la d'activitat local.

Missatge rebut.

Divendres, 22 d'abril

Visita el Barcelona Open Banc Sabadell i després presideix el dinar que es fa al costat de la pista central, a la confluència entre els carrers Bosch i Gimpera i Marquès de Mulhacén de Barcelona. A la taula hi té Javier Godó i Josep Oliu. El president hi ha arribat fa pocs minuts, just després que s'hagi sabut que, l'endemà de la reunió amb Rajoy, el Consell de Ministres ha tombat les tres noves lleis catalanes.

«Ja ho heu vist», els diu. Per dins pensa: «Ha quedat demostrat, en directe i davant de les persones més influents del món econòmic i empresarial català, davant dels que m'han demanat del dret i del revés que dialogui amb Madrid, que el govern espanyol no té voluntat de fer cap gest». Al llarg del dinar la conversa gira a l'entorn de la situació política espanyola, i Puigdemont explica alguns detalls de la trobada del dia abans per descriure l'actitud de sordesa de Rajoy. Se l'escolten incrèduls. No perquè no donin fe al seu relat, sinó per l'actitud de Rajoy. «Em sembla que a hores d'ara estan tan perplexos amb mi com amb en Rajoy», ironitza.

Dissabte, 23 d'abril

És el seu primer Sant Jordi com a president. Ha dormit a la Casa dels Canonges. És dissabte i surt el sol. La previsió és de pluja a mitja tarda, i les Rambles de Barcelona, com totes les rambles del país, a partir de mig matí ja estaran plenes de gom a gom.

S'ha llevat a quarts de set i a les set en punt ja estava retocant el discurs. A les vuit assaja la seva intervenció davant les càmeres de TV3, que ja són a Palau, a la sala gòtica. A dos quarts de nou fa el discurs en directe. A les nou, missa; a les deu, recepció a Palau; a les onze, el gremi de pastissers; a les dotze, els flequers; a la una, una foto de grup a la parada de llibres de l'ANC, i a les dues, dinar a Palau. Avui, amb la Marcela, les dues filles i uns amics de la família. Però a les quatre, al cap de poc més d'una hora, els ha de deixar. Té una visita programada.

S'ha trobat amb Moisés Naím, que és a Catalunya amb motiu de Sant Jordi. Els ha posat en contacte un amic comú, Jordi Bosch i Molinet. Naím, escriptor i columnista veneçolà, és considerat un dels líders mundials del pensament. Dirigeix des de fa anys un programa setmanal de televisió, *El efecto Naím*, que s'emet a desenes de països sud-americans. Actualment és assessor de l'àrea d'economia internacional d'un dels *think tanks* més influents del món, el Carnegie Endowment for International Peace, de Washington DC. Els seus articles d'opinió es publiquen en alguns dels principals diaris de referència a Europa, l'Amèrica Llatina i els Estats Units. Va ser director de la revista *Foreign Policy* durant catorze anys (fins al 2010), i el 2011 va rebre el premi Ortega y Gasset de Periodisme. La revista britànica *Prospect* el va seleccionar com un dels pensadors més rellevants del món l'any 2013. En el sector públic va ser ministre d'Indústria i Comerç de Veneçuela a començaments dels anys noranta, director del Banc Central de Veneçuela i director executiu del Banc Mundial.

Avui ha vingut a Palau acompanyat de Toni Cruz, el de la Trinca, i ha mantingut una llarga conversa amb el president durant la qual han analitzat la situació de Catalunya i les seves relacions amb Espanya. D'entrada, Naím li fa un suggeriment:

—¿No le parece que esta batalla tiene que ganarla desde la propia España? ¿No se ha propuesto usted nunca presentarse a las elecciones españolas?

El president li respon que no, que de cap manera, que ell no faria carrera política a Espanya.

—¿Por qué? —li pregunta Moisés Naím—. ¿No sería una vía para cambiar las cosas?

Puigdemont respon explicant-li l'operació reformista, el PRD de Miquel Roca:

—¿Sabe cuántos diputados consiguió fuera de Cataluña? Cero. Yo no me presentaría a hacer carrera política en España. Porque España no tiene país y por más cosas: ¿sabe usted cuántos presidentes o primeros ministros catalanes ha habido en doscientos años? Tres. Todos en el siglo XIX. ¿Y sabe cuánto tiempo gobernaron? En total, menos de dos años. ¿Sabe qué quiere decir esto?

Si repassem la figura de cap de govern des del 1834, el naixement de l'Espanya contemporània, en aquest període de cent vuitanta-un anys només han ocupat el càrrec Estanislau Figueras —durant quatre mesos— i Pi i Margall —trenta dies—, tots dos durant la Primera República (1873). Joan Prim i Prats ostenta el rècord d'haver ocupat poc abans d'això el càrrec de president del Consell de Ministres durant un any i mig, fins que va ser assassinat a Madrid, el 1870.

La conversa amb Naím s'allarga una estona més, tot i que al president ja li han fet notar que l'esperen a les cinc en un altre lloc i que van una mica justos de temps. Però li interessa la conversa. És important, pensa, que Naím entengui el que està passant.

Diumenge, 24 d'abril

Avui dina amb una quinzena d'alcaldes de tot Catalunya. Són al restaurant Can Perot, de Rocacorba. És diumenge. Fa bon temps, millor que per Sant Jordi, i el president es troba amb una colla d'alcaldes i dirigents territorials de CDC. No és un acte de partit. No és un acte de govern. És una trobada informal i els càrrecs de CDC han vingut acompanyats de les seves parelles i fills. De tant en tant, quan era alcalde de Girona, dinava amb algun d'ells. Des que és president, però, no n'havien fet cap, de dinar. Els ha convocat per explicar-los que des de la nova responsabilitat actuarà amb els mateixos valors de quan era alcalde i per traslladar-los la necessitat que els alcaldes siguin la pedra angular del procés polític que viu Catalunya. Sempre ha cregut que la força de CDC li ha de venir dels alcaldes, que a Convergència hi ha un poder territorial que ha d'emergir i que «ha de deixar de ser la infanteria per ser estat major», diu textualment. I això és el que pretén en aquesta trobada. Donar-los ànims. Però també posar-los en valor i fer que al partit mateix s'adonin de la importància del poder local. És una manera de deixar clar a qui vulgui governar a CDC que ho haurà de fer tenint en compte el territori.

En un moment de la conversa, a l'hora dels discursos, alguns alcaldes li reclamen que, d'acord amb Mas, tingui protagonisme també en el lideratge del partit. Alguns parlen d'una direcció col·legiada; d'altres, d'un repartiment de càrrecs. Però ell els talla. No ho vol. «Has de fer un pas endavant», li diu un dels alcaldes.

Dimarts, 26 d'abril

—¿Segur que no voldries tornar a ser candidat a les eleccions?

Hem quedat per sopar tots dos a Palau.

—No. Jo em sento segur i tranquil si sé que el que estic fent té una data de caducitat, que té un objectiu concret.

—Quan eres alcalde la teva idea era acabar el mandat i deixar la política activa, i després de la trucada de Mas et vas sentir obligat a continuar. ¿Ara no podria passar el mateix?

—Saber que tinc una data de caducitat, com em passava quan era alcalde, em permet jugar-me-la del tot. Si ara jo estigués pendent de continuar, segur que no me la jugaria tant. La meva funció històrica, acabi com acabi, és jugar-me-la, trencar-m'hi la cara o que me la trenquin. Això és el que he vingut a fer, per això vaig acceptar.

—Però podria ser que quan arribessis al final d'aquesta legislatura convingués que repetissis, ¿no?

—No. Hi ha altra gent preparada. No sé per què no em creuen, quan dic que no vull repetir.

—Potser no et creuen perquè hi ha molta gent que diu una cosa i en fa una altra.

—Sí, ja ho sé. Si m'ho diuen fins i tot els meus, que repeteixi! Els que saben que els he dit que no. Jo els dic: fem-ho bé, fem un bon debat de primàries, triem un candidat, i jo us ajudaré en el que calgui. I en Mas també.

Aixeca el to i gesticula. Ho fa en confiança. Reflexiona sobre una llista de noms que podrien prendre el relleu i assegura que al partit, a les alcaldies de Catalunya, hi ha molta gent preparada per fer com ell.

—I jo en soc la prova —diu—. Vaig aparèixer d'un dia per l'altre!

—¿Amb Mas vas ser clar, dient-li que no volies repetir?

—Claríssim. Li vaig dir que si el que volia era un candidat a la Generalitat, no era jo. Ara: si el que volia era algú que vingués a fer la independència en aquests mesos, llavors sí. Li vaig dir: «Jo faré aquesta feina, faré de fusible; disposa de mi. Si has de fer saltar el fusible, fes-ho. I si m'he de cremar perquè el país ho necessita, ho faré, sense problema». Jo he vingut a complir un encàrrec, i això l'hi vaig dir moltes vegades. A més, la gent del seu entorn ho sap. Si cal, seré un fusible. Em fondré. —I a continuació afegeix—: Hem de tenir un candidat, esclar. Però ha de sortir d'un debat que potser ara hi ha massa soroll per poder-lo fer. Però l'hem de fer. I el candidat no pot ser triat a dit. Pujol nomena Mas successor a dit, i el partit s'ho ha d'empassar. Jo arribo a la presidència com hi arribo... Però un candidat ha de ser escollit, consensuat, i el partit ha de dir-hi la seva.

—I a tu no t'interessa ser-ho.

—No.

A ell no li interessa. El veig seriós, cansat, que més que parlar amb mi pensa en veu alta. Fa un silenci i tot seguit m'assegura:

—No. No m'interessa presentar-m'hi perquè no soc feliç. No soc feliç. Em sento orgullós de fer aquesta feina, un privilegiat, un escollit. Però no soc feliç. No hi ha un sol moment del dia que em senti feliç... Coi, és que hi ha gent que seria feliç aquí, tenint escortes, podent dinar aquí, fent que li servissin el sopar en aquest entorn privilegiat, veient com tothom li fa reverències... A mi m'incomoda. No em fa feliç. No ho vull, jo. A la Casa dels Canonges m'hi sento com en un hotel. Jo enyoro Girona, l'alcaldia, la família...

Segurament hi ha persones a qui tot això les faria felices. Que les portessin amunt i avall... Està bé, però t'ha d'agradar. I hi ha gent que li agrada, però no és el meu cas. Hi ha qui en trauria més rendiment, en el bon sentit de la paraula. No ho dic pas en sentit negatiu, com si es prostituïssin ni res. Vull dir que s'hi sentirien còmodes. Que són gent d'una altra pasta. Jo no...

—Potser és qüestió de temps. Els presidents o aspirants a president que hi ha hagut fins ara s'han passat mesos, anys, preparant-se per al càrrec. Tu no. Potser és qüestió de sentir-t'hi més segur, més còmode... —li dic.

—Em salten les llàgrimes quan penso que soc el 130è president de la Generalitat. És un honor. Un honor immens. I ara ja domino el que he de dominar. Però com més ho domino, més clar veig que jo no tinc aquesta ambició, que no vull el càrrec. Jo soc ambiciós quant al que he de fer pel país, però no pel càrrec. Jo... Jo soc feliç amb poca cosa. A casa, a Girona, escoltant música, mirant el paisatge... Ara ja no vaig al cinema, ni passejo sol pel carrer. L'altre dia, per Sant Jordi, anava pel carrer envoltat d'un munt de gent, i estava com ensopit. Vaig veure un bar i vaig pensar: «Mira, si no fossis el president, ara entraries aquí a fer un cafè, però no pots...». —Fa un silenci, em mira als ulls i em diu—: Ha de sortir bé.

I afegeix:

—Potser sortirà bé o potser sortirà malament, però ho hem de fer. Ara ens l'hem de jugar. Potser sortirà bé, o potser acabarem a la presó o passant vergonya perquè haurem fracassat. Veurem.

—Si no aneu a totes, potser molta gent no us ho perdonarà.

—Ni jo no m'ho perdonaria a mi mateix.

Divendres, 29 d'abril

Avui hi ha hagut Consell de Ministres a Madrid. Ni la petició del president Puigdemont a Mariano Rajoy ni la del vicepresident Junqueras a la vicepresidenta del govern espanyol, Soraya Sáenz de Santamaría, no han servit de res.

Aquest matí, després del Consell de Ministres, una Soraya Sáenz de Santamaría somrient ha anunciat en roda de premsa que han acordat recórrer diversos articles de dues lleis catalanes, entre les quals figuren la normativa antidesnonaments i la de pobresa energètica, encara que d'aquesta última només n'impugnaran alguns aspectes processals. Pocs minuts abans, des de la Moncloa ja han avisat el vicepresident Junqueras. És una decisió que indigna, i molt. No només el govern català, sinó també molts alcaldes i alcaldesses del país. I la prova més clara és la trucada de l'alcaldessa de l'Hospitalet, Núria Marín, a l'equip del president Puigdemont per anunciar-los la seva intenció de dir públicament que és una decisió incomprensible i que vol apel·lar públicament al president de la Generalitat perquè convoqui una cimera d'urgència.

Li sembla fantàstica, aquesta iniciativa de l'alcaldessa. Tot i que està immers en els preparatius del viatge oficial a Flandes que ha d'iniciar aquesta mateixa tarda, de seguida dona instruccions al seu equip més proper perquè organitzin ja aquesta cimera. La faran dilluns vinent i hi convocaran les alcaldesses de Barcelona, Badalona, l'Hospitalet i els alcaldes de les principals poblacions de Catalunya. La decisió del Consell de Ministres ha provocat la indignació general i el president creu que pot ser una bona iniciativa.

Marín fa les declaracions mentre el president és en un acte a Sitges. L'equip de premsa es reuneix amb ell a l'habitació d'un hotel de la ciutat que han buscat a correcuita per poder treballar amb tranquil·litat. Ha trucat a la portaveu del govern, Neus Munté, per explicar-li la situació i demanar-li'n l'opinió. Les primeres trucades, els primers sondejos per saber les primeres respostes de les alcaldesses de les principals ciutats del país, es fan des d'allà. Responen totes de seguida i mostren la seva disponibilitat a ser-hi. La resta de trucades i els preparatius per a la convocatòria es faran des de Brussel·les al llarg del cap de setmana. La cimera se celebrarà dilluns i serà un èxit. Els grups parlamentaris, les entitats municipalistes del país i els principals alcaldes i alcaldesses pactaran desobeir la decisió del Consell de Ministres fent un nou decret exprés que es proposen enllestir en una setmana.

Serà «una resposta de país».

Dissabte, 30 d'abril

Avui i demà és a Bèlgica, en el primer viatge internacional des que va ser investit i després d'haver hagut de suspendre fa setmanes la visita a París per l'accident d'autobús de Freginals.

Passarà el cap de setmana a Flandes, doncs, acompanyat del conseller Raül Romeva i del representant permanent de la Generalitat davant de la Unió Europea, Amadeu Altafaj.

Es reuneix amb el ministre-president de Flandes, Geert Bourgeois, que defensa el dret a l'autodeterminació: «El dret a l'autodeterminació és un principi acceptat per la comunitat internacional i forma part de la carta de l'ONU. No puc entendre com és que la Unió Europea, que està basada en valors democràtics, no accepta l'autodeterminació de Catalunya».

El president de la Generalitat ha visitat amb el ministre-president de Flandes la fira Floralien Gent, que se celebra en aquesta ciutat flamenca des del 1808. El president de la fira havia visitat Temps de Flors quan Puigdemont era l'alcalde de Girona. I el va acompanyar a fer una visita per la ciutat. Van passejar pel barri vell i pels carrers del centre admirant els patis i balcons que, un cop l'any, es decoren amb motius florals i, en arribar a la plaça de la Independència, es van fer una foto junts assegurant-se que es veiés bé la placa amb el nom de la plaça. Puigdemont i Bourgeois acorden durant la visita establir missions empresarials conjuntes en àmbits en els quals puguin col·laborar. El president català, que és rebut amb tots els honors (al balcó dels ajuntaments on va oneja només la senyera i cap bandera espanyola), visita el port de Gant, per subratllar la col·laboració econòmica que pretén establir amb Flandes.

La visita inclou també Anvers, on es reuneix amb l'alcalde i líder de la Nova Aliança Flamenca, Bart de Wever. El president, que també es trobarà amb el del Parlament federal de Bèlgica, parla amb tots ells, i intensament, del procés que es viu a Catalunya. Sap que Flandes el segueix molt de prop, i en totes i cadascuna de les reunions els seus interlocutors li mostren el seu suport. La setmana passada el representant permanent de la Generalitat davant de la Unió Europea, Amadeu Altafaj, va preparar a fons la intensa agenda del president i els temes que calia tractar. De passada, va aprofitar l'ocasió per fer una consulta a la secretaria del president de l'executiu comunitari, Jean-Claude Juncker, per anunciar-li la visita de Puigdemont i per preguntar si les agendes permetrien una trobada.

La negativa de Juncker a rebre'l, que els comuniquen a última hora argumentant motius d'agenda, es convertirà en el titular de la majoria de mitjans de comunicació, que passaran per alt la trobada amb la resta de protagonistes.

«Juncker no vol rebre Puigdemont» no serà el titular més destacat només a la premsa espanyola; també ho serà a gran part de la catalana.

Divendres, 6 de maig

Avui a Palau s'han disparat les alarmes. Els serveis de premsa del govern han detectat, gairebé casualment, que Oriol Junqueras, en qualitat de vicepresident del govern, ha demanat una trobada amb el president de la Generalitat valenciana, Ximo Puig. Sense dir-l'hi abans a ell. Ho considera una nova deslleialtat, i aquest cop està decidit que sigui la darrera.

La petició d'una trobada formal que ha fet Junqueras a Puig els ha arribat arran d'un comentari dels serveis de protocol del president valencià, que s'han mostrat estranyats que la petició els vingués del vicepresident i no del president. A Palau no s'ho creuen i, abans de fer res, el president vol descartar del tot que no hagi estat un error o un malentès.

«De cap manera, nosaltres no hem demanat cap trobada formal amb cap president autonòmic; ni amb Ximo Puig ni amb cap altre. No som deslleials», diu el cap de comunicació de la vicepresidència, Sergi Sol. Està conduint, i al seu costat hi té Oriol Junqueras, que està sentint la conversa. «No, no. No hem fet cap petició de cap trobada», hi afegeix. No i no.

Durant tot el divendres el malestar va en augment. I la desconfiança encara més. Els uns, perquè se senten acusats de deslleials injustament, i els altres, perquè donen credibilitat a la font de la presidència de la Generalitat valenciana, que els ha confirmat la petició. A Palau, però, el president decideix posar el tema en quarantena per si, realment, és un malentès. No es vol precipitar. És divendres i resol ajornar qualsevol decisió fins dilluns, quan s'hagi aclarit definitivament o quan en pugui parlar directament amb Junqueras a la reunió dels dimarts.

A les set de la tarda de divendres, però, el gabinet de Ximo Puig li fa arribar a Josep Rius la carta que han rebut fa setmanes. Porta data de principis de febrer i va dirigida directament al president Ximo Puig. A banda de presentar-se formalment, Junqueras li parla de la necessitat «d'establir línies de treball conjunt de cara al futur», cita uns quants temes relacionats amb infraestructures, com ara els ports, i expressa el desig d'establir «missions comercials conjuntes». Acaba la carta dient: «És per tots aquests motius abans exposats que m'agradaria concertar una trobada amb vós tan aviat com sigui possible i fer un intercanvi d'impressions».

No hi ha cap dubte. Junqueras ha demanat una trobada amb el president Ximo Puig i no n'ha dit res a Puigdemont. La carta està datada del mes de febrer, abans de la trobada que el vicepresident va tenir en secret amb Pedro Sánchez. En aquell moment Puigdemont li va demanar si tenia prevista alguna altra trobada que ell no sabés. Junqueras l'hi va negar en aquell moment i li ha negat ara que hagi fet cap petició.

Es passarà el cap de setmana donant-hi voltes. Vol que tingui conseqüències. N'està tip, de les deslleialtats d'ERC. I comença a estar convençut que els republicans busquen la substitució de Convergència al govern abans d'arribar a la independència.

Diumenge, 8 de maig

Plou. Avui tenia un acte al Prat de Llobregat, però s'ha suspès per la pluja i passa el matí a casa seva. Fins a mitja tarda no ha de baixar a Barcelona, al partit de lliga entre el Barça i l'Espanyol de la penúltima jornada de lliga. El Barça guanyarà 5-0 i la lliga no es decidirà fins a la setmana següent.

És conscient que ha deixat de confiar en Oriol Junqueras i, en condicions normals, plantejaria una crisi de govern i la sortida del vicepresident de l'executiu. Però fa una anàlisi de les conseqüències que això tindria: si Esquerra ara ja actua més guiada per interessos de partit que no pas de govern, una crisi pública agreujaria encara més la situació. El govern es trencaria i Junts pel Sí passaria a la història. S'hauria acabat el procés i tornaríem un altre cop a una política en clau autonòmica.

Es troba davant d'un dilema: «Si faig públiques aquestes deslleialtats, provocaré una crisi no només a dins del govern, sinó també entre la ciutadania. Per molta ràbia que em faci, encara en podríem sortir escaldats nosaltres, jo mateix o Convergència, i que se'ns donés la culpa. Hem perdut diputats, hem hagut de refer el partit, hem trencat amb Unió, tenim membres del govern anterior processats pel 9-N, governem amb deslleialtats... I resulta que qui en treu rendiment a les enquestes no som nosaltres, sinó ERC». No es pot governar, amb aquestes deslleialtats, però tampoc no pot trencar el govern sense que hi hagi conseqüències molt greus per al procés.

Passeja, sol, per la urbanització Golf Girona. A casa, hi tenen convidats, i ha volgut anar a una fleca que hi ha a cinc-cents metres a comprar el pa i uns iogurts. Necessita caminar per aclarir-se les idees. «Quin país», es repeteix una vegada i una altra. Està decebut. Decebut i trist. «Si provoco una crisi de govern, pot ser el final precipitat de la legislatura.» «¿Com pot ser?», es va dient. «¿Com pot demanar un vicepresident del govern una reunió amb el president valencià i no comentar-m'ho? ¿I com pot negar-m'ho quan l'hi pregunto? ¿A què juguen?»

Plovineja. No porta paraigua. Els escortes n'hi han ofert un i ha dit que no. Necessita que li toqui l'aire i la pluja. Se'n torna caminant tot sol cap a casa amb la barra de pa i un paquet de iogurts a la mà. A cent metres el segueix la parella d'escortes que vetllen per la seva seguretat. I una mica més enllà, a deu per hora, el cotxe oficial. Ha decidit parlar-ne amb l'expresident Artur Mas demà al matí abans de fer res.

Dilluns, 9 de maig

«No en diré res.» És la decisió que ha pres després d'escoltar les opinions del seu entorn més proper, sobretot la de l'expresident Artur Mas. «A mi, en Junqueras també m'ho va fer alguna vegada, això. Ja et vaig avisar», li ha dit. Efectivament, en el moment de fer el relleu a la presidència de la Generalitat, l'expresident li va dir que un dels perills era la probable deslleialtat d'Esquerra. «No me'l vaig creure. Em vaig pensar que seria capaç de redreçar la situació, que amb mi seria diferent», es diu mentre camina per Palau. «És un tema molt greu, sí, però no prou per trencar», li ha dit Mas.

El seu equip de confiança considera que crear ara un conflicte per aquest tema, que inevitablement seria públic, dinamitaria la imatge d'unitat i segurament no seria entès per l'electorat. «Quan hi ha desacords, els que en patim les conseqüències som sempre nosaltres», li han insistit. «Això és greu, molt greu, però ara no podem sortir a fer-ho públic. Guardem-nos-ho», li ha dit l'expresident Mas. La resta de l'equip ho veu igual. Puigdemont seguirà el consell, però la desconfiança amb el líder republicà creix: l'esquerda és cada cop més gran.

Per acabar-ho d'adobar, el vicepresident acaba de fer unes declaracions reclamant apujar l'IRPF a les rendes altes. Ho ha fet sense avisar i sense consultar ningú. És l'estratègia d'ERC: «Anunciar les coses sense haver-ho consensuat i sense que ho digui el programa electoral; així ens obliga a nosaltres a desmentir-ho, i davant l'opinió pública quedem com els defensors dels poderosos. Volen que la gent pensi: mira, aquests protegeixen els rics, i els altres, els pobres. Així, a més, guanyen complicitats amb la CUP».

Tot i que a contracor, el president ha decidit fer cas del consell: no en dirà res a Junqueras. Demà, com cada dimarts, s'han de veure en privat. No en parlaran. Ni demà ni mai, de fet.

Dimarts, 10 de maig

Quan s'acaba la reunió de govern de cada dimarts, li diu a Junqueras:

—Oriol, dijous marxo a Londres de visita oficial i no he tingut temps de tallar-me els cabells. ¿Et faria res que avui suspenguéssim la reunió? És que, si no, no sé quan anar-hi.

—No, ja m'està bé. Jo potser també aprofitaré per anar-me a tallar els cabells —li respon Junqueras.

L'endemà, president i vicepresident lluiran un bon tallat de cabells.

Aquest mateix dimarts al vespre, en un acte amb empresaris a la Casa Fuster de Barcelona, el president afirmarà taxativament: «Aquest govern no apujarà l'IRPF; no està previst». L'afirmació, que serà interpretada ràpidament com una contradicció flagrant entre els socis del govern, aixecarà polèmica durant uns quants dies, i analistes, tertulians i opinadors habituals deixaran clar a totes les tertúlies del país que novament es tornen a fer paleses les discrepàncies entre CDC i ERC.

Ahir, al Parlament, va demanar explicacions a Junqueras. A dins de l'hemicicle, aprofitant un recés, li va preguntar:

—¿Què és això que dius d'apujar l'IRPF?

—No, no. Jo no he dit això —va respondre el vicepresident—. Són uns quants periodistes que ho han interpretat així. Jo he dit que en el ple de la pobresa es va aprovar una moció demanant que s'estudiés la possibilitat d'apujar les rendes altes i d'abaixar-ne les baixes; són ells, que després han interpretat això...

Un nou malentès.

De fet, quan ERC presenta els pressupostos al Parlament, després d'haver consensuat els números departament per departament, de l'increment de l'IRPF a la franja alta ni se'n parla. La polèmica als mitjans s'anirà diluint al llarg dels propers dies perquè en sorgirà una altra de nova i de conseqüències més importants: el suport o no de la CUP als pressupostos.

Dimecres, 11 de maig

Josep Manuel Suàrez Iborra, el delegat del govern de la Generalitat al Regne Unit i Irlanda, s'ha passat mesos preparant la visita que el president farà a partir d'avui i durant tres dies a Londres. A Suàrez, antic director de recursos humans de Banc Sadadell i exdirector del gabinet de presidència i comunicació d'aquesta entitat, li falta un mes per jubilar-se, però ha preparat la visita al detall. Fins i tot ha aconseguit que Puigdemont intervingui a Chatham House, un dels *think tanks* més importants del món. A part d'això, el president es reunirà aquests dies amb diferents col·lectius (empresaris catalans instal·lats a Londres, mitjans de comunicació...) i mantindrà una trobada amb l'ex-primer ministre escocès, Alex Salmond. L'acte més important, però, és la conferència a Chatham House.

«És un crac, aquest Suàrez; és el tipus de diplomàtic sènior que necessita la Generalitat; ara, i sobretot, quan siguem un país independent.»

A la capital del Regne Unit, i davant d'aquest club selecte, Puigdemont fa una intervenció inicial de vint minuts i després els assistents li fan preguntes.

«Volem ser un nou estat i ser-ho en el marc de la Unió Europea. No ens imaginem cap altre escenari de futur. La Unió Europea és la nostra família política. Europa ha demostrat que és prou flexible per adaptar-se a les necessitats polítiques del moment, posant sempre el pragmatisme i l'oportunitat per davant de l'ortodòxia i els tractats», afirma. «Si Europa s'ha reformat per evitar que el Regne Unit marxi de la Unió Europea», afegeix tot seguit, «també sabrà adaptar-se perquè Catalunya hi continuï quan sigui un estat independent».

«El marc jurídic ha d'estar al servei de la democràcia, i no pas a l'inrevés», afirma en un altre moment. «La cohesió és un dels valors més preuats de la nostra societat.»

El president explica als seus interlocutors que, davant la negativa reiterada de l'Estat espanyol a acceptar un referèndum pactat, els catalans s'estan preparant per marxar: «El govern està preparant les lleis oportunes per garantir l'estabilitat jurídica; si tot va com ha d'anar i no hem de fer-ho abans, a les portes de l'estiu de l'any que ve convocarem les eleccions constituents».

La història de Catalunya, les possibles motivacions purament econòmiques, la negociació del deute amb Espanya i l'encaix amb Europa són algunes de les inquietuds expressades pels assistents. També li demanen com s'ho farà per arribar al 50% dels vots.

«No estem tan lluny, i hi ha un 11% dels votants que encara esperen un gest de l'Estat; però no arribarà i s'hauran de definir», els assegura.

Quan li pregunten quin és el principal escull que té el procés al davant, és contundent: «El principal escull serem sempre nosaltres mateixos, els catalans. Som els únics que ho podem impedir si no fem les coses bé. Si expressem aquest desig democràticament, és impossible pensar en obstacles més enllà».

Dissabte, 21 de maig

«La jornada del #SuperDissabte ens ha donat molt bones notícies. Participació, desig de fer un nou projecte sobre bases molt sòlides.» Amb aquesta piulada resumeix el que ha estat un «superdissabte» a CDC. El dia que les bases de Convergència han estat cridades a votar ho han fet més del cinquanta per cent dels seus militants i simpatitzants (més de catorze mil persones), i la conclusió ha estat clara: el 67 % volen que s'impulsi una nova formació política, mentre que el 32,5 % aposten per renovar l'actual.

Encara no té clar el seu paper en el nou partit. No està decidit. Rep pressions per totes bandes. Dels uns, perquè s'hi impliqui més; dels altres, perquè no ho faci. Decideix deixar passar temps, però sap del cert que s'hi ha d'implicar, en aquesta estratègia d'impulsar un nou partit. «La societat és més madura del que molts es pensen; no hem de tenir por a la participació real de la gent en la vida quotidiana, sigui dels partits o dels ajuntaments o on sigui.»

Diumenge, 22 de maig

Avui és a la llotja del Vicente Calderón, a la final que juga el Barça contra el Sevilla, amb l'assistència del rei d'Espanya.

Dimarts, mentre dinava amb Josep Rius, Neus Munté, Jaume Clotet, Joan Vidal i Elsa Artadi, es va saber que la delegada del govern espanyol a Madrid, Concepción Dancausa, acabava de prohibir l'exhibició d'estelades a la final de la Copa del Rei d'avui perquè «inciten, fomenten o ajuden els comportaments violents». Tot plegat, esclar, emparant-se en la llei contra la violència en l'esport.

Sense dubtar ni un segon, va decidir que no assistiria a la final. El seu equip va anunciar immediatament aquesta decisió, i més tard s'hi va sumar també l'alcaldessa Ada Colau. Puigdemont es va afanyar a felicitar-la per Twitter i ella va correspondre aplaudint la iniciativa. Les xarxes van parlar erròniament d'acció coordinada, i tots els mitjans de comunicació se'n van fer ressò.

El va felicitar molta gent, però també va rebre alguna crítica del seu partit, que li retreia la complicitat amb Ada Colau.

La reacció a Catalunya contra la prohibició de les estelades al camp va ser espectacular. L'associació de jutges i advocats Drets va portar el cas als tribunals, que finalment els van donar la raó i van derogar la prohibició d'estelades. Per això avui és al camp.

«Aquests dies hem arribat a pensar de suggerir una forma original de protesta: repartir entre els aficionats catalans banderes de Gibraltar, un territori que té un gran conflicte amb Espanya però que no li ha prohibit mai ningú dur la seva bandera als camps de futbol», explica somrient.

Sona l'himne espanyol i se senten xiulets. Conscient que les càmeres el deuen enfocar, es mostra impassible. S'esforça fins i tot a fer un posat rígid perquè ningú pugui interpretar cap gest com un somriure, encara que no ho sigui. En aquests casos, el president sempre actua amb el mateix criteri: «¿Què faries si l'himne que sonés fos la *Marsellesa*?». Total respecte. «Jo tinc un gran respecte pels himnes. I en el fons, xiular l'himne espanyol és continuar en el marc referencial espanyol. Per a mi és com si em preguntessis si vull Rajoy o un altre. Que facin el que vulguin, és una decisió dels espanyols. Posar-te en el que fan els espanyols no deixa de ser una manera d'estar espanyolitzat.» L'himne, doncs, ni fred ni calor.

Les càmeres l'enfoquen a ell i al rei. Cap moviment facial. Ni l'un ni l'altre. A la mitja part parlaran una estona, però de res transcendent. I, per descomptat, de res de política. Ja van quedar que en parlarien quan hi hagués govern a Espanya. El president català saluda l'alcaldessa de Madrid, Manuela Carmena; la de Barcelona, Ada Colau, i la presidenta andalusa, Susana Díaz, que estan juntes en un racó fent-la petar. S'hi afegeix i tenen una conversa amable, intranscendent. Arriba l'alcalde de Sevilla, Juan Espadas, i ell, l'alcaldessa Colau i Manuela Carmena es volen fer una foto. Els la fa el president, amb el mòbil de Carmena.

El partit s'acaba passada la mitjanit amb victòria del Barça. Avui dorm a Madrid. Ell i la comitiva que l'acompanya se'n van a l'hotel. Just quan baixa del cotxe, el conductor d'un vehicle que anava darrere seu el reconeix i, tocant el clàxon i traient el cap per la finestra, crida: «¡Viva Espaaaaña!».

És la una de la matinada. L'AVE de tornada cap a Barcelona surt d'aquí a cinc hores.

Dilluns, 23 de maig

Una assemblea de la CUP ha aprovat avui a Esparreguera, per 281 vots a favor i 184 en contra, «deslliurar-se» dels acords amb Junts pel Sí per poder «exercir la funció de dinamitzadors de la ruptura independentista». A Junts pel Sí han saltat totes les alarmes. En el fons, suposa trencar amb l'acord d'estabilitat entre Junts pel Sí i la CUP que garanteix arribar al final de la legislatura.

El president i altres membres del govern, que fins ara confiaven que les negociacions entre el vicepresident Junqueras i la CUP pels pressupostos arribarien a bon port, comencen a malfiar-se de veritat, i per primer cop molt seriosament, de la CUP. El president envia uns quants whatsapps a membres de la CUP, que li responen que estigui tranquil, que això no acabarà així. «Keep Calm», li diu textualment un cupaire en un dels seus missatges. De *keep calm*, però, res. De fet, ja fa dies que gent de la mateixa CUP els ha advertit que Esquerra pretén arribar a un acord amb ells que vagi més enllà dels pressupostos, per si de cas hi ha una convocatòria electoral i les esquerres del país s'han d'entendre. «I mira que ens havien avisat.» La diputada Anna Gabriel i Pau Llonch, activista de la PAH, militant de la CUP de Sabadell i cantant del grup At Versaris, es perfilen com els principals artífexs d'una estratègia que acabarà amb la presentació, per part de la CUP, d'una esmena a la totalitat dels pressupostos del govern. Aquests dies el nom de Llonch sortirà poc, a la premsa, però ja es va destacar en el seu moment com a ferm partidari de no investir el candidat de Junts pel Sí Artur Mas.

L'esmena a la totalitat dels pressupostos per part de la CUP ocuparà els propers dies totes les portades de la premsa, que dona per feta la ruptura i la fi de la legislatura.

Diumenge, 29 de maig

Aquest diumenge es commemora el 25è aniversari de l'atemptat d'ETA a Vic, que va acabar amb la vida de nou persones, cinc d'elles menors, i va deixar més d'una quarantena de ferits, alguns de molt greus. Era el 29 de maig del 1991. El comando Barcelona va deixar una furgoneta carregada amb setanta quilos d'explosius i metralla a l'entrada de la casa quarter de la Guàrdia Civil de Vic, on vivien els agents amb les seves famílies.

La seva presència a l'acte ha anat precedida d'un cert debat intern sobre la conveniència o no d'assistir-hi. Aquest any Capgirem Vic CUP ha decidit no anar-hi, perquè consideren que «és un acte manipulat i falsejat per la ultradreta, que ha estat instrumentalitzant durant anys les famílies amb fins polítics i partidistes poc ètics», segons diuen en un comunicat.

No fa gaires dies, un membre de l'equip del president li va preguntar per què hi volia anar, si seria un acte pensat principalment per a la Guàrdia Civil. El president es va indignar. «El món del sobiranisme sempre ha tingut una mena de pudor a entrar en aquest terreny, i això és caure en el parany que ens serveixen gent com els del PP, que ens parlen dels seus com si hi haguessin els seus i els nostres. De vegades caiem en aquest parany, i no ho hem de fer —va replicar el president, gairebé cridant—. La Guàrdia Civil és un cos normal —va afegir—. Alguns dels seus professionals viuen aquí, se senten d'aquí, porten aquí una, dues o tres generacions... I això s'ha d'honorar.»

Quan era alcalde de Girona, anava sempre als actes del dia del Pilar a la caserna de la Guàrdia Civil de la ciutat. «Em criticaven perquè hi anava. Però no tenien raó. Partien de la base que o són dels nostres o són dels altres. I no és cert. El món no és monocolor. Jo em vaig trobar als actes de la Guàrdia Civil de Girona familiars del cos que ens votaven i que m'ho van fer saber.»

«I a Vic passa el mateix —va continuar dient, cada cop més contundent—. El món de la caserna de Vic és un món al qual també ens hem d'adreçar. Perquè també és el nostre. El seu dolor també és el nostre.» Aquesta frase, que li va sortir del cor, la incorporaria al discurs que faria a Vic.

Després de fer la seva intervenció es dirigeix amb tota la comitiva, que inclou el ministre de l'Interior, Jorge Fernández Díaz, al lloc on abans hi havia la caserna de la Guàrdia Civil per dipositar-hi unes flors. Saluda els assistents i molts li demanen fer-se una foto amb ell. No diu que no a ningú. En un dels casos, un dels guàrdies civils amb qui s'acaba de fer una foto li encaixa la mà i li diu: «No afluixi, president, no afluixi».

Una televisió croata que ha cobert informativament l'esdeveniment l'entrevista. El president troba l'entrevista molt dura, perquè gairebé vaticina un conflicte armat a Catalunya. «Escolti, no serà així. Nosaltres hem de donar exemple al món de com es fa un procés d'independència pacífic; no serem com altres països, que per aconseguir la independència han recorregut a la violència, nosaltres no ho farem.»

Però el que més el desconcerta és l'última pregunta:

—Finalment, ens podria fer un pronòstic del partit de futbol Espanya-Croàcia de l'Eurocopa?— li diu el periodista.

Té molt clara quina és la seva intenció, i li respon:

—Em sembla que Espanya surt com a favorita, i per això probablement guanyarà Espanya.

És una frase molt calculada. «No he dit que vull que guanyi Espanya ni que no vull que guanyi. El periodista es devia esperar que li digués que desitjava una victòria de Croàcia perquè es pensa que soc antiespanyol. Aquest és el marc trampós. Jo no soc antiespanyol, soc català. Aquest és el nostre marc mental, el que hem de practicar.»

En els seus cercles més propers, més d'una vegada posarà aquesta pregunta de la televisió croata com a exemple del marc mental que cal trencar. «Tenim un marc mental molt espanyolitzat, i a vegades això ens fa ser antiespanyols. No és això. Ens hem d'alliberar del marc i de l'antimarc. Hem de ser nosaltres mateixos, encara que a alguns els costi d'entendre que tant ens és si la selecció espanyola guanya o perd, o que anem als actes de la Guàrdia Civil que es fan a Catalunya amb tota normalitat. Hem de ser nosaltres mateixos. Ens hem de comportar i hem d'actuar com un país. Ens falta mentalitat d'estat.»

Dimarts, 31 de maig

La negativa de la CUP a votar els pressupostos preocupa tot el govern: els consellers de CDC i els d'ERC. A tots. El president fa una ronda per copsar-ne l'opinió, però es fixa naturalment en els d'Esquerra. Preocupen qüestions ordinàries com el pagament de les nòmines, la dotació de noves places en algun departament… Un conseller d'ERC és qui fa el resum més polític de tots. «Si no hi ha pressupost, no ens enganyem, la legislatura s'ha acabat.»

El president els escolta, però no diu res.

Dimecres, 1 de juny

Ell i el vicepresident es reuneixen durant més d'una hora amb diputats de la CUP. Volen saber si hi ha encara alguna possibilitat d'arribar a un acord *in extremis* pels pressupostos.

Anna Gabriel participa a la reunió. Qui porta la veu cantant per part de la CUP, però, és Eulàlia Reguant.

—¿Així ens esteu dient que no retirareu els pressupostos? —pregunta Reguant, convençuda que ho faran.

Els respon que no.

—Doncs si decidiu que votar que no als pressupostos és trencar l'acord, així ho traslladarem a la nostra gent —responen.

Està encès.

—Si voteu que no als pressupostos, esteu polvoritzant la legislatura. La polvoritzeu —diu. I, mirant acusadorament Reguant, li pregunta—: ¿Com interpretes el punt número u de l'acord que vàreu signar? ¿Una votació a la totalitat dels pressupostos no és carregar-se l'estabilitat del govern? ¿Com us podeu carregar la legislatura d'aquesta manera? ¿Com em podeu jutjar d'aquesta manera? ¿Com podreu jutjar després l'acció de govern amb uns pressupostos prorrogats? ¿Com voleu que tiri endavant un procés amb una eina que és un pressupost prorrogat d'un govern no independentista? ¿Què preteneu? ¿Em jutjareu dient que el procés no avança perquè vosaltres us heu carregat la gasolina del procés, que són els seus pressupostos? ¿Què esteu fent?

Junqueras insisteix, com el president, en el paper mullat que representarà ara qualsevol acord amb la CUP si no aproven els pressupostos.

No serveix de res. Diguin el que diguin, no hi ha manera. No hi ha acord.

Surt de la reunió preguntant-se un altre cop què hi fa, aquí. «La CUP no es creu que vaig seriosament cap a la independència», es diu.

Divendres, 3 de juny

Necessita temps per pensar. És precisament una de les coses que més l'atabalen: no tenir temps per pensar. «Vaig d'una cosa a l'altra; quan no tinc un acte, tinc una reunió, i això no pot ser.» Només hi ha una altra cosa que el treu encara més de polleguera: haver de dedicar-se al que ell en diu «les batalletes internes de la política». «Hi ha gent que es pensa que això és la política, i la política no és això; això és estèril, i em fa perdre el temps.»

Avui està cansat. Fart. Ho deixaria tot. Se'n tornaria a casa i viuria més tranquil. El «no» de la CUP el desmoralitza personalment potser més i tot que com a president o cap del govern català. Ell ha vingut a Palau per fer la independència, i d'aquesta manera no es pot fer. «No s'hi val.» Se sent sol i aïllat. S'adona que alguns dels seus li aconsellen veladament posar el fre de mà i consensuar una estratègia perquè, si hi ha noves eleccions, el partit, el seu partit, no en surti malparat. «Ja està. Ja estan en clau autonomista.» Però ell no ha vingut a fer això. Si no pot tirar endavant el procés, el que vol és anar-se'n a casa.

Són les dues. Dinem a la Casa dels Canonges.

Ha quedat a les quatre de la tarda amb Neus Munté, Jordi Turull i Joan Vidal per analitzar la situació. I més tard, amb Artur Mas.

Som dos a taula, però és com si estigués sol. El president va deixant anar reflexions en veu alta, l'una rere l'altra. Avui, més que mai, em limito a escoltar-lo.

De primer ens serveixen una amanida variada amb pèsols i pernil. Ell pràcticament ni la toca i jo tampoc. De segon hi ha lluç al forn amb verdures, però ja d'entrada avisa que no en voldrà, que si no el tenen preparat del tot no l'hi facin perquè no té gana. No menjarà ni postres. L'únic que fa és passejar amunt i avall rumiant quina sortida li queda.

—Si el govern perd els pressupostos, el que he de fer és dimitir. ¿Què estic fent, si no? ¿El govern perd els pressupostos i he de continuar? Això no té cap sentit. ¿Governarem un país amb la pròrroga d'uns pressupostos autonomistes? Això és un ridícul internacional. Per dignitat democràtica, un no als pressupostos obliga el president a dimitir i a donar per acabada la legislatura.

Però no pot dissoldre el Parlament i convocar eleccions, si perd els pressupostos. Legalment, no ho pot fer fins que no hagi passat un any de la convocatòria d'eleccions. I això no és fins al 4 d'agost vinent.

S'imagina l'oposició fent-ne sang cada cop que hi hagi una comissió de control al Parlament.

—¿Què els hauré de contestar, a Arrimadas o a Albiol, quan em diguin que no tinc majoria per tirar endavant el full de ruta? La veritat és que tenen raó. Això no pot continuar —es lamenta—. ¿I com puc anar a fer conferències pel món explicant que el procés va endavant si no és veritat, si jo mateix no ho crec?

El no de la CUP l'ha deixat molt tocat personalment. No vol ser hipòcrita. No pot anar pels llocs defensant que el procés va endavant si no s'ho creu.

—El govern ha perdut la majoria parlamentària, i això a totes les democràcies és sinònim de qüestió de confiança.

El *reset* que està fent avui li serveix per analitzar la situació molt més a fons del que pretenia inicialment. Perquè es qüestiona no només el paper que ha fet fins ara la CUP, sinó el que han fet ERC i els seus propis companys de Convergència. Se sent atrapat. Creu que el paper que ha fet algun dirigent, criticant en públic ERC, de vegades amb molta duresa, també ha contribuït a alguns menyspreus dels republicans, a un mal ambient de treball i a una desconfiança mútua. «¿Com hem arribat fins aquí?», es pregunta contínuament.

—La CUP fa el que fa, i nosaltres, CDC i ERC, som incapaços de treballar junts. Això no va enlloc... He intentat fer acostaments a la CUP unes quantes vegades, i en algun cas m'ho han retret fins i tot els meus.

Torna a seure a taula. Li ve al cap el que li va succeir la setmana passada, quan a primera hora del matí va anar a un estudi per enregistrar els espots de la campanya electoral de CDC per a les generals i fer-se les fotos per als cartells. Quan va entrar a l'estudi i es va adonar de l'estil que havien triat per a la cartelleria, es va quedar de pedra: tots els candidats amb americana i corbata.

Ell havia arribat sense corbata, convençut que la campanya tindria un altre estil. «¿Però on volen anar? Estem donant una imatge que fa més de dretes que la del PP. ¿Per què no puc anar sense corbata, que és com jo em reconec quan no soc president de la Generalitat», es pregunta. Està tan molest que, des d'allà mateix, truca al director de la campanya, Jordi Cuminal, per preguntar-li per què s'ha decidit que cal sortir amb corbata. Es discuteixen i Cuminal intenta donar-li els arguments, que el president no comparteix. Finalment, li faran algunes fotos també sense corbata. Però perquè hi insisteix molt. Un dels creatius de l'empresa s'atreveix a dir-li que ell creu que té raó, però que quan van proposar al comitè de campanya que els candidats anessin sense corbata els van dir que ni pensar-hi.

Als cartells que es veuran uns dies més tard pels carrers dels pobles i ciutats de Catalunya, el president va amb corbata. Com tots. Es desespera cada cop que en veu un, passant amb el cotxe oficial. «No és només la corbata. És el que representa i com es fan les coses.»

En el fons no li agrada el to que veu venir a la propera campanya, però tampoc no ho dirà en veu alta. Homs ja l'ha avisat que apujarà el to contra la CUP i ERC per intentar tornar a guanyar-se la confiança dels convergents «de tota la vida» que ara els acusen d'haver fet massa concessions. «Faré una campanya per recuperar els nostres», li ha dit. Al president ja li sembla bé, però acabarà pensant que la pujada de to pot ser excessiva, sobretot quan critica tan durament no només la CUP, sinó també ERC i l'ANC.

Dinant a la Casa dels Canonges, no pot parar quiet. S'aixeca i s'asseu constantment. Fins i tot li passa pel cap una possible sortida:

—Jo dimiteixo i la Neus Munté agafa el relleu com a presidenta. La Neus gestiona la pròrroga dels pressupostos, i mentrestant CDC es prepara per a les eleccions.

Mentre parla passeja amunt i avall pel menjador (és el que dona al Pati dels Tarongers per un dels accessos). Els dinars se solen fer aquí perquè hi ha unes finestres que hi deixen entrar molta llum. Als vespres, per sopar, com que ja no hi ha llum natural, acostumen a utilitzar un menjador interior.

A la sala hi ha el piano. Se n'hi va, s'asseu i toca. Li serveix per pensar.

—No em quedaré ni un minut més del que sigui necessari. Si el que hi ha és un alentiment del procés, perquè no hi ha una majoria estable o perquè des de sectors del partit consideren que cal anar més a poc a poc, me'n vaig.

»Em podria quedar al partit, ajudant Mas a reconstruir-lo, i Munté a la presidència. Jo no estic disposat a fer pactes estranys amb uns radicals que ho cremen tot i uns altres que es pensen que renuncio al full de ruta. De cap manera —diu, com si parlés amb ell mateix—. He de donar un cop de puny a la taula.

I continua:

—Jo he de deixar molt clara una cosa: i és que, si no hi ha estabilitat, les condicions amb què vaig accedir a la presidència han canviat. I per mantenir-m'hi, no puc acceptar ni una transgressió de principis ni la renúncia al full de ruta. De la mateixa manera que vaig assumir el sacrifici de venir aquí, no tardaré ni un minut a presentar la renúncia, perquè jo no he vingut ni a transgredir els meus principis ni a renunciar al full de ruta.

No vol sentir-se dir a cada ple a partir d'ara que no està legitimat per asseure's a la cadira que ocupa.

—Si jo fos l'Arrimadas diria: senyor Puigdemont, ¿amb quina legitimitat està vostè assegut en aquesta cadira de president? ¿Amb quina majoria compta? I tindria raó. He de dimitir.

En un moment de la conversa fins i tot arriba a plantejar-se com comunicarà que s'ha acabat la legislatura.

—Just quan s'acabi la votació, faré un tuit donant per acabada la legislatura —diu.

—¿Però com carai vols anunciar una cosa així amb un tuit? —exclamo.

S'ho repensa i em diu que ho farà interrompent el ple (el president té la facultat de fer-ho quan vulgui) i fent una declaració solemne.

Continua parlant com si estigués sol durant molta estona. Pensa en veu alta. Fins que li passa pel cap una solució:

—Podria proposar una qüestió de confiança ajornada en el temps. Com que tampoc no puc convocar eleccions, potser puc deixar-ho tot en un impàs fins al setembre.

La conversa ha durat gairebé una hora. Jordi Turull, Neus Munté i Joan Vidal ja han arribat a Palau.

Dissabte, 4 de juny

Aquest dissabte és a Avinyonet de Puigventós, als estudis de gravació Music Lan, assajant amb el grup Sopa de Cabra. La setmana vinent, arran de l'aniversari del programa *Versió RAC1* de Toni Clapés, que celebra el programa que fa quatre mil, el president tocarà «Camins» amb Sopa de Cabra.

Li va fer gràcia la proposta i va dir que sí de seguida. Només hi va posar una condició: que en lloc de tocar el baix (l'instrument que tocava de jove, amb un grup que es deia Zenit) li deixessin la guitarra. «Per tocar el baix has de tenir els dits endurits, i jo fa més de trenta anys que no l'agafo. Per fer uns acords amb la guitarra no cal, i em serà més fàcil», els va dir.

Ha vingut amb la Marcela, la Magalí i la Maria. És com un dia d'esbarjo. Les nenes se saben la lletra de «Camins» des de fa temps, perquè un dels CD que corren per casa i que la família posa de tant en tant és dels Sopa de Cabra. Conèixer els components del grup i veure el seu pare tocant amb ells els encanta. No paren de voltar per tot arreu, amunt i avall. Tot i que hi ha certa formalitat (els mossos, els directius de RAC1, els assessors...), és un dia de festa. Assaja els acords unes quantes vegades. En algun moment, per a sorpresa dels membres de Sopa, el president es deixa anar: «Camins, que ara s'esvaeixen, camins que hem de fer sols...». Ell també se'n sap la lletra.

Els Sopa li fan una mena de partitura a mida perquè sàpiga quins acords haurà de fer a cada part de la cançó. Primer es tanca amb en Tió en una sala per assajar els acords, i després s'incorpora al grup amb tots.

«Fa molt que no agafo una guitarra.» Li encanta com sona. Es nota que és un estudi professional i en algun moment s'oblida que hi ha vingut a assajar i aprofita per tocar. Assagen la cançó cinc vegades. Sona bé, el president no farà el ridícul, quan la toqui en públic. «M'ho he passat teta», li confessa a un dels components del grup.

Li ha tornat a venir al cap no només algun moment tocant amb Zenit, sinó també quan un dia amb un grup de periodistes de la Catalunya Nord, entre ells Carles Sarrat, li van deixar rascar la guitarra amb Blues de Picolat.

En acabat se'n torna a casa, a dinar amb la família; però a la tarda reprendrà l'activitat. Té un acte a Vilanova i la Geltrú. Després d'intervenir-hi, es passeja per la Rambla i es fa fotos amb tothom qui l'hi demana. Tot plegat acaba tard.

Diumenge, 5 de juny

Aquest matí ha estat al Circuit de Fórmula 1 de Montmeló. S'hi disputava el Gran Premi de Catalunya de Moto GP, que ha guanyat Valentino Rossi, per davant de Marc Márquez i Dani Pedrosa.

Entrega el premi i s'acomiada dels assistents, que li desitgen que la resta del cap de setmana pugui descansar amb tranquil·litat. Però no és aquest, el pla que té previst. Avui es reunirà en secret, fins i tot per a la majoria dels seus, amb gent de la CUP al Palau de Pedralbes. La reunió ha estat una iniciativa seva.

Fa uns quants dies va enviar un whatsapp a la diputada Anna Gabriel per veure's a soles. «M'agradaria parlar amb tu per fer una anàlisi de la situació. A soles, discretament, i sense que ho sàpiga ningú. ¿És possible?»

Gabriel, que en aquell moment era a Mallorca, li va dir que sí. Ahir, però, la diputada cupaire li va enviar aquest missatge: «Encantada que parlem. Però, ateses les circumstàncies, i per evitar malentesos, preferiria venir acompanyada». I a continuació li va proposar que hi fossin també Eulàlia Reguant i Benet Salellas. El president no es va estar de dir-li que preferia una conversa més discreta, però que d'acord, que si volia venir acompanyada, no hi havia cap problema. Tot i així, ¿no trobava que tres persones de la CUP eren massa, tenint en compte que ell hi aniria tot sol? Finalment van decidir que hi anirà només amb Salellas. Al president ja li anava bé.

Pel que fa al lloc de la trobada, primer parlen de la Casa dels Canonges, però s'adonen que allà els veuria molta gent. Els proposa fins i tot el domicili particular d'algun conegut comú, a Barcelona o a Girona, però finalment opten pel Palau de Pedralbes. Queden a les cinc de la tarda.

Un cop citats, Gabriel li enviarà un darrer whatsapp: «¿Et puc fer una pregunta? ¿Per què a mi?». No té cap inconvenient a explicar-l'hi: «Em sembla que ets una persona influent dins de la CUP i que representes en aquest moment un sector que mana molt. Crec que no m'equivoco». Gabriel no l'hi respondrà.

Ja són tots a Pedralbes. Han entrat discretament i no els ha vist ningú. Anna Gabriel porta la veu cantant. Sense referir-s'hi explícitament, fa al·lusió a aquell últim whatsapp:

—Et voldríem deixar clar que a la CUP no hi ha sectors, nosaltres som tots, nosaltres representem a tothom.

—CDC també som tots —replica el president—, però tu també saps que a CDC hi ha gent que mana més que altres, i que hi ha sectors amb més influència que altres. Simplement em referia a això. I a la CUP us passa el mateix.

Avui, però, l'objectiu no és pas discutir com funciona cadascú.

—El que jo vull és saber si hi ha marge de maniobra abans dels pressupostos —pregunta sense embuts.

Per les respostes de la CUP, li sembla que n'hi podria haver. Tant és així que, després de dues hores de reunió, s'apunta la possibilitat que en surti un document amb compromisos per part de totes dues bandes. La CUP diu que, en funció de com sigui aquest document, al consell polític que s'ha de reunir dilluns vinent poden canviar les coses.

Troba acceptables les peticions de la CUP. Demanen, principalment, la creació d'un consell polític on ells hi siguin presents, que es reuneixi cada quinze dies per monitoritzar el procés i verificar que s'està avançant o, si cal, refer l'estratègia.

—De fet, l'he intentat muntar des del primer dia, aquest quarter general del procés. Però no me n'he sortit.

La CUP li demana també que faci constar que el fet que es retiri l'esmena a la totalitat dels pressupostos no és sinònim que els acceptin, sinó que els renegociaran. I que, en tot cas, la llei de pressupostos servirà per corregir allò que pactin.

La reunió s'acaba amb el compromís que l'endemà mateix, dilluns, la CUP tindrà a les mans aquest document per dur-lo al seu consell polític. Puigdemont ho comenta amb Neus Munté i amb Joan Vidal (li dicta el text ell personalment), i ho fa saber també a Jordi Turull, que es posa en contacte amb Marta Rovira perquè hi doni el vistiplau. «D'acord, endavant», diu Rovira a Turull.

«Sembla que hagi anat prou bé; però no me'n refio.»

Dilluns, 6 de juny

El diari *La Razón* publica avui que dissabte passat el president Puigdemont va ser a la seu de Convergència, on es va celebrar una reunió durant la qual, diu el rotatiu, Puigdemont i Mas van protagonitzar un enfrontament dialèctic sobre la situació política.

«Però si dissabte jo estava gravant amb Sopa de Cabra i després me'n vaig anar a Vilanova! ¿Com poden dir això?», s'exclama.

Està tan escandalitzat que truca al president del Grupo Planeta, José Creuheras: «¿Com us podeu inventar coses d'aquest tipus? Això és mentida. De cap manera ha passat, això. ¿Com podeu ser tan poc professionals?», li retreu. Creuheras calla. No té resposta possible. No n'hi ha.

«Per si no teníem ja prou embolics amb el veto de la CUP als pressupostos, ara m'he de dedicar també a desmentir mentides», es lamenta.

La CUP ja té el document de l'acord a les mans. Ell l'ha entregat personalment a Gabriel i Salellas. Però té males vibracions: quan els estava explicant el document, mentre Salellas assentia, Gabriel ni s'ha immutat. I de cop ha deixat anar: «És que entre Junts pel Sí i la CUP encara discrepem en moltes coses: sobre les escoles concertades, sobre el Barcelona World...».

Intenta fer-los entendre que és un document de línies generals, que planteja un acord global però que deixa moltes coses obertes per a negociacions posteriors. «El que jo prioritzo és l'acord», els diu mirant-los les cares. «Em torna a passar el mateix, amb la Gabriel. Molt propera, molt simpàtica, molt amable, però immutable.»

A la CUP no li acaba d'agradar, el document. «És poc polític i parla poc del procés», li ha fet saber Salellas. Al llarg del dia, el diputat cupaire li envia unes quantes contrapropostes. Pels comentaris que li fa en algun moment, el president interpreta que se senten molt pressionats pels electors. «L'altre dia, anant pel carrer, una persona gairebé em pega», li ha dit per fer-li entendre la tensió que viu. El president no s'està de recordar-li que ell també ha viscut episodis de violència, de violència verbal i gairebé física. «Quan era alcalde, anant pel carrer, un dia em van insultar i em van clavar una coça a la cama, i et recordo que tu, justament, vas ser l'advocat dels acusats per aquest fet. No em parlis de violència, no fotem...»

Deixen estar aquest tema i se cenyeixen a un segon document que cal preparar per a dimarts al matí. És un document que parla molt més del procés i que pren alguns compromisos de desobediència clara. Parla sense embuts d'incorporar la CUP al que en diuen «la sala de comandament del procés». Aquest punt s'afegeix a l'últim moment, després que una altra persona de la CUP ho recomani al president.

El document queda enllestit a darrera hora de la nit. Un cop ratificat per part de Jordi Turull i Marta Rovira com a representants de Junts pel Sí, l'envien personalment a tots els diputats de la CUP. Es tracta d'un document que va de grup parlamentari a grup parlamentari. Fins i tot verifiquen que tothom l'hagi rebut bé. Se'n volen assegurar perquè ja ha tocat la mitjanit: ja és dimarts, el dia que la CUP ha de decidir si manté o no el veto als pressupostos elaborats per Oriol Junqueras.

Dimarts, 7 de juny

Segueix la reunió de la CUP des de la Casa dels Canonges mentre sopa amb Neus Munté i Jordi Turull. Tots tres van rebent missatges dels seus contactes dins de la CUP. Puigdemont està confiat que el darrer document podria significar una sortida airosa per a tothom i que evitaria el daltabaix d'un govern a qui no li aproven els pressupostos. De tots tres, qui sembla més esperançat, però, és Jordi Turull.

Són al menjador de baix de la Casa dels Canonges. L'ambient és distès, perquè, passi el que passi, el president ja té l'estratègia pensada. «Això ens dona tranquil·litat. Si va bé, perfecte. I si no, tenim clar el que hem de fer.»

La reunió de la CUP encara dura, però en transcendeix molt poca cosa, tret d'alguns comentaris contradictoris. A quarts de deu del vespre, li arriba un SMS d'Oriol Junqueras: «Perdona, president. ¿Això és real?», pregunta Junqueras, que incorpora en el mateix missatge un enllaç a una informació del diari *Ara* on es parla del document que Junts pel Sí ha enviat a la CUP aquesta mateixa tarda. Efectivament, és el document que han estat elaborant al llarg del dia i que Marta Rovira ha validat. Puigdemont li confirma que és cert, que hi ha un document que el grup parlamentari de Junts pel Sí ha fet arribar a la CUP intentant assolir a un acord. Junqueras no li torna resposta.

Finalment, arriba la decisió de la CUP: vint-i-nou vots en contra de retirar l'esmena a la totalitat i vint-i-sis a favor.

El resultat de la votació fa emmudir la Casa dels Canonges. Envia un missatge a Junqueras per fer-li saber que els seus pressupostos no s'aprovaran perquè la CUP manté l'esmena a la totalitat: «Això ja està. Mantenen l'esmena».

Junqueras no li respon fins l'endemà a dos quarts de set del matí: «De moment, tanta serenitat com calgui. ¿Tu com ho veus?».

La resposta no dona cap pista sobre el que farà: «Totalment d'acord. Serenitat, unitat i fermesa».

És més de mitjanit i el president, sol a Palau, comença a redactar el text de la seva intervenció de demà al Parlament. És un text curt i contundent que no coneixerà ningú abans que el pronunciï. A hores d'ara són molt pocs els qui saben que el president proposarà al ple una moció de confiança ajornada. A banda de Josep Rius, del seu partit ho saben només Artur Mas, Jordi Turull i Neus Munté. I prou. A Junqueras no l'hi dirà fins l'endemà. El vicepresident i els diputats ho sabran a mig matí, durant el ple de pressupostos, que farà una pausa de trenta minuts a petició del president.

Qui sí que ho saben, també, són Lluís Llach i Jordi Sànchez. Van dinar amb ell a Palau fa tres dies i els ho va explicar. Se'n refia molt, de tots dos. Moltíssim.

Dimecres, 8 de juny

No hi ha hagut cap sorpresa: la CUP no retira l'esmena a la totalitat dels pressupostos. Diu que no és un cop de porta i demana que no es doni per acabada la legislatura, però no retira l'esmena.

Moments abans de l'inici del ple de pressupostos, s'ha reunit amb Oriol Junqueras per fer-li saber que, si no prosperen, al setembre presentarà una moció de confiança al Parlament. Parlen en privat, tots dos sols. Quan li sent dir això, Junqueras fa una respiració profunda. Fa dies que a les files d'Esquerra es temien un avançament electoral precipitat, i no els feia cap gràcia. «Em sembla que en Junqueras ha respirat alleujat.» Pocs ho veuran, però la prova que a ERC la decisió del president és ben rebuda és el gest que farà Junqueras en sortir de la reunió: busca amb la mirada el seu cap de comunicació, Sergi Sol, i li fa el signe de la victòria amb la mà.

La sessió s'allargarà tot el matí, amb les intervencions de tots els grups parlamentaris. Es preveu que la votació no sigui fins a les sis o les set de la tarda. A la bancada de la CUP hi ha nervis. «Esteu polvoritzant la legislatura», els va dir fa pocs dies. Estan dividits. A la cafeteria del Parlament han vist la diputada Mireia Boya amb els ulls plorosos. Està desolada. Envia a Neus Munté, la portaveu del govern, uns quants missatges al mòbil demanant-li si hi ha cap possibilitat de pactar algun gest de darrera hora. Paral·lelament, el diputat Benet Salellas demana reunir-se urgentment amb Pere Martí i Josep Rius, del gabinet del president. Es troben en un racó fora de l'hemicicle. Salellas els demana que traslladin urgentment al president la petició d'estudiar un gest d'última hora que no porti a un trencament i a un final de la legislatura. Veuen venir el final. Martí i Rius li traslladen la petició de Salellas. «¿Què vol dir, un gest? ¿Que ens fem una abraçada junts mentre ells mantenen l'esmena als pressupostos? No. Aquest cop no. Ja n'hi ha prou, de donar-los marge. Sempre volen més marge de maniobra. N'estem farts.» Indignat amb la deslleialtat de la CUP, trasllada a Pere Martí i a Josep Rius el missatge que han de fer arribar a Salellas: «Digueu-li que nosaltres tenim el mateix marge per retirar els pressupostos que ells per retirar l'esmena a la totalitat».

Assegut a l'hemicicle, el president Puigdemont rep un missatge al mòbil. És de la diputada Anna Gabriel, demanant-li també un gest que eviti el trencament de la legislatura. La conversa deixa clares les posicions de l'un i de l'altra: «Bona tarda, Carles. Ens ha arribat que el teu discurs d'avui serà molt dur contra nosaltres. Com hem dit i reiterarem aquesta tarda, per nosaltres hi segueix havent partida. Valora si volguessis un gest per part nostra».

«Ningú coneix el meu discurs ni el que he de dir. Fins ara no en sap res ningú. Crec, tanmateix, que per salut democràtica jo he d'assumir que han variat les condicions amb què vaig començar la legislatura.»

I Anna Gabriel li respon: «D'acord. Però valoràvem la possibilitat de fer algun gest que no visualitzés ruptura, malgrat que hi pugui haver noves condicions. Com vegis tu».

«Jo no intervindré abans de les votacions.»

Els dos darrers missatges deixen definitivament aclarides les postures i la impossibilitat d'arribar a cap acord: «Respecte a les votacions, no tenim marge. Després de les votacions, es pot actuar».

«Jo tampoc tinc marge si es tomba la tramitació del pressupost.»

Som a la recta final de la discussió dels pressupostos. Tots els grups parlamentaris s'han esbravat contra Junts pel Sí i han sucat pa amb el fet que no se'ls aprovi el pressupost del seu primer any de legislatura. La CUP votarà al mateix costat que el PP, C's, CSQP i el PSC i deixarà sol Junts pel Sí.

A l'hemicicle, els diputats i diputades de la CUP miren a terra, als mòbils o a qualsevol altre punt que no siguin els diputats de Junts pel Sí. Acabades les intervencions, i quan ja queda clar que els pressupostos no s'aprovaran, el president demana a la presidenta, Carme Forcadell, si pot aturar la sessió parlamentària durant mitja hora. És el temps que necessita per reunir-se amb tots els diputats de Junts pel Sí i explicar-los, a porta tancada, el que passarà a continuació: l'anunci d'una qüestió de confiança al setembre. En acabat, torna a l'hemicicle per adreçar-se a la cambra:

> He demanat la paraula, fent ús de la prerrogativa que té el govern per intervenir en qualsevol moment del ple, conscient que obre torn, perquè, com a president de la Generalitat, atès el resultat de la votació i, per tant, ateses les circumstàncies polítiques que es dibuixen a partir d'ara, crec que és el moment que doni algunes explicacions i els proposi un seguit de reflexions i de decisions.
>
> La situació ho demana. Molta gent que ens està mirant, que està seguint en aquestes darreres hores, amb aquella inquietud de moments decisius, amb angoixa, amb preocupació, no amb molta alegria, segurament, ni tan sols als camps contraris al que és el projecte cap a la independència de Catalunya, crec que mereixen un missatge del president de la Generalitat en aquests moments i algunes consideracions i decisions.
>
> Avui, pràcticament cinc mesos després del debat d'investidura, les condicions que van donar peu a l'inici de la legislatura han canviat profundament, i jo em sento obligat a comparèixer davant

de la Cambra, que és com s'han de fer les coses, a anunciar-los de quina manera jo mateix i el govern que presideixo assumim les conseqüències d'aquest canvi que no estava previst ni era esperat, però que en qualsevol cas és un canvi important de les condicions inicials.

¿Quines eren les condicions inicials? I permetin-me que els faci un petit recordatori del que potser alguns han oblidat, tot i que només han passat cinc mesos escassos: aquest Parlament va iniciar la legislatura amb dues sessions d'investidura fallides. El candidat del grup parlamentari de la majoria del Parlament, el grup parlamentari de Junts pel Sí, aleshores el president Artur Mas, va assumir una gran responsabilitat quan va renunciar a continuar sent el candidat i va fer un pas al costat en un gest inèdit, inèdit també a la política espanyola; en un gest noble, amb visió generosa i de país. I això l'hi ha reconegut tothom. En un gest, també, imprescindible perquè la legislatura de la desconnexió, aquesta legislatura, la legislatura de la desconnexió que ha de preparar Catalunya per esdevenir un estat independent, pogués començar a caminar i no s'entorpís amb qualsevol obstacle, i perquè ho fes sobretot sense entrebancs. Això va representar un gran sacrifici de Junts pel Sí, que va renunciar al seu cartell, un gran sacrifici en particular també per a la família política a la qual jo pertanyo, Convergència Democràtica.

El Parlament ve dibuixat per la decisió de les urnes i el mandat del poble de Catalunya: setanta-dos diputats a favor de la independència. I per això calia fer sacrificis. I alguns els vam fer més que altres, perquè enteníem que calia respectar l'encàrrec dels ciutadans, que volien, i volen, que construïm un estat independent. Per això es va arribar a un acord de darrera hora. Un acord de cinc punts, el primer dels quals diu literalment el següent: «A efectes de garantir l'estabilitat parlamentària i enfortir l'acció del govern durant aquesta legislatura, la CUP Crida Constituent es compromet a 1) no votar en cap cas en el mateix sentit que els grups parlamentaris contraris al procés i/o al dret a decidir quan estigui en risc l'esmentada estabilitat». Amb aquest acord a la mà, l'aleshores president i tots els qui vam participar en l'acord arribem al convenciment que sí, que la legislatura tenia via lliure.

Aquell dia el recordo bé. Jo crec que vostès també el recorden bé. Recordo les paraules precises d'aquells dies. I recordo el sentiment contradictori, que potser també es dona avui, de tristesa, d'una banda, i alhora de desig, de mantenir la il·lusió, de l'altra.

Per això vaig acceptar una responsabilitat incòmoda, però necessària, i vaig prometre que no escatimaria esforços, que hi deixaria la pell i que ho faria bé, que intentaria fer-ho bé. Entenia, i entenc, que tanta gent il·lusionada, tanta gent que ha treballat sense esperar cap recompensa, només una mica de gratitud, es mereixia, justament, la gratitud dels qui en som els seus representants, dels qui ens hem presentat i els hem demanat el vot i els hem demanat la confiança per ser els seus representants. Esperaven, tota aquesta gent, i continuen esperant, que, com a mínim, atès que no esperen cap recompensa, els tractem amb un punt de gratitud.

Per respectar els votants i el desig d'independència, Junts pel Sí, seixanta-dos diputats, va acceptar que es retirés el seu candidat, que és una decisió d'una enorme transcendència. Ho va acceptar perquè obteníem la garantia d'estabilitat del futur govern, que havia de preparar les estructures d'estat i el procés de desconnexió amb l'Estat espanyol. La garantia que donava per escrit un grup de deu diputats.

Avui constatem amb tristesa i decepció, almenys jo ho constato amb tristesa i decepció, que un grup que guanya les eleccions amb 1,6 milions de vots i seixanta-dos diputats pot retirar el seu candidat a la presidència en ares de mantenir la il·lusió viva i fer possible el full de ruta, i en canvi un grup de deu diputats, una mica més de tres-cents mil vots, no pot retirar una esmena a la totalitat, tot i tenir signat un acord d'estabilitat. No hi ha ni proporció, no hi ha ni lògica, i no hi ha ni lleialtat.

En aquestes condicions no es pot continuar. Es pot continuar i s'ha de continuar, però no en aquestes condicions. No anem enlloc, amb unes bases tan volàtils; sense estabilitat garantida no podem governar. Aquest govern queda en mans o bé dels qui ens exigeixen, i avui ja ho hem sentit, canviar el full de ruta cap a la independència, cosa a la qual jo no penso renunciar, o bé en mans dels qui ens exigeixen que fem la independència només a la seva manera, amb la seva metodologia i amb la seva estratègia, encara que això contradigui el model de societat de la majoria i la manera de fer les coses que vol la majoria.

Constato, per tant, que el govern que jo presideixo ha perdut la majoria necessària per poder treballar i complir el pla de govern que, aprofito per recordar, va ser aprovat el mateix dia que la meva investidura, i que és el pla de govern que inspira fil per randa els pressupostos. No té sentit aprovar un pla de govern i després no aprovar els pressupostos que compleixen aquest pla de govern. El govern que presideixo, per tant, sense pressupost propi, se suposa que s'ha de confrontar amb l'Estat amb un pressupost prorrogat, que és com anar a caçar elefants amb una escopeta de balins. A més se suposa que hauríem de passar l'examen del debat de política general sense poder comprometre absolutament res ni defensar amb compromisos pressupostaris concrets les nostres voluntats polítiques. No tenim pressupost, ara ho sabem; no tenim la majoria parlamentària que ens estava garantida a través d'un acord signat; no tenim confiança, per tant, amb qui incompleix un acord rebut amb il·lusió i esperança per tots els nostres votants, els nostres, els dels dos grups parlamentaris que vam arribar a aquell acord i, per tant, tenim dret a preguntar-nos quina garantia tenim. ¿Quina garantia tinc jo com a president que compliran futurs acords?

Ens diuen que no són possibles els del 2016, però segur que ho seran els del 2017. ¿Ah sí? ¿Sobre la base de quin acord? ¿Signarem un acord que després també mutarà, com tots els acords, que hem vist que tenen vida pròpia? ¿Quina garantia tenim a partir d'ara que signar una cosa ens garanteix aquella estabilitat imprescindible per complir amb el desig de la bona gent que ens ha votat?

Jo confiava en vostès i els he defensat fins al final. Molta gent, molta gent, confiava en vostès, molta. Vostès han decebut les esperances de milions de persones mobilitzades tots aquests anys sense el més mínim, que no tenien cap càlcul ni cap altra pretensió ni interès que la Catalunya que som tots, la Catalunya que vol progressar i construir i que es dona la mà sense preguntar què pensa o què parla el del costat, que la Catalunya aquesta fos un estat independent. I goso dir també que entre les seves pròpies files de votants avui hi ha gent que no ho passa bé. M'atreviria a dir fins i tot que en la seva pròpia estructura política avui hi ha gent que no ho passa bé i jo no me n'alegro gens. I a aquestes persones, els vull adreçar un missatge final d'esperança.

Reitero el compromís solemne, aquí al Parlament de Catalunya, de fidelitat al Parlament i al poble de Catalunya. El compromís de portar el país a les portes de la independència. El compromís de ferho bé. El compromís de comptar amb tothom i de preservar i prioritzar, com s'ha vist en el pressupost que ha presentat el vicepresident, les persones per davant dels partits i de les ideologies. Avui, tanmateix, tots aquests compromisos, als quals jo no he renunciat, requereixen unes noves condicions.

Senyores i senyors diputats, en una democràcia madura, quan un govern perd la majoria, s'entén i s'accepta sovint que ja no pot continuar governant amb les condicions necessàries per desenvolupar el seu projecte polític. Fins i tot hi ha sistemes polítics en què aquesta circumstància comporta el cessament immediat del govern i la convocatòria d'eleccions; i potser en el procés constituent d'un nou país aquest tipus de garanties les hem de deixar per escrit, i ens hem de comprometre a un exercici del poder i del parlamentarisme molt més obert, molt més responsable del que hem heretat, fruit d'una cultura política de la Transició, que de cultura política en tenia molt, però de cultura democràtica, ni que sigui pel poc temps que tenia, no en tenia gens.

Per això el nostre model no va tan enllà. Però jo no puc continuar governant com si disposés de la mateixa majoria que em va investir. Ho reconec i ho dic aquí; i ho dic clar: les coses han canviat, i jo no tinc cap interès a allargar innecessàriament i injustificadament el mandat. En primer lloc, per conviccions democràtiques; i, en segon lloc, perquè jo vull fer la independència. Jo no vull continuar administrant les rampoines d'una pròrroga d'un pressupost elaborat i aprovat per un govern i un Parlament que no tenien el mandat de la independència, com té aquest d'aquí.

El nostre model, el que tenim ara, atorga al president la facultat de convocar eleccions. Però d'aquesta capacitat jo no en disposo encara fins entrat el mes d'agost, com segurament tots vostès coneixen. També és cert que la convocatòria d'eleccions de manera anticipada en mans d'un president, i aquesta és una facultat que el nostre sistema preveu, ens agradi o no, pot aixecar, i segurament amb raó, tota mena de suspicàcies sobre la seva veritable intencionalitat: el moment triat, les condicions, etcètera.

Per això jo els anuncio que, passat el mes d'agost, i en la represa del nou curs parlamentari, em sotmetré a una qüestió de confiança perquè sigui el Parlament que em va escollir, el Parlament que va aprovar el meu programa de govern, el que tingui la potestat d'aclarir en quines condicions i amb quines majories es pot assolir el full de ruta cap a l'estat català independent, o si desencadena el procés per convocar noves eleccions que determinin en mans de qui els nostres ciutadans confiaran la construcció del futur de Catalunya.

Catalunya mereix més; de fet, Catalunya ho mereix tot. Junts pel Sí hem demostrat que som constructors, perquè vam néixer amb l'esperit constructiu i vam néixer amb un sí sota el braç. Ningú no ens prendrà aquest compromís.

Als catalans que en aquestes hores assisteixen amb preocupació al bloqueig dels pressupostos i a les seves conseqüències; als catalans que hagin votat qualsevol de les opcions independentistes que es presentaven a les eleccions del 27 de setembre; que veuen com aquest primer govern independentista no pot aprovar els seus primers i de moment únics pressupostos, jo els vull adreçar un missatge

> de confiança i d'esperança. Els vull dir que no estem disposats a qualsevol cosa a qualsevol preu per continuar al govern; ni estem disposats tampoc a renunciar al nostre full de ruta, que és la ruta cap al futur i cap a la llibertat de Catalunya.
>
> Moltíssimes gràcies.

El discurs li ha sortit a raig. Igual com el va escriure: a raig. Perquè el tenia molt clar. «El meu objectiu era repartir llenya a la CUP però sense acarnissar-m'hi. A les meves files hi ha qui voldria encara més duresa, però no és això. Es tractava de deixar les coses clares.» Tot i això, està dolgut amb la CUP. Els cupaires saben molt bé que ell ha hagut de defensar moltes vegades la CUP dins les seves pròpies files. «Ells saben que jo els he defensat; ho saben», es repeteix a si mateix.

Mentre fa els discurs, pràcticament ni se'ls mira. Ha procurat tenir allò que se'n diu una «mirada democràtica», dirigir-se a tota la sala amb la mateixa intensitat. «Quan em fixava en la CUP, però, me'ls mirava i era com si s'anessin fent petits, com si s'anessin enfonsant als seus seients», m'explicarà després.

Li ve al cap una entrevista a 8TV amb Josep Cuní, en què el presentador li va preguntar si no se sentia incòmode pactant amb la CUP. «A mi em sembla que estaria molt més incòmode pactant amb el PP», li va respondre.

Ara es pregunta si la CUP n'és conscient, dels esforços que ha fet fins a darrera hora i de com els ha defensat fins al final. Això és el que més li dol. I només pot interpretar els SMS i els whatsapps que li han fet arribar fins a darrera hora com un símptoma que la mateixa CUP també se sent incòmoda, en aquesta situació. «Contra Mas vivien millor, els de la CUP. Veurem si a partir d'ara canvia alguna cosa; perquè fins ara no han fet cap gest d'assumpció de responsabilitat. I això no s'entén.»

Un cop acabat el discurs, el que havia de ser un dia trist per al govern es converteix en una mena d'injecció de moral. Els diputats de Junts pel Sí l'aplaudeixen, i no és una ovació de compromís. La situació és ben estranya. Acaben de perdre la votació dels pressupostos i estan eufòrics. L'oposició s'ho mira impassible des dels seus seients, evidentment sense aplaudir. La CUP tampoc no aplaudeix. L'hemicicle es va buidant; els únics que no es mouen són els cupaires, que encara s'hi quedaran una estona.

Dijous, 9 de juny

L'endemà del no de la CUP als pressupostos, el president analitza, sol, a Palau, la situació. Ha guanyat temps fins al setembre. Al setembre ja hi haurà govern a Espanya, se sabrà si Pablo Iglesias hi té algun paper i si el referèndum pactat té alguna possibilitat, es diu. «Si no, serà l'hora d'un referèndum unilateral.» N'està convençut. No hi ha cap més sortida. La CUP hi estarà d'acord, amb un referèndum unilateral, i ell superarà la qüestió de confiança. Es torna a fer la pregunta que ja s'ha fet en moltes ocasions: «¿Estic disposat a anar fins al final, jo?». S'ho pregunta perquè sap que el dia que signi una convocatòria de referèndum unilateral, automàticament rebrà l'advertiment del govern espanyol i del Tribunal Constitucional. I aleshores haurà de desobeir. «Ho faré.» Pensa en la família, en el que ell en diu sempre la seva zona de confort, però també en el país i en el que ell creu. «Sí, ho faré», es diu. I recorda el que va dir al ple d'investidura: «M'hi deixaré la pell». No era una metàfora.

S'imagina, també, què passaria si ell se n'anés. «La Neus Munté podria ser la cap de cartell. Però també el Santi Vila.» Santi Vila no és independentista, i Puigdemont ho sap. Ho sap perfectament i, amb tot, ell mateix l'ha avalat en més d'una ocasió. «Seria el candidat per a una Convergència que apostés per la tercera via. El candidat que els aniria bé a ERC», pensa tot seguit, conscient que en aquest moment ell és el candidat de CDC que fa més respecte als republicans. «Amb mi els republicans no haurien de tenir cap dubte.» El preocupa que la societat catalana, tipa de tants atzucacs, arribi a la conclusió que la tercera via, l'acord amb l'Estat, és l'opció més assenyada. «El país va cap aquí. Aquesta hipòtesi és la que hi haurà sobre la taula si no supero la qüestió de confiança. Llavors —pensa— serà l'hora de la meva retirada.»

Dissabte, 11 de juny

«Ha estat una gran jugada. No podíem anar a eleccions de cap manera, perquè les hauríem perdut. Hi havia el risc de no obtenir una majoria clara en favor de la independència, i si CDC i ERC anessin per separat, per més que probablement Esquerra faria millor resultat que Convergència, la suma no serviria de res. No podem anar a eleccions. El president ha de superar la moció de confiança i l'hem d'ajudar.»

Aquest és el missatge que Sergi Sol fa arribar al president. És un missatge directe del líder d'ERC. «Esquerra no vol eleccions de cap manera, ni que les guanyés; però tampoc no vol una acceleració massa exagerada del procés: un referèndum unilateral el primer trimestre del 2017, que probablement agradaria a la CUP, no seria la millor solució. Esquerra creu que no hi ha temps per fer els preparatius ben fets i que el Referèndum Unilateral d'Independència, el RUI, no porta enlloc. El que li demanem al president és que no prengui decisions precipitades i que el que decideixi ho pacti amb Junqueras abans», diu Sol. «Ara és hora que fem de veritat un Junts pel Sí», afegeix.

Puigdemont continua considerant Esquerra un soci deslleial, però pensa que ha arribat el moment de parlar-hi clar i pactar el full de ruta: «No prendré cap decisió fonamental sense parlar-ne abans amb Junqueras».

«No pateixis. Consensuarem l'estratègia», li dirà directament en la propera trobada habitual dels dimarts.

Veu ara amb Esquerra molta més unitat d'acció. El no de la CUP als pressupostos i la por a unes noves eleccions, que no resoldrien res, probablement han convertit els republicans en uns socis més fidels. Ha vist patir els republicans; els ha vist temorosos d'unes noves eleccions... Se sent segur.

Dimecres, 15 de juny

Avui torna a dormir a Palau. Està cansat. S'ha bolcat en la campanya electoral del 26-J i participa activament en tots els actes electorals que l'agenda li permet per donar suport a la candidatura de Francesc Homs. El president no té clar quin resultat obtindrà CDC en aquesta campanya electoral: per un costat, està d'acord amb Homs quan diu que Convergència ha de marcar perfil propi perquè de l'estratègia d'anar junts amb Esquerra ells no n'han tret mai cap rendiment electoral, al contrari. D'altra banda, però, discrepa per les crítiques dures contra la CUP o contra l'ANC. No veu clares quines conseqüències pot tenir aquesta estratègia.

No aconsegueix conciliar el son. Dona voltes a la situació i torna a interpel·lar-se a ell mateix sobre el seu paper. «Jo el que vull és que aclarim el panorama», pensa. Creu que ha de convertir la qüestió de confiança en una oportunitat. «He d'aclarir quin és el final. ¿Què volem fer? ¿Una declaració unilateral? ¿Un referèndum unilateral? ¿Unes eleccions plebiscitàries? Això és el que cal aclarir, perquè, un cop aclarit el final —¿què volem fer?—, els passos previs són més clars.» Sap, però, que a CDC mateix hi ha discrepàncies sobre quin ha de ser el final. El president es va mostrar clarament partidari del RUI durant una reunió del partit on hi havia també Artur Mas.

No hi ha manera d'aclucar l'ull. El cap li va a mil per hora. Cada cop és més partidari d'un referèndum unilateral i de fer-lo el primer trimestre del 2017.

«Si es fes amb la condició que la gent s'hi ha d'inscriure prèviament, tindríem solucionat el problema del cens que se'ns plantejaria si féssim un referèndum unilateral. S'hi podria inscriure tothom, i qui no ho fes no podria dir després que no hem tingut en compte els del no.»

Dimecres, 22 de juny

Avui el diari *Público* ha fet públiques unes converses entre el cap de l'Oficina Antifrau de Catalunya, Daniel de Alfonso Laso, i el ministre de l'Interior espanyol, Jorge Fernández Díaz, en què parlen de boicotejar el que es coneix com el procés català. Les converses rebenten la campanya electoral del 26-J i es convertiran en un escàndol de primer ordre, sobretot a mesura que en els propers dies se'n vagin sabent més coses.

Se n'assabenta a mitja tarda, quan està a punt de sortir cap a un acte electoral. De seguida li ve al cap l'entrevista que el diari digital *Eldiario.es* li va fer el 17 de març passat. La primera entrevista a un diari digital que va concedir va ser a aquest, perquè es va sentir ben tractat durant el relleu a la presidència de la Generalitat i perquè mantenia relació a través de les xarxes socials amb alguns dels seus periodistes. Un d'ells, un cop acabada l'entrevista, li va parlar de la «guerra de comissaris» que hi havia a la policia espanyola i el va alertar que hi havia uns enregistraments en què es demostrava la guerra bruta contra Catalunya. En aquell moment, sense saber encara de quines converses es tractava i quins eren els possibles interlocutors, no en va fer gaire cas. De fet, no hi havia tornat a pensar fins ara, amb el daltabaix provocat per les converses que ha filtrat *Público*, i que continuarà filtrant els propers dies.

«Això és el que em van explicar», exclama en llegir-ho. «Això vol dir que feia més de tres mesos que alguns mitjans de comunicació espanyols estaven al cas que hi havia converses enregistrades que demostraven la guerra bruta contra Catalunya. I durant tres mesos cap mitjà de comunicació ha gosat publicar-les i posar contra les cordes el ministre Fernández Díaz.»

Dissabte, 25 de juny

Avui és a casa. Descansa després d'una campanya electoral que l'ha obligat a doblar i, alguns dies a triplicar, la seva activitat habitual. Rep una trucada de l'expresident Jordi Pujol.

«Puigdemont, només t'entretinc un moment. I sàpigues que només et truco a tu i que ara trucaré a Francesc Homs. A ningú més. He vist que t'has bolcat en la campanya electoral i vull agrair-t'ho. I desitjar-te sort passi el que passi. I si algun dia tens temps i ganes de parlar, ja ho saps...»

La conversa s'allarga uns minuts, però és breu. Pujol s'ha posat en contacte amb Puigdemont en diverses ocasions, sempre amb escrits breus, epístoles sobre la situació política.

«De fet, des que soc president que no he parlat mai cara a cara amb en Jordi Pujol. Només un bon dia protocol·lari en un parell d'enterraments. M'agradaria poder-hi parlar amb calma. L'hi proposaré.»

Diumenge, 26 de juny

Avui és 26-J, dia d'eleccions. A la seu dels republicans i a la dels convergents intenten pair el resultat. ERC no ha crescut tant com li vaticinaven les enquestes i com ells es pensaven (internament feia dies que parlaven fins i tot de la possibilitat de ser la llista més votada), i a Convergència l'alegria probablement és més gran del que tocaria, després del desastre que vaticinava el sondeig de TV3.

En Comú Podem, amb dotze diputats, ha estat la guanyadora clara de la nit. Els nou i vuit diputats d'ERC i CDC no tenen el mateix impacte que haurien tingut si n'haguessin estat disset, anant com a Junts pel Sí.

Tothom felicita Francesc Homs. Mas i Puigdemont també. «Aquests resultats garantiran l'estabilitat a Junts pel Sí», pensa el president. N'està satisfet.

Dimarts, 28 de juny

Avui s'ha sabut que el Tribunal Superior de Justícia de Catalunya, el TSJC, finalment ha tancat la instrucció contra l'expresident Artur Mas, l'exvicepresidenta Joana Ortega i l'exconsellera Irene Rigau pel 9-N. El TSCJ els acusa de prevaricació i desobediència greu per haver tirat endavant la consulta. És més que probable que Mas, Ortega i Rigau siguin jutjats abans de finals d'aquest any o a principis del vinent.

Dimecres, 29 de juny

Avui és al ple del Parlament. Acaba de respondre a les preguntes dels grups parlamentaris en l'habitual sessió de control i ara es dirigeix, sol, a la cafeteria del Parlament. Li agradaria fer un cafè tranquil·lament, però li costa arribar-hi i encara més asseure's sol en una taula. Aquests dies l'atura molta gent del partit per saber què pensa del congrés que se celebrarà d'aquí a quinze dies, durant el qual han de decidir no només el nou nom del partit, sinó també els òrgans de govern i, esclar, els noms de les persones que han d'ocupar els càrrecs.

Se sent acorralat. «Em van acorralant i acorralant; vinga insinuar que si vull empènyer perquè el partit aposti clarament per la independència m'he de mullar i dir quins noms prefereixo!»

«M'estan atabalant, uns i altres. Es deuen pensar que amb el temps m'hi aniré acostumant, que em convertiré en un polític pendent del partit i dels càrrecs... Doncs no, al contrari: com més temps passa, menys m'hi acostumo.»

Sol, en una taula del bar del Parlament, pren la decisió de parlar amb Artur Mas i recordar-li que el tracte que van fer el gener passat no contemplava tot el que està passant.

Divendres, 1 de juliol

Acabada la reunió que ha tingut amb Antoni Fernández Teixidó, dina amb Artur Mas a la Casa dels Canonges. S'instal·len al menjador de dalt, al dels finestrals que deixen entrar molta claror.

La resta de la sala és un gran espai dividit en tres zones ben diferenciades. Al centre, dos sofàs grans, en forma de U, un de beix i un de verd molt clar, amb espai per a set o vuit persones cadascun, pensat per a converses disteses. S'hi sol servir l'aperitiu quan el president es reuneix amb un grup de gent.

En un extrem, en un espai elevat al qual accedeix pujant un petit graó, hi ha una taula gran i, just a l'altre extrem de l'habitació, l'espai on el president dina quan són només dues persones a taula. És el que faran servir avui.

—President —li diu Puigdemont—, cada cop hi ha més pressió perquè es doni per feta una cosa que tu i jo sabem que no es pot donar per feta, i és que jo seré candidat a les properes eleccions al Parlament. Tu saps perfectament que jo no vull ser-ho...

Mas admet que la pressió és cada cop més descarada.

—Sí, ja ho sé, ja ho sé, que havíem quedat que no, que això és el que vas dir..., però és que jo també crec que ho hauries de ser.

—President... jo noto que aquesta pressió va en augment; tothom dona per fet que em tornaré a presentar. Tothom diu: «Mira, ja tenim candidat». I no. No és així i no ho serà, Artur. Jo no m'hi vull presentar, no m'he plantejat la meva vida a Barcelona i no m'ho vull plantejar. I em temo que si es va donant per fet, si jo no dic res, quan després hagi d'aclarir-ho serà una decepció. Hi haurà gent que s'enfadarà amb mi o amb el partit per haver donat per feta una cosa que no és. Tu saps el que vàrem parlar al gener... I jo vull que quedi clar...

—T'entenc —li diu Mas—. Estava convençut que amb el temps t'hi adaptaries i ho veuries diferent.

Per a Puigdemont, però, no és una qüestió d'aclimatació:

—És una qüestió de tarannà, president. No vull ser candidat ni vull ser president. Ho soc ara perquè les circumstàncies m'hi han portat i perquè hi ha un objectiu clar. I per aquest objectiu jo soc capaç de sacrificar el que calgui..., però la meva voluntat no és perpetuar-me en el càrrec. I no es tracta que me'n vulgui desentendre, de cap manera. Jo ajudaré sempre en el que calgui i faré el que calgui, però tu i jo hem de tenir clar quin era el tracte que vàrem fer...

President i expresident parlen llargament de la qüestió. Puigdemont li insisteix que el partit ha de buscar un candidat, perquè ell no ho serà.

—Jo no m'ho hauria pensat mai, això; és un honor, ser el president, però ho vaig ser en les circumstàncies que ho vaig ser... Ara em sento atrapat en un personatge que no soc jo. Així és com em sento, com si fos un personatge que no soc jo. Jo el puc representar, aquest personatge, i fer el paper que calgui; però no és el meu personatge; a mi m'hi han posat.

—T'entenc; t'entenc i t'ajudaré quan arribi el moment —li diu Mas al cap d'una estona—. Però ara el que toca és no dir-ne res. Ara el que toca és que superis la qüestió de confiança —afegeix.

Dilluns, 4 de juliol

Avui rep el líder d'En Comú Podem, Xavier Domènech. A les portes d'una nova campanya electoral a Espanya, els comuns, que els darrers anys s'han situat en l'epicentre de la vida política, ara poden dir que són l'opció més votada a les eleccions del 26-J. Aposten clarament pel dret a decidir, però no fan cap pas més enllà.

Diuen que encara no és l'hora del referèndum unilateral perquè consideren que encara hi ha opcions d'arribar a un acord amb el govern espanyol.

Domènech, però, serà molt sincer. Si més no, aquesta és la impressió que el president s'endurà.

«És veritat que pràcticament no hi ha cap opció que puguem fer el referèndum de manera acordada —reconeix Domènech—. Això d'Espanya és irreformable —admet—. Està molt fotut, molt fotut, molt fotut...» El líder d'En Comú Podem prefereix que la independència de Catalunya arribi a través d'un procés constituent, més que no pas d'un referèndum unilateral. Admet que, si Catalunya va a unes eleccions constituents amb les lleis de ruptura aprovades i per construir de veritat una república catalana, els seus vots s'hauran de poder comptar en el bloc del sí.

«Això no està malament —pensa ell—. Almenys resol la indefinició que ja es va produir el 27-S.» Però Domènech de seguida aclareix: «Ep, però tingues clar que aquesta és la meva opinió i, com et pots imaginar, no tots pensem igual. I fins i tot si penséssim tots igual, això no vol dir que aquesta sigui l'opinió dels nostres votants, perquè estem tots molt dividits».

Puigdemont li deixa entreveure que ell és més partidari del referèndum unilateral que del procés constituent.

«És una opció molt complicada per a nosaltres —admet Domènech—. Tot i no estar-hi a favor, se'ns faria difícil estar-hi en contra; i més si el govern espanyol no només continua instal·lat en aquest no fer res, sinó que, a més, ens amenaça i represalia. Amb la boca petita, i potser dividits, nosaltres hauríem d'acabar validant-lo, el referèndum unilateral —li diu.»

La conversa és molt cordial. Puigdemont s'hi entén bé, tot i que plany el líder dels comuns pel batibull intern que tenen. D'aquella reunió es queda amb el reconeixement del cap de llista d'En Comú Podem que se'ls farà molt difícil no estar d'acord amb el RUI si Espanya continua sense fer cap moviment.

Però també li ha quedat clar el conflicte intern que poden generar segons quines postures a En Comú Podem, i veu també divisió interna a Catalunya Sí que es Pot. A Lluís Rabell, el veu «superadíssim». «Crec que el cor li diu clarament que ha de votar sí a la independència, però que políticament no s'hi atreveix. I que està atrapat i atemorit pel portaveu del grup, Joan Coscubiela, cada cop més dur en les seves intervencions contràries al procés.»

Dimarts, 5 de juliol

Ha dormit a Palau. Aquests dies té l'agenda molt plena. Aquesta setmana i la vinent es reunirà amb un munt de gent: amb el nou president de Súmate, amb Fernández Toxo i Joan Carles Gallego; amb el director general de l'IESE, Jordi Canals; amb el cònsol de França; amb Juan Miguel Villar, de l'empresa constructora espanyola Obrascón Huarte Lain; amb el president de Vueling; amb els responsables de les petroquímiques de Tarragona... Però, a part de les reunions, té també actes oficials i visites programades a diferents llocs del territori català, una d'elles a la Terra Alta.

No és una agenda més complicada del que és habitual, però, a partir d'ara, hi haurà un canvi: el president farà una reunió setmanal amb l'expresident del Consell Assessor per a la Transició Nacional, Carles Viver i Pi-Sunyer, i amb Víctor Cullell, flamant nou secretari per al desenvolupament de l'autogovern, un càrrec de nova creació depenent de Presidència. Vol discutir amb ells cada setmana aspectes del full de ruta del govern.

Aquesta nit també li ha costat dormir. Quan es queda a la Casa dels Canonges li costa agafar el son. «És com dormir en un hotel.» Avui s'ha despertat a les quatre i s'ha posat l'auricular («Si no, el meu cap no para de barrinar i barrinar, com una locomotora») per escoltar un dels seus *podcasts*. Els tria a l'atzar. Normalment n'escull algun que duri dues o tres hores, i d'algun tema que no li interessi gens. El *podcast* d'aquesta matinada era una conversa entre dos historiadors que parlaven, en castellà, sobre la guerra entre Mèxic i els

Estats Units a mitjans del segle XIX. No en tria mai sobre Catalunya, perquè després el tema li acaba interessant i es desvetlla. Necessita justament temes llunyans, i com més avorrits millor. Va començar a fer-ho fa anys, fins i tot abans de ser alcalde de Girona.

S'ha posat a escoltar-lo a les quatre i ha tornat a adormir-se cap a un quart de set. A dos quarts de vuit li ha sonat el despertador. Té la primera reunió a les nou.

Divendres, 8 de juliol

Arriba tard, molt tard, a l'actuació dels Manel a Calella de Palafrugell en el concert inaugural del Festival de Cap Roig. La Marcela i les dues nenes són allà des de les vuit del vespre, que era l'hora que s'havien de trobar amb ell per sopar abans d'anar al concert, que comença a les deu. Havien de sopar amb el flamant nou president de Caixabank, Jordi Gual, i amb Jaume Giró, director general de la Fundació la Caixa i director general de comunicació de Criteria-Caixa.

És al congrés fundacional del nou partit, ja ha hagut de trucar unes quantes vegades per dir que arribarà tard.

Preveient que passés això, la Marcela i les nenes han anat al concert acompanyades pels seus amics Miquel Casals i Alena Melnik. A Gual i Giró els acompanyen, a banda de les seves respectives parelles, el conseller delegat del Grupo Godó, Carlos Godó, i la seva dona. Decideixen que soparan després del concert, prop de la mitjanit, hagi arribat o no el president de la Generalitat, que s'hi presentarà just a temps per sentir l'última peça dels Manel, abans dels dos bisos previstos. Ha arribat tan tard perquè el congrés fundacional del nou partit ha estat molt mogut. Tant, que de moment el partit encara no té nom. Quan Jordi Cuminal ha fet la presentació de les dues propostes de nom —Més Catalunya o Catalans Convergents—, hi ha hagut una sonora protesta general, no només contra els dos noms, sinó també contra la manera com s'ha fet tot. A ningú li ha passat per alt que la protesta venia d'un malestar més profund per l'escassa participació dels associats en les decisions del nou partit.

Aquests dies, i tota la setmana que encara falta per a la clausura del congrés, el dia 17 de juliol, que és quan es votaran els càrrecs, ha estat i serà convulsa. És la setmana en què es courà definitivament el tàndem Marta Pascal-David Bonvehí. Mas ja ha parlat amb Jordi Turull de la necessitat que ell no encapçali la candidatura. La idea que portaven Mas i Puigdemont, en el sentit que es tractés d'una candidatura amb uns quants noms, però sense primers ni segons, no quallarà. I és que al partit hi ha diferents sectors que fan córrer la teoria que la solució proposada per Mas i Puigdemont és una mala fórmula, perquè cal que es visualitzin cares i noms.

D'alguna manera, Pascal i Bonvehí buscaran el vistiplau de Puigdemont per presentar-se i voldran consensuar els noms. Al llarg de la trobada perfilaran els noms, la territorialitat de la llista, la joventut... El president pensa que ateses les circumstàncies són la millor aposta per a la direcció del nou partit. Potser només hi canviaria una cosa, que s'atrevirà a dir en veu alta: ell veu més clar un tàndem Bonvehí-Pascal que no pas un Pascal-Bonvehí: «Jo crec, Marta, que en David hauria de ser el coordinador general —li dirà—. Tu ets la vicepresidenta de la Internacional Liberal a Europa —argumentarà— i en algun moment ho hauràs de deixar, perquè no hi estem còmodes, en aquest grup. A més —afegirà— pots ser bona líder, tens fusta, però encara estàs verda; en David, en canvi, ha estat alcalde, ha treballat a l'empresa privada... Tu ets la que has d'anar a les tertúlies, a les teles, la que ha de donar la cara del partit, perquè tens un discurs i ets jove, tens recorregut, i en David pot fer molt més la feina de coordinador general, que és molt més interna i feixuga...».

Serà David Bonvehí qui trencarà el gel dient que no s'hi veu amb cor, i que veu Pascal prou preparada. A més, ella reconeix que li fa gràcia. La timidesa de l'un i l'ambició de l'altra impediran que Puigdemont se surti amb la seva: no hi haurà manera de capgirar el tàndem. Tampoc no serà la seva intenció final. Voldrà, simplement, advertir Pascal. «Que tingui clar que la veiem encara tendra. Tothom hi confia molt i ho farà bé, però molta gent pensa també que és un pèl inexperta. Simplement, li calia un cert bany de realitat, i l'hi he donat amb la màxima cordialitat.»

Avui, però, mentre pensa en tots els maldecaps que es veuen venir després del congrés fundacional, el president enfila cap a Cap Roig. Hi arriba tardíssim, al concert dels Manel: tres cançons i sopar.

Si el sopar s'hagués fet a les vuit, com estava previst, Puigdemont i Topor l'haurien compartit amb Gual, Giró i Godó (el fill), mentre el matrimoni Casals-Melnik s'esperaven a fora fent un aperitiu i es feien càrrec de les filles del matrimoni presidencial. Però ara soparan tots junts. Hi ha també el conseller d'Empresa i Ocupació, Jordi Baiget, i el periodista Jordi Basté.

El president somriu per sota el nas quan observa el poti-poti de convidats que ha provocat el seu retard. Qui més el fa patir és Miquel Casals, conegut també perquè va ser un dels detinguts per l'Operació Garzón l'any 1992, i que avui seurà al costat de Carlos Godó i de la cúpula de la Caixa. Com que a cada sopar d'amics que fa Casals brinda per la independència de Catalunya i explica les mil i una anècdotes sobre els actes que va protagonitzar en la seva joventut, Puigdemont pateix. «Ai, ai, ai, que en Miquel farà alguna proclama aquí al mig.»

Segurament, aquell dia, ni Gual, ni Giró, ni Godó sabien qui era Casals. L'endemà, potser sí.

El Brexit és el tema estrella del sopar. Gual, Giró i Puigdemont monopolitzen la conversa, amb intervencions puntuals de Godó i Baiget. El president pateix tota l'estona. Sobretot quan arriben les postres i Miquel Casals aixeca la copa i proposa un brindis. «Ai, ai, ai!»

«Per nosaltres i per la vetllada tan extraordinària que hem tingut. Perquè ho puguem repetir l'any que ve.»

Tothom brinda: editors, activistes i banquers.

Dilluns, 11 de juliol

El líder del PP Xavier García Albiol ha demanat veure'l. Estan tots dos asseguts al despatx del president, al sofà blanc que hi ha just davant la taula on sol treballar, que sovint és plena de llibres, notes i apunts. Li agrada tenir-ho tot a mà, en el que ell en diu «un desordre perfectament organitzat».

García Albiol li parla del Consell de Garanties Estatutàries, la institució que va crear el govern per vetllar per l'adequació a l'Estatut i a la Constitució de les disposicions de la mateixa Generalitat. Està format per nou membres i es renova per terços cada tres anys. Dos membres els ha de designar el Parlament, i el tercer el designa el govern.

El Consell s'haurà de renovar aviat i el líder del PP li fa una proposta: que un dels nous membres sigui a proposta del PP. A canvi, els populars ajudaran el govern en aquelles votacions on previsiblement tindran dificultat per anar junts amb ERC o amb la CUP. «Si hi ha tres membres nous que s'han de nomenar i ens en deixeu un, els altres dos són vostres. Conservareu la majoria i nosaltres us facilitarem algunes votacions», li diu Albiol, que cita algun exemple, com ara qüestions relacionades amb l'escola concertada, amb la seguretat i els Mossos...

«És cert, aquest acord permetria conservar la majoria al Consell de Garanties i ens donaria certa estabilitat en algunes votacions en què, previsiblement, la CUP discreparà. Fins i tot ens poden salvar en algunes votacions dels pressupostos», pensa.

Amb tot, no es compromet a res i li diu a García Albiol que és una decisió més aviat de la competència del grup parlamentari que no pas de la presidència del govern, però que la traslladarà al grup. Un cop tancada aquesta qüestió, s'allarguen parlant de la situació política. El president li deixa clar que el full de ruta cap a la independència és inalterable, però no li dona cap pista sobre l'estratègia que seguiran.

De fet, el mateix govern encara no la sap.

Divendres, 15 de juliol

Catalunya i Europa s'han llevat amb el cor encongit per l'atemptat d'ahir a la nit a Niça. Mentre una multitud celebrava la festa nacional francesa al passeig dels Anglesos, un terrorista va recórrer més de dos quilòmetres d'aquesta avinguda al volant d'un camió i va atropellar tothom qui va trobar. El balanç de víctimes és de vuitanta-quatre morts i més d'un centenar de ferits.

A Europa es disparen totes les alarmes. Tots els països extremen les mesures de seguretat, ni que sigui per tranquil·litzar els ciutadans, i Catalunya no n'és pas una excepció. Puigdemont ha decidit presidir, excepcionalment, el gabinet de coordinació antiterrorista conjuntament amb el conseller d'Interior, Jordi Jané. Els mitjans de comunicació ho estan anunciant des de primera hora del matí, com també una reunió amb el cònsol francès i la convocatòria d'un minut de silenci a la plaça Sant Jaume.

Josep Maria Jové, home de confiança d'Oriol Junqueras, truca al Departament de Presidència de la Generalitat fent saber que el vicepresident del govern també vol assistir a la reunió. Al cap de poca estona el conseller d'Exteriors, Raül Romeva, també comunicarà el seu desig d'assistir-hi. Les trucades de pressió se succeiran. Des d'Economia s'argumenta que Junqueras és el vicepresident i que li tocaria anar-hi, i des d'Exteriors, que els cònsols que hi ha a Barcelona tenen interès a saber quines noves mesures de seguretat s'adoptaran a Catalunya. Ell considera que a aquesta reunió excepcional hi ha d'anar només el president de la Generalitat. «No toca», respon quan l'hi pregunten. «A veure si al final hi haurà més persones del govern que responsables de seguretat. Hi vaig a títol institucional, i em sembla que anant-hi el president no cal més presència. No cal parlar-ne més.»

Dilluns, 18 de juliol

Avui rep Juan Villar Mir de Fuentes, fill de Juan Miguel Villar Mir, un dels empresaris més importants i reconeguts d'Espanya, amb una llarguíssima trajectòria empresarial i política. El fill Villar, fins ara vicepresident, acaba d'agafar les regnes del negoci, després que el seu pare s'hagi jubilat. El hòlding familiar té com a buc insígnia l'empresa OHL, d'on venen la majoria dels ingressos. Però el conglomerat d'empreses que representa, que factura més de 7.350 milions d'euros anuals i té més de 31.600 empleats, integra entre d'altres empreses Ferroglobe (minerometal·lúrgica), VM Energia (energia hidroelèctrica), Fertiberia (primer productor de fertilitzants a la UE) i algunes immobiliàries. A Villar Mir l'acompanyen els directius d'Abertis, que han fet les gestions perquè es produís aquesta trobada. Volen parlar, evidentment, de la situació política entre Catalunya i Espanya.

Els confirma que sí, que ell treballa per a la independència de Catalunya. Hi creu, creu que és possible i té la ferma voluntat d'arribar-hi. Els directius, després d'uns moments de dubte, parlen de la gastada «necesidad de entendimiento».

«Molt bé. Diguin-me vostès quina proposta ens ha fet fins ara Espanya. Cap ni una. I contestin-me una pregunta: ¿Estan disposats a acceptar que Catalunya és una nació? Perquè si fos així, a partir d'aquesta premissa, del fet que Catalunya és una nació, ens podem asseure demà mateix en una taula de negociació i parlar.»

La resposta és «un clàssic»: «Hay que entenderse, hay que entenderse...», li repeteixen en unes quantes ocasions. Opinen que cal desdramatitzar la situació, rebaixar la tensió i trobar alguna via d'acord. Ell, però, no es mou: «¿Reconeixeran vostès que Catalunya és una nació i ens asseurem en una mateixa taula, en igualtat de condicions, a negociar una sortida?».

Mentre s'escolta Villar Mir, l'observa atentament: amb un vestit fet a mida, ben clenxinat, encorbatat... i amb uns botons de puny de la bandera espanyola, com qui marca paquet. El president fa veure que no s'adona del detall, i Villar Mir aguanta impertèrrit el discurs sobre la independència de Catalunya.

Aquesta és una de les moltes trobades que ha tingut i tindrà aquests dies amb empresaris espanyols. Moltes. Com fa amb cònsols i ambaixadors, no s'ha mogut, no es mou ni es mourà ni un pèl del seu discurs.

Dijous, 21 de juliol

La gent del seu equip fa dies que, sense dir-n'hi res a ell, s'ha organitzat per deixar-li lliure l'agenda per un dia. Troben que l'activitat del president és massa frenètica i que li convindria descansar. Quan es reserva amb temps algun dia a l'agenda, un matí o una tarda, ell mateix se l'acaba omplint o li surt algun compromís ineludible.

Avui ha decidit passar el dia a Girona, però no ha pogut evitar posar-se un dinar a l'agenda. Abans ha anat a portar les seves filles a les instal·lacions del Grup Excursionista i Esportiu Gironí, el Geieg, al barri de Sant Ponç de Girona. La Maria i la Magalí s'han apuntat al casal d'estiu del club, i avui qui les durà fins a la porta serà el seu pare, i no la seva mare, com de costum.

Coneix tothom: els altres pares, els treballadors, els veïns de la zona... Ho viu amb tanta normalitat que tardarà estona a adonar-se que ha quedat tocat. Sent que això és el que ell vol, tornar a la normalitat. A la normalitat de quan era un ciutadà de Girona i de quan n'era l'alcalde. No s'hi acostuma, a la situació actual. Per més que Mas tingui la teoria que sí. «Això que acabo de fer, deixar les filles al casal i passejar per Girona, saludant la gent, això sí que és vida. És una riquesa. Enyoro molt Girona. Molt i molt.»

Divendres, 22 de juliol

Amb Artur Mas i Oriol Junqueras es troben a la primera planta de la Casa dels Canonges. És el primer cop que parlaran clarament del que ha de passar en els propers mesos. President, vicepresident i expresident es reuneixen per analitzar què cal fer a partir d'ara.

Als mitjans de comunicació i al carrer hi ha un debat obert sobre la conveniència o no d'un referèndum unilateral, o si la millor fórmula per arribar a la independència no seria fer un procés constituent que inclogués unes noves eleccions. Homs, Munté, Gabriel, Castellà..., tots els diputats que passen pels mitjans de comunicació aquests dies hi diuen la seva. Però no hi ha unanimitat i el full de ruta continua sent el del 27-S, que no inclou el referèndum unilateral.

Els tres líders debaten els pros i els contres de cadascuna de les possibilitats: un RUI, unes eleccions constituents utilitzant la legislació espanyola i unes eleccions constituents amb les lleis de desconnexió aprovades. No hi ha consens perquè hi ha dubtes amb tots tres camins. La via del RUI, però, sembla la més clara. La defensen Puigdemont i Junqueras, mentre que Mas hi és una mica reticent perquè té seriosos dubtes que es pugui tirar endavant amb garanties. Troba que el procés constituent ofereix més garanties legals. Ell trencaria amb Espanya, sense cap mena de dubte. Però possiblement ho faria d'una manera diferent. Pensa que si en unes noves eleccions els partidaris del sí superen el 51 %, tot el que passi després, encara que siguin decisions preses unilateralment, estarà més legitimat.

Després de debatre-ho durant molta estona, consensuen que la millor eina és un RUI. «El referèndum és la millor eina per explicar al món si som més del 50 %, perquè es veu molt clar: hi ha el sí i hi ha el no. No hi ha altres opcions que calgui interpretar», diu Puigdemont. Artur Mas, el més reticent, explica els esculls que hi va haver per fer el 9-N, i els posa exemples dels nombrosos obstacles amb què pot topar el RUI. Junqueras parla poc, però deixa clar que està més d'acord amb el RUI que no pas amb el procés constituent.

De fet, ell i Puigdemont ja en van parlar fa tres dies, durant la conversa que el president i el vicepresident tenen cada dimarts després de la reunió de govern.

Marta Rovira li ha comentat en alguna ocasió que ella preferiria unes eleccions constituents, precedides d'una llei de desconnexió de l'Estat. Unes eleccions fetes ja amb la llei catalana, no pas amb l'espanyola, en clau autonòmica. Però dimarts passat ell i Junqueras van quedar d'acord que el referèndum era la millor opció. Sempre que es pogués fer, esclar, amb totes les garanties.

De la reunió d'avui, en sortirà un acord que s'executarà discretament al llarg dels propers dies. Es demana a un grup de quatre persones de la màxima confiança del govern que, en secret, discreció i amb tot el rigor possible, facin un informe sobre la viabilitat real, des d'un punt de vista tècnic i legal, del referèndum unilateral. Si aquest informe és favorable i els experts veuen possibilitats de dur-lo a terme, el RUI serà la fórmula escollida per tirar endavant el procés. [redacted]

[redacted]

Ell, Junqueras i Mas parlen fins i tot del calendari. El referèndum s'hauria de celebrar a finals de juny o principis de juliol, o a molt estirar, la primera quinzena de setembre: és a dir, en el termini de divuit mesos, tal com van prometre el 27-S. Si aquest és el calendari, l'anunci oficial de convocatòria d'un referèndum s'hauria de fer a l'abril. «A l'abril, o convoquem el referèndum formalment o convoquem eleccions.»

Els tres líders analitzen igualment què caldrà fer públic i què no el mes d'abril. Sobretot, perquè entre l'anunci del referèndum i la seva realització, el juny o el juliol, hi ha més de dos mesos, i no se sap com reaccionarà l'Estat. «Haurem d'assumir-ne els riscos.»

No concretaran res fins que no tinguin l'informe dels experts, una primera versió del qual els arribarà abans de les vacances d'estiu.

Prèviament a aquesta decisió, els tres dirigents s'han posat d'acord també en una altra qüestió: no convidar cap membre de la CUP a aquesta trobada. La prioritat és ara que el president superi la qüestió de confiança, el 28 de setembre. «Si fos el dia 20, com jo volia inicialment, en cas que no la superés i hagués de convocar eleccions, la campanya començaria la Nit de Reis, de manera que per Nadal a Catalunya estaríem en plena precampanya electoral. D'aquesta manera, les eleccions serien el 29 de gener i la campanya electoral podria començar una setmana després de Reis.»

Dilluns, 25 de juliol

Com cada dilluns, la primera reunió del dia ha estat amb membres del partit. I, també com cada dilluns, almenys quan l'agenda l'hi permet, ha dinat amb el seu equip més proper a Palau: Neus Munté, Pere Martí, Josep Rius, Jaume Clotet, Elsa Artadi i Joan Vidal. Són els «Seventeens» de Palau, com s'han batejat ells mateixos en el grup de WhatsApp.

És un dia tranquil i a la tarda ha acabat aviat. No són ni les vuit. Té gana i no soparà —sol— fins a les nou, a Canonges, on ha demanat un àpat lleuger: amanida i peix al forn.

Però encara falta una hora i té un forat a l'estómac. Això, i ganes que li toqui una mica l'aire. Decideix baixar a la plaça Sant Jaume i anar a comprar alguna cosa. Per no anar-hi sol, demanarà al director de l'oficina del president, Josep Rius, que l'acompanyi.

¿El president de la Generalitat pot baixar a la plaça Sant Jaume i anar a comprar-se una pasta a qualsevol pastisseria? Sí. Sempre que n'informi els Mossos, esclar. Rius s'encarrega d'avisar-los que el president baixarà d'aquí a uns minuts per anar a alguna pastisseria de per allà a prop.

Els escortes es mobilitzen ràpidament, alguns de paisà i alguns d'uniforme. Uns quants s'avancen discretament i vigilen les cantonades, i d'altres els acompanyen uns passos enrere però fent-se ostensiblement visibles.

Com que no porta diners en efectiu, decideix anar caminant per Jaume I fins a la Via Laietana passejant entre les mirades incrèdules dels ciutadans que el reconeixen i les mirades indiferents dels turistes que omplen la ciutat. Els Mossos, que han preparat el recorregut pensant en la pastisseria, canvien de plans ràpidament. Treu diners en un caixer, enfila altra vegada cap a la plaça Sant Jaume, aquest cop pel carrer Llibreteria, i s'atura a la pastisseria Santa Clara.

Hi ha gent i fa cua com un client més. «Home, ja va bé, que ens visiti un fill de pastissers. Ens agrada molt que hagi vingut», li diu la dependenta quan li arriba el torn.

Una orxata i una sara. Cinc euros.

Paga amb un bitllet de cinc, demana que li emboliquin la sara per després de sopar i s'emporta l'orxata per beure-se-la pel camí. (Li encanta l'orxata; des que ho saben a la Casa dels Canonges, n'hi posen sovint.)

«He demanat una sara no només perquè m'agraden molt i les que hi havia a l'aparador feien molt bona pinta, sinó també perquè soc a Barcelona, i la sara és barcelonina. És un pastís que es va crear a Barcelona en homenatge a la visita que va fer a la ciutat l'actriu Sara Bernhardt», explica abans de marxar. Bernhardt (1844-1923), parisenca, és considerada una de les actrius més importants del segle XIX. Amb un caràcter excèntric i capritxós, la «Divina Sarah», com se la coneixia, era famosa a tot el món i, arran d'una visita a la Ciutat Comtal, el gremi de pastissers de Barcelona la va homenatjar creant el famós pastís fet de bescuit farcit de mantega i embolcallat amb ametlla laminada. «De fet, a l'inici, quan anaves a la pastisseria demanaves no una sara, sinó una Sara Bernhardt.»

Li ve al cap que a Girona, a la Casa Masó, obra de l'arquitecte Rafael Masó, entre altres records de l'època hi ha exposat el menú de noces de l'arquitecte. De postres, Sara Bernhardt. «És un testimoni clar de l'origen del nom del pastís, i no en queden gaires més...»

Torna a entrar a Palau, ara amb la seva Sara Bernhardt a la mà. Com que ja són pràcticament les nou, passa un moment pel despatx i se'n va cap a la Casa dels Canonges. El sopar estarà a punt quan ell disposi.

A les nou el president s'asseu a taula i, quan li serveixen l'amanida que ha demanat de primer, sorprèn l'assistent donant-li el pastís embolicat: «M'he comprat una sara de postres. ¿Me la podeu posar a la nevera una estoneta?».

Dimarts, 26 de juliol

Com gairebé cada dia que dorm a Girona, ha sortit de casa seva pocs minuts després de les set del matí en direcció al Palau de la Generalitat. Són pràcticament a l'entrada de Barcelona. Assegut al seient del darrere del cotxe oficial, repassa l'agenda de la setmana.

Des que és president, pràcticament no ha tornat a conduir. O es desplaça a peu o va en cotxe oficial, però de vegades s'hi resisteix. De tant en tant, sobretot per fer desplaçaments curts per Girona, agafa el seu cotxe particular, un Renault Megane que tenen des de fa anys, i condueix ell. De fet, fa temps que diuen que s'han de canviar el cotxe. Li agrada el Renault Capture, però quan fan números sempre acaben decidint deixar-ho per a més endavant. «Ja hi tornaré a pensar quan deixin de portar-me d'un lloc a l'altre.»

Quan ja estan a punt d'arribar a la Ronda Litoral, li truquen del despatx per dir-li que la nova presidenta del Congrés, Ana Pastor, el busca. Li passen pel cap un munt d'hipòtesis possibles: potser Ana Pastor vol proposar-li reunir-se a Madrid; potser té algun encàrrec de Rajoy o del rei... De tota manera, ell té clar que, fins que no hi hagi govern a Madrid, no vol saber-ne res. De moment, només cortesia pura.

Pastor li fa saber que li truca per presentar-se com a nova presidenta del Congrés, però també li deixa caure un parell de missatges: «Ya sabes, estamos aquí para ayudar. Al presidente del gobierno ya lo conoces, y sabes que está dispuesto a hablar. Si necesitas cualquier cosa, ya lo sabes...». Li fa la sensació que Pastor s'està oferint veladament per fer de mitjancera en el conflicte polític entre Catalunya i Espanya, però fa com si res i desvia la conversa, molt formal, cap a la situació política espanyola. «¿Cómo lo ves?», pregunta a Pastor. La presidenta del Congrés li confessa el seu desconcert davant l'actitud del PSOE, que no els facilita la investidura de Rajoy.

A ell, fa tres dies, gent de l'Ibex-35 li va explicar les càbales que circulen en cercles econòmics: la possibilitat que al final de les negociacions Rajoy decideixi retirar-se i el substitueixi a la presidència Alberto Núñez Feijoo, actual president de la Xunta de Galícia i, sembla, candidat ben vist tant pel PSOE com per Ciudadanos. Però d'això no en parlen, amb la presidenta del Congrés. Pastor torna a oferir-se «para lo que haga falta», i ell aprofita:

—Por cierto, felicidades.

Pastor, sorpresa, l'hi agraeix.

—Oye, pues muchas gracias. De verdad. Porque yo soy mucho más de celebrar el santo que el cumpleaños.

Avui és santa Anna.

Dimecres, 27 de juliol

Tot i les advertències del Tribunal Constitucional perquè no ho fessin, avui el ple del Parlament de Catalunya ha debatut i aprovat les conclusions de la comissió d'estudi del procés constituent. En el fons, es tracta d'una declaració política sense cap conseqüència pràctica, però l'advertència del TC en el sentit que la seva aprovació tindrà conseqüències ha crispat el ple, perquè es tracta d'un acte clar de desafiament cap a l'alt tribunal. Serà, de fet, la primera desobediència explícita d'aquesta legislatura.

Junts pel Sí i la CUP han forçat la seva inclusió i, després d'uns quants episodis de tensió a la cambra, s'ha votat. Els setanta-dos diputats de Junts pel Sí i la CUP s'han posicionat a favor de debatre les conclusions; cinquanta-dos hi han votat en contra i els onze de CSQP no han participat en la votació.

La presidenta, Carme Forcadell, repeteix una vegada i una altra que la inclusió d'aquest punt en l'ordre del dia no només no vulnera cap normativa del Parlament, sinó que s'hi cenyeix escrupolosament. Després d'un rebombori a la mateixa mesa —tres membres (José María Espejo Saavedra de C's, David Pérez del PSC i Joan Josep Nuet de CSQP) es desmarquen de la decisió de la presidenta: «Doncs d'acord amb l'article 71 d'aquest reglament, el ple és sobirà i, per tant, procedim a la votació, d'acord amb l'article 81.5 del mateix reglament», diu Forcadell.

El president segueix la sessió des del seu escó a l'hemicicle. Està satisfet. La primera etapa del govern (és el darrer ple abans de vacances) acaba amb un clar posicionament a favor de la independència i evidencia que la cambra no s'aturarà pel que pugui dir el TC. És un bon missatge per als electors i pressió cap a la CUP, que tornant de vacances haurà de votar-li la qüestió de confiança.

Dijous, 28 de juliol

Avui es reuneix amb la CUP. O, més ben dit, amb una part de la CUP. Es veurà en secret a Palau amb la diputada Mireia Boya, que d'alguna manera representa la part del partit més partidària de donar-li suport perquè superi la qüestió de confiança.

Fa uns quants dies la diputada Anna Gabriel li va enviar un SMS demanant-li una trobada. Ara, però, és prudent amb els moviments de la CUP i primer se'n vol fer una composició. Li dirà per quedar més endavant. Ja en va sortir escaldat quan va intentar arribar a un acord amb Gabriel i Salellas pels pressupostos, i aquest cop no vol ser ell qui faci el pas.

Ja fa un temps que dona voltes a com plantejar la qüestió de confiança, però té clar que anirà condicionada a un acord pels pressupostos del 2017.

El vicepresident Junqueras també li ha parlat, aquests darrers dies, de la divisió interna a la CUP: hi ha un sector partidari de fer confiança al president i als pressupostos, i un altre que no.

«Nosaltres et donarem suport», li diu avui clarament Boya durant la reunió discreta que mantenen a Palau. Amb tot, reconeix que no sap què passarà amb els pressupostos. Ell és taxatiu: «Jo vincularé la qüestió de confiança als pressupostos, i, si no, anirem a eleccions». Boya, de fet, hi està tan d'acord que li sembla bé l'estratègia del president. També li demana temps perquè la CUP pugui prendre una posició unànime i no transcendeixi la divisió interna. El plantejament topa amb l'emplaçament públic que ha fet la CUP per veure's aviat amb el president i debatre sobre la qüestió de confiança.

«Si ens veiem massa aviat, ells no tindran un posicionament decidit i serà un guirigall. Ens passarem tot l'estiu parlant d'això.» «No és el moment de reunir-me encara amb la CUP. Ho faré quan ells hagin fet la renovació interna al partit (aquests dies renoven el secretariat nacional). A finals d'agost em reuniré amb tots els grups parlamentaris per parlar del futur polític del país», anunciarà l'endemà quan els periodistes li preguntin quan pensa trobar-se amb els cupaires. Ha guanyat el temps que ell necessita.

Aquests dies acabarà de perfilar com encarar la qüestió de confiança. Ja té claríssim que ha de convertir la votació en alguna cosa més que el suport a la seva presidència: ha de ser una validació de tot el que hagi de passar a partir d'ara. «A banda de vincular-ho als pressupostos, ho plantejaré de tal manera que, votant sí a la qüestió de confiança, quedi clar quin és el full de ruta i què ha de passar en els propers mesos, amb tot el detall, perquè la gent entengui què és el que pensem fer.» Ho veu com una oportunitat perquè no només la CUP sinó tot el país visualitzin el que ha de passar en els propers mesos.

«Perquè la gent té ganes que passin coses, ¿no? Hi ha dies que em costa saber què pensa la gent, perquè el meu entorn tendeix a donar-me la raó... El que passa és que, a mesura que s'acosti el moment, caldrà un grau de convenciment molt alt. Hem d'estar molt convençuts, molt, i demostrar que ho estem [...]. Hi ha un convenciment alt, molt alt. I crec que anirà augmentant, a mesura que vagin passant coses, perquè el que està clar és que no hi ha cap altra solució, no hi és... Ara del que ens hem d'assegurar és que no hi hagi marxa enrere.»

Dimarts, 2 d'agost

Avui el govern de la Generalitat ha fet la darrera reunió abans de les vacances d'estiu. En acabat, a última hora del matí, tots els consellers han rebut a mà una notificació del TC advertint-los de possibles delictes arran de la votació de les conclusions de la comissió d'estudi del procés constituent. Aprofitant que hi havia reunit tot el consell executiu, se'ls han presentat quatre secretaris judicials. A Palau han avisat els càmeres de TV3 i de l'Agència Catalana de Notícies perquè en deixessin constància, i els consellers han anat desfilant, un a un, per recollir la notificació.

Ell vol que es vegi que és un acte protocol·lari al qual dona molta importància. És el primer cop que president, vicepresident i tots els consellers són formalment advertits pel TC, i li ha semblat que Junqueras i ell ho havien de recollir junts. Un dels funcionaris de la comitiva judicial s'acomiada del president donant-li ànims.

Han fet l'últim consell executiu del curs polític. No n'hi haurà cap més fins a la primera setmana de setembre. Tradicionalment, els consellers del govern, després de la seva darrera reunió abans del període estival, solen dinar junts. És una tradició que ja ve dels governs Pujol, de l'època del tripartit i de Mas, que la va mantenir.

Amb alguna excepció per motius d'agenda política, fa anys que se celebra.

Aquest any, però, no es farà. Dina amb Oriol Junqueras en un reservat del restaurant Set Portes, després d'una petició que el vicepresident li ha fet arribar indirectament. Repassen la situació i el full de ruta. No pretenen tancar cap acord, però el lloc permet més distensió que no pas els despatxos de Palau, i Junqueras li expressa en veu alta algunes de les seves inquietuds: sobre les fidelitats i infidelitats d'alguns dels càrrecs que treballen a Palau i que assessoren el president, sobre la situació en alguns departaments, sobre la CUP...

L'escolta. Comparteixen que la millor estratègia és un referèndum unilateral, analitzen junts altra vegada els pros i els contres de fer-lo, i comparteixen també l'observació del líder d'ERC que alguns càrrecs de Palau a vegades semblen poc decidits a anar cap a la independència. Junqueras sentia la necessitat d'expressar-li aquesta inquietud personalment.

Al vicepresident el preocupa també que no parli amb el que ell en diu «la CUP bona», partidària de donar suport a la qüestió de confiança. Sap que s'ha reunit en alguna ocasió amb Anna Gabriel i Benet Salellas, i li fa saber que això crea malestar a la resta de la CUP. «Quan et reuneixes amb la CUP dolenta, la CUP bona es posa nerviosa, i m'ho han fet arribar. Potser estaria bé que també t'hi veiessis, perquè els veig nerviosos, als que són partidaris del procés», li diu. Aparentment, Junqueras es queda més tranquil quan el president li explica que ja ho ha fet, que ell no ho sap però que també manté contactes amb altra gent de la CUP, d'aquesta «CUP bona», que en diu ell. No li concreta cap nom, però li deixa clar que manté contactes permanents amb els diferents sectors del partit.

Amb tot, també li diu (per si fos aquesta la petició que li vol fer, en el fons) que no pensa signar cap acord amb la CUP abans de la qüestió de confiança. «La confiança o es té o no es té. No es negocia. I ara mateix, ells l'han perdut. Són ells, els qui hauran d'intentar guanyar-se un altre cop la nostra confiança. Jo m'hi reuniré tantes vegades com calgui, però no hi tancaré cap acord.» Junqueras suggereix que un acord previ facilitaria no només la qüestió de confiança, sinó també l'aprovació del pressupost que ha d'anar al darrere. Però Puigdemont hi insisteix: «Després del veto als pressupostos, crec que ara no els haig d'anar al darrere. Ni jo ni els meus no ho entendríem», li diu. De fet, Junqueras hi està d'acord, en bona part. Segons li confessa, tampoc no es va veure venir el no dels cupaires als seus pressupostos: «Em van enganyar, i molt».

President i vicepresident, que continuen tenint una relació complicada, sense química, avui han tingut una conversa sincera. «No cal que siguem amics, per fer la independència —pensarà en més d'una ocasió—. I aquest és el meu objectiu principal. Jo he vingut a fer la independència.»

Dimarts, 9 d'agost

El president fa quinze dies de vacances. Els aprofitarà per estar amb la família, però també per fer unes quantes reunions discretes per encarrilar el darrer tram d'una legislatura que ha de ser de divuit mesos i que ja n'ha complert pràcticament la meitat.

S'estarà una setmana a l'Escala, en una casa que els deixen uns amics des de fa uns anys.

La casa de l'Escala, a prop del Museu de l'Anxova, a l'entrada del poble, és a tocar de la platja d'Empúries. Intenta passar tant de temps com pot amb les seves filles, a dins de la casa o jugant en un parc que hi ha a prop. Un dia es banya a la piscina que hi ha al complex i de vegades passeja pel camí de ronda que va a Sant Martí d'Empúries, però la platja l'esquiva. No hi passaria desapercebut. Ell gaudeix estant tranquil, a casa, cuinant o llegint. Però no ho podrà fer gaires estones: sempre hi ha alguna visita, i els pocs moments que està sol i voldria aprofitar per llegir, està tan cansat que no pot.

La segona setmana d'agost la passarà en un apartament de Martinet. La Marcela volia anar també uns dies a la muntanya. A la

Cerdanya es trobarà, entre molta altra gent, el síndic, Rafael Ribó, i qui va ser el seu adjunt, Jordi Sànchez, ara president de l'Assemblea Nacional de Catalunya, que fa dies que li insisteix que aquest any ha d'anar a la manifestació de la Diada. Amb Sànchez parlen llargament del full de ruta. Coincideixen que el referèndum, si és possible fer-lo unilateralment, és la millor opció.

Pel que fa a la seva presència a la Diada, encara no ho té decidit, però s'inclina més aviat per no anar-hi. «Entenc que a Mas se li insistís perquè alguns dubtaven de si era realment independentista. De mi, en canvi, no en pot dubtar ningú. Hi he anat sempre, a la Diada. Quan no era alcalde i quan era alcalde de Girona. No em cal anar a demostrar res. I potser és més prudent que adopti el paper institucional. Perquè, si hi vaig, l'endemà tindré el PSC o els de CSQP dient-me que jo no els represento. Anar-hi és més fàcil que no anar-hi, però he de valorar que després hi pugui haver qui no se senti representat per mi com a president. Ni que sigui institucionalment, puc mantenir la meva transversalitat. I també hi haurà qui interpreti que he anat a la manifestació perquè políticament m'interessa superar la qüestió de confiança. Hi haurà qui dirà que hi he anat perquè ja he pactat no sé què amb la CUP...»

Al llarg de tot l'agost anirà rebent alguns missatges de gent propera que li aconsellen que hi vagi. El seu equip de comunicació també l'hi proposa, sobretot des que se sap que l'alcaldessa de Barcelona, Ada Colau, sí que hi serà. Però ell cada cop té més clar que no hi ha d'anar.

A Martinet tampoc no podrà descansar gaire. Es veurà amb molta gent i es fotografiarà amb tothom que l'hi demanarà. També passarà moltes hores amb un dels seus amics, Carles Porta, que estiueja no gaire lluny d'allà i s'estarà un parell de dies amb ells. Porta l'ajudarà en més d'una ocasió a escapolir-se de les activitats de muntanyisme que li han preparat els amics. No li agrada fer excursions per la muntanya. De fet, fa poc esport. Per no dir que no en fa gens. Un dia cedirà i farà una excursió llarga. Acabarà esgotat.

Avui, però, és a Cadaqués. La periodista Pilar Rahola l'ha convidat via WhatsApp a la seva tradicional arrossada. Com que està de vacances, li ha semblat bé. Hi va perquè intueix que hi haurà un clima distès i s'ho passarà bé. Hi ha el seu amic Joan Laporta, el doctor Bonaventura Clotet, la presentadora de TV3 Helena Garcia Melero i, entre molts d'altres, l'actriu Natàlia Sánchez, el periodista Joan Vehils, l'exdirectiu del Barça Rafa Yuste, l'empresària del sector de la música Gemma Recoder i el propietari del local Cadaqués Boia, Pere Vehí.

Acaben tocant la guitarra: ell toca «Let it be» dels Beatles i Josep Lluís Trapero interpreta «Paraules d'amor» de Joan Manuel Serrat. Es fan tots una foto de grup amb una estelada immensa. La trobada és privada, però Pilar Rahola demana permís a Puigdemont per penjar una de les fotos al Facebook. El president li diu que sí, perquè ell no hi té cap inconvenient.

Igualment s'arma un gran embolic: quan Rahola fa pública la foto, tothom hi diu la seva. TV3 en fa difusió i tots els digitals en van plens. Els uns acusen Rahola d'un excés d'ego personal; els altres consideren que el president no ha de donar aquesta imatge...

Li arriben comentaris al seu WhatsApp de gent que li qüestiona la idoneïtat de la foto. Veient el rebombori, al vespre fins i tot li truca Pilar Rahola per dir-li que la despenjarà del Facebook. Però ell li demana que no ho faci.

«A mi no em fa res sortir en una foto aguantant una estelada amb uns amics. Ho he fet sempre i ho continuaré fent quan em vingui de gust. ¿Què passa? ¿Que ens hem de cohibir nosaltres mateixos? Un país que té gent preparada que es troba per fer una paella i aguanta una estelada, ¿no n'hauria d'estar orgullós, d'aquesta gent, en comptes de destrossar-la? Vivim acomplexats, això és el que ens passa.» Però el degoteig de missatges crítics amb la foto és constant.

«¿Però què passa? ¿Que potser hem anat a passar la tarda al iot d'un narcotraficant, com va fer Feijoo? ¿O ens hem emborratxat i hem organitzat algun aldarull públic? No! Hem dinat, hem fet petar la xerrada i hem estat tocant la guitarra. En un país normal, això no hauria de ser notícia. De cap manera. És la vida privada. ¿Per què hem de demanar perdó? Si ara cedim, després ho haurem de fer amb una altra cosa. Sempre n'hi ha, que els està tot malament. Si l'any vinent en comptes de fer una arrossada fem una orxata al passeig, em criticaran perquè anava amb bermudes. Ja està bé! Deixem-nos de collonades d'una vegada! ¿O és que no tenim dret a passar-nos-ho bé? El rei se'n va de cacera no sé on i no passa res. Se'n va amb un iot de luxe a Croàcia, i ningú diu res. Ho troben normal. En canvi, jo dino amb uns amics a Cadaqués i surten els de Podemos a dir que Cadaqués representa no sé què... ¿Però què s'han cregut? ¿Que potser els independentistes no tenim dret a passar-nos-ho bé? Si cedim aquí, ja hem perdut. No en tindran mai prou. Ens hauran colonitzat l'imaginari.»

Divendres, 26 d'agost

Fa un parell de setmanes que la diputada de la CUP Anna Gabriel li va enviar un SMS proposant-li de quedar abans de la represa del curs polític. Gabriel era de vacances, però ja ha tornat. «¿Hi has pensat, en quan quedem?», li va preguntar fa un parell de dies. Gabriel proposa que sigui a Barcelona, però el president li diu que no, que aquests dies es vol quedar per Girona i ja buscarà un lloc discret.

Avui doncs són al restaurant Les Goges, a Sant Julià de Ramis, molt a prop de casa seva. Al veïnat de la Garriga, prop de la sortida nord de l'AP-7, en un trencant que dona a un caminet de sorra, s'hi veu un cartellet groc que ho indica: Restaurant Les Goges. És una masia catalana del segle XVII curosament restaurada, situada en una finca de dotze mil metres quadrats. Un lloc discret desconegut fins i tot per molts gironins que el tenen a tocar. La setmana passada va dinar allà amb [redacted], que li portava un missatge de Quim Arrufat. Un missatge molt clar: l'exdiputat està alineat amb el full de ruta del president, i és partidari d'aprovar la qüestió de confiança i els pressupostos si es va cap a un referèndum unilateral o una declaració d'independència. «Si proposa un full de ruta clar, tindrà el nostre suport», li ha fet arribar.

Aleshores va menjar un conill a la rabiosa que va trobar excepcional. Se n'ha recordat tota la setmana, i quan ha de decidir un lloc per dinar amb Gabriel no en té cap dubte: «Anirem a Les Goges i així podré tornar a menjar el conill a la rabiosa».

Dinen tots dos sols en un reservat. «Ens refiem de tu», li deixa anar Gabriel un cop ell li ha exposat el seu full de ruta. Ell li explica per què la qüestió de confiança ha d'anar lligada als pressupostos:

—¿Què vols que fem després, si no hi ha pressupostos? —li diu.

—Ja ho entenc —respon Gabriel. I llavors li fa una pregunta que el sorprèn—: I d'Esquerra, ¿què en penses?

I gairebé sense donar-li temps a respondre, la cupaire li fa tota una exposició de la qual es desprèn clarament que desconfia dels republicans. Però la sorpresa no acaba aquí:

—El dia abans que els pressupostos s'haguessin de debatre al Parlament, l'Oriol Junqueras em va trucar personalment i em va dir: «No passa res si al final no s'aproven; podem anar amb uns pressupostos prorrogats».

No fa cap comentari, però el cap li va a mil per hora. ¿Que el vicepresident els ha dit als de la CUP que no passa res si no s'aproven els pressupostos? ¿Com pot ser? En parlen una estona. Mentrestant, el president hi continua donant voltes. «Ara entenc la cara de sorpresa dels diputats de la CUP quan jo, emprenyat, presento la qüestió de confiança.» Repassa mentalment una trobada posterior amb la CUP en què un dels diputats cupaires li va dir, textualment: «Home, si haguéssim sabut que era tan greu, potser no ho hauríem fet».

Amb Gabriel connecten bé. Ell s'escolta amb atenció la radiografia que li fa la diputada, que es lamenta que en algunes ocasions el seu grup és poc partícip del que fa el govern al qual dona suport. Li posa d'exemple el dia que es va votar al Parlament les conclusions de la comissió del procés constituent, un fet que pot acabar amb la imputació de la presidenta, Carme Forcadell.

—Aquell dia —es lamenta—, nosaltres no en sabíem res, que la presidenta llegiria l'advertiment del TC a la mesa en veu alta i que aquesta era una estratègia pactada prèviament per protegir-se legalment. ¿No ho hauríem d'haver sabut?

Admet que sí. A mesura que Gabriel va parlant, el president té cada cop més clar el diagnòstic: «Per a la CUP, nosaltres políticament som la seva antítesi, però seran capaços de deixar això en segon terme si ens posem d'acord en el full de ruta que porti de cap a la independència. La CUP se sent fora de joc massa sovint. L'hem d'integrar a les reunions estratègiques». Ja fa dies que ho pensa, que ha d'anar així, tot i les reflexions que encara li fa algú de casa seva. «Si hi comparteixes moltes coses, després te les rebenten», li diuen sovint els seus. D'aquesta reunió, i d'altres que mantindrà en els propers dies, en surt amb una idea clara: si supera la qüestió de confiança, i el debat de política general i els pressupostos van com han d'anar, incorporarà la CUP a les reunions del fins ara fracassat «quarter general». «Aquest cop sí que hi hem de ser tots», pensa. «El fet de tenir tota la informació els farà més fidels, perquè seran conscients del que passa.» N'està convençut, i està disposat a barallar-se amb qui sigui per aconseguir un «estat major» de veritat. «Quan convé són molt lleials», pensa. «Ens hem vist moltes vegades i no ha transcendit mai res.»

Gabriel li explica que la CUP ha elaborat un document sobre els punts que els cupaires troben imprescindibles, i que l'hi faran arribar el dia que es trobin formalment.

—No, no. No m'entregueu cap document. Si m'entregueu un document i ho feu públic, jo us l'hauré de rebutjar públicament. Seria com un inici de negociació, i jo amb vosaltres no vull entrar en cap negociació. El que passa entre nosaltres és una qüestió de confiança, i mai més ben dit. En tot cas, en el debat de política general i en la negociació dels pressupostos, hi porteu tots els documents que vulgueu, que allà sí que serà el moment de negociar. Però si m'entregueu un document —torna a insistir—, jo el rebutjaré públicament, i això ens portarà altre cop a una espiral.

Gabriel reacciona de seguida:

—D'acord. Ja te'l portarem més endavant. —Però tot seguit li fa una petició—: No ens destrossis més del compte, durant la qüestió de confiança.

—No em comprometo a res. Jo he de fer el que he de fer, en l'exposició de la qüestió de confiança. I vosaltres feu el que hàgiu de fer. Si voteu que sí a la qüestió de confiança, això s'ha de veure reflectit quinze dies després en el debat de política general i s'ha de tornar a veure, quinze dies més tard, en el debat de pressupostos —li recorda—. Si feu tot això —afegeix—, jo em comprometo a integrar-vos després en aquest equip de coordinació que estarà al cas de tot, absolutament de tot.

Han passat més de dues hores i Puigdemont i Gabriel hi han estat còmodes, a Les Goges. Parlen de les vacances, de què han fet i què tenen previst fer encara. Gabriel li fa una altra petició:

—Et demano una cosa: que abans de començar a debatre el tema dels pressupostos, fem una reunió confidencial per parlar-ne, i que hi sigui el vicepresident Junqueras, però que també hi siguis tu. No volem que ens torni a passar el que va passar —afegeix—: que tu dius una cosa i el vicepresident en diu una altra.

En el darrer tram de conversa parlen encara més clar. Ell li demana que votin els pressupostos.

—¿Hi podrem incloure una partida per al referèndum? —pregunta ella.

—Sí, però siguem conscients que ens la tombaran —li respon.

Ell insisteix en la necessitat que ara vinguin uns mesos de tranquil·litat, que cal concentrar tots els esforços en el final de la legislatura, el juny o el juliol de l'any vinent, en què haurà de signar una convocatòria de referèndum o una convocatòria d'eleccions. Cal estalviar-se accions innecessàries i concentrar esforços en el tram final.

—I que quedi clar que jo soc partidari del referèndum unilateral, però que només el convocaré si sabem del cert que serà efectiu —li diu—. Si no, anirem a eleccions constituents. Si tot està encallat, sàpigues que potser faré un acte a Madrid, o aquí, fent una crida a Espanya, oferint-nos a ajudar-los a fer govern si ells accepten un referèndum. Ens diran que no, però haurà quedat clar internacionalment que nosaltres estem disposats fins i tot a col·laborar amb Espanya.

Gabriel no és partidària d'aquesta estratègia:

—Ja saps que nosaltres creiem que a Espanya no hi hem d'anar a fer res. Nosaltres sí que sabem on volem anar, i si fem aquest «estat major» i allà pactem què es pot dir i què no, ho complirem —li assegura—. Només demano que ho faci tothom —afegeix.

Marxarà del dinar satisfet. Veu la CUP disposada a col·laborar. I lleial. El sector que representa Mireia Boya ja l'hi ha dit clarament, i ara ha estat Anna Gabriel. Li sembla que el dinar ha anat bé. Molt bé, de fet. Mentre va cap a casa, a cinc minuts en cotxe del restaurant, reflexiona sobre les fidelitats dels uns i dels altres.

L'únic detall que no li ha agradat del dinar és que no ha pogut menjar conill a la rabiosa. I això que feia dies que hi pensava, en el conill a la rabiosa del restaurant Les Goges. De fet, des que van quedar. Però, en el moment de demanar, Anna Gabriel li ha dit: «Conill és l'única cosa que no... no puc... A casa meva, quan era petita, teníem conills, i no n'he pogut menjar mai més... No, conill no». La cupaire ha demanat una crema freda de meló de primer i medallons de peus de porc de segon.

A la carta hi diu que el conill l'han de demanar com a mínim dues persones. No gosa, ni que sigui el president, demanar si li poden fer el conill només per a ell: prendrà una amanida de pollastre de primer i costelles a la brasa de segon. En acabat, pagarà el compte de la seva butxaca i tornarà a casa pensant en la conversa. En la conversa i en el conill.

Dilluns, 29 d'agost

El conseller d'Afers Exteriors, Relacions Institucionals i Transparència, Raül Romeva, ha demanat hora per veure'l. Es troben a

Palau, al seu despatx. Romeva li vol presentar el nou delegat del govern al Regne Unit, Sergi Marcén, que en breu substituirà Josep Manuel Suárez, que es va jubilar la primavera passada.

La trobada és cordial, però el president està molest. «¿Com pot haver nomenat Romeva el nou delegat al govern al Regne Unit sense ni dir-m'ho abans?» Ja li sembla bé, el perfil del nou càrrec (Marcén ha estat el director d'estratègia i innovació del Centre de Telecomunicacions i Tecnologies de la Informació, a més del responsable de l'estratègia TIC corporativa de la Generalitat), però troba inversemblant que un nomenament com aquest li hagi vingut ja fet.

No en dirà res. Al llarg de la trobada parlaran del procés, de la feina que cal fer al Regne Unit i de la situació política que s'hi viu després del Brexit. La protesta la vehicularà a través del cap de gabinet de Presidència, que farà saber al seu homòleg del Departament d'Exteriors el malestar del president de la Generalitat. Serà una conversa pujada de to.

Dimarts, 30 d'agost

Avui és dimarts i, com cada dimarts que hi ha reunió de govern, en acabat el president s'ha de reunir amb el vicepresident Junqueras. Avui, però, com que és Sant Fèlix i vol anar a veure la jornada castellera a Vilafranca, es troben abans de la reunió de govern.

El president anirà a Sant Fèlix acompanyat dels consellers Antoni Comín i Santi Vila. Arribats a Vilafranca, i un cop saludades les autoritats, sortirà al balcó i serà rebut amb crits d'independència. «In-inde-independència!» S'emociona sentint milers de persones cridant «independència» (qui l'hi havia de dir, anys enrere, quan el camí cap a l'estat propi era un sentiment minoritari) i saluda amb la mà.

El president pateix molt amb els castells. No ho diu, però cada cop que veu l'enxaneta enfilant-se per aquella torre altíssima se li fa un nus a l'estómac. «¿I si cau?», es pregunta constantment mentre s'ho mira embadalit. Per molt que intentarà dissimular, no pot amagar l'angoixa creixent a mesura que el castell s'alça ni l'alleujament quan el veu culminat.

Hi arriba coincidint amb l'inici de la segona ronda i s'hi queda fins al final. Entre les autoritats saluda Akiko Sagano, del consolat general del Japó. Sagano el saluda i li confessa que no havia vist mai castellers i que està molt emocionada. «Els castells són la mostra que els catalans som capaços de fer coses que d'entrada semblen impossibles», li diu.

Ara, però, és encara al seu despatx amb Oriol Junqueras. Analitzen sobretot la situació política espanyola: a les portes d'un debat d'investidura de Rajoy, que tothom dona per fet que no superarà, s'obre la possibilitat que hi hagi unes terceres eleccions. Si és així, el president té clar que el PDeCAT i ERC hi han de concórrer junts: no només se situaran com la llista més votada a Catalunya per sobre dels comuns, sinó que també suposarà la victòria clara d'una candidatura independentista. «Deixarem clar que l'independentisme a Catalunya és majoritari. Serà un plebiscit, i el guanyarem dues vegades: primer, perquè els independentistes serem majoria, i segon, perquè la participació serà molt més alta que a Espanya, i això serà una lliçó», li diu. «Poseu-hi les condicions que vulgueu —afegeix—, però ho hem de fer.»

Junqueras, però, rep la proposta amb fredor. No diu que no, però tampoc diu que sí. «Avui he tornat a tenir al davant el Junqueras distant i silenciós de sempre. Fins i tot quan ens referim al referèndum unilateral, que cada cop veig més clar i en començo a parlar amb cert entusiasme, veig un Junqueras distant.»

El vicepresident li enumera totes les dificultats que hi haurà per fer-lo.

Dimecres, 31 d'agost

Avui a Palau hi ha una reunió extraordinària. Som a les portes de la represa del curs parlamentari i els membres de Junts pel Sí, però també els representats del PDeCAT i d'ERC, hi diuen la seva. Hi ha Mas, Turull, Rovira, Jové, Munté... tots. Hi falta Oriol Junqueras, que està de visita oficial a la SEAT, però s'hi ha afegit el conseller de Justícia, Carles Mundó.

El president els informa de la situació i els explica que ha mantingut diverses converses amb la CUP, entre les quals hi ha (les altres no les especifica) un dinar amb Anna Gabriel. Els exposa la situació i en fa la seva radiografia: «Això no anirà bé si no incorporem la CUP a l'estat major del procés». Tots els assistents expressen la seva opinió. Es mostren partidaris de generar aquests ponts de comunicació i de confiança amb la CUP, però n'hi ha algun que no es pot estar de mirar de reüll quina cara hi fa Artur Mas, el gran damnificat per la CUP. Mas, però, és contundent: «La CUP ha d'estar al cas de tot el que es fa; si no, no sortirà bé».

El que la majoria dels assistents no saben és que Mas i el president es van veure ahir. Va voler fer una reunió a soles amb ell per explicar-l'hi per endavant i parlar dels camins que s'obren a partir d'ara si se supera la qüestió de confiança i hi ha pressupostos. Mas continua sent reticent pel que fa al referèndum, però li assegura que el defensarà, si veu que hi ha opcions de poder-lo fer amb garanties.

Mas ho dirà a la reunió d'avui, sense embuts: «Jo crec que no es podrà fer, però si em demostreu que és viable hi seré des del primer moment, perquè estic d'acord que aquesta ha de ser la primera opció». Així doncs, l'expresident trenca el gel i deixa clar que no s'oposarà al RUI si tothom n'és partidari.

Mundó també se'n mostra partidari, però diu que molt més important que el RUI són les lleis de desconnexió: «Aquestes lleis són la clau de tot; la garantia que tot el que passi després es podrà fer amb legitimitat jurídica. Si abans hi ha un RUI o unes eleccions constituents, és secundari», insisteix.

Sap que Mundó té gran part de raó, però com que ell dona per fet que hi haurà una llei de desconnexió, el seu cap ja està pensant en el que caldrà fer després.

Avui dina amb l'expresident del Barça, Sandro Rosell, i amb el seu pare, Jaume Rosell, un dels fundadors de Convergència i també el gerent de la primera campanya electoral de Jordi Pujol. El pare Rosell és un home directe. Tan bon punt s'han assegut a taula li ha deixat clar el seu posicionament: «Tinc més de vuitanta anys, i no em vull morir sense veure Catalunya independent». Repassen la situació política. Puigdemont els explica el full de ruta i els avantatges de cadascuna de les opcions. No amaga les dificultats, però mostra una determinació que sorprèn els Rosell.

L'expresident del Barça li explica el com i el perquè de la seva dimissió. No se'n penedeix: n'està molt convençut, del que va fer. Si li explica tot això és per posar-li exemples de com el van anar deixant sol en moments complicats i per avisar-lo que a ell li pot passar el mateix.

—President, has de saber que per més que ara tothom et doni suport, quan la cosa es compliqui, arribarà un moment que et giraràs i al darrere no hi haurà ningú. Ningú. T'hauran deixat sol. Això ho has de saber.

—En soc plenament conscient. Sé que passarà. O que pot passar. Però a mi això no m'espanta. Estic convençut del que he de fer i aniré fins al final. Jugant-m'hi el que calgui. El que calgui. Sé el que els ha passat als presidents anteriors que han fet proclames, i sé els riscos que assumeixo —els explica—. Sé que vaig amb una diana a l'esquena.

Divendres, 2 de setembre

Torna a ser al Palau de Pedralbes. Només ho saben unes quantes persones del seu equip, però aquesta tarda es veu amb gent de la CUP: Mireia Boya, Anna Gabriel i també Dani Corpas, exregidor de Sant Celoni per la CUP i ara membre del nou secretariat.

Li agrada el Palau de Pedralbes perquè és discret. S'hi pot entrar amb el cotxe per un lateral i des de fora és impossible veure qui hi ha dins de l'edifici. Ja es va reunir aquí un dia amb Anna Gabriel i

Benet Salellas, en l'últim intent del president per salvar els pressupostos, i, en una altra ocasió, amb el líder de Ciudadanos, Albert Rivera.

Arriben pràcticament alhora i hi entren per un accés lateral, tal com havien acordat. No sap si les dues diputades s'han explicat les trobades que ell hi ha mantingut per separat els darrers dies. Ell no hi farà cap referència i elles tampoc. Per si de cas, en la seva intervenció inicial fa com si es veiessin per primer cop, i vigila molt tota l'estona que no se li escapi cap expressió que les delati l'una a l'altra, tipus «tal com et vaig dir l'altre dia...» o «tal com vam quedar...».

Al despatx del president al Palau de Pedralbes hi fa molta calor. És estiu i, com que habitualment no hi ha ningú, l'aire condicionat està apagat. El director de l'oficina del president, Josep Rius, que s'ha afegit a la trobada —tres a un és massa descompensat—, s'aixeca per obrir les finestres perquè corri una mica l'aire, però al final s'hi repensa i posa l'aire condicionat a tota pastilla durant uns minuts.

La conversa és fluida i s'adona de seguida que hi haurà una entesa entre el que suposadament representen els dos sectors de la CUP. Per si de cas, però, hi incideix unes quantes vegades: «Perquè així, tota la CUP...», diu. Ells ho donen per fet, i fins i tot subratllen explícitament que «tota la CUP» està disposada a donar-li suport durant la qüestió de confiança. Parlen de tot: del full de ruta, del debat de política general i dels pressupostos... És el debat que hauran d'afrontar d'aquí a poques setmanes i vol garanties. No hi ha un sí de la CUP als pressupostos —tampoc no s'esperava que hi fos—, però sí que hi ha un ferm compromís de debatre'ls. Li tornen a demanar, aquest cop totes dues diputades i Corpas alhora, que assisteixi ell també a les reunions prèvies dels pressupostos i que sigui també a la primera trobada amb Junqueras. «No volem tornar-nos a encallar.»

La trobada ha començat amb una intervenció inicial seva que ha durat gairebé vint minuts seguits. «Vull saber si es pot culminar el procés. Si no hi ha confiança, hi haurà eleccions. Si n'hi ha, la gent ha de saber que arribarem fins al final», ha declarat. També els ha deixat molt clar què passarà si s'instal·la la desconfiança una altra vegada: «Si no n'hi ha, de confiança, tot plegat serà administrat per un altre president».

«Hem de fer el que hem vingut a fer», diu en un altre moment. «El que no podem fer és posar-nos entrebancs els uns als altres. Si no hi ha confiança —insisteix— jo me'n vaig.»

Aprofita per explicar-los la seva intenció de fer una nova crida a Espanya per arribar a un acord i també un emplaçament públic a Catalunya Sí que es Pot. Fins i tot hi afegeix aquesta reflexió: si hi ha terceres eleccions al Congrés, proposarà una llista conjunta i potser emplaçarà fins i tot la CUP a ser-hi.

Els tres cupaires se l'han escoltat en silenci. Tot i que després hi participaran tots tres, la veu cantant la porta Anna Gabriel, o almenys aquesta és la sensació que té ell. La proposta de fer una nova oferta a Madrid no els interessa gens («No hi creiem, però, si fas la proposta nosaltres direm allò que a aquest tren no hi pugem i que us esperarem a l'estació», li repeteix Gabriel), però li deixen clar que li faran confiança. ¿Què és el que els ha convençut? El compromís de Puigdemont que seran presents a totes les reunions que es facin per decidir qüestions clau del pressupost. «Si passem la qüestió de confiança, el debat de política general i els pressupostos, a partir d'aquest moment, però només a partir d'aquest moment, us integrareu a totes les reunions que calgui i no es prendrà cap decisió sobre el full de ruta sense que vosaltres hi sigueu», els assegura. Per als diputats de la CUP, aquest és un compromís clau.

Els últims dos minuts els dediquen a pactar què diran si els periodistes els pregunten alguna cosa i com faran pública la trobada. En pacten els termes i els responsables de premsa del president ho «filtren» a l'Agència Catalana de Notícies, que en farà un primer flaix.

Prèviament havia informat Junqueras de la trobada, i li havia dit que en el moment que es fes ja li explicaria com havia anat. Amb tot, triga una bona estona a fer-ho. «Ha anat molt bé, ja et trucaré per explicar-t'ho», li diu en un missatge. No li trucarà fins l'endemà al vespre.

De fet, no truca avui perquè ha anat directament a Besalú, on es reuneix amb la nova executiva del PDeCAT. Parla sense embuts. És crític amb alguns plantejaments del partit i no s'està de dir-ho. La trobada és distesa, però no estalvia crítiques: «Algunes de les intervencions dels meus companys de partit són típiques de la Convergència de sempre».

La trobada amb la nova executiva del PDeCAT s'acaba passada la mitjanit. Ha anat bé, pensa, però té dubtes sobre si les seves crítiques s'han entès correctament.

Són dubtes justificats, com demostra el comentari que farà Pascal un cop ell ja haurà marxat i que algú li reproduirà més tard: «A veure si ara resulta que des de Palau ens han de fiscalitzar el que fem!».

Dilluns, 5 de setembre

—Aquest dissabte m'he vist amb el president Rajoy i et porto un missatge de part seva —li diu el líder del PP, Xavier García Albiol—. Ell té ganes d'arreglar-ho i vol que li feu una proposta: m'ha dit que cal fer alguna cosa, que ha arribat l'hora que feu una proposta.

Són al despatx de Palau. Ha començat la ronda de converses prèvia a l'inici del curs polític i per parlar de la qüestió de confiança.

—¿Proposta? Nosaltres ja la tenim, una proposta, i és la independència. En tot cas, si no l'accepteu, us toca a vosaltres fer-ne una altra. Però abans que res, abans que puguem parlar de res, de si referèndums, de si pactes fiscals o del que sigui, jo només us demano una cosa, i et demano que l'hi traslladis a Rajoy: ¿Catalunya és una nació? Si ho reconeixeu, si jo per ser ciutadà espanyol no he de deixar de ser nacionalment català, que és el que passa ara, ens entendrem segur; és només qüestió de temps. Però els has de dir als teus que Catalunya és una nació. I si ens tracteu com una nació dins de l'Estat, les coses seran diferents. Si entréssim en negociacions com les que s'han fet en altres ocasions, repetiríem un altre Majestic, i això no és el que ara plantegem. Oblideu-vos-en, de la Convergència que feia pactes al Majestic. Ja no hi és.

García Albiol se l'escolta atentament i replica:

—La Constitució no ho permet, això.

—No et demano ni que s'hagi d'escriure enlloc, això. El que demano és que us comporteu amb nosaltres com us hauríeu de comportar amb una nació, que ens demostreu que ens teniu el respecte que mereix una nació. ¿Tindrà Catalunya un seient a la UNESCO? ¿Podré exercir els meus drets lingüístics amb normalitat a tot Espanya? ¿Soc, com a president, l'únic representant de l'Estat a Catalunya? ¿Puc tenir el finançament que li cal a una nació? ¿Puc tenir seleccions? ¿Relacions internacionals? Si podem tenir tot això, no cal ni que ho escrivim enlloc, no cal ni que la canviem, la Constitució, perquè algunes coses són d'interpretació. Però això és a les vostres mans. M'importa molt més poder-ho fer i que no s'escrigui enlloc que no pas que acabem escrivint-ho en algun lloc i després no ho puguem fer. És una qüestió de reconeixement, Xavier; es tracta que ens reconegueu com a nació. No sé si mourem les posicions, però t'asseguro que si hi ha un reconeixement públic que som una nació, les coses canviaran molt.

—Haurem de veure què passa després de les eleccions basques i gallegues —li diu Albiol—. He entès perfectament el que planteges.

El líder del PP es compromet a traslladar les reflexions a Rajoy.

—Digue-li —insisteix el president— que he entès que vol que fem una proposta, però digue-li també que prèviament hi ha d'haver aquest reconeixement públic que som una nació.

—El PP i el PSOE no permetran mai, mai, una consulta a Catalunya. De la consulta, no en podem parlar, no hi pot ser, però de tota la resta sí.

Pacten que a partir d'ara es mantindran en contacte, però que no es comunicaran ni per telèfon ni per WhatsApp. Només en parlaran personalment. I s'emplacen a trobar algun moment per veure's la setmana següent al Parlament perquè així García Albiol li comuniqui la resposta de Rajoy.

Xavier García Albiol li porta altres propostes de part de Rajoy: nomenar una taula de negociació formada per una delegació de tres persones designades pel govern català i tres del govern de Madrid. El líder del PP li diu que cal «evitar un xoc de trens», però Puigdemont no veu clar aquesta taula de negociació perquè tem que tingui només una finalitat: aconseguir suports per fer govern a Espanya.

El president i García Albiol parlen encara una estona llarga sobre política catalana.

—Al PP de Catalunya el que us passa és que no sou res, que teniu poca influència a Madrid, i que us han venut cada cop que heu fet algun acord... La vostra influència és molt escassa —li comenta.

Albiol respon amb un llarg silenci.

—Tu saps que a Catalunya en un moment donat hi va haver un acord —continua—; que Mas i Rajoy havien arribat a un acord, i que a Madrid el van incomplir. I això que no va ser un acord només entre Mas i Rajoy, perquè d'aquell acord n'hi ha testimonis. Saps que hi va haver trobades a la Costa Brava per tancar-lo i saps que hi ha persones molt influents d'Espanya que n'estaven al corrent i hi havien donat el vistiplau.

Puigdemont sap, perquè a hores d'ara l'hi han explicat diferents protagonistes de la història, que en un moment donat Mas i Rajoy havien arribat a un acord que incloïa un nou pacte fiscal, reconeixement lingüístic, respecte mutu i tot un seguit de qüestions. A les converses, que es van fer a S'Agaró, hi van ser presents, entre d'altres, Isidre Fainé i César Alierta.

I recorda:

—Però Rajoy, que hi havia donat el vistiplau, ho va incomplir tot. Adverteix-lo personalment que aquest cop no serà igual. O hi ha un reconeixement explícit de què som, o no cal que en parlem.

No concreten res. Només s'emplacen per a una nova trobada, discreta, en els propers dies.

Dimarts, 6 de setembre

Mentre és al Consell Executiu, un uxier entra una nota d'Anna Gutiérrez, la cap de secretaria.

—Truquen de la Casa Reial perquè el rei vol parlar amb tu cap al migdia —li diu Anna Gutiérrez.

—¿Vols dir que no deu ser una broma? ¿Te n'has assegurat? —li pregunta per telèfon el president, recordant la mala passada que els de Flaixbac han fet a Mariano Rajoy.

—No, creiem que no. Perquè la persona de contacte ja la coneixem d'alguna altra ocasió i perquè el número de telèfon és el mateix que altres vegades. A més, he reconegut la veu de la noia que truca.

Li passa pel cap la darrera conversa que van tenir, quan el monarca li va dir que un dia o altre haurien de veure's. «Però em va dir que quan hi hagués govern a Espanya —pensa—. Potser és que veu les negociacions molt encallades o que...»

—¿Qué tal, presidente? ¿Cómo vamos? —li diu el rei.

—Bueno, pues aquí, trabajando —li respon Puigdemont, poc xerraire, perquè el vol deixar dir a ell.

—Oye, yo te llamaba para darte ánimos y preguntarte cómo va lo del incendio, que veo que se va complicando...

«¿Està utilitzant un llenguatge figurat perquè no vol parlar clarament? —es pregunta—. ¿M'està parlant de la situació política, o és que hi ha un incendi a Catalunya i jo encara no ho sé?»

—Bueno, pues aquí vamos intentando controlarlos, los incendios que vamos teniendo... No sé cómo acabarán... —li respon en sentit metafòric, pensant-se que el rei fa referència a la situació política.

—Claro, claro. Pero, oye, esto parece complicado, con las previsiones meteorológicas que hay, y creo que...

En aquest moment, s'adona del que està passant i l'interromp:

—Majestad, creo que se está confundiendo. Creo que usted en

realidad con quien quiere hablar es con el presidente de otra Generalitat, no la de Cataluña...

Al País Valencià fa dies que cremen uns quants incendis, però en les darreres hores n'hi ha dos que s'han complicat molt i ja han hagut de desallotjar més d'un miler de persones. Hi ha prop de cinc-cents efectius terrestres treballant-hi i una trentena de mitjans aeris.

Tots dos deixen anar una rialla; el rei, segurament, de circumstàncies.

—Hombre, *president*. ¿Qué tal estás? —li pregunta per cortesia Felip VI recalcant molt el *president*—. Tú, de incendios, no tienes, ¿verdad?

—De esos no; los tenemos de otro tipo.

La conversa s'allarga dos minuts més, prou temps perquè el rei es disculpi per l'error, ell li digui que no té cap importància, i Felip VI li recordi que un dia o altre, quan hi hagi govern a Espanya, s'haurien de veure.

—Pero de momento no lo hay —observa.

—No, no. Qué va, qué va... —fa el rei—. Veremos...

I pengen. Demana a Anna Gutiérrez si pot anar al seu despatx. Quan hi arriba, la secretària el veu rient tot sol...

—A la Casa Reial en aquests moments hi ha una secretària a qui li estan explicant el mateix que t'estic explicant jo a tu, però intueixo que en un altre to...

Ara la rialla és entre ells dos.

Pocs minuts després de la trucada, una secretària de la Casa Reial, que no és la que havia trucat abans, es disculpa personalment amb Anna Gutiérrez per si l'error li ha comportat algun problema.

Dimecres, 7 de setembre

Al matí, en la ronda de converses que aquests dies manté amb tots els líders polítics catalans, rep la cap de cartell de Ciutadans, Inés

Arrimadas. No n'espera res, d'aquesta trobada, i Arrimadas probablement tampoc. La líder de Ciutadans ha vingut a dir-li que votarà no a la qüestió de confiança de finals d'aquest mes, i s'hi refermarà encara més quan Puigdemont li ratifiqui, fil per randa, el full de ruta que ha previst i la seva voluntat de no moure-se'n ni un mil·límetre.

En sortir de la reunió, Puigdemont ha anat directament a la Universitat de Barcelona, a la inauguració del curs acadèmic 2016-2017, on en la seva intervenció tornarà a parlar d'Espanya:

«Espanya ni hi és ni se l'espera gaire», diu. «Sense reconeixement mutu, no hi ha cap possibilitat d'entesa.» La recent trobada amb Xavier García Albiol li inspirarà unes quantes frases d'aquest discurs perquè les interpreti qui les hagi d'interpretar.

L'acte d'inauguració del curs acadèmic durarà unes tres hores, durant les quals el president no pararà d'enviar whatsapps. «Tenim un incendi de dimensions descomunals al partit i jo m'he d'estar aquí, tres hores, sense poder fer res», es lamenta. I és que aquest matí s'ha sabut que el Ministeri de l'Interior ha tombat la inscripció al registre de partits del Partit Demòcrata Català perquè les sigles són massa semblants a les de Demòcrates, el nou partit d'Antoni Castellà, i els ha advertit que el preàmbul dels estatuts xoca amb la llei de partits de l'any 2002 (la que es va aprovar en temps d'Aznar per il·legalitzar Batasuna), perquè es parla d'una possible via unilateral cap a la independència.

Veu en aquest veto una oportunitat única. «L'hem de fer grossa. Això és la il·legalització del partit, és una decisió política que hem d'explotar. El partit s'hauria de mobilitzar. És un escàndol i una gran oportunitat de deixar clar que anem cap a la independència sigui com sigui, fent servir la via que calgui.» Intenta convèncer Marta Pascal i Artur Mas, entre d'altres, mentre va cap a aquest acte. Ell organitzaria un gran sarau, una declaració institucional, demanaria a les altres formacions independentistes que s'hi solidaritzessin, parlaria de mobilitzacions... Però passa el matí a la Universitat i no pot fer altra cosa que insistir-hi per WhatsApp.

Al migdia, quan torna cap a Palau, l'informen del que han fet. Una roda de premsa, això sí, amb tots els líders del partit (Artur Mas, Marta Pascal, Neus Munté, Jordi Turull, David Bonvehí, Albert Batet...) i unes declaracions molt contundents: «No ens volen ni en pintura, no ens volen ni inscriure com a partit polític, amb mil excuses», ha dit Mas. I Pascal hi ha afegit: «És un escàndol de primera magnitud».

L'endemà al matí, en una entrevista a la ràdio amb Mònica Terribas, la líder del Partit Demòcrata de Catalunya, Marta Pascal, deixarà la porta oberta a retirar el preàmbul dels estatuts del partit perquè Interior els deixi inscriure la nova formació. «No canviarem les idees polítiques», diu Pascal, que treu importància al fet de retirar aquest fragment del preàmbul dels estatuts on es parla de la via unilateral perquè, de fet, «és un aspecte no normatiu i no té conseqüències jurídiques».

«Ja hi som. Pascal és una líder nova però amb la resposta tipus de la Convergència d'abans», es diu, decebut.

Torna a Girona més d'hora que de costum.

No hi pensa mai, però avui, mentre va amb cotxe, rumia sobre la seva situació personal.

—¿Hi penses mai, en l'embolic on t'has posat? —li pregunto.

—Embolic, cap. Però viuria molt millor si m'hagués quedat a Girona. Jo no podia dir que no a en Mas —afegeix—. Jo hi he pensat sempre, en la independència, i era el president de l'AMI. Jo al partit sempre havia estat dels més ferms, i la proposta no deixava de ser una manera de dir-me: «¿No deies que volies això?, doncs vinga!».

»En realitat, m'ho estic passant bé. A mi la normalitat m'avorreix —reconeix. El que més l'incomoda és la situació familiar, la distància entre Girona i Barcelona.

—¿I com pot acabar, tot plegat? —li pregunto.

—Puc acabar condemnat, inhabilitat..., però sempre he pensat que la independència no seria fàcil, i que no seria possible sense un grau de sacrifici personal. Tot el que he fet en aquesta vida ho he fet pensant en el país. Jo podria haver tingut una vida més còmoda i més fàcil, però no hauria viscut. No és un joc, és una qüestió vital. És una convicció profunda. I tinc ganes que ho culminem.

Està plenament convençut del que està fent. I en la possibilitat que el processin o l'inhabilitin, ni hi pensa.

—Ja ho sé, que puc anar a la presó. Però no hi penso. No és que sigui una estratègia per no posar-me nerviós; és que no hi penso, simplement.

Rumia la frase que li va deixar anar Sandro Rosell fa pocs dies a Cassà de Pelràs: «Quan et giris, estaràs sol». Però això a ell no el preocupa.

—L'Otegi s'ha passat sis anys i mig a la presó complint condemna per haver intentat refundar un partit il·legal, només per això, i no hi ha hagut manifestacions multitudinàries cada setmana davant la presó... Ho sé, això pot passar. Ho tinc clar —diu—. És cert que, si no me'n surto, la gent em pot deixar sol. Però si ens n'anem sortint, la gent segueix i ens seguirà, i això és molt estimulant. La gent segueix qui té convicció i fortalesa. Ara, la gent no segueix el qui fa la puta i la Ramoneta.

Dijous, 8 de setembre

Falten deu minuts per a les dotze del migdia. Torna a rebre a Palau Xavier García Albiol, que li fa saber que ha parlat amb Rajoy i que li trasllada una proposta: celebrar una reunió bilateral per parlar de la situació («M'han dit que sense línies vermelles i sense condicions prèvies»). Per part del PP hi assistirien ell mateix, la secretària general del partit, María Dolores de Cospedal, i una tercera persona que ni ell mateix sap qui serà. Per part del govern català, volen que hi assisteixi Puigdemont i qui ell cregui convenient.

El president li diu que en aquest moment és molt complicada de fer, aquesta trobada, vist com estan les relacions i vista la situació en què ha quedat CDC a Madrid, sense grup parlamentari ni al Congrés ni al Senat.

Per avançar cap a aquesta trobada, li posa com a condició el restabliment dels grups parlamentaris propis a totes dues cambres. Sap que això a hores d'ara és pràcticament impossible, perquè els grups ja s'han constituït, però vol un gest. «Potser ens podrien restablir el grup parlamentari al Senat; però, de fet, no tindran temps de fer-ho, perquè anirem a terceres eleccions», pensa. No els ho vol posar fàcil. A Albiol li ha de quedar ben clar que ell està disposat a anar fins al final, amb totes les conseqüències. A més a més, si mai s'arribés a fer aquesta trobada, li aclareix, no hi assistirien ni ell ni Mas. Albiol se n'anirà d'aquesta segona reunió a Palau amb l'encàrrec de transmetre més condicions de Puigdemont que no pas a la primera: hi ha d'haver un reconeixement explícit que Catalunya és una nació i una disponibilitat a acceptar les conseqüències que això representa; s'ha de restablir el grup parlamentari de CDC al Congrés i al Senat i, si mai hi hagués una reunió inicial, ni ell ni Mas hi assistirien.

—Recorda que no estem fent un Majestic II —li torna a dir.

El líder del PP català li parla de refer el diàleg trencat, de la necessitat de generar un marc de diàleg. En això estan tots dos d'acord.

—Però vull que es reconegui, ni que sigui dient-nos-ho a nosaltres amb sinceritat, el que està passant a Catalunya. Vull un reconeixement explícit del que està passant —insisteix el president—. I si a aquesta reunió s'hi va pensant que nosaltres el que volem és millorar el model de finançament o coses per l'estil, s'haurà acabat. Ens aixecarem i marxarem —l'avisa.

Diumenge, 11 de setembre

Aquesta tarda és a Salt, envoltat de milers de ciutadans. Finalment ha decidit anar a la Diada. Hi ha arribat caminant (el cotxe oficial l'ha deixat cinc-cents metres abans) i s'ha fet fotos amb tothom qui l'hi ha demanat. Està satisfet. Només li sap greu no poder estar al costat de les seves filles tota l'estona, com ell voldria. «Era la seva primera manifestació, i em feia gràcia estar amb elles», diu. Hi ha estat força estona, però en un moment determinat ha hagut d'anar amb la comitiva oficial, al costat dels alcaldes gironins presents a la manifestació i dels qui hi feien parlaments.

Acaba el dia esperonat. «Tanta gent no es mereixeria que no ens hi dediquéssim amb cos i ànima i que no acabés bé.»

Al llarg de la jornada (de fet, al llarg dels darrers dies) no ha parat de pensar en el full de ruta pendent: és a dir, en com i quan celebrar el referèndum, que a ell li sembla la millor eina, i, si no es pot, en com i quan celebrar les eleccions constituents. Està convençut que, si finalment es decanten per aquesta opció, haurà de signar la convocatòria a finals de juliol. D'aquesta manera, com que les eleccions se celebren al cap de cinquanta-dos dies, seran el 17 de setembre de l'any vinent, just després de la Diada. «Serà espectacular. Guanyarem. El darrer ple del Parlament es farà uns dies abans de la convocatòria electoral i allà aprovarem les tres lleis de desconnexió. En cas que optem pel referèndum —es diu tornant-se a situar en l'opció que més clara veu—, la Llei de transitorietat jurídica podria incorporar la convocatòria. O podríem aprovar una llei de referèndum que ja inclogués el sistema electoral, la junta electoral...» Hi dona voltes i més voltes. És a les portes de la qüestió de confiança i vol presentar un full de ruta clar. Clar, però realitzable. I el vol presentar al govern uns dies abans, per veure'n les cares i quedar convençut que hi ha una determinació clara de tothom.

Dilluns, 12 de setembre

Ara té un moment de tranquil·litat. És a la Casa dels Canonges i aprofita per obrir una carta que li han fet arribar els seus pares. La carta va al seu nom, però el remitent l'ha enviat a casa dels seus pares.

Està escrita íntegrament en castellà. Manuscrita. Pel tipus de lletra és d'un senyor gran. El remitent s'identifica com a antic militar. És un relat llarg, que llegeix amb calma perquè en alguns punts la cal·ligrafia costa d'entendre. Es nota que és un senyor d'edat perquè a mesura que avança el text la lletra va perdent vigor. O això és el que li sembla.

«Lo que le escribo puede poner en peligro la vida de mi hijo —li diu l'autor de la carta—. Soy un militar retirado y mi hijo es oficial del Estado Mayor del Ejército español.» Li explica que aquest estiu el seu fill ha vingut a visitar-lo i que parlant va sortir a la conversa el tema de la independència de Catalunya. «Mi hijo —li assegura el remitent—, al principio no quería hablar del tema. Simplemente me iba diciendo que la Constitución no permite que Cataluña se independice, y me iba explicando los argumentos legales —continua—. Pero, al insistir yo sobre el tema, finalmente me ha dicho que no sufra, que hay un plan del ejército para intervenir por tierra, mar y aire las instituciones de Cataluña si es necesario, y que en una actuación breve y contundente se restablecería el orden.»

La carta acaba amb una disculpa per l'atreviment: «Quizá no debería hacerlo, pero me he sentido en la obligación de decírselo». I conclou: «Disculpe mi anonimato, y disculpe que le haya enviado la carta al domicilio de sus padres. Me ha parecido que esta sería la manera más discreta de hacerle llegar el mensaje con la garantía de que lo recibiría usted personalmente».

La rellegeix i decideix no fer-ne cas.

—Potser és un senyor que està preocupat —li diu un membre del seu equip quan l'hi explica.

—O potser s'ho inventa tot i és una manera de fer-me agafar por —replica ell.

La carta acaba a mans dels Mossos, que intentaran, sense èxit, esbrinar-ne alguna cosa més.

«Nosaltres també tenim un pla per si passa alguna cosa.» Però no vol entrar en detalls. De fet, no els coneix ni ell. L'existència d'aquest pla la sap des del mes de maig, quan algú de seguretat n'hi va parlar a un col·laborador seu.

Dimarts, 13 de setembre

«Soc partidari del referèndum; però, si es fa, ha de superar totes les proves d'estrès per ser reconegut per la comunitat internacional.» Ho va dir ahir en una entrevista i avui tots els mitjans encara se'n fan ressò.

Fa dies que analitza aquesta qüestió. Per a ell el RUI és la millor opció, però hi ha membres del govern que en tenen dubtes. «Els duré al meu terreny, si jo ho veig clar.» Però vol ser curós en les seves declaracions públiques. No vol donar per feta una cosa que no és. Sap que si finalment opta pel referèndum tindrà el suport de la CUP, i això és important. Però vol estar segur que es pugui fer i vol estar segur de la complicitat dels republicans. «No aniré a un referèndum sense tenir clar que tinc la lleialtat de tothom. Ha arribat l'hora que tothom es mulli, que cada departament faci la seva feina i que tots i cadascun dels membres del govern siguin conscients del que ens disposem a fer.»

Les declaracions han estat interpretades de forma diferent segons cada mitjà de comunicació. Des del «Puigdemont y Esquerra enfrían ahora la opción del referéndum unilateral» d'*El País*, a «El Govern refreda el referèndum» de l'*Ara*, o el «Puigdemont reitera que o hi ha referèndum pactat a la tardor o hi haurà eleccions constituents» d'*El Punt Avui*.

A mig matí, el president fa una piulada crítica amb els mitjans que han interpretat que ara refredava el referèndum. «Dient el mateix, un dia fa l'efecte que escalfes i l'endemà que refredes. Som allà on érem: anant pel millor camí cap a la independència.»

La directora de l'*Ara*, Esther Vera, li envia un missatge al mòbil: «Veig que no t'ha agradat la nostra portada».

«No és que no m'hagi agradat. És que no és veritat —li respon el president—. Hem dit el de sempre. Som prudents i estem analitzant si el referèndum es pot fer o no. Però no el refredem. En lloc d'"El govern refreda el referèndum" hauria de ser "El govern valora el referèndum". Això seria més correcte; seria la veritat.»

Avui es veu amb Lluís Rabell, portaveu de Catalunya Sí que es Pot (CSQP). Fa molt poc que es van veure: concretament el dia 6, fa just una setmana, en una trobada que va ser pública. La d'avui no ho és. La primera es va fer amb diferents membres del seu grup parlamentari i va ser més aviat una formalitat. Avui en són menys. Rabell ha vingut a la reunió acompanyat de Joan Coscubiela, mentre que al president l'acompanya Neus Munté.

«Ara que la CUP ja ha dit que votaran la qüestió de confiança —explica a Rabell—, vull que sàpigues que faré una apel·lació al govern de Madrid perquè acceptin un referèndum acordat i que m'agradaria que ens poséssim d'acord en algunes coses.» Convençut que la seva estratègia els pot anar bé també a ells, el president li explica: «Si jo faig una apel·lació al diàleg i a un referèndum pactat, em costa d'entendre que vosaltres sigueu al bloc del no. No podeu votar-hi en contra. Potser podríeu abstenir-vos», li demana, gairebé com un prec.

Li proposa també que la setmana posterior a la qüestió de confiança, que és quan hi ha previst que se celebri el debat de política general, CSQP presenti una resolució a favor del referèndum pactat: Junts pel Sí l'hi votarà. «A nosaltres ens convé, sí; però a vosaltres també. Serà un gest també de cara a una possible negociació entre Podemos i el PSOE a Espanya», li diu. Com que veu que Rabell se l'escolta amb atenció, decideix ser-li del tot sincer: «A vosaltres no us interessa posicionar-vos al costat del PP, el PSC i C's, en aquest tema, i a mi m'interessa que a la qüestió de confiança us abstingueu, perquè així la proporció entre el sí i el no no serà de 72-63 sinó de 72-52». Però encara té més arguments: «Per a mi és important rebaixar els "no" fins a cinquanta-dos, i pensa que els culpables de salvar-me ja no sou vosaltres, és la CUP». I encara afegeix: «Nosaltres a Madrid ens podríem abstenir també davant d'un pacte Podemos-PSOE».

Avui la conversa ha estat sincera per part de totes bandes. No ho diuen clarament, però CSQP li dona a entendre que, si fos per ells, seria més fàcil arribar a acords. El que passa és que a dins hi tenen un sector unionista molt important i els fa por una fractura. «Hi ha un sector que, si sabés que estem parlant d'això amb vosaltres, no em vull ni imaginar què ens farien», reconeix un dels membres de CSQP. Repassen tots els temes d'actualitat, i els pregunta sobre l'acte de Sant Boi.

Tots quatre negociaran i analitzaran diferents possibilitats durant un parell d'hores. En sortirà satisfet, de la trobada. No tanquen cap compromís però prenen un acord: Joan Coscubiela i Neus Munté seran els encarregats de continuar discutint-ne els termes. Coscubiela va ser president de CCOO i s'entén bé amb Neus Munté, que va fer bona part de la seva carrera a la UGT. El president i ell es reuniran més cops.

Al cap de pocs dies esclata una crisi interna a CSQP. La premsa parla de les discrepàncies a l'hora de repartir-se els papers entre ells. De fons, però, hi ha també el debat sobre què cal fer en la qüestió de confiança. No es posen d'acord.

Dilluns, 19 de setembre

Aquesta nit ha dormit a la Casa dels Canonges. Ha preferit quedar-se a Barcelona perquè s'ha de llevar molt d'hora per agafar l'Euromed i arribar aviat a València, on se celebra la primera trobada bilateral des de fa més de vuit anys.

Com sempre que dorm als Canonges, per agafar el son, ha hagut d'escoltar un dels seus àudios. «Caballería y guerra medieval», es deia aquest. L'ha triat a l'atzar. En aquesta ocasió, és un relat de dues hores sobre quins requisits i quines condicions de vida tenien els cavallers medievals. N'ha sentit tres quarts d'hora, fins que s'ha adormit.

La trobada amb Ximo Puig s'emmarca en una cimera que els dos presidents han volgut que fos al més alt nivell. Hi ha representants del món empresarial i sindical i de totes les formacions polítiques. Els dos presidents estableixen un nou marc de relacions «per revertir la comunicació» entre Catalunya i el País Valencià, i fan front comú en la reivindicació del Corredor Mediterrani: «No es pot governar l'Estat d'esquena al Mediterrani», dirà ell. En la cimera s'acorda establir reunions bilaterals entre tots dos governs cada sis mesos i deixar clar que quan es posi en marxa la RTVV s'establirà la reciprocitat immediata amb TV3.

L'acompanyen els consellers Baiget i Rull. Tota la delegació s'ha desplaçat en Euromed per recalcar una de les reivindicacions que volen fer avui: hi ha trams en què el tren circula a trenta o quaranta quilòmetres per hora, i per fer els 350 quilòmetres que separen Barcelona i València s'hi estan més de tres hores.

Ha trobat una gran disposició per part de Ximo Puig, amb qui ha mantingut una trobada personal a l'inici de la cimera. S'han posat al dia de la situació política catalana i han comentat la situació espanyola. (Ximo Puig, del sector del PSOE afí a Susana Díaz, també creu que hi haurà terceres eleccions al Congrés.) Fins i tot han tingut temps de comentar l'anècdota de la trucada del rei. Ximo Puig, que no en sabia res, s'ha fet un tip de riure. En acabat el president valencià farà una roda de premsa durant la qual es felicitarà per la cimera i reclamarà el Corredor Mediterrani. Però abans, durant la cimera, haurà sentit de boca d'un empresari una sentència que comparteix: «A nosaltres, els valencians, després d'aquests anys de govern del PP, l'anticatalanisme ens ha sortit molt car».

Torna cap a Barcelona content. Han fet una cimera catalano-valenciana sense cap autoritat de l'Estat. «Ha semblat una cimera entre dos estats confederats. No necessitem Madrid.» No pot deixar de pensar en un detall revelador: totes les intervencions s'han fet en català, i la roda de premsa posterior també. Ni tan sols hi ha hagut la típica repetició en castellà després de la roda de premsa.

Fins i tot Inés Arrimadas, la líder de Ciutadans, que també hi ha assistit, ha fet la seva intervenció a la cimera exclusivament en català.

Dimarts, 20 de setembre

Avui, com cada dimarts, hi ha reunió de govern. A diferència d'altres dimarts, però, en què els consellers van arribant per separat a la reunió, els consellers convergents han arribat tots junts. El president els ha convocat una estona abans al seu despatx (a prop de la sala on es fan les reunions de govern) per demanar-los unitat i perquè es vegi la imatge d'unitat. És un missatge dirigit tant als seus socis d'esquerra al govern com a la premsa que els fotografia passant pel Pati dels Tarongers.

«¿Hi ha algun tema molt urgent que s'hagui de tractar?», pregunta així que comença la reunió de govern. Avui, els proposa, li agradaria tractar monogràficament la qüestió del full de ruta: «Aparquem la resta de temes perquè avui voldria parlar exclusivament d'això. Però abans voldria dir-vos ben clar que això no pot continuar així». Fa referència a un seguit de filtracions a la premsa que s'han succeït aquests darrers dies, i que donen peu a especular sobre la divisió en el si del govern.

Aquest és el tema que el president vol tractar avui. El camí cap a la independència a partir d'ara. Per això ha entrat mostrant unitat entre els consellers del seu partit i per això demana que a partir d'ara no hi hagi ni sortides de to ni filtracions a la premsa. «Venen uns mesos de tàctica i de discreció, i això ho hem de tenir tots clar», insisteix, i a continuació fa una exposició del que creu que ha de passar a partir d'ara.

Els diu que abans de convocar el referèndum unilateral s'ha de produir tot un seguit de *crescendos* políticament parlant. El primer ha de ser, diu, la reacció dels independentistes si hi ha unes terceres eleccions al Congrés dels Diputats.

Creu que si a finals d'octubre, esgotats els terminis per arribar a un acord, a Espanya no hi ha possibilitat de fer nou govern i es convoquen noves eleccions, s'hauria d'anunciar una llista conjunta de les forces independentistes.

«Per sorpresa. L'hauríem d'anunciar ja el mateix dia que es convoquin —sosté—. Agafaríem tothom amb el pas canviat, i els espanyols descol·locats; mentre ells no s'entenen i van a eleccions, nosaltres ja anunciem una llista conjunta —argumenta—. No estic parlant de fer una llista conjunta i prou —aclareix—. Del que estic parlant és de posar tota la carn a la graella, de convertir les eleccions de desembre al Congrés en un cop d'efecte. Estic parlant de convertir el 18-D, o el dia que siguin les eleccions, en una jornada històrica, en una Diada, en un 27-S. Es tractaria d'una acció conjunta, amb el suport de l'ANC i Òmnium, en què s'hauria de mobilitzar tothom, perquè les eleccions es convertirien en un plebiscit clar del que passa a Catalunya. S'hauria d'aconseguir un resultat molt clar: a Catalunya hi hauria d'haver una majoria de diputats independentistes.»

Ningú ho diu, però tots tenen al cap les eleccions en què Carme Chacón, del PSC, va aconseguir 25 dels 47 diputats al Congrés que s'escullen a Catalunya.

«L'independentisme ha de poder tenir majoria», insisteix després de recordar-los que ara només sumen 17 diputats de 47 (8 del PDeCAT i 9 d'ERC). Mentre diu això, pensa: «Si el PSC ho va fer, ¿com no ho hem de poder fer els independentistes?».

«Si aconseguim un resultat clar i una alta participació, i aquest seria l'altre tret distintiu en relació amb el que passarà a Espanya, tornarem a proclamar que volem un referèndum —explica. I continua—: I com que ens el tornaran a negar això ens legitima a tirar pel dret. Aleshores convocaré el referèndum.» Fins i tot els planteja una altra acció: «Just després que els diputats independentistes a les eleccions a Catalunya siguin una majoria, farem una recollida de signatures a favor del referèndum a Catalunya i organitzarem una gran moguda amb els càrrecs electes: diputats, senadors, alcaldes...».

Aquest *crescendo*, els assegura, farà que arribi un punt en què els comuns no podran evitar prestar-se a col·laborar amb el full de ruta. «Estarem demanant un referèndum a Espanya, i recuperarem la majoria que ens falta, si és que ens falta. Perquè hauran de fer campanya, també, i hauran de participar i firmar en favor del referèndum pactat. Aquí estarem jugant amb el dret a decidir», els diu, «que és clarament majoritari entre la població. I això ens servirà per anar-nos carregant de raons».

«No fos cas», diu en un altre moment, «que l'aritmètica parlamentària també propiciï un acord entre les forces d'esquerra espanyoles que, ara sí, ens ho permeti».

El president explica que, passada la llista conjunta, passada la recollida de signatures, arribarà el judici del 9-N. Això, diu, seran nous arguments de cara a l'opinió pública, perquè aleshores s'estarà jutjant la cúpula de l'anterior govern per haver posat urnes en una consulta.

Està fent una intervenció llarga, molt llarga, que li servirà per desgranar pas a pas com arribar al referèndum. Tothom se l'escolta en silenci.

«Si fem tot això», conclou finalment, «si fem tots aquests moviments previs, hi haurà molta motivació entre la població catalana. Hauran tornat a veure que amb Espanya no hi ha res a fer i se sentiran legitimats per tirar endavant. I jo convocaré el referèndum unilateral a finals de juliol».

És un relat de fets encadenats que segons el president pot garantir no només que es pugui fer un referèndum, sinó també que es guanyi: «Internacionalment no se'ns discutirà que ho hem fet tot, que hem fet crides a Espanya i que fins i tot ens hem ofert a fer possible la governabilitat d'Espanya si ens permeten fer-lo. Hauran vist que és un diàleg de sords».

Els aclareix que aquest és el relat intern que tots han de tenir clar, però que no s'haurà d'explicar públicament. Es tracta, diu, de «reflexions que vull fer en la reunió de govern, perquè aquí, entre nosaltres, ho hem de tenir clar, per saber on anem».

Acabada aquesta llarga intervenció, apunta quatre idees sobre el que pensa dir en la qüestió de confiança. Els explica que parlarà de referèndum, però que no detallarà si és unilateral o no per evitar conflicte: «Nosaltres ja ho sabem, que l'acabarem fent així, però ara no cal avançar res tàcticament perquè el que farem és un altre cop una crida a Espanya», diu.

Els fa saber igualment que aquest full de ruta compta amb el vistiplau de la CUP (no els explica que està negociant fins i tot que la CUP formi part de la llista unitària al Congrés, i que els primers contactes amb alguns exdiputats d'aquesta formació han estat molt positius) i tot seguit obre un torn d'intervencions.

Hi intervenen tots els consellers. En general, per donar-hi el seu punt de vista i per matisar alguna qüestió. Santi Vila arriba a proposar fins i tot que, un cop celebrades les eleccions al Congrés, els diputats ni tan sols vagin a Madrid a prendre possessió. Que els seients quedin buits i que diguin que no hi volen anar si no hi ha un acord per al referèndum.

Tornen a parlar de les llistes unitàries. El president arriba a dir: «Poseu-hi les condicions que vulgueu», donant a entendre clarament que renunciarà a encapçalar-la i que tampoc no discutiran gaire els percentatges de cadascú. Ell pensa en una llista farcida de noms que en facin un nou 27-S: gent d'Òmnium, de l'ANC, i fins i tot de la CUP...

Ni Junqueras ni cap conseller d'ERC es pronuncia. I això que fa pocs dies va parlar en privat amb dos consellers d'ERC que ho veien bé, que li van dir que hi estaven d'acord. A la reunió de govern, però, tots callen. El president se'n fa creus: «No ho entenc», es diu. «¿Per què no diuen res? ¿Estan espantats? Si no ho volen, ¿per què no ho diuen clarament?

Dimecres, 21 de setembre

«Ha patit un accident de trànsit a l'AP-7; està bé i ja es troba treballant a Palau.» La notícia corre com la pólvora. Tots els mitjans se'n fan ressò. Les ràdios interrompen les tertúlies per explicar-ho, i les cadenes de televisió mostren la foto de com ha quedat el vehicle després de la topada, amb la part davantera esquerra destrossada.

A l'altura de Sant Celoni, un vehicle que circulava en el sentit contrari ha perdut una roda del remolc, que ha travessat la mitjana de l'autopista i ha xocat contra el cotxe del president. Ell pràcticament ni se n'ha assabentat fins a l'impacte. Estava repassant unes notes quan, de sobte, el vehicle ha frenat de cop, sense deixar d'anar en línia recta. S'ha sentit un fort impacte i l'Esther, l'agent dels Mossos que avui condueix, els ha alertat que havien de parar, perquè probablement havien rebentat una roda.

—¿Què ha estat? —pregunta.

—Sembla que una roda d'un camió.

No són conscients de fins a quin punt han estat en perill fins que el vehicle s'atura, a la sortida de l'autopista. No és pas que hagin rebentat una roda. És que tota la part esquerra està destrossada. Si en comptes d'impactar a la part de baix del vehicle, la roda hagués impactat al parabrisa, se'ls hauria encastat a dins i ves a saber què hauria passat, es diuen el president i els agents dels Mossos que van amb ell.

Finalment, continuarà el trajecte cap a Barcelona amb el segon cotxe de la comitiva. Abans, però, truca a la seva dona, la Marcela, per explicar-l'hi: «Estic bé, no et preocupis, si ara ho sents a la ràdio o a la tele. Estic bé i vaig cap a Palau».

Avui ha tingut una injecció extra d'adrenalina al cos que li anirà molt bé per afrontar una agenda molt plena. Arriba a Palau en plena forma. Ell mateix fa una fotografia del cotxe i la penja al Twitter amb una piulada de felicitació a l'agent: «La serenitat i la preparació de la conductora han evitat mals majors».

A darrera hora del matí, l'agent dels Mossos, l'Esther, ve a Palau a saludar-lo no només per saber com està, sinó sobretot per agrair-li la piulada que ha fet posant en valor la seva feina com a conductora. Aquesta piulada de reconeixement ha agradat a tots els mossos, en especial a les agents. Quan es veuen és quan s'adonen que, en realitat, probablement avui han salvat la vida. La mosso entra al despatx del president i en comptes de donar-se la mà o saludar-se formalment, s'abracen. Ha estat una abraçada impulsiva, sincera, que d'alguna manera els permet descarregar la tensió que portaven acumulada arran de l'accident.

Aquests dies està enllestint el seu full de ruta. A grans trets, és el que va exposar ahir a la reunió de govern. Avui, però, es reuneix amb Artur Mas per explicar-l'hi amb detall. De Mas, se'n refia. No només perquè és qui el va designar com a successor, sinó perquè es tenen una lleialtat mútua. No voldria tirar endavant el seu full de ruta si Mas no el veiés bé. L'expresident té experiència i el pot alertar dels possibles entrebancs, com ja va fer en el moment del relleu.

Per això li exposa fil per randa el full de ruta: «Primer superaré la qüestió de confiança, parlant de la voluntat de fer un referèndum acordat amb l'Estat. Parlaré de referèndum pactat, i diré que si l'Estat no el vol pactar, el full de ruta preveurà igualment el referèndum. Una setmana després aprovarem al Parlament una petició formal de referèndum, que hem pactat que CSQP i la CUP també votaran. Després aprovarem els pressupostos, potser amb alguna partida per al referèndum, i posteriorment, si hi ha terceres eleccions a Espanya, presentarem una llista unitària deixant clar el missatge: és l'últim cop que ens hi presentem, i ho fem per reclamar un referèndum.

»Un cop celebrades les eleccions i amb un bon resultat, hi ha la possibilitat que el PP i Ciudadanos sumin i governin, la qual cosa atiarà encara més el conflicte, o bé que els independentistes siguem clau en la formació del nou govern alternatiu».

I, pel que fa al judici del 9-N, assegura: «Muntarem un gran escàndol. Haurem de buscar ressò internacional».

Finalment, explica, «aprovarem les lleis de desconnexió i convocarem el referèndum. Si el podem fer, que crec que sí, evidentment que ho celebrarem. Però l'endemà no trencarem res. Ni tancarem aeroports ni posarem traves a res. Actuarem amb normalitat i demanarem a la comunitat internacional que intervingui».

Li explica igualment que tot aquest relat s'ha de fer paral·lelament a tres plantejaments més: preparar la pràctica del referèndum, eixamplar la base social i buscar el ressò internacional.

D'aquest aspecte sí que n'ha parlat amb Junqueras prèviament. Perquè la principal responsabilitat de fer el referèndum correspondria justament a conselleries d'Esquerra. L'encàrrec de garantir que el referèndum es pugui fer recauria sobre la comissió interdepartamental de l'impuls de l'autogovern, que depèn de Junqueras. I l'encàrrec de preparar tota la logística, sobre la Conselleria de Participació, que depèn de Romeva. D'alguna manera, Junqueras seria l'Homs del 9-N, i Romeva, la Joana Ortega.

Artur Mas ha escoltat tot el relat i hi està d'acord. Li admet els seus dubtes inicials amb el referèndum, però ell també ha arribat a la conclusió que, si es fa així, podria ser una realitat.

—Tota aquesta concatenació de fets posaria el dret a decidir altre cop sobre la taula, facilitaria un relat molt lògic i fins i tot serviria perquè alguns funcionaris, que ara estan recelosos o tenen por, no trobessin tants inconvenients al RUI —afirma l'expresident—. I la CUP, ¿què hi diu? —pregunta.

—Hi està d'acord. Ara el problema és ERC, que no es pronuncia. Jo dimecres no anunciaré el referèndum si no tinc tancat tot el relat de fets. Vull tenir la certesa que el *crescendo* anirà tal com l'hem planificat; no vull haver de discutir-ho tot cada vegada. És ara o mai.

Dissabte, després de la missa de la Mercè, ha quedat per dinar amb Junqueras, amb qui vol acordar tot el relat, li diu. Necessita una resposta clara i la necessita abans de dimecres vinent. No només perquè la qüestió de confiança és dimecres, sinó perquè vol aprofitar el cap de setmana per escriure amb tranquil·litat la seva intervenció.

Divendres, 23 de setembre

Aquest vespre presideix la sisena edició dels premis Banyolí de l'Any, al claustre del monestir de Sant Esteve de Banyoles. El president, però, té el cap en un altre lloc. Des que ha sortit del despatx, a mitja tarda, per anar cap a Banyoles, que està preocupat per una filtració periodística que creu que prové d'ERC. S'ha passat tot el viatge parlant per telèfon i es passarà tot el sopar pendent del mòbil.

Els assistents a l'acte no ho saben, però en aquests moments la legislatura penja d'un fil. Si fos per ell, la donaria per acabada: *Nació Digital*, el diari digital que fa quatre dies ha fitxat en bloc la secció de Política del diari *Ara*, i que en el sector tothom dona per fet que té una gran sintonia amb ERC, acaba de publicar l'eix vertebrador de la intervenció que Puigdemont vol fer dimecres vinent durant la qüestió de confiança i que ell va avançar tot just dimarts passat a la reunió del seu govern. S'hi explica que Puigdemont donarà per fet el referèndum i que el qualificarà tota l'estona de «vinculant» per no utilitzar el terme «unilateral». Però això no és el que l'indigna: el que l'ha indignat és que en el text s'explica que el president Mas i dos consellers del govern, Meritxell Borràs i Santi Vila, s'han mostrat reticents al RUI fins a l'últim moment.

Des que ha llegit la informació, sortint de Barcelona, l'estat d'ànim del president ha girat com un mitjó. Que Esquerra no està disposada a tot, ja fa dies que ho sospita. Però el que no vol tolerar és que s'hagi fet servir un mitjà afí als republicans per presentar els consellers convergents i Artur Mas com els únics que tenen dubtes.

«S'ha acabat —ha dit a la consellera Munté en sortir de Palau—. S'ha acabat. Amb un govern que no hi creu, que té els consellers republicans només pendents d'un tripartit per fer-nos fora, que presenta els nostres consellers i la gent del nostre partit com uns febles, no hi vull continuar.»

Avui sí que renega. Renega durant totes les converses que tindrà des del cotxe en direcció a Banyoles. Parla amb el seu equip habitual, parla amb Munté i parla amb Jordi Turull. Els avisa a tots que s'ha acabat: «No vull anar amb un vicepresident deslleial a una etapa tan dura com la que vindrà». Està cansat dels silencis constants de Junqueras, dels seus dubtes i que no es pronunciï mai.

«No anunciaré un referèndum en aquestes condicions. No puc anar junt amb una gent que no hi creu i que ens ha penjat l'etiqueta de poc independentistes.»

Quan fa una pausa per escoltar el que li diuen els seus interlocutors telefònics es tranquil·litza i abaixa una mica el to: «Pot semblar que m'he emprenyat per aquesta filtració. I és cert. Però no és només això. És un cúmul de coses. Junqueras em va enganyar dient-me que no havia demanat veure's amb Ximo Puig, va reunir-se d'amagat amb Pedro Sánchez, no diu res a les reunions, els consellers d'Esquerra no comparteixen res, no es pronuncia quan li demano una llista conjunta... Filtren constantment coses a la premsa, van fer una commemoració de l'11 de Setembre a Sant Boi deixant-nos de banda, van dir a la CUP que no passava res si no s'aprovaven els pressupostos... ¿Però a què coi juguen? No vull anar a un referèndum unilateral, quan cal unitat de tothom, amb aquesta Esquerra». I afegeix: «Aprofitaré el discurs de la qüestió de confiança per explicar-ho, per deixar-ho anar tot. Anunciaré que s'ha acabat, que anem a eleccions».

Els seus interlocutors li diuen que té tota la raó, però que, si fa això, serà el final del procés: «Sí. Ja ho sé. I sé que això ens suposarà un gran cost. Però la gent ha de saber la veritat». Quan li insisteixen que s'ho repensi, els respon: «Al final s'hi ha d'anar amb lleialtat, no s'hi pot anar amb algú que només està pendent de fer-te la traveta, d'anar minant els teus i presentar-los com els traïdors».

Està a punt d'arribar a Banyoles. Hi ha una comitiva esperant per rebre'l, però ell continua dins el cotxe, parlant pel mòbil. Ha donat instruccions al seu equip més proper de fer arribar a Esquerra aquest missatge: «S'ha acabat, no hi haurà cap anunci de referèndum i no es pot continuar així». Cadascun dels col·laboradors amb qui parla insisteix en la reflexió que això és el final: «¿I et penses que no ho sé? ¿Et penses que no em sap greu? ¿Et penses que no em dol?

¿Et penses que no veig que, a més a més, se'ns presentarà com els culpables?».

Està molt dolgut i profundament decebut. Desolat. Però no hi ha manera de convèncer-lo. Ni l'argument que això deixarà molt tocada la seva imatge personal («Ara t'has convertit en un gran valor i no ho pots desaprofitar; no t'entendran», li diuen) i el fet que serà una patacada per al partit, no el fan canviar d'idea.

«No tinc ànim per a res», els diu. «No vull continuar. Són uns deslleials.» Quan els interlocutors del seu equip gosen dir-li que pot semblar una reacció desproporcionada, per una filtració periodística, i que potser no s'entendrà, ni tan sols els ho discuteix.

«No ho entenen. No és la filtració. És el que significa. No estem preparats per tenir un quarter general que sàpiga mantenir en secret l'estratègia. Xerren per tots costats. Alguns dels meus també, però Esquerra no para de dinamitar-ho tot. Fa l'efecte que ells no tenen la independència com a única estratègia. Per sobre de tot, volen governar, i volen un tripartit contra nosaltres. ¿Què vol Junqueras? ¿Ser el president d'una Catalunya autonòmica? ¿O és que els fa por continuar amb l'enfrontament amb l'Estat?»

Ja ha entrat al lloc on se celebra l'acte, però, un cop ha saludat els qui l'esperaven, abans d'asseure's a la taula, demana una sala on pugui continuar parlant pel mòbil. És on rep les primeres reaccions d'ERC a la seva indignació.

«Diuen que aquesta filtració a *Nació Digital* no l'han fet ells», li expliquen.

No se'ls creu. És més, tant se li'n fum. Està desmotivat i decebut. Tant se li'n donen, ja, els detalls. És tot plegat. Veu que està envoltat de deslleialtats. «No es pot anar a una guerra sabent que els teus també estan contra tu. A la guerra s'hi ha d'anar ben calçat. I per anar-hi com hi he d'anar, potser és millor no anar-hi.»

Recorda la il·lusió que fa vint-i-quatre hores ell mateix desprenia davant el full de ruta pactat i gairebé li cauen les llàgrimes. Tot just ahir pactava amb Artur Mas el contingut del seu discurs en la qüestió de confiança i es mostrava optimista davant la perspectiva del que podia passar durant els propers dies: una qüestió de confiança superada potser amb l'abstenció de CSQP, un full de ruta al qual la CUP havia donat suport, molts agents estrangers amb qui s'havia vist els darrers mesos sensibilitzats amb la qüestió catalana... I tot això pocs dies després del que havia tornat a ser una Diada espectacular, i amb una Espanya desencaixada davant la perspectiva d'unes terceres eleccions. «Ens en sortirem. Malgrat la indefinició d'ERC, ens en sortirem. Sortirà bé», havia dit a un col·laborador tot just feia poques hores.

Però ara ho veu clar: «No es pot anar així. Si ERC no hi va a totes, i no és fidel al cent per cent, és millor deixar-ho aquí».

Però tot d'un plegat li passa pel cap una alternativa: aprofitarà la moció de confiança per dir al seu govern que no veu prou cohesió per continuar, que no es donen les condicions adequades per seguir, i que això només podrà anar endavant si supera la qüestió de confiança i en els propers mesos es veu una cohesió total i hi ha pressupostos. «Però no faré ni un pas perquè s'aprovin. Aquest cop que s'espavili Junqueras amb la CUP. No hi intervindré. I si no se'n surt, hauré de donar la legislatura per acabada perquè Junqueras no ha estat capaç de pactar els pressupostos. Aquest cop no el salvaré. Jo hauré superat la qüestió de confiança i ell no haurà superat els pressupostos.»

Són dos quarts d'una de la nit. S'ha acabat la festa del Banyolí de l'Any. Hi ha fet la seva intervenció intentant posar-hi passió, però li ha costat. S'ha passat bona part del sopar pendent de missatges, whatsapps i trucades.

Oriol Junqueras, alertat pels seus que el president està molt molest, també li ha trucat, però el president no s'hi ha volgut posar. «No hi vull parlar. Si hi parlo ara, serà molt pitjor.»

Aprofitarà encara el trajecte cap a casa per parlar pel mòbil.

Demà ha d'anar a la missa de la Mercè, tot i que no en té cap ganes, i menys per escoltar una homilia de l'arquebisbe Juan José Omella que intueix que serà una crida a la unitat d'Espanya.

En l'homilia per a la Diada, el bisbe Omella no va fer ni una sola referència al clam que hi ha al país. «¿Es mobilitzen més d'un milió de persones i el bisbe no ho veu? ¿No fa ni una reflexió? Només parla d'unitat i fa uns nomenaments en clau espanyolista. No hi aniré, jo, a la missa de la Mercè, si m'hi he de trobar un sermó similar», diu al seu equip. Però al final el convenceran.

«Tant de bo els hagués insistit que no. No tinc ganes d'anar-hi. De fet, no tinc ganes ni de continuar.»

Dissabte, 24 de setembre

Com era d'esperar, Omella ha demanat unitat i bastir ponts. «Els famosos ponts!», pensa. De fet, el president gairebé no se l'ha escoltat.

Continua dolgut i disposat a donar la legislatura per acabada. La nit no li ha servit per calmar-se. Ho ha vist més clar que mai.

El seu equip li ha trucat a mig matí per explicar-li que la filtració de *Nació Digital* no ha tingut cap recorregut. «Ningú en parla. No té cap transcendència, el que han dit. Cap repercussió», li han assegurat.

Però ell, això, ja ho sap. Torna a dir-se que el seu equip continua sense entendre que no és la filtració, el que l'ha fet empipar. És tot plegat: la constatació que no hi ha unitat, que Esquerra treballa amb el seu propi full de ruta, i que hi ha una deslleialtat molt gran.

Junqueras li ha tornat a trucar, però Puigdemont continua sense voler-hi parlar. Ha demanat al seu equip que traslladi als col·laboradors de Junqueras que el president vol obrir un parèntesi, uns dies per reflexionar: que a tres dies de la qüestió de confiança es vol pensar si el full de ruta marcat és el bo.

De fet, avui havia quedat per dinar amb Junqueras. Havien quedat per dinar perquè el president volia acabar de convèncer el president d'ERC i vicepresident del govern de la necessitat de fer una llista conjunta al Congrés si finalment hi ha noves eleccions a Espanya, les terceres consecutives. Però ho anul·la.

El cap de comunicació del president, Pere Martí, truca al cap de l'oficina del vicepresident, Lluís Juncà, per explicar-li que en aquests moments no es donen les condicions perquè els dos líders es vegin.

Ja va estar a punt d'engegar-ho tot a rodar i convocar eleccions una vegada, quan la CUP es va negar a retirar l'esmena als pressupostos. Aquell cop se li va acudir la possibilitat de presentar la qüestió de confiança per guanyar temps.

Aquesta és la seva segona crisi important com a president. Ell, però, no hi troba comparació. «Aquesta crisi és molt més greu, perquè és amb els socis de govern, amb Junts pel Sí.»

Puigdemont ha fet una altra cosa: ha demanat a Neus Munté i Artur Mas que dilluns vagin a Palau per exposar-los la situació i comentar-los l'estratègia que vol seguir. Vol escoltar el seu consell.

Diumenge, 25 de setembre

Avui s'ha quedat a casa pràcticament tot el dia. Només ha sortit un moment per anar a l'esplanada del Castell de Montjuïc de Girona, on se celebra la trobada anual dels Amics del castell de Montjuïc. Quan era alcalde hi anava cada any.

Només hi ha anat perquè ja ho havia confirmat dies abans i perquè sortia anunciat a l'agenda pública del president. Per ganes, es quedaria a casa.

Encara no s'ha refet, les hores van passant, però la conclusió continua sent la mateixa: no hi ha unitat a Junts pel Sí. Si més no, ell no la sent.

Avui era el dia que havia previst dedicar a escriure la seva intervenció al ple de la qüestió de confiança, però no ha pogut. «¿Es pensen que soc de goma, jo? ¿Que ho aguanto tot?» Mentre prepara un cronograma sobre tot el que hauria de passar a partir d'ara, perquè això li servirà per veure què cal dir en la seva intervenció, no es pot treure del cap aquest clima de desconfiança que s'ha generat. «No es pot funcionar d'aquesta manera. ¿Com volen que em prepari el discurs, ara? ¿Com volen que transmeti il·lusió des de la tribuna del Parlament si la que tinc me l'estan fent perdre?»

Però en el fons sap que no ho pot engegar a rodar. Que no s'entendria. No obstant això, ha de trobar una fórmula per saber, abans de dimecres, si ERC està disposada a tot. «Els he de fer entendre que ara s'hi han de posar, que no poden limitar-se a fer d'espectadors esperant a veure si nosaltres ensopeguem. Ens hi hem de posar tots. O ens surt bé, o ens la fotem tots plegats.»

No ha pogut treballar gaire. Pràcticament no ha seguit els resultats electorals al País Basc i a Galícia, cosa que en circumstàncies normals sí que hauria fet. Ni al País Basc ni a Galícia, on el PP ha revalidat la majoria absoluta, ha canviat gaire res. L'única declaració pública del president aquesta nit serà una piulada que fa al seu compte de Twitter ironitzant sobre els resultats de Ciudadanos. «C's ha fet 0 escons a Euskadi i Galícia perquè no han anat a votar l'Euskadi i la Galícia reals. Si no, haurien arrasat. Zorionak @eajpnv!», ironitza.

La seva família és al menjador de casa. Els Mossos vigilen a l'entrada. Les nenes i la seva dona estan acabant de sopar i ell és a l'estudi del pis de dalt, intentant escriure el discurs de la qüestió de confiança. Però no hi ha manera. «Encara que hagin passat dos dies, continuo sense tenir el cap clar.»

Tot i que no ha pogut escriure el discurs de la qüestió de confiança, sí que n'ha fet l'esquema general. L'escriurà entre dimarts i dimecres, un dia abans del debat.

Junqueras farà encara un darrer intent per parlar amb ell per telèfon. No podrà. El president ha desconnectat el mòbil.

Dilluns, 26 de setembre

Neus Munté i Artur Mas són a Palau. Abans de reunir-se amb la resta de l'equip, debaten llargament sobre la situació que s'ha creat. Puigdemont encara està dolgut i els confessa el seu desànim i que no es veu amb cor de tirar endavant si no hi ha un clima de confiança. Es troba davant d'un cul-de-sac i no sap com sortir-ne: té moltes ganes de tirar endavant amb el nou full de ruta traçat, però hi veu moltes dificultats.

En parlaran durant molta estona. Artur Mas li recorda, un cop més, que ell ja el va advertir de les deslleialtats de la CUP i d'ERC. «No te'n refiïs», li va dir el dia del relleu a la presidència de la Generalitat, referint-se a tots dos partits. «Però has de continuar endavant», li diu ara.

Neus Munté assenteix amb el cap. Entén quina és la situació emocional del president Puigdemont, li reconeix les contínues deslleialtats de tothom, però li recorda igualment la situació en què es troba el país i els compromisos adquirits amb els electors. A la conversa, s'hi afegeixen Marta Pascal, coordinadora del Partit Demòcrata Europeu Català, el PDeCAT; Lluís Corominas, diputat de Junts pel Sí i vicesecretari general de coordinació institucional del PDeCAT; Jordi Turull, president del grup parlamentari de Junts pel Sí, i Josep Rius, director de l'Oficina del President. Hi havia de ser també Joan Vidal, secretari del govern, però no ha pogut venir.

Tothom hi diu la seva. Bona part de la conversa gira a l'entorn del paper d'ERC. ¿Què volen, que no surti bé?, es pregunten. Analitzen un altre cop la situació per assegurar-se que no són ells, els convergents, els qui s'equivoquen en la diagnosi; però, malgrat tots els inconvenients que llisten, ningú vol fer marxa enrere. Tothom entén que la situació és greu, però ningú vol anar a eleccions.

Potser tenen por, diuen alguns. «És molt fàcil dir que vols la independència, però a mesura que s'acosta i que es veu que hi poden haver responsabilitats personals, no tothom ho té tan clar», argumenta un dels presents. Ell els escolta, però no diu el que pensa.

Els assistents a la trobada debaten encara durant molta estona més el paper que està fent Esquerra. «S'han instal·lat en el *win-win*», conclouen. «Ens volen dur al referèndum, fent-hi moltes declaracions a favor, però en el fons desitgen que no surti bé o que no es pugui fer, perquè d'aquesta manera els convergents en serem els culpables.»

Ja feia dies que li arribaven rumors en el sentit que el partit potser no veia bé el seu full de ruta. Alguns mitjans de comunicació, de fet, parlaven d'un distanciament entre partit i govern. Ell ha volgut aprofitar la crisi del cap de setmana per saber també fins a on volen arribar Marta Pascal, Corominas i la resta del partit. Li diuen que fins al final. «Si m'hagués trobat que hi havia dubtes, el més pràctic hauria estat reconèixer-ho també durant la qüestió de confiança i dir simplement que ara no es donen les condicions per seguir endavant.»

Té el suport dels membres del govern, el d'Artur Mas i el de Neus Munté —per a ell això és molt important—, i ara clarament també el del seu partit. La reunió li ha servit per carregar piles i per sentir-se fort per a la trobada que finalment tindrà aquest vespre, a soles, amb el líder d'ERC, Oriol Junqueras.

Dos dies més tard del que havien previst inicialment, Oriol Junqueras sopa a la Casa dels Canonges.

El president no treu la filtració al *Nació Digital* durant la conversa. Vol veure si ho fa Junqueras. «Amb el temps he anat veient com funciona: si es tracta d'una qüestió que s'hi sent fort i segur, si està convençudíssim que té la raó, ell mateix la posa damunt la taula. Si no n'està convençut, o sap que no té raó, no treu el tema. Si no em treu el tema, és que en el fons sap que tinc raó d'estar emprenyat, sap que està en fals», es diu.

Ell va directe al gra: el full de ruta. Li exposa fil per randa la situació actual i el que ha de passar. No se'n deixa cap detall: des de la indispensable gran resposta ciutadana al judici del 9-N, fins a la necessitat de fer un referèndum sí o sí i d'anunciar-lo en el debat de la qüestió de confiança vinculant-lo al fet que hi hagi pressupostos... Tampoc es descuida d'esmentar, esclar, que caldrà presentar-se en una llista conjunta si hi ha terceres eleccions a Espanya.

Junqueras, probablement sorprès perquè no li hagi fet cap retret de la filtració al *Nació Digital* i hagi encarrilat la conversa cap a les eleccions generals i la necessitat d'anar-hi junts, no li aclareix del tot la seva posició, però li deixa força clar que, d'entrada, no en són partidaris. En parlen durant una bona estona. Junqueras li admet que un Junts pel Sí a Madrid es pot convertir en la força política més votada, però li argumenta també que impediria a ERC esgarrapar vots del sector Podemos i dels comuns. «Hi ha gent en aquest moviment que probablement seria capaç d'apostar per l'independentisme o pel referèndum sí o sí si vota ERC, però que no ho farà mai amb una llista conjunta on hi hagi els convergents», li diu. Ell hi discrepa: «D'aquest moviment ja heu rascat el que havíeu de rascar. Un Junts pel Sí que fos la primera força en unes eleccions seria el combustible necessari per al referèndum».

En parlen encara durant una bona estona. De fet, serà el tema al qual dedicaran més temps durant el sopar a Canonges.

El president li ha tornat a exposar, sense deixar-se res i esplaiant-se allà on calia, tot el full de ruta. «Hem d'anar junts, Oriol», li diu un cop i un altre. El vicepresident assenteix. És amable i receptiu. Li assegura que comparteix tot el que ha de passar a partir d'ara, que compti amb ell.

A Puigdemont li costa interpretar Junqueras. «No em passa amb ningú més», es diu. «No sé què em passa amb ell, que no el sé interpretar.» No li ha estalviat cap detall; tampoc que tant ell com Raül Romeva s'hauran d'arremangar i ser els màxims responsables de l'organització del referèndum, tant si és pactat com si no. «D'acord, d'acord», li ha dit Junqueras.

Falten dies encara per saber si hi haurà terceres eleccions generals a Espanya, però l'apressa a prendre decisions i ho condiciona al full de ruta que vol anunciar durant la qüestió de confiança. No han arribat a cap acord. Amb tot, en té prou amb una frase final que li deixarà anar Junqueras: «D'acord, se'n pot parlar, de la llista conjunta».

Dimarts, 27 de setembre

Aprofita la tarda per enllestir el discurs que farà demà al Parlament. El mateix dimecres al matí el tornarà a repassar, però hi farà pocs retocs.

Sempre sol seguir el mateix mètode quan ha de fer una intervenció important. Agafa un full en blanc i escriu, escampats pel full, els conceptes que vol transmetre. Tres, quatre, cinc o sis, que té clar que vol dir. En acabat busca la manera de relacionar-los entre ells i de construir un fil argumental. Abans, però, al costat de cada concepte hi sol anotar alguna frase, una frase que l'ajudi a definir-lo i que faci que l'entengui tothom. Hi anota «confiança», «pressupostos», «país», «coratge»... Al bell mig del foli, però, hi ha escrit la paraula clau: «referèndum». I no només «referèndum»: hi ha escrit «referèndum o referèndum». Serà l'eix central del discurs. Fer el referèndum sí o sí. Sap que, dit així, és més atractiu periodísticament i probablement serà el nucli dels titulars de tota la premsa de l'endemà.

El «referèndum o referèndum» ja el tenia clar, de fet, des d'abans d'anar-se'n de vacances. «És una manera de fer un gir argumental en el guió. Una manera d'acorralar tothom, inclosos els comuns. A CSQP el "referèndum sí o sí" els fa còmplices i els acorrala al mateix temps. Aquesta ha de ser l'estratègia.»

Dimecres, 28 de setembre

És el dia que es debat la qüestió de confiança al Parlament de Catalunya.

En una intervenció d'una hora clavada que Marcela Topor ha seguit des de la tribuna de convidats, avui ha deixat clara la seva voluntat de no fer marxa enrere i ha anunciat públicament que Oriol Junqueras i Raül Romeva seran els encarregats de tirar endavant el referèndum que acaba d'anunciar. I ha fet també una advertència interna als partidaris de la independència: «O hi ha confiança o no hi haurà referèndum». I envia un missatge similar a la CUP, o hi ha pressupostos o no hi haurà referèndum: «Aconsello que, qui no tingui cap intenció d'aprovar els pressupostos, millor que ens estalviï el dubte i el temps i que demà no m'atorgui la confiança que reclamo».

Insisteix una bona estona en la necessitat d'estar convençuts de tirar endavant. «Convé que fem un *reset* i que ens preguntem si volem continuar, i si ens comprometem a tot el que implica culminar la legislatura [...]. ¿Ens hi comprometem? Jo ho demano al Parlament i espero la resposta demà [...]. Si la resposta de la majoria és un sí a aquest compromís, el mandat del 27-S es complirà fins al final, i ho podrem anar verificant, conjuntament, en totes les fases que ens esperen d'aquí al mes de juliol», diu el president des de la tribuna.

I fa encara una nova oferta de diàleg al govern d'Espanya: «Torno a demanar si hi ha algú en el sistema polític espanyol que tingui el coratge i el compromís d'assumir una responsabilitat històrica, que segurament és incòmoda però que és imprescindible per trobar solucions», diu, i insisteix que l'oferta de diàleg a Madrid «és una oferta que no caduca, però que no paralitza».

Finalment, en una clara al·lusió als fets del cap de setmana i a les converses dels darrers dies, acaba el discurs i no ho pot dir més clar: «Ens falta superar un escull». «Aquest escull es diu confiança. Si fem un pacte per la confiança, demà arrencarà la segona i última fase del procés cap a la independència. Si el resultat no permet aquest pacte, la legislatura s'haurà acabat.»

Encara no ha finalitzat la seva intervenció que el seu «referèndum o referèndum» ha triomfat i tots els mitjans de comunicació citen l'expressió en les seves cròniques. El seu equip de comunicació n'estava al cas i tan bon punt ha sortit l'expressió l'han fet córrer per les xarxes socials en una estratègia ben planificada prèviament. Tots interpreten que Puigdemont ha deixat clar al govern de Madrid que no s'aturarà, i que si no hi ha un referèndum pactat, serà unilateral.

No ha pronunciat la paraula «unilateral», però no ha fet cap falta. I fins i tot hi ha posat data, al referèndum: se celebrarà a partir de la segona quinzena de setembre de l'any vinent, del 2017.

Dijous, 29 de setembre

Ha superat la qüestió de confiança. Junts pel Sí i la CUP li han renovat la confiança, és a dir, han validat el seu full de ruta cap a la independència passant pel «referèndum o referèndum». En total, setanta-dos vots a favor de fer confiança a Puigdemont (els seixanta-dos de Junts pel Sí i els deu de la CUP) i seixanta-tres en contra, els de totes les altres formacions polítiques representades al Parlament.

Ha estat un debat amable, però dur al mateix temps. Les cròniques de demà ressaltaran la duresa del PP, C's i el PSC, però també el to amable de Lluís Rabell per part de Catalunya Sí que es Pot, tot i que finalment el seu grup parlamentari hagi votat que no.

En realitat, el to amistós entre tots dos estava pactat. Rabell havia fet saber a Puigdemont unes hores abans que la seva intervenció tindria un to cordial, i ell li havia dit que respondria amb la mateixa amabilitat.

Els intents dels dies previs de Puigdemont i de Munté per portar els comuns cap a una abstenció no han prosperat: han votat que no.

Ell, però, pensa que les negociacions d'ell i Munté amb CSQP no han estat feina en va. No ha aconseguit l'objectiu inicial, afeblir el front del «no» fent que es rebaixés substancialment el nombre de nos a la votació (si CSQP s'hagués abstingut, hauria superat el debat amb setanta-dos vots a favor, cinquanta-dos en contra i onze abstencions), però ha obert una línia de diàleg amb ells i ha provocat una discussió interna a les seves files.

«Ells han hagut de fer molts equilibris interns, i no és tan evident que d'aquí a un temps no es puguin instal·lar en l'imaginari d'un referèndum unilateral si el govern de Madrid continua tancat en banda.» Sap, perquè així l'hi han explicat ells mateixos, que la seva qüestió de confiança ha generat un intens debat intern a CSQP. «El no al meu full de ruta ha generat una gran incomoditat entre els partidaris de la independència, que n'hi ha.» «Hem mobilitzat el seu sector més independentista», comentarà amb Neus Munté un cop acabat el ple, quan analitzin la situació.

La diputada de la CUP Anna Gabriel no trigarà ni mitja hora a fer les seves primeres declaracions: «Que avui hàgim fet confiança al president no és sinònim que ara el govern tingui carta blanca per aprovar els pressupostos», dirà a diferents mitjans, alguns dels quals ja presagien i vaticinen noves desavinences entre els independentistes i fins i tot una nova crisi.

«Necessiten gesticular», pensa quan sent aquestes declaracions. Ha superat la qüestió de confiança i se sent fort.

Fins i tot té ganes de reprendre l'activitat institucional. Fa uns dies el govern portuguès li va fer arribar la invitació a la inauguració d'una exposició dedicada a Joan Miró. No els havia contestat perquè estava pendent de la qüestió de confiança. Si va a Lisboa coincidirà amb el president en funcions del govern espanyol, Mariano Rajoy: ara hi podrà anar havent superat una qüestió de confiança. Demana al seu equip que confirmin la seva assistència.

Abans, però, ha d'anul·lar la visita que hi havia prevista a Lleida, on havia d'inaugurar la Fira de Sant Miquel. Quan el president va confirmar la seva assistència a l'acte, tant el dia com l'horari s'havien hagut d'adaptar a la seva agenda. Ara, però, considera que no pot rebutjar una invitació del govern portuguès, que hi ha estat insistint fins a l'últim moment.

Parla amb l'alcalde de Lleida, el socialista Àngel Ros, per explicar-li la situació. «Es tracta de Joan Miró i d'una invitació del primer ministre portuguès. No puc dir-los que no.» A Ros no li fa cap gràcia perquè hi comptava, però li assegura que entén els seus motius. Amb tot, l'endemà el diari *Segre* obrirà portada amb aquest titular: «Puigdemont planta la Fira de Sant Miquel».

«És la venjança d'Àngel Ros. I, a més, no tenen raó. He anat jo més cops a Lleida en el meu breu mandat que altres presidents en molts anys.»

Divendres, 30 de setembre

Coincideix, doncs, a Lisboa amb el president del govern espanyol en funcions, Mariano Rajoy.

Se'l troba cara a cara. La conversa és intranscendent:

—¿Qué tal, cómo vamos? —li diu Puigdemont mentre caminen tot mirant l'exposició.

—Bien, bien. Fíjate qué cuadros, y eso que estuvieron a punto de ser subastados... —comenta Rajoy.

No parlen de política en cap moment. És una conversa absolutament banal. Saben que els estan fotografiant (l'endemà la foto sortirà a la majoria dels diaris catalans) i xerren del temps.

L'únic moment en què es parla de política és quan Rajoy fa la seva intervenció durant l'acte d'inauguració. «En un món globalitzat, la disgregació condueix a la irrellevància, quan no a la impotència. La integració, la interconnexió i la unió són signes de la història en el nostre temps», dirà en un missatge que tots els periodistes interpretaran en clau política i que consideraran adreçat a Puigdemont. El president català, en ser preguntat pels periodistes, es limita a dir: «Una Catalunya independent tindrà les mateixes excel·lents relacions que tenen avui Espanya i Portugal».

Aprofita la visita a Portugal per concedir una entrevista a la televisió pública portuguesa, RTP, que s'emetrà dissabte a la nit en *prime time*. «Catalunya proclamarà la seva independència i no serà la fi d'Espanya», destacaran com a titular els periodistes portuguesos de la televisió pública.

Queda parat del grau del coneixement de Catalunya del periodista que li fa l'entrevista. Prèviament, mentre els maquillaven, el periodista li explica que els darrers anys ha visitat sovint Catalunya per interessar-se per la situació política, que fa anys hi anava per córrer el Rally Costa Daurada i que sent molta simpatia pels catalans i per Catalunya.

En acabat, sopa amb l'alcalde de Porto, Rui Moreira, a la seva residència oficial. Evidentment, parlen de política i de la situació catalana.

La sobretaula els porta a parlar de com canviarà en un futur la concepció immobilista que hi ha actualment sobre els estats. «Les noves generacions no l'entenen, aquest immobilisme», li diu Moreira.

Dissabte, 1 d'octubre

Ell, el director de l'oficina del president, Josep Rius, i el cap de la delegació del govern català a Portugal, el periodista Ramon Font, dinen en un restaurant al port de Lisboa amb António Rios de Amorim, president del consell d'administració de la multinacional Amorim, líder mundial del sector del suro.

L'empresa portuguesa és la responsable del 25% de l'explotació mundial de suro i té el 35% del mercat de taps de suro. Les seves vendes superen els 600 milions d'euros i no paren de créixer. A Catalunya, fa poc que han comprat l'empresa Oller Nadal, de Cassà de la Selva, i la surera Trefinos, de Palafrugell, i el seu suro és arreu del món. Fins i tot al terra de la Sagrada Família. António Rios de Amorim, que també és propietari de les benzineres Galp, és l'home més ric de Portugal i la fortuna número 369 del món, segons la revista *Forbes*.

L'empresari coneix molt bé Catalunya, i sap perfectament quines són les reivindicacions d'una majoria dels catalans. Li explica a Puigdemont que el suro de les sureres del massís de les Gavarres és dels millors del món, i que té entre mans un projecte per recuperar-lo. Parlen obertament de la situació política catalana i espanyola.

Encara li queda una entrevista amb un periodista del setmanari *Expresso*. El periodista, per a sorpresa de Puigdemont, li fa tota l'entrevista en català. «L'he après aquests darrers anys, venint a Catalunya a cobrir la informació del que està passant», li explica. Totes les preguntes són sobre la situació política, i totes fetes pràcticament en clau catalana.

Ha estat tot el dia pendent també de la situació del PSOE, després que el comitè federal, que s'ha reunit avui de manera extraordinària, ha decidit, finalment, retirar la confiança al seu líder, Pedro Sánchez, que ha acabat presentant la seva dimissió. El seu equip l'ha anat informant al llarg de tot el dia i ell ha seguit per les xarxes socials la reunió del comitè federal. «Soc a Portugal, però fins i tot des d'aquí és impossible no assabentar-se'n, vist el ridícul que estan fent», diu a un dels seus col·laboradors. «És un cop d'estat en tota regla.»

Aquesta setmana, ja tenia alguna pista de com estaven les coses. N'havia parlat sobretot amb el president del País Valencià, Ximo Puig, que, arran d'una trucada feta referent al conflicte per les obres d'art de Sixena, l'havia posat al dia de la situació. Puig era partidari també d'un relleu al PSOE. Segons ell la situació era insostenible, després de les derrotes electorals dels socialistes al País Basc i a Galícia. «Jo prefereixo que facin Rajoy president i que acabem d'una vegada amb aquesta provisionalitat al govern espanyol», li havia reconegut. «Quan vaig veure que sortia Felipe González a principi de setmana dient que Pedro Sánchez l'havia traït, em va quedar molt clar que Sánchez duraria un Telediario», diu Puigdemont.

Al cap de pocs dies es planteja trucar a Pedro Sánchez, simplement a títol personal i per saber com està, però finalment decidirà no fer-ho. «No saps mai com ho interpretaran i quin ús en poden fer, de tot plegat, tot i que per a mi seria simplement una trucada personal.»

Opta per enviar-li un missatge de WhatsApp d'afecte personal, que ell retorna i li agraeix. Puigdemont en reté una frase, d'aquest missatge: «La historia no acaba aquí».

Dijous, 6 d'octubre

Aquesta tarda es fa, al Parlament, el debat de política general. Aprofita el matí per repassar les notes que li han preparat de cara al debat i per rebre l'ambaixador d'Eslovàquia a Espanya, Vladimir Grácz.

Durant aquests dies ha tingut molta activitat diplomàtica. S'ha vist amb els ambaixadors dels Estats Units, el Regne Unit, Eslovènia, Uruguai, Suècia, Canadà, Itàlia i Mauritània. L'activitat diplomàtica s'ha intensificat i la majoria li expliquen que actualment passen informes setmanals als executius dels seus països respectius. Quan parlen amb ell, no hi ha cap pregunta fora de lloc. Tots coneixen amb detall els plans del govern, saben que hi ha sobre la taula les lleis de desconnexió, la voluntat de fer un referèndum sí o sí... No n'hi ha cap que arribi a Palau desinformat, i la majoria de les preguntes ja són sobre l'endemà.

Ha volgut donar especial rellevància a aquesta trobada perquè actualment, i fins a finals d'any, Eslovàquia ostenta la presidència rotatòria de la Unió Europa. Vladimir Grácz, per tant, ve a Palau en qualitat també d'ambaixador de la presidència europea. L'acompanya el conseller d'Exteriors, Raül Romeva.

Grácz va directe al gra: vol parlar del procés d'independència de Catalunya i d'entrada ja els aclareix que ve a dir oficialment que cal respectar la legalitat vigent i la Constitució espanyola, i que la unilateralitat no és possible. Puigdemont i Romeva exposen la seva visió particular de la situació i li expliquen amb detall els propers passos.

L'ambaixador els escolta atentament i, un cop reiterada la seva versió oficial, els fa un aclariment: «També us he de dir, a títol personal, que si aquí finalment feu un referèndum i, esclar, si hi va a votar molta gent, alguna cosa haurem de fer». I, dit això, torna a la versió oficial i insisteix que la unilateralitat no és possible.

A tots els diplomàtics que el venen a veure aquests dies els parla del referèndum i els confirma la seva convicció absoluta que es farà.

—¿Però es farà de veritat? —li preguntaré uns dies més tard.

—Si no ens equivoquem internament, i no trenquem la unitat, el farem. Però serà la guerra —afirma—, perquè el farem a risc que la Guàrdia Civil intervingui, cosa que d'altra banda estic convençut que no passarà.

A vegades Puigdemont pensa en el que pot passar i també en el que li pot passar a ell. Però no s'hi recrea perquè té la convicció que se'n sortirà. Sobretot, si es fan les coses bé.

És al Parlament. La política catalana viu avui el segon gran debat després de la tornada de vacances. Si la setmana passada va superar la qüestió de confiança, aquesta setmana el debat de política general ha tornat a posar a prova les relacions entre els independentistes i els partidaris del referèndum.

El debat acaba amb seixanta-sis resolucions aprovades, dues de les quals fan referència al referèndum, i el govern no perd cap de les resolucions presentades.

La CUP, en aquesta ocasió, ha complert el pacte.

Divendres, 7 d'octubre

Avui ha concedit una entrevista a la revista *Vanity Fair*. L'hi fa Marta Suárez al seu despatx a Palau. La periodista li parla de la seva convicció de dur el procés fins al final (un dels titulars serà «Estic disposat a anar a la presó per haver convocat un referèndum») i del seu futur polític. Insisteix a preguntar-li, com fan molts periodistes, si es presentarà a les properes eleccions com a candidat del PDeCAT. A l'enèsima vegada, quan ja li ha respost el mateix uns quants cops, el president exclama: «Que no, que no me voy a presentar, ¡caramba!».

En realitat al partit ja han deixat de pressionar-lo perquè continuï o perquè sigui candidat a les properes eleccions. Des que ell l'hi va deixar clar en privat a Artur Mas, no li han dit res més. Tot i així, sospita que no és que hagin desistit. «Hi ha un silenci tàctic —em diu—. Crec que han arribat a la conclusió que ara no convé parlar-ne. No hi han pas renunciat. Ho han ajornat.» Però ell, insisteix, ho té clar: «No em presentaré. El fet que encara estigui latent aquesta opció demostra que encara no són conscients de la realitat. Opten pel que a hores d'ara és més fàcil, fer que s'hi presenti el que ara és president». Però no ha canviat d'opinió. «No seré el candidat.»

Dissabte, 8 d'octubre

Aquest matí ha inaugurat la Fira del Torró i de la Xocolata d'Agramunt posant de relleu que la mostra «no és només una tradició, sinó un tractor de l'economia i de l'equilibri i de la cohesió territorials». El president considera que el lideratge de sectors com el torró o el vi demostren que Catalunya «no només s'ha afegit a la revolució gastronòmica, sinó que també està disposada a liderar-la, i fent-ho, a més, com una potència mundial, perquè no hem renunciat ni a la nostra ambició ni a la nostra identitat».

Ha visitat l'Ajuntament, on ha estat rebut per les autoritats locals, i després ha recorregut el recinte de la 28a edició de la fira, que rebrà uns vuitanta mil visitants durant els dos dies que dura la mostra. La xocolata li agrada, i a més li recorda casa seva i l'obrador on va passar tantes hores de petit.

Però ara ja és a Palau una altra vegada. Avui dina amb Xavier Vinyals. Fa deu anys que Vinyals és cònsol honorari de Letònia a Barcelona, però el divendres 27 d'aquest mes deixarà de ser-ho. El Ministeri d'Exteriors espanyol li ha retirat unilateralment l'acreditació després que el ministre Margallo l'ha acusat d'haver violat la Convenció de Viena perquè va penjar una estelada al balcó la darrera Diada. «És del tot mentida», dirà Vinyals en conèixer la petició del govern espanyol. La diplomàcia espanyola fa ús del dret que, efectivament, tenen els governs a reconèixer els diplomàtics estrangers en el seu territori, un dret que el govern espanyol no ha exercit mai en democràcia amb cap diplomàtic. Per trobar un cas similar, ens hauríem de remuntar al franquisme.

Han parlat per telèfon en més d'una ocasió. Vinyals, efectivament, no va penjar mai una estelada durant la Diada, però tampoc ha amagat mai quines eren les seves conviccions. L'encara cònsol honorari de Letònia a Barcelona, que també és president de la Plataforma Pro Seleccions Catalanes, deu ser un dels pocs catalans que el 23 d'agost del 1989 va participar en la cadena humana que durant quinze minuts va unir les repúbliques bàltiques (Estònia, Letònia i Lituània). Es tracta de l'acció que va inspirar la cadena humana que es va fer a Catalunya la Diada del 2013. En aquell moment, Vinyals, que tenia vint-i-un anys i estudiava Història a la Universitat de Barcelona, va decidir que hi volia ser.

De fet, d'aquí a pocs dies, l'eurodiputat socialdemòcrata letó Andrejs Mamikins i el conservador Roberts Zile reprovaran públicament la decisió de Margallo. «La seva actitud és del tot inadequada per als estàndards democràtics del segle XXI. És una decisió horrible», dirà l'eurodiputada dels Verds Tatjana Zdanoka. Zile, que també és exministre de Letònia, adverteix a l'Estat espanyol que «és un error criminalitzar una nació perquè es vol independitzar. Soc prou vell per recordar que en algun moment la bandera del meu país va ser il·legal i exhibir-la es castigava severament».

Tots dos repassen els fets, però sobretot es posen a treballar en les feines d'assessorament que el fins ara cònsol de Letònia a Barcelona pot fer per al govern a partir d'ara. Vinyals li anirà proposant rebre algunes visites a Palau. La propera serà la setmana vinent amb Blas Llano, president del Partido Liberal Radical Auténtico (PLRA) del Paraguai. Llano li proposa crear un grup d'amistat entre els parlaments del Paraguai i Catalunya. Puigdemont, evidentment, li dirà que sí. «Es tracta d'anar contactant amb tots els països possibles perquè, amb una excusa o altra, sàpiguen el que està passant a Catalunya, de manera que, quan passin coses, hi tinguem un fil directe per veure si aconseguim que alguns es pronunciïn a favor nostre, ni que sigui admetent que coneixen el problema.»

Avui encara té una altra trobada abans de sortir de Palau. És amb Emil Kirjas, exministre d'Afers Estrangers de Macedònia i secretari general de la Internacional Liberal. Es van conèixer durant la visita que el president va fer a Londres, on residia l'exministre macedoni. Parlen una bona estona. L'exministre li manifesta el seu interès per traslladar-se a viure a Barcelona. Després del Brexit, no li interessa viure a Londres. A més, es declara un enamorat de Barcelona des de fa anys.

Diumenge, 9 d'octubre

Ha passat el dia a casa, amb la família, però a mitja tarda se n'haurà d'anar cap a Madrid. La Mars, la Maria i la Magalí ja no recorden l'últim cap de setmana que van estar tots junts els dos dies sencers. S'hi han anat acostumant, però les nenes s'acomiaden una vegada i una altra del seu pare, com si no el volguessin deixar anar.

Ha de marxar perquè demà farà una compareixença a Madrid que ha aixecat molta expectació. A finals del mes de maig passat ja va fer una conferència a l'hotel Palace de la capital espanyola. Aquest cop, hi vol anar a exposar el seu nou full de ruta. El que acaba amb «o referèndum o referèndum».

«Hem d'anar a Madrid a explicar-ho personalment. Un cop superada la qüestió de confiança, i passat el debat de política general, ara que a Espanya encara no hi ha govern, hem d'anar a fer-los saber que tenim un nou encàrrec —va dir fa uns dies al seu equip—. Busqueu un dia i una excusa.» L'excusa serà un dels esmorzars que habitualment organitza l'agència Europa Press a Madrid. Ja l'hi van convidar mesos enrere i no hi va poder anar. Ara sí que hi anirà. Europa Press ha acceptat de bon grat el suggeriment de Presidència de la Generalitat.

Com és tradicional amb tots els convidats que fan de ponents als esmorzars d'Europa Press, el dia abans se'ls convida a un sopar a l'hotel on passaran la nit. Són al restaurant de l'hotel Villa Magna de Madrid, al passeig de la Castellana, 22. Hi ha anat acompanyat del director de l'oficina de la presidència, Josep Rius, i del delegat del govern català a Madrid, Ferran Mascarell. Entre altres persones, hi ha també el president d'Europa Press, Asís Martín de Cabiedes; el director de l'agència, Javier García Vila, i la delegada de l'agència a Catalunya, Anna Cristeto.

Repassen l'acte de l'endemà, el president els fa una pinzellada del que dirà (pensa explicar fil per randa el nou full de ruta) i acaben fent una breu sobretaula.

El president d'Europa Press escolta Puigdemont atentament tota l'estona, assentint amb el cap, i finalment, quan el sopar ja ha pres un to més relaxat, es deixa anar i manifesta la seva opinió: «Yo ya te entiendo, *president*, pero... ¿sabes qué pasa? Que yo no puedo concebir España sin Cataluña». Cadascú aporta els seus arguments en un ambient distès, però ell no es mou ni un mil·límetre. Al cap d'una estona, veient que té resposta per a tot, el director de l'agència li diu: «Es que no me lo puedo imaginar. Es que yo estudié siempre con los mapas de España, y España era España. Por eso no puedo imaginarme España sin Cataluña».

«Pero usted también debía de estudiar la URSS en los mapas, y se ha adaptado, ¿no?»

El president català intueix que el president de l'agència de notícies s'està imaginant de veritat aquest escenari per primer cop. «Per la cara que ha fet, ara sí que ha vist que no he vingut a Madrid a fer cap discurs tàctic i que, hi hagi qui hi hagi a la conferència, defensaré la Catalunya independent.»

Dilluns, 10 d'octubre

Tot està a punt. El president català sap que l'esmorzar d'avui és important per la presència d'algunes persones (hi ha una desena d'ambaixadors), però sobretot per les absències.

Ha pactat els termes de la conferència amb ERC i la CUP, i en sortirà satisfet. A diferència de la seva primera conferència a Madrid, la del Palace, on, en el moment de sortir, el va increpar una espontània vinculada a Vox, Rocío Monasterio, no hi haurà cap incident.

L'acompanyen la portaveu del govern català, Neus Munté; el diputat al Congrés, Francesc Homs; el delegat a Madrid, Ferran Mascarell, i un bon grapat de càrrecs polítics catalans, molts d'ells diputats o senadors. Però no hi ha cap representant del govern espanyol.

El president ja ho intuïa, i per a ell és una mostra clara del que està passant, sobretot perquè sí que hi ha molts ambaixadors i representants d'ambaixades. Veient la llista d'assistents, no li queda cap dubte que, a banda del govern de Madrid, la conferència-col·loqui ha aixecat una gran expectació.

Aquest era l'objectiu. Que els ambaixadors veiessin que ha anat a Madrid a explicar-se i que no hi havia ningú del govern espanyol escoltant.

Des de les primeres files l'escoltaran l'ambaixador francès, Saint-Geours; l'ambaixador del Regne Unit, Simon Manley; el de Rússia, Iuri Kortxagin; el d'Irlanda, David Cooney; el de Bèlgica, Pierre Labouverie; el de Dinamarca, Johan Nielsen; el de Suècia, Lars-Hjalmar Wide; el dels Països Baixos, Johannes Van Bonzel; el de Veneçuela, Mario Isea Bohórquez; l'ambaixadora d'Algèria, Taous Feroukhy, i el d'Egipte, Ahmed Ismail Abdelmoeti. A la llista d'assistents hi ha, també, diferents caps de premsa, agregats, consellers polítics, secretaris, adjunts a la direcció política i adjunts als ambaixadors de nombrosos països: d'Alemanya, del Canadà, de Portugal, de Grècia, de l'Índia, de Luxemburg, del Brasil, d'Àustria, del Marroc, de l'Iraq, de Polònia, d'Austràlia, de la República Dominicana i de Noruega.

Hi assisteixen també presidents, consellers delegats i directius de diferents empreses: Telefónica, Banc Sabadell, Cuatrecasas, Ford, Popular, Caixabank, Fujitsu, FCC, Altadis... i un munt de mitjans de comunicació —alguns d'internacionals, com *The New York Ti-*

mes, *The International Herald Tribune*, la ràdio nacional de Finlàndia...). Tot i que als mitjans de comunicació els passarà per alt, hi ha també dos representants del Ministeri d'Assumptes Exteriors espanyol (Juan José Buitrago, director del gabinet del ministre, i l'ambaixadora Maria Bassols); dos membres del Tribunal Suprem (Celsa Picó, magistrada de la Sala Tercera del Contenciós Administratiu, i Sebastián Sastre, magistrat de la Sala Primera del Civil), i un lletrat del Consell General del Poder Judicial, Javier Aguayo.

La sala és plena. Hi ha pràcticament tres-centes persones. El govern català desplegarà tota una operativa perquè els representants diplomàtics se sentin ben tractats.

Aprofitant que els ambaixadors havien confirmat la seva assistència a l'esmorzar del president, el titular del Departament d'Exteriors, Raül Romeva, els convida a una trobada a la tarda per mantenir un intercanvi d'impressions. Serà una reunió discreta, sense premsa, sense cap comunicat, a la qual assistiran tots els ambaixadors que al matí han anat a escoltar el president.

Tots es mostren sorpresos que cap representant del govern espanyol hagi assistit a la conferència del matí. «Estem en el càrrec en funcions i en aquestes condicions no ens sembla oportú assistir-hi», van dir la setmana passada tots els convidats del govern espanyol en rebre la invitació d'Europa Press.

El president explica el full de ruta català amb tota claredat i insisteix, un cop més: «Podríem negociar la pregunta de la consulta, el moment en què es fes aquesta consulta i fins i tot una moratòria si sortís el no, que nosaltres acceptaríem democràticament. Demano que juguin el partit —diu referint-se al govern espanyol i a la seva incompareixença a l'acte d'avui i a qualsevol taula de negociació—. Estem asseguts en una taula de negociació, però estem sols —repeteix».

Els ambaixadors no paren de prendre notes.

Parla del referèndum unilateral. «L'Estat espanyol no el reconeixerà; però, si a Catalunya hi ha un resultat clar, ningú no podrà mirar cap a una altra banda.» I també de la judicialització del procés: «Nosaltres seguirem endavant igualment, però apel·lo als demòcrates espanyols a rebel·lar-se en contra de la judicialització del procés».

Mentre parla va mirant les cares dels assistents: «Estan sentint les coses amb tanta claredat que tenen les barres serrades tota l'estona». Més tard, Ferran Mascarell farà servir gairebé les mateixes paraules per descriure el que ha vist des de la seva perspectiva: «Mentre t'escoltaven, serraven les dents tota l'estona», li diu.

Avui dina a Madrid amb el líder de Podemos, Pablo Iglesias. Quan va decidir que aniria a la capital espanyola a pronunciar la conferència, s'hi va posar en contacte per WhatsApp per convidar-lo. «Este lunes estaré en Madrid. Me gustaría que vinieses y nos viésemos», li va escriure. «Me encantaría, pero no podré ir porque a la misma hora tengo convocada a la ejecutiva y ya es tarde para cambiarlo. Si quieres, quedamos para comer.»

«De acuerdo», li respon. Així de simple. Via WhatsApp.

Després de fer un cafè ràpid amb una antiga companya d'institut d'Amer que s'hi ha posat en contacte quan ha sabut que seria a Madrid, dinen al costat del Congrés, al restaurant Mr. Frank del carrer Jovellanos. L'ha escollit Iglesias.

—Vengo de vez en cuando porque queda cerca.

La conversa serà llarga i distesa. Pràcticament hi estaran dues hores. Sense periodistes i sense cap membre del seu equip. Una conversa franca, positiva i empàtica.

Iglesias li és sincer.

—Sé lo que pensáis hacer y sé que lo dices de verdad. Tened cuidado. Estoy preocupado porque el Estado no lo entiende y es muy poderoso. Me da miedo la reacción del Estado, sinceramente.

Aquesta afirmació el sobta. «¿Un paio tan *echao p'alante* i s'espanta pel que pot fer l'Estat?»

Li pregunta per les alternatives, però Iglesias no en té:

—Si gobernásemos nosotros, podríamos arreglarlo. Pero no veo ni al PP ni al PSOE con voluntad de arreglar nada; al contrario.

Els dos líders polítics s'esplaien parlant d'Espanya. Ell no hi veu sortida. Iglesias li parla del relleu generacional que vindrà:

—El votante del PP ya tiene una media de sesenta años, y ganan sobre todo en entornos rurales. Eso tiene una vida biológica. Dentro de unos años, las nuevas generaciones cambiarán la situación. Dentro de quince años, el problema ya no existirá. Las nuevas generaciones lo resolverán, porque ven las cosas de forma muy distinta. Para esa gente joven, nosotros somos su partido —li argumenta.

—Olvidas que a los treinta años puede que voten a Podemos, pero cuando esa gente tenga cuarenta y trabaje en una empresa, votará al PP.

Iglesias li insisteix que en quinze anys potser el tema estarà resolt, perquè les noves generacions entenen el tema nacional d'una manera molt diferent; perquè són gent que ha viatjat, que ha vist món i que no té pànic a una consulta, al contrari...

—Nosotros no podemos esperar quince años.

En un moment donat surt a la conversa el rei d'Espanya. Iglesias en parla molt bé. Puigdemont té la sensació que el líder de Podemos, per estrany que sembli, ha cultivat una bona relació personal amb el monarca. El defensa, i defensa també el paper que podria tenir algun dia. «Curiós», pensa Puigdemont.

Tots dos entenen que, vista la situació, Mariano Rajoy probablement tornarà a ser president del govern espanyol.

—Eso no os ayudará —diu Iglesias, que en el transcurs de la conversa li deixarà clar que Podemos votarà en contra del suplicatori que permetria jutjar el diputat Francesc Homs quan aquest tema arribi al Congrés dels Diputats—. Nosotros estamos a favor del derecho a decidir y en contra de la judicialización del 9-N, y no tenemos ningún problema en decirlo.

El que transcendirà de la reunió és això. Això i un detall: el llibre que regala a Iglesias. Mesos enrere, quan el líder de Podemos va anar al Palau de la Generalitat, li va regalar aquell llibre en format còmic d'Andreu Nin, el fundador del POUM. Aquest cop n'hi porta un altre: *Amb uns altres ulls*, una biografia de Montserrat Roig escrita per Betsabé García. La veritat és que ha estat un regal improvisat. Aquest migdia, abans d'anar al dinar, ha passat per la seu de la delegació del govern de Catalunya a Madrid i s'hi ha reunit una estona amb Josep Maria Brunet de *La Vanguardia*. La delegació és al carrer Alcalá 44, al mateix edifici on hi ha el Centre Cultural-Llibreria Blanquerna.

Quan el president ja sortia de l'edifici, Ferran Mascarell li ha preguntat si aquest cop també li regalaria un llibre a Iglesias. «Ostres. No he pensat en res —ha admès el president—. ¿No tens res, per aquí, que li pugui regalar?» Un membre del seu equip ha donat un cop d'ull ràpid als prestatges de la Blanquerna i hi ha vist el llibre sobre Montserrat Roig. «*Amb uns altres ulls*. És perfecte», li ha dit ell. Alguns periodistes faran en les seves cròniques de l'endemà càbales sobre el significat del llibre i els motius ocults de la tria.

El dia ha estat profitós. A més li ha agradat el dinar: un menú de quinze euros per barba. En total, trenta. Tornant amb l'AVE, quan repassi la jornada, es recordarà del pastís que ha demanat per postres, una mena de fondant de trufa.

Dijous, 13 d'octubre

«Truqueu-me a l'abat de Montserrat quan pugueu», va dir fa tres mesos al seu equip de col·laboradors. El president volia parlar amb l'abat, Josep Maria Soler, arran d'unes declaracions del religiós en una entrevista al *Regió7* i al *Diari de Girona* de principi del mes d'agost que van ser mal interpretades per *La Vanguardia*. A una pregunta sobre les relacions entre Catalunya i Espanya, l'abat contestava: «La corda està més tensa que abans; la situació em preocupa, perquè té conseqüències a nivell humà». D'aquestes declaracions, i d'altres de similars que hi ha a l'entrevista, el rotatiu barceloní en va treure aquest titular: «L'abat de Montserrat alerta sobre la divisió a Catalunya».

Josep Maria Soler va enviar una nota de protesta a *La Vanguardia* i va exigir que li publiquessin un aclariment. En aquesta nota puntualitzava que ell no havia parlat mai de cap divisió a Catalunya en aquest moment, sinó que s'havia limitat a alertar del perill que es produís si el govern espanyol no dialogava.

El president va trucar a l'abat de Montserrat a mitjan agost i, després d'una llarga conversa en què el religiós li va manifestar la seva total sintonia, van quedar que el seu equip li concertaria una visita al monestir.

És la visita que fa avui; una visita de caràcter privat. L'únic que li sap greu és que el seu equip l'hagi programat sense afegir abans a l'agenda una visita al monestir de Poblet, que és on hi ha enterrats els reis catalans i on feia estades els mesos d'estiu quan era molt jovenet.

En té molt bon record, de Poblet. La darrera vegada que es va veure amb l'anterior abat de Poblet, Maur Esteva, va ser a Figueres, al restaurant El Motel, quan Puigdemont era alcalde de Girona. Un dia va comentar a l'alcalde de Montblanc, Josep Andreu, que de petit havia fet estades a Poblet. Andreu li va explicar que tenia molt bona relació amb l'abat Esteva, un home que havia estat gran amic de Josep Pla i Josep Tarradellas. «Està molt fotut, no es troba bé. Però encara, una vegada a l'any, anem a dinar al Motel, a Figueres, que és on ell parlava amb Pla. Si vols, la propera vegada que hi anem, t'aviso.» Finalment, hi van anar l'agost del 2013. L'alcalde de Montblanc va recollir l'abat de Poblet i, de camí a Figueres, es va desviar per recollir l'alcalde de Girona. A banda de parlar del país i de la seva situació, van recordar l'època en què un Puigdemont adolescent passava els estius a Poblet.

El record de les seves estades al monestir ha fet que avui renyés amistosament el seu equip. Ja li està bé, anar a Montserrat —de fet, ho ha demanat ell—, però vol anar també a Poblet.

A Montserrat té una trobada molt cordial amb els monjos. Dinen plegats al refectori, amb l'habitual lectura en silenci, fins que l'abat dona la dispensa i avui, excepcionalment, poden parlar. Monjos i president fan una rotllana i parlen de la situació a Catalunya.

Els monjos li fan preguntes de tota mena: sobre el full de ruta, sobre el que pensa Espanya, els contactes internacionals, tot...

La conversa s'acaba amb una última pregunta d'un dels monjos més veterans.

—President, jo li vull fer una darrera pregunta. Els que hem votat tota la vida Convergència i Unió i ara no sabem a qui votar, ¿a qui hem de votar?

—Al Partit Demòcrata —respon Puigdemont, tot somrient.

—Aclarit —li diu el monjo.

Esclata una rialla generalitzada que acaba amb aplaudiments.

Divendres, 14 d'octubre

Avui dina al Saló Nàutic de Barcelona, que presideix Luis Conde. Conde està molt agraït de l'assistència del president al dinar, i així l'hi ha fet saber quan ha arribat. «És un especialista a quedar bé; un professional de donar la raó a tothom...»

El president s'asseurà al costat del ministre de Justícia, Rafael Catalá. Tenen una relació respectuosa. De fet, es coneixen de fa uns quants anys, de quan Puigdemont era alcalde de Girona i Catalá era el secretari d'estat d'Infraestructures. L'exalcalde de Girona i Catalá havien parlat sovint arran del conflicte entre l'Ajuntament i Adif per les obres de l'AVE i els retards en la urbanització posterior. En té bon record. Catalá va ser sempre molt correcte i no va mostrar mai una actitud de superioritat. Al contrari: «Sempre intentava posar pau».

Parlaran molta estona, durant el dinar. «¿Que no ho veieu, que això no anirà bé, si no feu cap moviment?», li deixa anar Puigdemont. Catalá assenteix sovint amb el cap. A diferència de Margallo, que troba que utilitza un to fatxenda, Catalá no és bel·ligerant. «Sentint-lo, estic convençut que Catalá és dels que s'asseuria a negociar», es diu. Però el ministre de Justícia es limita a dir: «Todo esto es y será muy complicado».

El president el veu atrapat. «Em donaria la raó, però no pot. És al govern, però sense perfil polític. És un "a sus órdenes" de Rajoy i farà el que li demanin.» Almenys aquesta és la impressió que li fa avui.

A l'altre costat hi té Luis Conde, el president del Saló Nàutic, l'organitzador del dinar de civet de senglar un cop l'any. De tant en tant, conversen tots dos. Conde li parla bé del seu govern i esmenta el president de la Fira de Barcelona, Josep Lluís Bonet, que està a punt de jubilar-se. Pràcticament es proposa com a candidat.

El dinar ha anat bé, tot i que fa només vint-i-quatre hores que el TSJC ha fet públic que, definitivament, obrirà judici oral contra Artur Mas, Joana Ortega i Irene Rigau pel 9-N.

Mentre dinaven, a la roda de premsa posterior al Consell de Ministres dels divendres, s'ha anunciat que el govern espanyol ha presentat un recurs al TC per invalidar les resolucions a favor d'un referèndum que es van aprovar en el debat de política general del Parlament. Surt de les instal·lacions del Saló Nàutic. L'espera el seu equip, els seus escortes i el vehicle oficial.

Uns quants metres més enllà, uns mariners de l'Armada que formen part del protocol del Saló Nàutic el saluden formalment. «A ese no vamos a tener que detenerlo, ¿verdad?», ironitza un d'ells dirigint-se als seus companys. Ho ha dit molt fluixet, però un dels membres de l'equip de protocol de Puigdemont ho ha sentit.

Dissabte, 15 d'octubre

Avui, Barcelona acull la celebració del premi Planeta. L'acte es fa al Palau de Congressos. A banda de polítics i un centenar d'escriptors de les diverses editorials del grup Planeta, a la vetllada hi ha també personalitats dels àmbits cultural, social, empresarial i polític, tant de Catalunya com d'Espanya. El rei Felip VI i el president de la Generalitat, conjuntament amb el president del Grupo Planeta, José Creuheras, i la vicepresidenta del govern espanyol, Soraya Sáenz de Santamaría, presideixen l'acte.

En arribar al Palau de Congressos, es troba amb Soraya Sáenz de

Santamaría. Hi manté una conversa distant, freda. «Aquesta dona està incòmoda», pensa, mentre continua conversant amb el ministre Rafael Catalá i la presidenta del Congrés, Ana Pastor, sobre temes banals.

El president ha tingut la sensació que Soraya Sáenz estava incòmoda amb la presència d'Ana Pastor. Puigdemont s'havia posat a parlar amb ella feia uns minuts perquè se l'havia trobat sola, sense ningú que li donés conversa. «És ben estrany; és com si li fessin el buit els mateixos del PP», pensa un moment.

Ha arribat l'hora d'asseure's a taula. Ell i el rei Felip VI s'asseuen de costat. El rei, amable com de costum, li va donant conversa. Parlen de la situació política espanyola. El president ha decidit que no li parlarà de la situació a Catalunya: «Si ell no treu el tema, jo no el trauré. Serà una manera de saber si li interessa. Si ell no en diu res, jo, callat».

—Por cierto, me han hablado muy bien de tu intervención del otro día en Madrid, me han llegado muy buenas referencias —li deixa anar de cop.

Es queda de pedra. «Coi, ¿no li han explicat que pràcticament només vaig parlar de la independència? N'hi han explicat només una part?», es pregunta.

—Sí, fue muy bien. Pero no vino quien tenía que venir. Porque había diez embajadores, pero ningún miembro del gobierno.

—Pero es que están en funciones... —li diu el rei. I llavors li avança una notícia que es produirà pràcticament un mes més tard i que a hores d'ara encara ningú dona per feta—: Esta vez va a haber gobierno, y el próximo gobierno tiene que hacer cambios.

El monarca li explica que hi ha d'haver un espai de diàleg i treball on s'han de resoldre «els temes materials», i li posa d'exemple el finançament o les infraestructures.

—Ya sé que esta no es vuestra reclamación —afegeix.

Per això, li diu, hi ha d'haver un segon espai de diàleg on abordar i resoldre «reformas en profundidad del modelo territorial».

Se l'escolta amb atenció, li diu «nosaltres hi anirem» i li aclareix que el govern català no s'asseurà en una taula si prèviament no hi ha un reconeixement del fet que Catalunya és una nació.

—Rajoy tiene que reconocer lo que pedí justamente durante la conferencia que usted me ha citado antes, y es que Catalunya es una nación.

Si hi ha el reconeixement previ que som una nació, pensa, s'obre *a posteriori* la reclamació del dret a decidir que tenen totes les nacions. Aquesta és la seva estratègia en aquestes negociacions amb Madrid. Si som reconeguts com a nació, nosaltres tenim dret a decidir que marxem. I ells, esclar, tindran dret a fer-nos una oferta i preguntar-nos què necessitem per no anar-nos-en. Però llavors ja es fa en un terreny d'igual a igual. Seria una negociació en tota regla.

Treu a la conversa una de les seves preocupacions: la judicialització de la política catalana.

—Esto es complicado, porque, una vez los temas han entrado en el terreno de la justicia... —fa el monarca, assenyalant-se ell mateix, com si li volgués posar d'exemple la mateixa Casa Reial, afectada també per temes judicials.

—Sí, pero en nuestro caso quien actúa es el fiscal general del Estado, y lo hace por razones políticas.

La conversa durarà molta estona. En traurà dues conclusions: que el rei està molt preocupat per la situació i vol que es resolgui, i que hi haurà investidura. També creu que, si el monarca té raó, hi haurà propostes de negociació.

La taula presidencial del premi Planeta és molt llarga. A uns quants seients de distància d'ell i el rei hi ha el conseller de Cultura, Santi Vila, a qui han assegut al costat de Jaime Alfonsín Alfonso, cap de la Casa Reial espanyola. El conseller i el cap de la Casa Reial pràcticament només parlen del conflicte entre Catalunya i Espanya. Un cop acabat el sopar, Santi Vila envia un whatsapp al president. «Ens hem de veure. M'han assegut no pas casualment al costat d'Alfonsín i crec que és per fer-nos arribar alguns missatges.»

S'acomiada del rei amb una encaixada de mans cordial. Cap dels dos no en diu res, però tots dos tenen present la conversa de fa uns mesos al Liceu, en què van acordar trobar-se tranquil·lament quan hi hagués nou govern a Espanya.

Amb Vila es veuran l'endemà a Palau.

La conversa de Vila i Alfonsín segueix el mateix fil argumental que la del president amb el rei, però Alfonsín no havia dissimulat gens la seva preocupació: «Jo els he vist preocupats i espantats; espantats de veritat».

Alfonsín havia estat molt més clar que el rei. «Ni el PP ni el PSOE actuen per patriotisme, ho fan només per interessos partidistes. No tenen cap interès a resoldre la situació; només tenen interès a salvar-se mútuament. No tenen cap voluntat d'emprendre els canvis profunds que s'haurien de fer.»

El fet de posar en comú totes dues converses els permet fer-ne una anàlisi més ajustada. En realitat, sí que hi ha una estratègia de la Casa Reial per resoldre la situació. El rei vol ajudar a resoldre el tema. És conscient de la seva magnitud i de la necessitat de parlar-ne. Però Puigdemont ha arribat també a una altra conclusió: el PP i el PSOE estan jugant a aquesta estratègia, però en realitat no se la creuen. «Al rei li han comprat el titular, però res més.»

Diumenge, 16 d'octubre

El president i Marcela Topor estan a punt de pujar a l'avió. Han dormit a la Casa dels Canonges per poder agafar de bon matí un dels primers vols de la companyia Vueling cap a París. Ahir a la tarda van deixar les nenes a casa de la seva família, a Amer.

Com sempre que viatgen a l'estranger, els acompanyen un equip d'escortes, el director de l'oficina de la presidència, Josep Rius, i el responsable de premsa, Pere Martí. Van amb bitllet de classe turista i, aquest cop sí, sembla que podran fer el viatge amb normalitat.

El mes de març passat, quan la Marcela ja havia deixat les filles a Amer i estava a punt de sortir cap al Prat, el viatge oficial a París es va haver de suspendre a causa del terrible accident d'autobús de Freginals.

Però aquest cop sí. Marxen avui amb Vueling i tornaran dimecres amb Air France. Al viatge, s'hi afegirà més tard Raül Romeva, però ells han marxat més aviat per poder dinar a París amb una parella de romanesos amics seus que fa pocs dies han tingut un fill i a qui volen portar també un petit obsequi. La visita oficial del president català començarà a mitja tarda de diumenge amb una trobada amb representants de la comunitat catalana resident a la capital francesa, principalment formada per empresaris. Hi actuaran els Castellers de París i s'hi afegirà també el delegat del govern català a França i Suïssa, Martí Anglada.

Dilluns, 17 d'octubre

El president fa avui una conferència solemne a la seu de la Sciences Po, un dels centres d'estudis polítics més prestigiosos del món. Presenta l'acte el director del Centre d'Estudis i Investigacions Internacionals (CERI), Christian Lequesne. La conferència du per títol «¿Quin és el futur per a Catalunya dins d'Europa?». La llista d'assistents és llarga i influent, i s'esplaia en la situació que travessa Catalunya i denuncia que «està indefensa jurídicament». Posa en valor el referèndum que vol fer Catalunya i aclareix, en el torn de preguntes, que «no hi ha cap problema jurídic, sinó simplement un problema de voluntat política».

El públic assistent a Sciences és educat i per les preguntes que li fan s'adona que els assistents coneixen molt bé la realitat política i social catalana. Hi ha preguntes clares i directes. Un estudiant espanyol li compara el procés separatista amb un cop d'estat, però ell li replica: «Les lleis, ¿qui les canvia? ¿Els militars, com ha passat a la tradició espanyola, o el poble?». Una estudiant basca ironitza demanant als catalans que no se'n vagin, que no poden deixar el País Basc sol amb Espanya. Clou el torn de preguntes amb un consell per als qui li han discutit la viabilitat de la independència: «Llegiu el que ha dit el Nobel d'Economia nord-americà Joseph Stiglitz: una Catalunya independent és viable econòmicament».

El president català abandona la Sciences Po satisfet i meravellat del nivell de les intervencions d'alguns dels alumnes. D'aquesta prestigiosa escola, de fet, n'han sortit alguns dels presidents de la cinquena república francesa, com Georges Pompidou, Jacques Chirac, Nicolas Sarkozy i François Hollande.

De fet, ja fa dies que s'adona que a l'estranger el grau de coneixement de la situació a Catalunya és alt. Ho va notar fa poc visitant Portugal i ho notarà també aquests tres dies a França durant les entrevistes als diaris i les televisions d'aquest país: en farà a France 24, a *La Tribune* i a France 3, en aquest cas en ple informatiu de la nit en una franja horària amb milions d'espectadors. Seran tan sols tres minuts d'entrevista, però de màxima audiència i centrada només, per voluntat de l'entrevistador, en la independència de Catalunya. «Parlis amb periodistes o amb empresaris, quan dius que ets català, tothom sap què és Catalunya i tothom sap de què va la situació actual. I molts donen per fet que la independència de Catalunya, més aviat o més tard, arribarà.»

Dimarts, 18 d'octubre

La visita presidencial a París té poc marge per a l'agenda particular, però ha demanat expressament al seu equip que, ni que sigui molt ràpidament, vol visitar el Musée d'Orsay, almenys algunes de les obres de Renoir que s'hi exposen.

El seu equip ha complert l'encàrrec i a primera hora del dimarts, just abans que el museu obri al públic, el director de l'Orsay li fa una visita guiada.

S'entreté amb Renoir, tant amb les pintures com amb les escultures.

En aquest moment els membres de l'equip descobreixen per què el president els ha insistit tant que volia veure almenys unes quantes obres d'aquest museu. Ricard Guinó, nascut a Girona el 1890, va ser amic de Prudenci Bertrana i ajudant d'Arístides Maillol. Va ser precisament Maillol qui el va recomanar a Auguste Renoir quan, ja reconegut com a pintor impressionista, es va voler dedicar a l'escultura. Renoir tenia dificultats per executar les seves obres perquè patia una malaltia que li deformava de mica en mica les mans, probablement artritis. Així doncs, Guinó va acabar sent l'executor material de moltes de les escultures que Renoir dissenyava, fins al punt que, després de la mort de Renoir, en va reclamar l'autoria. Això va ser motiu de litigi, i a principi de la dècada dels anys setanta, els tribunals francesos van acabar reconeixent formalment la copaternitat de les obres, de manera que des d'aleshores s'han d'exposar sempre signades conjuntament com a Renoir-Guinó. Guinó no només va rebre el reconeixement dels tribunals francesos, sinó també el de tota la societat francesa, que el va acollir amb els braços oberts. Tant és així, que fins i tot es va afrancesar el nom i va passar a dir-se oficialment Richard Guinó.

Sap d'aquest capítol de la Història de l'Art de quan era alcalde de Girona arran de la donació al Museu d'Història de la ciutat d'una escultura de Guinó. L'arxiver de la ciutat, Joan Boadas, que a banda d'arxiver és un savi, l'hi va explicar.

De fet, el mes de setembre passat, ja va assistir a Barcelona a l'exposició sobre Renoir que va inaugurar la Fundació Mapfre, al carrer Diputació. El dia de la inauguració va explicar al comissari general de la mostra, Pablo Jiménez Burillo, que Guinó era de Girona. El cas és que aquesta exposició li va fer revifar la curiositat per Renoir i Guinó.

Ha fet, doncs, la visita al Musée d'Orsay acompanyat de la Marcela, el delegat Martí Anglada i el conseller Raül Romeva. Tot i que ha estat una visita molt ràpida, no han vist només Renoir: ha quedat entusiasmat amb l'exposició que hi ha sobre l'espectacular Segon Imperi (1852-1870), caracteritzat per les festes imperials i la humiliant derrota de França davant Prússia. Veuen de passada també algunes caricatures de polítics fetes per Monet i altres artistes. «Mira, ve a ser el *Polònia* del segle XIX», diu a Romeva, somrient, mentre n'assenyala una.

L'agenda d'avui continua amb una reunió amb el líder del partit francès Unió de Demòcrates Independents (UDI), Jean Christophe Lagarde. La trobada és molt cordial. Tant, que fins i tot se sorprèn de la tranquil·litat amb què Lagarde, que aquests dies sona a les travesses com a possible ministre després de les eleccions del 2017 a França, parla del procés català. «Si Catalunya fa un referèndum d'independència i el guanya, o fins i tot si hi ha una reforma constitucional, ens haurem de reunir amb els companys alemanys i decidir què fem. França i Alemanya hauran d'intervenir finalment en aquest procés.»

Els dos polítics analitzen la situació catalana i la judicialització en què ha caigut el procés, i s'emplacen a veure's quan calgui. Lagarde torna a sorprendre'l per la naturalitat amb què parla de la hipotètica independència de Catalunya.

Són a l'Assemblea Nacional. S'acomiaden, però Lagarde insisteix a acompanyar-los fins a la porta del carrer. Encantat, es fa una foto a la porta amb Lagarde i la penja al Twitter. «Molt content de la trobada que hem tingut amb Lagarde a l'Assemblea Nacional», diu el tuit. El vicepresident de l'entitat unionista Societat Civil Catalana, Joaquim Coll, intentarà immediatament ridiculitzar-lo amb un comentari a Twitter: «¿La reunió ha tingut lloc al mig del carrer?», escriu, donant a entendre que el president català s'ha trobat Lagarde pel carrer i s'hi ha fet una foto. No li respon el tuit. És el mateix Lagarde qui ho fa, penjant a la xarxa una foto de la trobada al despatx i un text aclarint-l'hi: «La trobada ha tingut lloc al despatx, però hem fet algunes fotos a l'exterior». «Merci», es limitarà a dir Coll, que durant una estona haurà d'aguantar les bromes dels tuitaires per la seva ficada de pota.

Dina amb el seu equip i surt per continuar la visita oficial cap a la seu del govern regional de l'Île de France, una altra visita productiva que acabarà amb la signatura d'un conveni. Mentre camina pel carrer el reconeix un vianant: «President, president! ¿Què tal?». És el president del Col·legi de Notaris d'Andorra, que aprofita per saludar-lo i felicitar-lo.

La visita d'avui s'acabarà amb la signatura d'un acord de cooperació amb la regió parisenca Île de France, una de les regions més dinàmiques d'Europa. Île de France representa la concentració humana i econòmica més gran de França. Engloba uns dotze milions d'habitants (inclou París i la seva anella metropolitana, és a dir, el 19 % de la població francesa), representa el 31 % del PIB de França, i la seva presidenta, Valérie Pécresse, ha considerat l'acord amb Catalunya «part de la nova estratègia europea i internacional» de l'entitat. «Permet que dues de les àrees més dinàmiques d'Europa i amb major projecció dins i fora de la UE es trobin i estableixin acords de col·laboració», ha dit. Els acords de cooperació són bàsicament en el terreny biomèdic, en la indústria creativa —sobretot els videojocs—, el reciclatge de residus, i la formació professional i universitària.

Té clar que Pécresse podria córrer a la màxima cursa política a França, i ha aplicat la seva estratègia habitual: no parla de la situació de Catalunya si no li pregunten sobre el tema. La presidenta de l'Île de France no ho farà. La seva intervenció en la roda de premsa posterior és, però, prou interessant: «Ara és moment d'aprendre moltes coses de Catalunya, i una d'elles és la descentralització». No diu res sobre la unitat d'Espanya ni tampoc contra l'independentisme. Per a ell això és un símptoma de normalitat.

L'acord només ha tingut un escull. Quan el conveni s'ha comunicat prèviament al Ministeri d'Afers Exteriors espanyol (un pas protocol·lari que es fa sempre), aquest cop Exteriors ha amenaçat de no donar validesa internacional al text si a sota la signatura del president no hi constava, a banda de president de la Generalitat de Catalunya, el terme «Reino de España».

L'amenaça d'Exteriors de bloquejar el conveni per aquest motiu sorprèn fins i tot els assessors francesos, que ja han donat fa dies el vistiplau legal al document que se signa avui. Després que els dos equips negociadors hagin analitzat la situació i hagin verificat que l'Estat espanyol, certament, pot bloquejar el conveni, és la delegació catalana la que opta per no fer-ne polèmica. L'amenaça d'Exteriors no es farà pública i el conveni se signarà i entrarà en vigor amb tota normalitat.

Dimecres, 19 d'octubre

Avui dina a la Casa dels Canonges amb dues diputades de la CUP: Mireia Boya i Anna Gabriel. Hi ha també Josep Rius. Serà més clar que mai. S'ho pot permetre, perquè en el fons, després de tota la tensió i les deslleialtats de les darreres setmanes, encara hi ha dies que es planteja la possibilitat d'engegar-ho tot a dida. «No l'he descartat mai, aquesta possibilitat», es diu a ell mateix. És precisament això el que li dona la tranquil·litat de parlar clar. «O hi ha pressupost, o no hi haurà referèndum.»

Les dues diputades estan incòmodes, amb aquesta fermesa. «En el fons, saben que ho dic de veritat i que no els quedarà més remei que votar els pressupostos, si volen el referèndum.» «Tot són excuses. Estan incòmodes perquè s'han d'empassar uns pressupostos i perquè pel camí CSQP va burxant amb preguntes sobre els impostos.» Tot i que les entén i que es posa a la seva pell, el president es diu que ell també n'ha d'aguantar la seva, de pressió, i que no pensa canviar d'opinió: «O hi ha pressupost, o no hi haurà referèndum».

Tot i que la primera de parlar és Boya, qui portarà la veu cantant serà Gabriel.

—Per cert, li vas caure molt bé, a Pablo Iglesias —li deixa anar, com si li volgués fer saber que s'ha vist amb ell—. Em va dir: «Por cierto, Puigdemont es muy distinto a Mas, ¿no?».

Finalment la conversa se centra en la situació política a Catalunya.

—President, el que volem és que es vegi que anem endavant —li diu Gabriel—. Els nostres estan inquiets.

Els repeteix, un cop més, que està decidit a fer el referèndum, i que ja ho ha dit clarament.

—Però és que la gent vol veure passos ferms —insisteixen elles.

—Però, escolteu-me, ¿vosaltres heu vist mai que Pep Guardiola, quan juga un partit, es passi els dies abans explicant públicament l'estratègia? ¿O que ho faci Luis Enrique? ¿Voleu dir que hem d'anar explicant-ho tot? Jo ja ho entenc, que hi hagi qui es posi nerviós, ¿però vosaltres?

Gabriel i Boya li admeten que probablement es tracta d'una qüestió de confiança entre els independentistes.

—¿Per què no activem aquelles reunions que vam quedar, en les quals hi som tots? —li diu Gabriel.

En parlen. De fet, no hi té cap problema, a avançar allò que ell en diu l'«estat major».

—Si voleu, si això us ha de donar tranquil·litat, activarem les reunions de coordinació abans del que vam quedar, que era un cop aprovats els pressupostos.

Serà el més semblant a aquell estat major que es va imaginar al principi de la legislatura. L'única diferència és que ara hi arriba amb la sensació d'haver teixit més complicitats amb la CUP que no pas amb Esquerra.

A partir d'ara es reuniran cada dimarts de sis a set de la tarda. La primera reunió, però, per raons d'agenda, serà un dilluns, el dilluns vinent, 24 d'octubre. Serà allò que volia des de feia temps: una reunió amb tothom, amb tots els afectats, amb acords secrets i confiança plena. «Veurem com anirà», es diu per dins. Però està disposat a provar-ho.

A la primera trobada hi haurà, a part del president, Oriol Junqueras, Jordi Turull, Marta Rovira, Mireia Boya, Anna Gabriel i Quim Arrufat; més endavant s'hi afegiran Raül Romeva, Josep Maria Jové i Joan Vidal.

Les dues diputades se'n van després d'un dinar que ha estat agradable, en què hi ha hagut moltes coincidències, però també algunes discrepàncies. Però ha estat fructífer. Han donat per entès que la CUP facilitarà la discussió dels pressupostos i ell s'ha compromès a activar les reunions de coordinació entre Junts pel Sí i la CUP.

—Ens veiem, doncs, la setmana vinent —s'acomiada Mireia Boya—. Ah! I gràcies pel dinar!

—Pel dinar no cal que li donis les gràcies —li diu, irònica, Gabriel—, que l'hem pagat entre tots!

Quan ja s'han acomiadat, encara tenen una breu conversa a peu dret en què tots quatre coincideixen a dir que cal molta discreció per aconseguir que els comuns, a poc a poc, es vagin apuntant a l'estratègia independentista.

—Nosaltres som els de la teoria d'eixamplar —afirma Gabriel.

—Nosaltres, doncs, som els de la pràctica —replica Puigdemont amistosament.

A poc a poc es confirma, doncs, el que li va dir Quim Arrufat setmanes enrere, quan semblava que la discussió dels pressupostos ho podia tornar a encallar tot. «No pateixis, nosaltres aprovarem els pressupostos. Però no ens humilieu. Durant uns mesos (perquè això és molt complicat i vosaltres i la CUP som molt diferents) podem anar junts fins i tot en els pressupostos, però no ens humilieu.»

Li torna a venir al cap allò que la mateixa Anna Gabriel li va explicar a l'agost: que Junqueras en persona els havia insinuat que no passava res si no hi havia pressupostos, que es podien prorrogar.

Fa uns dies va informar personalment Junqueras que es veuria amb Arrufat per parlar del pressupost. «Sí, sí, veieu-vos i tanqueu-ho; tanca-ho tu, president», li va dir el cap dels republicans.

Avui el Barça juga contra el Manchester City de Pep Guardiola, en un partit que serà una exhibició de Leo Messi. L'argentí farà un *hat-trick* (17', 61' i 69'), i Neymar (89') ho arrodonirà marcant el 4-0 que farà embogir el Camp Nou.

Aquesta tarda el president ha rebut a Palau els directius de Rakuten, l'empresa japonesa dedicada al comerç digital que es convertirà en el nou patrocinador del Barça a partir del mes de juliol, quan venci l'acord actual amb Qatar Airways. La trobada ha estat protocol·lària i no s'ha fet pública. De fet, aquests dies tota la premsa esportiva especula sobre qui seran els nous patrocinadors. El Barça no farà públic l'acord fins d'aquí a un mes.

Ha arribat al Camp Nou per veure el partit de Champions. Però, per a ell, avui el més important passarà entre bambolines.

Hi ha anat una hora abans de l'inici del partit, però, en comptes de dirigir-se a la zona VIP de la llotja del Camp Nou, la comitiva presidencial ha entrat discretament pel pàrquing subterrani i ha anat a la llotja del Palau Blaugrana. L'han obert expressament per a ell, perquè pugui estar tranquil, allunyat de tothom, i es pugui reunir amb el president del Manchester City, Khaldoon Al Mubarak, que és també el cap del Departament d'Assumptes Executius dels Emirats Àrabs, encarregat de controlar les inversions estrangeres del seu país, un país que té el petroli com a principal font d'ingressos, però que diversifica les seves inversions. Mubarak, que també és president del Melbourne City i del New York City, ha arribat acompanyat de Ferran Soriano, expresident de la desapareguda línia aèria Spanair i ara executiu en cap del Manchester.

La trobada ha durat pràcticament una hora i als dos presidents els esperen a la llotja del Camp Nou. S'acomiaden efusivament.

Acaba la jornada passada la mitjanit. Està esgotat. Tot i el 4-0 i que ha estat un partit vibrant, ha hagut de fer esforços per no adormir-se.

Ha estat un dia intens —com cada dia, d'altra banda—, però, sobretot, per les constants picabaralles internes. Aquests dies s'estan fent públics els acords sobre els pressupostos i tant a casa seva com a la CUP i ERC surten veus discrepants amb alguns dels punts. «És esgotador. És esgotador haver de dedicar el noranta per cent dels esforços, tanta energia, a apagar els incendis interns.» Avui, entre visita i visita, ho ha hagut de fer en unes quantes ocasions.

Està tan cansat que ha decidit tornar-se a quedar a dormir a Canonges. Serà una altra nit, una més, sense veure la família.

Divendres, 21 d'octubre

Repassa avui la situació amb Carles Viver i Pi-Sunyer i Víctor Cullell, secretari per al desenvolupament de l'autogovern. Vol saber com avança la confecció de l'estratègia a seguir quant a les estructures d'estat. Viver i Pi-Sunyer li és molt franc:

«Estic preocupat —li diu—. Tot just fa quinze dies que hem pogut fer la primera reunió amb el Departament d'Economia per analitzar la situació. La vam plantejar a finals de juliol però no l'hem fet fins ara, i, a més a més, quan ens hem posat a treballar, han proposat tot un inventari de temes que s'han de tractar que és diferent del que havíem quedat. Anem molt tard —es lamenta—, i no sembla que tinguin gaire pressa. No sé què passa, no sé a què atribuir-ho.»

Dilluns, 24 d'octubre

Segueix amb atenció el que està passant a Vic. El regidor de la CUP Joan Coma avui no s'ha presentat a l'Audiència Nacional, on estava citat a declarar per un suposat delicte d'incitació a la sedició. Coma no hi ha anat perquè no reconeix l'autoritat d'aquest tribunal i a Vic compareix en roda de premsa envoltat de les entitats municipalistes que li donen suport. A la tarda hi haurà una manifestació de suport a la qual assistiran representants de totes les formacions polítiques independentistes del país.

Coma està sent investigat pel delicte de sedició perquè en un dels darrers plens municipals va donar suport a la declaració de sobirania que va fer el Parlament el 9 de novembre de l'any passat. Va mostrar la seva adhesió a la declaració del Parlament, que a hores d'ara està suspesa pel Tribunal Constitucional, i va mostrar-se partidari de la desobediència.

Durant la roda de premsa, Coma demana als Mossos que no el detinguin si reben l'ordre de l'Audiència Nacional, però també que, si finalment venen a detenir-lo, la gent no s'hi oposi i no els insulti. «Ens hem de defensar sempre amb mitjans pacífics», ha dit.

«És una injustícia. Aquest noi acabarà detingut i emmanillat dins d'una furgoneta que se l'endurà de Vic a Madrid. I tot plegat per haver dit el mateix que vaig dir jo quan era alcalde de Girona. No és just.» «L'única cosa bona de tenir ja una desena de polítics investigats formalment i acusats de delictes relacionats amb la desobediència és que, a mesura que el nombre augmenti, la gent anirà perdent la por. ¿Què faran? ¿Detindran mig país, si la cosa continua així?»

És a Palau, sol, reflexionant sobre el que està passant: «És l'inici de tot plegat. Arriben les primeres detencions i arribarà en breu el judici del 9-N. Són els primers trets». «Aquests primers casos són els de la gent que obre camí. Ara el que haurien de fer els ajuntaments és fer declaracions iguals, idèntiques, a les que va fer Joan Coma. I un cop fetes, perquè ara la Fiscalia no hi intervindrà, anar-se'n al jutjat i autodenunciar-se. ¿Què farien amb dos-cents o tres-cents regidors que haguessin d'anar a declarar a l'Audiència Nacional?»

Aquesta situació costarà d'administrar, perquè ara les responsabilitats ja no són només en forma de possibles inhabilitacions, sinó que seran multes, i l'administració no pot ser responsable subsidiària. Algunes de les desobediències que vinguin s'hauran de fer amb l'advertiment previ dels tribunals que s'incorrerà en un delicte. I això està penat amb multes. Serà una situació difícil d'administrar.

És el cas, per exemple, del conseller Santi Vila amb les obres d'art de Sixena. Els tribunals ja li han fet l'advertiment previ.

Dimarts, 25 d'octubre

Avui sopa amb els investigadors del càncer Josep Baselga, Manel Esteller i Joan Massagué, que aquesta tarda han estat condecorats amb el Premi Internacional Catalunya al Palau de la Generalitat. El guardó, instaurat el 1989, té una dotació de 80.000 euros, i els premiats reben també la reproducció d'una escultura d'Antoni Tàpies.

El president català ha destacat l'excel·lència dels guardonats i els ha agraït la seva contribució a augmentar l'esperança de vida dels malalts de càncer.

A l'acte, hi han assistit nombroses autoritats, entre elles l'alcaldessa de Barcelona, Ada Colau, el vicepresident, Oriol Junqueras, i diversos consellers del govern català. En acabat, el president Puigdemont ha convidat a sopar els guardonats a la Casa dels Canonges. Els acompanya el cònsol nord-americà, Marcos Mandojana. Com era d'esperar, durant una bona estona la conversa gira al voltant de la situació política catalana.

El cònsol general parla poc i escolta molt. Mandojana, nascut a Puerto Rico i educat a França, és fill de mare argentina i pare d'origen basc. En públic manifesta sempre el seu desacord amb una eventual decisió unilateral per part del govern català.

«Alguna lectura positiva deu haver fet de la conversa d'avui. I alguna cosa traslladarà al seu país.» El sopar ha estat distès. Els oncòlegs han deixat entendre d'una manera o altra la seva simpatia pel procés polític, i en un moment determinat tots plegats pregunten de broma al cònsol general dels Estats Units si ja està preparat per convertir el consolat en una ambaixada quan Catalunya sigui independent. El cònsol somriu i confessa que no són els primers que li fan aquesta broma. «Ja m'ho diuen, ja, els meus companys...» Però no es pronuncia. Els explica també que Barcelona és en aquests moments un dels destins més sol·licitats pel cos diplomàtic. «Si fos una ambaixada, encara ho seria més i em sortiria més competència!», ironitza.

Dimecres, 26 d'octubre

És a Palau. Té un munt de visites concertades, però de tant en tant, quan pot, segueix per la televisió el debat d'investidura del president Rajoy. La investidura serà en realitat dissabte en segona votació, quan la majoria dels diputats del PSOE, obeint l'acord aprovat en el darrer comitè federal, s'abstindran. Avui, el portaveu del PSOE, Antonio

Hernando, fa el seu discurs defensant l'abstenció. «El temps ens donarà la raó. Espanya ens necessita», diu el portaveu socialista, en un intent de justificar per què faciliten la investidura de Rajoy als centenars de milers d'electors que el PSOE ha traït amb aquesta decisió. «Espanya ens necessita», repetirà en diverses ocasions. «Som l'única via per evitar eleccions», li diu Hernando a Rajoy, tot i advertir-lo que el seu suport a la investidura no és un suport incondicional, ni a tota la legislatura, ni als pressupostos.

Escoltant la intervenció d'Hernando, recorda la darrera conversa amb el rei. «¿Com vols que hi hagi diàleg?», pensa, sentint parlar el portaveu del PSOE. «España es una nación compuesta por diferentes sentimientos de pertenencia», diu el portaveu socialista en un moment de la seva al·locució.

Dijous, 27 d'octubre

El president ha rebut avui Joan Puig, membre de la permanent d'ERC, editor del diari digital *Directe.cat*, conegut per molta gent com el diputat que es va banyar a la piscina de Pedro J. Es coneixen tots dos des de fa molts anys i la conversa és molt franca.

Puig corre sovint pel Parlament, i en alguna ocasió s'han creuat pels passadissos. L'últim cop, després de parlar uns minuts a peu dret, van quedar que havien de veure's amb més calma.

A Puig el preocupa que el full de ruta descarrili, i l'hi va dir obertament:

—Em preocupa el procés i em preocupa el que fan els meus.

—Vegem-nos un dia —va respondre el president.

Dimecres, 2 de novembre

Mariano Rajoy torna a ser president del govern espanyol des de fa tres dies. Puigdemont va dir que, un cop investit, li tornaria a trucar per posar-se a la seva disposició de cara a una nova trobada. El director de l'oficina del president, Josep Rius, l'hi va recordar dilluns.

—President, ¿truquem avui a en Rajoy?

—No, ja ho faré més endavant. Deixem passar el pont de l'1 de novembre.

Són les fires i festes de Sant Narcís i el president aprofita per passar més temps amb la família.

Però avui sí, avui fa la trucada:

—Hombre, *president*, ¿qué tal? ¿Qué hay de nuevo?

—Pues mira, llamaba para felicitarte. ¿Qué tal?

El president espanyol li agraeix la felicitació i li explica les càbales que està fent ara per formar govern.

—Esto es como si tienes cinco amigos y quieres invitarlos a casa a cenar y solo hay sitio para tres. ¿A quién dejas fuera?

—Claro, claro —fa ell, seguint-li la veta.

De fet, només vol deixar constància que, a diferència de Rajoy, ell li ha trucat per felicitar-lo quan ha estat investit president.

—Esto es muy complicado —li repeteix Rajoy—. Claro, y luego está lo vuestro. Pero vaya, para eso ya te llamaré un día y quedamos para hablar. Ya te llamaré y si quieres nos vemos. Que se sepa o que no se sepa. Eso ya lo decidiremos —li diu.

Francament, no l'ha vist gaire entusiasmat.

Divendres, 4 de novembre

L'alcaldessa de Berga, Montse Venturós, ha estat detinguda a quarts de vuit d'aquest matí pels Mossos d'Esquadra. Han anat a buscar-la al seu domicili vestits de paisà en un moment en què era sola a casa i l'han escortat fins als jutjats de la capital del Berguedà per prendre-li declaració per haver desobeït una citació prèvia. A Venturós se l'acusa d'haver desobeït la Junta Electoral Central perquè no va despenjar l'estelada del balcó de l'Ajuntament durant la campanya electoral de les darreres eleccions del 27-S, tal com se li va requerir.

Venturós no va despenjar l'estelada i no va anar a declarar al jutjat quan la van citar per fer-ho. Ho farà avui, després de ser traslladada pels Mossos, que actuen de policia judicial per ordres directes del jutge.

L'alcaldessa ha declarat durant mitja hora i a la sortida dels jutjats ha carregat contra la seva detenció i la persecució judicial de què és objecte. Al llarg del dia se succeiran diferents mostres de suport i manifestacions a Berga, i alguns membres de la CUP, entre ells el diputat Benet Salellas —que, a més, és l'advocat de l'alcaldessa—, han lamentat l'actuació dels Mossos d'Esquadra.

A les tertúlies periodístiques del matí es debatrà el paper dels Mossos i, en algun cas, el del conseller d'Interior, Jordi Jané. Hi ha veus que creuen que el cos policial hauria d'haver advertit l'alcaldessa de la seva detenció.

«De cap manera. No podem posar els Mossos al centre de la polèmica. Ells fan de policia judicial, i nosaltres no podem fer-hi res. Actuen directament per ordre del jutge i seria del tot contraproduent una intervenció política.»

Alguns dels ciutadans que es manifesten, però, no pensen el mateix.

El president ha citat a l'exdiputat de la CUP Quim Arrufat per parlar-ne. Són a la porta del despatx, a peu dret. Té l'agenda molt atapeïda i aprofiten que s'ha de desplaçar pel Palau per anar caminant junts i parlar. «No heu de tenir cap dubte de res; però no podeu posar els Mossos al mig de la diana», li demana. «No ens ho incendieu tot, ara», li prega. Arrufat l'entén i comparteix el seu diagnòstic. Es compromet a traslladar el missatge i a intentar que la bola no es faci més grossa.

«Els Mossos són funcionaris. No els poseu a la picota, perquè ells compleixen ordres. Les mateixes que compleixen els funcionaris que redacten l'expedient, els que prenen declaració... I aquests no els poseu a la diana. Si no hi posem els altres, no hi poseu tampoc els Mossos, que és contraproduent per a nosaltres mateixos.»

Deixant algun estirabot a banda, les crítiques als Mossos d'Esquadra aniran baixant d'intensitat al llarg del dia, però aquesta qüestió sortirà a la propera reunió de l'estat major, en què en parlaran tots amb més calma.

Dina amb el vicepresident Junqueras. Han quedat tots dos sols a la Casa dels Canonges.

—Escolta'm. Els meus tenen la sensació que no voleu aprovar els pressupostos.

L'hi diu així de clar perquè aquesta és la sensació que li han traslladat Elsa Artadi o Joan Vidal, entre d'altres. «Posen aigua al vi permanentment, i cada cop que avancem en alguna cosa amb la CUP, després ve ERC i ho esguerra», li han dit en diferents ocasions.

Això, afegit al que li va dir Joan Puig i altres d'Esquerra, i sobretot a l'experiència fallida amb els pressupostos anteriors i el que li va fer saber Anna Gabriel, ha fet que es decidís a parlar clar.

—Si no voleu pressupostos, abstingueu-vos. Però nosaltres i la CUP els votarem.

Junqueras ho nega una vegada i una altra i s'exclama:

—De cap manera, no és cert, això que et diuen! Nosaltres volem, com els que més, que els pressupostos s'aprovin.

El cert, però, és que a partir d'aquesta trobada l'actitud d'Esquerra canviarà radicalment i l'acord pels pressupostos s'encarrilarà en els propers dies.

Avui té, però, un segon objectiu. Vol retreure a Junqueras un altre tema que l'amoïna: tot l'afer sobre les obres de Sixena. ERC, entén Puigdemont, s'ha dedicat a dinamitar totes les vies d'acord possibles amb Aragó, i ara el conflicte amenaça d'acabar amb la inhabilitació i amb multes per al conseller Vila.

—Hem arribat a una situació insostenible, en aquest cas —li diu.

Li recorda a Junqueras que ell personalment va negociar amb el president d'Aragó, Javier Lambán, un possible acord.

—Recorda-ho, Oriol: era pràcticament a principi de legislatura.

Em va trucar Lambán dient-me que tenia molta pressió per aquest tema, de l'*Heraldo de Aragón*, del PP, de C's..., però que ell no ho trobava tan greu. I vàrem quedar que, a canvi de retornar-los algunes peces de poc valor, de fet de tan poc valor que eren als magatzems del MNAC, ells ho magnificarien com si fos un triomf i a canvi desaccelerarien les demandes. Em va dir que no demanarien cap execució de sentència, que s'esperarien quatre o cinc anys a veure què deia el Suprem. Fins i tot estaven disposats a entrar a formar part de l'Institut Ramon Llull. Podíem fer un gran acord i vosaltres us vàreu dedicar a dinamitar-lo, amb declaracions incendiàries de la gent d'ERC al territori i filtrant l'acord a *El País* —li retreu.

Junqueras li recorda que també hi va haver càrrecs locals del PDeCAT que s'hi van mostrar en contra.

—Sí, esclar, però això va ser quan vosaltres ja ho havíeu incendiat tot. Nosaltres vam controlar els nostres fins que vosaltres ho vàreu incendiar —replica el president—. Us vau dedicar a fer d'oposició dins de Junts pel Sí, i ho vau fer públicament, dinamitant un acord que ens anava bé a tots. ¿T'imagines que a partir d'ara nosaltres ens dediquéssim a fer preguntes en aquest to als consellers d'Esquerra? ¿T'imagines un diputat nostre preguntant en to agressiu a Comín per tot aquest embolic que ha generat amb la compra de l'Hospital General de Catalunya? Jo no. No m'ho imagino. I això és el que vau fer vosaltres. Jo havia acordat amb Lambán que aquest acord aniria a govern i li vaig haver de dir que no, perquè un dia, Oriol, em vas dir, textualment: «Els meus no ho veuen clar i et demanem que aquest tema el deixis sobre la taula». ¿I ara què? ¿Saps com ha acabat? Doncs amb una demanda i una amenaça de suspensió a Vila. I amb una demanda d'execució de la sentència per part del govern d'Aragó que Vila haurà de complir, ara per totes les obres, i una multa que haurà de pagar. O sigui, que al final haurem trencat un pacte que ens anava bé, haurem fet el ridícul, haurem hagut de tornar les obres, haurem hagut de pagar una multa i tindrem un conseller inhabilitat. Això és el que haurem aconseguit!

La qüestió de les obres d'art de Sixena va sortir a la reunió de govern de dimarts passat. Un conseller d'ERC va reconèixer que no s'havia fet bé i que, finalment, si hi havia una execució de sentència, s'hauria de complir.

—¿Què vols que fem? —li acaba preguntant Junqueras—. ¿Vols que jo parli amb en Santi Vila i mirem què podem fer? ¿No es pot tornar a recuperar, aquell acord amb Aragó? —afegeix.

—¿Com vols que recuperem l'acord polític amb Aragó, si en Vila ja ha estat advertit en dues ocasions i ja hi ha una sentència? —pregunta—. ¿I qui la pagarà, la multa que li caigui a en Vila?

Junqueras de seguida proposa una col·lecta popular: que l'ANC i Òmnium organitzin una campanya de suport popular.

—Sí, ara us posareu a fer una campanya a favor d'en Santi Vila, quan no heu parat de carregar contra ell, de dir-li botifler i d'acusar-lo de no ser independentista...

La tensió és més que palpable. Vol tibar la corda al màxim, i, per més que Junqueras ja ha admès que potser va ser un error, no afluixa. Finalment, però, li diu que l'únic que poden fer ara és confiar en la proposta que ell mateix va fer al ministre Rafael Catalá la setmana passada, al dinar del Saló Nàutic. En aquella ocasió el president va fer notar al ministre que no convenia que el cas de Sixena acabés amb la inhabilitació de ningú. «El més fàcil», li va suggerir, «seria que algú arbitrés entre tots dos governs i suggerís que el millor és esperar la decisió del Suprem, que pot tardar quatre o cinc anys».

Catalá se'l va escoltar atentament, però no va dir res. Argumentant que el trasllat de les obres les posava en perill, Puigdemont va insistir que el millor que podia passar en aquest moment era que el Tribunal Superior de Justícia d'Aragó no dictaminés en favor de l'execució de la sentència. El ministre de Justícia es va comprometre a traslladar aquesta reflexió al Tribunal Superior de Justícia d'Aragó, entenent que seria una manera de rebaixar la tensió actual. «Es lo único que puedo hacer, en estos momenos, y lo haré», li va dir.

La reunió amb Junqueras s'ha acabat i s'acomiaden. La trobada ha estat dura en el fons i cordial en les formes. «Em cansa, a mi, gastar tanta energia a desfer embolics interns. És una pèrdua de temps.»

Dimarts, 8 de novembre

Avui està cansat. Ahir va anar a dormir tard. Se celebraven els actes de commemoració del 30è aniversari de Catalunya Música i va assistir al doble concert que es feia al recinte de l'Hospital de Sant Pau. Avui ja s'ha reunit de bon matí amb el seu equip, ha presidit l'habitual reunió de govern dels dimarts, s'ha vist després en privat amb el vicepresident Junqueras i ha anat a dinar al restaurant Via Veneto, on es feia una trobada d'homenatge a Nèstor Luján.

En acabat ha rebut l'ambaixador argentí («una trobada profitosa») i, tot seguit, se n'ha anat cap a la Casa dels Canonges. Hi ha l'habitual trobada de coordinació, la de l'estat major. Avui no hi són, però els propers dies s'hi afegiran també els presidents de les entitats sobiranistes: Neus Lloveras, de l'AMI; Jordi Sànchez, de l'ANC, i Jordi Cuixart, d'Òmnium. De moment hi ha els representants del PDeCAT, ERC i la CUP.

Durant els darrers dies, però, s'ha vist amb els presidents de les entitats, i tots coincideixen a dir que venen temps difícils i que, en comptes d'organitzar tantes protestes i manifestacions, el que cal és concentrar esforços. El president els ha detallat el calendari dels propers mesos i els ha anunciat que en breu, si els sembla bé, els cridaran perquè s'incorporin a les reunions de coordinació.

Avui, però, encara no hi són. Hi ha Junts pel Sí i la CUP i s'hi debat el tema dels Mossos i la necessitat de no posar-los a la diana. El consens és clar i es dedica la major part del temps de la reunió a repassar fil per randa el calendari dels propers mesos, a partir de l'aprovació dels pressupostos (que calculen que serà la primera setmana de febrer). La CUP, però, reclama que se celebri la famosa cimera en què s'ha d'evidenciar el nou full de ruta. Ha de ser una gran cimera que d'alguna manera substitueixi el Pacte Nacional pel

Dret a Decidir que presidia Joan Rigol, però no podrà ser presidida per aquest últim, perquè representaria un senyal de continuïtat i perquè la CUP no l'accepta.

Tal com es va aprovar en el full de ruta, es tracta de la Cimera d'Entitats Favorables al Dret de l'Autodeterminació. Si fos per ell, es diria Pacte Nacional pel Referèndum. És més clar i més directe. Un dels temes que es debaten avui és aquest, el nom: «Pacte Nacional pel Referèndum. És molt clar. I als comuns i CSQP els costarà molt dir que hi estan en contra amb un nom així».

Un cop acabada la reunió, demana al seu equip que busqui una data per celebrar la cimera durant les properes setmanes i se'n va cap a la propera reunió (amb un altre representant diplomàtic) pensant que tot plegat està prou ben encarrilat.

El que més el preocupa, ara, és la idea que s'està instal·lant en alguns cercles, tant de casa seva com de fora, que Esquerra vol posar el fre. «Tothom ens insinua que als republicans ja els estaria bé que això anés més a poc a poc, si d'això en sortissin beneficiats electoralment. A Madrid tenen aquesta idea, i pensen que si ajuden Esquerra a frenar-ho dient-los que després ells seran els interlocutors, se'n sortiran molt millor. Em preocupa que s'instal·li que no cal córrer tant. Ells confien que sempre hi ha un convergent que fica la pota i els salva la situació, però aquest cop mirarem que no sigui així. Estar quiets i callats, que és el que fan ells, ara és ser deslleial.»

¿Que si el seu partit no l'amoïna? Sí, també. Però ja fa dies que ha decidit renunciar a la batalla amb Marta Pascal i la seva gent. «Si no entenen que ara hem d'anar tots a l'una, ja s'ho faran», diu.

Avui no ha parat en tot el dia. Ha tingut visites i reunions una rere l'altra i ja són pràcticament les vuit del vespre. El cònsol general dels Estats Units l'ha convidat a seguir el recompte de les eleccions que se celebren al seu país des de l'hotel Majestic, on han organitzat una trobada amb els representants dels cossos diplomàtics instal·lats a Barcelona i amb els líders de diferents formacions polítiques i empresarials catalanes.

Està tan esgotat que decideix fer una cosa que no havia fet mai:

anar a estirar-se una estona al llit a la Casa dels Canonges. «He de parar una estona; si no, no serviré per a res.» Habitualment li costa adormir-se, però avui, al cap d'un minut, ja dorm profundament. Serà una becaina de mitja hora que li servirà per carregar piles abans de sortir cap al Majestic.

Allà es troba amb el cònsol nord-americà, que conversa distesament amb Artur Mas, i també parla molta estona de l'actualitat amb el cònsol francès i molts cònsols que ja l'han anat a veure a Palau durant aquests últims mesos. Quan se'n va a dormir, cap a les dues de la matinada, la victòria de Donald Trump ja no és només una possibilitat remota.

Dimecres, 9 de novembre

Avui es reuneix amb la presidenta de la Diputació de Barcelona i exalcaldessa de Sant Cugat, Mercè Conesa. És la segona vegada que es veuen en els darrers mesos, i la trobada no és tensa però sí protocol·lària.

Abans de començar amb les reunions de la tarda, ha passat un moment per la Casa dels Canonges a recollir un expedient que s'havia deixat. Està relaxat i té temps. Ha entrat a Palau per la porta principal, ha travessat el Pati dels Tarongers i es dirigeix cap als Canonges fent servir un ascensor antic, però molt ben conservat, que dona accés al menjador. No és que sigui petit, és petitíssim. Hi caben dues persones justet, i si no es mouen gaire. L'ascensor és de l'any 1931, com diu una placa que hi ha a la part superior. L'han utilitzat, per tant, Francesc Macià, Lluís Companys, Josep Tarradellas, Jordi Pujol, Pasqual Maragall, José Montilla, Artur Mas i ara ell. Els serveis tècnics el mantenen impecable. L'uixer que atén l'arribada de les visites només recorda una avaria, en els últims anys: un dia es va quedar aturat i el president Pujol i la cònsol japonesa que l'acompanyava s'hi van quedar atrapats una bona estona.

Un cop a dalt, passa per davant del piano i decideix asseure's i tocar una estona. Encara no ho sap, però en els propers dies, a la

Casa dels Canonges, a part del piano, hi tindrà una guitarra. Aquest matí, a la sessió de control del Parlament, a la tribuna de convidats hi havia una cosina seva que viu a Palamós i el seu fill, l'Ignasi. Els feia gràcia veure'l un dia i des de Presidència els han tramitat les invitacions. Ell ha preguntat a l'Ignasi, que abans tocava amb un grup de ska, com li anava amb la música. Sempre parlen de música, quan es troben. «La guitarra que em va regalar el teu oncle pràcticament no la faig servir», li diu l'Ignasi. És una Gibson Les Paul, comprada als Estats Units, i també té un amplificador Marshal. «Fa vuit anys que no la toco i és una llàstima. No me'n vull desprendre però no sé on posar-la. ¿No la vols pas?», li pregunta. «Doncs sí, si me la deixes, sí.»

Tocar la guitarra és de les poques coses que l'ajuden a desconnectar una mica. Això i cuinar. Com va fer diumenge passat a casa, que es va tancar a la cuina i va fer el dinar.

Dijous, 10 de novembre

Avui rep Juan Luis Cebrián, president executiu del grup Prisa, president del diari *El País* (en va ser el director fundador, el 1976), membre del consell editorial de *Le Monde* i autor de diversos llibres, tant d'assaig com de periodisme. Cebrián és tota una institució en el sector de la comunicació espanyola.

Té setanta-dos anys, però es conserva bé. Entra al despatx amb un somriure i es mostra molt amable.

—Tenemos muchas cosas en común —li diu Cebrián, que li explica que, a banda d'haver dedicat tots dos bona part de la seva vida laboral al periodisme, en el terreny sentimental també tenen coses en comú—: mi mujer también es rumana.

—¿Ah, sí? ¡No lo sabía!

Després de parlar una bona estona de Romania, Cebrián li diu:

—En este despacho estuve muchas veces, en la época de Pujol.

Cebrián s'esplaia en les visites que havia fet a Palau en l'època

Pujol, com per demostrar-li la seva bona relació amb Catalunya. Almenys fins que el cas Banca Catalana va fer que l'expresident trenqués tots els seus vincles amb *El País*.

Però Cebrián, de visita a Catalunya per altres qüestions, ha vingut a parlar de política. Vol saber de primera mà quina és la situació i traslladar-li la seva preocupació per la visió que el govern del PP té sobre tot plegat.

Cebrián va dinar la setmana passada amb Mariano Rajoy i, per tant, diu, té una radiografia clara de com el president espanyol veu la situació. «Esto de Cataluña caerá solo», li va dir Rajoy.

—El presidente Rajoy tiene la teoría de que no hace falta hacer nada, y eso me preocupa —li deixa anar Cebrián.

Comparteix la seva preocupació, però replica:

—Vale, pero nosotros tenemos una hoja de ruta clara, y no daremos marcha atrás de ninguna manera.

«Per si de cas. Si Cebrián està fent d'interlocutor, que li quedi clar que no hi ha marxa enrere», pensa. I, a continuació, li detalla el calendari del que ha de passar en els pròxims mesos fins al referèndum unilateral.

—Pues será un problema serio, porque esto quiere decir que vamos al choque de trenes. España no se moverá —diu Cebrián.

—Nosotros tampoco.

La conversa s'allarga una estona més en un to distès, però el nucli principal, el que li ha de servir a Cebrián per tenir la radiografia de la situació que suposadament ha vingut a fer, ja ha quedat prou clar. S'acomiaden amablement i s'emplacen a una propera trobada.

Divendres, 11 de novembre

Avui rep Pepe Álvarez, secretari general de la UGT. La trobada és a petició d'Álvarez, que es va veure fa pocs dies amb Felipe VI i li vol traslladar la conversa. Álvarez va estar parlant amb el rei més de dues hores i no en va treure l'aigua gaire clara, però hi va haver algunes coses, com ara la visió del rei sobre el que està passant a Catalunya, que el van sorprendre molt. Per això li ha volgut traslladar la conversa.

L'hi reprodueix gairebé paraula per paraula. Ell no se sorprèn gens perquè es correspon perfectament amb la que va tenir amb el rei dies enrere, quan van compartir taula als premis Planeta.

—Sincerament, jo no em pensava que el rei veiés les coses així, que fos tan conscient de la situació i tan partidari d'un acord. Per això t'ho he volgut traslladar —li diu Álvarez—. Em va dir que cal una negociació i el reconeixement de Catalunya, i això em va sobtar molt —afegeix el líder sindical—. Em va dir que ell mateix havia recomanat a membres del govern espanyol que quan vinguessin a Catalunya parlessin en català, que la llengua no és cap problema.

Álvarez li explica que no es va poder estar de dir al monarca que no era aquesta la imatge que es tenia a Catalunya de la Casa Reial.

—«En Cataluña se sorprenderían si supieran que defiende que la lengua no es un problema», així mateix l'hi vaig dir.

El president li explica la seva conversa recent amb el rei. Són molt similars: totes dues en un to conciliador i a la cerca de solucions.

—¿Però saps què passa, Pepe? Que el rei està sol —li diu—. Ni el PP ni el PSOE estan per la feina. Han decidit que no cal intervenir, que a Catalunya ja ho espatllarem tot nosaltres solets i que del xoc de trens ells en sortiran ben airosos.

De fet, els missatges que li arriben sobre el que pensa el PP de la situació són molt contradictoris, i hi ha alguns moviments que encara no sap com interpretar.

Aquesta mateixa setmana, per exemple, el nou portaveu del govern espanyol, Íñigo Méndez de Vigo, tot i tenir un discurs molt contundent pel que fa al problema català, ha dit en públic que en aquesta legislatura «caldrà dialogar molt» amb Catalunya. Al mateix temps, el portaveu del PDeCAT a Madrid, Francesc Homs, li ha fet arribar que la vicepresidenta Soraya Sáenz de Santamaría, ara encarregada de les relacions amb Catalunya, li ha demanat si es poden reunir tots dos discretament, tot i que ell interpreta que és pels pressupostos. «Són collonuts, per un costat ens porten a judici, i a mi em tenen empantanegat pel 9-N, i per l'altre et demanen reunir-te amb ells, suposo que perquè volen que els ajudis amb els pressupostos. És la prova que no en són conscients, del que passa», li ha dit Homs.

Li arriben també altres missatges del PP per vies interposades. L'alcalde de Valls i diputat al Parlament per Junts pel Sí, Albert Batet, aquesta setmana ha parlat amb un diputat del PP que li ha reconegut que al final els catalans hauran de votar. «Els catalans votarem, segur. Potser votarem una reforma de la Constitució, però votarem. I si surt que «no», serà la prova que, finalment, voleu la independència», li ha dit aquest diputat.

Aquesta mateixa setmana, el conseller Santi Vila ha anat al Liceu amb l'ambaixador italià i ha coincidit amb José María Lassalle Ruiz, secretari d'Estat de Cultura. Vila i Lassalle, que el 2005 es va casar amb la diputada del PSC-PSOE Meritxell Batet —tot i que s'acaben de divorciar aquest mateix any—, van tenir ocasió d'intercanviar impressions: «S'ha de poder dir que Espanya és una nació de nacions, i, si queda clar que la sobirania final és de la nació espanyola, s'haurà de reconèixer que Catalunya és una nació amb la seva cultura i la seva llengua i que té dret a decidir moltes coses...». Fins i tot el ministre Rafael Catalá li dirà aquesta setmana al mateix Santi Vila que caldrà que hi hagi un diàleg i que hauran d'arribar a acords.

Però, més enllà d'algunes versions, que sempre li venen per via d'altres, el president no té cap indici clar, directe, que hi hagi un canvi d'actitud. Tot el contrari. Per això continua pensant que el govern de Madrid no farà absolutament res.

La conversa amb Álvarez, al sofà que hi ha al despatx del president, continua encara una estona més.

—Amb aquesta conversa amb el rei és la primera vegada que parlo amb algú a Madrid que es posa de veritat en la hipòtesi d'una Catalunya independent —diu Álvarez—, ni que sigui per dir que Catalunya no se'n sortiria.

«Si Catalunya és independent tindrà problemes econòmics, no

se'n sortirà», li va dir el rei. Però, més enllà del vaticini, Álvarez en va treure la conclusió que el rei s'havia imaginat aquella possibilitat.

—I quan un s'ho imagina...

El president li recorda el dia que es va trobar amb Pedro Sánchez a Palau. El líder del PSOE també li va fer preguntes sobre el referèndum: el quan, el com... Sánchez també s'havia plantejat la hipòtesi que es fes el referèndum.

D'aquí a una estona, quan s'acomiadin, s'emplaçaran a tornar-se a veure si hi ha novetats.

Diumenge, 13 de novembre

Una gentada el rep avui a Amer, el seu poble natal. L'Ajuntament li entrega la Medalla d'Or de la localitat i el distingeix com a fill predilecte del municipi en un acte que se celebra a l'església del monestir, plena a vessar.

És tot un esdeveniment per a una població de poc més de dos mil habitants. Carles Puigdemont serà el segon fill predilecte d'Amer. El primer i fins ara únic va ser l'exalcalde de Barcelona Josep Maria de Porcioles i Colomer, que va néixer a Amer el juliol del 1904. De fet, Puigdemont el va arribar a entrevistar per a la revista *Presència*.

«És una bogeria, no es pot fer ni un pas», pensa mentre camina pels carrers del poble. Gent, gent i més gent. S'atura a saludar tothom qui pot. Molts són coneguts, sobretot de la infància. Hi ha molts avis que li expliquen que el van veure córrer pels carrers i la plaça d'Amer quan era un nen. «Estan emocionats de veure'm. He vist gent emocionada de veritat, avui. Una cosa és que et parin pel carrer, que ja hi estic acostumat, i l'altra que s'emocionin com avui.»

Puigdemont ha fet una entrevista a Ràdio Les Planes i ha entrat al poble escortat per una comitiva de desenes de motards independentistes. Ara passeja pels carrers acompanyat de la seva dona i les seves dues filles. També s'hi fan fotos. Tothom vol parlar amb el president. Amer n'està orgullós i no hi ha volgut faltar ningú. Saluda tothom i intenta recordar tots els noms de la gent que va veient. Han passat molts anys. De fet, ja en fa molts, que no viu a Amer. Se'n va anar de jove, quan va començar a treballar al diari *El Punt*. Li agradava llegir, pensar, parlar de política i, esclar i per força, treballar a la pastisseria dels pares. Tenia una petita colla amb joves; entre els més propers hi havia Josep Maria Listosella, que ara té una immobiliària a Girona; Salvador Clarà, en aquest moment tinent d'alcalde d'ERC a Amer, i Xavier Compte, músic. Formaven un grup de música que es deia Zenit. Puigdemont tocava el baix i Clarà a vegades feia de cantant.

Aleshores, Clarà i Puigdemont ja es passaven hores i hores parlant de Catalunya i de la seva possible independència. Van viure junts la nit del 23-F i van començar a participar plegats en actes polítics, amb unes quantes sortides al Fossar de les Moreres.

Listosella, Clarà i algun més. Aquests eren els seus amics d'Amer.

«¿Pateixen, els teus pares, de veure't president en el moment que ens trobem ara?», li pregunta un jove quan es creua amb ell pel carrer. «Els pares, ja se sap, sempre pateixen.»

Dimecres, 16 de novembre

Avui rep a Palau l'exvicepresidenta de la Comissió Europea, Viviane Reding.

Fa una estona ha rebut el cònsol de Nova Zelanda, que ha vingut a acomiadar-se, i en acabat, el del Canadà, que és nou i ha vingut a presentar-se. Ahir es va veure amb Simon Maley, ambaixador del Regne Unit, amb qui va conversar llargament sobre les conseqüències del Brexit. Maley va voler donar-li un missatge tranquil·litzador: hi ha moltes empreses de Barcelona que han invertit i que continuaran invertint a Londres, i no s'entreveu que necessàriament això hagi de canviar.

El president considera Reding una figura clau a qui cal fer arribar amb contundència la realitat del que passa a Catalunya. Hi és present també el conseller Romeva, amb qui estan d'acord: «Pot ser una porta d'accés a molts altres contactes europeus. I és molt important que ella s'endugui d'aquesta visita a Catalunya un coneixement profund de la situació. Probablement ara té només la versió que li dona l'Estat espanyol».

Viviane Reding ha passat a primera hora per Catalunya Ràdio, on l'ha entrevistat Mònica Terribas. «A la Unió Europea li preocupa moltíssim la falta de diàleg entre Catalunya i la resta de l'Estat per solucionar el conflicte», ha declarat durant l'entrevista, en què ha demanat insistentment que totes dues parts s'obrin a dialogar. «Prego a totes dues parts que s'obrin al diàleg, que no facin que les coses siguin tan rígides i tan terribles que sigui impossible trobar una solució.»

Conversen, distesos, al sofà del despatx del president, que li relata els fets i el full de ruta amb pèls i senyals. Reding li ha fet una pregunta molt directa: «I això de la independència, ¿com ho pensen fer, vostès?». L'exvicepresidenta europea és una dona seriosa, directa. Pregunta molt. Vol saber-ne tots els detalls. Hi ha moments que, més que una conversa, sembla un interrogatori, però Puigdemont li respon una a una totes les qüestions.

—De tota manera —diu en un moment determinat l'exvicepresidenta—, vostès ja saben que Europa, en aquest afer, no hi podrà intervenir; que és un afer intern.

—És un afer intern fins que deixi de ser-ho —li respon.

—¿I què faran, si guanyen el referèndum?

—Si el guanyem, preparin-se, perquè llavors sí que serà un conflicte europeu. Preparin-se per tenir un conflicte a Europa, i no menor.

Dijous, 17 de novembre

A la seu de Foment del Treball, a la Via Laietana de Barcelona, avui s'hi celebra la cerimònia de lliurament de les medalles d'honor i els premis Carles Ferrer Salat. Ple absolut. Hi ha present tota la flor i nata de l'empresariat català i de part de l'espanyol. La Sala Magna quedarà petita per celebrar-hi un acte en què coincidiran el rei Felip VI, el president Carles Puigdemont, la ministra Soraya Sáenz de Santamaría, el president de la CEOE, Juan Rosell, i el president de Foment, Joaquim Gay de Montellà.

El rei acaba d'arribar de Madrid, on ha pronunciat el discurs d'inici de legislatura al Congrés. «Espanya no pot negar-se a si mateixa tal com és», ha dit el rei d'Espanya davant dels diputats en una cerimònia que ha començat puntualment a les dotze del migdia. Aquest cop, però, a l'hemicicle no hi havia ni els diputats ni els senadors d'ERC, ni els de Bildu, ni els de Compromís. Sí que hi eren els del PDeCAT i els de Podemos, però no s'han sumat a la llarga ovació amb què ha estat rebut el monarca. Després de felicitar el president Rajoy per haver aconseguit finalment la confiança de la cambra i de desitjar-li molts èxits, el monarca ha demanat també diàleg: «Un diàleg que ha de ser sincer i lleial, en el qual l'autogovern de les nostres comunitats autònomes preservi les exigències d'igualtat entre tots els ciutadans i la solidaritat entre tots els pobles d'Espanya [...] perquè Espanya no pot negar-se tal com és, no pot renunciar al seu propi ésser i no pot renunciar al patrimoni comú construït per tots, i des del qual hem de seguir edificant un futur compartit». A continuació, però, ha llançat una advertència: «Les lleis s'han de complir».

Els convidats arriben pràcticament a la mateixa hora a la seu de Foment de Via Laietana. El rei vindrà amb el seu habitual desplegament oficial, mentre que Puigdemont hi arribarà a peu, caminant tot xino-xano des del Palau de la Generalitat, que queda a prop.

Ha sortit per la porta del darrere de Palau, pel carrer Sant Sever, just a la banda contrària de l'entrada principal de la plaça Sant Jaume. La Via Laietana és a cinc minuts i ha decidit estirar una mica les cames. Ho fa somrient.

De tant en tant l'atura algú per fer-s'hi una fotografia, i ell, com sempre, hi accedeix. Fins que arriben a la seu de Foment, un edifici dels anys trenta.

La seva intervenció, breu però contundent, provocarà la indignació d'algun mitjà de comunicació. «Soflama de Puigdemont contra España ante Felipe VI», titularà al cap de pocs minuts el digital *Libertat Digital*. «Si no he dit res que no hagués dit ja!», pensarà en veure les reaccions que ha provocat el seu discurs. No ha dit res de nou, certament, però el marc on ho ha dit és excepcional: davant l'empresariat català i espanyol, davant el rei, davant la ministra que ara s'encarregarà de les relacions amb Catalunya...

«Molts no ho saben, però jo, davant del rei, aquest discurs, o un de molt similar, ja l'havia fet. El vaig fer quan va venir a Girona a inaugurar l'estació de l'AVE i el vaig fer en l'obertura d'un congrés judicial iberoamericà que es va fer a Girona fa anys.» Però és fàcil recordar-li la diferència. Potser sí, que el discurs era molt igual, però aleshores ell era alcalde de Girona i ara és president de la Generalitat.

S'ha referit a la judicialització de la política catalana i no s'ha estat de parlar d'Espanya com «un llast per a l'economia i la societat catalanes». Ha radiografiat la situació utilitzant dades: «Catalunya lidera la creació de llocs de treball, som líders en constitució d'empreses, en exportacions, tenim el 31 % de la inversió estrangera... I tot això ho hem fet sense tenir política fiscal i laboral pròpies i tenint un Estat a la contra, que torpedina totes les nostres iniciatives internacionals: ¿s'imaginen on podríem arribar amb el control dels aeroports o el Corredor Mediterrani?», ha dit dirigint-se als empresaris presents a la sala.

També ha lloat la figura de Carles Ferrer Salat i ha felicitat els premiats de la nit. Escolta ara el discurs de Felip VI, que no farà cap referència ni a la situació de Catalunya ni a la seva intervenció. El rei ha optat per parlar de l'inici de la legislatura i de la necessitat que hi hagi estabilitat per poder fer progressos econòmics. Felip VI parlarà una tercera part del temps en català.

Sopa al costat del monarca —a la seva dreta— i de Soraya Sáenz de Santamaría —a l'esquerra—. És el primer cop que la vicepresidenta del govern visita Catalunya després de fer-se càrrec formalment de la «carpeta catalana», que fins ara era a la taula de l'exministre d'Exteriors José Manuel García-Margallo.

La conversa és del tot protocol·lària. El rei no fa cap referència a la situació política i es dediquen a parlar de l'empresariat i de la necessitat de fer créixer les exportacions. En un moment donat, Joaquim Gay de Montellà, president de Foment del Treball, felicita el president pel seu discurs. «Has fet el que havies de fer», li diu. Sáenz de Santamaría també li agraeix les paraules. «Com que l'he fet en català, no deu haver entès res.»

No és fins que ja han acabat de sopar i pràcticament s'estan acomiadant que la vicepresidenta l'agafa amistosament pel braç i li demana si poden parlar un moment:

—Entremos aquí dentro.

La conversa amb la vicepresidenta espanyola és tan amable com breu. Ell ha anunciat fa dies que no assistirà a la reunió de presidents de comunitats autònomes que el govern espanyol vol convocar en breu.

—¿Por qué no vas a la reunión de presidentes? Piénsatelo. Hay mucha gente ofendida por esta decisión. Tendrías que ir.

—No entiendo a qué se supone que debería ir. Aún no hemos hablado y ya han anunciado todos que no haréis caso de nuestras reivindicaciones, que no aceptaréis nada que pueda satisfacer a Cataluña. Para ir y salir insatisfechos, como te puedes imaginar, no hace falta ir. Es más —afegeix el president—, estas conferencias no han servido nunca para nada. —I per rematar-ho li diu—: Pero te diré lo más importante, y es que me parece que nos hemos ganado el derecho a un trato bilateral. Políticamente nos lo hemos ganado. Nosotros ni queremos ni votamos lo mismo que Murcia, ni tenemos la misma situación. Es muy diferente. Y si no reconocéis que nuestro caso es diferente, que nos merecemos un trato bilateral, no iremos bien. Tenéis que comenzar haciendo este gesto, reconociendo que tenemos derecho a un trato bilateral.

Li diu que creu que és millor tenir primer una reunió bilateral en secret per explorar si hi ha vies d'acord i li comenta que l'últim cop que va parlar amb Rajoy van quedar que es trucarien per decidir si es veien i si la trobada seria pública o privada.

—Si tenemos esta reunión, tú tienes que estar ahí y tienes que mirar todos los puntos que le hice llegar a Rajoy. Sin estudiar a fondo esto, sin estudiar a fondo cómo hemos llegado hasta aquí, no puedes entender lo que está pasando —li diu.

Han començat la conversa a peu dret, però al cap d'una estona s'han assegut en una taula on quan han entrat hi havia quatre o cinc cambrers que la feien petar i que han sortit ràpidament. Han demanat una ampolla d'aigua. Se la parteixen. Però l'acord no anirà més enllà.

Ja un altre cop drets, quan estan a punt de tornar a sortir i incorporar-se a la comitiva, que ja s'està acomiadant dels organitzadors del sopar, Puigdemont li farà una darrera pregunta:

—¿Y qué? ¿Nos continuaréis persiguiendo?

Es refereix, esclar, a les darreres decisions dels tribunals, que ara ja suposaran que Forcadell hagi de declarar davant del jutge.

—No somos nosotros. Eso es la justicia —li diu Sáenz de Santamaría—. Nosotros, como ya has podido comprobar, porque algún caso también nos afecta, no decidimos nada —afegeix.

—Los otros casos son diferentes; los casos a los cuales yo me refiero se abren por orden de la Fiscalía General del Estado, y esta sí que actúa a vuestras órdenes. No hay derecho, con lo que estáis haciendo. Primero habláis de un debate de ideas y luego judicializáis este debate.

La vicepresidenta no li respon.

Quan ja gairebé estan a punt de pujar als cotxes, Sáenz de Santamaría encara li insisteix una última vegada:

—Piénsatelo bien, esto de venir a la conferencia de presidentes. Dale un par de vueltas más.

—No, no. Que si le doy más vueltas igual me mareo.

És passada la mitjanit i l'acte de Foment s'ha acabat. El president arribarà a casa a les dues tocades, però havent complert el seu objectiu: ser clar. El diumenge, la trobada discreta entre Puigdemont i

Sáenz sortirà publicada a *La Vanguardia*, en una crònica que interpretarà que s'ha obert una porta de diàleg.

«D'una anècdota en fan categoria. Ara vindrà aquesta etapa. Els enginyers de l'estratègia han decidit que ens convé diàleg, i ara ho amplificaran tot. Sobretot segons quins mitjans. D'un esternut en faran una pulmonia. Ha començat la partida d'escacs. D'una cullerada de sucre hi haurà mitjans de comunicació que en faran un pastís.

¿I no pot ser que hagin canviat i que realment vulguin diàleg?

Quan li fan aquesta pregunta, té la resposta molt clara: no. «Ells no volen parlar del tema de fons, de què significa això políticament. I ara el que volen és dur-ho al terreny de la negociació dineraria, a la negociació sobre si ara te'n donem més o si ara te'n donem menys... I això no va així. A més, ni així hi poden fer res, perquè Europa els diu que han de retallar 500 milions només aquest any.»

Divendres, 18 de novembre

El gironí Enric Millo ha estat nomenat delegat del govern de Madrid a Catalunya. Amb Millo es coneixen bé. Tots dos són gironins d'adopció i durant anys han coincidit en espais comuns. Millo, que va ser el detonant de la primera trobada entre Puigdemont i Rajoy, feia dies que tenia pendent una trobada amb el president. Havien coincidit pels passadissos del Parlament i, en una conversa a peu dret, Millo li havia confessat una certa inquietud sobre el seu futur polític. «Es devia pensar que seria ministre i ara veu que no i que no sap quin serà el seu futur», va pensar aleshores.

Ara ja el sap. Serà el nou delegat del govern a Catalunya en substitució de María de los Llanos de Luna. L'ha felicitat via SMS i han quedat per veure's més endavant. «Me n'alegro per ell, si a ell li està bé, que suposo que sí. Però no servirà de gaire. Com a molt, per poder vendre que ara volen *diálogo* i que Millo serà més dialogant, però res més. Rebrà empresaris d'aquí i d'allà per fer-los de pont, i no caldrà que passin per Ciutadans, que és el que passava ara. L'operació que estan organitzant no està mal pensada. Ara ens ofereixen diàleg, posen Millo al capdavant, hi posen la Soraya, i treuen del mig el fabricant d'independentistes que era Margallo. Han passat a una nova fase.»

Avui és a les Jornades d'Economia que cada any per aquestes dates es fan a S'Agaró. Fa vint-i-un anys. «Hi ha una certa decadència», pensa mentre és al cotxe camí de S'Agaró, tot mirant-se el programa i els assistents. «En aquestes jornades abans hi havia la flor i nata, però ha anat decaient... No hi ha ni ministres ni gaire ningú...»

Fa un discurs inaugural: «Benvinguts a l'era de les inestabilitats», ha dit als empresaris assistents. Es refereix no només a la situació política sinó també a la velocitat amb què es mou el món. «Alguns voldrien viure en un món sense canvis, on fins i tot la temperatura es mantingués constant. Però estem a l'era dels canvis, a l'era de les inestabilitats», ha afegit, encoratjant-los a estar preparats i a «no tenir-ne por». Ha aprofitat per fer un repàs de la situació política catalana i ha reivindicat, de nou, el dret de Catalunya a negociar de forma bilateral amb l'Estat. Un cop més, s'ha refermat en la decisió de no assistir a la conferència de presidents que el govern vol convocar a principi de l'any vinent.

Abans de la seva intervenció, però, i de les preguntes que li faran els assistents i el director de *La Vanguardia*, Màrius Carol, que fa de moderador, ha tingut una picabaralla dialèctica amb Anna Balletbò, presidenta de la Fundació Olof Palme i exdiputada del PSC al Congrés. Balletbò ha estat l'encarregada de presentar el president, però no s'ha limitat a fer una presentació innòcua. L'ha «renyat» públicament perquè fa pocs dies va anunciar que no assistiria a la conferència de presidents que convocarà Mariano Rajoy. «Hi haurien d'anar... Vostès, que sempre han parlat amb l'Estat, hi haurien d'anar», diu Balletbò, que ha recordat a Puigdemont l'època en què CiU i el PP van signar el pacte del Majestic i ha lloat l'acord que Mas i Aznar van fer en el seu moment, posant-lo d'exemple de la col·laboració possible entre Catalunya i Espanya.

Mentre Balletbò parla, ell localitza unes quantes notícies sobre el que deia el PSC del pacte del Majestic, quan el criticaven obertament, i d'altres de més actuals en què els socialistes critiquen la trobada que Artur Mas i Mariano Rajoy van mantenir el febrer del 2012.

«Gràcies per convidar-me», diu en començar la seva intervenció. «Jo ara tindria la temptació de fer dues conferències: una per contestar el que ha dit Balletbò, si és que em refaig de l'impacte emocional que m'ha representat sentir una socialista històrica defensant el pacte del Majestic, i una altra, que és la que m'han demanat, per explicar la situació actual. Faré la segona, evidentment, però deixin-me abans dir-los una cosa.» A continuació llegeix una notícia que ha trobat justament a *La Vanguardia* i que fa referència a la trobada que Mas i Rajoy van mantenir el 2012. La informació del diari recollia unes declaracions de l'aleshores portaveu dels socialistes catalans, Jaume Collboni, en què criticava que el president català es trobés amb l'espanyol. «La trobada entre Mas i Rajoy és com "el dia de la marmota", una reedició del pacte del Majestic, un Majestic II, és la crònica d'un fracàs anunciat...» Es mira Balletbò i li pregunta: «Així, quan Mas es reunia amb Rajoy era un Majestic II, un dia de la marmota, un fracàs... ¿I ara reivindica que jo he d'anar a reunir-m'hi?».

La resposta a les paraules de Balletbò aixeca aplaudiments en la sala. En acabat fa la conferència que tenia previst fer.

Dissabte, 19 de novembre

Aquest vespre sopa al restaurant L'Aliança, d'Anglès, al carrer Jacint Verdaguer d'aquesta població de la Selva, a tocar d'Amer. Avui el restaurant ha tancat les portes i no rep més clients que el president de la Generalitat i una colla d'antics companys d'institut. O, dit a la inversa, el restaurant ha tancat les portes per rebre una colla d'antics alumnes que es reuneixen cada any, entre els quals hi ha el president Puigdemont.

Si no fos per això, perquè fa temps que aquest dia està marcat a l'agenda, el president ni hi hauria pensat. Es passa el dia encadenant actes, reunions, inauguracions... «No la controlo, jo, la meva agenda.» «Hi puc posar molt poques coses. Moltes les descobreixo hores abans, quan veig què tinc previst aquell mateix dia o l'endemà.» «De vegades no sé si és dijous o divendres; he de fer un esforç», diu. Avui sap que és dissabte perquè hi ha el sopar d'exalumnes de l'institut d'Amer. Si no, potser no n'estaria tan segur, perquè la majoria dels caps de setmana l'agenda també és plena de reunions o de visites pel país.

Dilluns, 21 de novembre

Ha començat el dia de bon matí amb l'habitual reunió de coordinació entre la part convergent del govern i el seu partit, i s'ha vist després amb els presidents d'Òmnium i de l'ANC al menjador de baix de Canonges. El tema estrella del dia és, com no podia ser d'altra manera, com encarar l'anomenada «Operació Diàleg» que el govern del PP ja ha començat a desplegar.

Avui s'ha arribat a publicar fins i tot la possibilitat que el govern Rajoy vingui a Barcelona a celebrar un Consell de Ministres. Després de les dues reunions que ha mantingut aquest matí, el president creu que caldrà accelerar la celebració de la cimera en favor del referèndum que ja es va preveure en un acord al Parlament entre Junts pel Sí i la CUP. «Una bona resposta seria donar imatge de transversalitat, i la cimera en dona», insisteixen tots. Jordi Cuixart, el president d'Òmnium, proposa també fer algun acte només amb empresaris, a l'estil de la declaració del Far d'Empordà. «Perquè així es visualitzarà que allò que molta gent associa amb la dreta, que són els empresaris, també estan pel referèndum.»

El president demana idees per presidir la cimera que s'ha de fer abans de final d'any i s'obre un debat. Li proposaran uns quants noms, però no es pronuncia. Vol pensar-hi una mica més. Demana al seu equip que miri quan es pot fer una trobada del Pacte Nacional pel Dret a Decidir per convertir-lo *de facto* en el Pacte Nacional pel Referèndum i es dona temps per pensar en qui el pot presidir, perquè ja està clar que no pot ser Joan Rigol. Té al cap els noms de Joaquim Nadal i Joan Ignasi Elena, dos exsocialistes, però no els dirà.

Avui la jornada ha estat densa, com sempre. Al llarg del dia ha rebut diferents visites (entre elles la del president del Consejo Nacional de Mercados de la Competencia, José María Marín Quemada) i al vespre ha presidit la inauguració de l'exposició sobre els trenta anys del Celler de Can Roca que hi ha al Palau Robert.

Carles Puigdemont s'hi està una estona llarga. Conversa amb els convidats, se saluda amb els germans Roca i es fa fotografies amb alguns dels convidats que l'hi demanen. Poc després de les nou del vespre, se'n va discretament. S'acomiada de la seva comitiva habitual i torna a Palau.

Fa dies que a l'agenda hi té anotat «Sopar JPS». Si algú hi té accés, segurament interpretarà que és un sopar de Junts Pel Sí —de fet, és el que li ha passat a ell mateix aquest matí quan ha obert l'agenda: «¿Avui tinc un sopar amb Junts pel Sí?», ha preguntat a Josep Rius, un dels pocs, poquíssims, que li sap desxifrar les notes—. Però no. El sopar d'avui és una d'aquelles coses que té pendents des de fa mesos: una trobada amb Jordi Pujol i Soley, JPS.

Mesos enrere ja havien parlat tots dos d'una possible trobada amb Jordi Pujol: «Fes-li arribar que sí, que m'interessa quedar amb ell, però més endavant», va contestar aleshores. «Em fa gràcia, però he de ser molt prudent.»

Tan prudent que ha passat més de mig any des d'aleshores. Avui s'ha organitzat un operatiu especial. El president no sortirà amb l'Audi oficial amb què sol desplaçar-se i prescindirà de la càpsula de seguiment que els acompanya habitualment. Anirà amb un sol cotxe, un Skoda que ja ha utilitzat en alguna altra ocasió. El conduiran els Mossos, però no hi haurà el segon cotxe que els sol seguir al darrere.

La majoria dels agents que vetllen habitualment per la seva seguretat estan convençuts que el president ja és a la Casa dels Canonges sopant. Només un inspector dels Mossos i un parell d'agents n'estan al cas.

Es veuran al domicili d'un particular en una població del Vallès, en una casa gran, amb un jardí que impedeix que des de fora es vegi què passa dins de l'habitatge; a més a més, els vehicles accedeixen directament a la casa a través del garatge. L'amo és fora, però els ha deixat l'habitatge. La seva dona els farà de cuinera. No hi ha ningú més.

La conversa entre Puigdemont i Pujol és agradable, però molt complicada. El president Pujol ja té vuitanta-sis anys i està molt sord. Fa temps que porta audiòfons i que li costa entendre el que li diuen. Ha envellit.

Se saluden (cap abraçada, una encaixada de mans) i s'asseuen a taula. «Sordeja molt però té el cap molt clar», pensa així que comença la conversa. Pujol li explica que se'n recorda d'ell d'un acte del partit, a Sant Gregori, al Gironès:

—Això era fa gairebé vint anys; tu eres un noiet que corria per allà i vam xerrar una estona. ¿I saps de què em vas parlar? De la importància de les noves tecnologies!

Pujol li confessa que aleshores no sabia ni a què es referia. La conversa s'allarga una estona parlant de l'ús de les xarxes i flueix cap a altres temes que hi estan més o menys relacionats: de les xarxes socials salten a les piulades, a la inconsistència d'alguns discursos, als populismes, a Trump, a la democràcia cristiana... Pujol li fa reflexions sobre la socialdemocràcia i li reconeix que ell no era independentista.

Després de fer un recorregut per la seva trajectòria, l'expresident afirma:

—Si quan era president hagués pogut acordar un bon pacte fiscal, ara no seria independentista. No tinc cap confiança en Espanya —li diu obertament.

En aquest punt es posen a parlar del full de ruta actual: què pot passar, com s'han de gestionar els possibles escenaris futurs, què passa amb Catalunya si fracassa aquest intent, com quedarà el partit...

Puigdemont li explica el full de ruta amb detall i li confessa el que li agradaria fer quan sigui expresident:

—A mi, un cop acabi, el que m'agradaria és treballar de base, anar a reconstruir el partit, tornar a fer allò que uns quants vàreu fer l'any setanta-quatre... Això és el que em vindria de gust.

No s'està d'explicar-li algunes picabaralles que hi ha al partit i de fer-li una radiografia molt sincera de com veu el govern, Junts pel Sí i el full de ruta.

Pujol l'escolta, tot i que Puigdemont es pregunta si el deu sentir, perquè moltes vegades li fa repetir les coses i li demana que cridi més. El president Pujol li demostra que està al dia de la situació política i que algunes coses que no sap les intueix perfectament.

—¿Ho saps, Puigdemont, que ara només et tenim a tu? ¿N'ets conscient, que només et tenim a tu?

Fins i tot li insinua que una persona que és un dels principals valors del país i del partit potser no hauria d'anar dient tan clarament que no vol ser candidat a les properes eleccions.

Ell li explica les seves raons, repetint el que ja ha dit moltes vegades a Artur Mas, Neus Munté i a tothom que li ha suggerit que ha de ser el candidat. Hi ha més gent preparada, li assegura. Ell ha vingut a complir un encàrrec molt clar, i no pas a viure de la política. A més, les baralles internes del govern i del partit no li interessen i són una pèrdua de temps que despista tothom del full de ruta. Ell no se sent còmode, amb aquestes coses; ell se sent còmode sent un militant de base o, com a molt, alcalde, a la política municipal.

—Però, si ara ja dius que no hi tornaràs, la teva posició s'afebleix. Si has de dir que no ets el candidat, ja ho diràs més endavant. Però si ho dius i ho repeteixes ara, t'afebleixes a tu mateix —insisteix Pujol, tot i que li assegura que entén els seus arguments.

—Sí, però no seria sincer si ara comencés a insinuar que em quedo. No. Jo penso que dir les coses clares té un valor, i que no ens hem de perpetuar en els càrrecs —diu a algú que va ser president durant vint-i-tres anys.

—T'entenc, entenc el que dius. I, si ho tens així de clar, s'ha de respectar. No podem pas fer com els pirates, ¿oi?, que obligaven la gent a llançar-se per la borda apuntant-los amb una espasa! No ho podem pas fer, ¿no?

Pujol està agraït pel sopar. Almenys és la sensació que té, i li recorda que una de les primeres felicitacions que va rebre després de prendre possessió del càrrec va ser una carta seva.

—La tinc guardada —li diu—. I tinc guardades algunes altres notes seves, també.

—No sé si et va molestar, el que et vaig fer arribar —fa Pujol.

Llavors aprofita per citar algunes de les reflexions que Pujol li ha fet arribar en algun dels seus escrits, perquè vegi que se'ls ha llegit. Pujol no diu res, però és evident que ho agraeix.

La conversa s'allarga molta estona. Molta. El president se n'anirà de la casa passades les dues de la nit. Han menjat bé i el president Pujol s'ha pres una copa de vi i alguna de cava. «Em pensava que només picotejava i que menjava poc, però veig que no.»

—Tu i jo no havíem parlat mai així. Ha estat bé —li diu Pujol quan s'acomiaden.

No sap si es tornaran a veure, però s'ha tret l'espina de no haver-hi parlat mai des que és president. Independentment del que pugui pensar sobre la situació personal de l'expresident, i del que hagin pogut fer els seus fills, té en molta consideració els vint-i-tres anys de governs Pujol.

Arribarà a Girona gairebé a les tres de la matinada, esgotat per tot el dia i per la conversa, en què ha hagut de repetir cada dos per tres tot el que deia. «¿Què dius? ¿Què dius?», anava dient Jordi Pujol. «Hi havia noms que no els recordava i li fallava la memòria sobre algunes coses, però sobre d'altres recordava detalls extraordinaris. Tot i els lapsus, té el cap molt clar i conserva una capacitat de diagnosi bestial.»

Són les tres i demà a les nou ha de ser a Palau. Han avançat la reunió de govern habitual dels dimarts perquè se'n va a Madrid amb uns quants membres del govern i de Junts pel Sí per donar suport a

Francesc Homs. Demà el Congrés votarà el suplicatori perquè pugui ser jutjat. Avui dormirà quatre hores.

Dimarts, 22 de novembre

És a Madrid, acompanyat de l'expresident Artur Mas, Marta Pascal, Lluís Llach, el vicepresident Oriol Junqueras i un grup de diputats i senadors del PDeCAT i d'ERC. Han vingut també a fer-los costat representants del PNB, EH Bildu i Units Podem i les seves confluències al Congrés. «El Congrés escriurà avui una pàgina vergonyant del parlamentarisme espanyol», ha dit en la seva intervenció per donar suport a Homs.

S'ha quedat a dormir a l'hotel on es fa l'acte, el Villa Real. És el mateix hotel on hi ha passat la nit l'alcaldessa de València Rita Barberà, que és a Madrid perquè ahir va anar a declarar al Suprem acusada de blanqueig de capital. La trobaran morta vint-i-quatre hores més tard. Un cop acabat l'acte han dinat plegats al restaurant Mr. Frank —el mateix on temps enrere va dinar amb Iglesias—, i a les cinc ja són tots una altra vegada a l'estació d'Atocha, esperant per tornar a Barcelona. El president té un acte oficial a Tarragona. El vicepresident s'ha quedat a Madrid, perquè diu que vol aprofitar per reunir-se i sopar de manera distesa amb els diputats i senadors republicans.

Aquesta nit ha presidit, a Tarragona, la 27a Nit del Turisme, que organitza la Diputació d'aquesta demarcació, en què es distingien diferents persones i iniciatives. En la seva intervenció, el president ha posat en valor la feina que fa el govern en el sector turístic a Catalunya en general i a la demarcació de Tarragona en particular.

El sopar, amb un munt d'autoritats i personalitats del sector turístic, ha acabat passada la mitjanit. Després, el president ha posat rumb cap a Barcelona (avui tornarà a dormir a Canonges). Abans d'arribar-hi, però, la comitiva s'atura discretament en una població de l'àrea metropolitana, al domicili particular d'un històric d'ERC que va deixar la política activa fa un temps, però que no ha perdut mai l'interès. Segueix de prop tots els moviments de la política catalana en general i els del seu partit en particular, i alguna vegada s'ha vist amb Puigdemont per intercanviar punts de vista.

—Estic preocupat —li diu aquest. I afegeix—: Heu d'assegurar-vos que hi ha pressupostos, perquè, si no, Junqueras no ho farà. A ell ja li aniria bé anar a eleccions i fer-vos a vosaltres culpables de tot plegat.

No fa res més que confirmar les sospites del president.

—Uns quants ens estem plantejant fins i tot dir-li directament a Junqueras que s'ha d'implicar més, que està posant en perill el procés cap a la independència. No sé si és perquè li fan massa respecte les conseqüències o perquè prefereix treure'n rendiment electoral, més que no pas assolir l'objectiu.

Analitzen la situació plegats (ho faran en altres ocasions). El president l'adverteix dels perills de traslladar aquesta reflexió a Junqueras.

—És molt complicat de fer, això que expliques.

—Sí, però seria una cosa en petit comitè, molt reservada, i amb gent que ens sembla que ho podem fer. Simplement, li hem de fer arribar que circula aquesta teoria que no està implicat i que prefereix alentir-ho, i que alguns estem preocupats. Entre alguns dels meus, i potser també alguns dels teus, s'està imposant aquesta teoria que tot això serà molt complicat i que el que cal és estar preparats per a l'endemà —afegeix.

Fa estona que ha tocat la una de la matinada.

Al president el preocupa també una altra teoria que comença a circular en alguns cercles: que Junqueras té cada cop més bona relació amb Soraya Sáenz de Santamaría i altres ministres del govern del PP. En cercles periodístics fa dies que s'insinua que el vicepresident es presenta davant dels líders polítics del PP com el futur interlocutor del procés.

Dimecres, 23 de novembre

Avui s'ha quedat a Girona. Al matí ha assistit a una trobada de síndics de greuges que es feia a la capital gironina, i al vespre ha de ser a la gala de presentació de la guia gastronòmica Michelin 2017, al Mas Marroch de Vilablareix. La resta del dia, lliure. «M'he pogut posar els texans i quedar-me per casa. No saps el que és, això.» «Relax absolut durant tot el dia. Desconnexió física i mental. Em convenia.»

Però ara ja és a la gala Michelin que se celebra al Mas Marroch de Girona.

No l'hi explicaran fins l'endemà, però avui els Mossos han detectat un moviment estrany. Al matí, quan el president assistia a la trobada dels síndics, l'equip de Mossos que s'ocupa de la seva seguretat s'ha fixat en una parella de mitjana edat que hi havia per la zona. No n'han fet cas, però al vespre, quan un nou equip de Mossos els relleva perquè ja han fet les hores que els tocava i arriben a l'hotel on avui faran nit, es fixen en una parella que sopa al restaurant del mateix establiment. Són els mateixos que han vist al matí, quina casualitat. Els demanen, esclar, que s'identifiquin.

Són dos agents del CNI que s'identifiquen com a tals en ser requerits pels Mossos. «Sí, somos del CNI. Pero no estamos aquí por vosotros, ¿eh?», els asseguren.

L'endemà els agents comunicaran l'«incident» als seus caps i l'hi faran saber també al president. No serà l'únic «cas estrany» en els propers dies.

Dissabte, 26 de novembre

Avui és al País Basc. És a la Casa de Juntes de Gernika per acompanyar el lehendakari Urkullu en la seva investidura, «en un moment especial de la història del País Basc», segons les seves paraules. Ha volgut fer palès «l'afecte, el respecte, l'acompanyament i la solidaritat» que es professen Catalunya i el País Basc. Tot i que ha reconegut en declaracions als mitjans de comunicació que «Catalunya i el País Basc es troben en cicles polítics diferents», ha mostrat el seu respecte pel procés a Euskadi i ha desitjat «que el poble basc pugui anar tan lluny com es proposi».

S'ha assegut al costat de la vicepresidenta del govern espanyol, Soraya Sáenz de Santamaría, però la conversa ha estat del tot protocol·lària.

Ha seguit amb atenció tot el debat d'investidura d'Urkullu. Al carrer hi ha grups de gent que l'aplaudeixen i li donen ànims. «Visca Catalunya!», crida algú de tant en tant.

L'han convidat a dinar en un *caserío* propietat d'un exporter del Bilbao (ell es quedarà amb l'explicació que va ser «el primer porter que va parar un penal a Neeskens»). L'acompanyen membres de l'Euzkadi Buru Batzar, EBB, l'òrgan executiu del PNB. Hi ha, entre d'altres, Joseba Egibar i Andoni Ortuzar. No hi ha faltat tampoc Uxue Barkos, presidenta de Navarra.

La conversa, com no podia ser de cap altra manera, gira a l'entorn de la situació política a Catalunya i al País Basc i de la respectiva relació amb Espanya. «Ells van a la seva i se senten un país. No es discuteixen entre ells —pensa quan els sent parlar—. Sentint el que diuen, em sembla clar que el PNB donarà suport als pressupostos espanyols, perquè ells sempre apliquen la mateixa norma: tot el que en puguem treure, millor per a nosaltres —reflexiona—. A ells els és igual Rajoy, que Aznar, que Zapatero o qui sigui. Simplement van a la seva. I van a la una. A Catalunya això no ho fem bé; quan nosaltres pactem qualsevol cosa amb Espanya per treure'n un rendiment, surten els uns i ens acusen de venuts, i de traïdors els altres. Al País Basc un patriota no li dirà mai a un altre patriota que és un traïdor.»

Dimarts, 29 de novembre

Avui dina amb Joan Ignasi Elena a la Casa dels Canonges. És un dinar privat. Puigdemont i Elena es coneixen força perquè quan el president era alcalde de Girona, el 2015, Elena va ser una peça clau del pacte que Convergència va fer a la capital gironina amb Avancem, el corrent que es va escindir del PSC després de les discussions internes provocades pel dret a decidir. Va ser quan la regidora Glòria Plana va entrar a formar part del govern de la ciutat, fins aleshores només en mans de CiU, i els convergents i Avancem van haver d'aguantar crítiques molt dures, sobretot per part d'ERC.

Ha demanat a Elena que presideixi el Pacte Nacional pel Referèndum, que ja té clar que convocarà per al dia 23 de desembre, tot i que la data no es farà pública fins d'aquí uns dies. Per a ell és important que el Pacte Nacional pel Referèndum el presideixi una persona a qui ningú pugui qualificar d'independentista, perquè Elena no ho és. Elena —en Nàtius, com li diuen els amics— està d'acord amb el dret a decidir i continua creient en el federalisme, i així ho expressa davant del president.

—¿Però creus que la solució és un referèndum? —li pregunta el president—. Doncs si és que sí, l'has de presidir.

En aquest moment Elena votaria que sí a un referèndum per la independència, però és dels que ho faria perquè l'Estat ha estat incapaç de fer cap oferta amb cara i ulls.

—Hauràs de treballar en aquesta línia —li diu—. No hauràs de fer d'independentista; hauràs de fer de defensor del referèndum.

Elena sortirà de la Casa dels Canonges havent-s'hi compromès. Se'n refia. Té molt bon concepte d'ell. Li sembla que no és una persona gens sectària en les seves actuacions ni en les seves declaracions.

—Només tinc un problema, jo, i és que soc amic del Joan Pluma... —li diu Elena.

Tots dos es posen a riure. Elena —en Nàtius, com ara li diu Puigdemont— sap que Puigdemont i Pluma van tenir les seves diferències fa uns quants anys.

Ahir, abans de veure's amb Elena, va fer una gestió prèvia imprescindible. Es va reunir amb Rigol i li va dir que, com a president del Pacte Nacional pel Dret a Decidir, ara se li acabaven les funcions. Les del Pacte Nacional pel Referèndum les assumiria una altra persona. Rigol no va fer gaires preguntes sobre els motius de la decisió, que va dir que entenia, i va pactar que continuaria treballant per la causa independentista encapçalant un moviment que busqués suports internacionals. «Ja saps que faré el que em demanis; soc un soldat», li va dir textualment. El president pensa en ell —i en altres expresidents del Parlament, com Ernest Benach i Núria de Gispert— per a papers rellevants en aquesta nova fase.

Dimecres, 30 de novembre

«No en tinc prou, de maldecaps, que ara me n'han de donar també els de casa meva?», es lamenta.

Està molest amb el partit. L'embolic ve arran d'una trucada de l'oficina de la coordinadora general del PDeCAT, Marta Pascal, per informar el director de l'oficina del president, Josep Rius, que a partir d'ara les reunions setmanals que es feien per coordinar les accions del partit i el govern passaran a ser quinzenals i es faran els divendres en comptes dels dilluns.

Les trobades de coordinació, que es fan cada dilluns a primera hora, les van establir fa mesos Puigdemont i Mas. Són secretes, no consten a les agendes oficials i per al president són un encert, perquè permeten engegar la setmana planificant les actuacions i coordinant-les.

—¿A què ve, ara, això de fer-les en divendres i a més a més quinzenals? ¿Qui ho ha decidit, això? —pregunta a Rius.

—Al partit diuen que és una cosa que estava parlada i que en Mas hi està d'acord —li respon el cap de l'oficina—. M'han dit que era una decisió de l'executiva del partit.

El president no ho entén.

I més quan Rius li explica que, dies enrere, quan va anar a la seu del PDeCAT per coordinar l'agenda de les reunions a què havia d'assistir el president, en veure que no quadraven els dies i a Puigdemont potser no li estaria bé, Marta Pascal li va dir: «Tinc dret a arriscar-me».

En parla amb Neus Munté. Ella tampoc no en sabia res i tampoc no hi està d'acord. Decideixen parlar també amb Artur Mas. «No vàrem quedar en res. A mi ja em sembla bé fer-les setmanalment cada dilluns», respon l'expresident.

Avui, se sent acorralat. Pels seus i pels socis de govern. La CUP torna a dir que no sap què farà amb els pressupostos; Esquerra calla, i els seus s'emboliquen ara amb les suposades discrepàncies que hi ha entre partit i govern. «Pascal no para de dir a tothom que sí, que hi ha discrepàncies ¿Però quines? Que vingui i me les expliqui.»

I a tot això afegeix l'Operació Diàleg que el govern del PP està posant en pràctica aquests dies. Tots els ministres parlen de diàleg. Soraya Sáenz de Santamaría ha anunciat que vindrà a Catalunya sovint, i alguns mitjans de comunicació semblen haver-se conjurat a fer bo aquest relat. Però el que més l'amoïna és que Esquerra pugui caure en aquest joc. «Estic convençut que tenen la temptació de fer-se passar pels dialogants mentre jo tanco files dient que no a la conferència de presidents.»

Amb tot, el que realment el té preocupat és no saber quina estratègia ha d'aplicar per redreçar les coses. Hi ha qui li aconsella que deixi caure pistes del que està passant, que faci córrer en determinats cercles l'actitud que està tenint Esquerra i les seves deslleialtats. Però ell no ho vol fer. «Fer això és carregar-se el procés. Si ara filtrem que Esquerra té reunions amb ministres, que hi ha malestar al govern i que no paren de posar traves, s'interpretarà malament, i en comptes de redreçar les coses les espatllarà definitivament. Les xarxes socials entraran en una batalla de retrets entre uns i altres, i ja hi tornarem a ser. No. Totes aquestes qüestions han de quedar en la intimitat, per moltes ganes que alguns dels meus i jo mateix tinguem d'explicar-les.»

Només hi ha una altra cosa que el preocupa encara més. «S'està escampant la teoria que estic sol i que alguna gent del meu partit té dubtes sobre el full de ruta. Alguns opinadors, des dels que escriuen a *La Vanguardia* fins als de *Nació Digital*, fan córrer la teoria que Mas i companyia ara s'agafarien a l'Operació Diàleg. Ara l'operació és fer-me passar a mi com l'inconscient que s'abraça a la CUP i fer circular al mateix temps que ERC no té pressa i que seria un bon negociador amb Madrid si hi haguessin unes noves eleccions. Ara es parlarà de la solitud del president.»

Dijous, 1 de desembre

Avui els Mossos escombren electrònicament el despatx del president de la Generalitat a la recerca de micròfons ocults. És una de les contramesures de seguretat que realitzen periòdicament, però arran de les darreres informacions que han posat en alerta el president i d'algun altre incident com el d'aquella parella que els seguia, ara ho fan més sovint.

En efecte, una divisió especialitzada de la policia catalana escombra periòdicament els despatxos. Durant el mandat d'Artur Mas ja es feia. En aquesta ocasió, però, la recerca ha anat més enllà i s'ha fet també a tots els despatxos de la gent que treballa a les ordres del president, des de secretaria fins al cap de l'oficina, el cap de premsa i els caps de gabinet. S'hi passaran unes quantes hores i es traslladaran discretament d'un despatx a l'altre perquè els vegin només els col·laboradors de màxima confiança. Paral·lelament, s'inspeccionen també els ordinadors per evitar que s'hi instal·lin virus que permetin llegir els correus que surten de Palau.

No han trobat res, i així l'hi comunicaran al president.

Divendres, 2 de desembre

Avui es reuneix amb el nou delegat del govern espanyol a Catalunya, Josep Enric Millo. Millo va començar la seva carrera política com a militant d'Unió Democràtica i va ser delegat del Departament de Treball de la Generalitat a Girona del 1991 al 1995. Quan ell va ser alcalde de Girona (2011-2016), Millo (que va ser portaveu adjunt del grup de CiU al Parlament del 1999 al 2003) ja havia fet el salt al PP.

En el que coincideixen tots dos és a fer vida a Girona. Tot i que és de Terrassa, Millo viu a Girona des que va ser-ne delegat de Treball.

Conscients que la imatge pública que han de transmetre és la que correspon a les grans diferències ideològiques que mantenen entre ells, s'han saludat davant dels fotògrafs amb un posat seriós. Un cop al despatx, però, la tibantor personal desapareix i se saluden amb un somriure, perquè la bona relació personal no l'han perdut mai i perquè els darrers mesos Millo ha fet de pont amb Rajoy.

El delegat porta una americana de ratlla diplomàtica.

—Caram, veig que vens de diplomàtic; això està bé —li diu fent broma. Millo encaixa el comentari amb un somriure—. ¿Viuràs a la Delegació?

Els primers minuts comenten com se'ls ha complicat la logística familiar. Millo li diu que no té intenció de quedar-se a dormir a la residència oficial que té a Barcelona.

—És molt vella i incòmoda. Intentaré anar i venir diàriament i quedar-m'hi a dormir només els dies que tingui algun acte al vespre.

—És el que faig jo.

Fins i tot fan broma dient que el primer acord podria ser que els trajectes entre Girona i Barcelona els facin junts per estalviar costos.

—¿T'imagines, tu, que ens veuen baixar del mateix cotxe?

Passats els primers minuts, però, la conversa es torna seriosa i, en algun moment, fins i tot una mica agra. Políticament els separa una distància abismal.

—Sí, però farem el referèndum —li insisteix quan Millo li explica la seva voluntat d'obrir seriosament una via de diàleg.

Li retreu que van incomplir el compromís que el PDeCAT tindria grup parlamentari al Congrés i al Senat («Vàreu incomplir tots els acords i Homs va quedar amb el cul a l'aire», li diu) i parlen de les diferents possibilitats que hi ha obertes.

En un moment de la conversa Millo fa referència als quaranta-sis punts que Puigdemont va presentar a Rajoy durant la trobada que van mantenir a Madrid.

—Hi ha alguns punts que els podrem complir; bastants, de fet.

Però Puigdemont li insisteix, un cop i un altre, que el punt del referèndum és innegociable:

—Els quaranta-sis punts no són una negociació, són una llista d'incompliments. No cal negociar res, aquí. El que cal és veure si vosaltres compartiu el diagnòstic que la situació és injusta.

El nou delegat del govern espanyol s'esplaia explicant-li que la crisi econòmica ha fet impossible complir molts dels compromisos, però que ara les coses estan canviant.

—És que el que heu de reconèixer és que som una nació, i que tenim dret a un tracte bilateral. ¿No us n'adoneu, que no podeu fer coses com convocar una conferència de presidents com si no passés res? —li insisteix—. Votar és innegociable, Enric. I tu ho saps. Ara no estem fent un Majestic. No us penseu que estem fent un Majestic. Digue-ho als teus: això no serà un Majestic.

No dubta de les bones intencions de Millo, però no creu que la proposta de diàleg sigui seriosa. «Ell sí que s'ho pensa, i hi posarà ganes i voluntat d'acord; però sap també que l'acord és impossible si no ens reconeixen com a nació.»

Millo també ho creu:

—L'acord és impossible, tal com estan les posicions.

Tot i així, li assegura que ho traslladarà als seus col·laboradors.

La conversa és llarga i distesa en les formes, però dura en el fons. Parlen una bona estona de la trobada de presidents de comunitats autònomes que Rajoy ha anunciat que convocarà pel mes de gener.

—Hi hauries d'anar.

Però ell li respon el mateix que ja va dir fa uns quants dies a Soraya Sáenz de Santamaría:

—¿A fer què? Res. ¿Com s'entén que els disset presidents de les comunitats autònomes es reuneixin i el tema de Catalunya no sigui un dels temes principals? Reunir-se per parlar de finançament, de la situació política, dels pressupostos de l'Estat, i no posar sobre la taula el problema més greu que té actualment Espanya és fins i tot un insult. No hi aniré.

—Hi hauries d'anar, ni que fos per explicar la situació.

—Jo només hi puc anar si aquest punt és a l'ordre del dia i és un dels temes principals. No hi aniré a fer de president de comunitat autònoma, de cap manera.

Millo fa diferents hipòtesis sobre com es podria salvar la situació i sobre quines possibilitats hi ha que Rajoy converteixi les relacions entre Catalunya i Espanya en el punt principal de la reunió.

—Si a mi em conviden expressament a anar a explicar als presidents de comunitats autònomes la situació de Catalunya i el perquè, i si això es fa a demanda del president Rajoy, encara. És una opció —acaba dient el president.

Millo compareixerà una hora i mitja després de la reunió davant dels mitjans de comunicació (per part del govern català ho farà la portaveu, Neus Munté) i explicarà que amb el president català hi ha «voluntat de diàleg i entesa», però que hi ha «una gran discrepància en aspectes fonamentals». Aprofitarà per demanar públicament a Puigdemont que renunciï al referèndum per poder entrar en una etapa de diàleg.

Dilluns, 5 de desembre

«Han trucat de la Moncloa. El president Mariano Rajoy voldria parlar amb tu. Si pot ser, preferiblement abans de les dues de la tarda, que després té coses a l'agenda i ho tindrà més complicat per posar-se al telèfon», li diu la secretària.

Ha enllestit l'habitual trobada dels dilluns entre el seu partit i el govern i torna la trucada cap al migdia.

Després de les cordials salutacions protocol·làries i de preguntar-se l'un a l'altre com estan (Puigdemont li comenta que està molt refredat), Rajoy li explica el motiu de la seva trucada:

—Te llamo por tres cosas: la primera es porque finalmente convocaré la reunión de presidentes de comunidades autónomas para el 17 de enero...

—Sí, pero ya sabes que yo... —l'interromp.

—Sí, sí, ya lo sé..., pero yo ahora no te llamaba para discutir esto. En primer lugar, solo quería que supieras que será el día 17, que recibirás una carta formal invitándote. Solo quería informarte de esto. No te llamo para que me des una respuesta... La otra cosa que te quería comentar es que habrá una reunión previa para preparar el orden del día, y la tercera, que me gustaría que nos viésemos. O la última semana del año o la semana de después de Reyes, pero, lógicamente, antes del 17. Son las fechas que a mí me irían bien.

Rajoy li aclareix de seguida que es tractaria d'una trobada secreta i vol saber si té intenció d'acceptar fer-la. Aquest és el motiu principal de la trucada, interpreta.

Quan li diu que sí, que hi està disposat, la conversa ja no s'allarga més.

Només n'informarà Oriol Junqueras. A Enric Millo, que també n'està al cas, li demanarà que explori si el segon punt de què li ha parlat Rajoy és per negociar que el tema català sigui un dels temes principals de l'ordre del dia.

Els pròxims dies donarà voltes als diferents escenaris que es poden plantejar a partir d'ara, i conclou que només pot renunciar al referèndum d'independència si és per sotmetre també a referèndum una proposta de l'Estat. «Ells tenen moltes opcions, sense saltar-se la Constitució, de fer que votem. Podrien reformar la Constitució i posar a votació els canvis; o podrien tornar a posar a votació l'Estatut que el TC va tombar. Però això només ho podríem acceptar si quedés clar que, si guanyava el no, seria sinònim que guanyaven els partidaris de la independència. Hi ha fórmules per posar la independència a votació sense fer un referèndum sobre la independència. Jo estaria disposat a acceptar-ho, tot i que llavors nosaltres tindríem més complicat fer una campanya pel no, perquè hi hauria una oferta i molts catalans potser la veurien bé. Però votaríem.»

La trobada, per raons d'agenda, no es farà fins a l'11 de gener, a la Moncloa, i aconseguiran mantenir-la en secret.

Dilluns, 12 de desembre

Amb l'alcaldessa de Barcelona, Ada Colau, han fet aquest matí la reunió de treball de l'Autoritat del Transport Metropolità i han anunciat la congelació de les tarifes del transport públic a Barcelona.

—¿Tens un minut?

Vol explicar a l'alcaldessa que pensa convocar el Pacte Nacional pel Dret a Decidir el proper divendres 23 de desembre a les deu del matí. Es tracta de convertir-lo en el Pacte Nacional pel Referèndum, que ha de deixar clar a ulls de tothom que el govern manté intacte el full de ruta cap al referèndum, encara que d'aquí a pocs dies el TC invalidi els acords que el Parlament va prendre fa uns mesos.

—¿Serà el dia 23? ¿I com pot ser que nosaltres no ens n'hàgim assabentat? Jo aquest dia tinc el ple de pressupostos i no podré venir —li diu Colau.

Es fa seu l'error i es compromet a intentar un canvi de data si ella té interès a ser-hi. Com que l'alcaldessa li diu que sí, que li agradaria assistir-hi, durant els propers dies les gestions entre les desenes de convidats seran intenses. Finalment, la solució serà mantenir-lo el mateix dia 23, però a la tarda. L'opció de fer-lo el dia 28, en què sembla que les agendes de molta gent quadraven, la descarten, perquè és el dia dels Innocents i volen evitar les bromes fàcils. A més, el govern està encaparrat a fer-lo el 23 per encarar la vigília de Nadal i el Nadal amb una imatge optimista.

—L'objectiu principal és buscar adhesions al referèndum. Aquest és el principal objectiu. Recollir adhesions. De càrrecs electes, d'ajuntaments, i fins i tot d'entitats. La idea és que hi pugui haver també adhesions de polítics europeus. Aquesta seria una molt bona imatge —explica a Colau, que li ha preguntat quin missatge en sortirà, de la cimera—. ¿T'imagines diputats d'altres parlaments europeus donant-hi suport? ¿O diputats a títol personal de CSQP? ¿O de Podemos? Aquesta és una imatge molt potent que permetrà acabar l'any amb optimisme.

La convocatòria es farà pública el dia 7 de desembre a través de l'Agència Catalana de Notícies. És el pacte al qual es va arribar a la darrera trobada secreta de l'estat major. Hi va estar tothom d'acord. D'altra banda, a la reunió que J×Sí i la CUP mantenen en secret des de ja fa setmanes, els cupaires no van ni comentar tota la polèmica que hi ha hagut aquests darrers dies per la detenció de tres joves que van cremar fotos del rei durant la Diada.

«Aquest és un bon símptoma. Mentre al carrer i als diaris tothom parla de la polèmica i la CUP demana la dimissió del conseller Jané, a les reunions ni tan sols plantegen el tema i compartim el full de ruta», pensa. A més, es diu, aquest cop els cupaires no han atacat directament els Mossos, sinó el seu responsable polític. «Això és el que han de fer. Atacar en tot cas el responsable polític, però no pas els agents.» Així cadascú pot fer el seu paper. «La CUP demanarà la dimissió d'un conseller i jo sortiré a dir que de cap manera.»

Divendres, 23 de desembre

S'acaba la primera reunió del Pacte Nacional pel Referèndum, que s'ha celebrat dos dies després que el ple del Parlament, amb dos vots de la CUP a favor, hagi permès tramitar els pressupostos del 2017. La solució que només dos dels deu diputats de la CUP votessin a favor de tombar les esmenes a la totalitat dels pressupostos presentada per la resta dels grups havia estat consensuada prèviament: la CUP expressa així el seu desacord amb el contingut dels pressupostos, tot i que en permet la tramitació; al mateix temps, això possibilita a Junts pel Sí en general, i al PDeCAT en particular, que es visualitzi que el que hi ha amb la CUP són acords puntuals però cap relació estable (que segons tots els sondejos incomodaria molts antics votants convergents).

Està satisfet de com ha anat la reunió del Pacte Nacional pel Referèndum, i que, finalment, s'hagi pogut celebrar el dia 23 a la tarda, de manera que Colau hi ha pogut ser.

Una bona prova en serà la direcció col·legiada (amb noms que provenen del PSC i d'Iniciativa) i l'elecció del portaveu d'aquesta direcció, Joan Ignasi Elena, que demostra que el referèndum no és només una voluntat dels partits polítics independentistes. En efecte, a banda de l'exsocialista Joan Ignasi Elena, hi ha Maite Arqué, exdiputada i exalcaldessa de Badalona pel PSC; Itziar González, exregidora socialista de Ciutat Vella de Barcelona; els exdiputats d'ICV Jaume Bosch i Francesc Pané; l'exconsellera d'Ensenyament Carme Laura Gil; l'exdiputada d'ERC Carme Porta, i, finalment, Francesc de Dalmases, director de la revista *Catalan International View*.

A partir d'ara, la direcció col·legiada s'encarregarà de consensuar un manifest que serveixi per recollir les adhesions a un referèndum pactat amb Espanya. «És evident que no serà pactat amb Espanya, però nosaltres hem de continuar demostrant al món que voldríem que ho fos, i per això engeguem la campanya amb el convenciment que ho serà.»

No ho diran explícitament, però la idea és que tots aquests suports s'hagin pogut recollir per Sant Jordi i es puguin fer públics aquest dia.

Dissabte, 24 de desembre

Per primera vegada en la seva història, la Corporació Catalana de Mitjans Audiovisuals, la *Corpo*, ha decidit no emetre per TV3 el discurs que tradicionalment fa la Nit de Nadal el rei d'Espanya. Feia dies que Presidència i la Corpo tenien aquest tema sobre la taula. «¿Què hem de fer, amb el discurs del rei?», van preguntar a Puigdemont dies enrere. El debat s'havia obert feia dies en el si de l'entitat i no hi havia hagut manera d'arribar a una postura unànime. El president, d'entrada, tot i tenir alguns dubtes, era més aviat partidari de no emetre'l, com fa ETB al País Basc. Però s'ha aixecat una gran polseguera interna entre partidaris i detractors, i la discussió ha arribat també a algunes reunions del govern.

La solució la pacten finalment els directius de la Corporació amb el president: no serà ni una cosa ni l'altra. S'emetrà pel canal 33, i no pel primer canal de TV3. «No emetre'l per cap canal, que és el que ens vindria de gust, generaria un soroll molt gran i innecessari.»

El líder del PP, Xavier García Albiol, és qui fa la crítica més dura contra aquesta decisió, amb unes afirmacions que no van desencertades: «És vergonyós —diu—, i sé perfectament que és per instruccions del Palau de la Generalitat».

No mirarà el discurs del rei, però el llegirà quan el seu equip li enviï el text íntegre. «No ha estat encertat. Està desorientat», diu, tot recordant el que li va dir el monarca en la darrera conversa seriosa que van mantenir: que un cop format el nou govern espanyol podria haver-hi dues meses de negociació, una per debatre sobre els problemes més materials de Catalunya, i una altra per debatre exclusivament sobre el problema polític. No se n'ha sabut mai més res. El rei no li ha tornat a telefonar. «Ell potser sí que s'ho creia. Però o l'havien enganyat, o li havien donat peixet.»

Dimarts, 27 de desembre

El govern ha fet aquest matí la seva darrera reunió de treball. Els consellers i el president no es veuran fins l'any vinent. Avui, però, han acordat dinar tots plegats a la Casa dels Canonges.

Hi són tots: Neus Munté, Oriol Junqueras, Raül Romeva, Meritxell Ruiz, Josep Rull, Meritxell Borràs, Antoni Comín, Dolors Bassa, Jordi Jané, Santi Vila, Jordi Baiget, Carles Mundó i Meritxell Serret. També hi assisteixen el secretari general de la Presidència, Joaquim Nin, i el director de l'oficina del president, Josep Rius.

El dinar és a la taula presidencial que hi ha a la primera planta de la Casa dels Canonges. És una taula gran, molt gran, i hi caben tots setze còmodament. Puigdemont s'asseu al centre d'un dels dos costats més llargs de la taula, i la resta de convidats s'asseuen en l'ordre que volen. L'ambient és molt distès, s'hi farà molta broma. L'àpat s'allargarà fins a mitja tarda, després d'una sorpresa que aquests darrers dies els han preparat en secret ell i el conseller de Salut, Antoni Comín, parlant-se per WhatSapp.

Fa un brindis inicial, per celebrar l'arribada del 2017. «Sort», acaba. Hi ha una sola conversa, però en ocasions en són dues o tres, perquè tothom explica anècdotes, algunes de polítiques i altres de personals. No s'expliquen acudits, però gairebé. Puigdemont, en un moment determinat, recorda un dia que de petit estava malalt i el metge li volia posar una injecció. «Em vaig tancar al lavabo, vaig passar el pestell i no volia sortir de cap manera; els meus pares vinga a cridar que obrís la porta, i jo que no i que no. El meu pare em deia: "O et poses la injecció o...".» En aquest moment Santi Vila, que és en un dels extrems de la taula, l'interromp cridant: «O injecció, o injecció!», i esclata una riallada general.

Mentre els consellers riuen i xerren, el president i el conseller Comín s'aixequen discretament de la taula.

Ha anat a l'habitació del costat i s'ha armat amb la guitarra Gibson i l'altaveu Marshall que li va cedir fa unes setmanes el fill de la seva cosina (Rius s'ha encarregat discretament de dur-la a posar al dia). Des que està de nou en condicions, només l'ha tocat en una ocasió. Va ser una nit, ara fa quinze dies, que es va quedar a dormir a Canonges. No tenia son i va decidir tocar una estona la guitarra.

La qüestió és que ara ha reaparegut al menjador equipat amb la Gibson vermella i lluent, i que, mentrestant, Toni Comín s'ha assegut davant d'aquell piano que hi ha a la sala. Comín, que té estudis superiors de piano, l'hi va proposar dies enrere: «¿Què et sembla si els sorprenem tocant després de dinar?». Aquests darrers dies s'han estat enviant whatsapps per pactar el repertori.

Uns quants consellers s'aixequen de seguida i segueixen el «recital» amb entusiasme. La consellera Borràs i la consellera Munté són de les que més canten. O almenys més alt. S'ho passen bé. De fet, tots acaben cantant. El repertori comença amb cançons de Llach: «Laura», «Ítaca», «El Bandoler», i segueix amb «L'Empordà». «Ara una de combat!», crida Puigdemont començant a tocar els primers compassos del «Torna, torna, Serrallonga» dels Esquirols. Al final acaben tots drets cantant cançons dels Beatles. Quan arriben al «Let it be», els instrumentistes i el cor han aconseguit anar al mateix tempo i els cants només s'interrompen de tant en tant pels somriures i les rialla-des d'algú del grup. S'ho estan passant molt bé.

«Ha valgut la pena», pensa, i abans de marxar felicita el conseller Comín per la idea. «Gràcies. Fa més això que mil hores de *coaching*», li diu en veu baixa.

2017

Dimecres, 4 de gener

—S'ha d'accelerar tot.

Està reunit amb l'anomenat i inexistent «estat major» i els demana que accelerin. A la mateixa sala de la Casa dels Canonges on fa vuit dies va dinar amb els consellers del govern per acomiadar l'any, avui torna a haver-hi un ple absolut: Joan Vidal, Jordi Turull, Josep Rius, Oriol Junqueras, Josep Maria Jové, Marta Rovira, Raül Romeva, Quim Arrufat, Anna Gabriel i, també, Jordi Cuixart i Jordi Sànchez. La plana major de l'independentisme analitza la situació i com cal encarar l'any.

—Hi ha d'haver un *in crescendo* a partir del judici del 9-N; al darrere vindrà el cas Forcadell i els d'un munt de càrrecs locals que hauran de declarar, però també els de les fotos del rei i molts d'altres; i probablement ho haurem de fer més d'un dels que som aquí, perquè el Parlament anirà fent la seva feina i els tribunals provaran d'impedir-la. Haurem d'aprofitar-ho per accelerar.

—No sé si podrem aguantar fins al setembre per celebrar el referèndum —reconeix més d'un, preveient que l'ambient i la situació es complicaran i es tornaran irrespirables. Després que el president d'Òmnium, Jordi Cuixart, insisteixi que cal fixar un calendari, s'enceta una discussió sobre aquest punt.

—A mi em sembla —diu Puigdemont— que el 4 o el 18 de juny serien unes bones dates per fer el referèndum. Probablement no ens convé convocar-lo al juliol, just abans de les vacances d'agost, on tot baixa d'intensitat, i després arrencar el setembre amb la campanya. Sabem que l'Estat no es quedarà quiet i no ens convé una parada; hem d'accelerar, perquè així no els donarem temps.

Ell creu que un bon moment per anunciar la data del referèndum seria per Sant Jordi, el 23 d'abril:

—Aquest dia el Pacte Nacional pel Referèndum ja haurà recollit milers d'adhesions, i es poden fer públics els suports a un referèndum. I jo podria anunciar que, amb acord o sense, es farà el 4 o el 18 de juny.

L'anunci, o la proposta d'anunci, ha obert un debat intens —la CUP hi està del tot d'acord, però entre els altres hi ha diferents postures—, i planteja l'interrogant de si el govern hi està preparat. Oriol Junqueras, encarregat d'organitzar-lo, no entra en detalls sobre si s'hi estarà a punt, però fa una reflexió:

—Penseu que necessitem el FLA, el Fons de Liquiditat Autonòmica; el govern espanyol ens el paga mes a mes fins al juliol. Però al juliol paga de cop la resta de l'any. Potser aquest pols amb l'Estat ens convé més fer-lo amb la caixa plena i esperar al juliol a anunciar res.

La intervenció provoca disparitat d'opinions. [redacted] pregunta en veu alta si s'han fet gestions amb entitats financeres o governs per resoldre aquesta situació si les coses van mal dades i el govern espanyol tanca l'aixeta financera, fins i tot incomplint les seves obligacions. El vicepresident no és gaire precís en les seves respostes. O almenys no dona els detalls que alguns dels assistents voldrien saber. Jordi Sànchez, de l'ANC, creu que potser Junqueras té raó i valdria més anar ben aprovisionats i esperar el pagament del FLA. Cuixart no ho troba tan imprescindible.

Finalment, el president hi intervé:

—¿Hem de dependre del FLA, per fer la independència? Un país que ha decidit marxar, ¿ha d'estar pendent del FLA?

La discussió és llarga i no hi ha un acord definitiu. Si es pot fer, es farà al juny, es decideix finalment. Però els propers dies se'n tornarà a parlar, i molt.

Dijous, 5 de gener

«Segur que d'aquí a un any no seré president. No seré president perquè el full de ruta preveu eleccions sis mesos després del referèndum.»

Aquesta afirmació l'ha fet aquest matí a Ràdio Barcelona, de la cadena SER, on ha compartit amb l'alcaldessa Ada Colau una part del programa especial «Cap nen sense joguina» que aquesta emissora llança cada any en aquestes dates. Ada Colau s'hi ha afegit també amb una declaració contundent: «Jo tampoc no seré candidata a la Generalitat. Rotundament, no. I, si repeteixo com a candidata a l'alcaldia de Barcelona, això ho decidiran les bases».

Per dins el president es diu: «He de ser contundent, després de la pressió que he rebut del partit aquests darrers dies. Si arribo a dir que d'aquest tema no en vull parlar, els del partit s'acabarien pensant que hi ha alguna possibilitat. I no vull que s'ho pensin; de cap manera».

De fet, en privat, ja es va expressar en aquests mateixos termes fa pocs dies, parlant amb el president Mas. «No seré candidat, president. Tingue-ho clar. I com més tard us poseu a buscar un relleu, més gros serà el problema.» Li va fer la sensació que, finalment, Mas havia entès que ho deia seriosament.

El seu raonament és molt clar: si tot va bé i hi ha referèndum i proclamació d'independència, ell ja haurà fet la feina i es necessitaran líders nous per a un país nou. Ha de ser així. «I si no va bé», es diu, «si hem d'anar a unes eleccions autonòmiques, ¿com volen que jo sigui candidat?». Ell no és un candidat per anar a unes eleccions «normals». «Soc independentista, i si fem unes eleccions autonòmiques convencionals, jo no puc ser candidat.»

[redacted]

[redacted]

[redacted]

«Hi ha qui no el vol, el referèndum. En el fons, crec que esperen que els espanyols l'impedeixin de totes totes i que no hi hagi cap altre remei que declarar la independència des del Parlament. És una hipòtesi que no hem de descartar», pensa, mentre és a l'autopista de tornada cap a casa.

Està convençut que, en el fons, l'èxit o el fracàs de tot plegat no dependrà tant dels estira-i-arronses que hi hagi al govern ni del paper d'Esquerra, sinó del paper que hi tingui la societat civil.

«El govern Rajoy no ha calculat bé el pes de la gent; si la gent es mobilitza, i espero que ho faci quan el TC actuï, hi haurà tensió; molta més de la que havíem previst i de la que voldríem, però ens en sortirem.»

Dilluns, 9 de gener

Avui fa exactament un any que va saber que seria president de la Generalitat. Hi pensa mentre va en cotxe cap a la reunió habitual dels dilluns amb les entitats sobiranistes.

En un any ha viscut tota una vida. No sap si li ha passat a poc a poc o massa ràpid. «En funció del moment», diu. El que sí que sap és que ha estat dur i, sobretot, molt dens. «Hi ha hagut tants elements nous! M'han passat més coses que a molta gent en tota la seva vida.» Aquesta intensitat, aquest anar d'una cosa a una altra, a vegades sense control, és molt dura. «En alguns moments m'he sentit molt collapsat», es confessa.

De fet, porta una activitat frenètica. I, si no, que ho preguntin al seu equip de Palau i als escortes que l'acompanyen habitualment.

—Cap president ha portat mai una agenda així —li diuen. N'és conscient.

—És que jo he de fer en divuit mesos el que altres presidents fan en una legislatura de quatre anys. I no és una legislatura normal. Però vull mantenir l'agenda del full de ruta sense renunciar a l'activitat normal d'un president, i això vol dir també anar a inaugurar fires o participar en debats. Necessito temps per pensar. Això és el que més trobo a faltar.

Ja és a Palau. A dos quarts d'una toca la reunió setmanal que sol fer últimament amb els líders de les entitats sobiranistes. Avui Lloveras, de l'AMI, no ha pogut ser-hi, i el president es reuneix només amb els dos Jordis. El tema del dia és el judici a Artur Mas, Joana Ortega i Irene Rigau pel 9-N, que ja se sap que començarà el dilluns 6 de febrer amb la declaració de l'expresident Mas.

Els explica el *crescendo* que es pot produir en els propers mesos, amb el judici al 9-N, el possible judici a Carme Forcadell —ja investigada formalment—, el judici a Homs, les imputacions a la mesa del Parlament, i tot allò que pugui fer l'Estat... Insinua que això potser hauria de fer avançar el full de ruta i el calendari del referèndum, però se centra en les mobilitzacions que cal organitzar per al judici al 9-N.

—Això ha de ser com una Diada; no pot ser que jutgin el president de Catalunya per haver posat urnes al carrer i la gent no surti.

[redacted]

A les sis de la tarda, l'estat major reduït, sense les entitats sobiranistes, es troba a la Casa dels Canonges.

La CUP no hi serà, per un malentès i perquè no vol assistir a les reunions de l'estat major si no es parla del referèndum. Com que se'ls ha avisat tard i no estava clar si es parlaria o no del referèndum, Mireia Boya i Anna Gabriel, les dues persones que en principi avui hi havien de ser, han decidit no assistir-hi. «No sabem l'ordre del dia i nosaltres també tenim la nostra agenda», ha dit Gabriel a Josep Rius per justificar la seva absència. Boya, per la seva banda, li envia aquest missatge de WhatsApp: «Fes el que puguis per reprogramar la reunió del referèndum a la qual nosaltres també hauríem d'haver assistit». Tot i que ja era a la porta de la Casa dels Canonges, quan ha sabut que Gabriel no hi anava, Boya també s'ha estimat més girar cua.

Avui sí que s'entra més en els detalls i es plantegen temes logístics importants: com s'encarregaran les urnes, com s'encarregarà i es farà el programa informàtic... I també, esclar, la situació legal i com protegir legalment la celebració del referèndum.

La data per fer la convocatòria —el referèndum hauria de ser preferiblement el 18 de juny— continua sent el 23 d'abril i a partir d'aquí es podrien encarregar ja les paperetes, les urnes, el programa informàtic... Tot plegat quedaria emparat per la llei de processos participatius.

Dimarts, 10 de gener

Aquest matí el vicepresident Oriol Junqueras ha fet saber als consellers del govern, aprofitant la reunió habitual dels dimarts, que aquesta tarda es trobarà amb Soraya Sáenz de Santamaría. Anit, explica, la vicepresidenta del govern espanyol li va fer saber que avui seria a Catalunya —farà una visita a Reus i a Barcelona— i li va demanar de reunir-se personalment i, si era possible, discretament.

Però encara no fa ni deu minuts que ha acabat la reunió de govern, que els mitjans de comunicació ja esbomben la trobada que hi haurà aquesta tarda; una trobada, afegeixen, que la vicepresidenta havia demanat que fos discreta. No ho serà, esclar. Al carrer, davant la seu d'Economia, hores abans ja hi ha un gran desplegament de periodistes i d'unitats mòbils que n'informaran puntualment i en directe.

Durant tot el dia, el PDeCAT i ERC es culparan mútuament d'aquesta filtració a la premsa. Els exconvergents atribuiran la filtració a Sergi Sol, i els republicans assenyalaran els consellers Santi Vila i Josep Rull.

Junqueras, finalment, no ha fet cas del consell que li va donar fa uns dies Puigdemont, en el sentit que tindria molta més força la imatge de Soraya Sáenz entrant al Palau de la Generalitat, per anar al despatx del vicepresident, que no pas entrant a la seu d'Economia, on també hi té despatx. «A mi em sembla que s'equivoca, però la decisió és seva», diu Puigdemont.

Quan al matí ha sabut que la reunió entre els vicepresidents serà al cap de poques hores, el president ha demanat a Junqueras veure's un moment tots dos sols.

—Com que aquesta tarda et veus amb la Soraya, has de saber que demà jo em trobaré en secret amb Mariano Rajoy.

Ja fa dies que el va alertar de la trucada de Rajoy expressant-li la seva voluntat de veure's amb ell discretament. Avui li confirma que es veuran demà.

—Ah, ¿així és demà?

—Sí, demà per dinar.

Per precaució, i per evitar filtracions, hauria preferit no explicar-li que tenia prevista una trobada amb Rajoy fins que s'hagués produït, però decideix avançar-l'hi per no deixar-lo en evidència si Soraya Sáenz fa alguna referència a aquesta reunió.

A més, ha de servir perquè Sáenz vegi que el president i el vicepresident estan al cas de les respectives agendes. Quan havent acabat li expliqui com ha anat la trobada, es confirmarà que no anava errat:

Junqueras l'hi ha explicat així:

—Només d'entrar a la reunió, la Soraya em pregunta: «¿Tú qué sabes?». «¿Qué sé de qué?», li pregunto jo. «De mañana. ¿Qué sabes de mañana?». Llavors li he dit que estava al corrent que tu i Rajoy us vèieu en secret. «¡Ah!, veo que estás informado», m'ha contestat. I hem començat la reunió...

La reunió entre els dos vicepresidents serà un diàleg de sords. La vicepresidenta no vol sentir a parlar de res que tingui a veure amb el referèndum que proposa Catalunya, i Junqueras insisteix a posar-lo sobre la taula. Mentre Sáenz de Santamaría es dedica a insistir a Junqueras que Puigdemont hauria d'anar a la conferència de presidents, el vicepresident insisteix una vegada i una altra en el full de ruta català. «El referèndum el farem, amb permís o sense», ha assegurat Junqueras a la vicepresidenta espanyola en sortir. Ell mateix declara a la premsa que li ha servit «per donar per acabada l'Operació Diàleg mentre no es trobin Puigdemont i Rajoy».

Dimecres, 11 de gener

Avui és el dia que es veurà en secret amb Mariano Rajoy. Hi ha molt poca gent que estigui al cas de la trobada, i fa dies que a banda i banda els preparatius es fan molt discretament. A part de Neus Munté, Artur Mas i Oriol Junqueras, que ho va saber ahir, a Palau no ho sap ningú més. Només el director de l'oficina del president, Josep Rius, que l'acompanyarà en el viatge i s'ha fet càrrec dels preparatius, i una petita dotació d'escortes que fa dos dies van ser alertats del «servei especial» d'avui i de la necessitat de la més absoluta discreció. La resta de membres de l'equip del president, des dels serveis de premsa fins a protocol o secretaria, no en saben res. A l'agenda del president avui hi ha anotat que té «assumptes personals».

Està previst que arribi a dos quarts de tres de la tarda a la Moncloa per dinar amb Rajoy. S'han pres totes les precaucions perquè el president no sigui vist en cap moment. És per això que el viatge s'ha de fer en cotxe i no en AVE. No hi anirà amb cap dels cotxes oficials, i la càpsula de protecció dels Mossos serà molt més discreta del que és habitual. Evidentment, la comitiva no s'aturarà en cap moment del trajecte. Això vol dir no baixar del cotxe. «Si ens aturem en una àrea de servei o a qualsevol lloc, segur que hi haurà algú que et reconeixerà, i no podem córrer cap risc», li ha dit Rius.

A dos quarts de nou en punt del matí, surt del Palau un Ford Mondeo de color negre amb els vidres del darrere tintats. Al davant hi van dos escortes, i, al darrere, el president i Josep Rius. Els segueix un segon cotxe, un altre Ford Mondeo, en aquest cas de color xampany, amb dos escortes més. Un quilòmetre més enrere hi ha encara un tercer cotxe camuflat amb dos agents dels Mossos.

Quan els agents confirmen que «Platí ja és a lloc» (Platí és el nom en clau del president), la comitiva s'ha posat en marxa.

Arribaran a Madrid quan faltin deu minuts per a dos quarts de tres de la tarda. Han optat per reduir la velocitat en els darrers doscents quilòmetres. Hi ha menys trànsit del previst i arribaven massa aviat.

Entren al complex de la Moncloa a dos quarts en punt, l'hora convinguda. La Moncloa consta de vint hectàrees repartides en tretze edificis en els quals treballen més de dues mil cinc-centes persones. La comitiva presidencial s'ha acreditat a l'entrada del recinte. A la porta de l'edifici on mantindran la trobada els espera Jorge Moragas, el cap del gabinet de la presidència del govern espanyol.

Mentre Moragas els acompanya cap a la sala Tàpies, comenten les vacances de Nadal i l'entrada del nou any i admiren alguns dels quadres que hi ha a les sales i als passadissos.

Mentre fan una encaixada de mans, el president li comenta com està. «Tengo mal cuerpo», confessa, i és que avui no acaba d'estar fi. Li ronda un refredat, diu.

Es tracten de tu des del primer minut. Dinaran sols, al menjador principal del palau de la Moncloa. Moragas i Rius s'entaularan al pis de sota. Això sí, el menú serà el mateix per a tots quatre: de primer, una mena d'amanida amb carxofes i espàrrecs, i de segon, filet amb *foie*. Per postres, un gelat de mandarina i, al cap d'una estona, perquè la conversa s'allargarà, unes trufes que acompanyaran el cafè. «Esto está hecho aquí, en la casa», li remarcarà el cambrer.

Després d'una estona de conversa més intranscendent, en què Rajoy li tornarà a explicar que té parents a Catalunya (l'altra vegada ja l'hi havia comentat), parlen de la política internacional. Els dos líders es passen una bona estona comentant la situació política nord-americana i, sobretot, la francesa. En altres ocasions, Puigdemont fins i tot havia dit que Rajoy transmetia un cert desinterès per segons quines qüestions; avui se sorprèn del grau de coneixement que en té el president espanyol. Continua considerant que el seu interlocutor parla en un to displicent, però troba que és innegable que està molt ben informat.

Ja han acabat el segon plat i el tema català encara no ha aparegut a la conversa. S'ha fixat que Rajoy ha deixat sobre la taula una carpeta i de tant en tant ell es pregunta què hi deu portar. El president espanyol no l'obrirà en cap moment.

Finalment, quan ja els estan servint les postres, Rajoy es llança:

—Vamos al asunto, si te parece: mira, yo te quería decir unas cosas, para quedarme más tranquilo; te las quería decir personalmente, por eso te llamé. —I, després d'aquest preàmbul, li deixa anar—: Del referéndum, sepas que no vamos ni a hablar. Ni a hablar. Y que lo vamos a impedir.

Rajoy li explica que no hi ha cap marge de maniobra, cap, i li insisteix que l'Estat impedirà la celebració del referèndum. No passarà com el 9-N, li assegura. Li confessa que està molt dolgut:

—Me pusieron dos querellas por dejación de funciones, por no haber hecho nada; esta vez no va a ocurrir.

Les hi va posar el partit d'ultradreta Vox, que va arribar a demanar una pena d'inhabilitació per a Mariano Rajoy acollint-se a l'article 408 del codi penal: «La autoridad o funcionario que, faltando a la obligación de su cargo, dejare intencionadamente de promover la persecución de delitos de que tenga noticia o de sus responsables, incurrirá en la pena de inhabilitación especial para empleo o cargo público por tiempo de seis meses a dos años», diu textualment aquest article.

A Rajoy li va doldre acabar sent acusat d'aquest delicte, encara que el Tribunal Suprem decidís més tard arxivar la causa.

—Esto no va a volver a suceder; me dolió mucho —insisteix.

Li repeteix un cop i un altre que no hi ha escletxa possible. «Per a un registrador de la propietat com és Rajoy, que l'acusin de deixadesa de funcions deu ser molt greu», pensa mentre de moment el deixa parlar.

—No lo veo, el referéndum. No me lo creo. No lo veo —li repeteix unes quantes vegades. No el veu ni factible, ni possible, ni entra dins del seu imaginari—. No me lo creo.

«És com si a mi em diguessin ara de cop que la Terra és plana; no m'ho podria creure, em semblaria impossible. A Rajoy li passa això amb el referèndum. No se'l creu. No li cap al cap», pensa el president.

—En primer lugar, no lo veo. Y en segundo lugar, si lo hacéis, lo vamos a impedir. Y quiero que lo sepas. Me quedo más tranquilo si lo sabes por mí directamente —continua.

Diu que aquest cop el govern espanyol no actuarà amb subterfugis ni amb maniobres estranyes.

—Quiero que sepas que no sobreactuaremos, pero que seremos muy claros. No sobreactuaré, no haremos declaraciones para provocaros, pero que sepas que no lo permitiremos —l'adverteix una altra vegada.

I després d'aquesta afirmació tan taxativa, en un to amable li assegura que està a la seva disposició per a qualsevol cosa. Qualsevol cosa que no sigui, esclar, el referèndum.

—Estoy a tu disposición. Quiero que sepas que, si necesitas algo, me llamas. Estáis haciendo cosas ilegales, estáis tomando unos acuerdos que son ilegales...

És evident que el president Rajoy té ganes de deixar anar tot el discurs que portava al pap, perquè a continuació passa a comentar la situació política a Catalunya i a carregar una bona estona contra la CUP:

—Van a destruirlo todo; no sé qué hacéis pactando con ellos...

Se l'ha escoltat durant gairebé mitja hora. Però ara li toca a ell:

—No habéis tenido nada de mano izquierda. No lo habéis hecho bien.

I a continuació repassa la judicialització de la vida política catalana, començant pels processats pel 9-N fins al cas del regidor de la CUP Joan Coma.

—Esto es la justicia, ya sabes que nosotros no... —l'interromp Rajoy.

—Pero la Fiscalía de Cataluña había decidido unánimemente archivar el caso porque no había causa, y es el fiscal general del Estado quien ordena abrirlo de nuevo. No me negarás que el papel del fiscal general y el de la abogacía del Estado no tienen un componente político...

En un primer moment, Rajoy vacil·la:

—Bueno..., no sé si..., eso es que... —balbuceja; fins que ho nega rotundament brandant la separació de poders de l'Estat.

Puigdemont hi afegeix també l'exemple dels processos judicials oberts per la crema de fotos del rei. El Departament d'Interior ha rebut fa pocs dies l'ordre d'identificar els diputats de la CUP que van cremar fotos del rei al Parlament en suport al regidor Joan Coma.

—Bueno..., esto ya sabes que nosotros no... —repeteix Rajoy.

—No tenéis nada de mano izquierda, nada. Si continuáis así —li vaticina—, en Cataluña quemarán fotos del rey incluso las abuelas. ¿Qué haréis, el día que se organice una quema popular de fotos?

Rajoy se l'escolta atentament, però sense immutar-se. És evident que el president espanyol no ha vingut a negociar res. Avui s'ha reunit simplement per dir-li el que ja li ha dit, i no pensa sortir d'aquí. No entra ni a discutir ni a argumentar les seves opinions. Les hi deixa anar i ja està. Volia comunicar-li el que li ha comunicat i prou. Cada cop que ell li planteja un argument, la resposta de Rajoy és la mateixa:

—Bueno, esto que dices... Yo no lo veo, no lo veo.

—¿Compartimos, presidente, que la situación política y las relaciones entre Cataluña y España no funcionan? —li pregunta directament—. Yo quisiera saber si compartimos el diagnóstico de que las relaciones entre Cataluña y España no funcionan.

Rajoy assenteix amb el cap i li reconeix que sí, que, efectivament, hi ha un problema. Puigdemont s'agafa a això i li diu:

—Nosotros hemos intentado resolverlo, este problema. Antes de llegar al punto en que estamos ahora propusimos un estatuto, un pacto fiscal... Pero no ha funcionado nada. En Cataluña hay un malestar creciente y una gran insatisfacción, y estos últimos años ha cristalizado una alternativa, que es la independencia.

En aquest punt recorda a Rajoy que en la seva presa de possessió com a president espanyol, ell mateix va dir que la situació de Catalunya era «el desafío más grave» que tenia plantejat l'Estat en aquell moment.

—Ante esta situación —insisteix—, si reconocéis que hay un problema tan grande, lo que yo quisiera saber es qué plantea el Estado para resolverlo.

Rajoy és contundent:

—Yo no tengo por qué proponer nada.

—No te pido que propongas nada, te pregunto qué solución tenéis para resolver un problema que también es vuestro.

—Es que la situación es la que es. Y yo no tengo por qué sacarme nada de la chistera —insisteix el president espanyol.

—No se trata de inventarse nada. Hay quien ha hablado públicamente de una reforma de la Constitución y hay otras propuestas. ¿Tú qué crees? —li reitera.

—Una reforma... pero ¿para qué? Es que yo esto no lo veo, no lo veo.

—Entonces, ¿no hay ninguna solución? Ante un problema que los dos compartimos, que está ahí, y que nosotros proponemos resolver a través de la independencia, ¿qué proponéis vosotros? ¿Continuar como estamos ahora?

—Sí, sí. Es que yo he venido para gobernar... No para otras cosas... Hay lo que hay. Se pueden mejorar cosas, claro, pero nada más.

Intueix que aquest «millorar coses» deu tenir alguna cosa a veure amb la carpeta que Rajoy ha posat sobre la taula. Però no hi vol entrar, en aquest terreny.

—No estamos hablando de si tendremos más dinero para becas, de si haréis una inversión o no... Ya no va de esto.

Es posa per un moment al lloc de Rajoy. «Aquest home està atrapat. No pot fer cap moviment ni que volgués», pensa. I li diu:

—Ya sé que no vas a autorizarnos el referéndum, y que además no puedes. Pero alguna cosa habrá que hacer, ¿no?

«Entre autoritzar un referèndum i impedir-lo —pensa el President—, bé hi deu haver algun camí del mig.»

Però no.

—No lo veo, no lo veo —continua insistint Rajoy.

En un moment de la conversa, amable en les formes però dura en el fons, surt la conferència de presidents autonòmics que s'ha de celebrar d'aquí a pocs dies. Rajoy li pregunta:

—Entonces, ¿no vendrás, definitivamente?

—Estaría dispuesto a venir y a escuchar todas les críticas que me hicieseis y, si fuera necesario, aguantar el chaparrón. Pero vosotros deberíais hacer el gesto de incluir el tema en el orden del día. ¿No decís que queréis diálogo? Pues ponedlo en el orden del día.

Rajoy li proposa que del cas català se'n parli a l'apartat de precs i preguntes de la reunió.

—Allí puedes hablar de lo que quieras.

Ell li insisteix que no és el mateix parlar-ne al final de la reunió que fer-ho constar com un punt de l'ordre del dia. «No volen reconèixer en cap moment la singularitat de Catalunya. Ni aigua.»

Fa estona que donen voltes a la situació i els posicionaments són inamovibles. Rajoy admet que hi ha un problema, però no proposa cap solució ni transmet cap intenció de fer-hi res. Tot i això, en un moment de la conversa, reconeix que ha estat parlant amb certes persones de Catalunya per fer-se'n la seva pròpia radiografia. Pensa que aquest comentari de Rajoy concorda amb el que li va dir Junqueras fa pocs dies: «Sembla que Rajoy està trucant a alguna gent, als empresaris del Pont Aeri...».

És pràcticament un quart de cinc de la tarda. No ha tastat les trufes: no fan gens de bona pinta. Ha rebut el missatge clar i contundent que li volia fer arribar Rajoy. No sembla que tinguin gaire més a dir-se. Els dos mandataris pacten abans de marxar què han de fer a partir d'ara, ja que han anunciat que un dia o altre es veurien públicament.

Acorden que la trobada d'avui es mantindrà en secret, i que públicament es trobaran d'aquí a uns quants dies, passada la conferència de presidents.

—Pero, claro, si nos vemos justo después de la conferencia, habrá quien interprete que he cedido a este trato bilateral, y a mí no me conviene. Tendremos que dejar pasar unos días —fa Rajoy.

—¿Y por qué no vienes a Catalunya? —li proposa, buscant en el fons la foto de Rajoy entrant al Palau de la Generalitat.

«Per a nosaltres seria una imatge boníssima, un president del govern espanyol entrant a Palau per analitzar el problema de relacions que tenim», es diu a si mateix.

—Ya lo había pensado —li respon Rajoy—, pero si he de venir a Cataluña, cuando los dos sabemos que no tenemos nada de qué hablar, también es un poco incómodo. Yo, haciendo una rueda de prensa en Cataluña para decir que no nos hemos puesto de acuerdo en nada... me parece raro.

Li dona la raó i queden que els gabinets de comunicació ja es posaran d'acord per trobar data i lloc sabent el que pensen tots dos.

Abans de marxar, li explica que demà té una entrevista a Catalunya Ràdio i que, si l'hi pregunten, dirà que encara no s'han vist, però que ho faran en les properes setmanes. A Rajoy li sembla bé i es compromet també a mantenir en secret la trobada i a fer el mateix relat públicament si l'hi pregunten. Abans de marxar, el president espanyol li insisteix que, malgrat la situació, està a la seva disposició per a qualsevol cosa o qualsevol urgència.

—Llámame cuando quieras.

Són dos quarts de cinc de la tarda. La trobada ha durat dues hores.

La comitiva surt de la Moncloa en direcció a Barcelona, altre cop amb la idea de no fer cap parada enlloc.

Un cop al cotxe, Rius li explica que Moragas, amb qui ha estat parlant en català tota l'estona que han estat sols dinant, li ha deixat anar frases del tipus «la unitat d'Espanya és un bloc de ciment» i que, indirectament, li ha preguntat sobre la relació Puigdemont-Junqueras. Li ha parlat del «perímetre constitucional» per fer-li entendre que no hi ha marge de maniobra i, en un moment de la conversa, li ha mostrat, sense deixar-l'hi llegir, un paper que tenia a la butxaca. Era una llista de tot el que la Moncloa preveu que pot passar, en l'àmbit judicial, contra el Parlament, contra el govern i contra els càrrecs electes.

—Ho tenim tot analitzat —li ha dit tot mostrant dos folis plens d'anotacions i de fragments subratllats amb diferents colors.

—Tu ets català i saps el que està passant —li ha retret Rius a Moragas en un moment del dinar.

La resposta de Moragas ha estat aclaridora:

—Bé..., sí..., però ara és molt difícil fer res; temps enrere, PP i PSOE teníem un espai on en determinades circumstàncies podíem parlar de qüestions d'estat, però ara no hi és... El paper de José Enrique Serrano, del PSOE, anava molt bé..., però ara aquest espai no existeix. —Serrano va ser director del gabinet de l'expresident socialista José Luis Rodríguez Zapatero, i també del de Felipe González—. Ara aquest espai entre PP i PSOE no hi és —li ha insistit.

«Tant PP com PSOE saben que hi ha un problema descomunal sobre la taula i no hi pensen fer res», conclou Puigdemont, que es passa gran part del viatge de tornada reflexionant sobre la conversa amb Rajoy. Ara ja sap quina és la posició del president espanyol. Sense cap fissura ni dubte. «Ells no faran cap moviment, però per la via judicial faran tots els moviments que els convinguin.»

«La clau serà la gent», es diu. «¿Però i si l'immobilisme de Rajoy no és res més que una estratègia per espantar-me?», arriba a pensar. Amb tot, no ho creu. «Ell sap que jo no faré marxa enrere.»

Cap a quarts de deu de la nit la comitiva, després de cinc hores de cotxe, entra a Catalunya. Estan cansats i tenen necessitat d'aturar-se per estirar les cames i per a alguna cosa més.

—¿No podem parar a cap àrea de servei?

—Ara no. Aturem-nos una mica més endavant —diu Rius.

Finalment faran una aturada en una àrea de descans poc abans de Tarragona. És negra nit i no hi ha ningú. Una estirada de cames, un alleujament ràpid i altre cop al cotxe.

Arriba a Palau prop de la mitjanit. Demà a primera hora ha de ser de peu dret. Cansat, s'adorm tan profundament que l'endemà no sent l'alarma del mòbil. Tres quarts d'hora abans d'entrar en directe a Catalunya Ràdio, encara és al llit. Volia aixecar-se amb temps per preparar-s'ho millor, però hi arribarà amb el temps just.

Dijous, 12 de gener

Poques hores després, quan l'hi pregunten els periodistes després del Consell de Ministres dels divendres, Mariano Rajoy es mostra disposat a reunir-se amb Puigdemont, però recorda que no permetrà «de ninguna manera» el referèndum. No s'està de dir que li sembla «un gran error» que Puigdemont no assisteixi a la reunió de presidents, però no insisteix més a demanar-li que s'ho repensi.

El president aprofita el trajecte de Catalunya Ràdio cap a Palau per fer una trucada al popular periodista de La Sexta Jordi Évole i desfer un embolic. Évole, a les portes de la conferència de presidents, fa setmanes que està intentant organitzar a la televisió privada una trobada amb diferents presidents de comunitats autònomes espanyoles i vol que ell hi sigui. La seva productora ja ha fet gestions i té confirmada l'assistència al debat del president gallec, Alberto Núñez Feijóo; el president d'Extremadura, Guillermo Fernández Vara; la presidenta de Navarra, Miren Uxue Barcos Berruezo, i segurament també la presidenta andalusa, Susana Díaz.

L'equip de Presidència del govern català, tot i que sense pronunciar-se encara definitivament sobre si el president hi aniria o no, en un primer moment va deixar la porta oberta, a l'espera d'una resposta definitiva. Évole havia avançat molta feina i tenia el programa pràcticament preparat i l'agenda tancada. Ell, però, li va trucar fa pocs dies per dir-li personalment que no hi aniria i que la iniciativa, tot i que periodísticament era molt interessant, des d'un punt de vista polític resultava del tot inoportuna. «Em sap greu si hi ha hagut un malentès i has interpretat que hi ha el vistiplau, però no és cert. Jo no puc venir a aquest programa, i espero que n'entenguis les raons: si acabo de dir que no aniré a la conferència de presidents, em sembla que venir aquí seria gairebé un insult cap a Rajoy, i no es tracta d'això. Però no és només una qüestió de formes. El problema català és un problema de Catalunya i Espanya, no és un conflicte entre territoris, i aquest format que proposes alimenta aquesta imatge. No tenim un problema entre territoris, el que hi ha és un problema entre el govern català i l'espanyol.»

Évole, veient el no, l'hi va proposar a Junqueras, i Junqueras ho va consultar al president:

—Mira, fes el que et sembli, però jo t'exposaré l'argumentari de per què no hi vaig i de què li vaig dir a l'Évole. —Després de repetir-li els arguments que va donar al periodista per justificar la seva decisió, n'hi afegeix un altre—: Home, i a més a més, si tots els altres són presidents i nosaltres hi enviem un vicepresident, em deixes a mi en una posició ben estranya. Tot i això, fes el que et sembli.

—Tens raó, no hi aniré.

Ahir, però, va rebre un nou whatsapp d'Évole: «Voldria parlar amb tu. Vaig parlar amb Junqueras perquè vingués al programa i em diu que tu no ho vols».

«Qui t'ha explicat això no t'ha explicat tota la veritat. Et trucaré.»

Avui aprofita el viatge cap a Palau per parlar-hi:

—¿Però no el deixes venir? —li insisteix Évole.

—La decisió de venir o no és seva; jo no li he prohibit res. Li he fet unes quantes reflexions, sí; però la decisió és seva. Quan hi ha el primer malentès, jo tinc el coratge de trucar-te i explicar-te el que passa. Tinc el coratge de dir-te que ara no em sembla oportú. Jo no carrego les culpes a un altre.

Évole, però, insisteix a preguntar-li si ha prohibit a Junqueras anar al programa.

—Que no! Procurem prendre moltes decisions en conjunt, però cadascú té els seus marges, només faltaria! Mira, quan li vam demanar a en Junqueras que es reunís amb Soraya Sáenz, li vaig suggerir que ho fes a Palau, pel que representa l'edifici. Però ell va decidir que no, que es trobarien a la seu d'Economia, a la Rambla de Catalunya. T'ho poso d'exemple perquè vegis que jo em limito a dir el que en penso, però que les decisions finals són seves. —Però el president encara té més arguments per no anar-hi—: No sabem ni si hi haurà pressupostos, i tot plegat s'acaba a finals de mes; tal com està tot plegat, una mala paraula meva o de qualsevol altre president pot provocar un merder innecessari. Jo prefereixo esperar. Que en Junqueras faci el que cregui, però sàpigues que jo no li prohibeixo res. I que jo no vindré. En tot cas, crec que puc decidir quan i en quin format puc venir al teu programa.

Évole, que, com és lògic, hi ha insistit fins al darrer minut, finalment admet que entén els seus arguments i s'emplacen a tornar-ne a parlar més endavant.

Dilluns, 16 de gener

Avui repassa amb Jordi Sànchez i Jordi Cuixart els preparatius per al 6-F, el dia que Artur Mas, Joana Ortega i Irene Rigau han d'anar a declarar acusats de desobediència i prevaricació per haver tirat endavant la consulta participativa del 9-N tot i els advertiments del TC. Són a la Casa dels Canonges.

La conversa gira a l'entorn dels voluntaris i del paper que tindran a partir d'ara en el procés, si el full de ruta es complica. Calculen quants voluntaris caldran, si s'han de fer accions contundents, si la resposta de l'Estat també ho és.

Des de fa uns quants dies, el govern pren més precaucions de les habituals. Des del mes de desembre, en segons quines reunions, abans d'entrar-hi els assistents deixen els mòbils en una mena de funda inhibidora que impedeix que els aparells puguin ser detectats o utilitzats per espiar converses. Les fundes, similars a un necesser de viatge de color platejat, inhibeixen qualsevol senyal de mòbil i també dels localitzadors GPS o GSM.

Aquest vespre té una conferència al teatre Romea. Hi arriba a peu. Ha anat caminant des del Palau de la Generalitat fins al teatre, al barri del Raval. Una passejada de vint minuts que farà acompanyat de tres consellers: Jordi Jané, d'Interior; Santi Vila, de Cultura, i Josep Rull, de Territori i Sostenibilitat. Jané i Rull, però, caminen uns passos enrere. El president mateix els ho ha demanat: «Si no us fa res, vull aprofitar un moment d'aquesta estona per comentar una cosa amb el conseller Vila», els ha dit en baixar a la plaça Sant Jaume.

Caminaran tots dos sols un bon tros. Pràcticament fins a arribar al Romea. És el temps que cal perquè Vila li expliqui la conversa que ha mantingut aquesta tarda amb el vicepresident Junqueras.

Jané i Rull, i la resta de la comitiva que els acompanya, continuen tota l'estona al darrere. No ho diuen en veu alta, però alguns han trobat fins i tot de mala educació que el president els hagi fet aquesta petició.

Aquesta tarda, fa una estona, a Canonges hi havia dues reunions paral·leles. Vila s'ha confós i, per error, ha estat a punt d'entrar a la que no tocava. «Disculpeu. M'he equivocat», els ha dit en obrir la porta i adonar-se'n. Junqueras, que era a dins, en veure Vila s'ha excusat. «Perdoneu, surto un minut, que vaig a parlar amb el conseller.»

Vila li resumeix el que li ha dit el vicepresident: «¿Ja ho sap, el teu partit, el que està fent el president? —li ha preguntat, a peu dret, a Canonges—. ¿Ja ho sap, el teu partit, que vol anar molt ràpidament cap al referèndum i que això serà molt complicat?»

Arriben a la conclusió que Junqueras confia que Vila farà honor a la seva imatge de conseller indecís amb el procés, que no en dirà res a Puigdemont, però sí que escamparà pel partit que el president corre massa i que això és un perill.

«Vol sembrar intranquil·litat. Vol que en Vila es neguitegi i traslladi aquest neguit a altra gent del partit que probablement tampoc no les té totes. No vol que es faci el referèndum i vol anar a eleccions podent dir que és per culpa dels convergents. I això després que m'hagi hagut d'arromangar jo perquè s'aprovessin els seus pressupostos», es repeteix a si mateix.

La conversa entre Puigdemont i Vila ha durat just fins a l'entrada del Romea, on els rep el director, Carles Canut. La sala ja és plena i Puigdemont ha de pujar a l'escenari.

—Ostres! ¿Algú em pot deixar un rellotge per poder controlar el temps?

Ell no en porta mai. Fa servir sempre el del mòbil. El cap de l'oficina, Josep Rius, n'hi deixarà el seu.

—No me'l perdis, que és el de prometatge!

La conferència serà un èxit i les cròniques de l'endemà parlen d'un Puigdemont convençut i decidit, que ha anunciat, un cop més, que el referèndum es farà. Ha proclamat «la fi del procés» i «l'inici d'una nova era per a Catalunya» aquest 2017. L'èxit, ha recalcat, no dependrà ni d'ell ni del govern. «No ho podem fer sols —ha dit— Depèn de tots nosaltres.»

Els pressupostos es desencallaran l'endemà mateix. Vidal, amb instruccions clares, manté una reunió secreta amb Junqueras i Quim Arrufat, de la CUP. «Necessitem un gest a Ensenyament», diu Arrufat en aquesta reunió. I el govern el farà: anunciarà una nova partida de 140 milions a Ensenyament destinada a contractar nou professorat i a reduir una hora lectiva per a cada docent; 25 milions d'euros addicionals destinats a la renda garantida de ciutadania, i un nou impost que gravarà les emissions contaminants de CO_2 en els vehicles.

Dimarts, 17 de gener

—¿Ha passat alguna cosa, oi, amb la carta que vam enviar a Rajoy? —pregunta el president al cap de l'oficina.

És cert. Avui tots els mitjans, també els de Catalunya, però sobretot els de Madrid, fan escarni de la carta que el president ha enviat aquesta setmana al president Rajoy per explicar-li que, definitivament, no anirà a la conferència de presidents. Els mitjans de comunicació, però, no s'han fixat només en el fons. També en la forma. A la carta hi ha tres faltes d'ortografia i tothom s'acarnissa amb el president.

Rius no sap on posar-se. «És culpa meva, és culpa meva», diu a tothom que el vulgui escoltar. Però, quan ja s'esperava una esbroncada, Puigdemont canvia de tema i li fa broma amb una altra cosa.

El president va llegir prèviament la carta i en va retocar algunes expressions (es parlava, per exemple, d'«agravios históricos», i ho va fer treure). En acabat, el text va passar pels serveis de correcció de Presidència i el van revisar vuit persones més. Ningú es va adonar dels errors.

Per tant, és un mèrit molt compartit.

Dissabte, 21 de gener

Un altre dia tràgic. Al municipi d'Aspa, al Segrià, dos agents rurals que feien un control rutinari en una zona d'oliveres han mort assassinats per un caçador de vint-i-vuit anys que els ha disparat un tret al cap després que li demanessin la llicència d'armes.

Es passa la tarda enganxat al telèfon parlant amb els consellers Baiget i Serret, amb l'alcaldessa d'Aspa i amb altres persones.

Com ja va passar amb l'accident de Freginals de l'any 2016, ningú del govern espanyol fa cap trucada per expressar el condol. Sí que li truca, en canvi, Inés Arrimadas. I, com va passar també amb l'accident de Freginals, el rei.

—¿Qué eran, *mossos d'esquadra*? —li pregunta.

Puigdemont li aclareix que no, que eren agents rurals.

—¿Pero estos no son *mossos*?

—No, no. —I li explica la diferència i els detalls del cas.

La conversa amb el rei s'allarga una estona. Parlen del temporal que hi ha a València, que en els propers dies es preveu que pugi cap a Catalunya, i de les previsions meteorològiques. No sembla que hagi de ser un gran temporal ni que hagi de provocar grans danys. Com a molt en algunes platges.

—Mejor. Así, si nieva, en la montaña habrá nieve i se podrá esquiar —li deixa anar el rei.

«Coi, ¿em truca pels dos agents rurals i acabem parlant de si hi haurà neu per esquiar?» La conversa s'allarga uns minuts més. El monarca insisteix que si li cal res pel cas dels agents rurals, que ho digui, i li demana que traslladi el condol als afectats. No parlen ni un moment de política.

Diumenge, 22 de gener

Són pràcticament les dues de la matinada quan torna de Manresa després d'una marató de dues hores i mitja en què un grup de ciutadans de Catalunya li ha fet preguntes en directe. És el nou format que ha escollit TV3 per fer l'entrevista. *Jo pregunto*, es diu.

TV3 i Catalunya Ràdio han retransmès el programa simultàniament. S'ha fet des del teatre conservatori de Manresa, i l'han conduït Lídia Heredia, Carles Prats i Pere Bosch. «És una manera d'acostar els ciutadans a la política; els ciutadans poden fer preguntes sense intermediaris al president de la Generalitat», va explicar fa uns dies el director de TV3, Jaume Peral. Després de fer una tria entre les més de quatre-centes persones que han escrit al programa interessant-se per participar-hi, n'hi ha hagut dotze d'escollides per interrogar-lo.

La polèmica, que durarà uns quants dies, sorgeix quan surt a la llum que entre els dotze entrevistadors hi ha persones amb una clara tendència política i càrrecs en diferents organitzacions. El que es critica no és l'elecció d'aquestes persones, sinó que en cap moment del programa s'hagi explicat als espectadors que alguns dels preguntadors tenien una clara filiació política: hi havia, entre d'altres, una interventora de C's, la cap de llista d'IC a Manresa el 2015, la portaveu de la PAH a la Sagrera, la delegada sindical de Metges de

Catalunya a Bellvitge, el vicesecretari de la CUP a Manresa, el delegat d'Unió de Pagesos a les Garrigues... En els vídeos de presentació d'aquests ciutadans «anònims», aquests detalls s'han omès. Segons explicarà més tard TV3, s'ha decidit fer-ho així perquè se'ls ha volgut tractar com uns simples ciutadans.

Puigdemont no en tenia ni idea.

«El programa està bé, perquè és una idea original i m'hi vaig prestar des del primer moment. Un president ha de respondre als ciutadans. Però també és cert que ha estat una jugada bruta, no dirme qui era segons qui. A mi m'és igual, qui pregunti; crec que no passa res perquè TV3 hagi triat aquestes persones. Hi tenen tot el dret, esclar que sí. Però jo també tenia dret a saber qui eren, perquè davant d'un ciutadà del carrer jo no m'hi abraonaré mai; però si sé que és un cap de llista d'un ajuntament o un delegat sindical, evidentment la resposta serà diferent...»

«Forma part de la nova manera d'entendre la política, això; t'has d'arriscar, i si alguna cosa no la saps, dir-ho sense manies. Crec que la gent entén que un president no ho pot saber tot. Si hagués sortit algun tema complicat i jo no hagués sabut com respondre, ho hauria dit sense problemes.»

Finalment arriba a Girona, cansat després de dues hores i mitja de programa.

Tenia previst passar la tarda del dissabte tancat al despatx de casa seva, a Sant Julià de Ramis, preparant-se el debat i repassant l'expedient que li ha fet arribar el seu equip, però al final no ha tingut temps ni d'obrir-lo.

Dimarts, 24 de gener

Eurodiputats de diferents partits, personal diplomàtic de diverses ambaixades a Brussel·les i membres del Comitè de les Regions, de consultories i de *think tanks* han omplert aquest vespre la sala gran del Parlament Europeu per escoltar la conferència d'ell, el vicepresident Junqueras i el conseller d'Afers Exteriors, Raül Romeva, per explicar el procés d'independència de Catalunya.

Feia molts dies que es preparava aquesta trobada, que ha provocat molts nervis al govern de l'Estat espanyol. Fa una setmana, el portaveu del PP al Parlament Europeu, Esteban González Pons, va arribar a dir: «Es un acto particular en que unos particulares han alquilado una sala del Parlamento Europeo, de la misma manera que lo podrían haber hecho en un bar».

Però, malgrat les declaracions de diferents membres del govern espanyol i que el mateix González Pons ha enviat una carta als doscents disset eurodiputats populars (els del Grup Popular Europeu) demanant-los que no anessin a la conferència, el «bar» és ple a vessar. En efecte, Pons ha advertit per carta als seus col·legues que el referèndum que reclama Catalunya és «inconstitucional» i que «crearia un precedent perillós per a la unitat d'altres països europeus». «Anar-hi podria crear la falsa impressió que l'Eurocambra dona suport a la celebració del referèndum.»

Malgrat el boicot, doncs, avui la sala és plena. Els tres eurodiputats catalans que s'han encarregat de tots els preparatius (Jordi Solé, Josep Maria Terricabras i Ramon Tremosa) respiren tranquils. Després d'una llarga ovació, els tres conferenciants somriuen.

No han triat aquesta data perquè sí. Falten quatre dies perquè la CUP hagi de votar els pressupostos en assemblea, i això serà pressió per a ells.

«És segur que aquest 2017 Catalunya decidirà lliurement el seu futur mitjançant un referèndum legítim i legal —ha dit en la seva intervenció—. És, i això ho dic clarament aquí, un problema europeu; i Europa no pot permetre's mirar cap a una altra banda. Europa ha de ser part de la solució.» A banda de reclamar de nou que el català pugui ser llengua oficial al Parlament Europeu, també ha insistit en la vocació europea dels catalans: «Vull subratllar que la proposta catalana per fer un referèndum segueix una inspiració fermament europeista. En primer lloc, perquè si Catalunya esdevé un nou estat, ho farà en el marc de la Unió Europea».

Romeva s'ha encarregat de subratllar el caràcter «just, pacífic i democràtic» de la reivindicació dels catalans. Per la seva banda, el vicepresident Junqueras ha centrat la seva intervenció a posar de manifest alguns dels problemes econòmics que pateix l'Estat espanyol i, en conseqüència, els catalans.

Mentre parlava, el president català ha reconegut algunes cares entre els assistents. Hi ha vist, per exemple, la socialista Ana Gomes, que, desafiant els suggeriments del seu grup parlamentari, ha decidit ser a la conferència. Gomes va ser ambaixadora de Portugal a Timor coincidint amb el procés d'independència; és molt important que hagi vingut.

Hi és també l'exvicepresident del Parlament Europeu László Tőkés, del Grup Popular, una de les persones clau en la caiguda del poder de Ceauşescu, a Romania. «Tőkés, és evident, ha desafiat les instruccions de González Pons i s'ha presentat a la conferència.»

Però n'hi ha més, d'eurodiputats. Entre d'altres, tres del grup conservador —el polonès Tomasz Poręba i els flamencs Mark Demesmaeker i Helga Stevens—, uns quants del Grup Liberal —el portuguès António Marinho; la romanesa Renate Weber, exjutgessa del Tribunal de Drets Humans; l'exministre d'Afers Estrangers eslovè Ivo Vajgl; el lituà Petras Auštrevičius; els croats Ivan Jakovcic i Jozo Radoş, exministre de Defensa, i la basca Izaskun Bilbao—; uns quants del Grup Verds-ALE —la letona Tatiana Ždanoka; els escocesos Alyn Smith i Ian Hudgton; el suec Bodil Valero; l'estonià Indrek Tarand; el gal·lès Jill Evans, i la danesa Margaret Auken, exministra de Medi Ambient—, i uns quants del Grup Esquerra Unitària —els irlandesos Liadh Ní Riada i Matt Carthy, i la grega Sofia Sakorafa—. I a banda, és clar, un grup d'eurodiputats catalans i espanyols: Josep Maria Terricabras, Jordi Solé, Ernest Urtasun, Ramon Tremosa, Francesc Gambús, Lidia Senra (Galícia), i Xabier Benito i Josu Juaristi (País Basc). En total, vint-i-nou eurodiputats, de cinc grups polítics, de setze països. Entre ells, quatre exministres de diferents països, un exvicepresident del Parlament i una candidata a la presidència de la Cambra. I també molts membres de diferents ambaixades europees i del món que, sense cap mena de dubte, passaran els seus informes als seus respectius països.

«La importància d'aquesta conferència és el ressò que tindrà en els propers dies en cercles polítics i en analistes. No ha passat desapercebuda —diu—. Ha anat molt bé, i les declaracions de González Pons ens han acabat d'ajudar a fer el ple.» «Es tractava que a Europa veiessin que no és un conflicte sobre la independència; és un conflicte democràtic. Ara tots plegats, els analistes i la premsa internacional, tindran molts més elements a l'hora de valorar el que passi a Catalunya el 6-F, el dia del judici a Mas, Ortega i Rigau. Ara han vist l'envergadura del conflicte i la immobilitat de l'Estat.»

Just abans de començar, ha saludat personalment molts dels assistents, com ara el president del Parlament flamenc i el vicepresident del Senat belga, entre d'altres. Ha concertat entrevistes amb tots. Un eurodiputat li comenta, estranyat, que l'ha sorprès molt la intransigència d'Espanya, que fins i tot ha intentat impedir aquest acte al Parlament. «Això ens ha anat bé», pensa el president. «La seva obstinació a traslladar a tothom que aquest tema és tabú, que no se'n pot ni parlar, en el fons ens ha ajudat. Perquè quan un tema enrampa de la manera que aquest els enrampa a ells, traslladen la sensació que no és un tema menor, que és un tema important.»

Són pràcticament les deu de la nit. Els conferenciants s'han acomiadat i després han parlat amb molts dels assistents. Estan cansats, però els queda encara tot un viacrucis. Com que l'endemà al matí han de ser a primera hora al Parlament (hi ha sessió de control i el president ha de contestar les preguntes de les diferents formacions polítiques), la comitiva anirà a dormir a París i a les set del matí agafarà un vol cap a Barcelona. Si tot va bé, a dos quarts de deu seran al Parlament.

La comitiva en ple (Puigdemont, Junqueras, Romeva i tots els seus equips, que sumen fins a una vintena de persones) fa el trajecte de Brussel·les a París en autobús. Trigaran tres hores a arribar a l'hotel. Com que des de Brussel·les no hi havia cap vol que els anés bé per ser a primera hora a Barcelona, han optat per fer ara aquests tres-cents quilòmetres, dormir en un hotel a tocar de l'aeroport de París i volar l'endemà a les 6.50 del matí amb Air France.

Estan cansats, fa fred i no han menjat res. De tant en tant, se sent a l'autobús algú que fa com la mainada i pregunta allò de «¿Falta molt?». La comitiva s'atura en una àrea de servei de l'autopista. És pràcticament la mitjanit. El restaurant de l'àrea de servei està tancat. Només hi ha màquines expenedores amb entrepans freds. A aquestes hores, qualsevol opció és bona. Puigdemont, Romeva, Junqueras i la resta de l'equip fan cua. Un a un, van ficant les monedes a la màquina i escollint l'entrepà. Aigües i alguna Coca-Cola. No fa ni cinc hores que eren a Brussel·les, a punt de fer una conferència a la sala gran del Parlament, i ara estan tots asseguts menjant-se un entrepà fred en una àrea de servei. No els reconeix ningú.

A quarts de dues arriben a l'hotel. Com que el vol surt una mica abans de les set del matí de l'aeroport, queden a les sis al vestíbul. Puigdemont fa els seus càlculs: «Si a les sis he de sortir de l'hotel, m'aixecaré a un quart de sis; si vaig ràpid, en tres quarts d'hora estic dutxat i amb la maleta tancada. Almenys hauré dormit quatre horetes».

Efectivament, dorm profundament. Fins que el desperten uns cops a la porta: «President, president, que hem de marxar...».

Són les sis. S'ha adormit. Tothom ja és a baix, a punt de sortir per facturar les maletes del vol d'Air France París-Barcelona que surt a les 6.50 del matí.

«Vaja! ¿I ara què faig?» Només hi ha una solució: sense dutxar-se, agafa la mateixa roba que s'havia posat el dia abans, es vesteix i surt disparat cap al hall de l'hotel. La resta de la comitiva ha decidit no esperar-lo, i Junqueras i Romeva ja han anat a recollir la targeta d'embarcament. «He sortit tan esperitat que no sé ni si m'he deixat res a l'hotel», comenta als assessors que l'acompanyen.

Sortosament, l'avió surt amb retard i el president hi arriba a temps. Dues hores i mitja després, són al Prat. A les deu hi ha comissió de control al govern i van justos de temps.

Als passadissos del Parlament, els grups parlamentaris de C's i PP ja han informat als periodistes que si el president i els consellers no arriben a temps convocaran a les deu en punt sengles rodes de premsa. El discurs, òbviament, serà la manca de respecte del president i els consellers cap a la cambra legislativa: part del govern no hi és perquè ahir a la nit eren a Brussel·les fent una conferència independentista, innecessària, sense sentit i que ha costat molts diners.

Deu minuts abans de les deu, però, la comitiva entra al Parlament. La sessió començarà puntual i ni PP ni C's podran agafar-se al retard.

És el primer cop, però, que el president arriba a la sessió de control sense haver-se preparat res. Fins ara, la tarda del dia abans de la sessió de control, ell i el seu equip sempre havien repassat els temes que podien ser objecte de preguntes o de polèmica, i ell es redactava una argumentació possible i alguna frase contundent. «Aquest cop hi vaig a pèl; no m'he preparat res; que sigui el que Déu vulgui.»

Xavier García Albiol li cita aquella famosa frase de Josep Pla que «en política es pot fer tot, menys el ridícul» i Puigdemont té l'habilitat de retornar-l'hi com un bumerang: «En la seva intervenció, vostè mateix acaba de demostrar que Pla tenia raó». Hi ha somriures a les bancades. El president defensa la conferència d'ahir a Brussel·les, respon a la CUP la pregunta sobre el fet que al Saló de l'Ensenyament hi tornarà a haver un estant de l'Exèrcit espanyol, i se'n surt sense cap problema de la resta de preguntes que li formulen. «Ara ja he passat l'examen definitiu», es diu tot somrient en acabat, mentre fa una escapada als Canonges a dutxar-se i canviar-se de roba.

Tot el dia que li volta pel cap una idea, i la vol comentar amb Oriol Junqueras: «¿I si repetim a Madrid el que hem fet a Brussel·les? Hauríem de demanar que ens deixessin un saló que hi ha al Senat i fer-hi una conferència similar. Si hem anat a explicar-ho a Brussel·les, bé que és justificat anar-ho a explicar a Madrid, ¿no? Si ens diuen que sí, fantàstic; si ens diuen que no, fantàstic perquè ho podrem explicar, que fan boicot. Si omplim, fantàstic perquè serà un èxit. I si no omplim, fantàstic perquè demostrarà que no ens volen escoltar. Nosaltres no hi perdem en cap cas...».

A Oriol Junqueras li està bé i l'equip de l'oficina del president es posa en marxa avui mateix per fer les gestions pertinents.

Dimecres, 25 de gener

Avui fa, com gairebé cada dia, el viatge de casa seva cap a Palau. És poc més d'una hora de trajecte entre un punt i l'altre. Normalment aprofita aquesta estona per repassar l'agenda del dia, mirar diaris amb la tauleta i tornar algunes de les trucades i missatges de WhatsApp que se li acumulen ja de bon matí.

«¿Què és el que més tems?», li va preguntar una amiga dies enrere. Aleshores no va respondre la pregunta. Ara, sol al despatx, s'esplaia:

«L'únic que em fa por és el ridícul. És l'únic. Res més. No en podem fer una de l'alçada d'un campanar i després fer el ridícul. Si en fem una de grossa i no ens en sortim perquè alguna cosa no ha anat bé, no passa res; tothom entendrà que hem anat a una batalla amb un adversari molt poderós, molt. Però si ni tan sols juguem el partit, si tot plegat acaba en un simulacre..., això serà un ridícul. I això sí que em fa por.»

«¿Què pot fallar? —es pregunta en veu alta—. Que ho fem malament nosaltres; que la gent s'espanti més del que prevèiem. Perquè ja ho veig, que hi ha una part de gent que està espantada, però crec que n'hi ha una altra que no. Esclar, podria ser que se'ns espantessin prou per fer-ho trontollar tot. O que cometem errors nosaltres: covardies, febleses, debilitats.»

[redacted]

[redacted]

S'imagina per un moment què pot fer l'Estat un cop ell convoqui el referèndum.

«Em suspendran; em suspendrà el TC directament; perquè no té facultats per inhabilitar, perquè això té un recorregut als tribunals, però ara sí que té facultats per suspendre'm directament. Això serà un gran pollastre. Perquè, ¿què faig, quan em suspenguin? Doncs venir igualment a treballar. No hi ha res regulat, sobre el que pot passar. No ho saben ni ells. ¿Què faran, si jo vinc a treballar? ¿Ho impediran? ¿I què farà la gent? L'Estat probablement ordenarà als Mossos que no em deixin entrar ni a mi ni al govern. ¿I què faran els Mossos, si hi ha milers de persones? ¿Dispararan? No ho podran fer!»

D'aquesta hipòtesi, del que pot passar, a les reunions de govern no en parla o en parla poc.

«No, allà no és convenient parlar-ne.»

[redacted]

Divendres, 27 de gener

L'exjutge Santi Vidal ha dimitit aquest matí com a senador d'ERC després de les declaracions que va fer en un cicle de conferències, assegurant que el govern havia obtingut de manera il·legal totes les dades fiscals dels catalans i que podrien fer-se servir com a cens electoral.

Les declaracions del senador republicà han aixecat polseguera. Des que el diari *El País* va publicar ahir aquesta informació, el govern està indignat. La consellera de la Presidència, Neus Munté, ha assegurat «de manera rotunda i categòrica» que les manifestacions de l'extjutge són «falses, molt greus i inacceptables», i el portaveu d'ERC, Sergi Sabrià, ha assegurat que eren «mentida» i «fruit de l'entusiasme».

El president s'ha limitat a fer una piulada a Twitter: «Qui pot explicar el que fa el govern són els seus membres. I quan s'expressen amb la claredat de Neus Munté refermen el compromís de fer-ho bé». Però està indignat: «Estic indignat; perquè ja feia dies que corria un whatsapp on es reproduïa gairebé fil per randa el que Vidal anava dient, i perquè ja feia dies que els ho havíem fet saber, tant a ell com a ERC, que això era una gran imprudència».

De fet, fa uns quants dies, el portaveu de Junts pel Sí, Jordi Turull, va aprofitar un dinar per dir-li directament: «Santi, xerres massa; xerres massa i expliques coses que no són certes, i ens fotràs en un problema», li va dir Turull molt seriós. El mateix president ho va sentir perquè l'hi va dir davant seu.

En el fons, el president té clar que es tracta d'un tema menor, perquè tot el que ha dit Vidal és mentida. O pràcticament tot. Però ha posat el govern en un compromís i ha obert la porta als tribunals perquè hi puguin intervenir. Aquest mateix matí la Fiscalia ja ha anunciat que investigarà si les declaracions són certes. «En realitat és un tallafocs. La conferència de Brussel·les va anar molt bé i ells tenien a punt aquesta informació per deixar-la anar quan convingués. I l'han fet servir ara filtrant-ho a *El País*.»

Puigdemont va enviar un whatsapp a Junqueras ahir a la nit: «Oriol, crec que això és molt greu; això ens pot fer mal, si no es talla en sec. Crec que has de sortir tu directament a desmentir-ho rotundament». Però Junqueras no li va respondre, i aquest matí la consellera Neus Munté ja ha anat a Catalunya Ràdio a donar explicacions en nom del govern.

Ahir al vespre, tenia clar que era Junqueras qui havia d'anar a RAC1 o a Catalunya Ràdio a primera hora per desmentir-ho. Per això li va enviar aquell missatge. Però el vicepresident no va respondre fins a un quart de dues de la nit, quan ell ja havia tancat el mòbil i havien acordat que Munté seria a primera hora a la ràdio.

El president s'agafa el cas Vidal intentant veure l'ampolla mig plena. «Tot plegat té una part bona, i és que ara tothom entendrà que és millor no ser explícits en res del que fem i no aniran xerrant. La gent veurà que no hem de fer il·legalitats.» I de seguida afegeix: «Honestament, el govern no ha fet res il·legal; aquest és el problema que té Madrid, que no ens poden enganxar en res perquè no estem fent res il·legal; saben que van en contra d'una idea política».

La idea del govern és treballar la llista de persones amb dret a vot pel referèndum a partir del padró d'habitants, que es té de forma totalment legal però que cal depurar. «Al padró hi ha alguns errors i inclou, per exemple, els menors. Per això caldrà treballar-lo prèviament i exposar-lo al públic, que és el que dirà la llei. Com a totes les convocatòries electorals, hi ha d'haver un termini de temps d'exposició pública. Allà és on corregirem errors. Ho farem bé, no pas com es pensa en Santi Vidal.»

Divendres, 3 de febrer

La visita no surt a l'agenda oficial. Ha volgut fer una visita privada al lloc on va passar els estius de la seva adolescència. «Era una espina que tenia clavada des que soc president; hi volia anar fins i tot abans de la visita oficial que vaig fer a Montserrat. Per a mi, significa molt.» És al monestir de Poblet.

El seu pare era molt amic d'un capellà que havia passat per Poblet i que, tot i haver-ne marxat feia anys, hi conservava els contactes. Un dels bons amics d'aquest capellà era Alexandre Masoliver, que va ingressar a Poblet l'any 1959 i va ser admès a l'orde del Císter el 1967. Va ser el bibliotecari del monestir pràcticament durant trenta anys.

«¿No t'agradaria pas anar a passar uns quants dies a Poblet, a l'estiu? —em va preguntar el meu pare—. Li vaig dir que sí de seguida. Ja ho sé, que probablement a aquesta edat a ningú li interessa anar a passar els estius a un monestir, però per a mi significava també fer-me gran; tenia una part d'aventura i una part que em permetia tenir autonomia personal, marxar de casa. Era molt conscient que no tenia cap vocació, que sobretot era per curiositat, perquè m'interessava la dimensió mística, religiosa i històrica del monestir.»

Hi va anar uns quants estius. Quinze dies cada any. Ajudava els monjos i descobria el monestir. Es passejava per la cuina, el refetor, el claustre, la sagristia o la sala capitular com si fos un monjo més i els ajudava en el que calgués: a la cuina, al pati, a l'hort, amb les gallines...

«El que més m'agradava era la impremta; tenien encara linotípies, perquè no els havia arribat la impressió de litografia *offset*, i recordo com fonien el plom per fer les lletres.» S'aixecava d'hora i participava en pràcticament totes les litúrgies del dia. Només se saltava les matines —que es fan a un quart de sis del matí i ell encara dormia—, però arribava a temps a les laudes, a les set del matí, i participava en la missa convencional de les vuit. Al vespre cantava les vespres, a dos quarts de set, i les completes i el cant de la Salve, a dos quarts de nou.

De bon matí li assignaven les feines del dia, com si fos un més de l'orde del Císter. Un dia li tocava netejar el galliner: «Me'n recordo, que passava l'esponja per les canaleres del menjar de les gallines», i que «havia de recollir els ous i posar-los en una màquina que els classificava per mides». O fer feines a l'hort: «Alguns dies havia d'agafar uns quants quilos de patates i anar separant les que eren bones de les que s'havien fet malbé».

Avui, doncs, recordarà la seva adolescència. Per això ha volgut que la visita fos privada. Per estar tranquil i parlar amb els monjos. Ha arribat d'hora, ha fet una visita per pràcticament totes les dependències. «Ha canviat molt des que jo era petit; s'hi ha fet una gran feina de restauració.» Ha dinat al refetor, on un dels monjos ha fet la lectura habitual mentre els altres menjaven en silenci. Li ha interessat especialment tot l'arxiu Tarradellas; del qual n'ha quedat meravellat. S'hi ha passat una bona estona, escoltant les explicacions dels monjos sobre com els darrers anys han anat classificant tota la documentació de l'expresident. Hi és tot. Hi ha fins i tot els regals que li feien les visites quan l'anaven a veure i els obsequis que li feien els alcaldes o altres institucions. «Està molt ben ordenat i hi ha molt de material. Estic convençut que encara en sortiran uns quants llibres.» Després de dinar s'ha reunit amb els monjos en una sala per parlar de l'actualitat.

A la reunió hi ha fra Marc Vallès i Rovira, que va ser el monjo que va cuidar de Josep Pla durant l'últim període de la seva vida. La família de Pla va demanar en aquell moment a l'abat de Poblet, Maur Esteve, si era possible que algun monjo cuidés de l'escriptor empordanès els seus darrers dies de vida. Va ser fra Marc. És un dels monjos més coneguts del monestir. «¿On vius?» «Allà on tens els peus! Has de respirar i donar gràcies!», sol preguntar i respondre's ell mateix quan rep les visites. S'han saludat efusivament.

Alexandre Masoliver també el reconeix. «Són els dos que sí que recordaven les meves estades. La resta, la veritat és que no se'n recordaven gaire. Jo era molt jovenet; he canviat molt i han passat molts anys.»

Hi ha, esclar, tot l'orde al complet. Parlen durant una llarga estona sobre la situació política. «Són uns patriotes», pensa. L'ha sorprès un monjo valencià que ha fet un discurs en clau de Països Catalans.

S'ho ha passat bé. No només per la conversa amb els monjos, sinó perquè s'ha vist a ell mateix, molts anys enrere, passejant per les dependències i fent preguntes als religiosos. Ha arribat a mig matí i se'n va passades les vuit del vespre, després d'haver sentit les completes i el cant de la Salve.

Dilluns, 6 de febrer

Milers de persones —unes quaranta mil segons la Guàrdia Urbana— acompanyen aquest matí l'expresident Artur Mas, l'exvicepresidenta Joana Ortega i l'exconsellera Irene Rigau fins a la porta del Tribunal Superior de Justícia de Catalunya, a Barcelona, on comença el judici pel 9-N.

A les fotografies que l'endemà sortiran a tots els diaris s'hi veu, a primera línia, els tres encausats, el president Puigdemont, la presidenta Forcadell i els representants de les entitats sobiranistes.

No són ni a mig camí i ja es veu que la comitiva no arribarà a l'hora al TSJC. De tant en tant, la presidenta Forcadell es mira el rellotge. «A aquest pas no arribarem a l'hora... Farem tard!», diu en més d'una ocasió.

A les nou del matí, la sala del TSJC que ha de jutjar Mas, Ortega i Rigau ja s'ha constituït, però la comitiva és lluny encara del tribunal. «Arribem tard, arribem tard!», sent Puigdemont que no paren de dir. Ell, en canvi, troba que arribaran massa d'hora.

Finalment, arriben a les portes del TSJC a dos quarts de deu tocats. Es guanyaran una esbroncada del president del tribunal, que els retraurà el retard.

Dimarts, 14 de febrer

Sopa amb el vicepresident Junqueras, discretament, al restaurant 7 Portes. És el mateix reservat on van sopar a principi d'agost de l'any passat.

Avui, tenen intenció de parlar més clar que mai.

Els dos líders aniran a la trobada —a dos quarts de nou del vespre, per poder plegar aviat— acompanyats de dos amics que han fet de pont per concertar la cita: Sergi Sol, el cap del gabinet de comunicació de Junqueras, i el qui escriu aquest relat.

Junqueras, Sol i jo hem arribat puntuals a la cita i, mentre esperem Puigdemont, que ha trucat dient que ja ha sortit de Palau, però que arribarà uns minuts tard, parlem, evidentment, del procés.

Mentre fem temps, Junqueras ens explica que la tradició de Sant Valentí, lluny de la creença dominant que és una festivitat espanyola, té arrels catalanes.

—Hi ha una llegenda que diu que sant Valentí és el patró dels enamorats perquè la seva diada coincideix amb el moment de l'any en què les aus comencen a aparellar-se —explica.

El vicepresident assegura que hi ha un poema del Cançoner Vega-Aguiló del segle XI que, com va dir Martí de Riquer, sustentaria la tesi que sant Valentí no és un invent ni espanyol ni nord-americà i que podria tractar-se d'una antiga tradició catalana.

—És el mateix que passa amb el Halloween: tothom es pensa que la tradició és nord-americana, però a Catalunya fa segles ja es buidaven carabasses en aquestes dates.

Just en aquest moment entra el president per la porta. I ens entaulem en un reservat.

El primer de disparar és Sol:

—Bé... Jo us he demanat de quedar perquè em sembla que ha arribat el moment de parlar clar. Això no sortirà bé si el president Puigdemont i el vicepresident Junqueras no aneu junts, si no aposteu pel mateix, si no aneu decidits i conjurats a arribar fins al final. La cosa es complicarà, l'Estat no s'estarà de res i això serà molt dur. —El cap del gabinet de comunicació de Junqueras fa una llarga metàfora sobre la convicció d'arribar fins al final—. Estem pujant l'Everest, les condicions seran molt dures. I només hi arribarem si n'estem convençuts. Potser hauríem de tenir parlat què passa si tot es complica, si ens trobem que hi ha una gran tempesta, que fa molt mal temps i que hem d'anar instal·lant camps base per anar pujant. Ningú no dubtarà que volem arribar a l'Everest, però tampoc que haurem de fer una aturada al camp base si la cosa es complica i sortiu vosaltres dos, junts, a explicar-ho.

A Puigdemont la metàfora de pujar a l'Everest ja li agrada, però no comparteix la necessitat de pensar en un camp base.

—T'equivoques, hi anem de dret. No hi ha pla B. Anem a l'Everest. Anem a totes. I si no hi pugem, morirem en l'intent —replica.

A partir d'aquí s'inicia una llarga conversa plena de metàfores d'escaladors, camps base, falta d'oxigen i tempestes.

—Si esteu pensant en eleccions, ara és el moment de dir-ho

clarament. Si hi esteu pensant, com diu molta gent, digueu-ho clar perquè jo convoco eleccions i me'n vaig cap a casa. Jo no he vingut a fer unes eleccions —avisa, contundent.

Sol, que parla molt més que Junqueras, al principi, nega rotundament que tinguin al cap unes eleccions.

—Si el que has interpretat és que busquem un camp base, és que no m'he explicat gens bé. No en tenim cap intenció... Ho deia simplement per posar sobre la taula les dificultats que trobarem. Però nosaltres anem a l'Everest, també.

Junqueras insisteix igualment que potser no s'ha explicat prou bé i que la intenció d'ERC és pujar l'Everest, com sigui.

—I, si hem d'acabar tots a Alcalá-Meco, hi acabem —diu també molt contundentment—. Anem fins al final —assegura mirant Puigdemont.

Després d'això, la conversa, que s'atura cada cop que entra un cambrer, gira a l'entorn de la data del referèndum i les dificultats que hi haurà. Segons Junqueras, la clau de tot plegat serà, un cop fet el referèndum, saber quina capacitat tindrà Catalunya d'aguantar financerament durant uns mesos.

—I a mi em sembla que per a això és millor anar-nos-en a setembre. El govern espanyol paga, de gener a juny, els diners del FLA (el Fons de Liquiditat Autonòmica) mes a mes, i a partir de juny paga de cop els sis mesos restants. Per això seria millor al setembre, perquè podrem aguantar uns mesos, que és la clau per collar el govern espanyol.

—¿I no teniu res negociat amb ningú? ¿Amb cap país? ¿Amb cap entitat financera?

—No.

El president, en el fons més partidari de fer el referèndum al juny o al juliol, diu que està disposat a esperar a setembre si això ha de garantir-ne el resultat. De fet, no s'està de repetir:

—Jo, el que vull saber és si aneu a totes, si sou sincers.

Sol i Junqueras es refermen en el que li han dit abans. El primer es mostra fins i tot ofès.

—¿Però com en podeu dubtar?

Junqueras assenteix amb el cap i el president els deixa anar:

—A mi fa molts dies que hi ha gent que em diu que aneu pels llocs presentant-vos com l'aval i dient que anem massa ràpid i que vosaltres sou la garantia del futur.

[redacted]

A partir d'aquest moment fan càbales durant bona estona sobre si es podrà fer el referèndum o no. Junqueras diu que caldrà provar-ho.

—Tampoc cal tanta cosa: fermesa i uns quants preparatius que, si cal, es poden fer amb voluntaris.

¿I si no surt bé? Es pregunten també com caldrà afrontar les possibles suspensions que arribaran en els propers mesos. ¿Què passarà si suspenen Forcadell o la mesa del Parlament? Puigdemont està convençut que el suspendran a ell, també.

—Després de la reforma, el TC no pot inhabilitar-me —afirma—, però pot suspendre'm directament. El que passa és que no saben com, no hi ha un reglament. ¿I què passa si l'endemà jo entro al Parlament? ¿M'enviaran la Guàrdia Civil?

Junqueras està convençut que a ell també li tocarà el rebre.

—M'inhabilitaran a mi també.

Ja al tram final de la conversa, es posa damunt la taula la tensió que això representarà per a molta gent i la possibilitat que el conflicte es traslladi al carrer. Els rostres adopten una expressió greu.

—Hi haurà merder; però és el que ells hauran buscat...

Es fa un silenci.

—Sí, pot embolicar-se molt —afegeix Junqueras.

Un altre llarg silenci.

Són a les postres.

[redacted]

De la trobada, de fet, en sortirà el compromís de fer un parell de visites conjuntes a responsables de mitjans de comunicació.

—Molts buscaran les esquerdes entre nosaltres, i si veuen que hi anem junts, que fem el mateix discurs, tindran clar que el que els demanem és respecte pel govern català. A alguns grups de comunicació, sabent a quins interessos responen i quins orígens tenen, no els demano pas que estiguin a favor del procés; els demano una cosa tan simple com que el respectin, que respectin el govern —diu el president.

Com és evident, fa estona que parlen d'*El Periódico*, però sobretot de *La Vanguardia*. Seran les primeres visites que pactaran fer conjuntament.

Abans de marxar, aprofitant aquest moment de sinceritat, Junqueras confessa que no les acaba de tenir totes amb segons quins càrrecs i cita uns quants noms: [redacted]

Puigdemont li assegura que ell mateix respon personalment d'alguns dels noms que han sortit a la conversa. N'hi ha d'altres, però, sobre els quals dona a entendre que té dubtes. No veu clar que, en una situació de gran tensió, continuïn sent fidels al full de ruta i a les ordres o instruccions que se'ls donin.

—Però els hem de fer confiança —assegura, i tot seguit afegeix, com si li requés dir-ho—: I, si cal, en un moment determinat, rellevar-los.

Continuaran parlant fins a la mitjanit. [redacted]

Abans de marxar acorden que han de comparèixer junts públicament més sovint i sorgeix també la idea de fer un article conjunt. Sol hi ha insistit molt.

—Cal que es vegi —diu— que és un govern Puigdemont-Junqueras i que no hi ha escletxes.

Els dos líders s'hi comprometen.

El president, però, no en surt tranquil, del sopar. Continua pensant que qui havia de parlar era sobretot Junqueras, i no pas Sol, i que no s'han esvaït alguns dels seus recels pel que fa als republicans.

Dimecres, 15 de febrer

Avui es reuneix amb el seu equip més proper. Vol analitzar amb ells el sopar d'ahir a la nit amb Junqueras. Són a la Casa dels Canonges, a la taula gran. Hi ha la consellera i portaveu del govern, Neus Munté; la coordinadora interdepartamental de la Generalitat, Elsa Artadi; el director de l'oficina del president, Josep Rius, i el secretari del govern, Joan Vidal de Ciurana.

El relat de Puigdemont del sopar d'anit desinfla els assistents.

—Va parlar més Sol que Junqueras —els resumeix—. Soc el president, i em sembla que qui hauria d'haver dut l'altra veu cantant és Junqueras, però no va ser així.

Fan un repàs de la situació. I conclouen que també hi ha consellers del seu partit que diuen algunes coses en públic i unes altres en privat.

¿Hi parla, Puigdemont, amb els consellers?

—La veritat és que de converses llargues i sinceres n'he tingut poques, amb cada un d'ells —reconeix—. Poques confidències; parlem sobretot de feina, de govern i del dia a dia. Però res extens.

Munté, Rius, Vidal i Artadi són molt clars:

—El que no podem fer és anar a una guerra com la que anem sense estar-ne convençuts i sense estar segurs que estem tots pel que hem d'estar.

Fins i tot s'arriben a proposar la possibilitat d'aturar el full de ruta:

—Hem d'evitar que tot això acabi en un gran ridícul. President, has de tenir una vàlvula d'escapament; no et pots permetre socarrimar-te tot sol en aquest viatge; no ho podem permetre.

Parlen obertament del que caldrà fer si no hi ha un convenciment clar.

—Si jo no ho veig clar, sortiré i ho diré. Diré que no es donen les condicions que s'haurien de donar per continuar endavant —diu el president, cansat de les baralles internes, no només entre Junts pel Sí, sinó també al PDeCAT.

Però d'altra banda no vol desistir:

—Vaig acceptar venir a fer el que he de fer.

Amb tot, malgrat que reconeix que alguns dels consellers transmeten poca convicció, assegura:

—Anirem fins al final.

—Alguns dels teus tenen tremolor de cames —li diu obertament Joan Vidal.

—Dels meus me'n refio —assegura Puigdemont—. Dels meus consellers en responc. Perquè fins i tot aquells que no ho veuen del tot clar saben que si jo hi vaig, ells hi han d'anar. D'aquests, en responc. Els meus saben que no podem aturar-nos ara. Aquesta és la meva carta. Si jo tiro, ells tiraran; no em poden contradir ni poden afluixar. Encara que tinguin dubtes, que és normal que en tinguin, estaran al meu costat. D'interrogants, en tinc als dos costats.

»A mi em sembla que el que cal ara és que en parlin els partits —diu en un altre moment—. Si ERC no ho veu clar, i si el PDeCAT no ho veu clar, que en parlin ells, els partits. Jo, en el fons, no soc res més que un instrument.

Se separen passada la mitjanit amb una sensació agredolça. Per primer cop, totes les cartes són sobre la taula.

Dimecres, 22 de febrer

El delegat del govern espanyol a Catalunya ha arribat al Palau de Pedralbes a l'hora prevista i el seu cotxe oficial ha entrat sense que s'hi hagi fixat ningú. El president l'espera al despatx que hi té.

Quan Puigdemont ha arribat, fa només deu minuts, ha entrat directament al despatx sense gairebé ni fixar-se en l'esclat del bon temps als jardins que en el seu moment va dissenyar Nicolau Maria Rubió. En aquest mateix edifici, molt a prop d'on d'aquí a uns minuts es reunirà amb Millo, s'hi van celebrar unes quantes reunions de ministres el 1937, quan va ser la seu fugaç del govern de la Segona República, amb Juan Negrín al capdavant.

L'Ajuntament de Barcelona va cedir fa anys l'ús de l'edifici a la Generalitat, i és per això que en disposa quan es vol reunir amb algú discretament.

La trobada és a petició d'Enric Millo, que s'ha posat en contacte amb ell després de veure's amb Mariano Rajoy. Millo sosté que cal fer tots els possibles per arribar a acords. «I la veritat és que ho intenta», diu el president.

—Digue'm què podem fer. ¿Què podríem fer per aturar el compte enrere? —li pregunta Millo quan ja estan asseguts al despatx—. En Rajoy està molt preocupat, i em diu que hem d'aturar tot això.

No li quadra aquesta afirmació amb el que ell va veure. «Això no és pas el que em va dir a mi Rajoy quan em va fer anar a Madrid», pensa. No obstant, en parlen.

—El primer que heu de fer és crear empatia —li respon Puigdemont—. No heu generat cap mena d'empatia amb nosaltres; no heu creat cap espai de confiança on puguem parlar. A més, heu comès alguns pecats originals, com la campanya en contra de l'Estatut i la sentència del TC. Ens heu boicotejat la creació dels grups parlamentaris del PDeCAT tant al Congrés com al Senat, quan teníeu informes dels lletrats del Senat que us deien que sí que en podíem tenir.

Enric Millo l'escolta atentament, assentint de tant en tant, o, en algun moment, portant-li la contrària.

—I vosaltres també vau signar davant de notari que no pactaríeu mai amb el PP. A les eleccions al Parlament del 2006, l'aleshores presidenciable de CiU, Artur Mas, va començar el primer dia de campanya signant davant de notari vint-i-un compromisos electorals, entre els quals el de no fer cap pacte, ni permanent ni estable, amb el Partit Popular.

—Jo no hi era —replica—. Jo no prenia decisions, en aquell moment. Però, si en algun moment nosaltres hem de reconèixer alguns errors per tal de generar les condicions propícies per parlar, sàpigues que també ho farem. Farem el que calgui, però tingues present que no hi ha res que es pugui comparar amb el que vau fer vosaltres amb l'Estatut. ¿Sí o no? Si no hi hagués hagut la campanya del PP en contra de l'Estatut i la sentència del TC, avui no seríem aquí.

Millo escolta.

—Feu el que hàgiu de fer; però feu-ho aviat, perquè nosaltres portem la directa posada.

La conversa s'allargarà més d'una hora, sempre en un to molt amable. No hi ha cap acord. Simplement, han posat en comú algunes reflexions. El delegat del govern, però, insisteix que cal trobar una via d'acord i li repeteix la voluntat de Rajoy «que això s'aturi».

«No em quadra gens, tot això. A mi Rajoy em diu que ni aigua; sé que la Soraya va dient pertot arreu que res de res, i ara ve en Millo amb el discurs que Rajoy li ha dit personalment que està preo-

FOTO: RUBÉN MORENO

12.1.2016 Un treballador de Palau travessa el Pati dels Tarongers després de retirar el timó que Artur Mas havia fet instal·lar al seu despatx de president de la Generalitat.

FOTO: RUBÉN MORENO

17.1.2016
El president Puigdemont, a la llotja de l'estadi Montilivi el dia que el president del Girona FC, Delfí Geli, li va entregar la insígnia d'or del club.

FOTO: JORDI BEDMAR

21.2.2016
El rei Felip VI rep les autoritats durant el sopar del Mobile World Congress (MWC). El president parla a cau d'orella amb l'alcaldessa de Barcelona, Ada Colau.

FOTO: JORDI BEDMAR

21.2.2016
Carles Puigdemont i el rei Felip VI, asseguts de costat, presidint el sopar inaugural del Mobile a Barcelona.

FOTO: JORDI BEDMAR

3.3.2016 El president es disposa a pujar l'escala gòtica del Palau de la Generalitat en direcció al seu despatx.

FOTO: JORDI BEDMAR

7.3.2016
L'actor Queco Novell i el president, somrient, durant l'enregistrament d'un gag que es va emetre al programa d'humor *Polònia*, de TV3, en motiu del desè aniversari.

FOTO: JORDI BEDMAR

21.3.2016 El primer ministre italià, Matteo Renzi, saluda el president tot just aterrar a l'aeroport de Reus arran de l'accident de l'autocar a Freginals. Al costat, l'ambaixador d'Itàlia a Espanya, Stefano Sannino. I a la dreta, esperant, la delegada del govern espanyol a Catalunya, María de los Llanos de Luna.

FOTO: RUBÉN MORENO

23.3.2016 El president del govern espanyol, Mariano Rajoy, conversant amb el vicepresident català Oriol Junqueras durant l'acte d'homenatge a les víctimes de l'accident de Germanwings. Puigdemont, a la dreta de la fotografia, al costat de Carme Forcadell, observa. A l'esquerra de tot, el director del gabinet de la Presidència del govern de Rajoy, Jorge Moragas.

FOTO: RUBÉN MORENO

30.3.2016 El president entrant al saló Verge de Montserrat del Palau de la Generalitat, que dona accés al seu despatx.

FOTO: RUBÉN MORENO

2.8.2016 Un secretari judicial, en el moment d'entregar al president Puigdemont i al vicepresident Junqueras el primer dels advertiments del Tribunal Constitucional.

FOTO: JORDI BEDMAR

21.9.2016 Puigdemont, rient, durant una pausa de treball al seu despatx al Palau de la Generalitat. A sobre la taula s'hi veuen dos llibres: *Periodisme sota sospita*, de Narcís-Jordi Aragó, i *Anar de debò*, de Borja de Riquer.

FOTO: RUBÉN MORENO

10.10.2016
Al restaurant Mr. Frank, que és molt a prop del Congrés dels Diputats de Madrid, poc abans de dinar amb el líder de Podemos, Pablo Iglesias.

FOTO: JORDI BEDMAR

15.10.216 La vicepresidenta del govern espanyol, Soraya Sáenz de Santamaría, rient, en una conversa amb Puigdemont i el president del Grupo Planeta, José Crehueras, durant la nit d'entrega dels premis Planeta que es va fer a Barcelona.

FOTO: JORDI BEDMAR

13.11.2016
El matrimoni Puigdemont amb la seva família (els seus pares a l'esquerra de la imatge, les seves filles al davant, i altres familiars al seu voltant) a Amer, el dia que l'Ajuntament de la seva vila natal el va nomenar fill predilecte.

FOTO: JORDI BEDMAR

17.11.2016
Amb l'humorista Òscar Dalmau, durant l'enregistrament d'un programa especial per a RAC1. Es van fer una foto amb les ulleres intercanviades.

FOTO: RUBÈN MORENO

27.12.2016 L'executiu del govern Puigdemont, al complet, celebrant a Canonges l'arribada del nou any. A la imatge, consellers del govern i membres de l'executiu durant la copa de benvinguda.

FOTO: RUBÉN MORENO

6.2.2017 El president Mas agraeix el suport del president Puigdemont just abans de marxar en comitiva, envoltats de milers de persones, cap al Tribunal Superior de Justícia de Catalunya, on Artur Mas seria jutjat pel 9-N.

FOTO: JORDI BEDMAR

28.3.2017 Fent-se una selfie davant la Casa Blanca, durant una de les dues visites que en pocs dies van fer als Estats Units. Un dels actes més rellevants va ser una conferència a la Universitat de Harvard, on va explicar el procés sobiranista.

FOTO: JORDI BEDMAR

28.3.2017
Als passadissos del Congrés dels Estats Units. Allà es va reunir amb diversos membres del comitè d'Exteriors de la Cambra de Representants, tant demòcrates com republicans.

FOTO: JORDI BEDMAR

30.3.2017 Després de visitar Boston i Washington amb el conseller Raül Romeva, tots dos es van reunir amb Jim Carville (al centre de la foto), el director de la campanya de Bill Clinton.

FOTO: RUBÉN MORENO

22.5.2017 Puigdemont i el vicepresident Junqueras, en una sala privada de l'auditori del palau de Cibeles de Madrid, just abans d'intervenir en la conferència conjunta d'ells i Raül Romeva.

FOTO: RUBÉN MORENO

19.6.2017 El lehendakari Urkullu i Puigdemont, d'esquenes, entrant al despatx del president de la Generalitat.

FOTO: RUBÉN MOFENO

17.7.2017
Carles Puigdemont, a la presó model de Barcelona, el dia de la inauguració de l'exposició «La Model ens parla». El president observa una de les cel·les, on es poden llegir les pintades «Visca l'Assemblea de Catalunya» i «Llibertat, amnistia i Estatut d'autonomia».

18.8.2017
El ministre d'Interior espanyol, Juan Ignacio Zoido, saluda el president Puigdemont durant la visita a Catalunya arran dels atemptats de Barcelona i Cambrils. Al mig de la fotografia, el delegat del govern espanyol a Catalunya, Enric Millo.

FOTO: JORDI BEDMAR

FOTO: JORDI BEDMAR

20.8.2017
Puigdemont a la sortida de la cerimònia en record de les víctimes de l'atemptat del 17 d'agost que l'arquebisbe Omella va oficiar a la Sagrada Família.

FOTO: JORDI BEDMAR

26.8.2017
El president català saluda l'expresident espanyol José Luis Rodríguez Zapatero el dia de la manifestació que, amb el lema «No tinc por», es va celebrar a Barcelona en resposta als atemptats terroristes.

FOTO: JORDI BEDMAR

26.8.2017 El president Puigdemont parlant amb el cap de l'oposició del govern espanyol, Pedro Sánchez, al saló Sant Jordi del Palau de la Generalitat, el dia de la manifestació de rebuig als atemptats a Barcelona.

FOTO: JORDI BEDMAR

1.10.2017 Diversos consellers del govern segueixen a mig matí per la televisió, des de la sala on es reuneix el consell executiu de la Generalitat, les càrregues de l'1-O. D'esquerra a dreta, Jordi Turull, Carles Mundó, Joaquim Forn, Dolors Bassa, Santi Vila i Meritxell Serret.

FOTO: JORDI BEDMAR

1.10.2017
El president Puigdemont baixant del seu cotxe oficial amb un clavell a la mà, davant la seu del col·legi electoral, a Sant Julià de Ramis, on la Guàrdia Civil havia carregat durament feia poca estona.

FOTO: JORDI BEDMAR

27.10.2017 La fotografia recull el moment en què el president Puigdemont entrega la seva papereta de vot, davant la mirada de Carme Forcadell, durant el ple en què es va proclamar la independència de Catalunya.

30.10.2017
Carles Puigdemont i Joaquim Forn, el primer dia que a Brussel·les es reuneixen amb diputats de la Nova Aliança Flamenca (N-VA) per parlar de la seva situació. Serà la primera vegada que els parlaran de l'advocat Paul Bekaert. A la imatge s'hi veu el diputat de l'N-VA Karl Vanlouwe. A la reunió hi havia també Sander Loons, que després va ser ministre de Defensa de Bèlgica.

FOTO: JAMI MATAMALA

31.10.2017 Primera reunió a Brussel.les dels membres del govern que han sortit de Catalunya. A la taula, i d'esquerra a dreta: Meritxell Serret, Joaquim Forn, Carles Puigdemont, Dolors Bassa, Lluís Puig, Toni Comín i Meritxell Borràs.

FOTO: JAMI MATAMALA

5.11.2017
A punt de ser detingut formalment per la policia belga, el president Puigdemont (amb gorra i ulleres de sol) baixa del cotxe per dirigirse voluntàriament cap a la comissaria central per respondre a la primera ordre d'extradició del jutge Llarena.

FOTO: XEVI XIRGO

5.11.2017 Gonzalo Boye, amb barret, i Puigdemont, amb gorra i mirant el mòbil, es reuneixen abans d'entrar a comissaria amb la resta dels consellers en recerca i captura. Hi ha Toni Comín, d'esquena, Lluís Puig (de qui només es distingeix la gorra) i Meritxell Serret, amb els braços plegats. Al costat de Puigdemont s'hi veu també Aleix Sarri.

FOTO: JAMI MATAMALA

7.11.2017 L'acte del món municipal que es va organitzar a Brussel·les en suport dels exiliats. Puigdemont és a la part de baix, a l'esquerra de la fotografia.

FOTO: JAMI MATAMALA

14.11.2017 La secretària general d'ERC, Marta Rovira, i el president Puigdemont durant una trobada a la capital belga un mes i mig després de l'1-O.

FOTO: XEVI XIRGO

15.11.2017 Després de l'aplicació del 155, el govern de Rajoy convoca eleccions per al 21-D. Bona part de la confecció de la llista de J×Cat es farà des d'una habitació d'uns apartaments de Lovaina. Jaume Clotet, Elsa Artadi, Josep Rius i Albert Batet, fotografiats a l'habitació mentre feien les trucades.

FOTO: JAMI MATAMALA

1.12.2017 La imatge correspon als patis interiors dels apartaments on el president Puigdemont i els seus col·laboradors van passar les primeres setmanes d'exili, a Lovaina. Com que els apartaments estaven de costat, per no sortir al carrer anaven d'un a l'altre passant pel pati interior. Les petjades en deixen constància.

FOTO: JAMI MATAMALA

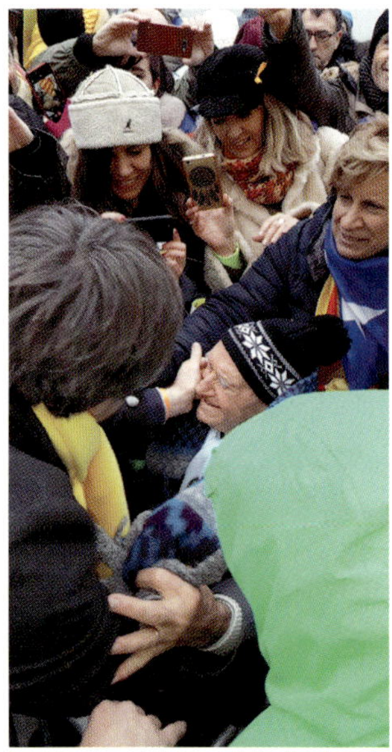

7.12.2017 Milers de catalans es van desplaçar a Brussel·les en suport al president Puigdemont i als presos i exiliats. Un dels manifestants, afectat per una greu malaltia, va demanar poder saludar el president personalment, moment que recull la fotografia.

FOTO: JAMI MATAMALA

10.12.2017 Instal·lat en una casa que els ha cedit un empresari belga, a Sint-Pauwels, una petita població a uns trenta quilòmetres d'Anvers, molt a prop de la frontera amb Holanda, el president intervé per videoconferència en un acte electoral de J×Cat.

FOTO: JAMI MATAMALA

10.12.2017 Les filles de Puigdemont, de visita durant uns dies, van voler sorprendre el seu pare amb un «Vota Puigdemont» escrit al jardí aprofitant que la nit anterior havia nevat.

FOTO: JAMI MATAMALA

21.12.2017 A les deu de la nit, a la sala on anaven anotant els resultats electorals del 21-D, el president signa la projecció pràcticament definitiva, que els dona dos diputats més que a ERC.

FOTO: JAMI MATAMALA

21.12.2017 Els consellers republicans Meritxell Serret i Toni Comín, que estaven sols en una sala seguint els resultats, es van desplaçar a la sala del costat, on hi havia J×Cat, i s'hi van fotografiar celebrant els resultats obtinguts per l'independentisme.

FOTO: JAMI MATAMALA

30.12.2017 El president enregistra el missatge de Cap d'Any en unes condicions que no tenen res a veure amb les que tenia a Palau. La càmera que el filma s'instal·la sobre una fusta de planxar i un cistell, i una persona de l'equip aguanta un focus amb la mà.

ELS MANUSCRITS D'OCTUBRE

El president va expressar per escrit, durant uns quants dies de l'octubre del 2017, el seu patiment personal i les seves reflexions sobre la situació. Va ser en el període comprès entre la proclamació ajornada de la declaració d'independència, el 10 d'octubre, i el dia 27, mentre intentava negociar, sense èxit, amb l'Estat espanyol.

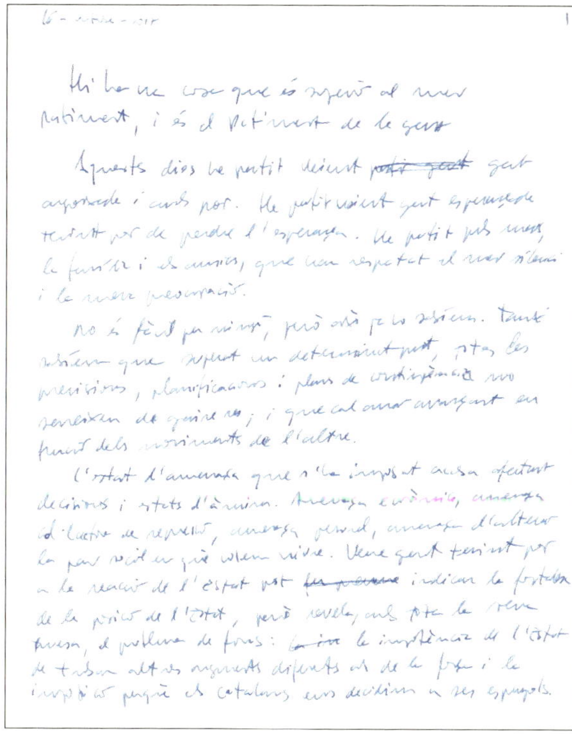
16 - octubre - 2017 1

Hi ha una cosa que és superior al meu patiment, i és el patiment de la gent.

Aquests dies he patit veient ~~patir gent~~ gent angoixada i amb por. He patit veient gent esperançada tenint por de perdre l'esperança. He patit pels meus, la família i els amics, que han respectat el meu silenci i la meva preocupació.

No és fàcil per a ningú, però això ja ho sabíem. Tant sabíem que, superat un determinat punt, totes les previsions, planificacions i plans de contingència no serveixen de gaire res; i que cal anar avançant en funció dels moviments de l'altre.

L'estat d'amenaça que s'ha imposat acaba afectant decisions i estats d'ànim. Amenaça econòmica, amenaça col·lectiva de repressió, amenaça penal, amenaça d'alterar la pau social en què volem viure. Veure gent tenint por a la reacció de l'Estat pot ~~fer pensar~~ indicar la fortalesa de la posició de l'Estat, però revela, amb tota la seva cruesa, el problema de fons: ~~la ira~~ la impotència de l'Estat de trobar altres arguments diferents als de la força i la imposició perquè els catalans ens decidim a ser espanyols.

«No és fàcil per a ningú, però això ja ho sabíem. Totes les planificacions no serveixen per a gaire res. Cal avançar en funció dels moviments de l'altre.»

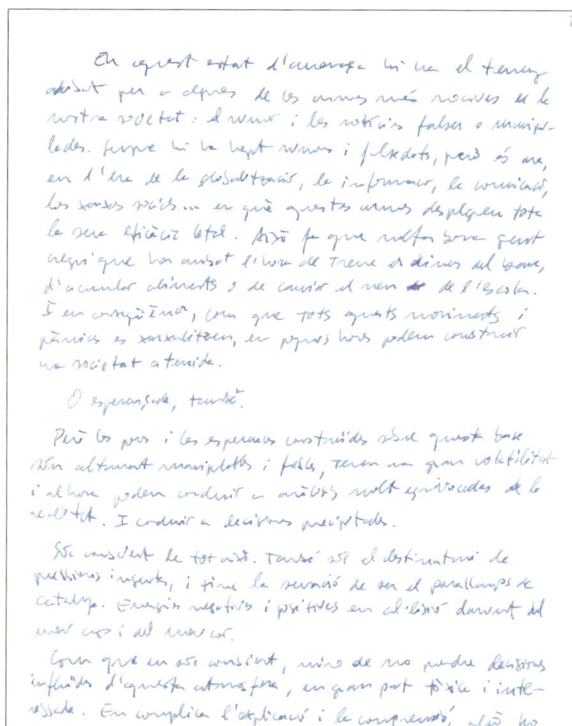
2

En aquest estat d'amenaça hi ha el terreny adobat per a algunes de les armes més nocives de la nostra societat: el rumor i les notícies falses o manipulades. Sempre hi ha hagut rumors i falsedats, però és ara, en l'era de la globalització, la informació, la comunicació, les xarxes socials... en què aquestes armes despleguen tota la seva eficàcia letal. Això fa que molta bona gent cregui que ha arribat l'hora de treure els diners del banc, d'acumular aliments o de canviar el nen de l'escola. I en conseqüència, com que tots aquests moviments i pànics es xarxalitzen, en poques hores podem construir una societat atemorida.

O esperançada, també.

Però les pors i les esperances construïdes sobre aquesta base són altament manipulables i febles, tenen una gran volatilitat i alhora poden conduir a anàlisis molt equivocades de la realitat. I conduir a decisions precipitades.

Sóc conscient de tot això. També sóc el destinatari de pressions i urgents, i tinc la sensació de ser el parallamps de Catalunya. Energies negatives i positives en col·lisió davant del meu cap i del meu cor.

Com que en sóc conscient, miro de no prendre decisions influïdes d'aquesta atmosfera, en gran part tòxica i interessada. Em complica l'explicació i la comprensió, però ho

«Tinc la sensació de ser el parallamps de Catalunya.»

«Avui som més a prop de la independència que mai. Ho tenim a tocar. També som més a prop de perdre-ho gairebé tot.»

«I, tot i les pressions vestides d'amenaça greu, em dona força i confiança per als dies que han de venir.»

«Procuro que de la meva actitud, de les meves paraules i de les meves decisions no en surti mai res que serveixi d'excusa a ningú per recórrer a qualsevol mena de violència.»

3

considero imprescindible. Potser acabi passant que la decisió final es correspongui amb un determinat context de pressió, però això no situa aquella decisió en el terreny de la precipitació. Ben al contrari, dedico la major part del meu temps a meditar i reflexionar sobre el que hem de fer i com ho hem de fer.

Avui som més a prop de la independència que mai. Ho tenim a tocar. També som més a prop de perdre-ho gairebé tot i de recular fins a posicions molt precàries, i alhora sotmetre el país — que vol dir la seva gent — a nivells de repressió i de venjança propis del període previ a l'Estatut de 1979. Aquesta és una amenaça certa. Tanmateix, és possible? És factible que una fallida del projecte independentista justifiqui una operació d'aniquilació del que ha fet que Catalunya sigui el que és?

Aquests dies estic fent un esforç colossal per mantenir la serenor i la tranquil·litat espiritual. Crec que no hi ha cap escenari apocalíptic que ens estigui reservat, per bé que les conseqüències personals poden ser, en el meu cas, molt altes. Crec que si la societat catalana en el seu conjunt manté l'actitud de rebuig a la violència i a la intolerància, no hi ha cap opció a la devastació nacional que somnien als laboratoris de FAES i Moncloa. N'estic convençut. I tot i les pressions vestides d'amenaça greu, em dona força i confiança pels dies que han de venir. La meva única por que no he superat és la d'un esclat de violència que arrossegui gent de banda i banda en aquell terreny tan incert i perillós

4

en què la força, el menyspreu, la intolerància, la manca de respecte i el sentit únic s'imposen a la discussió democràtica, a la discrepància i a la diferència que ha de caracteritzar tota societat democràticament madura. Això és que em treu la son.

Un esclat així és fàcil de dissenyar pels qui tenen tot el poder i cap escrúpol. Calen uns quants provocadors i l'activació de determinats mitjans de comunicació, i el conflicte està servit. Procuro que de la meva actitud, de les meves paraules i de les meves decisions no en surti mai res que serveixi d'excusa a ningú per recórrer a qualsevol mena de violència. No podríem ser més lliures.

Per això em va decebre — i doldre! — el discurs del Rei del dia 3 d'octubre. Inaudit i inadmissible. El cap de l'Estat a qui la Constitució atorga un paper moderador, posant-se al davant dels qui uns dies abans cridaven "a por ellos!" amb aquella mentalitat amb què s'animaven les tropes en sortir a combatre un enemic odiós. El Rei va ser un irresponsable, va ajudar a crispar l'ambient i a envalentir els qui es creuen en el dret d'humiliar-nos a través de la repressió. He de reconèixer que vaig anar a dormir amb una gran angoixa, molt preocupat pel que aquelles paraules i aquell to estaven anunciant.

«Costa molt poder descansar i asserenar l'esperit en aquestes circumstàncies, però és un deure que no puc defugir.»

«Al consell executiu d'avui hem tornat a tenir un debat molt intens sobre el que cal fer. A traç gruixut, la cosa admet poca discussió: o rendició, o anem fins al final.»

«Ni jo puc deixar de fer el que ens hem compromès a fer com a país, ni em poden demanar més gestos després del que vaig fer el dimarts dia 10.»

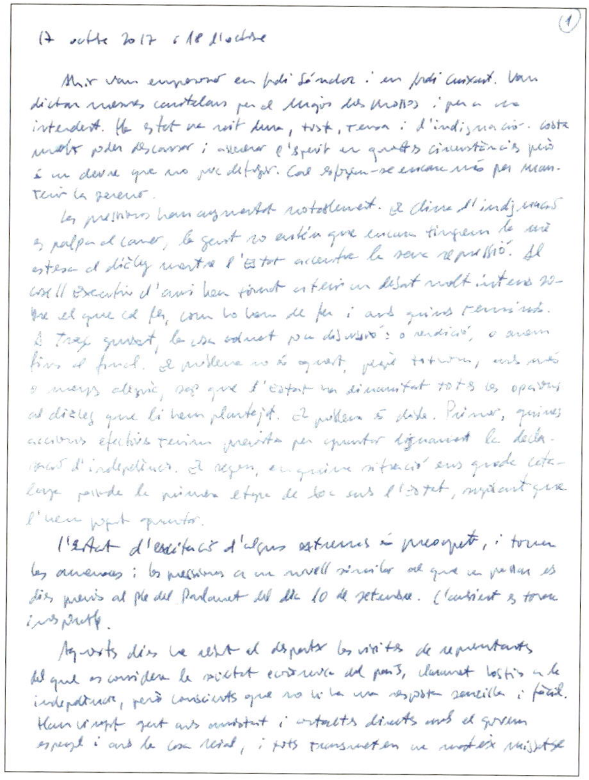

17 octubre 2017 i 18 d'octubre (1)

Ahir van empresonar en Jordi Sànchez i en Jordi Cuixart. Van dictar mesures cautelars per al Major dels Mossos i per a la intendent. Ha estat una nit dura, trista, tensa i d'indignació. Costa molt poder descansar i asserenar l'esperit en aquestes circumstàncies, però és un deure que no puc defugir. Cal esforçar-se encara més per mantenir la serenor.

Les pressions han augmentat notablement. El clima d'indignació es palpa al carrer, la gent no entén que encara tinguem la mà estesa al diàleg mentre l'Estat accentua la seva repressió. Al consell executiu d'avui hem tornat a tenir un debat molt intens sobre el que cal fer, com ho hem de fer i amb quins terminis. A traç gruixut, la cosa admet poca discussió: o rendició, o anem fins al final. El problema no és aquest, perquè tothom, amb més o menys alegria, sap que l'Estat ha dinamitat totes les opcions al diàleg que li hem plantejat. El problema és doble. Primer, quines accions efectives tenim previstes per apuntalar dignament la declaració d'independència. El segon, en quina situació ens queda Catalunya passada la primera etapa de xoc amb l'Estat, suposant que l'hem pogut apuntalar.

L'estat d'excitació d'alguns extrems és preocupant, i tornen les amenaces: les pressions a un nivell similar al que es patien els dies previs al ple del Parlament del dia 10 de setembre. L'ambient es torna irrespirable.

Aquests dies he rebut al despatx les visites de representants del que es considera la societat econòmica del país, clarament hostils a la independència, però conscients que no hi ha una resposta senzilla i fàcil. Hem rebut gent amb anonimat i contactes directes amb el govern espanyol i amb la Casa Reial, i tots transmeten un mateix missatge

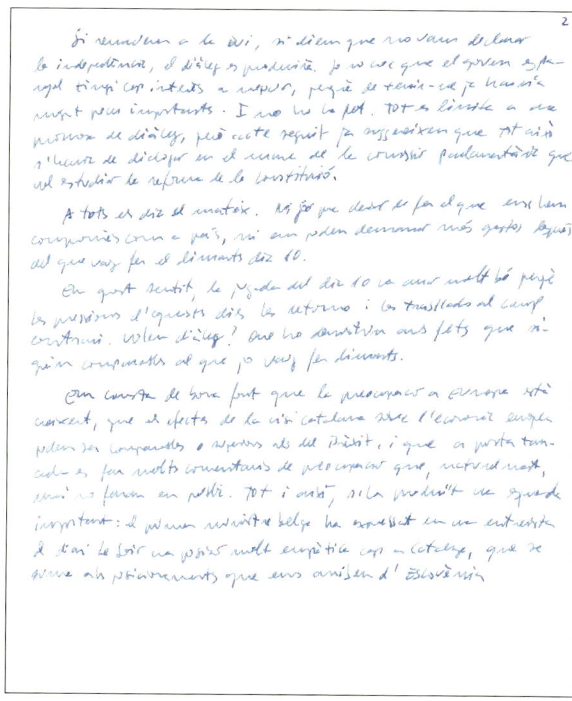

2

Si renunciem a la via, si diem que no vam declarar la independència, el diàleg es produirà. Jo no crec que el govern espanyol tingui cap interès a negociar, perquè de tenir-ne ja hauria fet passos importants. I no ho ha fet. Tot es limita a una promesa de diàleg, però certs seguit ja suggereixen que tot això s'hauria de dialogar en el marc de la comissió parlamentària que vol estudiar la reforma de la Constitució.

A tots els dic el mateix. Ni jo puc deixar de fer el que ens hem compromès com a país, ni em poden demanar més gestos després del que vaig fer el dimarts dia 10.

En aquest sentit, la jugada del dia 10 va anar molt bé perquè les pressions d'aquests dies les retornen i les traslladen al camp contrari. Volen diàleg? Que ho demostrin amb fets que siguin comparables al que jo vaig fer dimarts.

Em consta de bona font que la preocupació a Europa està creixent, que els efectes de la crisi catalana sobre l'economia europea poden ser comparables o superiors als del Brexit, i que a porta tancada es fan molts comentaris de preocupació que, naturalment, mai no faran en públic. Tot i així, s'ha produït una esquerda important: el primer ministre belga ha expressat en una entrevista al diari Le Soir una posició molt empàtica cap a Catalunya, que es suma als posicionaments que ens arriben d'Eslovènia

ELS MANUSCRITS D'OCTUBRE

«Tot el cap de setmana l'he passat meditant les opcions que hi ha damunt la taula. Crec que a hores d'ara només n'hi ha dues: o rendició o tirar endavant amb la proclamació de la República.»

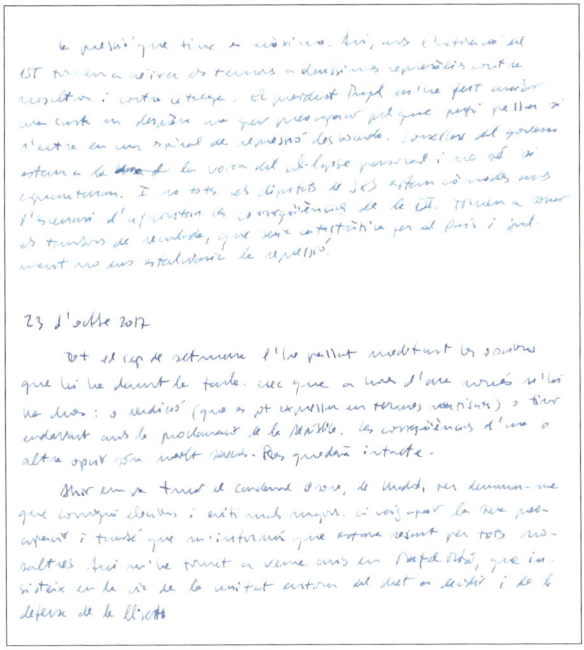

la pressió que tenen és màxima. Així, amb l'aplicació del 155 tornem a [illegible] els termes [illegible] repressió contra [illegible] i contra Catalunya. El president Rajoy m'ha fet arribar una carta on [illegible] preocupació pel que pugui passar si s'entra en una espiral de repressió desbocada. Consellers del govern estan a la ~~[illegible]~~ la vora del col·lapse personal i no sé si aguantaran. I no tots els diputats de JxS estan còmodes amb l'escenari d'afrontar les conseqüències de la DI. Tornen a sonar els tambors de retirada, que seria catastròfica per al país i probablement no ens estalviaria la repressió.

23 d'octubre 2017

Tot el cap de setmana l'he passat meditant les opcions que hi ha damunt la taula. Crec que a hores d'ara només n'hi ha dues: o rendició (que es pot expressar en termes [illegible]) o tirar endavant amb la proclamació de la República. Les conseqüències d'una o altra opció són molt serioses. Res quedarà intacte.

Ahir em va trucar el cardenal Omella, de Madrid, per demanar-me que convoqui eleccions i evitar mals majors. Li vaig agrair la seva preocupació i també que m'informés que estava resant per tots nosaltres. Avui m'he trobat a veure amb en [illegible], que insisteix en la via de la unitat entorn del dret a decidir i de la defensa de les institucions

LES NOTES DE LA NEGOCIACIÓ

A la dreta, les notes que el president va prendre després d'una conversa amb Pepe Álvarez, en què aquest li diu que ha parlat amb el president Rajoy i que, si no hi ha DUI, ell estarà a favor del diàleg.

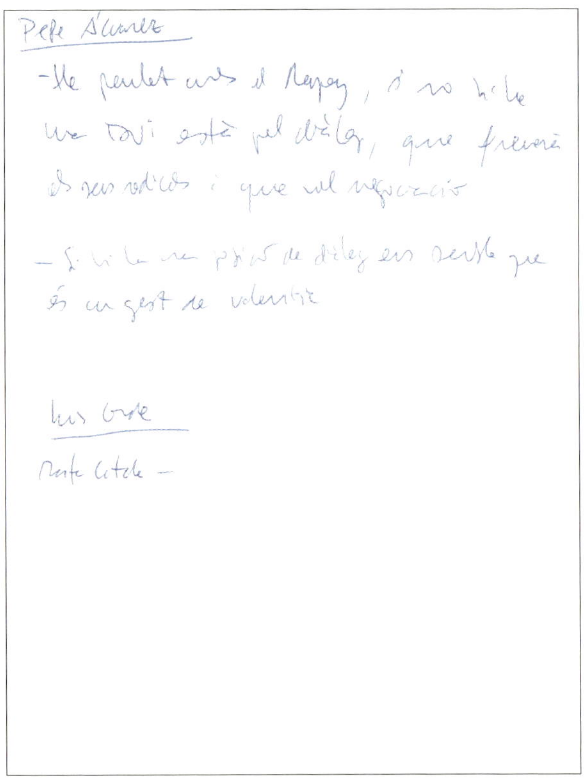

Pepe Álvarez

– Ha parlat amb el Rajoy, i si no hi ha una DUI estarà pel diàleg, que frenarà els seus radicals i que vol negociació

– Si hi ha un procés de diàleg ens sembla que és un gest de valentia

Lluís Conde

Marta Lasalle –

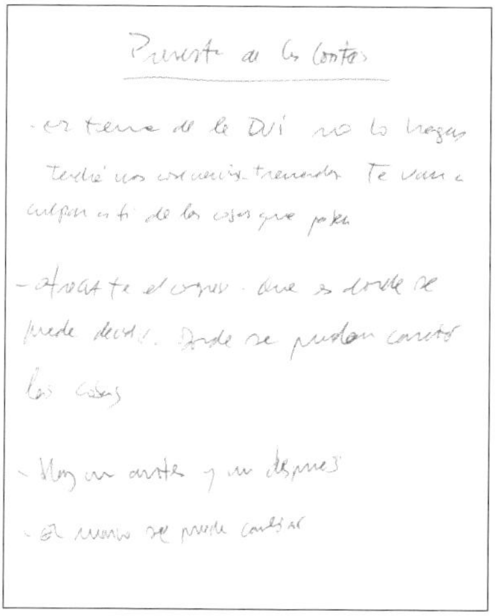

Les notes corresponen a la conversa que Puigdemont va mantenir amb la presidenta de les Corts espanyoles, Ana Pastor. Li demanava que no fes la DUI i li oferia el Congrés per debatre la situació.

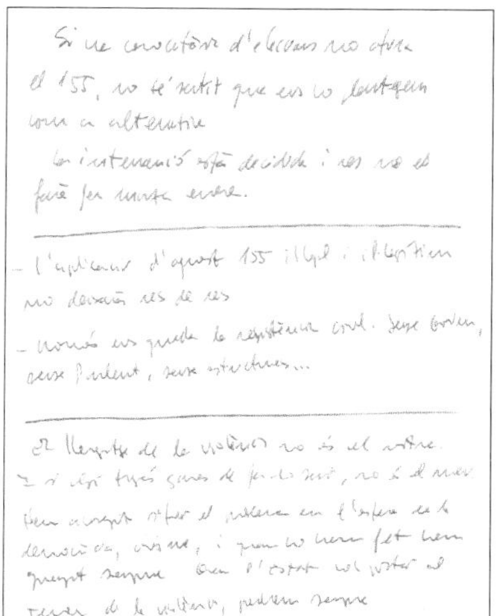

EL 155

En les darreres notes de la llibreta, el president deixa constància de la situació. «Si una convocatòria d'eleccions no atura el 155, no té sentit que ens ho plantegem com a alternativa», diu. Hi afegeix, entre altres apunts: «l'aplicació del 155 és il·legal i il·legítim, no deixarà res». I parla, finalment, de la violència que es pot generar: «El llenguatge de la violència no és el nostre. I si algú tingués ganes de fer-la servir, no és el meu».

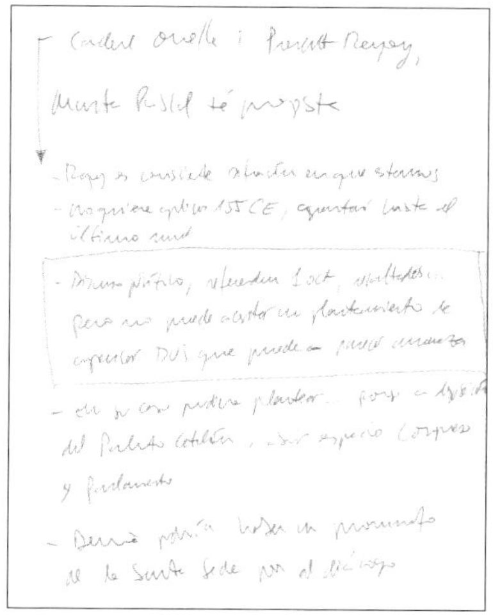

Notes preses pel president després de trucades que li informaven també que «Rajoy es consciente de la situación en que estamos. No quiere aplicar el 155. Aguantará hasta el último minuto». Tal com es constata en la darrera nota del full, semblava que la Santa Seu podia fer també una crida al diàleg.

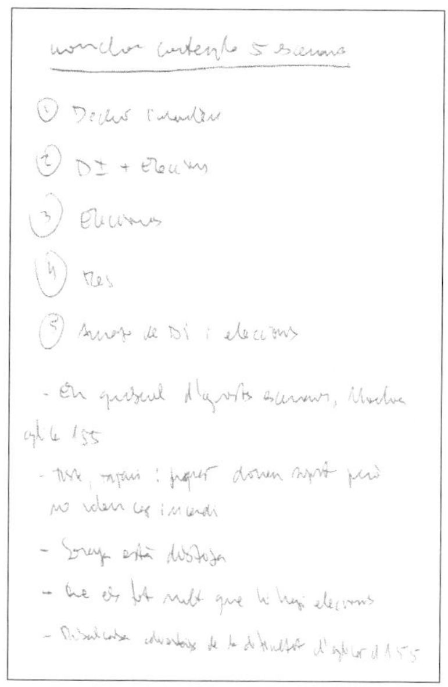

CONVERSA AMB RIBÓ

En aquestes notes, preses després d'una conversa amb Rafael Ribó, deixa constància que en qualsevol dels escenaris contemplats per Madrid s'aplica sempre el 155.

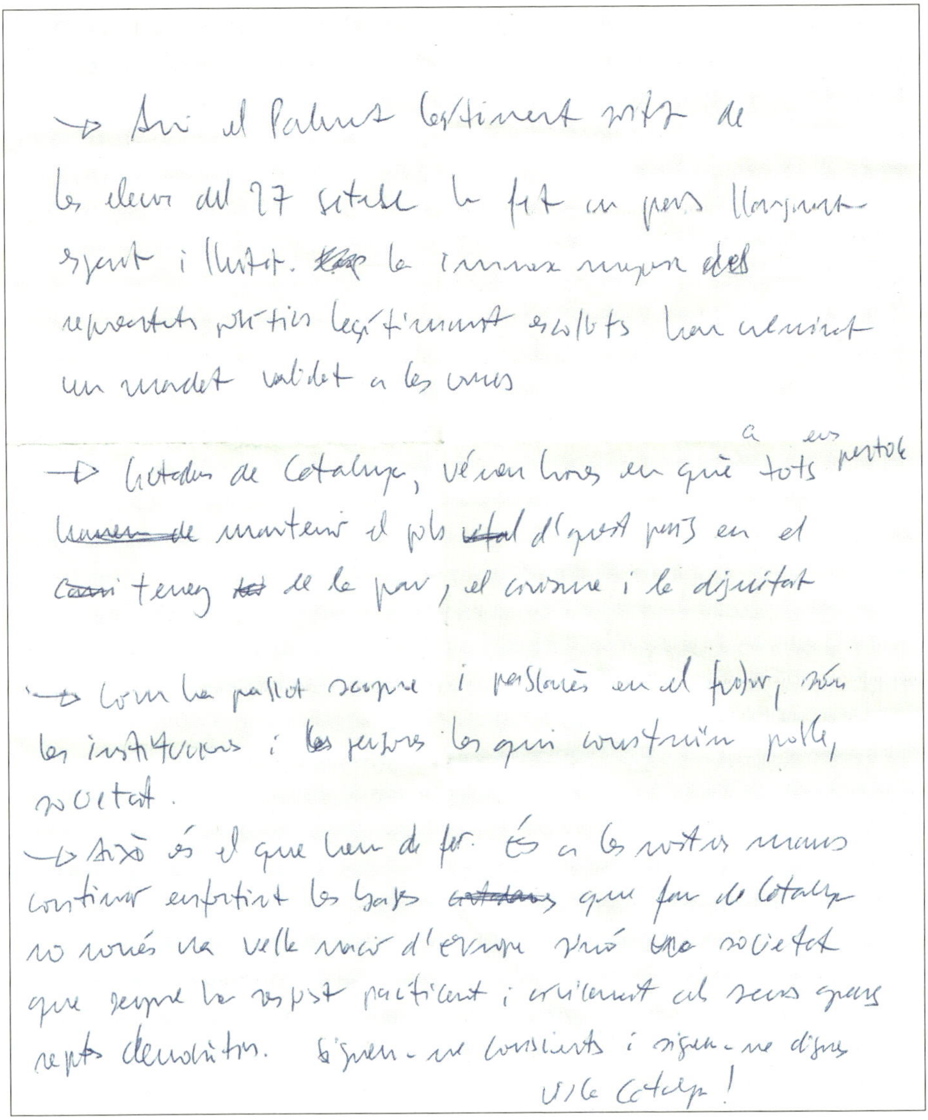

→ Avui el Parlament legítimament sorgit de les eleccions del 27 setembre ha fet un pas llargament esperat i lluitat. La immensa majoria dels representants polítics legítimament escollits han culminat un mandat validat a les urnes

→ Ciutadans de Catalunya, vénen hores en què a tots ens pertoca mantenir el pols d'aquest país en el terreny de la pau, el civisme i la dignitat

→ Com hem fet sempre i persistirem en el futur, són les institucions i les persones les qui construïm poble, societat.

→ Això és el que hem de fer. És a les vostres mans continuar enfortint les bases que fan de Catalunya no només una vella nació d'Europa sinó una societat que sempre ha respost pacíficament i cívicament als seus grans reptes democràtics. Siguem-ne conscients i siguem-ne dignes.

Visca Catalunya!

LA DECLARACIÓ D'INDEPENDÈNCIA

El manuscrit correspon a les notes que el president va escriure minuts abans de fer la seva intervenció a les escales del Parlament, un cop aprovada la Declaració d'Independència, el 27 d'octubre.

cupat. Tret que estiguin realment preocupats: aquí tenim por escènica, però allà també en deuen tenir», pensa Puigdemont mentre parlen.

Durant una estona exploren plegats diferents possibilitats. Li recorda, un cop més, que cada vegada que el govern català ha intentat una via de diàleg, a Madrid no han acceptat res.

—Fins i tot vau rebutjar una proposta d'en Francesc Homs reclamant una comissió d'estudi de la situació; ni això, no vau acceptar. Més *light* que això, impossible. Mira, Enric, jo no vull aturar el rellotge; però és evident que si vosaltres poseu alguna proposta per estudiar sobre la taula, jo em veuré obligat a fer-ho. Perquè la pressió que hi haurà en una part de l'independentisme actual serà molt gran; voldran escoltar les propostes.

Cap al final de la conversa es lamenten tots dos del desgast físic que els suposa anar tant amunt i avall constantment —viuen tots dos a Girona—, i abans d'acomiadar-se encara comentaran, ni que sigui molt per sobre, les complicacions internes que tenen a les seves respectives formacions. Millo li demostra que està al corrent de les discrepàncies que hi ha a J×Sí entre el PDeCAT i ERC. Però el president creu que el delegat hi posa més pa que formatge: «Intenta desestabilitzar-me, però no ho aconseguirà», pensa.

Millo, que és dels pocs al PP que sí que estaria disposat a asseure's i parlar, no s'ha compromès a res. Ell tampoc. S'han emplaçat a veure's en una altra ocasió.

—Jo pensaré en diferents fórmules que puguin mostrar que fem passos en la bona direcció i que ajudin a aturar-ho tot —li diu el delegat abans d'acomiadar-se amb una encaixada de mans.

Els dos polítics se'n van amb els seus respectius cotxes oficials.

Dilluns, 27 de febrer

Rep Ricardo Álvarez Espejo, el tinent general de l'exèrcit espanyol, que aquests dies es retira i que, en el seu acte oficial de comiat, ha dit que «l'exèrcit ha de mantenir la seva neutralitat» i «el màxim respecte institucional» davant la situació que travessa Catalunya. «El procés és un tema exclusivament polític que s'ha de resoldre per la via política», ha arribat a afirmar.

Després de tres anys i mig a Catalunya —i de destins com Kosovo, el Líban o Afganistan—, Álvarez Espejo ha vingut a acomiadar-se.

«El que cal és que el govern català i l'espanyol parlin. Jo, aquí, a Catalunya, hi tinc amics. Conec la realitat, m'hi he guanyat alguna enemistat, perquè m'han demanat més duresa, però ho tinc clar: cal diàleg», li assegura el militar.

«No ho diu per dir-ho, i menys ara que se'n va», pensa Puigdemont.

Coneix Álvarez perquè quan va arribar a Catalunya, el 2013, ell era alcalde de Girona i el militar va anar a veure'l per presentar-se. «Fins i tot es va oferir a fer un concert de la banda militar a Girona. Sense que jo li digués res, ell mateix em va fer saber que generalment acabaven el concert interpretant l'himne espanyol, però que a Girona l'acabarien amb la Santa Espina. Jo encara no li havia dit res; va sortir d'ell. Ja era molt conscient d'on som i què pensem. És molt intel·ligent i molt respectuós.» Al final la banda no va tocar a Girona perquè va coincidir amb el dia de l'atemptat a la revista *Charlie Hebdo*, a París, el gener del 2015. «Ells mateixos van decidir suspendre'l.»

Dimarts, 28 de febrer

Com cada dimarts, es troben amb el vicepresident Junqueras a Palau, al saló Verge de Montserrat, just davant del despatx de Presidència. El nom li ve per una escultura de la Verge de Montserrat que hi ha. De fet es diu així des de les reformes que s'hi van fer l'any 1928. Se'n conserva l'estructura original i les mènsules esculpides del sostre.

Però avui cap dels dos es dedica a contemplar l'espai. Avui van per feina. S'hi produirà una de les reunions més decisives des que van decidir veure's cada dimarts, a soles, un cop acabada l'habitual reunió del govern.

—Anem massa de pressa. Potser cal que obrim un temps de reflexió —li ha deixat anar Junqueras.

En una sola frase li ha confirmat tot el que es temia des del sopar al 7 Portes, quan li van parlar d'un camp base abans d'arribar al cim.

Per si amb això no n'hi hagués prou, avui mateix li ha arribat un altre indici clar del neguit d'ERC davant del procés. Fa poques hores s'ha reunit a soles amb [redacted], que també li ha confessat preocupació sobre el comportament d'Esquerra. «Cinc sobre deu», li ha dit [redacted] intentant quantificar l'entusiasme que veu en Junqueras davant la possibilitat de fer el referèndum.

Puigdemont calla i escolta.

—¿Tu com ho veuries, que, com que soc el vicepresident, no anés a la reunió dels partits? —li pregunta obertament.

—Home, aquí sí que hi hauries de ser. Una cosa és que no hi sigui jo, que soc el president i soc una eina, un instrument, i no tinc càrrecs al partit. Però tu ets el president del teu partit. Si la Neus Munté hi ha d'anar en tant que vicepresidenta del PDeCAT, ¿per què no hi hauries d'anar tu?

Però Junqueras encara fa un pas més i demana a Puigdemont que la reunió de l'anomenat estat major que s'ha de celebrar avui (la trobada setmanal i secreta entre ERC, el PDeCAT i la CUP), potser s'hauria d'ajornar.

Ajornen, doncs, la reunió setmanal. Cadascun dels dos ho comunicarà als seus. Pel que fa a la CUP, l'encarregat de dir-los que se suspèn la reunió de l'estat major serà Josep Rius.

«El vicepresident ha demanat suspendre la reunió d'aquesta tarda», diu Rius a Anna Gabriel via SMS.

Gabriel respon: «Motiu?».

No obtindrà cap resposta.

«Jo soc un instrument i faré el que calgui. Però abans de prendre cap decisió irreversible cal analitzar-la bé. I cal que la decisió sigui presa per J×Sí, ERC, el PDeCAT i les entitats sobiranistes. Per tothom», pensa el president en veu alta.

Avui també s'ha vist una estona amb Santi Vila perquè el conseller li vol explicar la trobada que ahir va mantenir a Madrid amb la vicepresidenta Soraya Sáenz de Santamaría. Hi ha molt poca gent que estigui al corrent d'aquesta reunió. Molt poca. D'Esquerra no ho sap ningú.

La vicepresidenta va aprofitar fa uns dies un acte de l'Any Cervantes per apropar-se a Santi Vila i dir-li: «Me han hablado muy bien de ti. ¿Qué te parece si nos viéramos?».

Santi Vila i Puigdemont van estar d'acord que era convenient acceptar la invitació. La trobada es va fer ahir. La van preparar diumenge. «Deixa-li clar que jo n'estic al corrent, d'aquesta reunió; que entenguin que anem alhora. Que no vulguin jugar a les deslleialtats, pensant-se que tu vas per lliure», li va demanar.

De fet, en acabar la trobada, que va ser en forma d'un dinar al Ministerio, Sáenz de Santamaría va preguntar directament a Vila: «Oye, en tu casa ¿quién sabe esto nuestro de hoy?». Vila li va dir clarament que molt poca gent, entre ells el president i el seu cap de gabinet al Departament de Cultura, Carles Ribera. D'ERC, ningú. Soraya Sáenz li va dir que, per la seva banda, n'estaven al corrent la seva cap de gabinet i el president Rajoy. Ningú més.

Durant uns minuts, la vicepresidenta i el conseller van especular sobre què passaria si se sabés públicament. «Bé, de fet no passaria res. Però no s'ha de saber. De fet, jo amb Junqueras m'he reunit moltes vegades sense que se sabés», va deixar anar Soraya Sáenz. Potser era un comentari fet amb tota la mala intenció, però a Vila li va semblar que se li havia escapat. «Siempre lo tengo aquí», li va dir Soraya referint-se a Junqueras.

El president no sap què pensar. «Segur que hi ha alguna intencionalitat tòxica, en el que ha deixat anar Soraya sobre el vicepresident… però només que sigui mitja veritat… ja seria preocupant.»

En termes generals, la conversa va ser molt similar a la que havien mantingut el president Puigdemont i el president Rajoy feia un mes.

«Os habéis vuelto locos si creéis que vais a hacer un referéndum» va dir la vicepresidenta a Vila.

Segons el conseller, Sáenz de Santamaría fins i tot va arribar a dir: «No creo ni que debáis tener más competencias; al contrario, creo que deberíais tener menos. Y si no os lo planteamos ahora, es porque no es el momento».

La vicepresidenta espanyola va ser molt clara en exposar-li el que estava disposat a fer el govern espanyol: «¿Queréis las sedes de algún ministerio en Cataluña? ¡Adelante! ¿Queréis el Senado en Cataluña? ¡Adelante! ¿Queréis la sede del Supremo en Cataluña? ¡Adelante! Pero no os daremos ninguna competencia más».

—Això és espanyolitzar Catalunya! —s'exclama Vila a Puigdemont, escandalitzat.

—No m'ho pensava, que fossin tan durs —reconeix ell, abatut.

L'única concessió que li va fer Sáenz de Santamaría va ser en la qüestió de la llengua: «Quizá sí nos hemos equivocado no haciendo nuestro el catalán; no sintiendo que el catalán es también una lengua española y no sintiéndonos orgullosos de ella», va reconèixer.

Amb tot, quan va sortir a la conversa l'àmbit de l'ensenyament, va ser molt taxativa: «Aquí deberíamos tener nosotros las competencias, porque lo que se está haciendo...».

Vila ha tornat molt decebut de la trobada a Madrid.

—És molt trist —diu al president.

Després d'acomiadar-se el president es queda sol una estona al seu despatx reflexionant sobre la conversa que acaben de tenir: «En el fons, a mi ja m'ha anat bé, que Vila ho hagi vist. Ell fins i tot ha posat sobre la taula de la vicepresidenta una possible reforma de la Constitució, amb temps... I ha vist que no li compraven ni això, que és el que ell probablement voldria».

Dimecres, 1 de març

Sopa amb el ministre de l'Interior i viceprimer ministre de Bèlgica, Jan Jambon, a la Casa dels Canonges. Tots dos s'entenen bé. El vice-primer ministre belga està content. Ha aprofitat que era a Catalunya per anar a veure el Barça-Sporting, un partit de lliga que es jugava a quarts de nou del vespre, i n'ha sortit tan satisfet com els culers: 6-1. Ha vist marcar Messi, Suárez, Alcácer, Neymar i Rakitic, i ha vist com l'Sporting es feia un gol en pròpia porta de la mà de Juan Rodríguez.

Asseguts a taula al menjador gran de Canonges, els dos líders repassen l'actualitat futbolística i també la política. La major part de la conversa la dediquen a parlar de terrorisme i a analitzar els atemptats que ha patit Bèlgica recentment, però Puigdemont comprova que el vice-primer ministre belga coneix perfectament el cas català. «És com si parlessis amb un paio del País Basc, que sap perfectament què està passant. I està al dia de tot, de tots els moviments; està al cas de tot», pensa en més d'una ocasió.

Jambon s'interessa, però, per tots els detalls. No és que l'hi insinuï, sinó que més aviat l'hi diu clarament, que poden comptar amb el seu suport. «És evident que oficialment no podrem dir res; però heu de saber que us entenem.» La trobada té un gran valor. «És un ministre d'Interior d'un país de la UE que casualment és el país que actualment allotja la seu de la Unió Europea. No és una circumstància menor.»

Jambon li parla de les pressions que rep de l'ambaixada espanyola i dels moviments que en el seu moment va fer l'exministre Fernández Díaz, a qui coneix bé perquè va ser el seu homòleg a Interior i no és precisament sant de la seva devoció. La conversa s'allargarà fins poc després de la mitjanit. El vice-primer ministre belga li reitera que poden comptar amb ells, però sempre d'una manera molt discreta.

A petició de Jan Jambon, la trobada no es farà pública.

Però no és l'única trobada que no ha sortit a l'agenda pública, aquests últims dies. N'hi ha hagut unes quantes més, totes a la Casa dels Canonges, la residència privada oficial del president. Així no s'han de registrar, tal com marca la llei de transparència quan la cita és oficial i al Palau de la Generalitat.

Efectivament, s'ha vist amb els nous líders del Partit Quebequès, amb una delegació de diputats francesos de diferents partits polítics que estaven interessats a conèixer discretament la situació a Catalunya, amb diferents cònsols i amb algun ambaixador, com el de Qatar als Estats Units, Mohammed Jaham Al Kuwari.

Dilluns, 6 de març

Avui hi ha reunió de la comissió executiva nacional del PDeCAT, al carrer Provença 339, de Barcelona. Puigdemont hi arriba dolgut. Dolgut perquè ja fa temps que no nota l'alè del partit donant suport a la seva estratègia cap a la independència, i emprenyat per la informació que publicava ahir *La Vanguardia* a tota plana i en portada i que després desenvolupava en dotze columnes: «L'operació per la desconnexió exprés provoca una esquerda entre Puigdemont i el PDeCAT».

Ha arribat a la reunió del partit amb expressió seriosa. Quan Marta Pascal li dona la paraula, fa un discurs contundent a favor de la independència de Catalunya, del referèndum i de l'estratègia del govern.

De fet, intervé a la reunió a petició expressa de la coordinadora general del PDeCAT, Marta Pascal, que fa poques hores li ha enviat un whatsapp: «Crec que seria bo que avui tu parlessis del procés».

Puigdemont ha respost a l'acte: «Jo crec que seria bo que fos el partit, qui parlés del procés. Que jo en parli no és cap novetat, cap sorpresa. No diré res de nou. En canvi, crec que, després del que ha sortit publicat, estaria bé que qui ho fes fos el partit».

Creu que el partit ha de deixar clar d'alguna manera que està amb ell o que té una altra opinió. Però Pascal no ho ha considerat així i en un moment donat de la reunió li ha passat a ell la paraula.

«Em passa la paraula com si la independència del país fos un punt més de l'ordre del dia. S'ha parlat del Senat, del Congrés, de les sectorials del partit, i ara de la independència... —pensa—. ¿Com pot ser que el meu partit tracti el tema de la independència com si fos un punt més de l'ordre del dia?»

Ja fa dies que el president nota que a casa seva no tothom està per la feina. «Suposo que a casa meva hi ha qui té fred de peus. No t'ho diuen obertament, però es nota», pensa. I es pregunta: «¿Per què existeix, aquest partit, si no? ¿Per gestionar l'autonomia? Si el partit i J×Sí decideixen que ha arribat el moment de parar, jo compliré sense cap problema. Personalment no hi estaré d'acord; però és ben legítim, si ho volen així. Això no és un projecte personal. El que no és just és que sembli que és un projecte personal meu; que tothom vagi dient que el president és el més convençut, que anirà fins al final, i que ho diguin com si fos un tema només meu, això no és just. ¿Com pot callar, la Pascal? —s'exclama—. ¿Com pot callar, el partit?».

—¿Ha arribat un punt en què et preguntes què hi fas, aquí? —li demano.

—No. No tant. No és tan cruel com això... Perquè sé el que hi faig, aquí... —Fa una llarga pausa i afegeix—: Sé què hi faig, però, si hagués sabut algunes coses, no m'hauria embarcat en aquest viatge... O ho hauria fet en unes altres condicions; hauria posat algunes condicions. Algunes d'aquestes coses no les podia saber, i algunes altres no depenien ni tan sols d'en Mas ni del PDeCAT; depenien d'ERC.

Dilluns, 13 de març

Aquesta tarda es reuneix amb el vicepresident Oriol Junqueras i el president d'Òmnium, Jordi Cuixart. La trobada s'ha fet a petició d'aquest últim. Són a la sala de la Casa dels Canonges on el president sol fer les reunions quan hi ha poca gent i on dina de vegades.

Són les sis de la tarda. Estan tots tres asseguts a la taula de vidre rodona que hi ha al centre. Fa dies que Cuixart detecta desconfiança mútua entre els seus dos interlocutors. Els vol proposar que signin un document comprometent-s'hi tots dos no només a celebrar el referèndum sinó en una data: l'1 d'octubre. Serà un document privat, secret, que el president d'Òmnium podrà exhibir posteriorment si un dels dos se'n desentén.

«En Cuixart ha interpretat bé que hi ha la necessitat que ens posem d'acord i que ho signem, i potser està bé que ho signem davant d'un tercer.»

«Jo no puc signar aquest document si no sé que els dos partits hi van de debò i estan d'acord amb la data», es diu a ell mateix.

«No tinc cap problema a signar un document adquirint el compromís del referèndum i la data, però, si tots plegats estem pendents que es trobin les cúpules dels dos partits que integren J×Sí, potser seria més prudent esperar a veure què en surt, d'aquesta trobada, ¿no?», els diu.

Junqueras parla poc. Es limita a assentir amb el cap.

La reunió s'acaba sense acords. O, millor dit, amb l'acord que esperaran a la reunió que han de mantenir la cúpula del PDeCAT i d'ERC la setmana vinent. Si cal, el document ja el signaran més endavant.

Cuixart en sortirà visiblement decebut.

Dimarts, 14 de març

Aquest migdia s'ha reservat gairebé tres hores a l'agenda per poder desconnectar. Els plans s'han covat en secret, i a l'agenda l'únic que hi apareix és que avui dina amb el conseller de Salut, Antoni Comín.

En realitat, però, més que dinar, el que farà és divertir-se amb

Comín. El conseller tocarà el piano que hi ha a Canonges, i el president, la guitarra elèctrica que ja fa mesos que té a Palau. Jo en seré un testimoni d'excepció.

El conseller ja és a lloc, quan hi arriba Puigdemont. Més que una encaixada de mans, se saluden amb un somriure d'orella a orella. Saben que han quedat per interpretar algunes cançons i passar-s'ho bé, i que no hi ha cap finalitat política. Com que el «concert» d'Any Nou amb els consellers els va sortir bé, han volgut repetir l'experiència, aquest cop en privat.

Comín li ensenya unes partitures que porta a la cartera.

—Homeee, no s'hi val; això vol dir que t'ho has preparat! —li diu el president mentre s'asseuen a taula tot rient.

Serà un dinar ràpid. Avui prendrà vi. No ho fa mai, entre setmana, i menys a l'hora de dinar; no pas perquè no li agradi, sinó perquè després li costa d'arrencar. Però avui té temps. No té cap reunió fins a les cinc de la tarda i el dinar no és pas per treballar, sinó per passar-s'ho bé. Una amanida, un plat lleuger de peix i, per postres, fruita. Puigdemont farà una copa de vi negre, mentre que Comín opta pel blanc.

La conversa és amable. El conseller li fa saber com qui no vol la cosa que el vicepresident Junqueras està al cas de la trobada.

—Sortint de la reunió de govern li he comentat a en Junqueras que venia a Canonges a tocar el piano i que tu tocaries la guitarra, i no s'ho creia —ha explicat el conseller de Salut.

Ho ha deixat anar com una anècdota, però ha sigut una manera de deixar-li clar que Junqueras n'està informat. Al president ja li està bé. De fet, la trobada no té cap més pretensió que la que havien pactat: passar una bona estona i interpretar plegats algunes peces. No hi haurà cap gran secret. O, millor dit, l'únic secret és que tocaran junts. Això sí: com diu Comín fent broma, serà «el secret més ben guardat d'aquest govern».

Parlen en to distès. Quan Comín s'interessa per saber quin tipus de vida fa el president a Canonges, Puigdemont li explica alguna anècdota i es lamenta que és incòmode: «És com si estiguessis en un hotel, però permanentment vigilat», i que té molt poques estones per desconnectar.

Com que tots dos són animals polítics, la conversa acaba anant a parar a la política. S'hi esplaiaran una bona estona. Comín repassa l'experiència viscuda a casa seva i la relació que tenia amb el seu pare —Alfons Comín, que va ser escollit diputat del PSUC i va tenir una llarga trajectòria política—. Parlen de Santiago Carrillo —Puigdemont va anar a entrevistar-lo a casa seva l'any 1996 i en recorda perfectament els detalls.

—Ara caldria que algú fes com Suárez, legalitzant el PCE i jugant-se-la —afirma—. Que algú a Espanya se la jugués posant el referèndum de Catalunya sobre la taula. No pas per nosaltres, sinó perquè això faria evolucionar també Espanya.

Al conseller Comín, la comparació sobre la necessitat de la valentia que caldria tenir ara amb la que va tenir Suárez en el seu moment li ha agradat.

Tanmateix, tots dos estan d'acord que no hi ha ningú que vulgui fer aquest pas.

Cap dels dos, però, troba cap sortida a la situació actual. Cap sortida, esclar, que no sigui tirar pel dret i provar-ho.

—Amb tu al capdavant han vist clar que anem seriosament —li diu Comín—. Amb Mas de president, a Madrid estaven segurs que el convencerien. I et diré més: ara encara hi ha a Madrid qui es pensa que a en Junqueras també el podrien convèncer. Per això fan córrer histories de si en Junqueras està o no per la feina i fan filtracions periodístiques sobre el festeig amb Soraya Sáenz de Santamaría. Amb tu això no s'atreveixen a fer-ho, perquè ja han vist que vas de veritat, però amb en Junqueras sí que ho proven.

—¿I va de veritat?

—No en tinguis cap dubte. En Junqueras anirà fins al final, fins a on calgui —respon el conseller.

S'ho estan passant bé. La sobretaula s'allarga i Puigdemont, llaminer de mena, pregunta a un dels cambrers:

—¿No teniu pas alguna galeta d'aquelles de can Trias o una altra que s'hi assembli? ¿En podríeu portar unes quantes?

Els en porten unes quantes, però els dos intèrprets no tindran temps d'acabar-se-les, perquè ha arribat l'hora de l'actuació. Comín tocarà el piano de cua que hi ha al menjador gran de la casa dels Canonges.

El conseller s'asseu al piano assegurant que és un luxe, tocar un Steinway del 1899, i interpreta una primera melodia. El concert durarà poc més d'una hora. Tocaran una mica de tot. Des de temes de Lluís Llach fins a Eric Clapton —a Puigdemont sempre li ha agradat «Tears in Heaven», la cançó que Clapton va dedicar al seu fill mort als quatre anys en caure d'un balcó—. Hi haurà des de Sopa de Cabra fins a Rolling Stones, Beatles o uns quants temes del repertori català, entre ells el «Torna, torna, Serrallonga». Toni Comín tira més cap a la música clàssica —ha portat partitures de Bach i Mozart—, i Puigdemont és més de música moderna. Combinaran tots dos estils, improvisant alguns acords i, esclar, anant a estones compassats i a estones no tant.

Comín diu que l'afició a la música li ve de ben petit. A ell també.

—Si hagués pogut estudiar música, jo ara seria músic.

El conseller acaba el concert interpretant la «Chacona» de Johann Sebastian Bach i explicant l'admiració que sent per James Rhodes.

La «Chacona» de Bach és una peça composta per a violí, però n'interpreta una adaptació per a piano. Bach la va compondre entre el 1717 i el 1723, i sembla que es tractava d'una peça dedicada a la seva dona, Maria Barbara, que va morir mentre ell era de viatge. Bach no se'n va assabentar fins que va tornar a casa, quan ja l'havien enterrat. El conseller interpreta la peça, de gairebé un quart d'hora, mentre Puigdemont l'escolta, dret, al seu costat.

Quan el piano calla es fa el silenci.

Per avui s'ha acabat l'actuació. S'ho han passat bé.

—Tinc una reunió a les cinc.

—I jo he de fer una conferència a les sis —fa el conseller.

Surten a Canonges pel passadís que, baixant una petita escala, dona directament al Pati dels Tarongers. Just a la porta hi ha dos bidells i un mosso d'esquadra que els saluden.

Tot i que a distància, han estat l'únic públic del concert. Potser no els han vist, però segur que els han sentit, perquè el piano i la guitarra se sentien de lluny, i les veus dels dos cantants improvisats, segurament també.

Evidentment, però, ningú no fa cap comentari. Se saluden com si sortissin d'una reunió.

Tots dos arribaran als actes següents que tenen a l'agenda amb un somriure. No explicaran res del concert ni de la promesa de repetir-lo: «Hi tornarem, però la pròxima vegada l'hi direm també a en Lluís Llach», han quedat.

Dimecres, 15 de març

Aquest vespre presideix l'entrega dels XIX Premis Blanquerna, al museu Reina Sofía. Els guardonats són l'entrenador i exseleccionador espanyol, Vicente del Bosque, i el president de Nueva Economía Fórum, José Luis Rodríguez.

A tots els discursos ha sortit la paraula «diàleg» i s'ha parlat de respectar totes les opinions.

Puigdemont ha agafat l'avió cap a Madrid a mig matí i demà dijous tornarà cap a Barcelona amb l'AVE. Per a l'anada li encaixaven millor els horaris d'avió.

L'última edició dels Premis Blanquerna va ser fa set anys i qui va recollir el guardó va ser Iñaki Gabilondo. ¿Per què fa tants anys que no se celebren? Puigdemont ho explica així: «Perquè era l'època en què encara hi havia en Duran i Lleida, i ell sempre volia triar el nom del guardonat. En Francesc Homs li va dir que no, perquè sempre escollia perfils que no s'adeien amb la filosofia del premi. Al final, per evitar enfrontaments amb en Duran, es van deixar de fer. Aquesta és la realitat».

Els Premis Blanquera es van crear l'any 1993, els atorga la Generalitat a través de la seva delegació a Madrid i, segons les seves bases, serveixen per «reconèixer i regraciar la tasca de persones o entitats que s'hagin distingit per la contribució, en l'àmbit de la seva activitat, al desenvolupament, la promoció, el coneixement o la projecció de Catalunya». Es donen en dues categories, la primera a una personalitat, i l'altra, a una institució, una empresa o una entitat. Mascarell va pensar que era un bon moment per recuperar-los, i a tothom li va semblar bé.

Del Bosque està molt agraït del reconeixement. Fa un discurs demanant diàleg i Puigdemont l'hi agraeix: «És un premi més necessari que mai, perquè, tal com estan les coses, és del tot imprescindible treballar per arribar a una entesa. Necessitem que hi hagi persones tolerants i respectuoses que acceptin la diferència com un valor positiu, i que facin de la paraula el millor mitjà per solucionar els problemes de la gent».

Del Bosque ha citat en el seu discurs un dels guardonats en edicions anteriors: el jesuïta José María Martín Patino. Ha dit que li havia fet molta gràcia rebre un guardó que també havia rebut Patino, perquè ell hi havia tingut molt bona relació personal.

Vicente del Bosque, coneixedor de la relació que tenia Puigdemont amb Patino, li ha portat un regal que el president ensenya orgullós. «Del Bosque m'ha donat l'última nota manuscrita que li va fer arribar Patino poc abans de morir. L'hi he agraït molt.»

La nota manuscrita diu textualment:

> ¿No crees que los españoles necesitamos escucharnos más los unos a los otros? Sin escuchar bien y con la mayor voluntad, no llegaremos a comprender las razones de los demás. Para eso hay que agradecer la voz de los otros, aunque discrepen de la nuestra.

El jesuïta, que va ser l'artífex de la transició eclesiàstica a Espanya, va ser secretari del cardenal Vicente Enrique y Tarancón i va crear la Fundación Encuentro, a través de la qual va conèixer molta gent, entre ells el jove periodista Carles Puigdemont.

«Ha estat un gran detall. En una ocasió, Patino em va ensenyar una porta corredissa que tenia al seu despatx. Era una porta camuflada que donava a un menjador secret. "Aquí és on han estat la gent d'HB reunida i negociant amb els socialistes. Els vaig reunir aquí; van estar asseguts en aquest menjador", em va dir Patino mentre m'ensenyava la sala.»

Del Bosque i Patino es coneixien perquè tots dos eren de Salamanca. «Del Bosque no és un jugador de futbol, només. És un humanista. Va lluny, i tenim una conversa molt sensata. Toca sempre de peus a terra i s'ha mantingut en contacte amb molta gent de base, activistes socials.»

Garrigues Walker no es pot quedar al sopar que hi haurà després. La seva dona va tenir fa anys un ictus greu i ell vol dedicar tant de temps com pugui a cuidar-la. Abans de marxar, però, ha dit, davant de tots els membres del jurat i els guardonats, una frase que l'ha impactat: «En democràcia, el dret a no dialogar no existeix».

Ha estat un dia llarg. Un dia llarg en què ha tingut, però, un respir: una visita d'un parell d'hores, a la tarda, al museu Reina Sofía. Ell mateix l'ha demanat. Acompanyat pel director del museu, Manuel Borja-Villel, que com que és valencià li ha pogut fer tota l'explicació en català, ha visitat les sales d'avantguarda i sobretot les de preguerra.

«Les peces d'Ángeles Santos són una meravella.» Coneix la seva obra i la del seu germà, Rafael Santos Torroella, sobretot perquè, quan ell era alcalde, l'Ajuntament de Girona va adquirir el fons artístic d'en Rafael. Es tracta d'un paquet de mil dues-centes obres, entre les quals hi ha peces de Dalí, Miró, Tàpies, Picasso, Picabia... Bona part de l'oposició hi va votar en contra. «Quan les puguem exposar s'adonaran del que representa», diu encara ara.

Coneix bé la història d'Ángeles Santos, nascuda a Portbou: «Per a mi és una de les millors pintores de la modernitat. Té poca obra, pràcticament tota al Reina Sofía i a Girona. Té un quadre que es diu *Retrato de la niña muerta*, que és dels més impactants que he vist mai. És esfereïdor. Si els americans un dia descobreixen aquesta dona, en faran una pel·lícula. I nosaltres la tenim allà i no la coneixem».

Visita totes les avantguardes, des de la modernitat fins a les obres de la Segona Guerra Mundial i el *Guernica*: «M'ha agradat molt. A mi em renova, veure aquestes peces», assegura.

Arriba a l'hotel a la mitjanit tocada. Dormirà en una habitació diferent de la que li havien assignat inicialment. Al matí, en arribar a l'hotel, el seu equip ha entrat a revisar l'habitació i, quan ha obert la porta, ha enxampat un operari enfilat a una escala manipulant l'aparell d'aire condicionat. Els agents dels Mossos han demanat explicacions a l'hotel, però no n'han quedat prou convençuts i a última hora han demanat un canvi d'habitació. «Per si de cas», diran als membres de l'equip del president, que ni se n'assabenta.

Dijous, 16 de març

Fa estona que dona voltes a la trucada del vicepresident Junqueras que ha rebut aquest matí. Tots dos líders estan a l'espera que dilluns vinent es reuneixin les cúpules dels dos partits polítics que configuren Junts pel Sí. És l'acord al qual van arribar: que els dos partits es reunirien per avalar, si calia, el full de ruta. «Jo faré el que em diguin», ha repetit aquests dies a tothom que l'ha volgut escoltar.

No vol patir: «Primer, perquè faré el que em diguin; jo soc un instrument, i ja els ho he dit moltes vegades. I sobretot perquè confio que validaran el full de ruta i tirarem endavant. Espero que sigui un tràmit», diu.

Aquest matí, efectivament, ha rebut la trucada del vicepresident Junqueras. Era per dir-li: «¿Vols dir que per desencallar-ho tot no hauríem de dir la data del referèndum?». S'hi ha negat en rodó.

Dissabte, 18 de març

Ell, l'expresident Artur Mas i la coordinadora general del PDeCAT, Marta Pascal, han fet arribar aquest matí un missatge clar a la militància: el full de ruta seguirà endavant.

Són a les portes de la trobada amb ERC de dilluns, quan han de decidir si aturen el full de ruta o continuen endavant, però el missatge de Puigdemont és clar i contundent: «Cap inhabilitació podrà aturar la democràcia —diu, referint-se als condemnats pel 9-N—. No ens aturaran inhabilitant-los a ells ni inhabilitant més gent. Quan hagin acabat, nosaltres continuarem aquí, perquè rere nostre, si ens inhabiliten, hi ha centenars de milers de persones que no podran inhabilitar».

L'expresident Mas, al seu torn, ha alertat de la necessitat d'estar preparats: «Ens hem de preparar, perquè el pols serà encara més dur; no ens hem d'espantar ni hem de tenir por. Rendir-se no és una opció», ha assegurat. Marta Pascal, la coordinadora del PDeCAT, també s'hi ha apuntat: «Tot el que hagi de passar a partir d'ara, depèn només de nosaltres».

A hores d'ara ell veu clar que el full de ruta no s'aturarà. «Esperem a veure què passa a la reunió de dilluns, però ja veig que no s'aturarà.»

Diumenge, 19 de març

Avui, amb la portaveu del govern, Neus Munté, dinen a Taradell, a casa de l'exconseller de la Presidència, Francesc Homs.

Falta poc perquè l'actual diputat al Congrés hagi de deixar el càrrec arran de la condemna d'inhabilitació que ha dictat el Tribunal Suprem per la causa del 9-N. Homs se sent sol, i així ho ha expressat en els seus cercles més íntims i a Neus Munté i el president.

Homs els explica que voldria convertir la seva «expulsió» del

Congrés dels Diputats en un acte a favor del procés i del referèndum. Té algunes idees al cap, però no troba gaires aliats per dur-les a terme, i, pel que sembla, la inhabilitació, ara que ja hi ha sentència, es farà efectiva molt ràpidament. L'exconseller de la Presidència fa una radiografia molt dura de la situació: hi ha tremolor de cames, i molts preferirien que hi hagués noves eleccions al Parlament i evitar el pols a l'Estat en unes circumstàncies que s'intueixen molt dures. «Jo he perdut la feina i m'he despatxat a gust amb el tribunal dient el que penso, però no noto que aquesta sigui una actitud generalitzada. Hi ha fred de peus, por. I aquesta por és transversal: no afecta només el líder d'ERC, afecta també els consellers del PDeCAT i el partit. Correm el perill de fer un gran ridícul. A nosaltres no se'ns jutjarà pel resultat de tot plegat; se'ns jutjarà per com hem fet front a aquest desafiament. Si mantenim el referèndum, com sigui, i no ens en sortim, la gent ho entendrà; entendrà que hem anat fins al final i que potser el desafiament era massa gran. El que no entendrà la gent és que defallim i que ens agafi la por abans de la batalla.»

Aquests darrers dies, Puigdemont, Munté i Homs s'han intercanviat missatges per WhatsApp per valorar la situació. L'últim d'aquests missatges, d'Homs a Puigdemont i Munté, ha fet que el president i la portaveu decidissin anar a dinar a Taradell aquest diumenge. No volen deixar Homs sol després d'un missatge tan eloqüent: «Carles, Neus, dijous passat us vaig demanar de veure'ns amb un punt d'intranquil·litat. Pensava que el tema de Madrid el podríem aprofitar, però no ha estat possible. Ara els dies se'm tiren a sobre. Necessito —i vull— compartir amb vosaltres què faig aquests propers mesos. No cal que us digui que em sento sol, perquè aquest sentiment segur que també el deveu tenir vosaltres. Per a mi sou avui les dues persones que em frenen a posar distància a tot plegat. Soc conscient de la pressió enorme que porteu a sobre i per això empatitzo amb vosaltres. No vull fer res que us pugui incomodar o us pugui fer anar malament. És més, m'agradaria posar-me al vostre costat i ajudar-vos en tot allò que pogués ser útil [...]. Una abraçada gran i el meu afecte total».

Ha sigut un dinar llarg i han estat tots tres molt sincers. A hores d'ara, comparteixen la mateixa radiografia.

De tornada cap a casa per l'eix transversal, al cotxe oficial que el porta cap a Sant Julià de Ramis, el president continua donant voltes a la situació. «Tothom parla molt, però pocs diuen el mateix en públic que en privat. M'estic quedant sol.»

Dilluns, 20 de març

Avui les cúpules d'ERC i el PDeCAT s'han reunit per parlar del full de ruta. El president Puigdemont no hi ha anat. No hi ha volgut anar: «Vull que els quedi clar que jo soc un instrument, un fusible; que el que jo penso és que hem de fer el referèndum, però que no condicionaré per res el que decideixin. Si volen anar a eleccions, les convocaré. Si volen el referèndum, el convocaré. El que no vull és que sigui una decisió personal. Per això m'ha semblat que no havia d'anar a la reunió dels dos partits que configuren Junts pel Sí».

A la reunió han assistit, per part del PDeCAT, el president de la formació i expresident de la Generalitat, Artur Mas; la consellera portaveu, Neus Munté; la coordinadora general, Marta Pascal, i Joan Vidal de Ciurana, secretari del govern. Per part dels republicans, hi han anat el president del partit i vicepresident del govern, Oriol Junqueras; la secretària general dels republicans i portaveu de J×Sí, Marta Rovira, i Sergi Sabrià, diputat de J×Sí i president del Consell Nacional d'ERC.

Puigdemont n'ha sabut les conclusions perquè l'expresident Artur Mas li ha trucat fa una estona. La conversa ha estat breu, perquè Mas se n'havia d'anar cap a Madrid. Avui ha de ser a la capital d'Espanya perquè participa a l'Ateneo de Madrid en un col·loqui amb l'exministre d'Afers Exteriors espanyol José Manuel García-Margallo, sobre la independència de Catalunya.

L'acord a què han arribat les cúpules dels dos partits és continuar amb el referèndum. No hi haurà, doncs, eleccions a la cantonada. S'insistirà fins al final en el referèndum.

Segons Artur Mas, Junqueras s'ha mostrat molt contundent: «En Junqueras ha insistit en el referèndum sí o sí i que cal abandonar qualsevol opció que signifiqui anar a eleccions. Ha estat molt contundent, i ha fet un gran discurs. S'ha mostrat partidari del full de ruta que ja estem tirant endavant i ha dit que, en comptes d'aturar res, el que cal és accelerar. Això ho ha defensat de manera molt entusiasta».

Després de parlar amb Artur Mas, s'ha quedat pensatiu molta estona. Acaben de comunicar-li formalment que les cúpules dels dos partits s'han blindat per tirar endavant el full de ruta, però no sent cap alleujament.

Se sent sol.

Té l'encàrrec que ell voldria executar, tirar endavant amb el referèndum, però no se'ls acaba de creure. «Veig discursos formals, però no hi veig convenciment.»

Dijous, 23 de març

Avui el president i el vicepresident són al Parlament. Hi ha sessió plenària i hi han de ser. Els dos líders, com sol ser habitual, entren i surten dels seus respectius despatxos per anar a l'hemicicle en funció dels temes que s'hi debaten i, esclar, quan és necessari votar.

Han aprofitat una estona per veure's a soles i parlar de l'escenari que es planteja de cara als propers mesos, un cop les cúpules dels partits independentistes s'han posat d'acord, formalment, per continuar amb el full de ruta cap al referèndum.

—Si no podem fer el referèndum, potser haurem de fer una mena de Declaració Unilateral d'Independència i convocar eleccions... —diu Junqueras.

—Sí, ¿però amb quina legalitat? —pregunta Puigdemont. El president creu que l'única sortida possible és fer el referèndum, i fer-lo de veritat—. Si convoquem unes eleccions amb una nova legalitat, en el fons tindrem els mateixos problemes que si convoquem un referèndum. Perquè hi haurà partits que no t'ho reconeixeran, funcionaris que no voldran participar en els preparatius, l'Estat, que dirà que és una farsa. Anar a unes eleccions amb una nova legalitat no és una opció. Si anem a la nova legalitat, és per fer el referèndum.

Una de les alternatives que es planteja, [redacted], és la possibilitat que el Parlament debati una reforma de la Constitució.

«No ens permeten fer debats sobre la independència; cada cop que aprovem alguna cosa en aquest sentit, ens ho porten al TC. Potser una bona eina seria utilitzar l'argument que estem preparant una proposta de reforma de la Constitució per enviar-la al Congrés. Això ens permetria debatre a la Cambra com hauria de ser aquesta reforma i com voldríem que fos el camí per assolir una possible independència. Si el marc de discussió és una proposta de reforma de la Constitució perquè sigui debatuda al Congrés, costaria que ens diguessin que no en podem parlar, i seria una manera d'avançar.»

Fa dies que dona voltes a aquesta idea:

—El problema és que no veig convenciment ni en els meus... Tothom se sentiria descansat si ara jo convoqués eleccions. Però no ho faré; si no m'ho demanen ells, no ho faré. Si això és el que volen, que m'ho diguin i que ho admetin públicament. Són ells els qui em van posar aquí. Fa dies que tothom, en privat i a les reunions del govern, fa cara de demanar-me auxili.

—¿I la fa tothom, aquesta cara? —li pregunto.

—Sí. Tothom. A ERC i al PDeCAT. Ja m'ho va dir en Mas: un dia et giraràs i no hi haurà ningú. M'està passant això.

»Jo continuo sent partidari del referèndum al juny —diu després d'un silenci—, d'anar ràpid i d'assumir el que calgui. Però veurem què passa. Perquè, de la mateixa manera que jo estic convençut que el referèndum s'ha de fer al juny, també estic convençut que alguns no tenen res preparat. La gent espera que jo prengui decisions. Em miren esperant que prengui decisions, tant pel que tingui de bo com pel que tingui de dolent. Potser sí, que és això, el que hauré de fer. Tothom diu allò de «Jo faré el que digui el president». Però el que jo vull és que es faci el que decidim tots plegats. Ja veig que traslladar la decisió als partits tampoc no m'ha servit de res... Continuen mirant-me a veure què faig. El que hem de fer és prendre una decisió i que sigui el que hagi de ser.

Fa un dinar ràpid a la Casa dels Canonges per reunir-se amb el diputat Francesc Homs, que ahir va rebre la sentència del TC que el condemna a una pena d'inhabilitació que l'obligarà a abandonar el seu escó al Congrés durant els propers dies.

Mentre pensa què li dirà i quin paper pot tenir a partir d'ara Quico Homs, l'interromp una trucada. És el conseller d'Interior, Jordi Jané, que ha rebut la trucada del ministre de l'Interior espanyol, Juan Ignacio Zoido, que li comunica que, arran dels atemptats d'ahir a Londres, Scotland Yard els ha informat d'un possible atemptat a Barcelona.

Ahir, a Londres, coincidint amb l'aniversari de l'atemptat de Brussel·les del 22 de març del 2016, un home que conduïa un tot-terreny, i que posteriorment va ser abatut per la policia, va atropellar diversos vianants al pont de Westminster, en acabat va enclastar el vehicle a la tanca del Parlament i fins i tot va tenir temps encara de saltar-la i ferir amb un ganivet un dels policies que li van barrar el pas. El resultat, un policia i dos vianants morts, i també l'agressor.

En un dels fòrums d'internet en què participava el terrorista abatut per la policia, Scotland Yard hi ha trobat publicades les coordenades de l'estació de Sants de Barcelona, acompanyades del número 24. La policia creu que pot fer referència a una data, i demà és 24 de març.

Parlen una bona estona sobre el que cal fer.

—És evident que l'avís és fiable i ens ha d'alertar al màxim. Les coordenades corresponen a l'estació de Sants, sense cap mena de dubte, i això és molt preocupant. És evident que si fem pública aquesta amenaça, o optem per tancar uns dies l'estació de Sants, el terrorisme ja haurà guanyat. Perquè això és el que volen, fer por, volen el terror —em diu reflexivament.

La discussió sobre la possibilitat de tancar o no l'estació de Sants dura pocs minuts, perquè de seguida es posen d'acord que no és convenient. I que poden garantir del tot la seguretat.

—Sí, això és molt fàcil de dir, perquè objectivament és evident que no pots crear alarma innecessàriament, però segur que ara em passaré uns quants dies patint.

»La decisió no és fàcil, perquè, si passa alguna cosa, suposo que no m'ho podré perdonar mai més. És evident que Barcelona té números per patir algun dia un atemptat terrorista. Ja n'hi ha hagut a moltes capitals europees, i fins ara Barcelona se n'ha salvat, tot i que és un punt geopolíticament molt transcendent i un gran reclam turístic. Això fa molt de respecte. Molt. Però no podem tancar la ciutat. I tampoc caure en la por.

Per això han conclòs amb el conseller Jané que cal donar la màxima credibilitat a aquesta informació de Scotland Yard i prendre totes les precaucions possibles sense crear alarma.

—Feu el desplegament que calgui, el màxim, el que considereu. Però sense crear alarma —ha dit al conseller Jané.

Durant uns quants dies, a Sants hi haurà prop de tres-cents agents de policia patrullant, la majoria de paisà. Els usuaris no s'adonaran de res.

Per dins, però, continua donant-l'hi voltes:

«És molt difícil preveure res, però cal fer tots els possibles. Si una persona vol entrar a l'estació, ¿com l'hi impedim? I més ara que ja ha quedat demostrat que amb un ganivet i anant a peu pots fer el que vulguis. O amb un cotxe. Quan el terrorista està disposat a morir, és molt complicat...».

Però cal extremar al màxim les mesures. A Sants, des d'aquesta mateixa nit i durant tota una setmana, s'hi desplegaran efectius de la Brigada Mòbil (la BRIMO), de l'Àrea de Recursos Operatius (l'ARRO) i del Grup Especial d'Intervenció (el GEI), que revisaran periòdicament el subsol, les vies, les clavegueres i les entrades i sortides a l'estació.

Afortunadament, no passarà res.

Dijous, 6 d'abril

Avui està reunit amb l'expresident dels Estats Units (1977-1981) Jimmy Carter. El viatge s'ha gestat amb la màxima discreció per evitar la intervenció de la diplomàcia espanyola, que no se n'ha assabentat fins poques hores abans. Que el president feia un viatge llampec a Atlanta només ho sabia el seu equip més reduït. L'executiu no en tenia constància. Com la majoria dels catalans, han sabut la notícia per l'informatiu de TV3, que n'ha donat l'exclusiva. Fins i tot a TV3 ho sabia només un grup molt reduït de periodistes, per evitar filtracions.

La trobada ha estat en gran part gràcies a Ambler Moss, membre del consell consultiu del Diplocat, exambaixador dels Estats Units al Panamà (1978-1982) i anteriorment vicecònsol dels Estats Units a Barcelona (1964-1966). Moss forma part del cercle d'ambaixadors del Carter Center, la fundació de l'expresident nord-americà. Va ser ell qui va proposar a Puigdemont la trobada.

«Ambler va ser un estret col·laborador de Carter durant la seva presidència i hi ha fet una bona amistat. Parla català, perquè va ser cònsol general dels Estats Units a Barcelona durant el franquisme; tenim molt bona relació des que ens vam conèixer i s'estima tant Catalunya que, tot i que viu als Estats Units, un dia em va dir: "Quan sigueu independents, vull tenir la nacionalitat catalana".»

Ambler Hodges Moss, que va néixer a Baltimore el 1937 i per tant acaba de complir vuitanta anys, va mantenir molts contactes amb els opositors al règim durant el franquisme i va arribar a promoure el reconeixement del català com a idioma propi de Catalunya en els serveis del Departament d'Estat dels Estats Units. Durant la presidència de James Carter, quan va ser nomenat ambaixador al Panamà, va ser el negociador dels Estats Units davant el president Omar Torrijos pel retorn del canal de Panamà. El currículum de Moss és extensíssim, i en diverses ocasions ha anat lligat a Catalunya, una terra que s'estima com si fos la seva: «Sempre em diu que es vol quedar a viure a Catalunya».

Puigdemont sap que la trobada no té cap més finalitat que la d'explicar el procés català a l'expresident nord-americà, i també que Carter no es pronunciarà sobre res. L'acord és que la reunió durarà deu minuts, i que serà al despatx que té l'expresident a la seva fundació.

—¿Com esteu? ¿Com esteu a Catalunya? ¿Com estan les coses a Catalunya? —li pregunta Carter en rebre'l al despatx.

El sorprèn la vitalitat de l'expresident. Té noranta-tres anys i manté la seva activitat normal.

—Doncs miri, bé..., el que estem intentant a Catalunya és fer un referèndum per decidir si ens convertim o no en un estat independent.

Sap que té només deu minuts i té l'explicació preparada. No li costa gens, ja ho ha exposat a molta gent. És capaç d'explicar la situació i les aspiracions de Catalunya en deu minuts, en vint minuts o en dues hores. «És com quan em dedicava al periodisme. Havies de saber explicar una notícia en vint línies o en mil», ironitza.

Després de sentir la seva radiografia de la situació a Catalunya, Carter, que l'ha escoltat atentament, li diu amb tota la franquesa:

—Vostè sap, però, que malgrat tot això que vostè m'explica, jo no em pronunciaré, ¿oi?

El president li diu que n'és conscient, que només li ha volgut venir a explicar el cas per al seu coneixement, no pas perquè s'hi pronunciï en cap sentit. A partir d'aquest moment, Carter li comença a fer preguntes concretes sobre la situació: com ho faran, què diu el govern espanyol, què pensen fer si no hi ha acord, per què se senten legitimats a fer-ho...

—Soc el 130è president de la Generalitat... —li diu, perquè es faci una idea de les arrels de la societat catalana.

Carter somriu amb certa complicitat. Ell va ser el 39è president dels Estats Units.

Al cap de vint minuts, més del doble del que els respectius equips havien pactat, Carter l'acomiada agraint-li «molt sincerament» l'explicació i evocant la seva estada a Catalunya.

—Vaig estar a Montserrat.

Carter no va ser només el protagonista dels acords pel canal de Panamà; també va tenir un paper molt actiu en els tractats de pau de Camp David entre Egipte i Israel; en el tractat SALT II amb l'URSS, o en el restabliment de les relacions diplomàtiques entre els Estats Units i la Xina. Des que va deixar la presidència, s'ha dedicat intensament a la mediació en conflictes internacionals i a donar suport a les causes humanitàries. Va ser per això que l'any 2002 li van atorgar el premi Nobel de la Pau.

És evident que la trobada va molt més enllà de la conversa de vint minuts entre Carter i Puigdemont. Els equips del Centre Carter fa dies que es documenten sobre la situació política catalana, i els intercanvis d'informació amb el govern català han estat constants. Tot ha passat desapercebut fins al darrer moment per als serveis diplomàtics espanyols als Estats Units. Però poques hores abans, quan a Atlanta s'ha sabut que se celebraria la trobada, al Centre Carter han rebut la trucada de la secretària d'estat nord-americana, que els ha informat que acabava de rebre una queixa formal de l'ambaixada espanyola per la trobada, molt crítica amb la diplomàcia nord-americana: «¿Què fan? ¿Per què reben Puigdemont?», els han retret.

Es pren el nerviosisme de la diplomàcia espanyola com un bon símptoma, i s'adona que els americans estaven molt astorats per la ingerència. «La trucada de l'ambaixada espanyola ha fet que al Centre Carter s'adonin que és cert, que realment nosaltres no podem fer res, que estem controlats permanentment.»

Ell i Carter s'han fet una foto. Es quedarà a l'arxiu de la fundació.

La pressió de la diplomàcia espanyola sobre l'expresident serà tan insistent que al cap de poques hores el Centre Carter es veurà obligat a fer una nota aclarint que ha estat una trobada informal durant la qual l'expresident en cap cas s'ha involucrat amb el procés català. Evidentment, la nota servirà perquè gran part de la premsa intenti descafeïnar la reunió. «Puigdemont va parlar del referèndum amb Carter i aquest va rebutjar involucrar-s'hi», titularà *La Vanguardia* l'endemà.

«Coi, si no l'hi hem pas demanat!»

Dimarts, 11 d'abril

Està cansat de les filtracions constants a la premsa de les reunions de govern. I també que els consellers diguin una cosa en públic i una altra en privat.

Aquests darrers dies li han arribat per diferents vies converses que alguns consellers mantenen en privat parlant del procés en què asseguren que el president «va a la seva» i que està forçant en excés el full de ruta. Alguns, entre ells Santi Vila, el critiquen i adverteixen del perill de «prendre mal» si es continua endavant amb el procés.

Li sap molt greu, l'actitud de Vila.

«Li he fet confiança, he apostat per ell, i ara no para de malparlar. Alguns han arribat a dir que he embogit i que això no acabarà bé», explica, dolgut.

I és que, efectivament, ja hi ha hagut unes quantes persones, algunes de molta confiança del president, que li han vingut a explicar les deslleialtats d'alguns consellers.

Ja no aguanta més que, com a estratègia per fer descarrilar el procés, els seus mateixos consellers, d'una i altra formació, es dediquin a filtrar els acords i les reunions de govern perquè els mitjans de comunicació s'hi acarnissin.

«Estan intentant provocar malestar intern perquè ens acabem acusant els uns als altres i arribem a la conclusió que no anirem enlloc; és ben trist. Proven de dinamitar-ho des de dins, però buscant públicament que la culpa sigui dels altres.»

—Així no podem continuar. Em sento decebut i us demano lleialtat —ha dit avui als seus consellers en la reunió de govern, encetant un discurs sobre el full de ruta i la necessitat de ser fidels a allò que es van comprometre i de tenir «coratge en els moments decisius que s'apropen».

Els ha retret obertament les filtracions constants a la premsa, que es dedica a magnificar-les i a provocar desconfiança i fer més grans encara els recels entre els socis de J×Sí:

—Aquí filtra tothom; tinc constància que ho feu els del PDeCAT i els d'ERC, i això s'ha d'acabar. Soc el president de la Generalitat, i ho soc en un moment en què ens estem jugant la vida, la nostra i la dels altres. I això no ho admeto. Homs ha estat inhabilitat, i també Mas, Ortega i Rigau, que han hagut de pagar multes. Això no és cap joc. Aquí patirem nosaltres i les nostres famílies. ¿Hi anem seriosament? Si hi anem seriosament, digueu-m'ho. I si no hi anem, digueu-m'ho també, que no cal que ens enganyem els uns als altres.

Al principi els consellers es limiten a assentir, però al cap d'uns minuts es van produint intervencions, l'una rere l'altra, lamentant també les filtracions i el malestar que generen.

«Però si són ells, i no pas jo, els qui es passen el dia garlant amb la premsa i deixant anar les seves pors en forma de filtracions interessades», es diu el president, que a continuació els enumera els problemes que vindran en les properes setmanes si es continua endavant amb el procés i el referèndum:

—Si algú de vosaltres no vol continuar, i ho trobo del tot comprensible, perquè serà dur, que m'ho faci saber i trobarem una solució. Les portes del meu despatx són sempre obertes, no tingueu dubtes de venir-m'ho a explicar. Us entendré, però és millor dir les coses ara que no pas d'aquí a unes setmanes.

Amb l'ànim de tranquil·litzar el seu executiu, per si alguna de les pors l'origina tot el que estan signant aquests dies o el que hauran de signar en els propers mesos en forma d'advertiment del TC, els diu:

—A partir d'ara jo assumiré tot el que calgui; signaré tots els documents. Si hi ha algun document que no vulgueu signar, perquè us adverteixin els juristes que pot ser il·legal, sapigueu que ja el firmaré jo.

»Arribo de dos viatges espectaculars als Estats Units que són benzina per al procés —diu— i, en comptes d'aprofitar els inputs positius que hem generat, ens hem d'entretenir amb les batalles internes; és francament lamentable, desolador i desanimador.

Entre un viatge i l'altre als Estats Units, ha anat també a Bolonya (Itàlia), a inaugurar la Fira del Llibre Infantil i Juvenil. Aquest any, Catalunya i les Illes Balears han estat els convidats d'honor. S'hi ha vist una estona en privat amb Romano Prodi. Però no ho explica a ningú.

Amb l'ex-primer ministre italià i expresident de la Comissió Europea es van veure en una sala privada d'un hotel de Bolonya —un NH— el dia 3 d'aquest mes. El conseller Romeva hi era, i també Josep Rius, que va prendre notes textuals de la conversa.

—S'ha d'evitar el xoc; en aquests casos, s'imposa la negociació —va dir Prodi. I va afegir—: Només una mediació política pot resoldre la situació.

—Abans del juliol, estaria bé que personalitats polítiques internacionals fessin una crida a Espanya a escoltar, a asseure's a dialogar —li va demanar el president català.

I Prodi hi va estar d'acord:

—He estat testimoni de l'evolució de la política catalana, i això d'ara s'hauria pogut evitar.

L'ex-primer ministre va posar molt en valor la declaració en favor d'una solució política que fa pocs dies ha fet la fundació Adenauer, vinculada a la CDU alemanya d'Angela Merkel, en el sentit que una solució judicial i policial no serà suficient per resoldre el cas català. Puigdemont i Prodi van fer-la petar una bona estona, analitzant també el silenci europeu sobre la situació.

Al final de la conversa es va oferir a ajudar. «Si puc ser útil en el futur, heu de saber que hi estic disposat», va escriure Rius en el resum de la trobada que va fer a la seva llibreta.

Ara, però, continua reunit amb els consellers.

El vicepresident Junqueras pren la paraula per una bona estona:

—Anirem fins al final, fins on calgui —diu, i deixa clar que, a diferència del que s'especula sobre ell i el que diuen alguns mitjans de comunicació, no és partidari d'anar a eleccions—. No vull anar a eleccions; anirem amb el referèndum fins al final.

La intervenció respon a la conversa que president i vicepresident han mantingut deu minuts abans d'entrar al consell.

—Sàpigues —ha advertit al vicepresident— que ja n'estic tip, de com va tot. I que ara, quan entrem a la reunió de govern, posaré el crit al cel i diré que a partir d'ara jo ja ho signaré tot, i que no els penso informar de tot el que passa perquè no me'n refio, perquè després es filtra tot.

—Jo també firmaré, jo també —li ha dit Junqueras—. I deixaré clar que anem junts, que anem a totes.

En el consell executiu Junqueras avui ha estat contundent:

—No hi ha d'haver eleccions, de cap manera. No ho vull jo, no ho vol Esquerra i no anirem a eleccions. El nostre full de ruta és el referèndum, i el farem.

Puigdemont l'escolta. Avui ha d'admetre que Junqueras ha estat clar. Per primer cop ha dit que està disposat a tot, que si cal anar a la presó hi anirà, i que el seu objectiu és el referèndum. «Ara fins i tot s'acaba d'oferir a signar també tot el que calgui conjuntament amb mi», pensa. I llavors els diu a tots:

—Doncs a partir d'ara tot el que vingui ho firmarem nosaltres dos, president i vicepresident, si aquest ha de ser el problema. I si hi continua havent filtracions, optaré per un altre sistema, que és el de decidir les coses i ordenar-vos-les, sense explicar gaire els motius ni el perquè.

Els consellers es declaren fidels al president i comenten els problemes que es trobaran a partir d'ara, quan s'hagin de signar documents per tirar endavant el referèndum:

—Els nostres secretaris generals no estan per la feina —li explica més d'un conseller, i probablement amb raó. Entre els alts càrrecs hi ha també una inquietud generalitzada, i molts no estan disposats a signar documents que els comprometin.

«Jo això ja ho entenc», pensa. «Si els qui estan tremolosos són els secretaris generals o els alts càrrecs del departament, el que hem de fer és canviar-los, perquè són càrrecs de confiança que hem posat nosaltres mateixos.» En realitat, però, pensa que el problema no és aquest: «Si jo sento que tinc tots els consellers amb mi, em veig amb capacitat de rellevar qui calgui per sota seu; ho assumiré. Però si els consellers tampoc estan amb mi, això ja és un altre problema».

D'aquí a cinc mesos s'esgota el termini per fer el referèndum, i si el president el vol convocar formalment, ho haurà de fer a finals d'agost, d'aquí a quatre mesos. A hores d'ara, la radiografia que en fa és molt contundent.

—¿Esteu disposats a arribar fins al final? —ha preguntat insistentment als membres de l'executiva durant la reunió—. No pot ser que la premsa vagi retransmetent totes i cadascuna de les nostres discrepàncies; això no és seriós —els ha insistit—. Hauríem de ser un búnquer, planificant un dia rere l'altre la nostra estratègia —els etziba.

Abans d'acabar la reunió encara els farà l'advertiment que ha explicat a Junqueras abans d'entrar:

—Com que qualsevol cosa que s'explica aquí s'acaba sabent, permeteu-me que a partir d'ara no ho expliqui tot. Sapigueu que a partir d'ara només explicaré allò que sigui estrictament necessari. En tot cas, aniré parlant individualment amb qui calgui quan l'afecti. Seré parcial. Permeteu-me que ho sigui, vist el que està passant, considero una deslleialtat algunes coses que estan passant.

No servirà de res.

L'endemà, diferents mitjans de comunicació expliquen algun dels capítols de la reunió de govern i informen que Puigdemont els ha demanat «lleialtat i coratge».

«Això és un fracàs», pensa quan llegeix la premsa.

I en acabat es posarà a treballar, un cop més, per veure com accelerar el procés i aturar els dubtes i les deslleialtats.

Dimecres, 12 d'abril

Avui té un dia tranquil. Aquesta tarda inaugura a Girona el Mediterranean Internacional Cup, el MIC, el campionat de futbol internacional destinat a joves que se celebra tradicionalment per Setmana Santa a les comarques gironines i que mobilitza més de dues-centes mil persones al llarg dels cinc dies que dura.

Aprofitant que és a la seva ciutat, ha demanat a les visites que tenia a l'agenda de trobar-se a la Delegació del Govern a Girona. «Per una vegada, que les visites es desplacin de Barcelona a Girona, i no de Girona a Barcelona», pensa amb un somriure.

S'ha vist amb el conseller de Justícia, Carles Mundó, i amb Jordi Sànchez, president de l'ANC.

El conseller Mundó, després d'haver-s'ho pensat molt, li ha fet arribar un missatge clar: «Hi ha consellers dels teus, del PDeCAT, que no estan per la feina». Li ha parlat en concret de Santi Vila: «L'altre dia, quan va acabar la reunió de govern, en Vila em va dir textualment que t'havíem d'aturar, que això és una bogeria», li explica Mundó. Puigdemont se'n refia, de Mundó, que se sincera amb el president i li confirma la seva lleialtat amb el full de ruta. Després d'aquesta trobada, i d'altres informacions que li arriben sobre Santi Vila, s'asseu a parlar amb el conseller de Cultura al cap d'uns dies.

Li retreu les seves afirmacions i li toca el crostó. En un primer moment, Vila parla de malentesos, de frases soltes i de males interpretacions sobre el que ell ha dit: «Ja saps com soc, president, que sempre xerro...». Però ell insistirà en els retrets. Fins que finalment l'un i l'altre se sinceren: «Escolta'm, president, ja saps què en penso, jo: que hi ha moltes possibilitats que això acabi malament; crec que encara no estem a punt i que estem forçant massa la situació». Amb tot, de seguida afegeix: «Però jo seré lleial i fidel fins al final. Sé que no tenim alternativa; no m'agrada, la situació, però certament no tenim alternativa».

Després de la reunió s'ha trobat amb Jordi Sànchez, de l'ANC, que tampoc no li pinta un panorama gaire afalagador: «No me'n refio», li confessa obertament, referint-se a [redacted]. Han passat una bona estona analitzant la situació i s'han promès mútuament que a partir d'ara mantindran un contacte personal i constant. De fet, ara ja el tenien, però l'incrementaran notablement.

Ha acabat les dues visites i es mira l'agenda. Té un cap de setmana tranquil. Després de la inauguració del MIC té previst passar-lo a casa, amb la família. Hi podrà estar pràcticament cinc dies. Havien previst marxar de vacances, però finalment han decidit quedar-se a casa i descansar: «És això, el que em ve de gust: no fer res; posar-me texans i no fer res». Organitzaran un parell de dinars amb amics i allargaran les sobretaules, encara que en un moment o altre es parli, esclar, de política.

Aprofitarà la Setmana Santa per descansar i reflexionar. Vol trobar un desllorigador. Quan la CUP va votar en contra dels pressupostos i la legislatura semblava acabada, se li va acudir la qüestió de confiança com a revulsiu. Allò va capgirar el panorama i els ànims de molta gent.

A hores d'ara només una consellera del PDeCAT, Meritxell Ruiz, ha anat a parlar amb ell sobre la situació: «Em va dir que ella no havia pas nascut independentista, però que s'hi havia tornat. I que no li fa res signar advertiments del TC, però que el que sí li fa molt respecte és la presó; està disposada a quedar inhabilitada, però no pas a anar a la presó».

Ara, però, té la sensació que la legislatura està encallada.

«Ara hauria de trobar un desllorigador de tot plegat —diu—; una sortida per al que està passant.»

Puigdemont busca i busca el desllorigador.

«Fa molt dies que hi dono voltes, a la situació. Però no trobo la sortida. De moment, guanyo temps», conclou.

I perquè vegin que està convençut d'arribar fins al final, abans de marxar de vacances ha demanat al cap de l'oficina del president,

Josep Rius, el mapa administratiu del govern amb el llistat de càrrecs, departament per departament, i que li especifiquin quins càrrecs estan ocupats per funcionaris i quins són càrrecs de confiança designats pel govern i, per tant, susceptibles de ser rellevats.

Dissabte, 15 d'abril

Cap dels assistents a la reunió que avui es farà a Fontanilles vol que puguin saber on ha estat. Els mòbils actuals —que el govern no sap si estan o no punxats— no només permetrien als serveis secrets espanyols sentir segons quines converses, sinó també saber els seus moviments. I és per això que avui tots els han deixat a casa.

Ell és l'únic que hi va amb mòbil. Un de primera generació, un Motorola sense cap de les tecnologies actuals. Per precaució, però, el deixarà fora de la sala on es reuneixen.

La reunió és a casa d'un conegut d'un amic a Fontanilles, al Baix Empordà, entre Gualta i Torroella de Montgrí pel nord, Palau-Sator pel sud i Ullastret per l'oest. El cens diu que hi viuen cent quaranta persones, però la veritat és que moltes de les cases són de segona residència. Tanmateix és un pont de Setmana Santa i avui hi ha més activitat que un dia qualsevol. Amb tot, ningú es fixa en les persones que arriben a la casa, entre d'altres coses perquè la finca té un gran pati i una tanca exterior i els convidats no baixen del cotxe fins que arriben pràcticament a la porta.

La reunió d'avui és, de fet, una cimera. Probablement la més important que s'ha fet fins ara sobre el procés. I la més discreta.

Hi ha dues persones externes al govern que han fet de mediadors i que, pel seu perfil, mantenen molt bones relacions en un cas amb ERC i en l'altre amb el PDeCAT.

[redacted], un dels inspiradors de la trobada, pren la paraula en primer lloc per explicar-los que l'objectiu d'avui és decidir si hi ha prou confiança entre tots per arribar al final.

Parla el president: «S'ha acabat, això d'especular amb qui serà el proper president de la Generalitat. Hem d'anar a totes. Això no és una batalla política, és un repte de país i ens hi juguem molt; podria ser que ens hi juguéssim fins i tot la vida. I a mi, per continuar endavant amb el procés, em cal saber que tothom hi està disposat».

Tothom hi diu la seva. Junqueras també, esclar. Sigui perquè ho pensa o sigui perquè la trobada de dies enrere amb [redacted] ha fet el seu efecte, es compromet també a anar a totes.

Tots set tracen l'estratègia per als propers mesos. Aquesta reunió es repetirà cada dos dies, a partir d'ara, i sempre en secret. «Ha de ser com un búnquer», diu un dels assistents.

Aquest és el nom amb què quedaran batejades a partir d'ara aquestes trobades. A l'agenda del president hi ha una «b» de *búnquer*, els dies que toca reunió. Es faran a la Casa dels Canonges o al Palau de Pedralbes de Barcelona.

El president en surt content.

«He pogut dir tot el que pensava. I he estat més clar que mai. De fet, ho hem estat tots.»

Només el preocupa una cosa. I és que han acordat que, atesa la transcendència de les reunions del búnquer, n'hauran d'estar al corrent altres persones, i, en alguna ocasió, fins i tot hi hauran d'assistir. Al cap de pocs dies ho sabran també Marta Rovira, Marta Pascal, Artur Mas, Francesc Homs, Neus Munté... i uns quants més. Tants, que al cap de poc, el 5 de maig, Europa Press treu un teletip parlant d'una mena de consell assessor del procés i deixa anar alguns dels noms de les persones que el conformen: parla de Joan Puigcercós, de David Madí, de Francesc Homs, de Jordi Turull i de David Bonvehí, entre altres.

«És el que passa quan ho sap més gent de la que ho ha de saber; que sempre hi ha un bocamoll; sempre hi ha qui xerra...» Pocs dies més tard, el 21 de juny, *El Periódico* també en traurà una informació extensa, destacada en portada, parlant del sanedrí del procés. Segons el rotatiu, els dos únics interlocutors fixos, en aquestes reunions, són Puigdemont i Junqueras. La resta dels convidats, entre els quals esmenten també l'empresari Oriol Soler, hi van només quan es parla d'algun tema que els afecta.

«¿Sanedrí? ¿D'on ho treuen, això de sanedrí? Nosaltres no l'hem fet servir mai, aquesta expressió», comenta quan ho llegeix.

A les reunions posteriors del búnquer, la primera de les quals ja es farà la setmana vinent, s'hi debat la preparació de totes les accions que s'aniran fent en els propers mesos. Hi ha un esquema de treball fix, que és l'anàlisi de la situació, i després hi ha diferents grups de treball, que assisteixen o no a les reunions en funció del tema que s'hi tracta. En més d'una ocasió s'hi han analitzat també les filtracions periodístiques.

Tothom hi va sense mòbils i no es prenen apunts. Si algú pren notes en algun full —hi ha qui necessita fer servir paper i bolígraf per pensar—, els folis es recullen un cop acabat el búnquer i es destrueixen.

A les trobades, no hi assisteix cap conseller del govern.

Divendres, 21 d'abril

Avui assisteix a un sopar de la Cambra de Comerç alemanya per a Espanya, la Deutsche Handelskammer für Spanien, una entitat que aplega els empresaris de les principals empreses alemanyes a Espanya, gran part de les quals són a Catalunya. És per això que l'entitat té una seu a Barcelona. La presidenta és Rosa Maria Garcia, que és alhora presidenta i consellera delegada de Siemens. Els vicepresidents són Isidre Abelló, d'Abelló Linde SA, i Rogelio Ambrosi, director general de Merck SL. Entre els vocals hi ha els responsables de Bertelsmann España, de Lufthansa, de Grupo Wolkswagen España, de T-Systems ITC Iberia i de BSH Electrodomésticos.

El sopar és a l'hotel Condes de Barcelona.

Puigdemont ha fet un discurs clar, sobre la situació. Ha repassat el full de ruta que preveu el govern català si no hi ha resposta clara de Madrid, i ha fet una llista de totes les negatives que han rebut fins ara del govern de Rajoy per asseure's a parlar. A la taula presidencial hi ha el president; el vicepresident de la Cambra, Isidre Abelló (la presidenta no ha pogut assistir a l'acte); l'expresident del Cercle de Directius de Parla Alemanya, Albert Peters, i uns quants empresaris. La conversa és tranquil·la i els comensals fan totes les preguntes que volen.

«El problema és que no hi ha cap resposta de l'altre costat; a l'altra banda no hi ha ningú», explica quan li pregunten per què no negocia amb el president Rajoy.

Quinze dies més tard, rebrà una carta del cònsol alemany, Rainer Eberle, en què li proposa una trobada a tres bandes amb l'ambaixador alemany a Espanya, Peter Tempel, per parlar, diu literalment, «del conflicte existent entre Catalunya i Espanya». Li proposen la data del 29 o el 30 de maig, en què Peter Tempel té previst visitar Catalunya.

El president respon confirmant que el dia 30 li aniria bé, però la trobada no s'arribarà a fer.

Després de marcar la reunió a l'agenda, el president català i el president espanyol s'han intercanviat cartes públiques en què l'un demanava l'inici d'una negociació per parlar del referèndum i l'altre la rebutjava. Pocs dies després que es faci públic el contingut d'aquestes cartes, l'oficina del president rep un correu del cònsol alemany a Barcelona anul·lant la visita «per raons d'agenda».

A Palau, fan saber al president de la cambra alemanya, Isidre Abelló, i a Albert Peters, que els han anul·lat la trobada. Ells tampoc no saben a què atribuir-ho, però els donen a entendre que la situació s'ha complicat després de l'oferta de diàleg feta pel govern català i de la negativa del mateix Rajoy.

«Em consta l'anul·lació, i sàpiguen que jo també estic molt enfadat», diu Albert Peters al director de l'oficina del president, Josep Rius.

El cònsol alemany a Espanya, però, els dies 29 i 30 es desplaçarà igualment a Barcelona. Si més no, a Palau tindran constància d'una reunió que ha mantingut amb un grup de diputats de Ciutadans.

Dimecres, 10 de maig

Avui es reuneix en secret amb el delegat del govern espanyol a Catalunya, Enric Millo, a petició d'aquest darrer.

Han arribat pràcticament junts. Quan ho fa el delegat del govern espanyol, Puigdemont tot just s'acaba d'asseure al seu despatx. «Quina ironia. Ara em trobo amb en Millo i, just quan acabi, tenim reunió del búnquer aquí mateix. Si ho sabés...», es diu tot somrient quan el veu entrar.

S'han saludat cordialment. Però van per feina.

—Estic preocupat —li diu Millo—. He estat amb el *jefe* —fa referint-se a Rajoy—, i no sé com ho hauríem d'arreglar, això. ¿Com es pot arreglar, president, tot això?

—Negociant el referèndum.

—Ja saps que no, que això no ho podem fer —replica Millo, que no es cansarà d'insistir-li que faci una proposta per desencallar la situació.

«El que vol Millo és que jo li digui en veu alta quina seria per a mi una tercera via. Vol que sigui jo qui li demani una tercera via, però no ho faré. No hi ha tercera via», pensa.

—Nosaltres el que volem és un estat independent —li diu—. Si vosaltres teniu alguna altra proposta, digueu-la, expliqueu-la, feu una oferta, i jo em comprometo a estudiar-la molt seriosament, a traslladar-la al govern i a parlar-ne.

Enric Millo fa que no amb el cap. No té cap proposta. Ni tampoc cap solució a la situació actual.

—És que si vosaltres continueu amb el tema del referèndum, nosaltres us el podem impedir. ¿Però què fem, l'endemà? ¿Què fem? Convoqueu eleccions i, si les torneu a guanyar, serem allà mateix, ¿no? Hi tornareu. Hem de resoldre-la, aquesta situació —insisteix el delegat del govern espanyol.

—Doncs potser que reconegueu públicament que teniu un problema, i que votem una solució. Votem la proposta que ens feu.

—Hi hauries d'anar i explicar-ho al Congrés —li diu.

—Sí, però jo no aniré al Congrés si abans no hi ha un pacte entre Catalunya i Espanya. Si arribem a un acord, llavors anem al Congrés i votem-lo, però anem a votar l'acord a què hàgim arribat.

Millo li insisteix que no, que no hi pot haver cap acord si és per fer un referèndum. La conversa entra en un cercle viciós i durant pràcticament una hora no en surten.

Puigdemont aprofita igualment per lamentar-se del bloqueig de l'Estat espanyol a la Junta de Seguretat de Catalunya.

—Us hem proposat diferents dates i sempre heu dit que no, i no s'hi val. Esteu jugant amb la seguretat de la gent. Ho esteu bloquejant tot —es queixa.

Enric Millo assenteix amb el cap però li assegura que la reunió de la Junta de Seguretat es farà d'aquí a poc.

—Deixa'ns que aprovem els pressupostos generals de l'Estat i just després la farem. Primer farem la del País Basc i després anunciarem la de Catalunya, just per a l'endemà. Les farem l'una rere l'altra —li explica el delegat espanyol.

La promesa de Millo, però, no es complirà.

Al cap d'un mes, tip d'esperar, el president Puigdemont convoca unilateralment per al 21 de juny la Junta de Seguretat de Catalunya, després que Hisenda alerti que la convocatòria d'una nova promoció de cinc-cents agents dels Mossos vulnera la llei.

Al juny, el govern espanyol ja ha aprovat els pressupostos, i s'ha fet la Junta de Seguretat del País Basc, però el ministre d'Interior, Juan Ignacio Zoido, encara no ha confirmat la seva assistència a la de Catalunya. Just quan Puigdemont, dolgut i cansat d'esperar (fa sis anys que no s'ha fet cap reunió), convoca la Junta sense el vistiplau de Zoido, rebrà un whatsapp de Millo: «¿Has convocat la Junta de Seguretat?».

«Sí. Esclar. Us hem ofert cinc dates. Heu incomplert el que em vas dir i no podem esperar més.»

Al cap d'una estona Millo respondrà demanant-li temps perquè Zoido truqui al conseller Jané per pactar una data. La trucada no es produirà fins al cap d'uns dies, i encara en trigaran molts més a trobar una data.

«Millo no desencalla res, i això ho sap tothom», diu Puigdemont un cop acabada l'entrevista a Pedralbes. S'han acomiadat cordialment ja que fa anys que es coneixen, però sense cap acord. «Millo trafica amb informació amunt i avall, però no desencalla res. Probablement perquè no pot. Ell diu allò d'"el president m'ha dit"...» «Ho fa anar amunt i avall, però no pot resoldre-ho sense voluntat política de Madrid. Jo no li dono mai tota la informació, però no menteixo sobre la que li dono. Quan em va preguntar si a Madrid anàvem a fer la conferència i a dir el dia del referèndum, li vaig dir que no, perquè no ho anàvem a fer. Jo no li dic mai mentides, però tampoc no li explico el que farem.»

De fet, l'únic acord a què han arribat avui és sobre la conferència que el president català farà ben aviat a Madrid, i que ha generat una gran expectació. El president li explica una mica per on anirà la seva conferència («No serà cap sorpresa, aniré a explicar el que ja hem explicat a Brussel·les») i li diu que pensa recordar les paraules del president Rajoy en el seu discurs d'investidura, quan es va referir al problema amb Catalunya com «el desafío más grave» que té actualment Espanya. Millo li ha dit que li sembla molt bé i li demana que no tregui aquesta frase del discurs: «A mi m'ajudarà a recordar als meus que ells també la troben greu, aquesta situació».

Divendres, 12 de maig

Avui es tornarà a veure amb el president Rajoy, però no pas sols. Serà en el transcurs de la clausura del Connected Hub, un fòrum professional que precedeix la celebració de l'Automobile Barcelona, el saló automobilístic de la capital catalana.

L'activitat prèvia a la jornada ha estat intensa. Els dos gabinets no s'han posat d'acord sobre el protocol que s'ha de seguir fins pràcticament a última hora. L'oficina del president del govern espanyol havia fet saber als organitzadors de l'Automobile Barcelona que Rajoy preferia que no hi hagués discursos de clausura, perquè estava molt cansat i just després de la visita a Barcelona tenia un viatge oficial a la Xina: «Que no parlin ni Rajoy ni Puigdemont», van proposar inicialment. Però tot seguit s'hi van repensar: «I, si no, que hi hagi un sol discurs, el de Rajoy i prou».

Al gabinet del president, esclar, van posar el crit al cel: si Puigdemont hi assistia, i tenia previst assistir-hi, havia de parlar en tant que president de Catalunya. Durant unes hores s'organitza un guirigall, amb pressions dels uns i els altres sobre els organitzadors.

No es resoldrà fins que el director de l'oficina, Josep Rius, enviï un whatsapp a Jorge Moragas.

«Tindrem un embolic.»

«¿Més embolics? Impossible!»

«Si Puigdemont no pot parlar, ¿no vindreu?»

«Sí. Nosaltres hi anirem igualment. Però és evident que ho explicarem i en farem qüestió.»

Finalment, la solució passarà per separar els dos discursos. Puigdemont parlarà un parell de minuts per donar la benvinguda i, al cap d'una estona, ho farà Rajoy.

A Madrid els preocupa que Puigdemont aprofiti l'ocasió per parlar del procés. Però el president no té previst fer-ho. Parlarà de la competitivitat del sector.

El president Rajoy és el darrer d'arribar. Ja hi és tothom. L'espera el president Puigdemont a les portes del MNAC, on tindrà lloc el dinar. Rajoy s'ha fet esperar una mica. Arriba acompanyat del delegat del govern espanyol a Catalunya, Enric Millo, i del seu cap de gabinet, Jorge Moragas. La salutació és breu i cordial.

—¿Qué tal? ¿Cómo estás?

—Bien, bien —respon Rajoy.

Les dues comitives, convertides en una de sola, es dirigeixen cap al restaurant del MNAC i al cap d'un parell de minuts ja estaran pràcticament asseguts a taula. Just abans d'entrar, sent que Rajoy fa broma sobre quins jugadors del Madrid hauria de fitxar el Barça. «Ja veig que tindrem un dia apassionant», pensa Puigdemont.

S'asseuen en una taula rodona i, en paraules del president, «molt poblada». «Tant, que gairebé ens tocàvem els uns als altres amb els peus.» Els dos presidents, com marca el protocol, s'asseuen de costat. A l'altra banda, el cap del govern català hi té el president de la Fira, José Luis Bonet. Completen la taula el president de Seat, Luca de Meo; l'editor d'*El Periódico* i dels productes del Grupo Zeta, Antonio Asensio; l'editor del Grupo Godó, Javier Godó; el president del Grupo Planeta, José Creuheras; el president de la CEOE, Joan Rosell; el president de la Cambra de Comerç de Barcelona, Miquel Valls, i uns quants més.

Intenta separar el seu peu del de Rajoy, però com que la taula és estreta sent com el president espanyol belluga la cama constantment. «No para, aquest home.»

Hi ha una sola conversa, i va de futbol: «És evident que parla d'això per no haver de parlar d'altres coses», es diu per a ell mateix. Rajoy ja ha acabat de repassar la lliga espanyola, els resultats i els equips, i després s'ha embolicat amb la lliga italiana, segona divisió inclosa. «¿Pensa passar-se tot el dinar parlant de futbol? ¿I com pot ser que se sàpiga tot això, aquest home?» En un moment donat, el president espanyol esmenta també el Girona, donant per fet que pujarà a primera divisió.

Mitja hora més tard, la conversa segueix si fa o no fa igual. Molts dels comensals avui no obriran la boca. És el cas del comte de Godó. Rajoy continua parlant de futbol i remenant la cama. Ara explica que el seu fill és del Celta i que ell és del Madrid, però també del Depor. Diu que pensa anar a Cardiff a veure la final de la Champions i es queixa de les males combinacions per viatjar fins allà.

—Pero no lo pienso hacer público hasta pocos días antes —diu—. Total, me pondrán a caldo en las redes sociales… Pues, ya puestos, no les doy el gusto hasta unas horas antes, ¿no?

I la cama que no para, vinga amunt i avall. Puigdemont intenta mantenir una conversa paral·lela amb Bonet, el president de la Fira, però no pot evitar sentir Rajoy de fons:

—El Málaga se ha vendido al mejor jugador que tenía por dinero.

Ha passat una hora i el futbol continua acaparant la conversa. Serà així durant tres quartes parts del dinar. ¿La resta? Les eleccions americanes, el paper de Trump, el populisme a França, les eleccions franceses...

«Res de nou», es diu. «Només parla de coses amb les quals sap que tothom hi està d'acord o d'obvietats.»

L'únic comentari una mica interessant surt quan es parla del comportament de l'aparell judicial en relació amb els nous casos de corrupció del PP que estan sortint a la llum. Rajoy se'n lamenta:

—Tenemos un problema con las filtraciones. No puede ser. Es una vergüenza. Se filtran todos los casos. I eso son los mismos fiscales o la Guardia Civil.

—Bienvenido al club, presidente —fa Puigdemont—. Esto está pasando des de hace mucho tiempo, y seguramente tenéis algo que ver vosotros.

Però Rajoy fa com si sentís ploure i continua lamentant-se:

—Es una vergüenza, no puede ser. Te demandan y luego sale todo el sumario, lo filtra el fiscal, lo filtra la policía, la Guardia Civil... No puede ser.

—Hace muchos años que pasa, presidente. I todos somos víctimas.

Ni es parla de la situació política espanyola, pendent d'una moció de censura; ni es parla de les relacions entre Catalunya i Espanya. Res que tingui a veure amb l'actualitat.

Això ho deixarà per a la seva intervenció a l'hora de clausurar el dinar i el Connected Hub. «Mira, deu ser l'únic moment que ha deixat de bellugar la cama amunt i avall.» Efectivament, Rajoy dirà que cal «evitar toda tentación de desconexión y aislamiento» i sumar forces. Per fer-ho enaltirà el protagonisme del sector de l'automoció en la recuperació econòmica espanyola i insistirà que cal estar connectats a noves oportunitats: «Conectarse implica abrirse, suprimir barreras y compartir».

El discurs de Rajoy, però, no aconseguirà cap titular en els diaris de l'endemà.

Dilluns, 15 de maig

Avui s'ha reunit amb Antoni Castellà, el líder de Demòcrates. Continua pensant que per al PDeCAT seria bo arribar a un acord amb Demòcrates, però no hi veu cap futur. «Amb la Pascal és impossible parlar de res, i en Castellà es deixa festejar per ERC.» La trobada ha estat cordial, però s'han dedicat més aviat a analitzar la situació política i no han fet gaires avenços en cap altra qüestió. Hi deu haver influït, segur, que avui no està de bon humor.

Torna a estar dolgut amb ERC. Tot i la cimera de Fontanilles i que el full de ruta està pactat. Avui, pel missatge que ha penjat a Twitter la secretària general dels republicans, Marta Rovira. Divendres passat, en una reunió del Consorci del Palau de la Música Catalana, el representant de l'Ajuntament de Barcelona, Joan Llinares, va proposar un canvi de posicionament de l'entitat i que aquesta acusés formalment Convergència del cobrament de comissions il·legals a través del Palau. La proposta, però, no va prosperar, perquè els representants de la Generalitat, entre ells Santi Vila, hi van votar en contra i els del Ministerio no hi havien assistit.

«ERC pensa que s'ha d'anar fins al final, com he dit sempre! El Departament de Cultura s'ho hauria de repensar. L'autonomisme ha mort!», ha piulat Rovira.

«Ells saben perfectament que el Consorci no ha estat mai damnificat per aquest cas i que no es pot acusar formalment Convergència de res. Ho saben perquè n'hem parlat, i, tot i això, disparen. Rovira ha fet aquest tuit més de quaranta-vuit hores després de la reunió del Consorci, i per tant és un comentari meditat. Han aprofitat l'ocasió per escampar merda. Saben perfectament que molta gent no sap distingir les qüestions tècniques.»

La càrrega de Rovira contra Vila farà que demà el president entri a la reunió de govern acompanyat de Santi Vila. La fotografia de tots dos travessant el Pati dels Tarongers camí de la reunió és interpretada per tothom com una mostra de suport i provoca la indignació d'Esquerra.

¿La solució? Una reunió d'urgència al despatx del president. Hi assisteixen, a banda de Puigdemont, el vicepresident Junqueras, la consellera Munté, el conseller Mundó, el conseller Vila i el secretari del govern, Joan Vidal. En aquesta reunió es pacta què ha de dir la portaveu, Neus Munté, dimarts vinent després de la reunió de govern.

«En Junqueras li dicta el que ha de dir i Munté en pren nota. Però, encara que Munté se cenyeixi durant la roda de premsa al que vam quedar, ells encara continuaran uns dies fent guerra als mitjans de comunicació. És lamentable», se'n queixarà després el president.

Les relacions tornen a ser tenses. En allò transcendent i en allò que no ho és tant. Si més no, així ho viu ell: «Celebro que des de fora sembli que anem tan bé, me'n felicito. Però jo no ho visc així».

Estan a punt d'anunciar-se la data i la pregunta del referèndum i aleshores ja no hi haurà marxa enrere. Amb Junqueras han intensificat les compareixences conjuntes, han fet articles conjunts i han pactat que en els propers dies, quan ja se sàpiguen la data i la pregunta, compareixeran junts en una entrevista a TV3.

Dimarts, 16 de maig

Avui s'ha sabut que, per ordre de la Fiscalia General de l'Estat, la Fiscalia de Catalunya ha presentat una querella contra el govern català per l'acord de licitar la compra d'urnes per al referèndum. El ministeri públic focalitza la querella contra la consellera de Governació, Meritxell Borràs, i contra el secretari general del departament, Francesc Esteve, que és qui va signar la licitació.

La Fiscalia entén que Borràs i Esteve han engegat el procés de compra d'aquestes urnes sent «plenament conscients» que d'aquesta manera posen en marxa els tràmits «per dur a terme un referèndum vinculant secessionista que saben que no només és contrari a l'ordenament jurídic, sinó que vulnera frontalment els mandats del Tribunal Constitucional». Els dos querellats, assegura la Fiscalia, «evidencien la seva persistent, inequívoca i irreversible voluntat de tirar endavant el referèndum amb total menyspreu cap a la Constitució del 1978». Fins i tot sostenen que estan «dinamitant el sistema de distribució de competències».

El president està preocupat. No hi ha cap llei estatal que prohibeixi que una comunitat autònoma espanyola disposi d'urnes pròpies. De fet, Andalusia, l'any 2010, quan hi governava Manuel Chaves, en va comprar, i el govern espanyol no s'hi va pas oposar. A Catalunya, fins ara, cada cop que s'hi han celebrat unes eleccions, les urnes les ha cedit l'Estat espanyol. L'objectiu era argumentar que, de la mateixa manera que Andalusia disposava de les seves pròpies urnes, Catalunya iniciava els tràmits per tenir-ne. D'aquesta manera, si no s'especificava quin ús tindrien, a l'Estat se li faria molt difícil anar contra aquesta tramitació.

A la querella de la Fiscalia s'argumenta que la compra de les urnes té com a objectiu utilitzar-les per al referèndum. La consellera de Governació, Meritxell Borràs, li acaba d'explicar que el text de la Fiscalia es basa en unes declaracions del vicepresident Junqueras en les quals admet que les urnes són per al referèndum.

Efectivament, mentre el govern català s'ha passat tots aquests dies argumentant que la compra de les urnes es feia sense cap objectiu concret i que tot just era una licitació per fer una primera selecció d'empreses que en un futur estarien homologades per fabricar urnes, si mai en necessitaven, el vicepresident Oriol Junqueras, que està de viatge als Estats Units, ha confirmat en declaracions a TV3 per a què són: «Estem conjurats amb el referèndum, i la compra d'urnes n'és un pas més», ha dit. «Amb el president vam desencallar setmanes enrere aquest tipus de qüestions. Ens vam posar d'acord en com s'ha de fer, i un dels aspectes és el de les urnes, que és un dels més rellevants en aquest procés i en el compliment del mandat que tenim», ha reblat.

«Vam quedar que en cap cas diríem quin és el destí», recorda el president.

Està molest per això i perquè per la compra de les urnes el Departament de Governació s'ha basat en dos informes del mateix govern, un dels quals l'ha descol·locat. Mentre que l'informe dels serveis jurídics del Departament de Governació sosté que el procés per a la licitació de les urnes és correcte, i que el govern català pot tirar endavant amb la compra, un altre informe, el de la Intervenció General, organisme que depèn directament de la vicepresidència, tot i anar en el mateix sentit, especifica que la compra de les urnes seria correcta «sempre que no es fessin servir per al referèndum».

A l'hora de dinar en parla amb [redacted] a la Casa dels Canonges. És una més de les reunions privades que el president manté aquests dies a diferents bandes. S'ha vist amb [redacted]. Com que les reunions s'allarguen, llaminer de mena com és, sol demanar que a la sobretaula els posin unes quantes galetes per picar. «No havia menjat mai tantes galetes com ara», assegura.

Lluís Llach, bon observador, fa dies que ha detectat el platet de galetes a les sobretaules de la Casa dels Canonges.

—T'estàs convertint en el Monstre de les Galetes —diu un dia al president, fent broma sobre la quantitat de reunions secretes que fa, a plat de galetes per reunió.

—Ha arribat un punt en què fem tantes reunions internes que ni jo mateix sé què és secret i què no ho és —replica somrient.

Com que demà té reunions a primera hora, avui s'ha quedat a dormir a Canonges. Però no hi ha manera, no s'hi acostuma. Ha tocat una estona la guitarra tot sol, però al cap d'uns quants acords ho ha deixat estar.

Ja ha sopat —ha demanat que li fessin un sol plat i li han portat un rap a la planxa amb verdures—, s'ha passejat una mica per la casa mentre tornava unes quantes trucades, i ha intentat treballar una estona al despatx oficial que té el president a Canonges. A Puigdemont, però, no li agrada el despatx oficial. Li agrada més la taula d'estudi que té en una altra habitació, on a vegades s'entreté llegint els volums que hi ha en una de les estanteries de la sala: els dietaris dels governs de la Generalitat.

Un equip de deu persones, capitanejades pel discret Gaietà Enrich, té sempre cura de les dependències de la Casa dels Canonges. Tot està sempre preparat per si el president decideix quedar-s'hi a dinar o a dormir. Les visites poden accedir-hi des del mateix Palau de la Generalitat per un pont d'accés que hi ha al carrer del Bisbe, transitadíssim de turistes que sovint el fotografien, o directament per aquest mateix carrer. Les visites privades ho solen fer per aquesta entrada. Són quatre-cents metres quadrats habitables, distribuïts en tres nivells. El president n'utilitza poques estances. La que més, el menjador gran de la primera planta.

Quan es queda a Palau troba a faltar la família. Aquests dies, la Marcela està intranquil·la. No ho diu, però se li nota. Encara que tots dos són conscients del que pot passar i de les incerteses que en aquests moments planen sobre el president, a casa, amb la seva dona no en parlen gaire. Li consta que també passa a casa de molts consellers. Se'n parla poc, de les conseqüències del procés. La Marcela no ho diu, però com que tothom qui es troba li parla del seu marit: «Que valent que és en Carles!», «Ui, la que li pot baixar!», «Acabarà a la presó», li diuen uns i altres, hi ha dies que no pot evitar angoixar-se.

«No en podem parlar perquè es posa molt nerviosa. I jo no l'hi vull posar més», comenta el president.

Però cada cop que algú li pregunta: «¿Aguantarà, el teu marit?», la Marcela ha de fer el cor fort. Puigdemont n'és molt conscient, de l'aigua que baixa.

«Per més que ara es digui que tot se socialitzarà, que els alcaldes hi seran, que la gent hi serà..., i per més que diguem que el decret del referèndum ja el signarem col·legiadament, al final qui firma legalment és un, i soc jo. Aniran per mi. Aniran per mi. Si no va bé, jo seré el tossut, l'inflexible, el que imposava, el que tirava pel dret, el que anava per lliure. ¿Saps què passa? Que jo soc molt fàcil d'aïllar. No tinc cap sector meu al PDeCAT, no m'interessa, això de les famílies dins del partit. Un cop ens hagin atacat, quan tothom vegi que en sortirà malparat, jo soc el fusible fàcil de desconnectar. A presó, insolvent i amb fama d'embogit: el retrat final pot ser aquest.»

«Sí. Cada dia. Cada dia em faig la pregunta de si ho hauria d'aturar.»

Aquesta mateixa setmana, un grup de grans empresaris han convidat el conseller Santi Vila per convence'l que ho dinamiti tot. Hi eren presents Miquel Roca, els empresaris Artur Carulla i Ferran Rodés, José Creuheras (president de Planeta i Atresmedia Corporación), Isak Antic (cofundador de Mango), Josep Oliu, president de Banc Sabadell i uns quants més. «Tu ens has d'ajudar a frenar-lo, perquè això quedarà tot arrasat i tu t'has de salvar. Si te'n vas del govern, això crearà una crisi que obligarà a replantejar-ho tot i anirem a eleccions, i no pas al referèndum», li han dit a Vila.

És el mateix Vila qui l'hi ha explicat.

«No és pas que Vila no tingui dubtes. En té molts, molts. Però me'ls ve a explicar i els compartim, en parlem... Ell juga a diferents bandes, però és fidel.»

Fa pocs dies el president també ha tingut constància d'una trobada de membres del PDeCAT, entre ells David Bonvehí, amb membres d'ERC per parlar del referèndum a esquena seva.

«Sé que han parlat de com aturar-me. Si volen que pari, que m'ho vinguin a dir. Els ho vaig dir clar, que jo era un instrument. ¿Per què no són sincers?», pensa més decebut que indignat.

«No tinc dret a deixar-ho córrer tot. No tinc dret a fer cap cosa que no sigui continuar endavant. Honestament, jo crec que, acompanyat, hi estaré. Hi aniré acompanyat de la bona gent. Si fem les coses amb dignitat, fins i tot pot sortir bé. No em puc apartar d'aquest relat de fer les coses bé, amb coratge i dignitat. I si després no surten bé, la història ja deixarà clar qui és que s'ha encarregat de tirar aigua al vi i de posar traves constantment. Espanya em fa molt respecte, però no em genera cap dubte sobre el que estem fent. El que em genera dubtes és el que observo quan veig l'actitud d'alguns dels d'aquí. Això és el més fotut.»

«Anímicament no tinc cap problema. Jo soc molt resilient. Puc estar molt emprenyat, però internament ho visc amb molta serenor. Tanta, que jo ja hauria fet el referèndum el 18 de juny. No té cap sentit haver-ho allargat fins a l'octubre, amb tot l'estiu pel mig. Els hem donat molt de temps per a la campanya de la por, i els preparatius del referèndum, si ens hi haguéssim posat, haurien pogut estar el 18 de juny. En aquesta estratègia dilatòria, per guanyar temps, he de reconèixer que m'hi han arrossegat.»

«Crec que no em detindran. Perquè saben que això seria un pollastre molt gros. Si em detenen, hem guanyat. Crec que faran altres coses, com impedir que hi hagi urnes o espantar els funcionaris. ¿T'imagines la Guàrdia Civil impedint la sortida de les urnes d'un magatzem?

[redacted]

[redacted]

Dimarts, 23 de maig

Avui assisteix a l'acte d'entrega de les beques de postgrau que la Caixa concedeix a cent vint estudiants. Hi és també el rei Felip VI, que ha arribat a Barcelona acompanyat de la vicepresidenta del govern espanyol, Soraya Sáenz de Santamaría, i del delegat del govern espanyol a Catalunya, Enric Millo. A les portes de la seu de la Caixa, a l'avinguda Diagonal de Barcelona, el president Puigdemont espera la comitiva espanyola al costat d'Isidre Fainé, president de la Fundació Bancària la Caixa; de Jaume Giró, director general, i del president de CaixaBank, Jordi Gual.

La salutació és cordial i protocol·lària. Parlen de com ha anat el viatge i, pràcticament sense temps per a res més, es dirigeixen cap a l'auditori. El rei ha declarat que estava content de ser a l'«estimada terra catalana» i no ha fet cap referència política. «El futur d'una societat depèn de l'aposta que es faci per l'educació i el desenvolupament», ha afirmat per tancar una intervenció en què pràcticament només ha parlat d'educació.

Un cop acabat l'acte, les autoritats passen a una sala on podran parlar de forma més tranquil·la i relaxada.

—*President*, te quiero comentar una cosa —li diu el rei.

Tots dos fan un apart.

—Vi que ayer citaste una frase mía que dije en el Parlament hace muchos años, y quería decirte que prefiero que me dejes al margen.

Certament, a la conferència d'ahir a Madrid, Puigdemont va citar el rei, recordant una frase que el monarca havia pronunciat quan encara era príncep. No va ser al Parlament, li aclareix, sinó en una visita a Girona l'any 1990.

«Pedimos lo mismo que expresó en una visita en Girona el 21 de abril del 1990 el entonces príncipe de Girona y hoy jefe del Estado, el rey Felipe VI, cuando afirmó que "La democracia expresa sus proyectos en las urnas". Cierto. No nos hemos apartado ni un milímetro de esa idea; jamás hemos aceptado ninguna otra formulación de nuestras aspiraciones como nación que no sea a través del ejercicio de la democracia y de la paz», va dir ahir literalment Puigdemont.

—No quiero contradecir ni matizar nada —li explica el rei molt educadament—. Simplemente te quería pedir que me dejaras al margen, porque eso me compromete, y yo quiero quedarme al margen de lo que está pasando.

El to és tan amable —el monarca parla gairebé com si no gosés fer-li aquesta petició— que ho interpreta positivament.

—Lo entiendo perfectamente; la última cosa que yo quisiera ahora es ponerlo en un compromiso; no queremos comprometerle.

El rei l'hi agraeix. «Si el rei es manté al marge de tot plegat, a hores d'ara crec que seria una gran victòria», pensa el president, tot i que creu que serà molt complicat que sigui així.

«A mesura que nosaltres anem deixant l'Estat en fora de joc, al rei el pressionaran. Jo crec que un dia acabarà sortint, com va fer el seu pare el 23-F. Per això tothom parla del que estem fent com si fos un cop d'estat; la comparació no és gratuïta, i el rei pot acabar fent el que va fer el seu pare, sortint un dia a la tele i dient allò de "La Corona no puede tolerar en modo alguno...". Farà això, per fer-se aplaudir, perquè ell sap que així recuperarà reputació a Espanya.»

Després de la breu conversa, el rei i el president català es tornaran a reunir amb la resta del grup. No parlaran més d'aquest tema ni de la situació política. Poques hores més tard, en marxar cap a Madrid, el monarca s'acomiadarà molt amablement:

—Gracias por todo.

Dilluns, 29 de maig

Avui ha convocat tots els partits favorables del referèndum a una cimera al Palau de la Generalitat. El gran dubte de la trobada era saber si Catalunya en Comú, la nova formació política de l'alcaldessa Ada Colau i el diputat al Congrés Xavier Domènech, hi assistirien.

Qui sí que hi ha assistit és Albano Dante Fachin, el secretari general de Podem a Catalunya. «Ho ha jugat bé, en Fachin. Ha vist que, davant dels dubtes dels comuns, ell era clar i assistia a la trobada.»

Són les cinc de la tarda i, davant la hipòtesi que avui es pogués fer pública la data i la pregunta (els mitjans de comunicació hi han especulat tot el cap de setmana), Soraya Sáenz de Santamaría, la vicepresidenta del govern espanyol, ha convocat una roda de premsa al matí per avançar-s'hi i reiterar un cop més que el referèndum no se celebrarà i que la cimera no deixa de ser «tactisme electoral de Puigdemont» de cara a unes properes eleccions.

«No es veuen venir res. Es pensen que estem en clau autonòmica», comenta el president amb un somriure quan l'hi expliquen.

La prova que el govern de Madrid no té ni idea del que passa, diu, és el missatge que ha rebut del delegat del govern espanyol a Catalunya, Enric Millo, a les 16.56, just abans d'entrar a la reunió: «Carles, com a continuació de la conversa que vam tenir, en la mesura que no es fixi la data per a la pregunta del referèndum, ¿tenim temps de trobar una sortida? ¿Disposem d'aquest marge?».

Puigdemont respon molt sincerament: «Avui no tenim previst dir ni data ni pregunta; no sé per quin motiu s'ha donat crèdit a aquesta especulació. Crec que no podem deixar d'explorar tots els marges possibles».

Millo l'hi agraeix: «OK. Gràcies. Així seguim explorant també nosaltres per la nostra banda».

«Em reconforta saber que no ho saben tot. Donen crèdit a l'especulació que ha fet *La Vanguardia*. Si la seva font d'informació és *La Vanguardia* és que anem bé, que no saben què està passant realment. Estan nerviosos: haver fet sortir Soraya Sáenz a fer una roda de premsa urgent per aquest tema és símptoma que estan nerviosos, però ens ha anat perfecte, han donat un ressò molt més important a la cimera del que nosaltres mateixos havíem previst. Sempre ens ajuden», comenta amb ironia.

Divendres, 9 de juny

Plovineja. Avui tornarà a ser un dia històric. Aquest matí anunciarà, envoltat de tot el seu govern, la data i la pregunta del referèndum. Són les nou i els consellers ja han començat a arribar al Palau de la Generalitat.

Apareix amb camisa blanca i americana blava. Porta una corbata vermella amb puntets blancs. Era de Josep Maria Calders, un dels seus millors amics i avalador de tota la seva carrera política, mort ara fa dos anys. La seva vídua li va voler regalar una de les seves corbates preferides. «A ell li hauria agradat que la tinguessis tu.»

Ha entrat amb posat seriós, solemne, i, després de reunir-se durant una estona llarga amb tots els consellers en el que formalment serà una reunió de govern, surten tots plegats cap al Pati dels Tarongers. Són les deu del matí.

Ara sí que ha parat de ploure; fins i tot està sortint el sol.

Primer hi intervé el vicepresident Junqueras, i després ell. «És un dels acords que vam prendre al búnquer; sortir tots dos en els grans moments, perquè es visualitzi que anem junts i per aturar la brama aquesta que en Junqueras no està per la feina.» «Potser no és del tot cert, però si més no la imatge que es trasllada a Madrid és la d'unitat.»

El vicepresident Junqueras ha fet una intervenció breu. Finalment, el president ha anunciat la data i la pregunta també en un discurs.

La pregunta és clara i de resposta binària: «¿Voleu que Catalunya sigui un estat independent en forma de república?». Ja fa dies que es va pactar al búnquer.

«No va ser difícil. Tots veníem amb una pregunta pràcticament igual: ¿Vols que Catalunya sigui un estat independent? Aquesta part la portava pràcticament tothom. El debat va ser si hi havíem d'encaixar la paraula "república". Hi havia qui deia que per a molta gent gran la paraula "república" encara va associada a crims i a una època dura. Però la discussió va durar poc.»

A la reunió del búnquer, la CUP, però, no hi era. Amb tot, ja sabien la pregunta des de feia setmanes, perquè ell es reuneix periòdicament amb l'exdiputat Quim Arrufat, que ve a ser una mena d'enllaç amb els cupaires. «L'Arrufat ha aconseguit una cosa molt important, i és que la CUP li faci confiança i que nosaltres també n'hi fem. D'alguna manera, per a mi s'ha convertit en una bona corretja de transmissió.» Fa dies van proposar a la CUP entrar a formar part del búnquer, però no es va arribar a cap acord. Els cupaires proposaven que a les reunions secretes hi assistissin sempre dues persones i que no haguessin de ser sempre les mateixes. Però J×Sí no ho va acceptar. Només hi volia una persona, al búnquer, i preferiblement sempre la mateixa. Arrufat s'ha convertit, doncs, en l'enllaç extern de la CUP amb el búnquer.

L'endemà, a Catalunya, l'anunci dividirà un cop més la premsa.

Tothom destaca la pregunta. Només alguns mitjans, com *El Punt Avui*, s'han fixat en la primera part de la pregunta, en el tractament de vós.

Puigdemont podria haver optat pel vostè, però va considerar que la primera opció era la millor. Amb tot, ho va voler consultar la nit abans al grup de WhatsApp que manté amb els antics companys de quan estudiava Filologia. Avui, hores després que s'hagi fet pública la pregunta, alguns filòlegs han dit públicament que el tractament de vós és una solució més genuïna i menys encarcarada que el vostè.

L'anunci de la data i la pregunta s'ha fet un divendres, que és el dia en què es reuneix habitualment el Consell de Ministres del govern espanyol. «Segur que n'estaven pendents», pensa.

La reacció del govern espanyol es queda en una simple declaració en la mateixa línia de sempre: «El referéndum no se hará —diu el portaveu Íñigo Méndez de Vigo en sortir de la reunió—. Cualquier intento que pase de los anuncios a los hechos será recurrido en los tribunales —afegeix—. El acto es una escenificación que trata de disimular la soledad de los convocantes, y muestra que cada vez son menos y que han fracasado en todos sus intentos de buscar nuevos aliados en su hoja de ruta. Solo están los más radicales».

«Això demostra que l'Estat intueix cap a on anem, que anem cap a desbordar-los, i ara ho volen capgirar. Durant tot aquest temps eren ells qui iniciaven la dinàmica d'acció-reacció. Ells prenien una decisió i nosaltres reaccionàvem. Ara volen que passi el contrari: que nosaltres fem l'acció i ells la reacció. És el que em va dir Rajoy al dinar: proporcionalitat. Si nosaltres fem accions verbals, ells faran accions verbals. Ara es pensaran molt bé la reacció a la nostra acció. Ells també saben que, si la seva reacció és desproporcionada, això anirà en favor nostre; fins i tot acabaran provocant que els comuns ens defensin. És com el joc aquell dels palets xinesos. Aquell que has d'anar traient palets sense que la resta es moguin. I no sé si podran tenir tanta temperància, perquè els seus els van escalfant...»

Està satisfet. Un cop enllestit l'anunci de la data i la pregunta, torna al seu despatx a complir amb l'agenda habitual, tot i que no pot deixar de pensar de tant en tant en les conseqüències de tot plegat.

«No podran inhabilitar-me abans del referèndum. No tindran temps. Per inhabilitar-me seguint la via judicial hi ha d'haver unes declaracions, unes prèvies, un judici... i una sentència. No arriben a temps, per aquesta via. Ho faran via Tribunal Constitucional, que amb la reforma exprés que va aprovar el PP ja pot fer suspensions. [redacted]

«El que segurament intentarà l'Estat és fer molta por. Tanta, que l'1 d'octubre només vagi a votar el trenta per cent de la gent. Així llavors podrà dir: ¿Ho veieu?»

«Hem de pensar que el que vindrà a partir d'avui és molt dur. Tindrem *El Periódico* i *La Vanguardia*, els dos principals diaris de Catalunya, en contra nostra. I aquí afegim-hi, per exemple, un desplegament visual de Guàrdia Civil i de Policia Nacional a Catalunya. Sense detenir ningú. Només amb una presència notable. I amb el govern cosit a querelles, advertiments i suspensions. Si arribem a l'1 d'octubre amb aquest panorama, això ja no serà una festa de la democràcia; la gent ja no anirà a votar amb un somriure als llavis... I és aquí on una part de la gent pot dir "ui, ui, ui"...»

«Suposem que suspenen les funcions dels Mossos —afegeix, fent càbales en veu alta—. Molt bé. ¿I què fan? ¿Ens venen a detenir? Si fan això, tenim un merder considerable. Si el que volen és evitar el conflicte, no podran. Només hi ha una manera d'evitar-lo, que és asseure's a negociar, a dialogar. I ells això no ho faran; potser ni que els truqui la Merkel. Abans s'enfonsen que no pas rectifiquen. No volen, potser ni poden, assumir cap rectificació amb Catalunya. És increïble. Només ens queda una sortida: tirar milles.»

Dilluns, 19 de juny

Amb l'objectiu de conèixer més detalls sobre el referèndum de l'1 d'octubre, els comuns s'han reunit avui amb ell i el vicepresident.

És la primera trobada dels comuns amb el govern després de l'anunci de la data i la pregunta.

«Serem a qualsevol mobilització, però per a nosaltres això té més aspecte d'un 9-N que no pas del referèndum que Catalunya necessita», ha assegurat Xavier Domènech a la sortida de la reunió.

Domènech, que ha anat a la reunió acompanyat de la portaveu i coordinadora dels comuns, Elisenda Alamany, diu que no comparteixen el full de ruta del govern però tampoc «el bloqueig del govern espanyol que es tradueix en una repressió judicial».

Domènech s'ha mantingut molt més prudent que no pas Alamany, que en algun moment s'ha declarat clarament independentista. Quan aquest ja donava per fet que els comuns no teixirien complicitats amb l'1 d'octubre. «Bé, de fet encara no ho hem decidit», el corregeix.

«Nosaltres a Colau no l'exposarem —ha dit Domènech—. Per tant, no ens colleu gaire, perquè Colau no serà qui posarà urnes l'1 d'octubre, i això ja ho hauríeu de saber ara.»

Però al govern no el preocupa gens, això. Encara que la premsa no ho hagi publicat, i que la majoria dels ciutadans ho desconeguin, l'Ajuntament de Barcelona no és qui habitualment organitza les eleccions a la ciutat. Cap de les eleccions, ni les dites autonòmiques, ni les espanyoles. En tractar-se de la capital, fa anys que hi ha un acord signat entre aquesta administració i la Generalitat, i la logística electoral és sempre cosa del govern català.

«Si això és el que us preocupa, si del que es tracta és de blindar el vostre principal actiu, cap problema. Blindarem el vostre principal actiu», els diu.

De la trobada, en sortirà una comissió d'enllaç secreta, que es reunirà setmanalment, per compartir totes les informacions sobre el referèndum «amb l'esperança —diu— que quan finalment la cosa s'emboliqui i no tinguin altre remei, els comuns se sumin al full de ruta».

Avui es compleixen trenta anys de l'atemptat d'Hipercor. Va ser la pitjor massacre perpetrada per la banda terrorista ETA, que va assassinar vint-i-una persones —entre elles, quatre nens— i en va ferir quaranta-cinc més.

Com que el lehendakari és a Catalunya, ha aprofitat per reunir-se a soles amb el líder basc. «No hay marcha atrás, lehendakari —li diu quan aquest li insisteix que cal dialogar—. Son ellos quienes no quieren —fa. I afegeix—: Todo lo que puedas hacer para conseguir que Rajoy se mueva será bienvenido.»

«Lo intentaré —li respon Urkullu—. Me preocupa mucho lo que está pasando.»

Dilluns, 26 de juny

«Gràcies per explicar-m'ho, Santi», diu abans de penjar.

El president ara ja no veu fantasmes: ara en té proves. El conseller Vila li acaba de comentar que ahir, diumenge, hi va haver una trobada de tots els consellers del PDeCAT del govern amb la coordinadora general del partit, Marta Pascal, que era qui l'havia convocat. En un berenar-sopar, els consellers van parlar del procés i de la situació del partit. Ell no hi era ni n'havia estat informat.

«¿És normal que la Pascal reuneixi tots els consellers i no m'ho digui? —es pregunta—. Estem a les portes de fer pública la llei del referèndum, ja hem fet pública la data i la pregunta, ¿i el partit convoca una reunió sense dir-m'ho? ¿Com s'entén?»

«Els he preguntat en dues ocasions, a les reunions de govern, si estan disposats a anar fins al final. I em diuen que sí, però després es reuneixen a la meva esquena... ¿I a la Marta Pascal, com se li ha acudit? ¿Què es pensava? ¿Que no me n'assabentaria?»

Rius parla amb el cap de gabinet de Marta Pascal, Pere Canals, i li retreu la trobada a l'esquena del president. «És molt greu, això que insinues!», el rebat Canals negant-li que hagi anat així. Rius, però, li insisteix: «Abans de tot, i de negar rotundament que sigui cert, ¿pots comprovar-ho?».

Li respondrà al cap d'una estona amb un missatge al mòbil: «Sí, es va fer». «OK. Gràcies», li agraeix Rius.

El president està dolgut, però intenta analitzar fredament la situació: «Estan tots espantats, però no tenen prou valor per venir-m'ho a dir. I si en Santi Vila em truca és perquè ell sap que, d'una manera o altra, ho acabaré sabent. És intel·ligent, en Vila, i sap que si m'ho explica, també perquè ens tenim confiança, sempre serà millor que no pas que ho sàpiga per algú altre».

Al llarg del dia altres consellers li parlaran d'aquesta trobada.

«Jo ja ho sé, que he dit que no seré el proper presidenciable, però això no hauria de ser motiu per no informar-me'n i excloure'm», repeteix, més enfadat amb Marta Pascal que no pas amb els seus propis consellers: «És ella, qui ho ha organitzat».

Durant els dies següents els consellers d'ERC del govern s'assabentaran d'aquesta trobada i faran càbales sobre el que està passant. «El PDeCAT sembla que està aïllant el president», diu un d'ells.

Aquesta trobada serà una espina clavada que el president arrossegarà durant molt de temps.

D'aquí a dos dies la coordinadora del PDeCAT, Marta Pascal, li enviarà un whatsapp: «Sé que estàs molest per la reunió de diumenge. Sàpigues, però, que ho vaig fer amb tota la bona intenció». Pascal li dona a entendre que la trobada es va fer a instàncies dels consellers, i no pas d'ella, i que era bàsicament perquè els membres del PDeCAT a l'executiu estaven inquiets i, segons ells, desinformats sobre les decisions del referèndum.

«Han magnificat no saber res —pensa—. Jo he preguntat més d'una vegada com es va fer per al 9-N, i tothom m'explica que només n'estaven al cas Artur Mas i Francesc Homs, de les decisions que es prenien. Les dues vegades que jo he intentat socialitzar les decisions del referèndum, m'he trobat filtracions a la premsa l'endemà.»

La reunió dels consellers a la seva esquena ha contribuït a ampliar encara més els seus recels amb Pascal: «La coordinadora del PDeCAT és membre del búnquer, i per tant no està desinformada de res, però davant dels consellers fa veure que ella tampoc sap res del que passa», es lamenta.

De fet, fa pocs dies Pascal li va comentar que tenia molta feina al partit i que, si a ell li semblava bé, no aniria a cap més reunió del búnquer i ho delegaria a Bonvehí. «De cap manera!», li va replicar Puigdemont.

«No passa res», menteix en resposta al whatsapp que li ha enviat Pascal, perquè sí que passa: està dolgut. Molt. Però segueix disposat a continuar endavant.

Dilluns, 3 de juliol

Ha arribat a les deu del matí a Palau, conscient que hi ha un daltabaix per l'entrevista que publica *El Punt Avui* a Jordi Baiget. N'és conscient perquè des de primera hora del matí tots els informatius destaquen que el conseller d'Empresa i Coneixement diu que no creu que es pugui fer un referèndum i es lamenta que el president és molt distant a les reunions de govern. Totes les tertúlies del dia parlen del tema.

Camí de Palau, des del cotxe, ja ha rebut una allau de SMS i whatsapps de gent que li'n demana explicacions. «I no són pas els hiperventilats», pensa. «Són de gent moderada, que s'exclama que un conseller pugui dir això públicament.» I això és el que el fa rumiar: «És gent normal, la que es lamenta d'aquestes declaracions del conseller». A les tertúlies, ja hi ha qui demana la dimissió dels consellers i qui ho aprofita com a argument per demostrar que el govern no està cohesionat i no creu en el referèndum.

Tan bon punt arriba a Palau, suspèn les reunions del dia per concentrar-se en la crisi que acaba d'esclatar i es reuneix amb els *seventeens*, el seu equip habitual.

Tots estan d'acord que les declaracions de Baiget són intolerables perquè desgasten la figura del president.

«T'han posat entre l'espasa i la paret», li diu Josep Rius.

Pere Martí és del mateix parer que ell:

«Dir públicament que el referèndum no es farà, just el dia abans que es faci pública la llei del referèndum, no és una desautorització menor.»

A darrera hora del matí, li truca el seu conseller i amic Santi Vila:

«Suposo que ja saps que circula pertot arreu que aquesta tarda hi haurà una dimissió», li diu.

Vol sondejar Vila i parlen una estona.

«Vila no està pas tan distant del que pensa Baiget, però és hàbil», es diu el president. «Perquè ell sempre acaba dient que serà lleial al procés i al president i que farà tot el que calgui perquè això surti bé. A diferència de Baiget, ell té una gran ambició política, vol fer carrera. Baiget, en el fons, és un soldat que ha fet unes declaracions inoportunes.»

El conseller Baiget, que ha mantingut l'agenda, té a última hora del matí un acte on hi ha un munt de periodistes. No ha pas negat les seves declaracions. Al contrari: s'hi ha ratificat. Ha dit que «seria irresponsable tirar endavant un referèndum sense pensar en les conseqüències». Ha afirmat que no considerava que això fos ser deslleial amb el procés i, en relació amb la petició de dimissió que li ha fet la CUP, sosté que no la té prevista: «Aquesta decisió correspon, en tot cas, al president de la Generalitat».

Havent dinat es reuneix amb Jordi Baiget a Palau. El president és clar:

—No les entenc, aquestes declaracions. Em sento desautoritzat, i he de fer alguna cosa —li diu en un moment de la conversa—. És una constant. Hi ha un rum-rum constant que el govern està dividit, que no està per la feina, que hi ha consellers que no veuen bé el referèndum. Alguna cosa he de fer. És que, a més, dius que no estic per la feina, Jordi.

Puigdemont parla durant deu minuts. Després ho farà Baiget, que li diu que té molts dubtes que es pugui fer el referèndum; que la cosa serà molt complicada; que no ho veu clar.

—Estic molt dolgut pel que has dit i pel to. Hi dedico moltes hores, a fer de president, vaig a tot arreu, faig molts quilòmetres... I em sap molt de greu que abonis la tesi que només estic pel full de ruta; m'he dedicat a fer de president i tu ho saps, i a fer de president del país, i no del referèndum. Em sap molt de greu.

«Serà una decisió molt dura. Perquè Baiget ho ha fet bé com a conseller. És un tema de confiança: simplement, li he perdut la confiança», pensa.

—Alguna cosa he de fer... —diu.

—Cessa'm, si creus que ho has de fer —replica, finalment, Baiget.

—¿Tu hi veus alguna altra solució, que eviti el teu cessament i que et permeti continuar al govern? ¿L'hi veus?

—No.

—Doncs jo tampoc.

Cessa Jordi Baiget i anuncia que el substituirà l'ara conseller de Cultura, Santi Vila.

«¿Per què en Vila? Si reforço en Santi Vila, que tothom sap que és el més moderat de tots, els deixo sense arguments.»

Després d'una pausa afegeix: «A més, sé que jugo amb l'afany polític d'en Vila, que vol ser de tot. Així el tinc al meu costat i controlat. Si el deixem sol, el dia que se senti incòmode i que el procés no vagi bé, tenim un Macron», sentencia el president amb un somriure, referint-se a la fulgurant carrera política del president francès. «D'altra banda, és evident que la destitució de Baiget envia també un missatge al partit. És un cop de puny, tant de cara al partit com de cara al govern. Que la Marta Pascal ho tingui clar.»

De fet, demà mateix tindrà ocasió de parlar amb Pascal de la destitució de Baiget. Ahir, poques hores després que la coordinadora del PDeCAT fes unes declaracions mostrant la seva confiança envers el conseller, el president el cessava.

—No et devia ajudar gaire, amb les meves declaracions —li diu ara.

—Tu vas fer el que havies de fer, que és tancar files —respon el president, traient-hi ferro.

A Puigdemont només li queda una cosa per resoldre, i és el nomenament del nou conseller de Cultura que ha de substituir Vila. Ha demanat al mateix Vila que li proposi una terna de noms. Optarà per Lluís Puig i Gordi, fins ara director general de Cultura Popular. Avui és a la Cerdanya. El president no el localitza fins a mitja tarda. Quan Puigdemont finalment li fa la proposta, Puig es mostra encantat de ser el nou conseller.

«És un independentista, i sap on es posa; sap que vindran temps complicats i de decisions dures, però li està bé. Veurem si la cosa es queda aquí, perquè el cert és que d'en Baiget és de qui menys m'esperava una reacció així. N'hi ha que no diuen res però pensen exactament igual que ell. L'única cosa que no tinc clara del tot és si Baiget ha fet aquestes declaracions a títol personal o si obeïen a una estratègia d'algun sector del PDeCAT. Ja hi haurà temps de saber-ho. Potser la remodelació haurà de ser més àmplia.»

Avui ha deixat clar que el full de ruta és inqüestionable enviant un missatge al partit i també al mateix govern. Però no tothom hi estarà d'acord.

Quan, a les set de la tarda, arriba a la Casa del Llibre de la Rambla de Catalunya per assistir a la presentació del llibre *Dos estados*, de Ferran Mascarell, el delegat del govern català a Madrid, es troba amb l'exdiputat al Congrés Francesc Homs.

Enceten una conversa ràpida, a peu dret, mentre està entrant a l'acte:

«No hi estic d'acord, president. Crec que t'equivoques, i que t'equivoques molt. És un error, la decisió de destituir en Baiget».

Puigdemont, que no té ganes de discutir, li explica breument que és «una qüestió de confiança», però no tenen temps de dir-se res més perquè l'acte està a punt de començar.

Al cap de pocs minuts, Francesc Homs farà tres tuits sobre el cessament: «No comparteixo que se cessi @jordibaiget. És lleial i compromès. I si per unes declas +- afortunades se'l fa fora, n'hi ha que sobren de fa temps. A més, políticament, decisions així ni sumen ni fan gran el projecte, tot just al contrari. Finalment, com és que de moment només som els del PDeCAT que ens condemnen els de Madrid i/o ens volen fora alguns de Catalunya? Fins els ″🥜».

«Està enfadat amb el món; però no té raó», es diu el president quan llegeix aquestes piulades.

Dimarts, 4 de juliol

Avui s'ha presentat oficialment la Llei del referèndum. Al matí hi ha hagut un acte a l'auditori del Parlament amb els diputats de J×Sí i la CUP, i a la tarda se'n fa un altre al Teatre Nacional de Catalunya, ple a vessar.

La llei no s'ha entrat encara al registre del Parlament, per evitar que l'Estat pugui actuar abans d'hora, però es fa pública a so de bombo i platerets perquè tothom en comenci a conèixer el contingut: «La gent veurà que és una llei normal, que preveu unes eleccions molt similars a les que hem fet habitualment, tot i que les condicions no siguin gens habituals».

L'acte el clou amb Junqueras. Ara ja fa dies que surten sempre en tàndem. Puigdemont ha garantit que el govern tirarà endavant el referèndum, «perquè una rendició en aquests moments comportaria un preu que haurien de pagar generacions futures. Fins i tot si guanya el no», ha afegit, «les coses seran diferents».

Ha assenyalat el que per a ell són els dos factors clau de l'1-O: la participació i el resultat. «La victòria, la farà possible la gent», diu.

Junqueras ha advertit també del paper de l'Estat. «La principal novetat del referèndum», ha dit, «és que s'haurà de celebrar amb l'oposició oberta de l'Estat».

L'acte ha durat una hora clavada, que és el que havien previst. S'acaba amb el cant d'*Els Segadors*.

«Veurem quants en queden, després de les converses d'aquests dies; quants estan disposats a arribar fins al final i fer que puguem posar en pràctica aquesta llei que avui hem anunciat», pensa en veure tot el seu govern reunit.

«Com sempre», han anat dient tota l'estona en relació a l'1-O. «Com sempre, sí», ironitza quan ja és al cotxe, «però sabent que no hi ha res que sigui com sempre».

D'aquí a deu dies, la Guàrdia Civil es presentarà al TNC per demanar les factures del lloguer de la sala, per saber si J×Sí s'ha fet càrrec de les despeses de l'acte o si han anat a càrrec del govern i, per tant, s'ha comès un presumpte delicte de malversació de fons.

«És delirant. Aconseguirem que embogeixin.»

Divendres, 7 de juliol

Les urnes ja són a lloc. Mentre el govern català i l'espanyol juguen públicament des de fa dies al gat i la rata amb la compra de les urnes per a l'1-O, són en un magatzem de la Catalunya Nord des de fa dies.

Somriu. «En realitat, en sé molt poc, de com ho han fet. I no ho vull saber. Ja hi ha qui se n'encarrega.» Avui han estat parlant de si un dia d'aquests Junqueras i ell es desplacen discretament al magatzem per fer-se una foto i la pengen a les xarxes socials. No ho acabaran fent. «Seria una provocació innecessària.»

Fa dos dies que ha començat a cridar un per un tots els consellers nomenats per la seva formació per parlar de la situació. Ha demanat a Mas i a Pascal que hi siguin presents. «És la manera que els quedi clar als consellers que això no és una dèria meva. No soc jo qui els pregunto què pensen. Soc jo, l'expresident Mas i la coordinadora general del partit. I això és diferent. I si Pascal és a les reunions, serà molt difícil que després m'organitzi altres guerres dient que ella no n'estava al cas.»

Porta la veu cantant, i els demana que li diguin amb tota sinceritat si es veuen amb cor de continuar o s'estimen més ser rellevats, perquè ara vindran dies molt durs.

Qui més parla és ell. Però també Mas. «Mas és un home molt fred, sap posar distància quan cal. I en aquestes reunions ho està fent. Si algun dels seus consellers, perquè de fet els va nomenar ell, es pensa que Mas i jo pensem diferent, avui han tingut clar que no. Mas està sent implacable, dient-los que cal, per sobre de tot, assegurar que es fa el referèndum de l'1-O. És un home molt racional. En aquestes reunions té la fredor necessària per traslladar als consellers que la responsabilitat i la decisió és d'ells», diu. Pel que fa a Pascal, Puigdemont assegura que té una actitud «distant». «No s'atreveix ni a obrir la boca. Em sembla que no parla per no quedar en evidència.»

«Hi ha quatre riscos —els explica un per un a tots els consellers—. Ens hi juguem presó, inhabilitació, multa i patrimoni. D'aquests quatre riscos, els dos primers són intransferibles, te'ls hauràs de menjar individualment perquè no es poden delegar.»

Els demana a tots, un per un, que reflexionin sobre la seva situació i analitzin també el paper que han de fer a partir d'ara els seus respectius secretaris generals.

Entre ahir i avui clourà la ronda de reunions amb tots i cadascun dels consellers del PDeCAT. Només li falta parlar amb la portaveu, Neus Munté, amb qui han quedat per dilluns vinent. Els ha donat uns dies de temps, fins a la setmana entrant, perquè li comuniquin la resposta.

Un cop acabada la primera ronda de converses, però, ja té algunes idees clares. En parlem aprofitant el viatge de tornada a Girona:

«La Meritxell Ruiz probablement no continuarà. Ella no té por ni del patrimoni ni de les multes; tant li és. Però té unes circumstàncies personals complicades. Això ja m'ho havia dit temps enrere. Em sap greu, perquè és molt bona consellera, la Meritxell Ruiz. Em sap greu... Jo la veig com una ministra d'educació finlandesa o danesa; a més, té el cap molt ben endreçat. Té clars els seus objectius, el futur de l'educació, i, quan ha de prendre decisions, té caràcter.

»La resta de consellers, tots voldrien continuar; estan d'acord que cal arribar fins al final. Però tots voldrien que els sortís gratis. I això és impossible. En Josep Rull, en Lluís Puig i en Santi Vila sí que han dit explícitament que volen arribar fins al final.

»A la consellera Borràs l'he vista capficada, però em sembla que no és pel procés ni per tot l'embolic sobre la compra de les urnes. Se li està morint el pare, i això ho porta molt malament. Però no té dubtes sobre el procés.

»En Jané m'ha dit que és independentista des de petit, que ve d'una família d'independentistes. "El meu somni és la independència de Catalunya, i, per tant, si per la independència de Catalunya cal que m'aparti, jo m'apartaré." Però no és això. Jo no faré fora ningú. Aquesta estratègia d'apartar-se pel bé del procés no és la que aplicaré. Jo els he demanat que siguin ells, els que es mullin. El secretari del govern, Joan Vidal, tampoc sembla còmode. No ho semblen ni Jané —conclou, fent un resum— ni, per uns altres motius, Meritxell Ruiz».

Arriba a casa, esgotat, passades les onze de la nit.

«Cada dia arribo a casa trinxat, i l'endemà a les set ja torno a estar en marxa.»

Tot i que és estiu i que les filles estan de vacances, avui quan arriba a casa la Maria i la Magalí ja són a dormir. Aprofitarà per sopar amb la Marcela i mirar una pel·lícula.

L'endemà, dissabte, s'ha de posar en marxa a primera hora. Hi ha consell nacional del PDeCAT i hi ha d'intervenir. Serà rebut amb crits de «President! President!».

Després de la intervenció de Puigdemont, Francesc Homs demanarà fer ús de la paraula i es disculparà públicament per les piulades crítiques amb el relleu de Baiget. En acabat, farà un nou tuit: «Sempre al servei i al costat de Carles Puigdemont i del Partit Demòcrata. Fins i tot quan em pugui equivocar».

Dijous, 13 de juliol

Fa una segona ronda de converses amb els consellers. Pensa en una remodelació del govern.

«En el fons gran part del que està passant és fruit de les condicions amb què vaig entrar a ser president. Es nota que vaig entrar per la porta del darrere i en l'últim moment. Amb un president ferm, amb autoritat des del primer dia, els consellers no s'atrevirien a fer córrer públicament tots aquests dubtes.»

És conscient també que el fet d'haver anunciat que no vol ser el proper presidenciable del PDeCAT li ha restat força i autoritat.

«Això ha estat una feblesa, però era inevitable, si volia deixar clar d'entrada quina era la meva posició.»

«En Jané m'ha demanat que el rellevi. "Jo no continuaré", m'ha dit. Diu que està satisfet de la seva feina i del que ha fet fins ara el govern. I hi estic d'acord, però ara caldrà valentia i fermesa.»

S'hi ha afegit també el secretari del govern, Joan Vidal de Ciurana. En aquest cas, ja feia dies que intuïa que se sentia incòmode amb la situació. Ha estat una sorpresa. A principi de la legislatura no ho hauria dit en cap moment. Però no està còmode.

El més sorprenent, però, serà el relleu de la consellera de la Presidència i portaveu del govern, Neus Munté.

«Encara no sé ben bé del tot què ha passat, amb la Neus Munté. La meva explicació, però, és molt simple: a ella li agrada molt la política i no voldria plegar. Però crec que té molt de respecte per la situació que arriba. Crec que és això.»

Quan, pensant en la remodelació, ell li ha proposat passar de ser portaveu del govern a ser consellera d'Ensenyament, ella li ha dit que prefereix plegar: «Jo no m'hi veig». I li ha pres la paraula.

«Ha estat una decisió molt dura, perquè jo sempre havia pensat que la Neus podia substituir-me en un futur, però alguna cosa no ha acabat de funcionar. Probablement tot plegat se li ha fet molt gros.»

«Ha estat molt difícil, molt. Però ha anat així. Espero que trobi recorregut en la política.»

Al capvespre, quan ja té clara la sortida del govern de la consellera Munté, la consellera Ruiz, el secretari del govern Joan Vidal i el conseller Jané, comença a fer trucades per localitzar els qui han de ser els seus substituts.

Primer parla amb el fins ara secretari per al desenvolupament de l'autogovern, Víctor Cullell, que ha estat treballant mà a mà amb Carles Viver Pi-Sunyer, i li proposa ser el nou secretari del govern.

Jordi Turull, fins ara president del grup parlamentari de J×Sí, serà el nou conseller de la Presidència i portaveu del govern. El substituirà com a president de J×Sí el diputat Lluís Corominas. Les dues trucades han sigut molt ràpides i positives.

Meritxell Ruiz serà rellevada per l'economista Clara Ponsatí.

És una proposta d'Elsa Artadi. És l'única persona que entrarà al govern a qui no coneixia. De fet, Artur Mas també n'ha parlat bé. Ponsatí és catedràtica a la Universitat de Saint Andrews, a Escòcia, però, com que s'ha acabat el curs, aquests dies casualment és a Barcelona. Tot i que ell hi parlarà més tard, qui fa la primera trucada per fer-li la proposta és Elsa Artadi. Ponsatí estava sopant en un restaurant de Barcelona i li va dir que sí en poques hores.

I, per acabar, Jordi Jané serà substituït per Joaquim Forn, regidor a l'Ajuntament de Barcelona i mà dreta de Xavier Trias quan era alcalde de la ciutat. El nom de Joaquim Forn ja feia mesos que li rondava pel cap quan es plantejava una futura remodelació del govern.

«Amb en Forn ens coneixem de fa molts anys. No només de la JNC, com diuen els diaris. Ens coneixíem també perquè havíem compartit moltes converses amb un amic comú, en Josep Maria Calders. Ens havíem passat alguna nit a casa d'en Calders parlant de la independència. Aquest és com jo, de pedra picada. És un bon fitxatge.»

A quarts d'onze de la nit, es veu amb Joaquim Forn a Canonges.

Ha enllestit la remodelació del govern. I pensa en tot el que ha de passar a partir d'ara.

«Un cop passades les vacances això requerirà una atenció absoluta. Potser m'hauria d'instal·lar a Palau a partir de finals d'agost...»

Divendres, 14 de juliol

Els nous consellers del govern amb qui preveu organitzar el referèndum d'independència de l'1 d'octubre, Jordi Turull (Presidència), Joaquim Forn (Interior) i Clara Ponsatí (Ensenyament), prometran aquesta tarda el càrrec sota una fórmula que no inclou la Constitució espanyola, tal com ja és habitual en el govern de Puigdemont.

El president s'ha reunit a primera hora amb el vicepresident Junqueras per comunicar-li la remodelació. Junqueras ha fet aquests darrers dies amb els seus consellers el mateix que Puigdemont amb els del PDeCAT: reunir-s'hi i plantejar-los la situació que viuran en les properes setmanes i mesos, per si algun d'ells s'estima més ser rellevat.

«En realitat, dies enrere li vaig proposar que plegués algú d'ERC, perquè això tranquil·litzaria el meu partit..., però ell no hi entra. I quan n'hem parlat seriosament m'ha proposat que plegui en Carles Mundó. I a mi no em sembla bé. Acaba d'apuntar-se la victòria d'haver tancat la presó Model i és un conseller d'Esquerra amb qui m'entenc. No hauria estat una bona idea, que plegués en Mundó.»

«Tot i tractar-se d'un relleu de consellers, es respira tranquillitat», pensa. «Els consellers sortints s'han tret un pes de sobre.» Ha vist Neus Munté alliberada: «Està molt emocionada, sí, però li ha canviat la cara, se la veu més tranquil·la».

El president es referma en la conclusió: encara hi ha qui té esperances que no anirà fins al final. Li acaben de venir al cap dues converses recents. L'altre dia Miquel Roca encara li va dir: «Bé, ja saps què en penso, jo, i si en vols parlar per trobar alguna solució, t'ho explico personalment. Si vols quedem una estona i t'ho explico». No fa gaire es va trobar també amb Jordi Gual, president de CaixaBank, que li va confessar que estava amoïnat: «No fareu cap disbarat, ¿oi? Perquè nosaltres estem una mica preocupats...».

«¿Una mica preocupats? No: N'estan molt, de preocupats! Però, ¿per què no estan preocupats perquè Rajoy no fa res? ¿Per què només estan preocupats per allò que a nosaltres ens han abocat a fer?»

Ha estat un dia llarg, i ja en són uns quants de seguits.

«Ha sigut un mal tràngol», diu, un cop enllestida la remodelació.

Després dels canvis al govern, el búnquer no es dissoldrà, però només es reunirà un cop al mes, i no cada dos o tres dies com fins ara: «De fet, les grans decisions ja estan preses; ja s'hi ha fet la feina que s'hi havia de fer. Només quedarà operativa la part de comunicació, que és la que s'encarrega de veure com expliquem les coses que van passant».

Les decisions que s'hagin d'anar prenent sobre el referèndum les debatrà el consell executiu, tot i que prèviament hi haurà una coordinació política que pivotarà sobre el president.

És conscient del moment crític que travessa el procés.

«Soc molt conscient del que estic fent i d'on som. N'hem sortit amb un govern molt més cohesionat que abans, però que haurà de fer front a dies molt difícils. El govern espanyol encara confia molt en aquest relat de la ruptura interna del govern, en les flaqueses del PDeCAT, en l'ambició de Junqueras i en la inestabilitat de la CUP. Però això està canviant.

»Som a la recta final. Ara el Parlament aprovarà la Llei de lectura única, el Constitucional la tombarà i nosaltres ens veurem obligats a aprovar la Llei del referèndum a principi de setembre. Ho volíem fer el 16 d'agost, però probablement no ho podrem fer fins a principi de setembre. Però és igual, som a la recta final. —Llavors fa una pausa i afegeix—: El que em sap greu és el que estan fent els comuns. Hauran de donar comptes a la història, sobre el que estan fent. És de vergonya, el que estan fent en Coscubiela i en Rabell. La Colau i en Domènech faran la puta i la Ramoneta fins que decideixin que, si va bé, s'hi apunten, i si veuen que no va bé, no. És una vergonya.»

Dilluns, 24 de juliol

El diari francès *Le Figaro* publica avui una entrevista a Puigdemont en què el president reitera el seu compromís amb el referèndum i defensa que cap amenaça no pot impedir que els catalans triïn el seu futur.

«No existeix cap poder prou poderós que pugui tancar el gran col·legi electoral que serà Catalunya l'1 d'octubre», afirma, i quan li pregunten sobre una possible suspensió del seu càrrec per part del Tribunal Constitucional diu: «Tan sols em pot suspendre el Parlament».

Avui tothom comenta la claredat amb què s'ha explicat Puigdemont, parlant de desobediència al TC, si cal.

«No vull pas tirar pilotes fora, quan em pregunten els periodistes», però també aclareix que una cosa és desobeir estant suspès i l'altra desobeir estant inhabilitat: «No és el mateix. Si a mi m'inhabiliten i no obeeixo, sí que estaré violant la justícia. Una altra cosa és si em suspenen, que és el que pot fer el TC abans de l'1-O. En aquest cas jo els plantaré cara perquè a l'Estatut no es contempla pas, que un president pugui ser suspès. Una cosa és inhabilitat, i l'altra, suspès. L'Estatut diu que puc ser inhabilitat en cas d'una sentència ferma; però no parla de ser suspès».

La majoria dels diaris catalans, quan reprodueixen les declaracions del president a *Le Figaro*, no distingeixen entre una cosa i l'altra. Ni *El Periódico*, ni *La Vanguardia*, ni *Vilaweb*, per citar-ne tres casos. Tots tres sostenen que Puigdemont ha dit que desobeirà en cas de ser inhabilitat.

«No he dit això; he dit que ho faria en cas de ser suspès», insisteix.

El president sopa avui a la Casa dels Canonges amb uns quantes personalitats espanyoles de diferents àmbits per parlar del procés. La trobada l'ha organitzat el delegat del govern català a Madrid, Ferran Mascarell, d'acord amb el president. Hi ha el catedràtic de dret constitucional [redacted] el secretari general [redacted]; els escriptors [redacted] i [redacted]; i el politòleg [redacted]

Un dels assistents ho té clar:

—Són molt burros, els espanyols. No només no us han fet cap oferta de res, sinó que, quan vosaltres feu això, actuaran. Jo no descarto res; no descarto la vostra detenció, no descarto res.

[redacted] no ho veu igual. No veu l'Estat fent cap bestiesa. Segons ell, si a Espanya governessin els socialistes, probablement la sortida seria diferent.

—La sentència del TC contra l'Estatut de Catalunya va ser un cop d'estat per tornar a les posicions prèvies a la Constitució —assegura—. En la història d'Espanya mai, mai, s'han fet les coses de mutu acord; han estat sempre imposicions. Ni quan es va morir Franco, no es va fer bé. No hi ha hagut mai un acord de veritat entre les dues Espanyes per fer una evolució de la Constitució. Espanya, o ha imposat les coses, o les hi han imposat.

Al cap d'una estona, quan la conversa deriva cap a la personalitat de Mariano Rajoy, [redacted] afirma:

—És un franquista, dels que s'ho creuen de veritat.

—Va ser l'únic diputat del Parlament gallec, l'únic, que quan es va votar la Llei de normalització lingüística es va absentar del ple —recorda un altre.

Entre tots comenten les relacions del pare de Rajoy amb Franco.

—Tot i això —explica un altre—, el seu avi va ser depurat perquè va ser un dels que van propiciar l'Estatut de Galícia.

Cap a la mitjanit els comensals pregunten sobre les qüestions logístiques del referèndum. Puigdemont els explica que hi haurà urnes. I els en dona alguns detalls.

Mentre s'allarga la conversa, el president es pregunta si no ha estat massa clar en alguns aspectes. «El risc és que expliquin massa coses», pensa. «Però també és cert que ens va bé, perquè així també fem circular entre els espanyols que la cosa va seriosament.»

Al cap de dos dies surt publicada al diari *Ara* una part de la conversa: «Puigdemont afirma en una trobada informal que ja té les urnes», titula el dimecres 26 de juliol.

Dimarts, 25 de juliol

El rei Felip VI és a Catalunya. Al matí anirà al Centre d'Alt Rendiment (CAR) del Vallès per celebrar el trentè aniversari d'aquestes instal·lacions, i a la tarda a Barcelona per commemorar els vint-i-cinc anys dels Jocs Olímpics.

No tindrà ocasió de parlar amb el president del COI. Totes les converses són molt protocol·làries, però a l'hora dels discursos ningú no s'està de defensar les seves posicions. El rei destaca «els grans èxits que es poden aconseguir quan treballem junts i en una mateixa direcció», i Puigdemont diu que «els Jocs de Barcelona són el reflex de l'aposta pel diàleg i el pacte que sempre ha caracteritzat Catalunya».

El president i el monarca han estan sols només un moment. És a la sala on els organitzadors han reunit les autoritats després de signar al llibre d'honor mentre fan temps abans no comencin els discursos.

El rei li explica que ell va ser l'abanderat dels Jocs del 92 i que li va fer molta il·lusió. Encara recorda perfectament l'emoció d'aquell dia, encapçalant la delegació espanyola d'esportistes.

—¿I tú qué hacías, hace veinticinco años? —li pregunta.

—Yo hacía de periodista, hace veinticinco años.

—Ah, claro. Es verdad que eres periodista.

I és cert: fa vint-i-cinc anys, feia de periodista. El que no li ha dit és que, fa vint-i-cinc anys justos, estava organitzant des del diari

El Punt un concert al Parc de la Devesa de Girona a favor dels independentistes detinguts poc abans dels Jocs.

Dimecres, 26 de juliol

La Guàrdia Civil està interrogant al secretari general de Presidència, Joaquim Nin, en el marc de la causa per sedició que té oberta el jutjat d'instrucció número 13 de Barcelona. L'onada d'interrogatoris del 13 anirà *in crescendo* en els propers dies. «És un escàndol, el que estan fent.»

Dimarts, 1 d'agost de 2017

Darrera reunió de govern abans de vacances.

«Si quan tornem de vacances no hi ha hagut cap daltabaix, ens instal·larem en l'aprovació de la Llei del referèndum i la Llei de transitorietat jurídica, i tot plegat a les portes de la Diada. Si arribem fins aquí, a la Diada, això després ja serà imparable, perquè tornant de la Diada ja estarem en campanya electoral per al referèndum.»

El president repassa la infinitat de coses que poden sortir malament a partir d'ara, però també les que poden sortir bé: la Guàrdia Civil probablement continuarà fent interrogatoris. I explica que el govern ha pres una mesura que ha passat desapercebuda a molta gent però que és molt important: «Hem pres l'acord que la Generalitat es faci càrrec de la defensa jurídica dels casos en què hi hagi càrrecs del govern imputats. ¿Què és això que la gent s'hagi de buscar un advocat i pagar-se'l de la butxaca, quan se l'acusa de coses que fa en funció d'un mandat electoral? No tenia cap sentit, això. I ho hem corregit».

Quant als costos que poden sorgir arran de les multes o les condemnes que l'aparell judicial espanyol amb tota probabilitat anirà imposant, el govern està treballant també en una possible col·lecta popular: «Serà una mena de marató per la llibertat. Però, evidentment, s'ha de ser molt curós per evitar riscos». [redacted]

Durant els propers dies encara assistirà a alguns actes, però intentarà reduir al mínim la seva agenda oficial. Vol descansar uns dies amb la família abans d'entrar a la recta final.

Els seus col·laboradors més propers ja li han suggerit que a partir de la tornada intenti atapeir menys l'agenda i no es comprometi a estar tot el dia voltant: «Necessitaré temps; en això tenen raó. I potser també cal fer menys viatges amunt i avall... per evitar accidents de trànsit».

Farà poques vacances: quinze dies, com a molt, interromputs per algunes reunions puntuals i per les trucades telefòniques constants.

Descansarà uns dies amb la família i uns amics en un càmping de Sant Pere Pescador. Li fa una mica de mandra, perquè estarà exposat a molta gent i tem no tenir intimitat, però pensa que és el millor per a les seves filles, que hi trobaran uns quants amics.

Al càmping, s'hi passarà una setmana, però no deixarà de treballar ni de rebre trucades. Fins i tot sortirà a fer alguna reunió. S'ha vist amb Jordi Sànchez i fa pocs dies també va dinar amb la nova consellera d'Educació, Clara Ponsatí. Es coneixien molt poc i havien quedat de veure's. Van dinar al restaurant Les Goges, de Sant Julià de Ramis, prop de casa del president. És el mateix on just ara fa un any va dinar amb Anna Gabriel, de la CUP. Aquell dia Puigdemont es va quedar amb les ganes de demanar conill a la rabiosa, l'especialitat de la casa. Enguany es va poder treure l'espina que li havia quedat clavada.

Però al càmping es trobarà amb una persona que coneix molt bé. Tant, que fins fa poques setmanes l'havia considerat el seu possible relleu en el càrrec, en tant que possible candidata a la presidència de la Generalitat. És Neus Munté, que ha decidit passar també uns dies al mateix càmping amb la família. Hi coincidiran només un parell de dies i no estan ben bé a la mateixa zona, però queden per a un ressopó i per fer-la petar una estona.

«Va ser un ressopó molt amable, molt tranquil.»

Dijous, 17 d'agost

Avui va a Cadaqués, al dinar que tradicionalment organitza Pilar Rahola.

Els convidats són pràcticament els mateixos de l'any passat: [redacted] Havent dinat —arròs, com mana la tradició—, just quan comença la sobretaula, rep un whatsapp de Jaume Clotet, director general de comunicació del govern: «Una furgoneta ha entrat a la Rambla de Barcelona i ha envestit desenes de persones en el que sembla tractar-se d'un atemptat terrorista. Hi ha molts ferits».

Truca al conseller Forn, que precisament en aquest moment l'estava trucant.

«No sabem gaire res, però podria ser un atemptat», li diu.

Com que de Cadaqués a Barcelona hi ha una estona llarga, aquest cop els escortes posaran la sirena d'emergència per estalviar-se les cues. Quan es desplaça en cotxe oficial, sempre els segueix un segon cotxe, però en cas d'emergència ho fan al revés: el segon cotxe es posa al davant, activa les sirenes i els llums, i obre pas al cotxe oficial.

Quan passen nou minuts de les cinc de la tarda, el compte de Twitter del Servei d'Emergències de Catalunya ja ha difós el primer missatge dirigit a la població: «IMPORTANT. Per incident a la plaça Catalunya, evitin sortir al carrer». Els Mossos també utilitzen la xarxa —durant hores i dies en faran un ús intensiu—, i a les 17.14 fan una primera piulada: «Dispositiu policial en marxa a Rambles de

Barcelona. No difongueu fotos de l'operatiu i seguiu fonts oficials per informar-vos».

El caos a la Rambla és total.

L'alcaldessa de Barcelona, Ada Colau, està de vacances a Ripoll. Quan Puigdemont intenta contactar-hi per primer cop per telèfon, no té cobertura. Al segon intent ho aconsegueix. L'alcaldessa ja n'està al cas i està venint cap a Barcelona.

«No en sé gaire res, però fa molt mala pinta», li ha dit Colau.

Puigdemont li parla de convocar un gabinet de crisi presidit per tots dos.

Janet Sanz, alcaldessa en funcions de Barcelona, ja n'està alertada i va cap a la sala de crisi que s'instal·la al Departament d'Interior, al carrer Diputació. Ja hi ha Forn, Romeva, Millo, Turull, i Junqueras està a punt d'arribar. El conseller de Salut, Antoni Comín, és a Prada, a la Universitat Catalana d'Estiu.

«Hauries de sortir ja!» li diuen des d'Interior.

El president Puigdemont no ha parat de fer trucades i de rebre'n durant tot el trajecte. Acaba de parlar amb el vicepresident Junqueras, que no en sabia res. Estava passejant amb la família i no se n'havia assabentat. Puigdemont l'hi explica i li diu que té intenció de convocar una reunió d'urgència. A Junqueras li sembla bé.

A la sortida de Cadaqués en direcció a Figueres, rep la trucada del president Mariano Rajoy. Moncloa ha trucat a Palau i des d'allà li han desviat la trucada al cotxe.

—Oye, ¿qué sabemos? —li pregunta Rajoy.

Puigdemont li explica tot el que sap. S'hi està uns minuts.

—Lo primero y más importante —li diu Rajoy— es que tú no digas nada hasta que esté confirmado. Porque lo último que se puede hacer en estos casos es el ridículo, créeme. Te lo digo por experiencia. Primero que la policía haga lo que tenga que hacer, y, cuando esté confirmado, bien confirmado, hablas tú. Pero no te precipites, que no se puede hacer el ridículo, en estos casos, porque no hay nada peor que tú digas una cosa y luego la policía otra...

En fa una interpretació ràpida: «El que vol és controlar ell el relat».

—Pero es que hablamos de unos cuantos muertos, y algo vamos a decir —replica.

—Oye, yo creo que es mejor que no digas nada, de verdad...

A aquesta hora l'alcaldessa Colau ja és a mig camí, i Comín també és a la carretera.

Al cap de protocol del Palau de la Generalitat, Carles Fabró, l'atemptat l'ha enxampat de vacances a Estònia. Al cap de premsa del president, Pere Martí, a Menorca. Puigdemont truca a Rius: «Estic baixant de Cadaqués i arribaré d'aquí a poca estona. Hauríem d'organitzar urgentment una reunió de govern».

Poc abans de les sis de la tarda, el president ja és a la seu d'Interior. Fa una primera reunió amb el conseller Forn, que li parla de set o vuit morts. La sala de crisi del Departament d'Interior és un batibull.

El delegat del govern espanyol, Enric Millo, l'informa que la vicepresidenta Soraya Sáenz de Santamaría arribarà a Barcelona cap a quarts de dotze de la nit.

A les 18.51 els Mossos confirmen que es tracta d'un atemptat terrorista.

Després d'una primera reunió amb representants de totes les administracions, el president busca el cap de la seva oficina, Josep Rius, i li diu: «Hem de sortir d'aquí i fer ràpidament una reunió de govern, a Palau. Amb els consellers i l'alcaldessa Colau. I prou. Ningú més. Si la reunió la fem aquí, a Interior, serà molt complicat fer fora els qui no hi han de ser. Per això cal fer-la a Palau».

Al cap d'una estona, més tranquil, el president explicarà el perquè de la seva decisió: «És que l'Enric Millo se'ns enganxava tota l'estona. Si intentava parlar amb en Forn a soles, ell allà. Si intentava parlar amb qui fos, ell allà. En Forn fa una primera roda de premsa improvisada, i en Millo se li posa al costat tota l'estona».

Per això, diu, i perquè és a Palau on toca reunir-se.

A quarts de vuit entra a Palau. En una taula llarga, presidida per Puigdemont i Colau, s'asseuran els consellers del govern més afectats per la crisi: Junqueras, Forn, Comín, Romeva, Mundó, Turull.

Hi ha també [redacted]

Abans, però, rep un SMS del delegat del govern espanyol, Enric Millo, demanant-li si es poden trucar. Abans d'entrar a la reunió, Puigdemont li truca. Millo l'informa que Soraya Sáenz arribarà una hora abans del que li havia dit, a quarts d'onze, i que ve també el president del govern espanyol.

—Em sembla molt bé: si hi ha en Rajoy, et proposo que vingui directament a Palau, on estarem reunits; ell i jo podríem fer una primera reunió a soles.

—Ostres, és que arribarà molt tard... i molt just per anar a una reunió que hem convocat a la Delegació del Govern espanyol a Catalunya —replica Millo.

—Doncs que vingui quan acabeu la reunió —li diu el president.

—És que serà molt tard i ja haurà de marxar...

—¿I no hi serà demà, al minut de silenci que acabem de convocar?

Fa un moment ha acordat amb l'alcaldessa Colau que convocaran un minut de silenci. Puigdemont té molt clar que la convocatòria l'han de fer el govern català i l'Ajuntament de Barcelona. «Era important prendre la iniciativa», m'explicarà després. Segons ell, va haver-hi certa vacil·lació per part de l'alcaldessa, que en un primer moment volia que el govern espanyol també fos un dels convocants.

—Rajoy no serà al minut de silenci. Hi haurà la vicepresidenta —li aclareix Millo.

—Crec que és un greu error que no hi sigui —hi insisteix—. Crec que seria més normal que es quedés a dormir a Barcelona i que demà vingués al minut de silenci. I si és així, ens podríem reunir tots dos demà al matí.

Finalment, Rajoy dormirà a Barcelona, però al cap de poques hores hi haurà un nou atemptat a Cambrils que obligarà el president i el seu equip a refer l'agenda de l'endemà. Al matí Puigdemont se n'anirà a visitar alguns dels ferits, i, després del minut de silenci, marxarà cap a Cambrils. De fet, la reunió amb Rajoy no s'arriba a programar mai.

Sigui com vulgui, després de parlar amb Enric Millo puja les escales gòtiques de Palau per anar cap a la reunió extraordinària de govern. A la seu d'Interior, mentrestant, hi ha reunits tots els cossos i forces de seguretat presents a Catalunya: a part d'una nodrida representació dels Mossos, hi ha també representants dels altres cossos policials, que depenen del govern de Madrid.

Però just quan està a punt d'entrar-hi veu que el seu cap d'oficina li fa gestos des de lluny i discretament, sense que ho vegi ningú, li ensenya unes sabates i uns mitjons. El president abandona un moment la comitiva sense dir res i segueix Rius a un despatx.

¿Què ha passat? Doncs que Puigdemont ha arribat a Interior directament des de Cadaqués, encara amb roba informal d'estiu. Comptava canviar-se a Palau, on sempre hi té americanes i camises, d'aquí a una estona. S'ha canviat i s'ha posat un vestit.

—T'has de canviar les sabates, també; no pots anar amb vestit i corbata i amb aquestes sabates blaves d'estiu —li ha fet notar Rius fa una estona.

Però el president no té cap parell de sabates de recanvi, a Palau. Amb l'estiu pel mig s'ho va endur tot a Girona. A Palau només li quedaven les americanes.

—Comptava portar-ho tot cap aquí d'aquí a uns dies.

Així doncs, fa una estona que Rius ha engegat l'«operació sabates».

—¿Quin número fas? —li ha preguntat.

—Un 44/45.

A Interior, Rius i els responsables de protocol busquen entre els més discrets algú que calci un 44, però no hi ha hagut sort: dels que li podrien deixar les sabates, cap ni un. L'encarregat de buscar una solució serà Ramon Pujol, adjunt al gabinet de relacions institucionals.

«Has d'aconseguir uns mitjons i unes sabates negres del 44», li han dit.

Les sabates sortiran de la sabateria Obach. És a prop de Palau. Tot i que quan hi ha anat l'establiment era tancat, l'hi han obert i l'han atès.

—Té, emprova-te-les —li diu Rius.

—Estan molt bé. Són unes George's, de Mallorca. ¿Quant han costat? Deuen ser cares, ¿no? —pregunta quan veu que a l'etiqueta hi diu *handmade*.

—No ho sabem, encara, però la qüestió és que ja les tens —respon Rius.

—Sí, sí. Però passeu-me la factura —insisteix.

—I els mitjons, ¿no els vols? —li pregunta Rius.

—No. N'he trobat uns aquí a Palau. Són d'hivern, però ja em van bé.

—Passaràs calor.

—M'és igual.

Així doncs, no arriba a posar-se els que li ha portat Ramon Pujol.

Com que insistirà a demanar-la, al cap d'uns quants dies li arribarà la factura («Les hauré de portar uns quants anys, per amortitzar-les», dirà irònicament al seu equip quan repassin l'anècdota uns dies més tard).

D'aquí a uns dies s'assabentarà que la mare de l'actual propietària de la sabateria Obach era d'Amer: «La meva mare era la Consuelo, la cuinera de tota la vida de la Fonda d'Amer», explica la mestressa a Ramon Pujol quan hi va a buscar la factura i a tornar els mitjons.

Canviat i amb sabates noves, Puigdemont entra a la sala i presideix la reunió d'urgència del govern.

A les nou del vespre, un cop acabada la reunió, compareix a Palau acompanyat del vicepresident Junqueras i de l'alcaldessa Ada Colau. A aquesta hora ja s'ha confirmat que el balanç de víctimes és de tretze persones mortes i gairebé un centenar de ferides. El president no pot evitar pensar en l'accident de Freginals i en els pares de les noies mortes. Demà vol visitar les víctimes ingressades als hospitals.

«Una minoria no acabarà amb la nostra manera de fer, perquè a Catalunya som gent de pau i acollida», diu en la seva compareixença. Ja fa estona que sap que els Mossos han establert una connexió no només entre els atemptats de Barcelona i Cambrils, sinó també amb l'explosió que es va produir ahir en una casa d'una urbanització d'Alcanar. Però això no es farà públic fins l'endemà, quan el major Trapero comparegui en roda de premsa i sorprengui tothom amb aquesta informació.

El mòbil del president treu fum. No para de rebre trucades i whatsapps. De tant en tant hi dona un cop d'ull, però no té temps de mirar-se'ls tots. En respon algun amb un monosíl·lab o amb un «gràcies», però es dedica sobretot a atendre les trucades que li permeten estar informat de tot el que passa.

A Josep Rius li passa el mateix amb els missatges de suport i de condol. En rep molts. La gent que no té el mòbil del president envia el missatge al seu cap d'oficina. «Consternados por la salvaje agresión contra Catalunya i la ciudadanía de Barcelona. Te ruego traslades al MHP nuestra solidaridad más absoluta y nuestras condolencias a las víctimas. El miedo no puede ganar. Sempre amb Catalunya, i avui més que mai. Arnaldo Otegi, coordinador general de EH Bildu», diu un dels vuitanta-tres missatges que rebrà al llarg del dia.

Quatre dies més tard, el president respondrà personalment amb una carta tots els missatges que anaven dirigits a ell, i Rius farà el mateix amb els que ha rebut ell.

Després de parlar una estona amb la seva dona, sopa a Canonges —avui es quedarà a dormir a Barcelona— amb Josep Rius i Laura Morgades, adjunta al cap de premsa del president. Aquests dies la comunicació de Palau recaurà en Rius i Morgades.

Rius ha rebut una trucada en relació amb la visita del president espanyol, per proposar-li que Puigdemont anés a rebre'l a la sala d'autoritats de l'aeroport. Després de consultar-ho amb el president, però, els ha respost que era impossible: «Anem molt atabalats, nosaltres, i em sembla que no cal. Està molt bé que vingui el president, però, si vol que ens veiem, que vingui ell a Palau, tal com els ha proposat el president Puigdemont, que serà allà treballant i esperant-lo», els ha deixat anar.

—¿En què estàs pensant? —li pregunta Rius en veure'l abatut i absort en els seus pensaments.

—Penso que tot va molt de pressa, i que l'atemptat ens marcarà l'agenda dels propers dies.

—Però feies cara d'estar lluny d'aquí... en un altre món... —insisteix Rius.

—No ho sé. Estic pensant en les casualitats. Fa quatre dies, el ministre Margallo deia allò que «de un atentado se sale, pero de la independencia no», i ara tenim un atemptat. Estic pensant què no sabrem mai realment què passava amb aquest imam de Ripoll, que em diuen que és el cervell de tot plegat, i estic pensant també en la insistència de Xavier García Albiol —fa uns dies el líder del PP li va demanar per carta una reunió per parlar de la situació política, però el president encara no li ha respost—, perquè ens veiéssim abans del dia 16, que era ahir. És molt estrany, tot plegat. No vull ser malpensat, però... Si, com sembla, la policia espanyola li havia fet seguiments, a aquest imam, ¿com és que han pogut comprar impunement tantes bombones de butà? ¿Com és que no ens avisen? ¿Com és que no van avisar els Mossos que li seguien el rastre? ¿I ara què faran? —afegeix després d'una pausa—: ¿declararan el nivell 5 i desplegaran l'exèrcit a Catalunya?

Quan s'adona que si continua encadenant pensaments d'aquesta mena podria arribar a una conclusió espantosa, decideix no anar més enllà. Ha estat només una idea...

Són dos quarts de dotze. Rius i Morgades s'acomiaden del president a Palau per anar-se'n cadascú a casa seva.

Sol, segueix la compareixença que fa el president Rajoy des de la delegació del govern espanyol a Barcelona. Hi ha Rajoy, Soraya Sáenz, el ministre Zoido i els responsables dels diferents cossos policials. Ho fa dues hores després que ho hagin fet el president, el vicepresident Junqueras i l'alcaldessa Colau a Palau, sense la presència d'Enric Millo ni de cap representant del govern espanyol.

Rajoy parla de l'atemptat dient que «als terroristes se'ls venç amb unitat institucional, cooperació política, suport internacional i acords entre partits polítics». Explica que a hores d'ara les víctimes són la prioritat del seu govern i aclareix que ha parlat en diferents ocasions amb el president Puigdemont. Rajoy anuncia que ha decretat tres dies de dol oficial.

Mentrestant, el president català continua rebent trucades i missatges.

Pràcticament a la una de la matinada, li truca el rei Felip per interessar-se per la situació.

—Te quería llamar antes, pero no lo podía hacer hasta que no compareciera el presidente del gobierno

En una conversa que durarà pocs minuts, el rei li trasllada el condol, tot el seu suport i el de la Casa Reial, i li demana quines novetats hi ha.

Puigdemont el posa al corrent.

—Muchos ánimos —li insisteix el monarca, que abans de penjar encara li tornarà a repetir un altre cop que el retard en la trucada no ha estat per voluntat seva—: No te podía llamar antes porque estaba esperando que compareciera Rajoy.

Li sembla estrany: «Quan hi va haver l'accident de Freginals em va trucar molt abans que en Rajoy», es diu. «Potser sí, que davant d'un atemptat ha volgut ser més prudent. O potser és que ha rebut instruccions de la Moncloa de no dir res fins que parlés en Rajoy.»

En el moment de l'accident de Freginals, Puigdemont va fer un tuit agraint el suport del rei fins i tot abans que li truqués el president Rajoy.

Just quan Rius i Morgades arriben dalt de tot de la Rambla, els sona el mòbil pràcticament alhora. Els Mossos acaben d'abatre cinc terroristes que pretenien atemptar al passeig de Cambrils. Un agent que hi havia en un control ha disparat i ha abatut quatre dels cinc terroristes. El cinquè ha estat abatut pocs minuts després per un altre agent quan la policia l'ha localitzat des de l'helicòpter que sobrevolava la zona.

Abans, però, els terroristes han tingut temps d'atropellar amb el seu cotxe unes quants persones que es trobaven al passeig marítim de Cambrils, i a aquesta hora ja es parla de set ferits, dos d'ells molt greus.

«Treballem amb la hipòtesi que els fets de Cambrils responen a un atac terrorista. Hem abatut els presumptes autors», diu una piulada dels Mossos a les 2.09 de la matinada.

És a la Casa dels Canonges. Sol. No dorm. Es passarà una bona estona parlant per telèfon amb el conseller Forn, que li explica com ha anat l'atemptat i la resposta dels Mossos. S'imagina les víctimes, els seus familiars. No pot evitar veure la seva família: «Quina calamitat...».

No s'adormirà fins passades les quatre de la matinada. S'ha posat el despertador a les set, perquè a dos quarts de nou ha de ser als estudis de RAC1, i mitja hora més tard a Catalunya Ràdio, per parlar del que ha passat avui.

Haurà dormit tres hores. I malament.

Divendres, 18 d'agost

«Cap d'aquests atemptats acabarà amb el nostre model de vida», ha repetit aquest matí a les entrevistes a RAC1 i a Catalunya Ràdio.

S'ha llevat molt cansat i preocupat pels esdeveniments (el país viu pendent d'un terrorista fugit de l'atemptat de Barcelona). Ha felicitat els Mossos i els serveis d'emergències per la reacció d'ahir.

«Cap d'aquests atemptats ens desdirà dels nostres compromisos de ser una societat tolerant, oberta i d'acollida», ha insistit.

Aquest migdia hi ha convocat un minut de silenci a la plaça Catalunya de Barcelona. Abans d'anar-hi, però, vol visitar les víctimes dels atemptats hospitalitzades en diferents centres sanitaris de la capital catalana. L'oficina del president de la Generalitat ha fet públic a primera hora que a les deu del matí el president visitarà els ferits de l'atemptat que es troben ingressats a l'Hospital de Sant Pau i a l'Hospital del Mar. A l'anunci, s'hi han afegit la ministra de Sanitat, Serveis Socials i Igualtat, Dolors Montserrat, i, òbviament, el conseller de Salut, Antoni Comín.

El president és rebut per la direcció de l'Hospital de Sant Pau i fa una visita privada a unes quantes víctimes. L'impressiona sobretot un turista holandès, d'uns quaranta anys, que durant la conversa no pot contenir el plor:

—Si tanco els ulls encara sento aquells crits al meu voltant i veig una desena de persones mortes al meu costat... —li explica—. No puc... no puc... —diu fent esforços per parlar—. És que només sento els crits de la gent, els sento aquí dins, tota l'estona... —fa assenyalant-se el cap.

Ha tingut sort: passejava per la Rambla amb la seva família i són tots vius. Excepte ell, tots han rebut l'alta mèdica.

—¿L'han tractat bé? ¿Necessita alguna cosa?

—Un deu. M'han tractat molt bé.

—Estigui tranquil. Està en bones mans. Els qui l'atenen són els millors professionals.

L'holandès torna a plorar. No es pot aguantar. Puigdemont es queda al seu costat, en silenci.

—¿Sap què li dic? —li explica el turista—. Que tenen una ciutat molt bonica, que maca que és aquesta ciutat, i que maca que és la gent...

Ja fora de l'habitació el president comenta:

—No han passat ni vint-i-quatre hores i aquest turista em parla de la ciutat tan bonica que tenim. Acaba de rebre un impacte brutal d'aquesta ciutat, i el que fa és dir paraules d'amor cap a Barcelona —diu commogut.

Visita també uns joves alemanys, adolescents, que passaven uns dies de vacances a Roses i s'havien desplaçat a Barcelona. Eren cinc. Tres estan hospitalitzats, tot i que no es tem per la seva vida. Però tenen dues companyes en estat crític. Una d'elles, ho sabran d'aquí a uns quants dies, no se'n sortirà. No recorden pràcticament res. Tot d'una van sentir un soroll i el record següent ja és a l'hospital.

Surt tocat, de Sant Pau. Hi ha estat una hora i no ha fet cap declaració. No li ha agradat que a la visita hi hagués tanta comitiva. Ell hi volia anar sol. Volia que el president del país fos el primer de visitar les víctimes i que no hi hagués d'anar en comitiva. Ara, a més a més, se'ls ha afegit el vicepresident Oriol Junqueras, que els ha fet saber que també els vol acompanyar a l'Hospital del Mar.

Puja al cotxe. Són a l'Hospital de Sant Pau, al carrer Sant Quintí 89, de Barcelona, a tocar del parc i de la ronda del Guinardó. Ha d'anar fins a l'Hospital del Mar, al passeig Marítim.

«Hauríem d'anar-hi sols», diu al cap de la seva oficina, Josep Rius, que l'acompanya durant la visita.

Rius ha enviat un whatsapp al cap de comunicació del vicepresident, Sergi Sol, que acompanya Junqueras, amb un text molt explícit: «Sergi, el president hi vol anar sol, sense comitiva, a la visita de l'Hospital del Mar. Vol ser discret». Oriol Junqueras canviarà de plans a mig camí i se n'anirà a la Vall d'Hebron. Per la seva banda, els Mossos hauran de deixar enrere la comitiva de la ministra.

—Hauríem de deixar enrere la resta de la comitiva. El president vol arribar primer i sol —explica Josep Rius als Mossos tan bon punt entra al cotxe.

—Si cal, ¿ens passem els semàfors en vermell i posem sirena? —li pregunten.

—Sí.

Ha arribat un quart d'hora llarg abans que la ministra. L'equip mèdic i el director de l'hospital l'esperen a la porta. Farà tota la visita sol. La ministra farà un recorregut diferent pel mateix hospital.

El president visita una desena d'ingressats. Hi ha adolescents, gent d'aquí i molts estrangers.

—Jo em trobo bé, però no sé on és la meva mare —li diu una senyora que està ingressada.

Va sortir amb la seva mare del mercat de la Boqueria, van travessar fins al mig de la Rambla i de seguida van ser envestides.

—Miri si és casualitat —li diu—, que al sortir de la Boqueria vam veure molts policies a la Rambla i vam comentar: «¿Veus que estem segures, amb tanta policia?». I tot va ser travessar i rebre l'impacte: ens vam girar perquè vam sentir molt soroll, i vaig veure com una dependenta d'una floristeria de la Rambla estava donant el canvi a una senyora i la furgoneta s'enduia la dona. La dependenta es va quedar amb el canvi a la mà i la turista va desaparèixer rebotada per la furgoneta. No vam tenir temps de reaccionar; se'ns en va endur també a nosaltres. Però ara no trobo la meva mare; no sé a quin hospital està —li repeteix.

La seva mare és una de les víctimes mortals de l'atemptat. Puigdemont ho ha sabut abans d'entrar a l'habitació, però li han demanat que no en digués res perquè encara estan pendents de confirmar-ho definitivament amb les anàlisis d'ADN i no voldrien cometre cap error. Al cap de poques hores l'hi confirmaran.

Entre una visita i una altra, rep un nou whatsapp d'Enric Millo: «Truca'm quan puguis», li diu. Li truca des d'un passadís de l'hospital.

—Escolta'm, president. El president Rajoy és a Barcelona rebent trucades de diferents caps d'estat i de govern per mostrar-li la seva solidaritat: ja que és aquí, ¿què et sembla si abans del minut de silenci us veieu una estona aquí, a la delegació del govern espanyol?

—Sincerament, ara estic visitant diferents hospitals. Acabo d'arribar a l'Hospital del Mar i d'aquí ja sortiré just per arribar al minut de silenci —li diu—. Però, escolta'm, Enric, jo he convocat un gabinet de crisi al Palau de la Generalitat just després del minut de silenci. ¿Què et sembla si ve ell a Palau i presideix el gabinet de crisi?

—L'hi preguntaré. Però si ell no pot venir, vindrà la vicepresidenta, la Soraya —respon Millo.

—No, no. Per presidir la reunió del gabinet de crisi, o ho fa Rajoy o ho faré jo. I a mi em sembla que hauria de ser Rajoy. Perquè estaria bé que donéssim una imatge d'unitat, de coordinació.

—Te'n dic alguna cosa —replica Enric Millo.

El delegat del govern no li torna a trucar fins al cap d'una bona estona:

—Mariano Rajoy accepta presidir la reunió del gabinet de crisi, però proposa que no se celebri al Palau de la Generalitat, sinó a la seu d'Interior.

El president volia que es fes a Palau —«En territori català», diu ell—, però accepta la petició perquè continua sent en territori de la Generalitat. Són tres quarts de dotze i surt ràpidament per anar cap al minut de silenci que es fa a les dotze del migdia a la plaça Catalunya de Barcelona.

A la plaça Catalunya es convoca una gran manifestació. Se senten crits dient «No tinc por».

Quan més tard pugen al cotxe, li diu a Rius: «Hem de fer que aquest "No tinc por" sigui el *leitmotiv* de tot plegat. Si no ens espavilem, ens imposaran algun lema a l'estil d'"Unidad contra el terrorismo"». Al cap de res, tots els càrrecs del govern, del PDeCAT, d'ERC i de l'Ajuntament de Barcelona l'utilitzen repetidament.

L'endemà, uns quants diaris internacionals obren la portada amb la imatge del minut de silenci i el titular «No tinc por». En català.

L'assistència de Rajoy al gabinet de crisi s'acabarà de tancar a la mateixa plaça Catalunya, al final del minut de silenci.

«Sí, sí, ahora iré», li ha dit Rajoy.

El rei, abans de marxar de la plaça Catalunya, es dirigeix a tots dos presidents i, mirant-los, els diu: «Bueno, así que vosotros ahora os veis. Está bien.»

Ell se'n sorprèn, perquè la reunió l'acaben de tancar fa res i el rei ja n'està al corrent. L'hi deu haver explicat Rajoy. «També podria ser», es diu, «que el rei mateix li hagi dit que faci el favor d'acceptar la reunió i de mostrar-se al costat de la Generalitat».

A la seu d'Interior hi és tothom. Tots els cossos policials presents a Catalunya, els presidents i vicepresidents dels dos governs, una nodrida representació dels consellers —els afectats més directament per la crisi—, el ministre Zoido, el delegat Enric Millo i d'altres.

Li ha cedit la presidència de la reunió a Rajoy. És realment productiva. S'informa de l'estat real de la situació, de tot el que s'està investigant, dels controls que s'estan fent, de les sospites que hi ha obertes... Es comparteix tota la informació possible. El major Trapero parla durant més de vint minuts explicant la situació al detall. Els representants de la Policia Nacional i de la Guàrdia Civil també parlen. Dos o tres minuts cadascú perquè poca cosa més tenen a dir. Només aclareixen que s'han ocupat de les fronteres. No hi ha cap comentari fora de lloc, cap malfiança, res.

El sorprendrà, però, que Rajoy torni a dir, ara davant de tothom, el mateix que li va dir a ell en privat:

—No se puede hacer el ridículo. Los datos hay que decir siempre que los da la policía —diu a tots els presents—. Cuando yo era ministro del Interior —afegeix sense cap complex—, a mí la policía me pasaba un papel y yo leía aquel papel. No decía nada que no fuera lo del papel, porque puedes dar un dato, que si no es cierto, puede ser un lío.

Això del «papel» ho recalcarà encara unes quantes vegades.

Un cop acabada la reunió han de decidir, esclar, qui compareix. Puigdemont s'avança:

—¿Qué te parece, presidente, si comparecemos los dos? —li pregunta.

—Por mí, encantado. ¿Pero para decir qué?

—Hombre, para decir que la reunión ha ido bien, para dar imagen de unidad. Los periodistas estarán esperando y nos preguntarán cómo ha ido. Algo hay que decir. No hay que dar ningún dato, pero si comparecemos por separado va a ser peor.

—¿Y en qué orden? —li pregunta Rajoy—. ¿Qué hay, dos atriles, uno para cada uno?

—No. Aquí solo tenemos uno.

—Bueno. Pues ya hablaré yo primero y después hablas tú —respon Rajoy, que un cop dit això es treu un paperet amb unes quantes notes que ha pres durant la reunió i se'n va cap a Soraya i les hi ensenya, com buscant la seva aprovació sobre el que ha de dir.

«Té molt poca capacitat de lideratge. Primer no vol venir a Palau; després ve a la reunió a Interior i ens torna a dir que millor no dir res, i ara em diu que parli jo després d'ell, que és un reconeixement d'autoritat, perquè sempre tanca el que mana.»

A la roda de premsa tot surt bé. El missatge és d'unitat. Li sembla veure Rajoy molt satisfet, i Soraya Sáenz i Zoido, molt nerviosos.

«A mi em sembla que ha anat bé. I crec que Rajoy ha acceptat la invitació de presidir la reunió vist el ridícul que va fer ahir a la nit, arribant moltes hores després de l'atemptat i fent una roda de premsa pràcticament a mitjanit.»

Són dos quarts de tres. El president dina a la Casa dels Canonges amb Rius i Morgades. És un dinar ràpid, perquè se'n van cap a Cambrils a visitar el lloc dels fets i alguns dels ferits hospitalitzats.

Sortir de Barcelona continua sent, l'endemà de l'atemptat, tot un viacrucis. Hi ha nombrosos controls policials i cues quilomètriques. La comitiva presidencial, però, juga amb avantatge: abans de sortir de Palau, han preguntat als Mossos on hi ha controls, quines carreteres han d'evitar i quines són les vies alternatives menys transitades. Trigaran més del que és habitual per arribar a Cambrils, però hi seran a l'hora. En alguns trams, el cotxe de seguiment se'ls ha posat al davant i ha encès els llums i les sirenes per obrir-los pas.

A les cinc de la tarda, l'hora convinguda, ja és a Cambrils.

Van a la comissaria on hi ha els dos agents que van abatre els quatre terroristes de Cambrils. «A Barcelona ens van intentar fer agenollar, i els vàrem vèncer a Cambrils gràcies a vosaltres», els diu en un discurs improvisat que no es publicarà a la premsa, abans de sortir cap a l'Hospital Joan XXIII de Tarragona.

Cap a les deu de la nit, el president surt cap a Girona. Hi arribarà a mitjanit. Destrossat. Físicament i emocionalment. Però, just quan s'asseu al sofà, rep un missatge del líder del PSC: «Et puc trucar?».

—Hola —li diu Iceta—. És que estic llegint unes declaracions teves on es diu que penses continuar endavant amb el full de ruta malgrat l'atemptat i estic preocupat.

—¿On ho has llegit?

—Al diari *El País*.

—Perdona, Miquel, però jo no comento segons quines informacions; no comento periodisme escombraria; no comento res que sigui claveguera pura.

Està molest per les informacions del diari *El País* d'aquests dies, que insinuen que si el govern no estigués tan dedicat al full de ruta potser s'hauria pogut evitar alguna cosa: «Els atemptats haurien de servir per fer tornar a la realitat les forces polítiques catalanes que han fet de la quimera secessionista la sola i única activitat de l'agenda política catalana», deia avui l'editorial d'aquest diari, que afegia: «És hora d'acabar amb aquest sense sentit democràtic, amb la violació flagrant de les lleis, els jocs d'enganys, els tacticismes i els oportunismes polítics».

—Ja... però és que a mi em semblaria molt fort que continuessis endavant amb el full de ruta amb aquesta situació...

—És que per a mi ara la prioritat són les víctimes. Ara hem d'estar pel que hem d'estar. I, després, evidentment que continuarem. Però ara hem d'estar per les víctimes —li repeteix.

Iceta hi està d'acord, però sosté que potser és el moment d'aturar el full de ruta.

—Ara nosaltres farem una proposta..., potser és el moment —l'avisa.

—¿Una proposta? ¿Però en quina direcció?

—La farà Pedro Sánchez, i potser serà una oportunitat per parlar i veure cap a on anem.

Entén que el que li està oferint el líder del PSC és l'oportunitat d'establir un diàleg amb el PSOE que li serveixi d'excusa per aturar el full de ruta aprofitant també que el país està en xoc pels atemptats.

La conversa no s'allarga gaire. Un cop Iceta li ha transmès el missatge i Puigdemont li ha respost clarament, sense embuts, no hi ha res més a afegir.

Diumenge, 20 d'agost

El cardenal i arquebisbe de Barcelona, Juan José Omella, ha oficiat aquest matí una missa d'homenatge a les víctimes dels atemptats. Hi ha un reguitzell d'autoritats, entre elles l'alcaldessa Ada Colau i les alcaldesses de Madrid i Cambrils, Manuela Carmena i Camí Mendoza.

Als bancs d'un dels costats de l'altar hi ha els reis d'Espanya, el president Mariano Rajoy, el president de Portugal, Marcelo Revelo de Sousa (una de les víctimes mortals i un dels ferits són portuguesos), i el seu primer ministre, António Costa. A les primeres files de la nau de la Basílica hi ha la resta de personalitats, entre elles la presidenta del Congrés, Ana Pastor; la vicepresidenta del govern, Soraya Sáenz de Santamaría, i la ministra de Sanitat, Dolors Montserrat. I al seu costat, el president Puigdemont, el vicepresident Junqueras, el conseller Forn i el delegat del govern espanyol, Enric Millo.

Segueix l'homilia indignat. El bisbe Omella, que ha parlat pràcticament tota l'estona en castellà, ha saludat públicament totes les autoritats i s'ha referit a ell com a «presidente de la autonomía». Quan ha lloat la feina dels cossos i forces de seguretat, ha parlat de la «policía de la autonomía».

«S'ha passat —es diu—. No pot ser que ens tracti així.»

Tot i el posat impassible, el president treu foc pels queixals. Aguantarà tota la cerimònia amb serenor, però, en acabat, en el moment d'acomiadar-se, no pot evitar deixar-li anar: «¿Com se t'ha ocorregut tractar-nos en aquest to?».

Omella obre la boca per respondre, però el president ja és fora.

Quan ja està a punt de pujar al cotxe se li apropa el líder del PP, Xavier García Albiol, i li diu: «Bé, president... ¿Vols dir que ara no seria un bon moment per deixar-ho estar? ¿No seria un bon moment per parlar?».

Li deixa anar un «ja en parlarem, ja en parlarem» i se n'acomiada. Tot i que el líder del PP hi insistirà, però, no en parlaran. Albiol ho provarà també amb Turull.

«A ell no li va dir que ho aturéssim —m'explicarà després el president—. Li va dir que ho ajornéssim uns mesos. Definitivament, es pensen que estem buscant una sortida. Potser el que haurien de fer és buscar-la ells.»

En sortir de la Sagrada Família, el major Trapero l'ha posat al corrent de les novetats de la investigació. Es continua buscant el que sembla el conductor de la furgoneta que va envestir la gent que passejava per la Rambla, i que ja tenen identificat. Es tracta de Younes Abouyaaqoub. Sembla que, a banda de conduir la furgoneta, Abouyaaqoub seria també l'assassí de Pau Pérez, un jove a qui va apunyalar per robar-li el Ford Focus que estava aparcant a prop de la zona universitària.

Amb Trapero se'n van cap a la roda de premsa que han convocat per atendre els nombrosos mitjans de comunicació internacionals, que volen tenir més informació.

[redacted]

Al vespre rebrà un missatge de l'arquebisbe disculpant-se: «Ho sento, potser ha estat un error. N'hauríem de parlar».

Dilluns, 21 d'agost

Ha dinat a Palau amb Víctor Cullell, Jordi Turull, Elsa Artadi i Josep Rius. Comenten l'actualitat. A les cinc de la tarda té una entrevista en directe a la CNN, i a dos quarts de sis, amb el corresponsal de *The Washington Post*.

Els responsables de premsa ja tenen tot el muntatge de la CNN preparat a la sala gòtica de Palau, però el president s'està endarrerint.

Fa pocs minuts ha rebut una trucada del conseller Forn per avisar-lo d'uns fets que s'estan produint en aquests moments: sembla que l'home més buscat pels Mossos, Younes Abouyaaqoub, ha estat vist per una zona pròxima a Sant Sadurní d'Anoia.

Impacient per saber com se succeiran els esdeveniments, prefereix seguir-ho en directe, i als responsables de premsa de Palau no els queda altre remei que demanar paciència als periodistes de la CNN.

Mitja hora més tard, quan s'impacienten, és ell qui surt per explicar-los el que està passant: «Sembla que el principal sospitós de ser el conductor de la furgoneta de l'atemptat ha estat localitzat. ¿Fins a quina hora podeu aguantar la connexió en directe?».

Fins als volts de les set.

L'entrevista la fan pràcticament a les set en punt, un cop ja s'ha confirmat que els Mossos han abatut el sospitós. El premi a la paciència de la CNN i de *The Washington Post* és que seran els primers mitjans internacionals d'entrevistar el president després que la policia catalana hagi donat per desarticulada tota la cèl·lula terrorista.

«Ha estat molt bé, perquè dos mitjans internacionals i potents com aquests han pogut seguir en directe tot el que estava passant, han vist com ens coordinàvem i han vist l'efectivitat dels Mossos i ho han pogut explicar en la seva entrevista», comentarà després el president, fent-ne balanç.

Puigdemont n'ha estat informat immediatament, malgrat que la confirmació oficial tardarà encara una estona llarga, perquè els Mossos han desplaçat a la zona un equip dels Tedax per si el cordó d'explosius fos autèntic i hi hagués algun perill.

I és mentre espera la confirmació definitiva que li truca Mariano Rajoy.

«¿Sabes qué hay de esto, que parece que el terrorista ha sido abatido?»

El president li explica que sembla que és així, però que estan esperant la confirmació oficial. Primer s'hi han de poder apropar i prendre-li les empremtes.

—Bueno, pues no digáis nada hasta que esté confirmado, porque esto es muy delicado. No digas nada hasta que esté confirmado, oye, porque yo aquí tengo a los míos que... Bueno... tampoco sé muy bien quiénes son los míos... Pero yo les voy a decir que se estén calladitos un rato, hasta que se confirme. Tú llámame al móvil cuando sepas algo. Pero a mí —li recalca—, directamente al móvil que te di.

«Això deu ser revelador de la situació en què es troba», es diu Puigdemont.

Al president l'informen que, definitivament, els explosius que portava Abouyaaqoub són falsos. Ja l'han pogut girar (havia caigut de bocaterrosa) i l'han reconegut per la cara. Només els falta el reconeixement de les empremtes dactilars.

Demana a la seva secretària, Anna Gutiérrez, que truqui a la Moncloa i demani pel president Rajoy, que hi vol parlar.

—Gracias por avisar —diu Rajoy després de saber les novetats—. Pero, oye, de momento no digáis nada, hasta que esté confirmado. Y otra cosa... llámame directamente al móvil, a mí directamente.

Cinc minuts més tard, quan li asseguren que les empremtes són d'Abouyaaqoub, li torna a trucar. Aquest cop al mòbil.

—Presidente, tenemos la confirmación definitiva, al cien por cien.

—Mira, ahora mismo tengo una llamada del CNI, que supongo que debe de ser para decirme esto —li respon el president espanyol—: ¿Y ahora qué haréis?

—Lo primero que he hecho es llamarte a ti; ahora voy a informar a mi equipo y vamos a decidir qué política de comunicación seguimos.

Intueix que, ara que s'ha confirmat al cent per cent que Abouyaaqoub ha estat abatut, serà el govern espanyol qui en voldrà informar públicament. Per això el sorprèn tant la resposta de Rajoy:

—Oye, dilo tú... Sí, sí... dilo tú. Y yo les diré a los míos que estén calladitos. Oye, gracias y felicidades.

«No va lluitar per la pilota. No em va dir que parlés amb en Millo per veure com ho fèiem, ni que m'esperés, que ho volia consultar o s'ho volia pensar... Em va dir directament "dilo tú, dilo tú".»

Per moltes voltes que hi dona, no ho acaba d'entendre:

«No ho sé, hi ha alguna cosa que se'ns escapa. Potser no vol que la Soraya li dicti què ha de fer. Potser volia enviar un missatge indirecte de reconeixement cap a mi o als Mossos. No ho sé».

Fa la roda de premsa, en català, castellà, anglès i francès, i explica que ell mateix ha informat Rajoy que Abouyaaqoub ha estat abatut.

Tot just acabar la compareixença, envia un SMS al president Rajoy, que encara és a Barcelona, a punt de tornar-se'n cap a Madrid: li agraeix que hagi estat aquí en un dia que no ha estat fàcil, i li desitja un bon retorn a Madrid.

La resposta de Rajoy tarda una estona a arribar: «Gracias, president. Yo estoy muy tranquilo. Ahora en lo que hay que pensar es en el futuro».

Avui encara hauria d'anar al Mas Ventós de Palau-Sator, on celebra, com cada any, el tradicional suquet que organitza Pere Portabella. [redacted]

Hi arriba cansat, perquè fa molts dies que dorm poc i malament.

Amb tot, és conscient que, malgrat la desgràcia, la policia catalana ha sabut respondre i estar a l'altura. «L'Estat ha perdut molts llençols, en aquesta bugada. Molts, n'ha perdut, perquè la gent ha vist el que volia dir la independència. Vol dir això: una policia democràtica, que informa al minut, que està al servei del ciutadà; una policia que no és la de les clavegueres i la del terror, ni la del dictat polític. Tenim una policia que no fa passar vergonya.»

Però també fa un vaticini que es complirà al cap de pocs dies: «Ara, ja ho veureu, ens intentaran restar mèrits, i ves a saber què s'inventaran per desacreditar la policia. Però ¿sabeu què passarà? Que no els farà efecte. Han dit tantes coses, ens han tirat tanta porqueria a sobre, que ara ja poden dir el que vulguin, perquè molta gent ja ha desconnectat. Ells han desconnectat de la realitat catalana i els catalans han desconnectat d'ells. Ens han insultat, ens han dit nazis i ens han dit de tot; abans t'indignaves, però ara ja no fa cap efecte».

En poc temps esclatarà una polèmica arran d'una informació publicada a *El Periódico*, segons la qual els Mossos havien estat alertats per la CIA de l'atemptat de la Rambla i no en van fer cas.

El suquet de Portabella és un sopar informal, en què han separat les parelles i les han repartit en diferents taules. Al costat de Puigdemont, s'hi asseu la dona de Xavier Domènech, amb qui xerrarà durant una bona estona.

El sopar és relaxat, i abans i després d'asseure's a taula els convidats han tingut temps de fer-la petar ara amb l'un ara amb l'altre. Les converses giren al voltant de dos temes, majoritàriament, els atemptats i el full de ruta, fins que els dos temes, invariablement, conflueixen en una pregunta: ¿alteraran els atemptats el full de ruta?

«És evident que no. Si els atemptats de l'11-M no van fer ajornar unes eleccions, ¿per què ara hauríem d'ajornar un referèndum anunciat? —argumenta—. Ajornar-lo seria donar la raó als terroristes, perquè el que pretenen és alterar la nostra normalitat.»

El líder del PSOE, Pedro Sánchez, és un dels que li ha fet la pregunta de manera directa. En aquest cas no ha estat en una conversa a peu dret, amb anades i vingudes d'altres convidats: s'han tancat en una sala de Mas Ventós per parlar-ne més tranquil·lament. I no només això. Se citaran per al divendres d'aquesta mateixa setmana, el dia 25, a Palau, en una reunió que no transcendirà a la premsa.

El sopar a Palau-Sator acaba passada la mitjanit. Puigdemont està esgotat. La seva dona i ell enfilen cap a Sant Julià de Ramis amb el cotxe oficial. Durant el trajecte repassa mentalment el que vindrà a partir d'ara: «Al ple del dia 6 de setembre es dispararà tot, perquè allà aprovarem la Llei del referèndum, el govern es reunirà d'urgència al mateix Parlament i signarem tots plegats la convocatòria de l'1-O. Com que serà tard i el TC no haurà pogut suspendre la llei, els decrets del referèndum seran ben legals; podrem encarrilar legalment tota la feina que estem fent. Es posaran com una moto: el govern espanyol, el TC... Veurem què passa. A veure si surt el rei a la tele com el seu pare amb el cop d'estat, dient allò de "la unidad de España"».

Divendres, 25 d'agost

Avui es reuneix amb Pedro Sánchez. Serà una segona part, molt més llarga, de la conversa que van tenir a Mas Ventós.

La conversa sempre dona voltes a la mateixa qüestió: com resoldre la situació. A preguntes de Sánchez, es manté ferm en la necessitat que qualsevol acord sigui finalment aprovat pels catalans en un referèndum: Sánchez té clar que el referèndum del dia 1 se celebrarà, i el que ell vol és que el dia 2 hi hagi una comissió al Congrés dels Diputats per estudiar la situació.

«M'ha assegurat que sí, que controla el seu partit i que si hi ha una discussió sobre la plurinacionalitat d'Espanya, aquesta batalla la té guanyada. Tot i això, al partit hi té una crosta que ha durat trenta anys i que li costa de treure. Però sosté que ell connecta amb les noves generacions, que treballa amb la possibilitat de fer un govern amb Podemos i que la cosa està molt avançada. "El govern del PP ja està acabat, arriba al seu final", m'ha dit.»

Però encara queden tres anys de legislatura, i no veu clara la proposta que li ha deixat anar el cap de l'oposició del govern espanyol: crear una comissió al Congrés per debatre la qüestió.

—La Constitución es irreformable —replica a Sánchez—. Porque necesitas un pacto de estado con el PP, y lo más centrado del PP ahora ya lo ocupa Ciudadanos, que tampoco lo quieren.

—Pero algo habrá que hacer, ¿no? —li diu el líder socialista—. Yo tengo claro que Cataluña es una nación y que tiene que ser reconocida como nación.

—Sí, pero llegáis quince años tarde, y los cálculos para hacerlo, además, son erróneos.

—El problema han sido los seis años de mayoría absoluta del PP.

—No. Ha habido muchas otras cosas —li insisteix. «No veu el que ha fet el PSOE i culpabilitza el PP de tot, i no és així», pensa.

—Cuando hemos gobernado las izquierdas siempre nos hemos entendido con el nacionalismo catalán. El problema ha sido el PP, la mayoría absoluta del PP —li reitera Sánchez, que li repeteix una vegada més que, quan hagin arribat a un acord amb Podemos per fer fora el PP, el problema es podrà resoldre.

—Llegáis tarde —li torna a dir el president—. Imagínate que el 2 de octubre se ha hecho el referéndum y ha ganado el sí. ¿Cómo quieres que nos sentemos en una comisión a estudiar cómo reformamos la Constitución? ¿No lo veis, que llegáis tarde?

Però Sánchez continua assegurant que encara hi seran a temps.

—El 2 de octubre nosotros ya no estaremos a tiempo —repeteix Puigdemont. Tanmateix li obre una possible via—: Si vosotros anunciaseis una moción de censura en España y una propuesta para Cataluña, quizá esto nos permitiría a nosotros una maniobra...

—No, no. Eso no —l'interromp Sánchez—. La moción de censura no está madura aún; no la podemos anunciar. Tenemos que esperar a que se acerque el final de la legislatura.

Els dos líders polítics donen per fet que a Catalunya se celebrarà l'1-O, i parlen sobre com reaccionarà el govern del PP. El president està convençut que el govern Rajoy anirà a totes i que intentarà impedir-ho com sigui, però Sánchez li dona a entendre que troba pitjor que l'Estat intenti aturar el referèndum que no pas que el deixi fer, com va passar el 9-N.

—¿Cómo pueden evitar que hagáis el referéndum? —li pregunta Sánchez.

—Solo se puede evitar negociando una fecha y una pregunta.

Dissabte, 26 d'agost

Si ahir el Parlament de Catalunya va celebrar un ple extraordinari com a mostra de rebuig als atemptats de Barcelona i Cambrils, avui són el govern de la Generalitat i l'Ajuntament de Barcelona els qui convoquen a la capital catalana una manifestació unitària contra el terrorisme. La convocatòria unilateral ha molestat el govern espanyol; així l'hi ha expressat Enric Millo: «És una deslleialtat, havíem d'anar junts», li va dir ahir el delegat del govern espanyol. «No passa res, Enric, hem donat per entès que si la convocava la Generalitat ja hi estàveu representats», li ha respost. «I, evidentment, hi sereu benvinguts.»

En realitat, el govern català va precipitar la convocatòria quan va saber que el govern espanyol estava estudiant convocar directament i sense consultar-los una manifestació. «Ho hem decidit a correcuita, per evitar que l'Estat ho monopolitzi.» Tots dos equips, el de Palau (liderat per Josep Rius) i el de l'Ajuntament (que lidera el cap de gabinet de Colau, Manu Simarro) s'han posat d'acord i ho han anunciat.

Sigui com vulgui, hi haurà una gran representació de tot l'Estat, no només del govern central, sinó també dels governs de totes les comunitats autònomes.

La concentració, sota el lema «No tinc por», ha començat als Jardinets de Gràcia a les sis de la tarda i acabarà a la plaça Catalunya.

La xiulada que han d'aguantar el rei Felip VI i el president Rajoy en arribar és impressionant. Hi ha crits en contra del tràfic d'armes i en contra de les complicitats bel·licistes del govern espanyol. També se sent algun crit d'independència.

Hi ha pancartes on es llegeix «Fora el Borbó» o amb retrets pels vincles comercials de la monarquia espanyola amb l'Aràbia Saudita, que es considera font de finançament principal del terrorisme gihadista: «Les vostres polítiques, els nostres morts», diuen algunes. I no hi falten, esclar, un munt d'estelades.

Era previsible. De fet, el rei ja n'estava avisat. Ahir, quan des la Casa Reial van trucar al president per confirmar que el rei seria a la manifestació —«Li truquem per fer-li saber que d'aquí a quaranta minuts farem públic que el rei serà a Barcelona demà», li van dir—, Puigdemont en va voler parlar amb Ada Colau. «Estic preocupada», li va confessar l'alcaldessa. «Fins i tot he trucat a la Casa Reial per fer-los saber que no era una bona idea. Però se m'han tret de sobre molt amablement.»

La xiulada comença així que el rei i Rajoy baixen del cotxe oficial i s'allargarà una bona estona. Puigdemont els té al costat. En les imatges que retransmeten les televisions, en algun moment es veu clarament com conversen. ¿Què es diuen? ¿Parlen dels crits? ¿De la situació política?

«No. Res de res, no ens diem. Tenim converses banals, sobre el temps i la gentada que hi ha: "Oye, cuánta gente, ¿eh? Uf, qué calor...". Són converses d'aquest tipus. En cap moment parlem de la situació política.

»Jo no vaig gosar mirar-los a la cara en cap moment, mentre se sentia la xiulada, perquè no es pensessin que estava gaudint del moment, i com que estava convençut que les televisions estarien buscant qualsevol gest meu, em vaig quedar rígid i seriós. Ara, que els que varen quedar retratats van ser els d'en Pablo Iglesias. Cap dels seus va xiular ni protestar. Aixecaves el cap i veies tios peluts de la CUP xiulant, i iaies i jubilats cridant, i els de Podemos, els revolucionaris, quiets.»

Continua aguantant estoicament l'esbroncada, com si no la sentís. Rajoy i el rei fan igual, com si sentissin ploure.

«El rei és un professional d'aguantar aquestes coses. Aguantarà això i el que calgui, perquè ell sap que el pitjor que li pot passar no és això; el pitjor que li pot passar és que el fotin fora quan proclamem la república», es diu Puigdemont.

No parlarà amb el rei ni amb Rajoy de la situació política en cap moment. Amb qui sí que en parlarà, però, és amb la presidenta del govern balear i el president del govern del País Valencià, que també són a Barcelona. Els explica, molt per sobre, el que ha de passar els propers dies. El president de Castilla-La Mancha, Emiliano García-Page, del PSCM-PSOE, el saluda efusivament, cosa que provoca la perplexitat d'alguns presidents autonòmics. I és que es coneixen tots dos de fa temps, de quan l'un era alcalde de Girona i l'altre de Toledo i coincidien a les reunions de ciutats amb calls jueus. «Ens les teníem, però sempre amablement.»

La manifestació ha aplegat mig milió de persones.

«Han vist quina era la realitat —diu en acabat—. Aquí la gent té una altra manera de pensar; està en contra de segons quins negocis. I han vist, esclar, un munt de gent cridant independència i lluint estelades.»

I això que les formacions polítiques unionistes s'han passat el dia intentant que la imatge no fos aquesta. A la plaça Catalunya, militants del PP i de C's repartien banderes espanyoles. La majoria de la gent, però, les rebutjava. A les xarxes socials s'han fet virals algunes gravacions on es veuen imatges de persones oferint banderes d'Espanya i gent rebutjant-les amablement o replicant que ja porten l'estelada.

Torna cap a casa pensant en la setmana vinent.

«Amb la captura del darrer terrorista fugat i amb la manifestació d'avui, és com si tanquéssim un capítol. I ara hem d'obrir el de la setmana vinent, que és quan comença tot.»

La setmana que ve el ple del Parlament ha d'aprovar la Llei del referèndum, ha de convocar formalment l'1-O, ha d'aprovar la Llei de transitorietat, i ha de començar a engegar tota la campanya electoral.

«Soc incapaç de calcular la resposta de l'Estat; però serà molt gran, molt.

»Em fa respecte. Me'n fa des del dia 10 de gener, quan em van investir president. Ni un sol dia, ha deixat de fer-me'n. Molt de respecte, em fa. Però és un tràngol que hem de passar. I tinc ganes que arribi d'una vegada, a veure si entrem en una etapa constructiva.

»Ves a saber què faran. Potser tindrem algun problema molt greu, i potser hi haurà algun conflicte de veritat, alguna cosa molt seriosa en algun moment puntual. Però haurem parit la criatura —diu, fent una metàfora—, haurem trencat aigües i haurem parit la criatura. I si la mare es mor en el part, doncs malaventurat, què hi farem. Però d'aquí n'ha de sortir alguna cosa nova, per nassos. Si hi ha gent, si la gent es mobilitza, defensarà el resultat.

»Si hi ha un empat tècnic, Espanya s'asseurà a negociar. S'asseurà a negociar com sortim de l'atzucac. Si surt el sí, en canvi, és quan no voldran negociar. No oferiran res. Perquè saben que amb el sí no ho podran parar, i que serem independents per més coses que ells creguin o que facin.»

Ha estat un dia llarg.

El president ha aprofitat la jornada per parlar amb tothom, per copsar la situació. I ha parlat, durant una estona, amb el lehendakari Urkullu, amb qui no s'havia vist des del 19 de juny passat, en els actes de commemoració de l'atemptat d'Hipercor.

Aquell dia Urkullu es va oferir a ajudar a desencallar la situació. I avui, en pocs minuts, ha posat Puigdemont al corrent de les gestions que ha fet. Li ha explicat que el mateix dia 19 de juny, de tornada cap al País Basc des de Barcelona, va coincidir a la sala d'autoritats de l'aeroport del Prat amb la vicepresidenta Soraya Sáenz de Santamaría, a qui li va comentar la trobada que havia tingut amb Puigdemont i li va demanar que l'ajudés a concertar una reunió amb el president Rajoy per parlar amb calma de la situació. La trobada amb Rajoy —li ha explicat Urkullu— va ser just un mes després, el 19 de juliol. I l'endemà, 20 de juliol, el lehendakari es va reunir amb Pedro Sánchez per abordar també la situació.

Dimarts, 5 de setembre

Són les deu del matí i està reunit a Palau amb els consellers.

Repassen els preparatius de l'1-O. I repassen també les declaracions del president del Tribunal Suprem i del Consell General del Poder Judicial, Carlos Lesmes, durant l'acte d'inauguració de l'any judicial que s'ha fet avui a Madrid i que ha presidit Felip VI. «Les voluntats unilaterals són inacceptables i violenten la mateixa democràcia», ha dit Lesmes durant la seva intervenció. El fiscal general de l'Estat, José Manuel Maza, que l'ha precedit, ha advertit: «Davant l'abús dels que se situen fora de la llei, no hi tenen cabuda vacillacions de cap mena».

«És una vergonya, el que estan fent —s'exclama—. Han fet un salt qualitatiu en l'estratègia de la por contra el referèndum. Però no l'aturaran. Estan fent una causa general, però no els sortirà bé. Si som deu, els que estem encausats, tenim les de perdre; però si som cinc-cents o mil, potser ens en sortirem; perquè serà un desbordament, un desbordament democràtic absolut.»

A la vigília de la convocatòria del referèndum, no veu cap més opció que aquesta:

«No voldran diàleg, i només ens en sortirem si som forts internament, si aguantem i els desbordem; perquè estem xocant amb l'Estat Em fa molt respecte, molt. Però hem vingut a fer això».

Dimecres, 6 de setembre

«Acabo de signar, amb tot el govern, la convocatòria del referèndum d'autodeterminació de Catalunya. Per la llibertat i la democràcia!»

Amb aquest missatge, escrit en un tuit publicat just després de la signatura del decret del referèndum d'autodeterminació de l'1 d'octubre, el president de la Generalitat, Carles Puigdemont, culmina la jornada històrica i maratoniana que s'ha viscut avui al Parlament. És pràcticament mitjanit, i Puigdemont i els consellers del seu govern acaben de signar col·legiadament el decret de l'1-O, que suposa un desafiament sense precedents a la unitat d'Espanya i a la Constitució espanyola.

Ha estat una jornada maratoniana, plena d'interrupcions i de filibusterisme parlamentari. El ple, que ha començat a les nou del matí i que no s'acabarà fins passada la mitjanit, ha estat gairebé més estona interromput que reunit, perquè l'oposició ha apel·lat constantment al reglament per demanar informes jurídics i reunions de la mesa i de la junta de portaveus.

Ell s'ha mantingut inalterable durant tot el debat.

«L'estratègia de l'oposició, ja ho teníem clar, ha estat armar-la, intentar ridiculitzar-nos dient que nosaltres no érem demòcrates. S'han agafat al reglament per allargar i allargar la sessió parlamentària, perquè no podien fer res més. Ha estat patètic.

»No han posat cap argument sobre la taula. Només que ells són demòcrates i nosaltres no. Qualsevol que no hi entengués res i que els hagués escoltat avui cridant "Democràcia, democràcia!" hauria dit que eren ells, els que no podien fer el referèndum.»

Quinze hores després d'iniciar-se la sessió, i amb el ple encara en marxa, el govern està reunit de manera extraordinària a la seu del Parlament. Han triat la sala 4, per fer-ho, i no és cap casualitat: és la sala on es reunia l'executiu català a l'època de la República.

Ara, reunits a la sala 4 del Parlament, els consellers estan relaxats. Relaxats i seriosos. Les cares són de convicció, de determinació. No es parla gaire. La tensió que hi ha a l'ambient és palpable. Els periodistes són a fora, esperant, per fer la foto del president i el vicepresident signant la convocatòria de l'1-O. Hi ha nervis. Les televisions estan fent emissió en directe i fan temps comentant la jornada, mentre als diaris, que han d'entregar el pdf a les rotatives a mitjanit, la pressió és màxima. Però els consellers es fan esperar.

Entre els periodistes corre la hipòtesi que estan esperant el conseller Rull perquè no pot abandonar el ple, que encara no ha acabat, per una votació que afecta el seu departament. És veritat només en part. El conseller Rull és a la sala; no cal que entri a l'hemicicle per votar fins més tard. El govern, en realitat, està esperant el vicepresident Junqueras.

«¿On és en Junqueras?», demana un conseller.

No ho sap ningú. No apareix fins al cap de deu minuts.

Finalment, el govern al complet signa col·legiadament la convocatòria del referèndum de l'1-O. Són dos quarts i cinc de dotze del dimarts 6 de setembre del 2017.

Quan el president Artur Mas va signar solemnement el decret de convocatòria del 9-N, ho va fer amb una ploma estilogràfica que a hores d'ara és al Museu d'Història. Era una ploma Inoxcrom, de color negre, amb l'escut de la Generalitat i un ribet platejat. El president Puigdemont ha signat aquesta nit el decret de convocatòria de l'1-O amb un bolígraf de propaganda de l'ONCE amb una inscripció que diu «el día de la ilusión». El vicepresident Junqueras, per la seva banda, ho ha fet amb un bolígraf Bic de color blau dels de tota la vida.

És evident que l'1-O no té res a veure amb el 9-N. Tothom és conscient de les conseqüències que se'n poden derivar.

«Ho hem fet. Mariano Rajoy va dient que no hi haurà referèndum, però n'hi haurà. Avui, veient que l'hem convocat, no dormirà tranquil.

»La imatge que s'ha donat avui d'aquest ple ha estat lamentable; no m'ha agradat. Però això és el que ells volien aconseguir; la seva estratègia era posar totes les traves possibles i armar el Cristo més gran possible.»

El ple, certament, s'ha hagut d'interrompre moltes vegades. A les reunions de la mesa, d'altra banda, l'oposició ha posat la presidenta Carme Forcadell contra les cordes en diverses ocasions. Se l'ha vist nerviosa.

«És que li han dit de tot, i a les reunions a porta tancada han intentat desestabilitzar-la. Ha fet el que havia de fer, tot i que se l'ha vist molt nerviosa. Ha estat un error que J×Sí no hagi dit a les reunions de la mesa que s'estava faltant al respecte a la presidenta.»

De les intervencions que s'han produït al llarg del dia, n'hi han quedat uns quants flaixos. Inés Arrimadas, la cap de l'oposició i líder de Ciutadans, ha insistit en més d'una ocasió en les discrepàncies que segons ella hi ha al PDeCAT: «Hi ha molta gent entre vostès que no hi estan d'acord, amb el que estan fent», ha dit en la seva intervenció.

«Està obsessionada, aquesta dona, amb aquest tema —diu—. No tenen vergonya. Es posen a interpretar el que nosaltres pensem i es queden tan amples. ¿Què vol dir, l'Arrimadas, quan diu que "la mayoría de ustedes cree que"? ¿Què vol dir? ¿Com ho demostra, això? I, si jo dic que "la mayoría de Ciudadanos no está de acuerdo con su política", ¿com ho demostro?»

Joan Coscubiela ha fet una intervenció molt dura contra el procés. Tan dura, que en algun moment ha aixecat els aplaudiments de diputats del PP i de C's i ha provocat, esclar, la indignació entre alguns dels seus.

«El que ha fet en Coscubiela no té nom. Que hagi estat tan incoherent amb la seva trajectòria i amb les seves bases em fa sospitar de tot. Veure com l'aplaudeixen els de C's i els del PP, i com els seus es queden muts, és molt gros. Tots han estat molt histriònics, avui. L'Albiol, l'Arrimadas, l'Iceta... tots.»

Al president li quedarà una espina clavada, de la sessió d'avui: el comunicat del Consell de Garanties Estatutàries, que a mitja tarda s'ha reunit per sorpresa i ha dictaminat que el Parlament hauria d'haver admès la petició de dictàmens que han demanat el PSC i Ciutadans.

«Això ha estat una punyalada per l'esquena. No tenien cap obligació de reunir-se, ni cap obligació de fer cap dictamen, i s'han reunit sense que els ho hagi demanat la mesa del Parlament. S'han reunit a la nostra esquena, pressionats suposo pel president, en Joan Egea, que és un home d'en Duran i Lleida. S'ho podrien haver estalviat, i més tenint en compte que no tenien cap obligació de pronunciar-se i que els seus informes són consultius i prou.»

Encara els queden un parell d'hores per enllestir el ple. Demà tornarà a ser un dia igualment dur (s'ha d'aprovar la Llei de transitorietat).

«Ha estat complicat, però ja està. Ja hem convocat l'1-O. Ara totes les altres coses passen a un segon terme. Ara, velocitat de creuer i cap al referèndum. Cada dia que passi, ara serà una victòria. Perquè arribar al dia 1-O serà molt complicat. O guanyem o guanyem. No tenim alternativa. I ens hi juguem la pell.»

Dijous, 7 de setembre

Aquesta nit ha dormit poc, tot i que estava esgotat. Aquests dies es queda a la Casa dels Canonges, però continua trobant-s'hi incòmode, i la tensió acumulada tampoc hi ajuda gaire. Anit va arribar a Canonges passades les dues de la matinada.

«Vaig pujar les escales que ja m'estava descordant la corbata per ficar-me al llit. Aquests dies m'adormo de seguida, perquè estic cansat; però a les cinc ja tornava a estar despert. Estic cansat i m'adormo, però després el cap no em para —repeteix—. El cap aguanta, però el cos no. ¿No podrien anar al mateix pas, el cap i el cos? ¿No es podrien sincronitzar perquè pugui descansar cap i cos al mateix temps? —es pregunta en veu alta.»

Per adormir-se, continua amb l'estratègia d'escoltar *podcasts* amb biografies. Aquests dies escolta la biografia de sant Ignasi de Loiola, un *podcast* de prop de quatre hores. Sant Ignasi va ser el fundador de la Companyia de Jesús.

«Aquestes biografies tenen l'interès just per escoltar-les una estona sense que el cap se te'n vagi pel seu compte a pensar en altres coses. Això m'ajuda a desconnectar del dia a dia i al final m'adormo.»

Ho ha fet, com sempre, amb els auriculars connectats. Quan s'ha despertat, poc més de tres hores després, el *podcast* continuava relatant la vida del sant.

El ple del Parlament, avui, l'endemà de la convocatòria de l'1-O, torna a ser convuls. El grup parlamentari de J×Sí, emparant-se de nou en el punt 81.3 del reglament de la cambra, ha tornat a demanar que s'alteri l'ordre del dia per poder votar la Llei de transitorietat jurídica, la llei que ha de garantir que en el període de transició cap a la República hi ha totes les garanties legals.

«Aprovar una llei que ha d'entrar en vigor en funció d'un resultat que no sabem és una mica estrany. Seria més lògic fer pública la llei, perquè la gent la conegués, i aprovar-la l'endemà de l'1-O si surt el sí. Però no me n'he sortit.

»A les reunions internes d'aquests darrers dies jo vaig ser ben clar, dient que preferia que no es votés avui. Però no hi va haver manera. Quan l'hi vaig plantejar a en Junqueras va fer el de sempre, dir-me que hi havia arguments a favor i arguments en contra. Però no es va definir. Carai, ¿i tu què opines? Però no. No diu res. Fins que li pregunto obertament en plena reunió: "¿Tu què en penses?". I va i s'arronsa d'espatlles.»

Avui ha tornat a intentar frenar-ho. Fins i tot dirigint-se a la CUP. «Nois, això és un error greu, greu de veritat», els ha dit. Però no hi estan d'acord.

Divendres, 8 de setembre

Avui ha rebut una delegació de diputats del MERCOSUR, el Mercat Comú del Sud, l'associació que busca oportunitats comercials i inversions, i que agrupa representants de Brasil, Paraguai, Veneçuela, Bolívia, Argentina i Uruguai.

La conversa és cordial. Els diputats s'estan uns dies per Catalunya i s'interessen pel procés. Admeten que en tenien poca informació, i que la poca que en tenien, ara que són aquí, s'adonen que era distorsionada. Evidentment, fins ara només tenien la versió de l'Estat espanyol.

—Venint cap aquí hem agafat un taxi, i el taxista ens ha fet la mateixa argumentació que ens ha fet vostè, i això és molt diferent del que ens havia arribat per altres vies. Els veig molts segurs, a vostès —li diu un diputat brasiler.

—Sí. Ho estem.

La conversa durarà una bona estona. A banda d'explicar-los una vegada i una altra que el seu objectiu és un referèndum pactat amb l'Estat, el que retindrà d'aquesta trobada és sobretot una reflexió que li fa un diputat argentí quan ell li explica que es tracta d'una guerra molt desigual:

—El meu pare sempre em deia que, si t'has de barallar, ho has de fer amb algú molt més gran i fort que tu. Si perds, tothom ho entendrà; si la partida queda igualada, t'hauràs guanyat el respecte, i, si guanyes, seràs l'heroi.

«M'ha agradat, el que ha dit aquest diputat. I té raó. Tenim al davant un Estat espanyol molt poderós. Si perdem, sempre podrem argumentar que eren molt grans i que ells tenien aquí els seus aliats. I podran dir el que vulguin, però els votants de J×Sí hi continuaran sent. El que em preocupa, però, és aquesta ofensiva judicial.

»Em preocupa perquè és barra lliure. Arran de la investigació del jutjat número 13, poden fer de tot. Interrogatoris, registres, escoltes telefòniques... Poden fer de tot i ho faran. És un estat de setge encobert que forma part d'aquesta estratègia d'evitar el referèndum o que si s'arriba a celebrar, punxem. Volen que hi hagi un clima que la gent pensi "Ai, ai, ai! Millor que no t'hi emboliquis, en aquest referèndum".»

La maquinària judicial per intentar aturar el referèndum s'ha posat en marxa. La sala d'admissions del Tribunal Superior de Justícia de Catalunya, reunida d'urgència i de manera excepcional, ha admès a tràmit aquesta tarda dues querelles presentades ahir mateix per la Fiscalia: una contra la presidenta del Parlament, Carme Forcadell, i quatre membres de la mesa, i una altra contra el president de la Generalitat, Carles Puigdemont, i els tretze membres del seu govern (el vicepresident Junqueras i tots els consellers). Les querelles són per haver permès la votació de la Llei del referèndum (en el cas de la mesa), i per haver aprovat (en el cas del govern) la convocatòria de l'1-O. Se'ls acusa de desobediència al TC, prevaricació i malversació de fons públics, un delicte que comporta penes de presó.

N'ha signat la notificació de la querella aquesta tarda. Però ara, al vespre, és a Sant Joan Despí. Enceta la precampanya del referèndum amb un míting en aquesta ciutat, governada pel PSC: «Davant la cursa d'obstacles amb què ens trobarem, que sàpiguen que estem disposats a tot. Per cada por, deu esperances. A Catalunya ara tenim dos tipus de representants: els que us volen permetre votar, i els que no volen que voteu».

Ahir el govern català va enviar una carta a tots els ajuntaments catalans demanant-los que l'informessin de si estaven disposats a cedir locals electorals de cara a l'1-O. Molts, la gran majoria, més de sis-cents, ja estan contestant afirmativament, però el de Barcelona encara no s'hi ha pronunciat, i la majoria dels governats per alcaldes socialistes, tampoc.

«El que vol l'Ada Colau és guanyar temps. Hi tinc una reunió pendent, però ella em va donant allargues. En Xavier Domènech em va dir a mi personalment que, si un dia hi havia un referèndum, ells hi haurien de ser; però de moment es van escapolint —es lamenta—. Jo no sé si és que la Colau té molt bones relacions a Madrid, o si és que els seus assessors li han fet creure que fent aquest paper s'endú vots de tots costats, però la veritat és que en aquest moment sembla una alcaldessa del PSOE. No trobo cap diferència entre ella i la Núria Marín.»

El míting a Sant Joan Despí s'acaba aviat i el president enfila cap a Girona. S'ho ha pogut organitzar per ser a casa a l'hora de sopar. Avui la Marcela fa anys i ho celebraran anant a sopar a un restaurant de la ciutat.

Dimarts, 12 de setembre

És a la Casa dels Canonges, reunit amb el que ell anomena l'estat major. Ara ja no són aquelles reunions de mesos enrere, quan va intentar que J×Sí i la CUP fossin a la mateixa taula. Ni tampoc aquelles en què hi havia un nucli fix i, esporàdicament, alguns convidats. Cap de les experiències va sortit bé del tot, per les repetides filtracions a la premsa.

Ara ja fa dies que el nucli dur del procés el configuren sempre les mateixes persones. Tothom hi va sense mòbil. Han aconseguit que no es filtri res i, des de la convocatòria del referèndum, la setmana passada, han acordat reunir-se cada dia. [redacted]

Les reunions es fan habitualment a la Casa dels Canonges, però també se n'han fet al Palau de Pedralbes i en altres edificis del govern català. De moment han aconseguit que ningú en tingui constància, més enllà d'alguna informació esporàdica i desdibuixada.

[redacted]

La CUP no és a cap de les trobades.

«Ells estan en una posició molt còmoda: exigeixen molt, però no s'hi juguen res. No tenen cap querella cap imputació de res; és molt fàcil exigir coses, en aquesta posició.»

Amb tot, a banda de les relacions que J×Sí i la CUP puguin tenir habitualment i de les que hi pugui establir l'estat major, Puigdemont manté reunions periòdiques amb Quim Arrufat, de la CUP, amb qui es veu sovint a Palau per informar-lo dels preparatius.

«Crec que hem generat una confiança mútua molt important i que som lleials l'un amb l'altre. No distorsionem les informacions ni les utilitzem per a res que no sigui a fi de bé.»

Dimecres, 13 de setembre

Avui el Tribunal Constitucional, exercint per primer cop les seves noves potestats d'execució de sentències, ha reclamat també als membres de la Sindicatura Electoral (l'òrgan que supervisa el referèndum) que renunciïn al càrrec en quaranta-vuit hores. El fiscal general de l'Estat, José Manuel Maza, ha ordenat que se citin a declarar els més de set-cents alcaldes que han signat el decret de suport a l'1-O. I la Guàrdia Civil ha tancat el web del referèndum per ordre judicial. Immediatament se n'han obert de nous.

«No hi ha cap signe de distensió entre els governs. Al contrari. L'executiu espanyol ha optat per trencar tots els possibles ponts de diàleg.»

En posa un exemple: «Fa uns dies va venir el conseller Santi Vila a dir-me que el ministre Rafael Catalá li proposava una trobada per veure si podien obrir alguna via. Li vaig dir que sí, que ho provés, mirant que això no transcendís i que no se'ls veiés junts. Però avui m'ha vingut a explicar que Catalá li ha trucat per dir-li que ho deixéssim córrer, perquè ho ha comentat amb el president Rajoy i no ho veu bé. Catalá ha donat a Vila l'explicació del perquè: "Imagínate que transcendiera, y que mientras estamos enviando guardias civiles a Catalunya, se supiera que hay conversaciones... Los agentes se pensarían que los estamos enviando sin motivo, y eso los desmoralizaría". Aquest és l'argument pel qual Rajoy no vol aquesta entrevista. O, si més no, aquest és l'argument que Catalá posa en boca de Rajoy a l'hora d'anul·lar-li la trobada secreta prevista. No volen desmoralitzar la tropa —fa amb un somriure irònic—. Necessiten tenir-los amb "espíritu guerrero"».

«Penso que són molts menys agents dels que diuen, però és cert que en són molts, i que el que pretenen és que el referèndum ens surti un xurro, que fracassem. Pretenen que una part de la població s'espanti i no vagi a votar, i, si cal, acordonaran els llocs de votació.»

Per primer cop, treballa amb la hipòtesi que el boicot de l'Estat al referèndum de l'1-O sigui tan gran que no es pugui votar amb normalitat.

«Estan fent tot això, les querelles, les multes, les sancions i les amenaces, perquè no ens surti bé el dia 1. Però també perquè el dia 2 hi anem amb el cap baix.»

Dijous, 14 de setembre

Més de nou mil persones omplen avui la Tàrraco Arena Plaça en el primer míting de campanya del referèndum de l'1-O, i al carrer hi ha més d'un miler de persones que no han pogut accedir a l'interior.

L'acte que se celebra avui és, segons el govern espanyol i els tribunals, un acte il·legal. Durant tot el dia s'ha estat especulant amb la possibilitat que la Guàrdia Civil l'impedís.

«¿Heu vist quina gentada? Això vol dir que sortirà bé.»

Dissabte, 16 de setembre

Més de set-cents alcaldes d'arreu de Catalunya han fet públic avui el seu suport al referèndum aplegant-se a l'Ajuntament de Barcelona per travessar després la plaça Sant Jaume cap al Palau de la Generalitat.

Els alcaldes han estat rebuts per l'alcaldessa Ada Colau, que després no els ha acompanyat al Palau de la Generalitat.

«Aquest era el tracte. Jo li vaig demanar que rebés els alcaldes a l'Ajuntament, com va fer l'alcalde Trias amb el 9-N convocat per Artur Mas, i em va dir que sí, però que després no vindria a l'acte a Palau.»

Tot i que molts mitjans han destacat que l'alcaldessa Colau ha donat suport als alcaldes amenaçats per l'1-O, al cap de poques hores el president Rajoy posarà Colau com a exemple «del compliment de la llei».

«És una equilibrista», diu Puigdemont.

Està satisfet de l'acte.

«L'Estat no hauria de subestimar la força del poble de Catalunya.»

Puigdemont ha saludat pràcticament tots els alcaldes. Alguns s'hi han volgut fer una foto; molts li han volgut donar la seva opinió, i la majoria li ha volgut donar el seu suport personalment. Tot és a peu dret, a l'escala gòtica del Palau de la Generalitat.

L'acte acaba cap a les dues i el president aprofita per tornar a Girona per desconnectar unes hores de l'activitat política. Vol passejar una estona per la ciutat amb la dona i les filles i anar a sopar amb uns amics.

Mentre endreça el despatx per marxar, li arriba un sobre de l'expresident Jordi Pujol. A dins hi ha les fotocòpies d'un article que el diari *La Razón* va publicar fa sis dies —«Pujol: el exilio en Calabria, 255 del "padre de la patria"»—, on s'afirma que l'expresident viu el moviment independentista tancat al seu despatx del carrer Calàbria i que està «decebut» per l'entreguisme del seu partit a la CUP i a ERC.

Puigdemont el llegeix per sobre, aturant-se en algunes frases: «Fuentes de su familia y amigos cercanos», diuen referint-se a Pujol, «aseguran que está viendo "triste y decepcionado" el fracaso de lo que él construyó». Segons Pilar Ferrer, autora de l'article, l'entorn de l'expresident afirma que: «es muy crítico con Puigdemont, a quien acusa de dejar Convergència en manos de los radicales de la CUP y Esquerra Republicana». La periodista recorda l'època en què Pujol pactava amb Felipe González i José María Aznar, i sosté que els amics de l'expresident es mostren convençuts que no hauria arribat mai a fer el que està fent Puigdemont.

Tampoc se'n salva l'expresident Artur Mas: «En el entorno de Pujol son muy críticos con Mas, "un hombre de muy baja capacidad intelectual". Reconocen que se equivocó con su elección y algunos diputados de la antigua CiU advirtieron en su día a Rajoy: "Mas no tiene límites". Ahora se ha visto superado por Puigdemont. "Mas se tiró al monte y Puigdemont se bajó los pantalones ante la CUP", afirman.»

En el mateix sobre hi ha també una nota de Jordi Pujol:

> Benvolgut president,
>
> Ara que cada cop som més a prop de dies decisius, es fa més forta la pressió contra el nostre projecte de referèndum. I, entre altres coses, contra els capdavanters del moviment. Contra tu i en Mas (i naturalment en Junqueras, però això sol anar per un altre conducte). I ara *La Razón* —que des de fa molts anys sempre m'ataca i mira de desprestigiar-me— em vol presentar com un home de seny enfront dels forassenyats que sou tu i en Mas. Fa molt temps que no faig cas dels atacs o insinuacions d'aquesta mena. Però aquest cop potser publicaré unes ratlles en el meu blog. Tinc encara un parell de dies per decidir-me. Però, en tot cas, el que sí que vull fer és expressar-vos a tots dos la meva conformitat amb tot el que esteu fent.

L'expresident li adjunta també el text de l'aclariment que vol penjar al seu blog:

> Des del mes de juliol del 2014 m'he mantingut al marge tant de decisions polítiques relacionades amb el meu antic partit com del dia a dia de l'anomenat procés. Es diu en el reportatge que segueixo llegint i informant-me. És veritat. I no només sobre qüestions relacionades amb Catalunya o amb Espanya, sinó també a escala més general. Sobre la crisi europea, o sobre el fet universal de la immigració. Per exemple.
>
> També és cert que segueixo tenint confiança en les persones amb les quals durant molts anys vaig col·laborar d'una manera més propera. I que ara segueixen actives al servei del nostre país. En un moment realment transcendental. Em mereixen confiança. Tot això

en un marc públic i personal de discreció i de reserva quasi total. És el que em correspon. El que toca, com es deia.

Però això pot tenir l'inconvenient que uns o altres interpretin malament —per interès o per error— el meu silenci. Que m'atribueixin actituds o comentaris meus sobre idees i persones que no corresponen a la realitat. Darrerament sembla que algun sector de gent vulgui crear una certa confusió a base de suposades converses o suposades opinions meves.

El que jo penso i com hi he arribat, ho vaig deixar escrit fa cinc anys. A *El caminant davant del congost. El que penso i com hi he arribat al cap de seixanta anys de reflexió i d'acció*. Ara mateix ho visc des del silenci, però amb agraïment i comunió amb els que avui més ho viuen en el risc i la responsabilitat.

«No s'hi val, el que estan fent», pensa mentre va cap al cotxe, que ja l'espera per anar a Girona. «M'hi hauria de tornar a trobar, amb en Pujol.»

Quan ja és a la Rambla de la Llibertat, en ple centre de Girona, rep una trucada del líder de Podemos, Pablo Iglesias. El president, seguit sempre de prop pels seus escortes, s'aparta del grup i, sota els arcs dels edificis del lateral de la Rambla, atén la trucada.

—Estamos muy preocupados —li diu Iglesias—. Vemos que Rajoy ha entrado en una deriva de recorte de las libertades que me preocupa muchísimo.

Iglesias truca per explicar-li que, veient que finalment hi ha hagut un acord entre el govern català i l'alcaldessa Ada Colau per facilitar el referèndum, se li ha acudit organitzar una assemblea d'electes per instar els dos governs al diàleg.

—Se trataría de organizar un encuentro al que acudiera quien quisiera, entre los diputados, senadores y alcaldes de ciudades grandes, para pedir un referéndum acordado. Querríamos aprovechar para cargar contra la deriva autoritaria que está tomando el gobierno español, que limita nuestras libertades. ¿Cómo lo verías?

—Me parecería perfecto.

Intueix l'interès electoral que hi té Podemos, però ja li està bé: «És una jugada que a ell li interessa molt», pensa, «perquè en l'àmbit estatal Podemos li fum una plantofada al PSOE; el deixa als peus del PP; tot el que deia Pedro Sánchez d'independència seva dins del PSOE i d'anar contra el PP quedarà retratat que no és cert. Avui el PSOE de Sánchez tornaria a fer Rajoy president, com ho van fer els seus antecessors».

L'acte de Podemos portarà cua durant uns quants dies. Primer, perquè els prohibeixen celebrar-lo a Madrid. Finalment, se celebrarà el diumenge 24 de setembre a Saragossa.

Dimecres, 20 de setembre

El titular del jutjat número 13 de Barcelona, el magistrat Juan Antonio Ramírez Sunyer, ha ordenat avui un total de quaranta-un escorcolls (en despatxos oficials, privats i d'advocats, i en domicilis particulars). S'han produït quinze detencions, onze de les quals de càrrecs de govern, i quatre de persones relacionades amb empreses privades a qui s'acusa de tenir alguna cosa a veure amb els preparatius del referèndum. El secretari d'Hisenda, Lluís Salvadó, ha estat detingut al seu despatx oficial. A Josep Maria Jové, secretari general d'Economia, l'han detingut mentre conduïa anant cap a la feina. L'operació ha acabat amb un total de quinze detencions.

La macrooperació policial ha indignat molts ciutadans a Catalunya, que es comencen a concentrar davant la seu dels departaments on s'estan fent escorcolls i en especial davant del Departament d'Economia i Hisenda, a la Rambla de Catalunya de Barcelona amb Gran Via de les Corts Catalanes. A mitja tarda, ja hi ha més de vint-i-cinc-mil ciutadans concentrats en aquest punt.

Jordi Cuixart, president d'Òmnium, i Jordi Sànchez, president de l'ANC, s'han passat el dia fent crides a la mobilització, però insistint que ha de ser pacífica. A les onze de la nit, quan molts dels manifestants semblen disposats a fer nit i acampar davant la seu del departament, els dos presidents han fet una crida a desallotjar el lloc i a no provocar incidents.

«Això és un cop d'estat, un cop d'estat de l'Estat a Catalunya.»

«El govern espanyol ha ultrapassat la línia vermella que els separa dels règims autoritaris i repressius i s'ha convertit en una vergonya democràtica», diu en una compareixença pública: «El que està vivint Catalunya no ho viu cap estat de la Unió Europea». Es tracta d'un discurs llarg, institucional, amb tot el govern acompanyant-lo al darrere. «No acceptem un retorn a èpoques passades i no acceptarem que no ens permetin decidir les èpoques futures de llibertat i democràcia.»

«Això que ha passat avui és un punt d'inflexió; una vergonya —assegura més tard—, i està molt bé que la gent hagi respost com ha respost.»

El cert és que, a banda de la multitudinària manifestació de Barcelona, milers de ciutadans de Catalunya han sortit al carrer a les seves ciutats per protestar contra l'operació policial. Al vespre, a tot Catalunya se senten cassolades.

Les edicions digitals de la majoria dels mitjans de comunicació d'arreu del món s'han fet avui ressò en directe dels escorcolls de la Guàrdia Civil i de les manifestacions al carrer.

«Ens estan fent la feina d'internacionalització», comenta, amb una barreja d'indignació i ironia.

La concentració s'acaba poc després de la mitjanit. Ningú intueix encara ni remotament les conseqüències que el relat judicial d'aquest dia tindrà per al país i sobretot per als Jordis.

Dissabte, 23 de setembre

S'ha agafat un respir a mitja campanya. És a la llotja del Girona FC, recentment ascendit a primera divisió i que avui juga contra el Barça. El camp és ple de gom a gom, i, quan la megafonia anuncia la seva presència, el reben amb aplaudiments i crits d'independència.

Fa anys que segueix la trajectòria del Girona.

«Aquest partit no me'l podria perdre.»

El Girona acabarà perdent per 0-3, però a ningú se li escapa que en aquesta ocasió el resultat és el menys important.

«Veure el Barça jugant a Montilivi és història», diu somrient.

Tot i que són dies llargs i intensos, està relaxat. Ahir mateix, milers d'estudiants van sortir al carrer per reclamar la llibertat dels arrestats en l'operació de fa tres dies i trenta mil persones es van concentrar davant del TSJC.

«La gent respon», assegura.

Falta una setmana per acabar la campanya electoral i ha passat de tot: escorcolls de la Guàrdia Civil, detencions, segrest de revistes, advertiments a periodistes (el TSJC ha advertit els directors dels diaris que no poden publicar anuncis de la campanya de l'1-O) i, sobretot, protestes al carrer.

Mentrestant, el govern continua fent via amb els preparatius del referèndum. Ahir es va fer pública la llista de col·legis electorals. El mateix president va fer públic un web on consultar-la.

I ahir també, el Tribunal Constitucional va sancionar amb multes d'entre 6.000 i 12.000 euros diaris els membres de la Sindicatura Electoral de Catalunya.

Però avui toca futbol.

Segueix el partit des de la llotja i recorda quan anys enrere venia a l'estadi i eren poc més de dos mil o tres mil persones.

«És una alegria veure com avui tretze mil persones omplen el camp.»

Està satisfet. També perquè a un amic que l'acompanya li ha arribat un missatge del periodista Joaquim Maria Puyal, que és a l'altra punta del camp retransmetent el partit en directe.

«Si veus el president, digue-li una cosa ben simple: "L'anterior president, quan no sabia cap on anar, es girava i veia milions de ciutadans que li indicaven el camí; ara, quan milions de catalans no sabem cap on anar, miren endavant i et trobem a tu".»

S'ha emocionat.

Acaba de rebre un nou correu electrònic del lehendakari Urkullu:

Estimado President,
Te adjunto en varios mensajes numerados (que también he puesto en conocimiento de Marta Pascal). Uno enviado a ti anteayer y que quizás no recibiste (1), otro en tres partes enviado anteayer al Presidente Rajoy (2a; 2b; 2c)
y luego te relataré la conversación de ayer con el Presidente Rajoy (además de la comunicación permanente con el presidente de EAJ-PNV) y un comentario:
1. Estimado President! Soy Iñigo Urkullu, lehendakari. He hecho unas declaraciones ante lo que está sucediendo. Estoy sumamente preocupado. No sé en qué te puedo, os puedo, os podemos ayudar pero estoy a tu disposición para lo que estimes pertinente. Una abraçada!
2a. Con el debido respeto Presidente! Esto no debe ser —y ya está siendo— no debe seguir así. Permíteme recordar, entre las diversas conversaciones que hemos mantenido, una conversación telefónica que se produjo entre ambos, tras una carta que previamente te envié, el 30 de mayo de 2014. Era el año en el que posteriormente se celebraría el referéndum de Escocia y la Consulta de Catalunya. Te planteé la necesidad de abordar la realidad del modelo de Estado y su necesaria reformulación, la necesidad de profundizar en la cuestión catalana así como las circunstancias que se daban en Euskadi y la previsión de futuro y, ante todo ello, el planteamiento con el que yo venía procediendo. Tu respuesta fue: «¡Mientras vosotros aguantéis ahí!» a lo que dije que esa no era respuesta, que debías valorar si la situación no merecía un

encuentro para profundizar en la reflexión. Mantuvimos un encuentro (después del que sin respuesta para con las cuestiones de Euskadi yo ya dejara de llamar) en el que yo te formulé la posibilidad de un espacio de diálogo con líderes institucionales y líderes de formaciones políticas. Tengo también muy presente la respuesta.

2b. Esto no debe ser y seguir así. Creo, sinceramente, que es urgente reconocer la existencia de una cuestión política que ha de resolverse con espíritu de acuerdo y mediante el diálogo. No comparto nada de lo que se está haciendo y me preocupa la fractura social y el cuestionamiento de la capacitad política e institucional.

2c. La convivencia deseada requiere una acción urgente de política con altura de Estado (plurinacional). Reitero mi disposición para cuanto en ello pueda servir.

Rogaría que mis declaraciones hasta el 30 de agosto fueran analizadas en su integridad y literalidad por más que desde la «izquierda abertzale» y sus medios de comunicación prescriptores (también en Catalunya) pretendan desfigurarlas y contraponerme con Catalunya.

Ayer mantuve una conversación con el Presidente Rajoy profundizando en el mensaje que anteayer le envié y que te he adjuntado (2a, 2b, 2c). No voy a insistir, por ello, en todos los razonamientos y discrepancias en la gestión de la situación. Tan solo diré que la conclusión de sus comentarios es que el Gobierno español no dispone de interlocución con la Generalitat de Catalunya para, cuando menos, hablar y tratar sobre la situación. Me dio la impresión que tampoco la tienen contigo o con el PDeCAT. Esto es lo que te digo sin hacer juicio de valor si es creíble o no.

En cualquier caso, y con mis mejores deseos, sabéis que me tenéis a vuestra disposición.

Una abraçada!

Iñigo Urkullu, Lehendakari

Dimarts, 26 de setembre

Fa quatre dies que l'executiu espanyol va anunciar la intervenció dels comptes de la Generalitat, i avui han tractat aquesta qüestió a la reunió de govern habitual dels dimarts.

«La mesura que han pres és molt greu. Però ens ha costat molt convèncer en Junqueras que sortís ell a la roda de premsa posterior al govern per criticar-ho. Fins i tot la consellera Meritxell Borràs, veient que no ho volia fer, li ha hagut de dir: "Vicepresident, sembla que t'amaguis!".»

«És molt gros. Que els bancs paralitzin els nostres comptes sense cap ordre judicial és molt gros. Ho fan per ordre del govern de Madrid, i paralitzen els comptes del govern català com si fossin els comptes d'uns mafiosos, com si estiguéssim blanquejant diners. I tot això ho fan, a més, sense cap debat parlamentari, sense cap discussió, com si fossin a Veneçuela —es lamenta—. Tot un ministre de l'Interior munta una roda de premsa per ensenyar que han intervingut cent mil cartells, com si haguessin desarticulat un comando d'ETA o que haguessin trobat bombes. És lamentable. I és lamentable que ningú digui res, que la resta de les formacions polítiques li donin suport i que puguin actuar tan impunement. Estan tornant a allò de "antes una España roja que rota"; però ara diuen "antes una España facha que rota".»

Tot i la indignació, està serè.

«Jo aguantaré. El que em preocupa és la cohesió del govern i la família. La Marcela pateix, i és normal. A més, tot i que no ho diu, tothom li pregunta el mateix: ¿què li passarà al teu home? Li diuen això constantment, i li diuen que soc molt valent, que podria anar a presó, que vigili... I això, esclar, minaria qualsevol. Jo ja li dic que no pateixi, però és complicat. Jo ja li dic que si vaig a la presó no serà per sempre, que aguantarem, que no estarà sola. Però l'entenc. I si ella es desestabilitza, em desestabilitzo jo també —confessa—. Jo aguanto perquè és la funció que he de fer, és el que em toca fer. Però la meva família no té per què aguantar. Ells no tenen el paper que tinc jo, i que vaig assumir.»

Ahir, a casa dels seus pares, a la pastisseria d'Amer, van tenir un disgust.

«Van trucar a casa amenaçant-los, dient que matarien tots els Puigdemont..., i això, a casa és una trontollada. Altera, per més que ho hàgim denunciat i per més que jo els digui que no en facin cas. I ho fan perquè em desestabilitzi jo. Tothom, i no només a casa meva, pateix —diu després d'una pausa—. Arreu hi ha preocupació, d'això en soc conscient. Perquè estem en un punt que pot passar qualsevol cosa i la gravetat de la situació és palpable.»

Dimecres, 27 de setembre

No ho sap pràcticament ningú. Acaba d'enregistrar un missatge per si diumenge el detenen. Veu l'Estat capaç. I si això passa, vol adreçar un missatge als catalans.

Un càmera de màxima confiança l'ha enregistrat al seu despatx. Amb la qualitat suficient per ser difós no només per les xarxes socials sinó també per les televisions.

És conscient del que està fent. Del perill que corre.

És una intervenció de 5 minuts i 58 segons.

> Benvolguts conciutadans, benvolgudes conciutadanes,
>
> L'aparell de l'Estat en el seu conjunt intenta impedir desesperadament que tots nosaltres puguem decidir lliurement el nostre futur.
>
> Entre les accions de repressió contra el conjunt de la nostra població i institucions del nostre país, s'hi inclou, des de fa poc, la meva detenció, que ha vingut precedida d'una escalada de tensió perfectament intencionada per part del govern espanyol per tal de provocar reaccions que s'allunyen del comportament exemplar

que ha tingut i que té la gran mobilització democràtica de Catalunya.

Han fet tot el possible per enrarir les condicions de la celebració del referèndum, i la resposta dels ciutadans ha estat una vegada més massiva i clara. En previsió que l'aparell de l'Estat assumís una decisió tan irresponsable i insensata, però previsible, vaig resoldre que havia d'enregistrar aquest missatge públic, perquè fos difós a través de tots els canals disponibles amb la intenció que arribi a totes les persones de bé per tal que dins i fora de Catalunya ens ajudin a contenir i revertir la greu regressió democràtica que s'està produint en aquesta part de la Unió Europea.

Un missatge de reivindicació també dels valors fundacionals d'Europa, avui amenaçats per l'actitud autoritària, i contrària del dret internacional, que ha adoptat el govern espanyol per tal d'impedir els drets dels catalans de decidir lliurement el seu futur. Aquests valors es veuen protegits a la Carta Europea dels Drets Fonamentals que des de la seva proclamació és d'obligat compliment per l'Estat espanyol.

La meva detenció no servirà per esborrar el conflicte polític que es viu entre l'Estat i Catalunya. Al contrari, contribuirà a agreujar-lo. En detenir-me, l'Estat atempta contra la sobirania del poble català, que es va expressar de manera nítida el 27 de setembre de 2015, i contra el Parlament que en va resultar, que en dues ocasions m'ha ratificat la seva confiança. Atempta contra els principis elementals de respecte democràtic i va molt més enllà del que la mateixa Constitució li permet.

Els responsables d'aquesta decisió han de saber que per més repressió, venjança i represàlies que es puguin exercir contra les persones, el poble de Catalunya sempre posa les coses al seu lloc. També ara, en què el nostre futur col·lectiu com a poble està en risc, en mans d'un estat autoritari i allunyat de les pràctiques democràtiques que s'esperen en el si de la Unió Europea. Per això no ens podem resignar ni ens podem aturar, encara que vulguin humiliar les nostres institucions i els nostres drets. Si estic detingut és perquè l'Estat no vol que Catalunya la governem els qui ens vàreu escollir amb el vostre vot, i no vol que apliquem els compromisos que vam contraure amb tots vosaltres.

Si estic detingut és perquè la democràcia els importa menys que la unitat de l'Estat a qualsevol preu.

Davant d'això, faig una crida a mantenir la serenor i el rebuig a tota acció de violència que vulguin causar provocadors i oportunistes. La nostra resposta només pot ser de pau, democràtica i profundament cívica. Ens sabem i hem demostrat que som un poble que sap fer servir aquestes eines amb una gran eficàcia. La resposta ha de fer honor als principis i valors que defensem, i a la història de les nostres institucions, que han sofert al llarg del temps tota mena de persecucions i adversitats.

Avui s'ha de sentir encara més alta i clara la veu de tots nosaltres. Estem defensant un dret fonamental. No som criminals. No som sediciosos. No som colpistes. No som terroristes. Som un poble que vol votar, que vol decidir el seu futur. I que per fer-ho ha estat sempre disposat al diàleg.

Els qui m'han detingut ho fan en nom d'un govern que no té límits en l'abús de la llei per retallar llibertats. Potser quedaran molt satisfets de la seva gesta. Jo els dic que aquest acte indigne i innoble els retornarà en forma de dignitat i de noblesa democràtica per a vergonya de tots ells i de tots els qui han permès amb la seva indiferència o amb la seva complicitat la insostenible degradació de la democràcia espanyola.

I serà el poble de Catalunya l'encarregat de dir-ne la darrera paraula. Molt de coratge. Molts d'ànims i molta serenor en aquestes hores difícils. No permetrem que tot allò que hem guanyat després de tots aquests anys ens ho arrabassin de les mans els qui mai han acceptat i mai acceptaran que siguem allò que volem ser. I si fem això, i ho fem a la manera que els catalans fem les coses, haurem guanyat definitivament i serem un poble lliure.

Fem-ho pels nostres fills i pels nostres nets. Fem-ho pels qui encara no han nascut. Fem-ho pels qui fugen de guerres i misèries i tenen l'esperança en una vida nova entre nosaltres; fem-ho pels qui ja no hi són però que encara els tenim presents; per tots els qui s'han sacrificat abans que nosaltres per arribar fins aquí.

I tinguem molta confiança en la nostra capacitat i en la nostra confiança com a poble.

Dissabte, 30 de setembre

Avui és la vigília de l'1-O. La tradicional jornada de reflexió, tot i que, en aquest cas, de tradicional no en té res.

Es respira una calma tensa.

«Estic convençut que demà es podrà votar. Ho tenim tot a punt, i si fins avui no han trobat ni una urna, se les trobaran demà a les meses.»

Fins fa quinze dies els informàtics van estar intentant que per l'1-O es pogués votar electrònicament, però finalment ho van haver de descartar. No era prou segur i no hi havia prou garanties. Ho van intentar fins al darrer moment, perquè amb el vot electrònic s'hauria pogut eludir definitivament el desplegament policial.

«¿T'imagines milers de policies al carrer i la gent votant tranquil·lament des de casa, electrònicament? Hauria sigut espectacular!»

Fa una setmana que ho han descartat.

A la reunió d'avui de l'estat major els han explicat que l'alternativa, el cens universal, ja està a punt. A cada mesa electoral hi haurà entrat tot el cens de Catalunya. Així, si la policia impedeix que es voti en algun col·legi, els electors podran anar al del costat.

—¿Segur que no fallarà? —ha preguntat.

—No. Com a govern no hem enviat les targetes censals, que és la manera de saber on has de votar. Per això hem pensat que la millor manera és que cada mesa disposi d'un cens universal. Era la manera de no fer cap ús fraudulent del cens. I també és la manera, esclar, que la gent pugui votar si li tanquen el seu col·legi. Perquè la gent ha de votar. L'1-O votarem.

El cens electoral s'anunciarà demà a les vuit del matí, quan obrin els col·legis electorals. Ho farà Jordi Turull, portaveu del govern.

—Serà una gran sorpresa.

Com que era la darrera reunió de l'estat major abans de les votacions, han aprofitat per fer un repàs exhaustiu de com està tot. Ja ha començat a circular la instrucció que aquesta nit caldrà anar a protegir els col·legis electorals, i el país viu expectant.

Fa molts mesos, a principis d'any, el seu *community manager*, Aleix Clarió, li va dir que aquest any es volia casar:

—S'ha anunciat que aquest any hi haurà el referèndum, però no hi has posat data. ¿Creus que a l'octubre ja l'haurem fet i que em podré casar tranquil? —li va preguntar aleshores.

—I tant, ja l'haurem fet. Posa data per al casament a l'octubre, que no hi haurà cap problema —li va respondre el president.

Però no. El referèndum és demà, i el casament, avui.

—Estava convençut que l'hauríem fet fa un mes; per això li vaig dir a l'Aleix que cap problema, que a finals de setembre ja hauria passat tot —explica somrient quan arriba a la boda de Clarió.

És més de mitja tarda i, de tornada cap a Girona, se li acut una idea:

—¿Què et sembla si passem pel Col·legi Verd, a veure com estan els ànims? —li proposa a la Marcela.

El Col·legi Verd de Girona és l'escola on estudien les seves filles i és també la seu d'un dels col·legis electorals de demà. Com a tants altres col·legis, ja hi ha centenars de gironins preparats per passar-hi la nit i s'hi estan fent un munt d'activitats. «President, president!», criden en veure'l arribar.

—Em sento molt orgullós —els diu—. Estic emocionat pel que estem vivint.

Saluda els gironins que han vingut per protegir el col·legi i s'hi fa fotografies, que molts pengen a les xarxes socials.

—M'ha agradat passar-hi. És l'escola de les nenes.

Diumenge, 1 d'octubre

El president s'ha llevat molt d'hora. Va rebent puntualment informació sobre l'obertura dels col·legis electorals.

Avui és el dia D. L'1 d'octubre.

«És sensacional, el que hem fet. Amb gent que ha amagat urnes a casa seva, amb les paperetes que han anat amunt i avall perquè no les trobessin... I, de sobte, les urnes, les paperetes i els voluntaris ja són a lloc.»

Veient el desplegament policial que hi ha arreu de Catalunya, tem que avui un dels objectius del govern espanyol sigui impedir la imatge del president, d'ell, votant.

«Aquesta foto farà la volta al món, i la voldran impedir —diu el president mentre se sent el brogit de l'helicòpter de la Guàrdia Civil que sobrevola casa seva a poca altura—. És la prova més clara que van per mi.»

Aquesta setmana ja es va produir un incident que els va posar en alerta. Puigdemont tornava de Barcelona quan, just en arribar a la urbanització on viu, els Mossos li van comunicar que s'havien de desviar i fer una volta abans d'aturar-se a casa seva:

«Un veí ha trucat a la policia explicant que un dron està sobrevolant casa seva, i ho estem comprovant. Si li sembla bé, farem una volta per la zona abans d'anar-hi», li van dir en aquell moment.

Efectivament, un dron, modern, petit i equipat amb una càmera de visió nocturna, va sobrevolar durant una bona estona la casa particular del president. No hi van poder fer res, perquè quan es va desplegar l'operatiu per intentar localitzar-lo i identificar-ne el propietari, l'aparell havia desaparegut.

«Un dron, a la nit, i amb visió nocturna... no fa presagiar res de bo», es diu Puigdemont.

Va molt més protegit que abans. Al seu equip de seguretat s'hi ha incorporat, en determinats desplaçaments, un grup del GEI dels Mossos, el Grup d'Intervenció Especial. Aquesta unitat dels Mossos, creada el 1984 amb l'assessorament del SEK de la policia alemanya, està especialitzada en operacions d'alt risc, com missions de rescat o antiterroristes, però normalment no participa en la protecció de personalitats.

«Ara corro perill, en soc conscient. Si ara anés per Espanya sense protecció, no en sortiria viu. Hi ha molta tensió, i en moments de tensió, a qualsevol eixelebrat li pot venir un rampell...»

El president ha anunciat que aquest matí votarà al col·legi electoral de Sant Julià de Ramis, la població on està censat. Centenars de ciutadans ja s'han aplegat des de primera hora al pavelló de Sant Julià de Ramis, que avui és seu electoral, per protegir les urnes.

Allà ha de recollir la periodista italiana Concita De Gregorio, que fa uns dies li va proposar acompanyar-lo durant una estona de la jornada d'avui per fer-ne una crònica. De Gregorio és una periodista, escriptora i locutora de ràdio italiana; una de les més prestigioses del país. És editorialista de *La Repubblica* i va ser directora de *L'Unità* del 2008 al 2011. Ha publicat una desena de llibres, i a Itàlia és molt coneguda pel programa sobre literatura *Pane quotidiano*, que condueix des de fa uns quants anys a RAI3. Ara està fent també un llibre sobre el procés. De Gregorio, doncs, s'espera, amb molts altres periodistes estrangers, a Sant Julià de Ramis. Allà han quedat que pujaria al cotxe oficial i l'acompanyaria fins a Barcelona.

Els mitjans de comunicació es fan ressò des de primera hora del matí d'alguns incidents en diferents punts del país. En alguns llocs hi ha efectius de la Guàrdia Civil preparats per intervenir-hi. Hi ha tensió. Alguns mitjans informen que la policia ha començat a carregar en algun col·legi del centre de Barcelona. Milers de ciutadans ocupen les seus electorals i hi ha nervis perquè tothom dona per fet que en un moment o altre la policia apareixerà per endur-se com sigui les urnes i les paperetes de tots els col·legis.

Al pavelló de Sant Julià de Ramis, una població de poc més de tres mil habitants —i on els més grans de divuit anys amb dret a votar no arriben als dos mil cinc-cents—, hi ha des de primera hora del matí un centenar d'agents de la Guàrdia Civil preparats per intervenir. A dins del local, però, hi ha centenars de veïns disposats a impedir-ho.

Al cap de res comencen les primeres càrregues policials.

Ell té clar que avui ha de votar.

—Hi ha molts aldarulls —li expliquen al president.

—¿Què fem?

Rius, veient el desplegament policial, ja havia demanat als Mossos que l'informessin de dues alternatives possibles per votar. O bé el col·legi electoral de Sarrià de Ter o bé el de Cornellà del Terri. El president ha demanat que mirin també si al col·legi electoral de la vall de Sant Daniel, a Girona, hi ha tranquil·litat. Decideixen anar al de Sarrià de Ter.

«Cap a Sarrià, doncs!»

La comitiva es posa en marxa. El desplegament és important. Puigdemont i Topor pugen al cotxe oficial, un A6. «Platí i brillant —brillant és el nom en clau d'ella— són a lloc.» Dos mossos van al seient del davant. En un segon cotxe, un Skoda de color gris, també amb dos mossos al davant, hi viatgen el cap de l'oficina del president, Josep Rius, i el responsable de premsa, Pere Martí, que a primera hora ja s'han presentat a casa del president amb un paquetet de croissants —volien comprar xuixos, però no n'han trobat— per acompanyar-lo a votar, intuint que segurament hi hauria dificultats. El tercer cotxe de la comitiva és un Passat. Hi viatgen dos comandaments dels Mossos que volen seguir de prop el president durant tota la jornada. En un quart cotxe, un Toyota Land Cruisser, hi viatgen uns quants efectius del Grup Especial d'Intervenció. Per si hi ha qualsevol problema, encara els seguirà, a una distància prudencial, un cinquè cotxe, un Ford Mondeo.

Per paradoxal que sembli, es respira nerviosisme i tranquil·litat al mateix temps.

Mentre la comitiva arrenca, a un quart de deu del matí, arriben les primeres informacions fiables de Sant Julià de Ramis: la Guàrdia Civil ha fet les primeres càrregues i ha obert, a cops de destral, la porta del pavelló. Crits, plors, empentes i cops de porra es barregen durant uns minuts. Les imatges, dantesques, són enregistrades per una multitud de mitjans de comunicació d'arreu del món que eren allà per captar el moment en què Puigdemont votava. El president tot just s'acaba de posar en camí, però centenars de televisions d'arreu del món estan difonent ja la intervenció policial.

A la comitiva del president la persegueix, volant a molt poca altura, l'helicòpter de la Guàrdia Civil. *Flap-flap-flap*, se sent des de dins del cotxe.

«Fa impressió, sentir un helicòpter a sobre constantment; sembla que estiguem en un escenari de guerra.»

Quan ja està a punt d'arribar al col·legi electoral de Sarrià de Ter, la comitiva presidencial decideix fer marxa enrere. Els han informat que allà el cens universal no funciona. Està passant el mateix en alguns altres col·legis electorals d'arreu de Catalunya. El sistema va lent.

I posen en marxa el pla B improvisat. Aniran a Cornellà. L'helicòpter continua sobrevolant sobre els seus caps. *Flap-flap-flap.*

«Els despistarem», diu un dels agents.

Es tracta d'un agent que fa uns quants anys va fer cursos de formació al País Basc, en l'època en què l'organització terrorista ETA estava activa i la protecció als càrrecs públics era essencial. Allà va coincidir amb el grup d'agents de l'Ertzaintza, la policia autonòmica basca, encarregat de la protecció de Juan Mari Atutxa, exconseller d'interior del govern basc i expresident del Parlament, i va aprendre algunes maniobres de distracció.

«Hem de fer veure que tornem cap al domicili del president i, aprofitant que pel camí hi ha un túnel, allà canviar de cotxe i desdoblar la comitiva», suggereix.

La maniobra consisteix a fer creure al pilot de l'helicòpter que el president ha decidit tornar cap a casa. Un cop l'hagin despistat, Puigdemont anirà a votar a Cornellà del Terri, un municipi veí, d'uns dos mil cinc-cents habitants, on sembla que el col·legi electoral ha obert amb normalitat. La comitiva volta durant una estona pels carrers de Sant Julià de Ramis, mentre dissenyen els moviments i els mossos confirmen per telèfon que a Cornellà no hi ha cap incident. Mentrestant, l'helicòpter els continua perseguint a molt poca distància.

«És molt intimidant, molt. És molt bèstia, això que estan fent.»

A dos quarts de deu, l'hora en què tenia previst votar, la comitiva posa en marxa el pla B.

«Tranquilo, que conmigo al president no lo pillan», li assegura a Rius un dels agents del GIE.

Els cinc cotxes s'aturen només uns segons sota el túnel de l'autopista AP-7, que la comitiva ha de creuar per tornar a casa del president. Es tracta d'un túnel relativament llarg, d'uns cinquanta metres, a aproximadament un quilòmetre de casa dels Puigdemont, on hi caben tots cinc vehicles. S'hi estaran aturats només quatre o cinc segons, el temps just perquè Puigdemont i Topor canviïn de cotxe. No agafen ni els mòbils, per si la policia espanyola té rastrejada via GPS la seva localització. Al mateix temps, dos agents, un home i una dona, de cabells negres com els de la Marcela, ocupen el lloc de la parella presidencial.

L'helicòpter s'ha aturat just a sobre. L'intercanvi de passatgers es fa sota el brogit, ara eixordador, de les hèlices de l'helicòpter. *Flap-flap-flap*. Quan surten del túnel l'helicòpter se'ls enganxa gairebé fins a tocar-los. Continuen tots junts fins a arribar al darrer encreuament, a pocs metres de casa dels Puigdemont-Topor, i en aquell punt la comitiva es desdobla. L'Audi A6 de la falsa parella presidencial torna cap a casa seguit de dos cotxes més. Els altres dos vehicles, un d'ells el Ford Mondeo on ara viatja el president, abandonen la urbanització en direcció a Cornellà del Terri, com si haguessin finalitzat el servei d'escorta.

El pilot de l'helicòpter dubta uns segons que es fan eterns. Però finalment segueix el president cap a casa seva. L'agent que ara fa de Puigdemont va vestit pràcticament com ell i, acompanyat de la seva falsa parella, escenifica l'arribada acomiadant-se amb la mà dels escortes i entrant al domicili particular.

S'adonen, però, que no tenen claus de la casa. I decideixen amagar-se sota la cornisa, ben amorrats a la porta. L'helicòpter es manté aturat sobre els seus caps. No els veu i dona per fet que la parella presidencial ha entrat a casa.

A hores d'ara l'altra part de la comitiva, en la qual viatja el president, ja és pràcticament a Cornellà del Terri. Els pocs quilòmetres de distància que hi ha entre tots dos nuclis urbans els han fet a tota velocitat.

L'escena serà breu. Tan breu com espectacular. Hi ha una gentada que, en veure el president, es posen a aplaudir-lo. La gent li obre pas perquè ell i la seva dona puguin votar. «Això és espectacular», pensa. Saluda els membres de la mesa, que encara no s'ho acaben de creure, i es fan algunes fotos.

Cinc minuts després, ja són fora. El cap de premsa del president, Pere Martí, ha enregistrat l'escena amb el seu mòbil i la difon arreu. Josep Rius fa una foto. Els mitjans de comunicació, nacionals i internacionals, utilitzaran aquestes imatges al llarg de tot el matí.

«Acabo de votar a Cornellà», diu el president en una piulada a Twitter de la qual es farà ressò la premsa d'arreu del món.

Josep Rius, des de l'altre cotxe de la comitiva, li envia un missatge irònic: «En aquests moments a l'Antonio Balmón li està agafant un cobriment de cor».

Rius fa broma perquè amb el tuit del president molts catalans poden haver interpretat que es tractava de Cornellà de Llobregat, on governa el socialista Antonio Balmón. Puigdemont somriu.

«Ha estat genial.»

Abans d'anar cap a Barcelona, i quan la policia ja ha rebentat les portes del pavelló de Sant Julià i se n'ha endut les urnes, torna a casa i es posa al corrent dels incidents que s'estan produint arreu de Catalunya. Aleshores, decideix fer una visita sorpresa a la mesa electoral de Sant Julià de Ramis.

«És allà on jo havia de votar i és on vull anar. A felicitar la gent que ha defensat el meu col·legi.»

«La brutalitat policial avergonyirà per sempre els qui l'estan justificant», diu als centenars de persones que l'aplaudeixen en veure'l arribar.

Es fa fotos amb tothom qui l'hi demana, visita les destrosses que hi ha fet la Guàrdia Civil, que ara ja és fora, i se'n va cap a Palau. Abans de marxar, però, recull la periodista italiana. «Està impressionada, aquesta dona», pensa en veure-li l'expressió de la cara.

—¿Per què creu que han fet això? —li pregunta De Gregorio.

—Suposo que per ensenyar a tothom que no té límits, que són capaços de tot.

Concita De Gregorio s'hi quedarà tot el dia, a Palau. En un racó de la sala gòtica, escriu les cròniques que envia puntualment a Itàlia i pren notes per al que un dia serà un llibre sobre la situació de Catalunya. Està escandalitzada.

Mentrestant, no paren d'arribar notícies de les càrregues policials. Hi és tothom, a Palau. Ningú del govern espanyol truca a Puigdemont. Ell no truca a ningú del govern espanyol.

Parla amb tothom. Els consellers van arribant després d'haver exercit el seu dret a vot, i més que fer una reunió formal, el Palau es converteix en la seu d'una reunió contínua.

Tothom està exultant perquè l'1-O s'està celebrant, però també estan sorpresos davant la contundència policial.

A última hora del matí, el president parla a peu dret amb Marta Rovira.

—President —li diu ella—, veient el que està passant, t'he de dir que hem estat valorant la possibilitat de suspendre el referèndum. Primer havíem pensat que potser hauríem de debatre aquesta opció, però finalment creiem que no, que si el suspenem serà molt pitjor. No podem fer tornar la gent a casa.

—Hi estic d'acord; no l'hem de suspendre.

El conseller d'Interior, Joaquim Forn, els va informant periòdicament dels incidents que s'estan produint. Forn està indignat. A primera hora de la tarda, quan tots els indicis apunten que la Guàrdia Civil esta a punt d'intervenir a l'Escola Industrial de Barcelona, el conseller d'Interior torna a trucar al delegat del govern espanyol a Catalunya, Enric Millo, que en tot el matí no li ha tornat les trucades.

Finalment aconsegueix parlar-hi. Se les tenen de valent. Amb el mòbil en una orella i una llibreta a l'altra, Forn passeja pel pati interior del Palau de la Generalitat gesticulant iradament. A l'Escola Industrial hi ha molta gent defensant les urnes i molta policia a punt d'intervenir.

—¿Però què esteu fent? —s'exclama el conseller.

Puigdemont se'l mira de lluny. «Van a fer mal. Veuen que estan perdent i ara van a fer mal», pensa.

No sent el que diu Forn, però veu com gesticula. Ara ja no parla. Crida. Puigdemont s'hi acosta per sentir-lo:

—¿No ho veieu, que hi ha molta gent, a l'Escola Industrial? ¿No ho veieu, que fareu molt de mal? Hi ha gent de totes les edats, hi ha gent gran, hi ha nens. És una salvatjada, el que esteu fent! —diu el conseller d'Interior.

No només ho sent Puigdemont. Ara ho sent tothom que és a prop. Fins i tot les gàrgoles del Pati dels Tarongers sembla que mirin Forn i hagin emmudit sentint la conversa.

—A Madrid hi deu haver molta tensió —li diu a Forn quan penja el telèfon—. Saben que estan perdent la batalla i que no els està sortint com volien. Si decideixen continuar —afegeix—, serà una carnisseria.

El president rep una trucada de Miquel Iceta.

—He trucat a la vicepresidenta Soraya Sáenz per demanar-li que aturi les càrregues —li explica.

La conversa és breu. Iceta reconeix que no li han promès res.

«A mi em sembla que el que està passant a Madrid és que hi ha un cop d'estat, que la Soraya potser sí, que intenta aturar les càrregues, però l'ala dura del PP, la María Dolores de Cospedal, està guanyant la partida.»

Algunes cròniques periodístiques afirmen que el líder socialista català, Miquel Iceta, ha amenaçat Soraya Sáenz de mobilitzar el seu electorat perquè vagin a votar si no s'aturen les càrregues.

«Dubto que ho fes, perquè els socialistes formen part de l'estratègia de l'Estat. A mi em sembla que, en tot cas, la Soraya Sáenz deu haver fet servir aquest argument per frenar l'ala dura del PP. A mi em sembla que les Cospedals, l'Aznar, la policia i els jutges tenen Rajoy atrapat entre dos fronts i que el president espanyol està absolutament impotent.»

Sigui com vulgui, les càrregues s'han anat succeint, tot i que amb menys intensitat, al llarg del dia. Fins que, cap al vespre, s'aturen del tot. Alguns col·legis, davant del dubte de noves càrregues, han tancat abans d'hora.

Més de vuit-centes persones contusionades i danys materials a molts col·legis electorals, li expliquen en un primer balanç.

«Però hem votat. I Rajoy no ha tingut raó. Va dir que no hi hauria 9-N i n'hi va haver, i ara havia dit que no hi hauria 1-O i hi ha sigut. I no només això, sinó que han actuat brutalment, i això els hauria de passar factura.»

El president, que s'ha estat tot el dia a Palau, compareix a un quart d'onze de la nit envoltat de tot el govern.

El sí ha obtingut el 90,18% dels vots, amb el 43% de participació. Avui, 2.286.217 persones han votat.

Mariano Rajoy ha comparegut: «En Cataluña no se ha celebrado ningún referéndum», ha dit. «Hemos hecho lo que teníamos que hacer», ha afegit referint-se a les càrregues policials.

«Els ciutadans ens hem guanyat el dret a tenir un estat independent que es constitueixi en forma de república. El govern que presideixo traslladarà en els propers dies al Parlament el resultat de la jornada d'avui», diu Puigdemont en un missatge adreçat a tots els catalans en què apel·la de nou al diàleg. «Estem oberts a les propostes de diàleg i de mediació. [...] Els catalans ens hem guanyat el dret a ser respectats per Europa. La Unió Europea ja no pot continuar mirant cap a un altre cantó, som ciutadans europeus [...] ja no és un afer intern.»

«En Rajoy continua dient que el referèndum no ha existit. Però és evident que sí. I que els hem doblegat. Els hem guanyat. Hi haurà un abans i un després de l'1-O.»

Ha estat una jornada esgotadora. Camí de casa, pensa en el que pot passar a partir d'ara.

«És ara, quan entrem en un terreny desconegut. Nosaltres, però, a la nostra. Ja hem fet l'1-O, i ara hem de proclamar oficialment la independència, quan tinguem els resultats definitius.»

La Llei del referèndum marca un calendari molt clar: «Quaranta-vuit hores després que es facin públics els resultats definitius, el Parlament procedirà a fer la proclamació d'independència». Per tant, depenent del moment en què es facin públics els resultats, podria ser que el Parlament hagués de declarar la independència el dia 6 d'octubre. No ho vol.

El 6 d'octubre del 1934, el dia que el president Lluís Companys va proclamar l'Estat Català dins la República, va afavorir un aixecament armat contra el govern de Madrid, una acció que va fracassar i que va comportar conseqüències molt greus per a Catalunya i per al mateix president Companys.

«Per això he dit en la meva compareixença que els resultats d'avui es traslladaran al Parlament "en els propers dies". Perquè no vull que sigui un 6 d'octubre. De cap manera.»

Hi ha eufòria al carrer. El d'avui és un dia que tothom recordarà. Les emocions s'han desbordat i, malgrat les càrregues policials, i malgrat que en alguns col·legis no s'ha pogut votar, tothom té clar que es tracta d'una victòria. I d'una victòria col·lectiva. Hi haurà un abans i un després, a partir d'avui. S'han viscut escenes de solidaritat increïbles i hi ha hagut una col·laboració ciutadana que ha fet posar la pell de gallina a tothom. S'han culminat dies de patiment. I amb èxit. Un èxit espectacular.

Dilluns, 2 d'octubre

Han passat molt poques hores des de l'1-O. Malgrat les càrregues policials, i malgrat totes les dificultats logístiques, està exultant:

«Ha estat un resultat extraordinàriament bo. Espectacular. La violència ha fet que molta gent indignada sortís al carrer i anés a votar, és cert; però també ho és que molta gent no hi ha anat perquè ha tingut por. No podrem saber mai què hauria passat sense violència, però estic convençut que hauria votat molt més del 43 % del cens. Els catalans hem fet una heroïcitat, i aquest resultat ens legitima».

Camí de Barcelona, on ha d'assistir a la reunió del comitè nacional del PDeCAT, reflexiona en veu alta: «L'Estat espanyol va veure que no ens aturava, i per això va exercir la violència. Caldrà veure què fan a partir d'ara, però temo que res de bo».

El comitè nacional del PDeCAT el formen una vuitantena de membres, entre la direcció, alcaldes, consellers i l'expresident Mas.

Quan hi entra rep una llarga ovació entre crits de «president, president!».

Tothom està impacient per escoltar els seus plans, però ell no els desvela. Un cop feta la seva intervenció inicial, en què parla de la necessitat de situar-se «en mode conflicte» a partir d'ara, s'obre un torn d'intervencions. El que ell vol és sentir les opinions del comitè nacional.

Sobre la taula presidencial hi ha uns quants folis impresos amb el logotip del partit. N'agafa un parell, es treu el bolígraf de la butxaca de l'americana i pren notes. Tothom qui intervé el felicita, però ell al paper hi apunta només les frases que li semblen més rellevants.

Una hora i mitja més tard, s'ha escoltat tothom amb molta atenció. No hi ha unanimitat en l'anàlisi sobre el que cal fer, però s'han visualitzat dos grans posicionaments: el dels partidaris d'aplicar el que diu la Llei del referèndum, i el dels qui, sense cap renúncia, aposten per una DUI vinculada a un procés de mediació.

Acabada la reunió, les notes del president ocupen dos folis per totes dues cares. Després d'unes quantes frases de les quals no cita l'autor, s'hi pot llegir un resum de les intervencions. N'hi ha de rellevants.

[redacted]

[redacted]

La coordinadora general, Marta Pascal, no s'ha pronunciat. Als fulls que ha escrit no hi ha cap nota sobre ella.

Dimarts, 3 d'octubre

Han passat dos dies de l'1 d'octubre i el país està revolucionat. Hi ha hagut moltes manifestacions de protesta per l'actuació policial i una aturada massiva de tot el país.

El president és a Palau. Medita què cal fer a partir d'ara. «Si l'1-O no fa reaccionar l'Estat i no hi ha una proposta seriosa de diàleg, declararem la independència.»

A mitja tarda, Rius entra esverat al despatx:

«Sembla que el rei farà una intervenció pública», diu.

El president ho ha llegit fa un moment en alguns diaris digitals, que ho acaben de publicar. La Zarzuela no els ha avisat.

Acorden que Rius truqui al cap de la Casa Reial, Jaime Alfonsín Alfonso, per confirmar-ho.

—Va a ser duro —li avança el cap de la Casa Reial.

«Això és que ja està escrit», pensa Rius.

—Yo solo te pido dos cosas —li diu amb l'esperança de treure-li alguna informació—: que no sea un discurso hecho solamente en base a lo que han publicado sobre el día 1 los periódicos españoles;

y que no sea un discurso que empeore la situación. ¿Has leído el *New York Times*, el *Financial Times* y todo lo que han publicado los periódicos internacionales estos días.

Alfonsín és hermètic, però li torna a dir:

—No os va a gustar. No os va a gustar, però debéis leer entre líneas.

No el vol sentir, el discurs del rei. Intueix tot el que dirà. «Voldrà fer com el seu pare. Farà el seu cop d'estat per posar-se al davant», pensa. «Si l'escolto, m'influirà massa. M'afectarà massa, i ara necessito tenir el cap clar. Aquest discurs necessito pair-lo. Llegir-lo després, amb calma, i reflexionar-hi. No el puc veure en directe.»

A les nou del vespre, l'hora anunciada per a la intervenció del monarca, està reunit a la Casa dels Canonges amb l'estat major. Hi és pràcticament tothom. Tant del PDeCAT com d'ERC. Continuen debatent si el que ara cal és proclamar la DUI directament o reclamar primer una mediació internacional. És el mateix debat que ja va tenir ahir amb el comitè nacional del PDeCAT. Ell és partidari de reclamar una mediació.

—No ens enganyem. Aquest és l'escenari que hem buscat des d'un primer moment. Si l'1-O serveix perquè ens asseiem en una taula a negociar, l'objectiu l'haurem aconseguit.

—¿Podem posar la tele? —li pregunten en veure que ja són les nou del vespre.

—No. No el vull mirar, perquè aquest discurs no farà res més que encabritar-nos. I nosaltres hem de prendre moltes decisions, i les hem de prendre en fred, amb el cap clar. Hem convertit l'1-O en una jornada d'èxit i ara hem de contenir els riscos que tot plegat no se'ns escapi de les mans. Tenim feina.

Mentre ell és a la Casa dels Canonges, Rius i l'equip de premsa del president miren el discurs del rei a l'Arxiu de Comptes, a Palau.

—Collons! —s'exclama algú.

Jordi Turull, que ha sortit un moment de la reunió, no se n'ha pogut estar de mirar des del mòbil part del discurs del rei.

—El discurs del rei és un desastre —li diu quan torna a entrar—.

Ja ens podem anar preparant perquè la que ens caurà a sobre serà inimaginable.

El president vol continuar amb la reunió, però li costa, perquè a hores d'ara ja està rebent molts missatges de reacció al discurs del rei. «El rei acaba de perdre la Corona», li diu un líder polític espanyol per WhatsApp.

La reunió continuarà demà. Però sembla clar que, abans de fer la Declaració Unilateral, l'aposta és intentar una mediació que asseguri el govern espanyol i el català en una mateixa taula.

Sol, a la Casa dels Canonges, on avui es tornarà a quedar a dormir, llegeix i rellegeix el discurs del rei.

«Ni ha fet cap referència a les agressions de la policia aquest diumenge ni ha fet cap crida al diàleg», es repeteix, incrèdul. «I no només no s'ha limitat a dir que la Corona està compromesa amb la unitat i la permanència d'Espanya, sinó que ha obert la porta a l'aplicació de l'article 155 de la Constitució.»

En efecte, Felip VI ha declarat: «És responsabilitat dels legítims poders de l'Estat assegurar l'ordre constitucional i el normal funcionament de les institucions, la vigència de l'estat de dret i l'autogovern de Catalunya, basat en la Constitució i el seu Estatut d'Autonomia».

«Tan fàcil que ho tenia! Si hagués estat intel·ligent, hauria fet un discurs que ens hauria obligat a dialogar. És el que jo esperava que fes. I em sembla que és el que esperava molta gent. Hauria pogut dir que la unitat d'Espanya és a la Constitució espanyola, però que la Constitució també és una eina que permet parlar de tot. Ens podria haver estirat les orelles a tots, al govern de Catalunya i també al d'Espanya, obligant-nos a parlar. Però no... S'ha hagut de posar al capdavant del desgavell madrileny. ¿Què és allò que Alfonsín deia que havíem de llegir "entre líneas"? No hi ha res, "entre líneas"! ¿On és el rei aquell que fa pocs mesos em parlava d'unes taules de diàleg?»

Dimecres, 4 d'octubre

Avui replicarà al rei. Serà aquest vespre, a les nou, a la mateixa hora que ahir va parlar el monarca.

S'ha passat el matí redactant i polint un discurs que li ha sortit a raig. És dur, contundent:

«Avui m'ha trucat molta gent indignada pel discurs del rei. Gent que se'm confessa monàrquica, però que s'avergonyeix de la duresa de la seva intervenció, i això l'hi hem de fer saber. No ens ha fallat només a nosaltres. Ha fallat a molta gent. I a alguns dels seus».

En el text que ha preparat acusa Felip VI «d'ignorar els milions de catalans que no pensen com ell» i d'ignorar «els catalans víctimes d'una violència policial que ha glaçat mig món».

Li ha semblat que, a diferència del que va fer el monarca, que no va dir ni una frase en català, ell ha de fer un fragment del seu discurs en castellà.

Està preocupat, però no indignat, perquè s'ho veia venir: «El rei va fer un *a por ellos*», pensa, «perquè ha d'aixecar la moral d'una tropa derrotada. Va fer un discurs que podria ser el del PP, i amb això ha demostrat tenir molt poca personalitat».

Entrega una còpia del discurs al seu equip perquè se'l llegeixin. Vol mesurar molt bé el to. Ha de ser dur, però molt correcte. L'equip només li fa un suggeriment: que en algun moment digui que, després del que ha passat, aquest ja no és un conflicte català, sinó que afecta tot Espanya. Hi està d'acord.

Tot i que serà, en efecte, un discurs dur, insistirà en la mediació.

Avui l'alcaldessa de Barcelona, Ada Colau, ha convocat els cònsols europeus amb presència a la capital catalana a una reunió per demanar-los una mediació de la UE per resoldre el conflicte entre Catalunya i Espanya. El Col·legi d'Advocats de Barcelona també ha fet una crida al diàleg i s'ha ofert com a mediador. D'altra banda, el lehendakari Iñigo Urkullu ha fet públic que ha enviat una carta al president de la Comissió Europea, Jean-Claude Juncker, oferint-se per propiciar «una mediació europea» per resoldre la situació.

Santi Vila ha rebut una trucada de l'ambaixador italià, que li ha parlat de la necessitat que el conflicte entri en una via de mediació. D'altra banda, diferents diplomàtics s'han posat en contacte amb el conseller d'Afers Exteriors, Raül Romeva. Alguns, en privat, fins i tot s'han ofert com a mediadors.

El líder de Podemos, Pablo Iglesias, també ha parlat de la necessitat d'una negociació i d'una mediació.

Aquesta és la via. En el seu missatge de resposta al rei ha escrit: «Aquest moment demana mediació. Hem rebut diverses propostes durant les darreres hores, i en rebrem més: totes coneixen de primera mà la meva disposició a emprendre un procés de negociació».

L'equip de TV3 que ha d'enregistrar la intervenció del president ja és a Palau. L'esperen a la sala Verge de Montserrat, la que hi ha just davant del seu despatx. Quan les càmeres l'enquadrin, de fons s'hi veurà la porta d'entrada.

«¿Què li sembla si en comptes de deixar la porta oberta, com hem fet en altres ocasions, aquest cop la deixem molt ajustada, a punt de tancar? ¿S'entendrà, la metàfora?», li pregunta el seu equip de confiança al Palau.

El president fa que sí amb el cap i somriu.

És a Canonges. S'acaba de dutxar i, mentre es vesteix, repassa mentalment el to del discurs. No vol improvisar res. Per això avui ha demanat que, a diferència d'altres vegades, li instal·lin el teleprompter per poder llegir el discurs. «Està bé, però li falta alguna cosa», es diu una vegada i una altra, sense trobar el què.

Ja l'han maquillat. I continua sense trobar el què. Travessa el pont del carrer del Bisbe per anar cap al plató improvisat i, de sobte..., ja sap què hi falta, al discurs!

Entra decidit a la sala, saluda els càmeres de TV3 i demana

com ho ha de fer per introduir un canvi al text que ha de llegir. El discurs ja està bolcat a l'ordinador que connecta amb el teleprompter. S'agenolla davant la pantalla i ell mateix tecleja la frase que li ha vingut al cap. Els seus assessors i els càmeres se'l miren, perplexos.

Ningú sap què hi ha introduït. Fins que l'hi senten dir: «Majestat, així no».

Han passat unes quantes hores de l'emissió del seu discurs. Ja és mitjanit quan veu un nou correu del lehendakari Urkullu que li envia una còpia de l'escrit que ha adreçat a Mariano Rajoy i una proposta per arribar a un acord:

Diu, entre d'altres coses, el següent:

¡Estimado Presidente!
Fundamentado en nuestra relación y con el respeto debido, permíteme hacerte llegar personalmente el documento adjunto con la explicación siguiente:
Ayer a petición de un conseller de la Generalitat (de quien, si te fuese necesario, ofrecería el nombre) y, posteriormente, de otras personas que creo que también se han comunicado contigo (de ello es conocedor el presidente de EAJ-PNV, Andoni Ortuzar, y quien sé que también mantiene comunicación permanente contigo y con quien ayer por la tarde estuve reunido procediendo a valoraciones de la situación), envié el documento adjunto para su valoración por el President del Govern de la Generalitat.
[...]
En cualquier caso, seguiré intentando aportar mi grano para que lo dicho sea así porque creo sinceramente en ello. Ayer, y pese a la valoración escuchada de la Vicepresidenta del Gobierno español —que creo, con todo el respeto, equivocada— con respeto a la intervención televisada del president C. Puigdemont me expresé diciendo: «Puigdemont no ha dicho NO a D. Felipe VI. Le ha dicho: Así no. Se ha mostrado dispuesto a la mediación

para abrir una nueva puerta al diálogo sin que se haya hecho referencia expresa a la Declaración Unilateral de Independencia. Hay una oportunidad para intentarlo».

Y es por esto último por lo que procedo ante ti con este correo.

Porque, reitero que sinceramente, creo que hay una oportunidad, quedo a tu disposición sometiendo a consideración el documento adjunto.

Sin otro particular,

Atentamente,

Iñigo Urkullu Renteria

Lehendakari

I en un document adjunt, el lehendakari fa una proposta. El document diu:

DIÁLOGO, NEGOCIACIÓN, ACUERDO, RATIFICACIÓN

En relación con la situación de crisis e incomunicación política planteada, se propone la siguiente metodología al Presidente del Gobierno español y al President de la Generalitat:

1. Distensión

Acordar la apertura de un período de distensión de tres meses para recuperar la comunicación política y dar una oportunidad al diálogo.

Este acuerdo implica el compromiso, tanto por parte del Gobierno español como del Govern de la Generalitat, de no dar, durante este período, nuevos pasos unilaterales en sus respectivas estrategias.

2. Diálogo

Crear una interlocución de tres personas por parte de cada Gobierno y constituir una mesa de diálogo preliminar entre los dos Gobiernos.

Esta mesa acepta trabajar con discreción durante los próximos tres meses con la voluntad de promover un acercamiento de posturas y propiciar el entendimiento y el acuerdo.

3. Acuerdo sobre un marco de negociación política

Asumir conjuntamente, como objetivo de esta mesa de diálogo, el logro de un acuerdo sobre el marco de negociación política entre ambos Gobiernos.

Este marco deberá definir la agenda de temas, interlocuciones, metodología de trabajo y calendario del proceso de negociación que ambos Gobiernos estarían dispuestos a emprender.

El Presidente del Gobierno y el President de la Generalitat cuentan con nuestro compromiso y disposición para facilitar la puesta en marcha de esta metodología de trabajo.

Dijous, 5 d'octubre

L'estat major torna a estar reunit.

«Hem d'aconseguir un tsunami. Hem d'aconseguir que hi hagi un tsunami de crides al diàleg i d'ofertes de mediadors. Hem de fer que pressionin el govern espanyol», els diu a tots.

Ha demanat la celebració d'un ple extraordinari per explicar i traslladar al Parlament els resultats de l'1-O. S'ha fixat per al dia 10. Tothom interpreta que és el ple de la declaració d'independència.

«Tenim sis dies per obrir una negociació.»

Li ha trucat el ministre-president de Flandes, Geert Bourgeois, per fer-li saber que el Parlament flamenc ha votat una resolució condemnant la violència, demanant diàleg i fent una crida a la comunitat internacional perquè hi hagi una mediació.

Sobre la taula del despatx hi té una llibreta de mida quartilla. Mentre atén les trucades, hi anota algunes frases.

«Ban Ki-moon», hi ha escrit. Acaba de parlar amb l'ex-secretari general de Nacions Unides. La gestió l'ha fet el conseller d'Afers

Exteriors, Raül Romeva, que aquests dies està rebent moltes trucades de la diplomàcia estrangera.

—Em sembla que tenim una via per parlar amb Ban Ki-moon —li ha dit fa poques hores—. ¿La provem?

—I tant!

Acaben de parlar.

—Crec que vostès poden ajudar-nos —li diu—. No els demanem que donin suport a la independència de Catalunya. El que els demano és que ens ajudin a resoldre aquest conflicte per la via de la negociació amb Espanya.

Parlen durant deu minuts. Ki-moon està al cas del que ha passat. El secretari general l'escolta atent i en acabat li esmenta el moviment no governamental The Elders, format per coneguts líders globals, defensors de la pau i dels drets humans, i es compromet a parlar-hi.

Quan s'acabi la conversa, a la llibreta, al costat de Ban Ki-moon, el president escriu:

> La situació és molt complicada, tensa i perillosa. Demanem que es faci una via de diàleg, que nosaltres acceptarem. Hi ha diverses personalitats que acceptarien sumar-se a aquesta crida.

A Palau, les peticions per veure el president són contínues. Alguns aconsegueixen trobar-s'hi en persona, però d'altres s'han de conformar a parlar-hi per telèfon. Tothom el pressiona.

Entre els que l'han vingut a veure hi ha el president de Foment, Joaquim Gay de Montellà.

—Si feu la DUI, ara sí, això serà una guerra. I nosaltres ens posicionarem! —li diu en to amenaçador.

—Nosaltres estem pel diàleg. Qui no vol parlar és Rajoy —li replica—. Jo estic pel diàleg. ¿O és que no ho hem de solucionar amb el diàleg?

Gay de Montellà no té arguments:

—Això, jo ja l'hi he dit, a Mariano Rajoy, però no ho vol entendre.

«Aquest home se sent impotent», pensa quan s'acomiada de Gay de Montellà a la porta del despatx. «Però el que no pot fer és venir aquí a Palau i amenaçar-me a mi.»

Miquel Iceta també l'ha vingut a veure. En els propers dies es veuran en diferents ocasions. El líder socialista li explica que està negociant amb la vicepresidenta Soraya Sáenz de Santamaría.

A la llibreta del president s'hi pot llegir:

> MIQUEL ICETA: He parlat amb la vicepresidenta. Li he proposat que acceptin una mediació. «¿Me puedo fiar?», m'ha dit ella.

Li truca l'alcaldessa Núria Parlón.

«Et truco a títol personal, no pas com a alcaldessa de Santa Coloma de Gramenet ni com a res del partit. Estic molt espantada i et demano que no facis la declaració d'independència, que se'ns està trinxant el país... i que estem tornant a l'Espanya del 36. Si em fan triar jo em quedaré aquí, perquè m'estimo Catalunya i no vull aquesta Espanya, però, sisplau, desaccelera», li diu l'alcaldessa, plorosa per la por i l'emoció.

Jordi Ballart, alcalde de Terrassa, li ha fet arribar una carta reclamant-li també que s'aturi. El telèfon bull.

El lehendakari Urkullu, que públicament ja s'ha ofert per negociar, l'hi reitera també en privat, assegurant-li que ho fa amb el vistiplau de Mariano Rajoy. És la primera via que sembla comptar amb l'autorització del govern espanyol. A Urkullu li sembla que Rajoy vol arribar a acords. Utilitzant el sistema de missatgeria de Telegram, durant els propers dies Urkullu i Puigdemont s'enviaran uns quants missatges, tot i que estan tots dos d'acord que els abats de Poblet i de Montserrat podrien ser les persones ideals per certificar l'existència d'aquestes converses i fer arribar discretament algunes informacions. Urkullu i Puigdemont no es veuran, però el lehendakari li demana si té cap inconvenient a trobar-se personalment amb el president del PNB, Andoni Ortuzar. La trobada es concretarà a través dels abats.

Urkullu li ha fet arribar un nou missatge. Una proposta que, interpreta, li ha adreçat a ell i a Rajoy. El text del lehendakari diu:

> Primer paso. Declaraciones coordinadas.
> En relación con la propuesta que remití esta misma semana, sugiero que pueda darse un primer paso de carácter muy concreto. Propongo que, sin necesidad, por el momento, de diálogo directo, ni de mediación alguna, pueda producirse una coincidencia tácita sobre la conveniencia de que se realicen dos declaraciones públicas que tengan un carácter concordante.
>
> Primera declaración.
> El Govern de la Generalitat propondrá dejar en suspenso la Declaración Unilateral de Independencia para poder explorar durante los próximos días y semanas las posibilidades de un proceso de diálogo y acuerdo que ofrezca una solución democrática a la situación creada.
>
> Segunda declaración.
> El Gobierno español valora el anuncio de la Generalitat y si este se confirma manifiesta su disposición a explorar la vía del diálogo y el acuerdo para encauzar por las vías democráticas una solución a la situación creada.
>
> En mi humilde opinión, si en las próximas semanas, horas o días se llegaran a encadenar estas dos declaraciones, el siguiente paso debería ser abrir una comunicación directa entre ambos gobiernos.

No hi té gaires esperances, en aquesta via. «Els bascos sempre juguen a favor seu», pensa. Però és la primera proposta seriosa per resoldre la situació i s'ha d'aprofitar.

Avui en tindrà una segona. És un correu electrònic que Antoni Puigverd ha fet arribar a la seva secretària, Anna Gutiérrez:

Tema: Molt urgent

Anna,
Soc l'Antoni Puigverd, columnista de *La Vanguardia* i gironí. M'ha donat el teu mail en Joan Bagué. Tinc des de sempre el telèfon del president, però no el vull usar per dir-li el que ara et demano que li diguis tan ràpidament com puguis.
No parlo en nom meu, sinó com a missatger de persones de la societat catalana que estan en condicions d'assegurar la proposta d'intermediació internacional. Concretament del Vaticà. Només demanem un temps de coll. Que no es precipiti, per favor. Necessitem un parell o tres de setmanes. El Papa Francesc ens ajudarà segur. Per favor, que no es precipiti. Fes-li arribar tan aviat com puguis aquest missatge. Que no es precipiti, que ja no tindríem marge de maniobra.
Agraït.

Puigdemont li demana a la seva secretària que faci saber a Puigverd que està d'acord a tirar endavant aquesta mediació.

—Em sembla que l'únic que volen és fer-me perdre el temps —diu, tot i donar-hi el seu vistiplau.

La resposta de Puigverd, també per via d'un correu electrònic a Anna Gutiérrez, li arribarà passada la mitjanit, a les 0.11 h:

Tema: Molt urgent

Passa-li aquest altre missatge, sisplau, Anna. Gràcies.

Estimat President Carles,
Magnífic, el discurs d'ahir. Tinc contacte amb una escriptora extremenya que l'ha sentit i n'ha quedat meravellada. Es veu que ella tenia de tu una imatge negativa i de cop li has semblat un polític excepcional. Realment, els espanyols no et coneixen. No et vull cansar, preciso una mica més el que et deia ahir. Tu ja anunciaves en el teu discurs unes quantes iniciatives. En Josep Caminal i Javier Godó van insistir molt al cardenal Omella en el

> sentit d'afavorir una intervenció del Papa i, alhora, la proposta del cardenal Parolín, secretari d'estat, com a mediador. A Rajoy també li podria convenir que el Vaticà el convidés a fer allò que ell no sap, no vol o no pot fer. Voldria pensar que sí. Tot abans d'un xoc sense airbag en el qual pot passar-ho malament molta gent, a part de tu. Molta.
> Javier Godó em diu que es posa a la teva disposició pel que tu creguis convenient. I que comptis amb ell, si et sembla convenient. M'he pres la llibertat de donar-li el teu número de mòbil. Em diu que no el farà servir, per no envair el teu espai. Però sàpigues que el té. Cuida't i molts ànims.

Qui també li ha fet arribar una carta és l'expresident del Parlament Joan Rigol. És una carta llarga, manuscrita com totes les que li ha enviat aquests darrers anys, en què, entre d'altres reflexions, escriu:

> El president Rajoy té al seu davant una opció política: o cerca donar alguna cosa a Catalunya des del constitucionalisme del PP-PSOE-Ciutadans, que a Catalunya no acceptarem com a resposta a la reivindicació, o intenta un diàleg amb l'independentisme català. En un moment emotiu com l'actual, i amb la repressió física i mental de l'Estat espanyol que el retroalimenta constantment, és impossible un diàleg públic. I menys, quan ells són absolutament reaccionaris a dialogar en pla d'igualtat. No volen encara reconèixer Catalunya com a subjecte polític.
>
> Per la nostra part, hem de ser conscients que una independència pacífica implica necessàriament una negociació amb l'Estat espanyol. Avui, al meu entendre, cap partit espanyolista, i menys el PP, s'asseuran a negociar la nostra independència.
>
> Vist aquest bloqueig, ¿fins on pot arribar l'independentisme en una hipotètica i avui utòpica negociació? Crec que el nostre límit negociador seria acordar en el marc de la nostra futura i sobirana constitució catalana el reconeixement d'una relació específica amb Espanya (ex: coordinació en seguretat, o militar, o en aspectes culturals, etc.), però sempre en el marc de la nostra sobirania.

> ¿Què podrien oferir-nos ells, com a màxim i en el marc de l'única sobirania espanyola? a) acceptar constitucionalment que Catalunya és una nació, i així sortir de l'«estat autonòmic»; b) que per a això consti constitucionalment la «sobirania catalana» en llengua-cultura-educació; c) agència tributària pròpia que recapti tots els impostos amb criteris d'ordinalitat, solidaritat i de control compartit; d) presència pròpia a institucions internacionals (Unesco...). Crec que això és el màxim que poden donar-nos.
>
> ¿És possible una negociació entre aquests dos límits? Caldria prospeccionar-ho. Però sempre amb la votació del poble català.

«Aquestes reflexions estan molt bé, però cap de les ofertes possibles de l'Estat no les veig a la cantonada», pensa mentre llegeix la carta. De fet, s'adona que Rigol tampoc; que el que li fa són reflexions a llarg termini. L'expresident l'hi deixa clar en el darrer fragment de la carta:

> Evidentment, aquestes reflexions se situen en un estadi molt lluny d'on som avui. Però el meu oncle Cinto, quan m'ensenyava a llaurar amb el matxo i l'arada, em deia que havia d'estar atent a la rega i també al final del solc on s'havia d'arribar.

Entre trucada i trucada repassa les notes que té a la llibreta. No paren d'arribar-li missatges contradictoris de la situació que es viu a la Moncloa. Acaba de penjar el telèfon després d'una estona de conversa amb el secretari general de la UGT.

> PEPE ÁLVAREZ: He parlat amb Rajoy. Si no hi ha una DUI està pel diàleg, frenarà els seus radicals. Vol la negociació. Si aposten pel diàleg, em sembla que és un gest de valentia.

Prendre notes l'ajuda a pensar. Al cap de poques hores ja ha omplert unes quantes pàgines:

> ANTONI ABAD (CECOT): Volem unir procés amb progrés. La no declaració no l'entendríem. Cal tenir una intel·ligència atrevida.
>
> TONI CAÑETE (PIMEC): Imaginació i dedicació. Cal anar més junts que mai. Des de la taula de la democràcia vam treballar perquè l'aturada general fos un èxit. Estem al darrer quart del partit, però comença el joc brut.
>
> PAU RELAT: Hem aconseguit el que no pensàvem que tindríem. Faran barrabassades igualment, fem el que fem.

Li truca també el cardenal Omella. El pressiona perquè no faci la declaració d'independència i l'adverteix que si ho fa es trencaran totes les possibles vies de diàleg. El cardenal Omella i el cardenal Carlos Osoro, arquebisbe de Madrid i vicepresident de la Conferència Episcopal Espanyola, s'han implicat també en la recerca d'una solució. Omella li explica que tots estan treballant per trobar una sortida, però li demana sobretot que no faci la DUI.

«Què deu estar passant a la Moncloa?», es torna a preguntar.

La resposta la té Josep Rius, el seu cap de gabinet, que aquests dies està en contacte permanent amb el seu homòleg a la Moncloa, Jorge Moragas. Moragas li parla de «los buenos» i de «los malos».

«Això em lliga amb el que m'està dient tothom i que ja intuíem fa temps. En Pepe Álvarez m'ha fet saber que en Rajoy no té ganes d'anar més enllà. L'Iceta em diu que estan disposats a fer alguna cosa, però que no se'n refien de mi...»

Avui, però, segons li explica Rius, Jorge Moragas ha fet un pas més:

«Estàvem parlant de la situació i, de cop, ha començat a dir-me que era veritat, que el referèndum l'hem guanyat: "L'heu fet", m'ha dit. "Heu fet un referèndum. I encara que no en sou prou per declarar la independència, el cert és que hi ha un abans i un després".»

Rius ha entrat corrents al despatx de Puigdemont per explicar-l'hi.

«Si Moragas diu això, que hi ha un abans i un després, és que ho han entès. I si Urkullu diu que negocia amb coneixement de Rajoy, és que alguna cosa es mou.»

Divendres, 6 d'octubre

Avui el govern suís s'ha ofert com a mediador en el conflicte. Segons explica aquest matí la ràdio RTS, la Ràdio Televisió Suïssa, el Departament d'Afers Estrangers suís assegura que està preparat per establir una plataforma de diàleg entre l'executiu català i l'espanyol per rebaixar la tensió i buscar una via negociada.

El conseller Romeva li explica que les ofertes de mediació són contínues. El govern suís, abans que s'hagi fet pública la informació d'aquest matí, sembla que s'ha ofert en privat a Alfonso Dastis, ministre d'Exteriors espanyol, per organitzar un espai de diàleg entre tots dos governs. Dastis ho hauria rebutjat. Els executius de Bèlgica, Dinamarca, Finlàndia, Eslovènia, Suècia i l'Uruguai també s'han interessat per la situació. El govern espanyol, però, continua sense acceptar cap mediació internacional.

Ha encarregat a un grup de persones de confiança un informe diari sobre la situació. El d'avui ja el té sobre la taula del despatx. És llarg i aclaridor:

> La situació a 05/10/2017
> **Oportunitats:**
> a) Estem més a prop que mai d'una Declaració d'Independència.
> b) El suport popular a aquesta DI és molt fort i pot anar creixent si anem associant independència amb democràcia i república: l'únic camí per construir un estat democràtic del segle XXI és la república, i aquesta només és possible, de moment, a Catalunya.
> c) Ara ja no estem en l'escenari on la DI és la conseqüència directa del referèndum i prou, però encara podem crear unes condicions molt millors per fer la DI com a resultat d'un procés revolucionari

basat en la no-violència i com a mesura per protegir els drets —i les vides— de la societat civil.

d) Només amb la DI generarem les primeres fissures en la situació actual de la UE. Això, i el manteniment de la posició tancada a la negociació per part de l'Estat espanyol, amb l'enduriment de la repressió policial, provocarà els primers reconeixements internacionals i l'acceptació del paper de mediador de la UE.

e) Hem de poder fer front al funcionament ordinari de la Generalitat, pagant els sous dels treballadors públics i les factures de proveïdors a finals d'octubre. Serà una mostra de solidesa quasi definitiva.

f) A Catalunya creix molt ràpidament la percepció que aquesta UE no és la que volem. Llançar la idea que quedarem fora de la UE i que serem nosaltres, en referèndum, que decidirem si volem demanar-ne l'entrada pot ser molt oportú en aquests moments.

g) Comença a córrer informació sobre l'EFTA com a alternativa per mantenir les relacions econòmiques amb la resta d'Europa. Aquesta alternativa va vinculada al punt anterior i també caldria posar-la sobre la taula ara mateix.

Amenaces:

a) Fent la DI ens podem quedar sols un temps que se'ns pot fer molt llarg.

b) Fer la DI necessita tenir a punt l'estructura judicial pròpia, mantenir l'estructura policial actual intacta i disposar dels recursos econòmics suficients per actuar com un estat almenys els primers sis mesos (termini suficient per fer trontollar l'estabilitat econòmica de l'EE).

c) Just després de la DI serà quan la pressió econòmica (interna i externa) serà més forta.

d) La intervenció policial a Catalunya, abans de la DI, anirà enfocada a impedir-la (detencions de diputats, govern...).

e) La intervenció policial a Catalunya pot ser encara molt més forta després de la DI. Per la via que sigui —155 o 116—, intentaran justificar l'assalt al Parlament i al Palau de la Generalitat.

f) Quan la intervenció policial generi víctimes, la primera reacció serà de repulsa, però també de molta por. Les mobilitzacions perdran

suport numèric i serà difícil controlar la resposta violenta des d'alguns grups independentistes i, especialment, dels infiltrats que atiaran el foc.
g) La UE mantindrà la posició coneguda, sense fissures, mentre no declarem la independència.
h) Preparem-nos, a més, per rebre alguns primers reconeixements que poden fer més mal que bé, sobretot interiorment (Israel, Veneçuela...).

Debilitats:

a) Només comptem amb la força de la resistència pacífica de la gent per oposar-nos a la força policial armada. Estem posant en risc la vida de molta gent.
b) La manca d'informació genera intranquil·litat i aquesta porta a la desmobilització. A hores d'ara, la població desconeix si existeixen plans per actuar en qualsevol dels escenaris previstos, començant pels més complicats.
c) No disposem d'un sistema bancari propi (ningú el té), i això pot ser bo o dolent, segons com es miri. Si hi ha alternativa, cal explicar que existeix i que, arribat el moment, es farà pública (tot i que s'ha de dir que hi ha confiança en els bancs que, avui, operen a Catalunya).
d) El front polític independentista, i encara més el sobiranista, és divers i amb estratègies ben diferenciades.

Fortaleses:

a) Tenim una àmplia majoria social mobilitzada i disposada.
b) El govern, després de l'acció urnes/paperetes, té tota la credibilitat. Malgrat la confiança en el govern, però, potser ara ja caldria explicar que també hi ha plans A, B, C, i més per actuar intel·ligentment en cada cas.
c) La capacitat de resistència pacífica és molt gran i pot anar creixent fins que la policia espanyola incrementi la seva violència. La seva violència es torna en contra seva i a la UE, després de la crida al diàleg, li serà difícil seguir mantenint que és «un assumpte intern d'Espanya». Ho hem de convertir en un assumpte intern d'Europa.

d) Qualsevol intent d'ocupar el Parlament i el Palau de la Generalitat ha de ser impedit pels Mossos i la resistència pacífica. Les característiques dels espais de l'entorn hi ajuden. Sembla fàcil bloquejar els accessos i controlar-los.
e) Arribat el moment límit d'enfrontament al carrer, hem de canviar d'estratègia i dirigir la capacitat de mobilització cap a la desobediència civil en relació amb la hisenda espanyola i la banca que mantingui el bloqueig de comptes a la Generalitat.
f) Tenim imaginació, capacitat de modificar els plans ràpidament i intel·ligència col·lectiva que ens permet actuar de forma improvisada sense trencar l'estratègia comuna.
g) El front antiindependentista, a Catalunya, està dividit, i amb les actuacions policials d'aquests dies —i els que vindran— encara ho estarà més. Els primers símptomes de dissensions internes entre els alcaldes del PSC, sobretot en relació al paper del PSOE, han de ser aprofitats per acabar d'aprofundir l'escletxa existent internament, especialment entre PSC i PSOE. Cal anar deixant sols C's i PP.
h) Podem mantenir l'euro com a moneda pròpia sense haver de demanar permís a ningú. Les autoritats econòmiques europees no s'hi oposarien, per raons de mercat i d'eficàcia.

Conclusions:

1. Mantenir l'oferiment de diàleg i la petició de mediació ha de ser la línia principal del debat al Parlament del dia 10.
2. Encara que en general no s'ho mereixen, hem de fer nostra la petició quasi unànime del Parlament Europeu de diàleg. Ateses les circumstàncies i l'actitud del govern espanyol, per això demanem mediació, i millor que sigui internacional.
3. El diàleg ha de comportar la retirada de les forces policials i la congelació de tots els expedients judicials oberts. El diàleg no pot ser en un ambient de pressió policial i judicial.
4. Si abans del dia 15 no hi ha resposta afirmativa a aquest oferiment, aquest dia es procedirà a la Declaració d'independència.
5. Demanar al Parlament l'autorització perquè el president i el govern puguin fer una DI en el cas que la resposta del Govern espanyol

sigui l'inici del procediment per a l'aplicació del 155 o del 116 o la detenció de diputats per impedir el quòrum suficient.

6. Aprofitar el ple del dia 9 per tranquil·litzar la població, explicant el que es pugui dels plans del govern i demanant la confiança en el que no es pugui explicar. Estigui lligat, o encara no, s'ha de dir que a finals d'octubre la Generalitat farà front al pagament dels seus compromisos (sous dels treballadors públics, factures amb venciment aquest mes, etc.).

7. CRIDA A FER VIDA NORMAL, però a respondre massivament i pacíficament a qualsevol provocació.

El periodista i escriptor Rafael Nadal també li ha fet arribar les seves reflexions. El president demana al seu equip que les analitzin i n'hi facin un informe.

[redacted]

En té una pila, de notes i informes, sobre la taula.

«Però al final només hi ha una decisió. I l'hauré de prendre jo. No sé si estem preparats per a tot el que ens ve a sobre. I quan parlem de resistència pacífica, no sé si és tan fàcil. Em fa por que hi hagi incidents. I jo ho puc aguantar tot, menys que hi hagi un enfrontament civil.»

El president no es treu del cap el que Moragas li va dir ahir a Rius.

«Si el cap de gabinet de Rajoy ens ha reconegut que hi ha un abans i un després de l'1-O, és que ho fa amb autorització. Aquesta hauria de ser la via bona.»

Les converses entre Moragas i Rius continuaran al llarg del dia. Ell no hi parlarà mai, amb Moragas, però seguirà molt de prop les converses.

Els dos caps de gabinet tenen una relació fluida. Tant que fins i tot, sense dir-s'ho, s'han fet tots dos un compte de Gmail per intercanviar-se correus electrònics. Quan Rius rep el primer correu de Moragas des d'un compte de Gmail, m[redacted]@gmail.com, n'intueix ràpidament el motiu:

«No vol que quedi cap registre. Tot el que m'envia són mails que no tenen cap segell de la Moncloa.»

Decideix fer el mateix a partir d'ara i es fa un compte de Gmail. v[redacted]@gmail.com.

El president no para de rebre pressions de tota mena.

«Em sembla que la DUI no la vol ni el meu govern», ironitza.

Rius continua parlant amb Moragas. El cap de gabinet de Rajoy li torna a reconèixer que després de l'1-O tot és diferent. En un moment donat, li truca des de la Moncloa per dir-li:

—Escolta. Ara et passaré una proposta, a veure què et sembla.

—¿Una proposta?

—És un paper que no hem escrit nosaltres però que ens sembla que pot anar bé, i que te'l faig arribar a veure què us sembla. Ja em diràs què en penseu.

Quan Rius li demana si li pot avançar de què es tracta, Moragas no té cap inconvenient a llegir-l'hi de dalt a baix, en castellà, però fa una cosa ben estranya: cada deu segons fa una pausa per dir «esto no es un documento oficial». Cada deu segons s'atura i li repeteix «Insisto: esto no es un documento oficial», com si fos una falca publicitària repetitiva.

«És evident que tem que l'estiguin gravant i que es vol curar en salut», interpreta ràpidament Rius. «¿Per què, si no, m'ho ha d'anar dient cada deu segons, si després me'l passarà per mail sencer? Té por que l'estiguin enregistrant. ¿Qui? ¿Els seus?»

El document, sense cap segell oficial ni cap signatura, i que Rius no trigarà a rebre al seu compte de Gmail, té diversos punts. Puigdemont i Rius se'l repassen junts al despatx del president.

En primer lloc, s'admet que l'1 d'octubre s'ha celebrat una votació a Catalunya, i que això comporta que hi hagi un abans i un després d'aquest dia. S'hi fa constar, a més, que, vista la situació, el govern espanyol admetria que ara al Parlament de Catalunya constituís una comissió que es digués 1 d'Octubre. Aquesta comissió, s'afirma, a banda d'analitzar la violència i la repressió que hi va haver en aquesta data, també hauria de formular una proposta política que s'enviaria posteriorment al Congrés dels Diputats per ser debatuda. Els dos governs, es reconeix en el text, són conscients de la complicada situació política actual i es comprometen a buscar vies de solució. S'hi detalla fins i tot el compromís a posar fi a l'actual intervenció financera de la Generalitat.

«Moncloa reconeix per primer cop que l'1-O va existir i es vol asseure a parlar-ne. S'ha obert una via. Sembla que s'ha obert una finestra de diàleg.»

Ni ell ni Rius no en tenen cap dubte, que és un inici de negociació.

El president continua rebent visites a Palau. S'escolta tothom. Hi passen els empresaris Emilio Cuatrecasas i Marian Puig. Tots dos li expliquen que estan en contacte amb el govern Rajoy i coincideixen a dir que el govern del PP està del tot dividit, i que el president del govern no té ganes d'aplicar el 155. El president els autoritza a obrir les vies de diàleg que considerin.

Josep Oliu, de Banc Sabadell, també ve a Palau. Li ve a explicar el trasllat imminent de la seu social de l'entitat fora de Catalunya. També ho fa Jordi Gual, de CaixaBank. Venen per separat. Se'ls escolta educadament.

«Han estat correctes. Han vingut amb la decisió presa, a comunicar-me que els accionistes els pressionen, que ells temen pèrdues molt grans, i que la gent està preocupada i està canviant els dipòsits de lloc. Totes les explicacions me les han fet en termes econòmics, escèptics, com si ells no tinguessin posicionament. I en sentir-los ja m'he adonat a l'instant que venien amb la decisió presa.»

«Jo no crec que hi hagi motius per marxar de Catalunya, però no et puc garantir que no farem la DUI. Això ara és en mans del govern del PP», els ha dit. Ha parlat clar. Ho fa amb tothom qui el ve a veure o li truca. Hi ha una allau de gent que vol parlar amb ell. L'oficina del president filtra més que mai les trucades i les visites. Només li passen les imprescindibles. Veuen el president esgotat i s'han conjurat tots per deixar-li estonetes lliures a l'agenda.

«Hem d'insistir en el diàleg. Hi ha una llum al final del túnel —li diu a Oriol Junqueras, l'únic amb qui parlarà obertament dels detalls de la negociació—. He detectat que hi ha voluntat del govern espanyol de dialogar; ens diuen que han entès l'1-O i que li volen donar valor polític.»

Li explica que hi ha una proposta però sense precisar que hi ha un document escrit sobre la taula —de fet, no porta cap segell ni hi ha estampada cap signatura—, i li'n detalla els punts principals.

«Crec que en aquests moments la nostra responsabilitat és negociar. Sobretot si tenim en compte el que li diuen a Romeva tots els ambaixadors que li estan trucant. Crec que internacionalment ens va a favor que els catalans donem la imatge d'apostar per la via dialogada», li diu.

Junqueras hi està d'acord.

Sense tant detall, el president trasllada la situació a la reunió de l'estat major. Hi ha un assentiment general que cal aprofundir en aquesta mediació. Se sent autoritzat per continuar amb les converses, però només falten tres dies per al ple del Parlament.

Urkullu li ha enviat un missatge al mòbil: «Estimado President! Hoy he efectuado diversas gestiones en relación a nuestra conversación. En todas las instancias. He hablado con diversas personas institucionales. Aunque sé que le han llegado mis mensajes y el contenido de mis planteamientos, todavía no he recibido llamada del Presidente del Gobierno español. Quizás habría que pensar en cómo modular el planteamiento de posposición de la DUI sin que el hecho de posponerlo pueda suponer una "amenaza" para quien está reclamando "la vuelta a la legalidad". Quedo a disposición».

L'ha respost de la manera més simple: «Recibido».

Dissabte, 7 d'octubre

«14.31. Hola, lehendakari. Ayer contactó conmigo el abad de Poblet. Le puse al corriente. No sé si tienes algún retorno.»

«14.48. Estimat President! Sí, estoy en conversación con los Padres Abad de Montserrat y de Poblet desde el miércoles. Soy conocedor de las conversaciones. Yo ya he limitado al máximo posibles interlocutores que hasta ahora he mantenido. Si te parece, además de la relación directa entre ambos, tú y yo utilizamos la vía mencionada para depósito de un esfuerzo en un tercero (los Padres Abad) que me merecen el máximo respeto. Me hacen llegar sus conclusiones tras sus encuentros. Sus conclusiones las oriento en una comunicación al Presidente del Gobierno español, como es el caso de un correo que hoy, esta mañana, he enviado y del que, a pesar de que sé que lo tiene en sus manos, no he recibido respuesta. Me hallaba ahora escribiendo a los Padres Abad para transmitirles más reflexiones de última hora. Me han ofrecido un encuentro con el Presidente M. Rajoy de la misma manera que me tienes a tu disposición para si lo consideras pertinente en el momento que fuere.»

L'ha respost immediatament: «14.52. Gracias. Tengo plena confianza en los abates, por un camino o por el otro podemos canalizar información y reflexiones».

«14.53. De acuerdo!»

Diumenge, 8 d'octubre

S'ha llevat sentint el comunicat de l'organització internacional no governamental The Elders: «"The Elders expressa la seva profunda preocupació davant la recent confrontació violenta a Catalunya i urgeix totes dues parts a buscar una solució pacífica a través del diàleg", ha anunciat aquest matí l'organisme creat per Nelson Mandela i Graça Machel (l'activista social en favor dels drets dels nens a

Moçambic i parella de l'exdirigent sud-africà) i presidit per Desmond Tutu. En el text s'assegura que "la crisi constitucional que hi ha a Espanya exigeix diàleg i no confrontació". Ban Ki-moon és un home de paraula».

«És molt important, aquest comunicat. I confio que a Madrid l'hagin sentit, perquè ara la meva esperança és en la negociació que hem obert amb Moncloa.»

Avui sopa amb el president del PNB, Andoni Ortuzar, que ha vingut a Palau. Hi és també Marta Pascal.

—Si renunciáis a la independencia, el gobierno de Madrid hablará de lo que queráis —li comunica el líder basc, que li confirma que aquest mateix matí s'ha vist amb Rajoy—. En Madrid quieren desescalar. Pero tenéis que renunciar a pronunciar la declaración de independencia.

Puigdemont és clar:

—Si realmente hay voluntad de hablar, puedo comprometerme a aplazar la declaración, pero no a no hablar de ello. Si hay acuerdo, debe pasar necesariamente por la creación de un espacio de negociación o de conversación en el que el referéndum esté sobre la mesa.

La proposta, interpreta, lliga perfectament amb la que li va fer arribar fa dos dies el lehendakari, en la qual aquest li proposava «dejar en suspenso la Declaración Unilateral de Independencia para poder explorar durante los próximos días y semanas las posibilidades de un proceso de diálogo y acuerdo que...».

Ortuzar hi insisteix:

—En Madrid tienen mucha presión. En Europa todo el mundo les pide que negocien.

—Si tanta prisa tienen, si de verdad les interesa, lo que tenemos que hacer es sentarnos a hablar ya. Y si nos sentamos a hablar, yo suspendo los efectos de la declaración de independencia.

Però no. A Madrid, li diu el líder basc, no volen parlar fins que no hi hagi una renúncia explícita a la independència.

—Eso no pienso hacerlo —insisteix Puigdemont.

El líder basc insisteix a explicar-li una vegada i una altra que la situació interna del PP és molt complicada.

—El presidente Rajoy no tiene ganas de aplicar el 155. En realidad, no quiere hacerlo, lo que pasa es que le aprietan mucho.

—Eso no puedo hacerlo, no puedo aplazar el pleno —replica Puigdemont. Però se li acut una solució—: En todo caso, podría hacer el pleno y aplazar la declaración unos días. Puedo hacer eso. Pero no puedo borrar la declaración del mapa. Está y debe formar parte de la negociación.

«Entenc que el PNB hi ha posat molt bona voluntat, i que té ganes que arribem a acords. Però no em demanen pas que desacceleri; el que em demanen és que em rendeixi, i això no ho podem fer.»

Avui el govern ha proclamat els resultats definitius de l'1-O: 2.286.217 catalans hi van participar; 2.044.038 van votar que sí; 177.547 van votar que no, i hi va haver 44.913 vots en blanc. Ara, tal com diu la Llei del referèndum, tot està a punt per proclamar la independència al Parlament. El ple és demà passat.

—No puc desconvocar el ple. No puc i no vull.

—No declaréis la independencia —li torna a demanar Ortuzar. Més que una petició és un prec. És el mateix prec que li fa tothom que el ve a veure—. Si la declaráis, cerraréis la puerta a cualquier negociación.

—Lo único que puedo hacer para justificar que el martes no pronunciemos la declaración de independencia en el Parlament es explicar que se ha abierto una ventana de diálogo. Que se ha puesto en marcha la creación de un espacio de diálogo y que necesitamos tiempo.

Durant el sopar Ortuzar li ha parlat també de la possible creació d'una comissió d'investigació de la violència de l'1-O al Parlament. I li ha arribat a dir que té la garantia del PP que, si es crea, els diputats populars al Parlament hi assistirien.

«Això que em proposa el PNB lliga perfectament amb el document que ens ha enviat Moragas, que també parla d'una comissió al Parlament», pensa. Finalment, decideix preguntar-l'hi directament.

—¿Estás al tanto de un documento que nos ha enviado Moncloa?

El president del PNB està al cas del document de Moragas. Puigdemont fins i tot es diu que potser l'han redactat els bascos, però no l'hi pregunta.

—Si hay un reconocimiento político del uno de octubre —diu, prenent la paraula—, y eso nos permite hacer política a partir de ahora y ponernos a hablar, yo me comprometo a no hacer nada irreversible. Porque es coherente con lo que nosotros siempre hemos mantenido. ¿Qué queremos nosotros? Que el Estado se siente a negociar. Si ahora lo que estamos haciendo es crear las condiciones para que eso sea posible, pues fantástico. Eso será un gran resultado, y yo me comprometo a no ir más deprisa de la cuenta.

El president ja ha fet saber als seus, a ERC i a la CUP que dimarts proposarà una moratòria de l'aplicació de la declaració d'independència.

La discussió s'ha centrat en quant de temps es donen. «¿De què estem parlant? ¿D'obrir una finestra de negociació de dies, de mesos, d'anys?», li ha preguntat tothom. Ell creu que com a molt d'unes setmanes. La CUP li ha acceptat que com a molt sigui d'un mes.

Dimarts, 10 d'octubre

Des de bon matí ja hi ha gent que volta per la rodalia del Parc de la Ciutadella, expectants perquè avui és el dia que el Parlament ha de votar la DUI.

El president, però, vol donar més temps a les negociacions. Se les creu. I creu que poden arribar a bon port. S'imagina els representants dels dos governs asseguts en una mateixa taula i negociant políticament possibles solucions.

«Hem de donar temps per a la negociació. I per això necessito el vistiplau del consell executiu.»

A les deu del matí, tots els consellers són a Palau.

Just abans d'entrar, Rius li comenta que continua en contacte amb Moragas. Hi ha tingut una conversa aquest matí i han estat parlant de la situació del president Rajoy. El president se l'escolta atentament i, en acabat, s'anota a la llibreta les conclusions que en treu:

> No acceptarà una mediació. Està marejat. La DUI li genera un problema. L'estan acusant de tou (la premsa, Ciudadanos, part del PP). Cal que avui no es prengui cap decisió irreversible. Si ho fem, dimecres hi haurà reacció. Si no, en un termini prudent, obriria una via de diàleg.

I tot seguit s'encamina cap a la Sala de Govern.

—Escolteu. Heu de saber que estem tenint contactes que ens podrien dur a una negociació amb el govern espanyol.

Sense entrar en detalls, els parla d'Urkullu, del paper d'alguns bisbes que també estan parlant amb el vicepresident Junqueras i de la Moncloa, i els demana temps per negociar.

—¿Estem parlant de suspendre el ple d'aquesta tarda? —li pregunten.

—No. El ple s'ha de fer. Ens vam comprometre a dur al Parlament els resultats de l'1-O, i això és el que farem. Però allà explicaré que ens donem un temps per al diàleg.

El president obre un torn de preguntes. Com ja ha fet en alguna ocasió aquests darrers dies, pren notes al bloc. Tothom hi diu la seva. A la llibreta queda resumit d'aquesta manera:

> SANTI VILA: Remarca que som el govern de tots. Pensem bé el que estem a punt de fer. Mediació!
>
> VICEPRESIDENT: Mobilització cap a la mediació.
>
> TONI COMÍN: Habilitar una segona votació. Repressió de l'Estat i després vindrà més legitimitat.
>
> CLARA PONSATÍ: La finestra d'oportunitat a la premsa europea es pot tancar molt ràpidament. Com més temps ens donem, menys podrem jugar. No hi haurà cap proposta de mediació fins que no

hàgim fet la DI. Hem de deixar de ser comunitat autònoma, perquè hi hagi mediació.

CARLES MUNDÓ: La mediació justifica que ens donem una mica més de temps. Els efectes pràctics de la DUI seran la supressió de les institucions catalanes, presó i exèrcit als carrers. Cal un pla de contingència per si hi ha detencions.

MERITXELL SERRET: L'única força que tenim és la gent. Potser és més recomanable precipitar la repressió cap al govern, i que no caigui sobre la població.

JOSEP RULL: L'escenari de la repressió és brutal. Declarem i obrim un procés de transitorietat. Hem d'arribar a les constituents. No ho tindrem mai tan bé com ara.

QUIM FORN: Unitat política i ciutadana. ¿Com legitimem cada pas que fem? No podem fer bestieses. Hem de mantenir la base social.

MERITXELL BORRÀS: Alerta a perdre els comuns. Insisteix en la mediació. S'ha de quantificar la Declaració, però Espanya no ho entendrà. Cal pensar plans de contingència.

LLUÍS PUIG: Anar dilatant ens perjudicarà perquè hi haurà molta més repressió. Podem mediar, però després de la DUI.

DOLORS BASSA: ¿Podem dir qui són els mediadors? Hem de posar una data límit. L'aturada general no era per la DUI.

JORDI TURULL: Potser no arribarem al ple. Però la primera garantia ha de ser aquest govern. Insisteix en la mediació.

Hi ha una majoria partidària de mantenir oberta aquesta «finestra de diàleg», tot i que alguns consellers hi discrepen obertament (és el cas de Clara Ponsatí) i altres hi afegeixen alguns matisos. Lluís Puig és el conseller que està més a prop dels postulats de Ponsatí. A ell també el preocupa que tot plegat es dilati massa i la DUI acabi perdent sentit.

En parlen una estona llarga. Són conscients que el ple del Parlament és d'aquí a poques hores i que això pot generar frustració.

—Sí. Però jo em veig amb cor d'explicar-ho.

—¿Això què vol dir? ¿Un mes? ¿Sis mesos? ¿Un any? ¿Dos anys? ¿De què estem parlant? —li insisteixen.

—Això podria ser una trampa, aquesta finestra que obrim —li diuen.

—Sis mesos em semblaria un termini raonable —tanca ell.

Tothom assenteix, però al president el preocupa que les diferències d'opinió que hi ha entre ells transcendeixin públicament al cap de poques hores, com ja ha passat en altres consells executius.

—No en faig prou, amb el que hem dit fins ara. Les posicions estan molt clares, però el que jo us demano és que, prenguem la decisió que prenguem, l'assumim tots com a govern. La situació és prou rellevant perquè aquest sigui un acord de govern assumit per tothom. Per això us demano que avui, excepcionalment, posem l'acord a votació i que la votació sigui secreta.

No ho havien fet mai.

Han col·locat una urna darrere del Tàpies que hi ha a la sala on es fan les reunions de govern. ¿Fan la DUI o obren la finestra d'oportunitats que sembla haver-hi arran de les converses d'aquests darrers dies? Això és el que han de resoldre. «¿Esperem uns dies a veure cap on van les converses?» Aquesta és la pregunta.

—Jo el que no vull és que després ningú acusi de traïdor ningú.

«I per tant, votarem», pensa.

Tots els consellers s'aixequen, un a un, i voten. Tots menys Junqueras, que fa el ronsa.

—Vicepresident, ¿tu no votes? —li pregunta Turull, molest.

—El president ja sap quina és la meva opinió —es limita a dir.

Puigdemont també li fa un retret amable:

—Home, vicepresident, ¿vols dir?

En lloc de fer el gest d'anar a votar, Junqueras argumenta la seva postura i desgrana arguments a favor i en contra de totes dues opcions.

La consellera Ponsatí, que s'ha expressat clarament a favor de la DUI, també li retreu que no voti.

—El president ja sap el que penso —torna a dir com a única resposta.

El resultat del recompte és clar. Hi ha un conseller que no ha votat, i la resta, tots menys un, s'han pronunciat a favor d'obrir la finestra de diàleg.

El vot és secret, però tothom dona per fet que el vot discrepant és de Ponsatí. La consellera, d'altra banda, no se n'amaga.

«He sigut jo. Si no fem la DUI perdrem capacitat de negociació», els diu.

Perplexos per la negativa de Junqueras a votar, surten en grups del consell executiu.

Acabada la reunió, el president es reuneix amb els Jordis i els comunica la decisió. Les entitats sobiranistes l'accepten. No l'aplaudeixen, però l'accepten. El que més greu els sap és que s'han passat tot el dia convocant la gent a sortir al carrer per celebrar la proclamació de la independència, i ara els diuen que se suspendrà.

Just a aquesta hora l'assemblea del Comitè de les Regions de la UE està reunida a Brussel·les i aborda la situació a Catalunya. Abans no se celebri el ple del Parlament, el president del Consell Europeu, Donald Tusk, demana públicament a Puigdemont que s'aturi: «Són temps extraordinaris per a Catalunya i per a Espanya. Per això, permetin-me enviar un missatge al president de la Generalitat de Catalunya, el senyor Carles Puigdemont, poc abans del seu discurs. L'hi demano no només com a president del Consell Europeu, sinó també com a ferm creient de la UE, en la unió en la diversitat, com a membre d'una minoria ètnica i regionalista, com un home que sap el que és ser colpejat per les porres de la policia. Com a algú que entén els arguments i emocions dels dos costats. Fa uns dies vaig demanar a Mariano Rajoy que busqués solucions sense l'ús de la força. Que busqués el diàleg, perquè la força dels arguments és millor que els arguments de la força. Avui, li demano a ell que respecti en les seves intencions l'ordre constitucional i no anunciï una decisió que faci impossible el diàleg».

El lehendakari Urkullu segueix els esdeveniments.

«Abriré una puerta a la negociación. No declararé la independencia y ampliaré el plazo para dar tiempo a las conversaciones que estamos teniendo estos días», li explica a Urkullu.

A través de la seva secretària, Anna Gutiérrez, li fa arribar el text que llegirà més tard al Parlament. En llegir-lo, el lehendakari fa arribar la seva valoració directament a Mariano Rajoy. És un quart de sis de la tarda. El ple està convocat per a les sis, d'aquí a tres quarts d'hora. La carta a Rajoy diu:

> ¡Estimado Presidente!
>
> A la hora que nos hallamos, si se cumple lo que sospecho que puede ser la parte nuclear de la intervención del President Puigdemont, lo interpretaría con un símil futbolístico: en lugar de juego vertical y pase hacia delante, es un pase lateral en horizontal que incluso alguno interpretará como un pase hacia atrás.
>
> Convendría una valoración prudentemente positiva y mostrar la disposición al diálogo incluso en el ámbito parlamentario catalán, además de otros canales que se utilicen, y en el Congreso de los Diputados.
>
> Atentamente,
>
> IÑIGO URKULLU RENTERIA
> Lehendakari

El ple està convocat a les sis de la tarda. A dos quarts de set encara no ha començat. Tot i que des de Palau s'insinua que el retard en l'inici del ple es deu a una trucada de Donald Tusk al president, i que això és el que a hores d'ara estan dient tots els mitjans de comunicació per explicar l'endarreriment de la sessió, res més lluny de la veritat.

El que passa és que a la CUP no li ha agradat el canvi de guió i amenaça d'abandonar el ple. Els cupaires estaven al cas que el president proposaria una moratòria de la DUI (el president ho havia explicat dissabte a Quim Arrufat), però ningú els havia avisat que durant la sessió d'avui no es llegiria la declaració d'independència.

Els diputats de la CUP volen que es llegeixi i ell no ho vol fer. És una discussió que ja fa dies que s'arrossega.

—Aquesta declaració no l'he de llegir jo. La Llei del referèndum és molt clara: la independència l'ha d'assumir el Parlament, i no el president —argumenta.

Fa uns dies la presidenta Carme Forcadell i altres membres de la mesa del Parlament —entre ells Joan Josep Lluís Nuet i Antoni Guinó— ja van anar a veure Puigdemont a Palau per proposar-li que fos el president qui proclamés la independència des del Parlament. Van rebre un NO majúscul com a resposta:

—La declaració d'independència és un acte parlamentari. No és l'executiu qui ha de declarar la independència. L'executiu, en tot cas, ha d'aplicar-ne els efectes. Però la independència l'ha de declarar el Parlament.

Avui ha tornat a sortir la discussió de qui ha de llegir el text de la declaració d'independència. Finalment s'ha arribat a l'acord que el llegeixin els diputats independentistes al Parlament un cop acabada la sessió.

El ple ja va amb una hora de retard. La gent està impacient. Corren tota mena de rumors. Milers de ciutadans omplen el passeig Lluís Companys de Barcelona per celebrar la proclamació de la nova República. N'hi ha que hi són des de mig matí. Hi ha gent de totes les edats i amb estelades i pancartes de tot tipus. Hi ha qui s'hi ha instal·lat amb tot l'equipament: cadires de càmping, neveres amb cava fresc per destapar-lo quan sigui l'hora... Famílies senceres, estudiants, jubilats i, sobretot, molts mitjans de comunicació internacionals. N'està ple. Avui s'han acreditat un miler de periodistes, al Parlament de Catalunya, per seguir la proclamació. Però també hi ha un miler de periodistes més escampats per l'exterior de l'hemicicle que ja fa hores que es dediquen a entrevistar la gent que va arribant a la zona.

El Parc de la Ciutadella és un búnquer. No s'hi pot entrar sense acreditació.

L'expectació és immensa. A fora del Parlament, però també a dins.

Mai hi ha hagut tants mitjans acreditats. Els corresponsals de televisió gairebé es toquen colze a colze. No hi ha més espai. Als llocs destinats habitualment a premsa no hi cap ni una agulla. Hi ha tanta gent que als passadissos dels Passos Perduts del Parlament, on treballen els mitjans de comunicació, no s'hi pot estar de la calor que hi fa. S'han habilitat totes les sales possibles per seguir el debat. El saló dels Canelobres és ple de ràdios i televisions que fan programació especial en directe.

Finalment, a les set, el president Carles Puigdemont entra a l'hemicicle per pronunciar el seu discurs. El país conté l'alè, pendent del televisor.

«Vivim un moment excepcional», comença dient, en una intervenció llarga en què farà balanç de tot el que ha passat aquests darrers dies, desgranant, punt per punt, tota una sèrie de consideracions sobre el que ha passat fins ara. En un discurs que va *in crescendo* critica les actuacions policials del dia 1 i repassa també els actuals intents de negociació: «No hem trobat interlocutors en el passat ni els estem trobant en el present. No hi ha cap institució de l'Estat que s'obri a parlar de la demanda majoritària d'aquest Parlament i de la societat catalana. L'última esperança que podia quedar era que la monarquia exercís el paper arbitral i moderador que la Constitució li atribueix», afegeix, «però el discurs de la setmana passada va confirmar la pitjor de les hipòtesis».

En un to dur i ferm, amb advertiments i retrets inclosos, s'acosta inevitablement cap al moment en què ha de fer la declaració d'independència: «Amb els resultats de l'1 d'octubre, Catalunya s'ha guanyat el dret a ser un estat independent».

A l'hemicicle es podria sentir volar una mosca. Al carrer, milers de ciutadans segueixen expectants el discurs. El cava és en fresc.

«Arribats a aquest moment històric… —diu el president recalcant cada paraula— i com a president de la Generalitat, assumeixo, en presentar-los els resultats del referèndum davant del Parlament i dels nostres conciutadans, el mandat que Catalunya esdevingui un estat independent en forma de república.»

L'alegria al carrer. Tot són abraçades i crits d'independència.

«Això és el que avui pertoca fer. Per responsabilitat i per respecte —continua dient. I llavors afegeix—: I, amb la mateixa solemnitat, el govern i jo mateix proposem que el Parlament suspengui els efectes de la declaració d'independència per tal que en les properes setmanes emprenguem un diàleg sense el qual no és possible arribar a una solució acordada.»

El carrer emmudeix de cop.

—Què ha passat? —pregunten alguns.

—Que el president ha suspès la declaració d'independència —responen uns altres.

La gent no ho acaba d'entendre. No sap si obrir o no el cava.

—No ho entenc. ¿Ha proclamat la independència o no? —pregunta el corresponsal de *The New York Times*, Raphael Minder, assegut a la zona de premsa de l'hemicicle, als seus companys periodistes.

«Creiem fermament que el moment demana no només la desescalada de la tensió, sinó sobretot voluntat clara i compromesa per avançar en les demandes del poble de Catalunya a partir dels resultats de l'1 d'octubre», continua explicant el president des de la tribuna d'oradors de l'hemicicle. «Avui el govern fa un gest de responsabilitat i de generositat, i torna a estendre la mà al diàleg.»

Per a molts, un gerro d'aigua freda.

És conscient del sentiment agredolç que ha provocat anunciant una suposada declaració i la suspensió immediata. Molts no tenen clar si s'ha proclamat o no la independència. Si és que ho ha fet, ironitzen alguns, només ha durat vuit segons abans de ser suspesa.

Tots els membres de J×Sí i la CUP signen, abans de sortir del Parlament, una declaració en la qual es pot llegit, textualment: «Constituïm la República catalana com a estat independent i sobirà, de dret, democràtic i social».

Però aquest text s'ha signat fora de l'hemicicle i no hi ha hagut cap votació. No té cap valor legal i la premsa ho interpreta com un gest simbòlic, com una declaració d'intencions.

Al carrer hi ha alguns plors i alguns crits de protesta. Ningú sap com interpretar el que ha passat. En un primer moment, ni tan sols la premsa internacional sap què pensar, tot i que finalment coincidirà a informar que el que ha fet avui Puigdemont és ajornar la declaració d'independència a l'espera d'una possible negociació. «Temps mort», titularan demà a la portada *El Punt Avui* i *El Periódico*, dos diaris que poques vegades coincideixen en els seus titulars.

No ha declarat la independència, i ho sap. Perquè vol veure com evolucionen les converses que hi ha en marxa en aquests moments i vol demostrar als negociadors que ha complert amb el que li demanaven.

«No hem fet res irreversible, que és el que m'han demanat Urkullu, la Moncloa i tots els ambaixadors que han trucat.»

El cap de gabinet de Rajoy, Jorge Moragas, envia a Rius aquest missatge: «¿Heu proclamant o no la independència?». Rius li respon: «Llegeix bé el que ha dit el president Puigdemont i veuràs que hem fet el que ens demanàveu».

A les 16.48 h, Moragas li ha escrit un whatsapp: «Josep, aquesta és la nostra visió final: "Dice que suspende los efectos de la declaración de independencia, luego la hay… y ¿cómo quiere negociar con esta amenaza?"».

Rius li respon al cap de res: «No es vota res. El Parlament no ha decidit res. És una aposta pel diàleg que tothom veurà».

Al president li arriben missatges de tot arreu. La majoria, de les visites que aquests dies han anat a Palau per demanar-li que freni. «Gràcies», li diu Núria Marín. Tothom ha entès que no ha proclamat la independència.

«He fet el que havia de fer. Hem trobat el desllorigador de tot plegat. Els he demostrat que nosaltres en moments complicats sabem aturar-nos per dialogar. S'hi agafaran. He complert amb el que em demanaven i ja podem parlar de quina solució política trobem. L'objectiu de tot plegat era el diàleg; asseure'ns a parlar de com podem defensar i votar la independència. Ara en podrem parlar.»

Està esgotat. Sap que ha passat per la corda fina.

«Però haurà valgut la pena, si és per asseure'ns a parlar.»

Tot i que està satisfet perquè la no-declaració servirà per obrir una via de diàleg, es lamenta de com han anat avui algunes coses.

«Tothom ha fet veure que no sabia una cosa que en realitat sabia.

»A ERC hi ha hagut qui s'ha enfadat per aquesta suspensió. Marta Rovira, abans de començar el ple, m'ha retret a crits que no estava al cas del que passaria. Jo aquest matí he llegit la meva intervenció a en Junqueras, paraula per paraula. Ell, després, se n'ha anat a dinar amb la Marta Rovira i no l'hi ha explicat. Després, tothom ha vingut a dir-me que la Marta Rovira estava tan i tan enfadada perquè se n'havia assabentat tard, del que passaria. ¿I què vol que hi faci, jo, si dina amb el president del seu partit i ell no l'hi explica?

»També ha estat un error que tota la gent que hi havia al carrer no tingués cap pista del que estàvem a punt de fer. Tota l'escenografia que s'havia organitzat, tot el que havien fet les entitats... Tot estava pensat per a una proclamació, i això ha fet que molta gent no hagi entès res. S'hauria d'haver treballat molt més aquest aspecte comunicatiu, perquè la gent no tingués un daltabaix emocional —es lamenta—. Però no hi hem estat a temps; hem acordat aquesta suspensió aquest migdia, i ja estava tot en marxa.

»L'ANC i Òmnium han muntat tota l'escenografia com si fóssim a la final de la Champions, i després del meu discurs s'han adonat que això és més llarg, que és una partida d'escacs. Ho haurien d'haver rebaixat, tot i que els entenc, perquè ells tenen pressa, molta pressa. Tenen els seus presidents que probablement entraran a presó i tenen pressa. Però això és llarg. I avui havíem de desescalar.

»Jo havia de demostrar a Madrid que, en plena efervescència, estic disposat a frenar, ni que sigui a costa d'un gran desencís. I Rajoy ha de demostrar-me ara que és capaç de frenar els seus, que és capaç d'aturar als seus hiperventilats.

»No dormo des de fa dies i les reunions són inacabables. M'aixeco cada dia a les sis i vaig a dormir passada la mitjanit. No tinc temps ni d'anar al lavabo. Tot són reunions. Reunions i visites de gent que em ve a explicar què he de fer. I només em venen a dir dues coses: o que no faci la declaració, o que si la fem, l'he de fer jo. No es mullen ni els meus, amb la declaració.

La CUP no arrisca res. Zero. Els hiperventilats no s'hi juguen res. I des de fora és molt fàcil dir als altres el que han de fer. I com que ells ho diuen tot, sempre argumentaran que no els fem cas. És massa fàcil, fer de CUP. Em sento sol. Sol, sol, sol.»

Dimecres, 11 d'octubre

S'ha llevat d'hora. Molt d'hora. Continua dormint malament. Encara li ronden pel cap totes les negociacions d'ahir, el dia de la suspensió de la «no-declaració» d'independència. Va haver de fer molts equilibris.

L'hi explica a Urkullu: «8.30. Buenos días, lehendakari. Ayer tuvimos un problema con la CUP y parte de ERC (no con la parte del govern) que amenazaban de no asistir al pleno porque, efectivamente, no haríamos la DUI. Les insistí que yo no realizaría la proclamación porque eso correspondía al pleno. Al final lo acceptaron cambiando un párrafo del discurso que te mandé. No tuve tiempo de avisarte porque lo realizamos durante la hora de suspensión del pleno. Luego decidieron, los dos grupos parlamentarios, que se tenía que hacer un acto simbólico de firma de la declaración, pero ya fuera del hemiciclo y sin tramitación parlamentaria. A pesar de ello, ayer mucha gente que se partió la cara por el referéndum no estaba feliz. Hubo sentimiento de decepción y ya he recibido muchos comentarios preocupados en ese sentido. Ojalá todo el esfuerzo que estamos haciendo para llegar a un espacio de diálogo y negociación sirva para eso. En todo caso, mi agradecimiento es total. ¡Gracias!».

«8.34. Estimat President! Por mantener la prudencia en mi proceder, y también, por lo tanto, en las expresiones de la reflexión que pueda participar, acabo de dejarlas por escrito a los Padres Abad de Montserrat y de Poblet, así como al cardenal Omella. Puedes recurrir a ellas si quieres saber lo que, en profundidad desde hace años, pienso. Sin problema. Comprendo perfectamente la situación que ayer se hubiera generado en la relación entre partidos y personas.

No obstante, has de saber que me tienes a tu disposición para ayudar en todo cuanto pueda y que seguiré intentando evitar males mayores también en el día de hoy y, si fuera posible, ayudar a construir un futuro compartido entre Catalunya y Euskadi. ¡Un abrazo!»

«8.46. Un futuro compartido es posible. Las confederaciones (o la interdependencia, como lo llamamos nosotros) son una solución muy buena para respetar naciones y agrupar esfuerzos y potencialidades. Un abrazo. Carles»

«8.48. ¡Vayamos a ello! Un abrazo. Iñigo»

Ha passat el matí reflexionant sobre el que ha de passar els propers dies, ara que ha complert amb el que constantment li demanaven i ha suspès la DUI temporalment.

El Consell de Ministres està reunit de manera excepcional.

Si tot va com li han insinuat que aniria, la suspensió de la DUI obrirà una finestra d'oportunitat per negociar.

Però les coses comencen a complicar-se.

Rajoy acaba d'anunciar un ultimàtum. És un requeriment al president Puigdemont perquè abans de dilluns contesti clarament, amb un sí o un no, si ahir va declarar la independència. Si l'ha declarat, li diu, té de temps fins dijous per fer marxa enrere. Si no, l'adverteix Rajoy, s'aplicarà l'article 155 de la Constitució i el substituiran a ell com a president, a Junqueras com a vicepresident i a tots els consellers, i intervindran la Generalitat.

«Però, ¿què fan?»

«Els vaig fer cas. Vaig obrir la maleïda finestra de diàleg. Vaig fer cas a totes les pressions. M'he enfrontat amb els meus. He portat la situació al límit per arribar a un acord. He deixat la gent amb un pam de nas... He proposat públicament un temps mort. ¿I ara m'amenacen?!»

«Això que m'envien no és un requeriment perquè respongui. Això és en realitat el compte enrere per a l'aplicació del 155. Faci el que faci, respongui el que respongui, l'aplicaran.»

«Això és una traïció en tota regla. Han jugat amb mi!», exclama en saber el que ha dit Rajoy després del Consell de Ministres.

Aquest matí, tots els mitjans de comunicació es fan ressò de l'ultimàtum de Rajoy a Puigdemont. Alguns expliquen que la decisió d'avui del Consell de Ministres va anar precedida, anit, d'un sopar a la Moncloa entre el president Rajoy i el cap de l'oposició, Pedro Sánchez, en el qual es van posar d'acord sobre el 155.

«Ho tenien planificat! Els era igual, el que féssim ahir.»

El president ha passat de l'esperança a la indignació. A la ràbia.

«¿Els ofereixes diàleg i et serveixen el 155?»

Està desencaixat.

És al despatx de Palau. No s'ho pot creure. «¿Què ha passat?», es pregunta. «¿Què ha passat?» Fins que ho veu clar: «Ho tenien planificat. Ho tenien tot planificat. Han aconseguit el que volien. Era una farsa. No hi havia cap voluntat de diàleg. No hi ha estat en cap moment. Els bisbes, Urkullu, Moragas... Només volien fer-nos aturar. Però a canvi de res. Van contribuir a fer creïble que hi havia aquesta voluntat de diàleg».

Tot i que hi ha nombroses crides al diàleg i que es continuen sentint veus en contra de l'actuació policial de l'1-O, els pronunciaments des de la Unió Europea són majoritàriament de solidaritat amb el govern de Rajoy.

I ara Rajoy li ha enviat un requeriment demanant-li que reconegui públicament si ha declarat o no la independència.

«Probablement aplicaran el 155, tot i que no els cal. Amb mi en fan prou amb la via judicial. Si volen acabar amb nosaltres, ho faran per la via judicial. M'aplicaran una sanció diària de 30.000 euros o em suspendran les funcions acusant-me d'un delicte de rebel·lió, pel qual em puc passar quinze o vint anys a la presó.»

El president està abatut, i entre els membres del govern la tensió està al límit.

«No descarto que d'aquí a dilluns plegui algun conseller.»

Ho diu perquè acaba de sortir de la reunió del consell executiu i ha vist l'ambient que s'hi respira.

«Em sento sol. A la reunió de govern m'he sentit sol. En Junqueras no fa res; si la vicepresidenta hagués estat Marta Rovira, tot plegat hauria anat d'una altra manera. És que no estira, ell només segueix al darrere.»

De la reunió de govern d'avui n'ha sortit enfadada també la consellera Clara Ponsatí.

«Ha sortit emprenyada perquè, quan en parlem, es veu ben clar que ERC no ha preparat res. Ha sortit de la reunió de govern dient-me que això és un escàndol, que hem de proclamar la DUI però que no hi ha res preparat, i preguntant-me què hem estat fent tot aquest temps. Fins i tot m'ha dit que plega, que dimiteix.»

El cap de l'oficina del president, Josep Rius, el veu entrar i sortir del despatx tota l'estona. El president està tocat, molt tocat. I s'enfonsa encara més quan, a mitja tarda, li fan arribar una informació transcendent.

—Has de saber que en Santi Vila està fent trobades amb alguns altres consellers del teu govern en un intent d'aturar-te —li expliquen—. Va dient que això està anant massa lluny i que t'han de frenar.

Vila s'ha vist amb Marta Pascal, coordinadora general del PDeCAT, amb Meritxell Borràs, i també amb Carles Mundó, d'ERC. I sembla que amb altres consellers. El president no s'ho creu.

—No m'ho crec. He fet reunió de govern aquest matí, explicant-los cap on hem d'anar, què hem de respondre a Rajoy dimarts vinent, i tothom ha dit que endavant.

—Una cosa és el que et diuen a tu, i una altra el que pensen i diuen al darrere —insisteix la persona que l'hi ha anat a explicar.

—Vila està molt incòmode, molt.

Tot i això, encara li manté la confiança, i algunes de les gestions que fa el conseller tenen el vistiplau del president.

—Ell és el moderat, i no ha parat de mantenir contactes amb Madrid. No actua per encàrrec meu, però té el meu vistiplau per bastir ponts amb Madrid a veure què passa.

Vila, doncs, conserva la confiança del president, tot i que la setmana passada se les van tenir. Fa uns dies, en un article al diari *Ara*,

Vila va demanar públicament al seu govern que no declarés la independència.

—Estàvem pactant internament com desescalàvem, com fèiem una aturada tècnica, i ell es posa al capdavant amb un article a l'*Ara* com si fos idea seva, només per treure'n rendiment futur.

En llegir-lo, es va sulfurar tant que no es va poder estar d'enviar-li un whatsapp contundent: «Gràcies, Santi, per contribuir a l'estratègia conjunta. Quan sigui a presó pensaré en tu».

«Quan ell va escriure aquest article nosaltres ja estàvem desescalant. Els estàvem dient que hi havia moltes crides internacionals, que ens convenia calma. I s'estaven tranquil·litzant. Però quan surt Vila a dir el que diu, llavors sembla que el govern segueixi les tesis de Vila, a qui tothom veu com el no independentista del govern. I això ens fa mal.»

Aquestes darreres hores, el president ha parlat poc amb els seus consellers. En privat només ha parlat amb Carles Mundó.

«Mundó, més que espantat, en fa una anàlisi molt racional. Ell em diu que hi ha una part de la reacció de l'Estat que era previsible i una altra que no, perquè el que estan fent és pràcticament una ocupació militar, amb milers d'agents arreu del territori i helicòpters sobrevolant el Palau contínuament. I també fa una reflexió que jo comparteixo: un combat amb violència, que és cap on anem, no el vol. Però també diu que, si ara perdem, perdrem tres-cents anys: "Em temo que tindrem una reacció molt dura i molt ràpida de l'Estat, que no voldrà negociar. Busquen la nostra rendició, i ens esborraran com a persones i com a espai polític, perquè convocaran eleccions, i les poden guanyar i tenir un govern constitucionalista… I que tu, president, surtis d'aquí amb una condemna de presó i en surtis amb setanta anys. I el perill és que quan surtis, o sortim, depèn de com vagi, ens trobem un país empobrit, reduït i sense possibilitats reals de tornar a ser un país independent".»

Agraeix l'anàlisi de Mundó.

«És molt noble per la seva part, perquè sé que aquesta és una lectura que només m'ha fet a mi. I que jo comparteixo.»

A tres quarts d'onze de la nit, Rius rep un missatge de Moragas, dirigit a ell i a Carles Puigdemont: «Josep, ja parlarem. Però un missatge per a tu i per a CP: no seria mala idea romandre tranquils una estona, tots. Una abraçada».

Rius li respon: «Jorge, la resposta d'avui és molt dura. Ahir vam fer un pas pel diàleg i avui hi estem més lluny».

Divendres, 13 d'octubre

«¿Ha declarado usted la independencia de Cataluña, sí o no?»

Aquesta és la pregunta directa que Rajoy li ha requerit formalment, per carta, que contesti abans de dilluns.

«Això no ho puc contestar amb un monosíl·lab. El que faré és tornar-li a explicar la situació i emplaçar-lo públicament a reunir-nos per tractar sobre la qüestió.»

Si fins ara la pressió era gairebé insuportable, ara ja és infernal.

«És inhumana.»

Es queixa especialment del Grupo Planeta.

«Molt durs, molt, molt.»

Aquests darrers dies li havia trucat tothom. I ara li ha tornat a trucar tothom.

«Hi ha hagut una estratègia organitzada de pressió, de venir tothom a Palau a explicar el mateix, a fer el mateix relat catastrofista. He rebut empresaris i he rebut desenes de cartes. Hi ha hagut una estratègia de PSC i de Ciudadanos per pressionar-me.

»Quan vaig suspendre la declaració no feta es va sentir un "uf" a tot el país. La seva estratègia va ser portar-me aquí. A fer-me fer una aturada prometent-me diàleg i després deixar-me sol. Ha estat una traïció ben orquestrada.»

Ara ha de respondre Rajoy dilluns vinent. El president espanyol vol que respongui amb un sí o amb un no si ha declarat la independència.

«Això no ho puc fer així. Hem de trobar alguna solució.»

Tot i el seu desencís, continua parlant amb el PNB, fent un repàs de la situació. Però no accepta les condicions que li proposen.

«Estan marejant la perdiu. Continuen dient que com a molt podríem fer una comissió al Parlament per discutir què ha passat, que el PP hi assistiria i que, si volem, fem una proposta al Congrés. ¿Al Congrés? ¿Quina proposta? Això ja ho vam fer! Ja hi vam anar, al Congrés, a demanar un referèndum. I ens ho van tombar.»

De les converses del PSC, tampoc no en surt res.

«Ara ja no em refio de res.»

Aquests dies li ha trucat també el líder de Podemos, Pablo Iglesias, oferint-se per negociar. Iglesias creu que una solució seria que el Parlament de Catalunya fes una declaració d'independència, que després el TC ja tombaria, i que immediatament es fessin eleccions autonòmiques.

«No acabo de verlo», li va respondre el president, que tot i així el va autoritzar a traslladar-ho a Rajoy.

«L'Iglesias l'hi ha proposat a Rajoy, però es veu que s'ha limitat a dir-li: "Bueno, bueno, me lo pensaré", però res més.»

La negociació, doncs, sembla complicada. I Europa no reacciona.

«Nosaltres ja hi comptàvem, que l'Estat seria molt dur. Però no comptàvem que l'Espanya d'avui, al segle XXI, pogués actuar com actuava l'Espanya de Franco. Amb això ens vam equivocar. Perquè Espanya està actuant com actuava amb Franco, obrint causa general. Ocupació militar i repressió per totes bandes. I amb jutges i fiscals, tots alineats. L'únic que no poden fer és disparar. Però, per la resta, és el mateix. I amb això no hi comptàvem», reconeix.

«La decisió de què fem no l'han de prendre ni l'ANC ni Òmnium. Però tampoc l'he de prendre jo tot sol. I estic sol. Em sento sol. Sol i sense la solidaritat del govern. Si jo em trobés amb un govern que va a totes, que acompanya, que em digués: "No t'arronsis i ves fins al final", seria una altra cosa. Però no és així.»

Seriós, preocupat, reflexiona sobre la resposta que ha de donar dilluns a Mariano Rajoy.

«Dilluns tornarà ser un dia crític. I serà, a més, el dia en què probablement Cuixart, Sánchez i Trapero acabin entrant a presó. La gent ha de respondre, i crec que ho farà. Del que es tracta no és que reaccionem un dia; del que es tracta és que aguantem, i que aguantem molts dies.»

Diumenge, 15 d'octubre

Aquesta tarda repassa el text de la carta que demà al matí ha d'enviar al president Mariano Rajoy. És a casa, al Golf Girona.

La van redactar divendres, braç a brac, ell i el vicepresident Junqueras al despatx de Palau. I hi havia també [redacted]

Un amic li truca a mitja tarda. Un conegut de Jorge Moragas s'ha posat en contacte amb ell perquè li faci arribar un missatge de part del president espanyol: «Moncloa diu que ja entenen que el requeriment que t'han fet no es pot contestar amb un sí o amb un no... I que si en la resposta et limites a reproduir la transcripció literal del que vas dir al Parlament, on ja queda clar que no es va proclamar la independència, potser ja en faran prou. Volen que sàpigues que hi ha molta pressió d'Europa per rebaixar l'escalada —afegeix—, i que el president Rajoy està molt atrapat pels seus, que té també molta pressió, però que en realitat ell no voldria aplicar el 155».

Medita la resposta uns instants, mentre es pregunta si no el deuen voler tornar a enganyar.

«Jo no ho puc fer, això. Jo he d'explicar el que ha passat i he de mantenir que el nostre full de ruta és clar. L'estic acabant de repassar —reflexiona en veu alta i llavors hi afegeix un vaticini—: Em fa la sensació que la resposta tampoc els agradarà.»

Respon a l'amic de l'amic de Moragas: «Podeu fer saber a Moncloa que en la meva resposta no reconeixeré que hagi declarat la independència, però que tampoc ho negaré. I que faré una nova crida al diàleg».

El president repassa de nou la carta que van fer a quatre mans amb Junqueras. Ja ha sopat amb la seva família i les nenes ja són a dormir.

Decideix no tocar-ne ni una coma.

Dilluns, 16 d'octubre

Ja ha enviat la carta a Rajoy.

Ho ha fet per dos conductes. Primer, Josep Rius l'ha enviat a Jorge Moragas a través dels comptes de Gmail que utilitzen aquests dies, i, al cap d'una estona, el president l'ha fet pública formalment.

En aquesta carta recorda al president espanyol la repressió que hi ha en aquests moments a Catalunya. Es declara sorprès per la posada en marxa de l'article 155 i li recorda que el vuitanta per cent dels ciutadans de Catalunya són partidaris de decidir el seu futur.

Li ha enviat també una còpia de tots els documents relacionats amb l'argumentari del govern (inclosa la transcripció del ple de la setmana passada, quan va proposar una suspensió del mandat de l'1-O) i li fa dues peticions: la primera, que es reverteixi la situació de repressió a Catalunya —li recorda explícitament que, avui mateix, Jordi Sànchez, Jordi Cuixart i el major dels Mossos estan citats a l'Audiència Nacional i que el govern català té els comptes bancaris intervinguts—; i la segona, que enceti un diàleg: «La segunda petición es que concretemos, lo antes posible, una reunión que nos permita explorar los primeros acuerdos. No dejemos que se deteriore más la situación. Con buena voluntad, reconociendo el problema y mirándolo de cara, estoy seguro de que podemos encontrar el camino de la solución».

A Rajoy no li ha agradat. El president espanyol l'hi respondrà al cap de poques hores. Li diu públicament que «no resultan creíbles sus llamamientos al diálogo» i el responsabilitza de tota la situació. «Si el próximo jueves no responde de nuevo admitiendo no solo que no se ha proclamado la independencia de Cataluña, sino renunciando a ella, será el único responsable de la aplicación de la Constitución», li diu Rajoy referint-se a l'article 155.

«Ja ho sabia. Em van enganyar fent-me aturar la declaració del dia 10 i ara ells no s'aturaran. Els hi he posat la transcripció literal perquè veiessin que no vaig declarar la independència. Però no em puc estar de recordar-los que la volem, que en volem parlar, i que ells han posat en marxa la màquina de la repressió», constata enfadat.

Al cap de poques hores, la jutgessa de l'Audiència Nacional Carmen Lamela decreta presó incondicional per al líder de l'ANC, Jordi Sànchez, i el d'Òmnium Cultural, Jordi Cuixart. El major dels Mossos, Josep Lluís Trapero, i la intendent Teresa Laplana surten en llibertat, però amb mesures cautelars: la jutgessa els retira el passaport, no poden sortir del país i han de comparèixer cada quinze dies al jutjat.

Una estona abans, el president ha pogut parlar amb Jordi Sànchez. Ha estat durant l'estona que ha transcorregut des que el líder de l'ANC ha declarat davant la jutgessa i fins que la magistrada ha pres la decisió d'enviar-lo a la presó.

«Feu que no sigui per a res», li ha dit Sànchez abans de penjar i ser conduït, amb Cuixart, al centre penitenciari de Soto del Real.

L'última vegada que havien parlat tots dos havia estat divendres passat. Aleshores el president de l'ANC ja l'hi va advertir: «Ara sí que ja hem tingut la resposta de l'Estat. Van a totes. Jo havia confiat que volien dialogar, que Rajoy estava atrapat i ves a saber què més, i resulta que tot plegat era una estratègia. Són uns mentiders. I han tingut una colla de còmplices».

«No hi haurà diàleg. Ens aplicaran el 155, ens destituiran a tots i convocaran eleccions per arrabassar-nos-ho tot des de dins de les institucions, i això no ens ho podem permetre. Les eleccions les hem de decidir nosaltres. I jo encara conservo, com a president, la facultat de convocar-les. Fins que no em destitueixin, la potestat de convocar-les és meva. De ningú més. O fem la DUI de veritat o anem a eleccions. No hi ha més alternativa.»

S'ha passat gran part de la tarda al despatx.

Pateix.

Ha començat a escriure, a mà, a la mateixa llibreta on té totes les notes de les trucades i visites d'aquests dies. Hi ha posat la data d'avui. Necessita escriure de puny i lletra.

16 d'octubre del 2017

Hi ha una cosa que és superior al meu patiment, i és el patiment de la gent.

Aquests dies he patit veient la gent angoixada i amb por. He patit veient gent esperançada tenint por de perdre l'esperança. He patit per la meva família i els amics, que han respectat el meu silenci i la meva preocupació.

No és fàcil per a ningú, però això ja ho sabíem. També sabíem que, superat un determinat punt, totes les previsions, planificacions i plans de contingència no serveixen per a gaire res, i que cal avançar en funció dels moviments de l'altre.

L'estat d'amenaça que s'ha imposat acaba afectant decisions i estats d'ànim. Amenaça econòmica, amenaça col·lectiva de repressió, amenaça personal, amenaça d'alterar la pau social en què volem viure. Veure gent tenint por a la reacció de l'Estat pot indicar una fortalesa de la posició de l'Estat, però revela, amb tota la seva cruesa, el problema de fons: la impotència de l'Estat de trobar altres arguments diferents dels de la força i la imposició perquè els catalans ens decidim a ser espanyols.

En aquest estat d'amenaça hi ha el terreny adobat per a algunes de les armes més nocives de la nostra societat: el rumor, les notícies falses o manipulades. Sempre hi ha hagut rumors i falsedats, però és ara, en l'era de la globalització, la informació, la comunicació, les xarxes socials, que aquestes armes despleguen tota la seva eficàcia letal. Això fa que molta bona gent cregui que ha arribat l'hora de treure els diners del banc, d'acumular aliments o de canviar el nen d'escola. I, en conseqüència, com que tots aquests moviments i pànics es xarxalitzen, en poques hores podem construir una societat aterrida.

O esperançada, també.

Però les pors i les esperances construïdes sobre aquesta base són altament manipulables i febles; tenen una gran volatilitat i alhora poden conduir a anàlisis molt equivocades de la realitat. I també a decisions precipitades.

Soc conscient de tot això. També soc el destinatari de pressions ingents. Tinc la sensació de ser el parallamps de Catalunya. Energies negatives i positives en col·lisió damunt del meu cap i del meu cor.

Com que en soc conscient, miro de no prendre decisions influïdes d'aquesta atmosfera, en gran part tòxica i interessada. Em complica l'explicació i la comprensió, però ho considero imprescindible. Potser acaba passant que la decisió final es correspon amb un determinat corrent de pressió, però això no situa aquesta decisió en el temps de la precipitació. Ben al contrari, dedico la major part del meu temps a meditar i reflexionar sobre el que hem de fer i com ho hem de fer.

Avui som més a prop de la independència que mai. Ho tenim a tocar. També som més a prop de perdre-ho gairebé tot i de recular fins a posicions molt precàries, i aleshores sotmetríem el país —que vol dir la seva gent— a nivells de repressió i venjança propis del període previ a l'Estatut del 1979. Aquesta és una amenaça certa. Tanmateix, ¿és possible? ¿És factible que una fallida del projecte independentista justifiqui una operació d'anihilació del que ha fet que Catalunya sigui el que és?

Aquests dies estic fent un esforç colossal per remuntar la serenor i la tranquil·litat espiritual. Crec que no hi ha cap escenari apocalíptic que ens estigui reservat, per bé que les conseqüències personals poden ser, en el meu cas, molt altes. Crec que si la societat catalana en el seu conjunt manté l'actitud de rebuig a la violència i a la intolerància, no hi ha cap opció a la devastació nacional que somien als laboratoris de la FAES i Moncloa. N'estic convençut. I, tot i les pressions vestides d'amenaça greu, em dona força i confiança per als dies que han de venir. La meva única por, que no he superat, és la d'un esclat de violència que arrossegui gent de banda i banda en aquell terreny incert i perillós en què la força, el menyspreu, la intolerància, la manca de respecte, el buit mutu s'imposen a la discussió democràtica, a la discrepància i a la diferència que ha de caracteritzar tota societat democràticament moderna. Això sí que em treu la son.

Un esclat d'això és fàcil de dissenyar pels qui tenen tot el poder i cap escrúpol. Calen uns quants provocadors i l'estímul de determinats mitjans de comunicació, i el conflicte està servit. Procuro que de la meva actitud, de les meves paraules i de les meves decisions no en surti mai res que serveixi d'excusa a ningú per recórrer a qualsevol mena de violència. No podríem ser mai lliures.

Per això em va decebre —i doldre!— el discurs del rei del 3 d'octubre, inaudit i inadmissible. El cap d'Estat a qui la Constitució atorga el paper de moderador, posant-se al davant dels qui uns dies abans cridaven «a por ellos!» amb aquella marcialitat amb què s'animen les tropes en sortir a combatre l'enemic odiós. El rei va ser un irresponsable. Va alertar a crispar l'ambient i a encoratjar els qui es creuen en el dret d'humiliar-nos a través de la repressió. He de reconèixer que me'n vaig anar a dormir amb una gran angoixa, molt preocupat pel que aquelles paraules i aquell to estaven augurant.

És molt tard. Se'n va a intentar dormir.

Dimarts, 17 d'octubre

Avui ha enviat la segona carta a Rajoy.

En aquesta ocasió l'ha redactat pràcticament tot sol. Ahir al matí havia demanat a unes quantes persones del seu equip que li fessin una proposta. Hi havia Josep Rius, Pere Martí, Elsa Artadi i Víctor Cullell. No li va agradar. La va refer i al final del text hi va afegir un paràgraf que li va sortir a raig:

> Finalmente, si el gobierno del Estado persiste en impedir el diálogo y continuar con la represión, el Parlament de Catalunya podrá proceder, si lo estima oportuno, a votar la declaración formal de independencia que no votó el día 10 de octubre.

«Més clar, l'aigua. Queda clar, i tothom ho entén, que no l'hem declarat, ¿no? Si li dic que si persisteixen en la repressió finalment la posarem a votació, és que no l'hem declarat, ¿no? Només no ho entén qui no ho vol entendre.»

Però a Rajoy tampoc li ha agradat, aquesta resposta. Ha convocat un Consell de Ministres extraordinari per demà divendres per posar en marxa definitivament els tràmits per aplicar l'article 155, amb el suport del PSOE i Ciudadanos. Ha deixat molt clar que, quan aquests tràmits hagin quedat enllestits —això serà d'aquí a uns dies, perquè ara la proposta ha de passar pel Congrés i pel Senat—, Puigdemont, Junqueras i tot el govern seran destituïts.

El president dina a la Casa dels Canonges. Fa la sensació que està relaxat perquè ja no té cap altre remei que continuar endavant. Les negociacions no porten a res sòlid, i Rajoy ha activat el 155.

A la plaça Sant Jaume, davant del Palau, avui hi ha vint-i-un equips de televisió pendents de les entrades i les sortides de la seu del govern. Volen captar totes les reaccions.

«Ara sí que no podria pas sortir a comprar una sara a la pastisseria tranquil·lament», ironitza.

Aquests dies torna a circular el rumor que Carles Puigdemont i Marcela Topor s'han separat i que ell viu sol a Palau, d'on no es mou.

«Ho sé. Hi ha gent que fins i tot s'atreveix a preguntar-nos-ho directament. És acollonant, això. Forma part de la pressió que em volen fer. I molts d'aquests mitjans que estan dient que dormo a Palau cada vespre tenen càmeres permanentment a la plaça Sant Jaume i em veuen entrar i sortir. Saben que arribo al matí i que a la nit me'n vaig, però continuen insistint que dormo aquí, sol.

»Soc conscient que al carrer hi ha nervis. I a tot arreu. Veig que hi ha molta gent que ho està passant malament. Hi ha angoixa. La gent no dorm bé. A mi em sembla que és justament l'estratègia que està tirant endavant l'Estat: provocar-nos angoixa, que patim i que no dormim bé. Si ens passa això és perquè està triomfant la seva estratègia.

»A mi no m'afecta gaire, perquè entenc que és una estratègia. M'afecta, en tot cas, perquè veig que els meus fluixegen, que la por els guanya..., perquè reben molta pressió, molta pressió dels unionistes.

»I jo també. No et pots ni imaginar quanta gent ha vingut a veure'm una altra vegada. Tots! Han tornat a venir tots.

»Una altra cosa és que ara jo em sento més fort que la setmana passada, i els ho explico. Quan em venen a tornar a pressionar els dic: "Ja vau venir tots a demanar-me que aturés, que frenés, i us vaig fer cas; tot i que els meus no ho han entès, us vaig fer cas i vaig frenar i demanar diàleg de nou. ¿I què han fet, a Madrid? Ja ho veieu. Mentir i accelerar".

»Se'n van tots amb el cap baix, no saben què dir-me, perquè no entenen que a Madrid no facin res més que reprimir i reprimir, i obligar-nos a nosaltres a continuar. Jo els ho explico: si estem pitjor que la setmana vinent, ¿per què és? ¿Perquè jo no he volgut aturar-me? ¿O perquè a Madrid no es volen aturar? Això ningú m'ho pot rebatre. He estat capaç de deixar la gent amb la boca oberta quan ja tenien el cava al carrer, i ara ells no són capaços d'aturar la seva ultradreta! I el paper del PSOE és lamentable, sí, però és que, si fos per Ciudadanos, estaríem tots esclafats.»

La situació, però, continua sense tenir un desllorigador clar. Sap que potser el vindran a detenir.

«Sí, ho poden fer, no en tinc cap dubte. De fet, ja estem dissenyant les estratègies de la meva detenció. La meva idea és que, si Espanya em vol detenir, jo no puc oposar-hi resistència. Però sí que puc controlar com i on serà la detenció. Estem buscant un país europeu que accepti ser qui m'entregui. Em posaria sota la seva custòdia i serien ells qui m'entregarien. Això reforçarà la imatge que no ens refiem de les garanties de l'Estat.

»Jo no ho sé, si ens sortirà bé, però crec que com a mínim haurem posat sobre la taula com és l'Estat espanyol. I molta gent haurà vist que no els surt a compte que ens quedem perquè és un estat demofòbic. No hi ha precedents, del que està fent Espanya en plena democràcia.

»Crec que la meva detenció vindrà per ordre del fiscal general, José Manuel Maza, que ens té moltes ganes.

»No els ho posaré fàcil. Fa respecte, sí. I, si hi pensés gaire, ja no ho faria. Perquè, si em poso a la pell del president de la Generalitat, és una cosa; però si em poso a la meva pell, a la de Carles Puigdemont, llavors m'espanta molt.

»No fugiré. La paraula no és fugir. Els ho complicaré, però no defugiré la meva responsabilitat. Si fos Carles Puigdemont, potser ho faria... Vaja, segur que ho faria. Però soc el president de la Generalitat. No puc fugir. Els ho posaré difícil, però no fugiré. Si em convé, m'aniré a refugiar a Bèlgica. No fugiré, perquè sabran on soc, però els ho complicaré. Apel·laré a la comunitat internacional.»

Li pregunto:

—¿No et fa por que quan acabis detingut rere teu ningú se'n recordi?

—Sí. Pot passar que rere meu, un cop detingut, Santi Vila fundi un partit, ERC digui que quina llàstima que no ha pogut ser, i que qui vagi fins al final sigui la CUP tota sola. No ho sé... Tot pot ser...

—¿Te'n recordes, del dia que et va cridar l'Artur Mas per ser president?

—Sí, a moments em ve al cap. I des d'aquell dia he temut que arribaríem aquí. Però era l'encàrrec. Aquell mateix dissabte en què em va cridar en Mas, em va passar pel cap tota la pel·lícula del que està passant. L'única diferència és que jo em pensava que, arribats a aquest punt de crispació, la política s'imposaria i hi hauria negociació.

Per això jo sempre soc partidari de no tirar pel dret i provocar el diàleg.

A hores d'ara hi ha, però, poc marge de maniobra.

—D'aquí a uns dies ja no serem ni president ni consellers. Ens destituiran. I a mi em trauran la facultat de convocar eleccions.

Per això li passa pel cap utilitzar aquesta facultat que encara li queda.

«No seria una mala solució, si fóssim capaços de concórrer-hi amb una candidatura de país... N'hem parlat alguna vegada a les reunions de l'estat major. La Marta Rovira, en una reunió, un dia va dir que aquesta podria ser una opció si hi hagués un acord per fer-ho, i a ningú li va semblar malament... Però no n'hem parlat més. I és evident que, si hi ha alguna fórmula d'aquestes, un nou J×Sí, aquest cop l'ha d'encapçalar ERC.»

Tanmateix, cada cop que pensa en ERC i en el comportament del seu líder, no pot deixar de tornar a queixar-se de la seva actitud i la seva inseguretat.

«No és que no tinguem *feeling*. Hi ha gent amb qui no tinc *feeling*, però sé el que pensen. Però és igual. A hores d'ara hem de continuar endavant i intentar resistir. Ens hi han empès.

»De les poques coses que aquests dies he demanat al grup parlamentari és que m'assegurin que, si portem la declaració al Parlament, que es guanyi. I està clar que sí. S'ha fet una reunió amb tots i cadascun dels diputats, un per un, per garantir-ho. El que em preocupa és que hi hagi pinyes al carrer.

»Si ens relleven, els Mossos impediran que vinguem a treballar. És el que han de fer. Si fan resistència, és que anem a trets. I jo no vull trets. De cap manera.

»Si em detenen, la gent sortirà al carrer. I els Mossos això no ho podran evitar. No podran dissoldre centenars de milers de persones.

»¿Què passaria a partir d'aquí? No ho sap ningú.»

Continua rebent trucades i visites, ara pressionant-lo perquè convoqui eleccions i no proclami la DUI.

Com que ahir el fet d'escriure li va anar bé per ordenar les idees, avui s'hi torna a posar. Aprofita diferents moments del dia. De vegades es pot deduir fins i tot pel traç o pel bolígraf, diferent que el del paràgraf anterior.

17/18 d'octubre del 2017

Ahir van empresonar en Jordi Sànchez i en Jordi Cuixart. Van dictar mesures cautelars per al major dels Mossos i per a una intendent. Ha estat una nit dura, trista, tensa i d'indignació. Costa molt poder descansar i asserenar l'esperit en aquestes circumstàncies, però és un deure que no puc defugir. Cal esforçar-se encara més per mantenir la serenor.

Les pressions han augmentat notablement. El clima d'indignació es palpa al carrer; la gent no entén que encara tinguem una mà estesa al diàleg mentre l'Estat accentua la seva repressió. Al consell executiu d'avui hem tornat a tenir un debat molt intens sobre el que cal fer, com ho hem de fer i amb quins terminis. A traç gruixut, la cosa admet poca discussió: o rendició, o anem fins al final. El problema no és aquest, perquè tothom, amb més o menys alegria, sap que l'Estat ha dinamitat totes les opcions de diàleg que li hem plantejat. El problema és doble. Primer, quines accions efectives tenim previstes per aguantar dignament la declaració d'independència. Segon, en quina situació ens queda Catalunya passada la primera etapa de xoc amb l'Estat, suposant que l'hàgim pogut aguantar.

L'estat d'excitació d'alguns extrems és preocupant, i tornen les amenaces i les pressions a un nivell similar al que vam passar els dies previs al ple del Parlament del dia 10 de setembre. L'ambient es torna irrespirable.

Aquests dies he rebut al despatx les visites de representants del que es considera la societat econòmica del país, clarament hostils a la independència, però conscients que no hi ha una resposta senzilla i fàcil. Han vingut gent amb amistats i contactes directes amb el govern espanyol i amb la Casa Reial, i tots transmeten el mateix missatge: si renunciem a la DUI, si diem que no vam declarar la independència, el diàleg es produirà. Jo no crec que el govern espanyol tingui cap interès a negociar, perquè, si en tingués, ja hauria mogut peces importants. I no ho ha fet. Tot es limita a una promesa de diàleg en el marc de la comissió parlamentària que vol estudiar la reforma de la Constitució.

A tots els dic el mateix. Ni jo puc deixar de fer el que ens hem compromès a fer com a país, ni em poden demanar més gestos després del que vaig fer el dimarts dia 10.

En aquest sentit, la jugada del dia 10 va anar molt bé perquè les pressions d'aquests dies les retorno i traslllado a camp contrari. ¿Volen diàleg? Que ho demostrin amb fets que siguin comparables al que jo vaig fer dimarts.

Dimecres, 18 d'octubre

Les negociacions amb el PNB s'han encallat. El president ja no se'n refia. Alguns dels interlocutors entre ell i el govern del PP són Emilio Cuatrecasas i Marian Puig. Avui hi parlarà en diferents moments del dia.

Emilio Cuatrecasas i Figueras és el president d'honor del prestigiós despatx d'advocats Cuatrecasas. Ben connectat amb el poder de Madrid, és membre del consell consultiu de Foment del Treball Nacional i va formar part del Fòrum Pont Aeri, el *lobby* creat el 2011 per, entre altres objectius, «proposar solucions als temes d'interès general».

Marian Puig és el fill gran d'Antonio Puig, fundador de la coneguda companyia internacional que opera en el sector de la moda i les fragàncies. Marian Puig, conseller delegat de l'empresa ISDIN, va substituir Emilio Cuatrecasas com a president d'honor de Barcelona Global quan aquest va deixar el càrrec. Cuatrecasas, en el seu dia, havia substituït Joaquim Coello, una altra de les persones que els darrers dies ha intentat mitjançar entre totes les parts.

«Tant Cuatrecasas com Puig són conscients de la situació. M'han dit en diverses ocasions que entenen el que jo els dic, no paren d'alertar-me que a Madrid el govern ha embogit i que aniran a totes, que la situació és molt perillosa.»

El president ha intercanviat alguns missatges amb els dos empresaris, que els han traslladat a Moragas. Li consta que han parlat també amb Santi Vila, aquests darrers dies. Li sembla que Vila, Puig i Cuatrecasas parlen també amb el ministre Rafael Catalá.

«Intenten un acord de darrera hora. Pel que he deduït de les converses d'aquests darrers dies, em sembla que Cuatrecasas i Puig també parlen directament amb Rajoy.»

Li truca també Ana Pastor, la presidenta del Congrés dels Diputats. Pren notes a la llibreta:

> ANA PASTOR: El tema de la DUI no lo hagas. Tendrá unas consecuencias tremendas. Te van a culpar a ti de las cosas que pasen. Te ofrezco el Congreso, que es donde se puede discutir la situación. Habrá un antes y un después.

El cardenal Omella també li truca. A la llibreta de notes hi queda reflectida la conversa:

> CARDENAL OMELLA: Rajoy es consciente de la situación en que estamos. No quiere aplicar el 155. Aguantará hasta el último minuto. No puede aceptar un planteamiento de DUI. Hay que abrir un espacio en el Congreso y en el Parlament. Demà podria haver-hi un pronunciament de la Santa Sede en favor del diàleg.

Somriu. De nervis.

«¿La «Santa Sede»? Ja s'ha vist el que em va dir Antoni Puigverd. Silenci absolut. Formava part de l'estratègia de fer-me aturar el dia 10.»

Vila també parla amb el periodista Manuel Campo Vidal.

«Ho prova tot, en Santi. Però no fa aquestes trucades per encàrrec meu. No són per encàrrec meu, però tenen la meva autorització.»

Campo Vidal s'intercanvia missatges amb Vila i amb el líder del PSOE.

Parla en diferents ocasions amb Juan José Brugera, del Cercle d'Economia. Ell li explica la situació i li diu que no el tornaran a enganyar.

El president ha posat les seves condicions. També és partidari d'anar a eleccions, però a totes les trucades diu el mateix: «Estic d'acord a anar a eleccions. Però exigeixo un compromís clar que després no ens aplicaran el 155».

Com que està escaldat del que li va passar el dia 10, ara és contundent. Els exigeix que hi hagi un compromís clar, públic i explícit que si convoca eleccions no intervindran la Generalitat.

«I si no volen fer públic aquest compromís, que me'l donin en privat. Per escrit», li ha dit a Ana Pastor i a tothom qui li ha insinuat que Rajoy està disposat a aturar el 155 si ell atura la DUI.

«M'han traït un cop. No ho faran dues vegades.»

És el mateix que ha dit a Montilla i a Iceta.

«El fantasma del dia 10 em plana tota l'estona. No em tornaran a enganyar», insisteix.

Iceta li torna a trucar:

—Em sembla que en Pedro Sánchez ha arrancat de Rajoy el compromís que demanes. Això hauria de ser suficient.

—No, no i no. Ho vull per escrit. Per escrit. No en faig prou, amb un compromís que no m'ha fet directament. No em tornarà a trair.

«Les meves exigències no es poden entendre sense tenir en compte el que va passar el dia 10», es diu.

Avui hi ha consell nacional del PDeCAT. Els assistents debaten altre cop la situació i el president els explica les condicions que hi ha posat.

A mig consell, el president Artur Mas rep un missatge al mòbil:

«¿El president Puigdemont estaria disposat a parlar directament amb Mariano Rajoy?». El missatge és dels empresaris Cuatrecasas i Puig, que alhora tots dos l'han rebut del ministre Rafael Catalá. Mas i Puigdemont estan de costat. Mas li ensenya el mòbil amb el missatge.

—Digue'ls que sí.

Al cap de vint minuts, quan encara són en ple consell nacional, Mas rep una trucada de Cuatrecasas:

—En Catalá em diu que ha parlat amb el seu *jefe* i que és massa tard.

—Això demostra que el ministre Catalá vol mediar, però que Rajoy s'hi està negant —conclou Puigdemont.

Més tard, repassarà les notes que té a la llibreta sobre les trucades que va rebent. Ha fet una llista dels qui li han fet arribar el missatge que el que cal ara és convocar eleccions.

També li ha trucat Antoni Martí, el primer ministre d'Andorra.

—Demà al matí trucaré al govern espanyol, a veure si hi podem fer alguna cosa... —li ha assegurat.

Dissabte, 21 d'octubre

Ha rebut una carta del president Jordi Pujol. Són dos folis. En el primer hi diu:

> President,
>
> Et faig portar aquest escrit a través d'una persona de tota confiança. Per si t'és útil en aquest moment tan decisiu.
>
> I gràcies pel teu coratge, el teu patriotisme i la teva disponibilitat total.

En el segon foli hi escriu tot un seguit de reflexions:

Benvolgut president,

Hem arribat a una situació límit. Amb una gran exacerbació i ganes de destruir-nos. Algunes persones em demanen que parli amb tu, però jo m'he resistit a fer-ho perquè ja fa temps que miro de no interferir. I perquè realment no tinc prou informació.

De tota manera, la insistència d'alguns fa que et faci arribar aquest comentari pensat per evitar les conseqüències més destructives de totes les que pot tenir tot plegat i que segur que busquen.

Tingues present que el dia 1 d'octubre va ser una victòria per al país i que va confirmar el teu compromís democràtic amb els ciutadans de Catalunya.

Primer. Declaració unilateral d'independència sense vot parlamentari i per tant amb poc risc per als diputats. Però sí per a tu i per a la presidenta del Parlament.

Segon. Eleccions constituents que podries convocar legalment i si convingués immediatament.

Tot això es podria fer abans de l'aplicació del 155.

JORDI PUJOL
Barcelona, 21 d'octubre del 2017

Li ha trucat també l'exconsellera Irene Rigau.

I Núria Parlón, que queda anotada a la llibreta així:

NÚRIA PARLÓN: És fonamental fer una treva per guanyar la legitimitat necessària perquè Catalunya es pugui expressar. Possible via: apel·lar a un procés constituent de reforma estatutària. Una comissió al Congrés sobre la reforma territorial.

L'aplicació del 155 sembla definitiva.

«Em sembla que l'aplicaran fem el que fem. Perquè ara el que em fan arribar és que no volen cap compromís públic ni cap document privat. I que, en tot cas, convoqui eleccions, i després ells ja faran marxa enrere. Però no me'n refio.»

Una trucada del cardenal Osoro, arquebisbe de Madrid i vicepresident de la Conferència Episcopal Espanyola, l'hi confirma.

Ho anota a la llibreta:

> Cardenal Osoro: Ahir amb Omella vam anar a veure Rajoy. La nostra sensació és que: 1) la sortida molt dolenta si apliqueu la DUI, 155. L'única sortida és la convocatòria d'eleccions. Ho monitoritzaran. Després en parlaríem.

Hi ha anotat també algunes reflexions seves que ha fet al llarg del dia:

> Si una convocatòria d'eleccions no atura el 155, no té sentit que ens ho plantegem com a alternativa. La intervenció està decidida i res no els farà fer marxa enrere. L'aplicació d'aquest 155 és il·legal i il·legítima. No deixarà res de res. Només ens queda resistència.
>
> El llenguatge de la violència no és el nostre. I si algú tingués ganes de fer-la servir, no és el meu. Hem aconseguit situar el problema en l'esfera de la democràcia, del civisme, i quan ho hem fet així hem guanyat sempre. Quan l'Estat vol apostar pel terreny de la violència, perdem sempre.

No para de rebre visites al despatx en tot el dia: dels consellers del seu govern, d'empresaris que volen intercedir... No és fins al vespre que, ja més tranquil, reprèn els escrits a la llibreta.

21 d'octubre del 2017

> La pressió que tinc és màxima. Avui, amb l'actuació del 155, tornen a créixer els rumors de duríssimes represàlies contra nosaltres i contra Catalunya. El president Pujol m'ha fet arribar una carta on desprèn una greu preocupació pel que pugui passar si s'entra en una espiral de repressió desbocada. Consellers del govern estan a la vora del col·lapse personal i no sé si aguantaran. I no tots els diputats de

> J×Sí estan còmodes amb l'escenari d'afrontar les conseqüències de la DI. Tornen a sonar els tambors de reculada, cosa que seria catastròfica per al país i igualment no ens estalviaria la repressió.

El lehendakari li fa arribar un nou document.

«Suponiendo la situación en que te hallas y con el mejor de los ánimos para afrontar la misma, tanto personalmente como también como President, te hago llegar, como siempre de manera honesta y basada en mi experiencia, el documento adjunto», li diu.

El document és una carta molt extensa farcida de reflexions: «Si yo estuviera en la situación en que se encuentra el President de la Generalitat y formase parte de una Nación sin Estado en un Estado compuesto en la Unión Europea y compartiera las legítimas aspiraciones con el President de la Generalitat, le escribiría un texto como el siguente», li diu d'entrada. Li parla del colonialisme, del Quebec, d'Escòcia i d'Euskadi, i li recorda que ells no van poder tirar endavant el pla Ibarretxe «tras el portazo sufrido en el Congreso de los Diputados». «La frustración forma, pues, parte del camino del proceso de avance de un Pueblo con conciencia nacional y voluntad de decidir su futuro. Pero también forma parte de este proceso la paciencia y la insistencia democrática.»

Li diu que, als ulls del món, el cas català «ha evidenciado la insuficiencia, la falta de inteligencia y la poca capacidad de respuesta de los poderes del Estado español», però li reconeix també, uns fragments més avall, que «a pesar de las amplias corrientes de solidaridad internacional [...] hay que reconocer con honestidad que toda la fuerza social y política explicitada, toda la creatividad y determinación demostradas no han sido suficientes como para que en estos momentos se pueda dar el paso definitivo a un estado independiente declarado unilateralmente y sin riesgo de que eso fracture por la mitad una sociedad también caracterizada por su pluralidad de sentimientos...».

Li parla, finalment, i com a conclusió, que cal «prepararse para una negociación política con el Estado en mejores condiciones», de «seguir trabajando a corto plazo para ampliar las mayorías sociales y políticas» i, encara més al final, «de no perder el control del calendario ni las riendas de las instituciones [...] convocando las elecciones i incrementando el apoyo internacional».

Dilluns, 23 d'octubre

Tot i que ha intentat aïllar-se, s'ha passat el cap de setmana atenent trucades. El seu govern i els diputats el pressionen per tots costats.

Urkullu li ha tornat a trucar. Tant durant el cap de setmana com avui. També li ha escrit uns quants correus electrònics: «La opción que me parece menos mala o mejor es que seas tú quien disuelva el Parlament de inmediato y convoque elecciones», li escriu.

«Soy muy consciente de la situación en la que te hallas. Lo soy intentando "ponerme en tu pellejo" como persona y pulsión entre las creencias y los sentimientos. Lo intento», li encapçala Urkullu en una nova carta, llarga i reflexiva. Després d'algunes consideracions, el lehendakari li acaba dient que «la primera obligación de un Presidente [...] es, en ausencia de otros logros immediatos, defender y mantener las instituciones de su Pueblo (Nación) y mantener el autogobierno». Li recorda que el referèndum de l'1-O no va tenir les garanties necessàries («a pesar de que pudiera defenderse que el motivo de la falta de garantías hubiera sido la actitud del Gobierno español para su anulación y suspensión») i li demana que convoqui eleccions al Parlament. «Liderar la convocatoria electoral para defender el Autogobierno. Es mucho lo que se puede perder», li diu, i li insisteix que doni la veu altra cop als ciutadans. «¿No sería una paradoja que, quien disponiendo de tal capacidad, deje sin poner en valor la convocatoria electoral y dar la palabra a la ciudadanía por haber ubicado en un lugar supremo en favor de la democracia un Referéndum celebrado en circunstancias de tan exiguas garantías?», li etziba abans d'acomiadar-se «afectuosamente».

Segons el lehendakari, si convoca eleccions al Parlament, el govern espanyol no tirarà endavant el 155.

És insuportable, aquesta pressió.

Li fa tant de mal el cap que té la sensació que està a punt d'explotar-li. No se'l traurà de sobre durant dies.

Ha tornat a escriure a la llibreta:

> *23 d'octubre del 2017*
>
> Tot el cap de setmana l'he passat meditant les opcions que hi ha damunt la taula. Crec que a hores d'ara només n'hi ha dues: o rendició (que es pot expressar en termes matisats) o tirar endavant amb la proclamació de la República. Les conseqüències d'una o altra opció són molt dures. Res quedarà intacte.
>
> Em va trucar el cardenal Osoro, de Madrid, per demanar-me que convoqui eleccions i eviti mals majors. Li vaig agrair la seva preocupació i també que m'informi que estan resant per tots nosaltres. Avui m'he tornat a veure amb en Rafel Ribó, que insisteix en la via de la unitat a l'entorn del dret a decidir i de la defensa de la llibertat.

La llibreta de notes s'acaba aquí. No té temps d'escriure.

Una part del seu entorn, bona part diputats de J×Sí, el continua pressionant perquè declari la DUI.

Es reuneix amb Artur Mas, Marta Pascal i David Bonvehí i els parla obertament, sense embuts, de la seva intenció de convocar eleccions si el govern espanyol li dona les mínimes garanties.

Trasllada també la situació a la CUP, que està molesta perquè se sent fora de les negociacions. Els parla de tres opcions: de fer la DUI si no hi ha garanties que Rajoy negociï res; de fer una DUI i convocar eleccions immediatament, o de fer directament una convocatòria electoral si obté garanties que no hi haurà 155.

Dimarts, 24 d'octubre

Són dos quarts d'onze de la nit i s'asseu a sopar a la Casa dels Canonges. Acaba de sortir d'una reunió de més de cinc hores amb l'estat major. Està abatut. Se sent sol, molt sol.

«La reunió d'avui no ha anat bé.»

Ell, que ha estat el president més independentista de la història recent de Catalunya, no és partidari de declarar la independència a correcuita.

«A mi no se'm pot acusar de no haver treballat per la independència, però no sé si ara és el moment d'accelerar-ho tot. Veig que fins al dia 1 d'octubre les coses estaven molt ben preparades, però no veig que ara ho estiguin. No s'han fet moltes de les coses que s'havien de fer. El finançament no està assegurat i no hi haurà reconeixements internacionals, i jo no vull dur el país a un conflicte en què hi pot haver violència.

»No et pots arribar a imaginar tot el que passa. La Marta Rovira i l'Oriol Junqueras no paren de collar-me perquè faci la DUI. Ho volen fer petar tot. Per interessos de partit. Els és igual com acabi tot plegat i quin preu en pagarem nosaltres i el país. Si la independència és a dalt de l'escala —diu, fent una metàfora—, estem al darrer replà i hem de pensar molt bé què fem: si trobem una solució que ens mantingui en aquest últim replà, en el tram més alt on havíem estat mai, amb tot el món mirant-nos i havent descobert que el cas català existeix, o si fem una jugada arriscada que ens pot fer caure daltabaix de l'escala.

I després d'un silenci, repeteix: «La reunió no ha anat bé».

El Parlament ha convocat un ple per als dies 26 i 27. Si s'arriba al límit i abans del 27 no hi ha cap acord, aquest dia serà el de la declaració d'independència.

«Hem de salvar les institucions. Però jo vull garanties. No em deixaré tornar a enganyar.»

Té molts dubtes, perquè veu a venir l'andanada de l'Estat.

«Arrasaran. Sé el que pretenen fer, i aniran fins al final. Ens carregarem tot el que hem aconseguit aquests darrers quaranta anys. I nosaltres no tenim res preparat. Correm el risc de quedar-nos sense institucions.»

Se sent atrapat. Molt atrapat. No hi ha una sortida clara. No creu que accelerar-ho tot sigui cap garantia d'èxit, sinó probablement de tot el contrari, i no veu tampoc que ell pugui convocar unes eleccions a canvi que l'Estat compleixi les condicions que els ha demanat: la sortida de presó dels dos Jordis, frenar la persecució judicial i la retirada dels milers d'agents de la Guàrdia Civil.

«Jo seria partidari de salvaguardar les institucions, perquè, quan apliquin el 155, ens arrasaran. Però en Junqueras i la Rovira no ho volen, i, com que ells dos no ho volen, l'ANC i Òmnium tampoc no volen baixar del burro.

»No puc convocar les eleccions pel meu compte. Jo tinc la facultat de convocar-les, certament, però només ho faré si hi estem tots d'acord. El relat d'anar a unes eleccions amb l'estratègia de desescalar en el conflicte i salvaguardar les institucions només funciona si anem tots a l'una, si ho expliquem tots junts. Si em quedo sol defensant les eleccions, em faran passar pel gran traïdor. Per molt que sigui jo qui els ha dut fins on som; per molt que els hagi hagut d'arrossegar jo, els d'ERC em diran que soc un traïdor. Seré el gran traïdor de la història. I això és el que ells en el fons voldrien, per treure'n rendiment.

»Si ens quedem on som, hem arribat fins aquí i podrem continuar. I no ens haurem carregat les institucions. Perquè ho faran, se les carregaran. I posaran la gent en contra nostra. El pla ocult que tenen és terrible.»

No està ni enfadat ni indignat. Està, simplement, abatut. Abatut perquè no hi veu cap sortida:

«Totes les negociacions amb Madrid estan acabant en via morta; no tinc cap indici que res es pugui pactar, res. I, en el cas que hi hagués la possibilitat de pactar alguna cosa, no hi hauria cap garantia que la complissin».

Viu en un Dragon Khan emocional, però no perd l'esperança. De fet, és el mateix que els passa a molts membres del govern, que viuen en una angoixa permanent, conscients de tot el que estan arriscant.

«Saben que s'hi juguen uns quants anys a la presó i que les seves famílies també en pagaran un preu molt alt. I jo també soc conscient d'on els arrossego, si tirem endavant. Em passa allò que em van vaticinar: quan et giris, arribarà un dia que estaràs sol, i la decisió serà només teva. Hauré de prendre la decisió jo sol, però no deixo de tenir la sensació que m'hi hauran arrossegat, perquè potser la decisió que prendré no serà la que en el fons jo voldria.»

A la reunió de l'estat major d'avui hi ha hagut de tot. Des del conseller Santi Vila, que ha amenaçat de dimitir en diferents ocasions, fins a [redacted], que s'ha declarat «disposat a morir».

«És un guirigall. Vila ha amenaçat de dimitir, i no descarto que en els propers dos dies ho faci algun altre conseller. Pot passar de tot.»

El president també s'ha quedat sol defensant una altra proposta: la de comparèixer al Senat, on dijous i divendres es debatrà l'aplicació de l'article 155.

«Jo sempre he dit que soc partidari del diàleg, i una nova manera de demostrar-ho seria anant al Senat, encara que fos a rebre per tots costats. Però tothom, absolutament tothom, em diu que m'equivoco, que no ho he de fer. A més em diuen que en aquesta ocasió el desplaçament i la meva presència a Madrid podria suposar un problema de seguretat important. En això també m'he quedat sol. Em queden hores; estic en temps de descompte.»

I, tot d'una, deixa anar:

«També és cert que hi ha una possibilitat que surti bé».

Esgotat, físicament i mentalment, pràcticament no tasta el sopar. Passa gairebé tota l'estona atenent trucades. En els breus moments de silenci entre una trucada i una altra, el dring metàl·lic dels coberts ressona per tota la sala. Al menjador petit de la Casa dels Canonges avui tot fa soroll de buit. És així com se sent també: buit.

Se'n va a dormir pensant en les seves filles.

«Si no surt bé, si em fan passar per un traïdor perquè he frenat, o per un eixelebrat perquè hem arriscat massa...»

Dimecres, 25 d'octubre

S'ha llevat amb una decisió presa. Aquest vespre farà venir tothom al Palau de la Generalitat per anunciar-los que ha decidit convocar eleccions si obté les garanties que ha reclamat.

La convocatòria, però, no inclou la CUP.

Demà comença el ple de dos dies al Parlament i no hi ha marge de maniobra. El govern de Madrid ja ha anunciat que aquest divendres, si Puigdemont no convoca eleccions, el Consell de Ministres aprovarà l'aplicació de l'article 155, que suspendrà de funcions tot el govern català.

Aquest matí ha tornat a parlar amb el lehendakari. Han estat comentant la situació. I a mitja tarda rep una carta seva. Una altra. El lehendakari li explica que continua parlant amb Pedro Sánchez, i que té la impressió que Mariano Rajoy també està disposat a desescalar.

La carta d'Urkullu diu:

> Estimat President!
>
> Tras nuestra conversación, he estado pensando y he preferido llamar a Pedro Sánchez para cotejar si Miquel Iceta había hablado con él y lo que, en su caso, le hubiera planteado. Justo al llamar yo, Pedro Sánchez había hablado con Miquel Iceta, quien, a su vez, sí había hablado con la Vicepresidenta Sáenz de Santamaría. He reproducido a Pedro Sánchez la conversación que entre tú y yo hemos mantenido. Él, Pedro, también intentará hablar con el Presidente Rajoy. Hay una cuestión que, ya de inicio, me y nos condiciona y que es el saber que no comparecerás ante la Comisión del Senado. Me y nos condiciona porque pensábamos que sí, y en tal caso, tenemos la impresión que acudiría el propio Presidente Rajoy y en buena disposición.
>
> En cualquier caso, siendo que cualitativamente el PSOE es muy importante para la cobertura en la aplicación del 155 por parte del

Gobierno español, el PSOE se ve en situación comprometida al saber que está convocado el pleno del Parlament con Propuestas de Resolución a votar entre las cuales está la Declaración de Independencia en la sesión del próximo viernes.

En esta situación y ante la catástrofe que supondría llegar al final por parte de unos y otros con consecuencias en el retroceso de autogobierno, graves afecciones económicas y sociales, crisis de fractura social y riesgo de enfrentamiento, y extensión de esta situación a otros ámbitos y consecuencias para el encaje de las aspiraciones legítimas también en el seno de la Unión Europea, te planteo:

—La oportunidad de trasladar al Presidente del Gobierno español la asunción por ambas partes de la siguiente coincidencia tácita (referencia a las Declaraciones Concordantes que ambos presidentes conocéis):

1. No Declaración de Independencia (en su defecto, dejarla en suspenso)

2. No aplicación del artículo 155 (en su defecto, dejarlo en suspenso)

3. Sí Elecciones en Catalunya convocadas por el President

4. Sí a la vuelta de la normalidad institucional y legal por ambas partes

En relación a estos compromisos, y tras la disolución del Parlament, planteo la constitución de una Mesa de Diálogo entre ambos Gobiernos, o bien una acción facilitadora por quien se estime, que permita gestionar estos compromisos y las solicitudes planteadas por unos y por otros (liberaciones, retirada de miembros extra de las Fuerzas Armadas y Cuerpos de Seguridad... etc...) desde una interlocución normalizada entre ambos Gobiernos y posteriormente el diálogo entre el nuevo Govern constituido y el Gobierno español para el análisis de la reformulación del nuevo modelo de Estado (para lo cual estamos dispuestos a acompañar) y del mejor encaje posible de Catalunya en el Estado español.

Espero tu consideración y, en su caso, autorización para seguir intentando una vía de solución con los protagonistas cernidos en base a esta propuesta, quedando a tu disposición.

¡Un abrazo!

Iñigo Urkullu Renteria
Lehendakari

Evidentment, li ha dit que sí, que l'autoritza a continuar les negociacions. No creu, però, que arribin a bon port. «Ja em van enganyar el dia 10.»

El ve a veure l'expresident José Montilla, que està en contacte amb el líder del PSOE. Iceta també està fent gestions amb el permís del president. Montilla és contundent:

—Em sembla molt que a hores d'ara ja no hi ha cap possibilitat que no apliquin el 155. Com a molt, el podríem atenuar —li diu—. Pots posar el teu càrrec en risc, però no tens dret a posar en risc les institucions catalanes. Hauries de convocar eleccions.

—Ho faré si em donen les garanties que he demanat.

Emilio Cuatrecasas i Marian Puig també fan gestions per obtenir garanties que no s'aplicarà el 155.

Els dos empresaris van avui al País Basc acompanyats del també empresari i enginyer Joaquim Coello, del president de Petronor, Emiliano López, i del notari Juan José López Burniol. Volen parlar amb el president del PNB, Andoni Ortuzar, i amb el lehendakari Urkullu per veure què més poden fer.

Urkullu parla des de Vitòria en diferents ocasions al llarg de la tarda amb ell, que li diu:

«Si aplican el 155, no quedará nada».

«Vull la garantia que si convoco eleccions no l'aplicaran. No em tornaran a trair. Dos cops no. Ja m'ho van fer el dia 10.» I ho repeteix una vegada i una altra.

Decidit a convocar eleccions, es reuneix amb el vicepresident Junqueras al despatx per explicar-l'hi. Es queden tots dos sols.

—¿Com estàs? ¿Estàs bé? —li pregunta Junqueras d'entrada.

—Sí. Estic bé. Molt bé. Però decidit a convocar eleccions si tinc garanties que no ens aplicaran el 155.

Li desgrana els arguments. Li parla de les gravíssimes conseqüències i li diu que considera que el govern no està preparat per resistir-les.

—No tenim res a punt. No hi ha res, al darrere. No tenim les estructures d'estat. No tenim res. I si l'Estat segueix en la línia de la repressió i hi ha violència, no resistirem.

Junqueras li diu que en discrepa, però no li du la contrària amb gaire vehemència. No és una discussió, és una conversa tranquil·la. Finalment, el vicepresident conclou:

—Potser no és la decisió que prendria ERC, però, president, t'acompanyarem.

Són les set de la tarda. Al Pati dels Tarongers hi és tothom. L'estat major al complet, els membres del govern, dirigents d'ERC i del PDeCAT, diputats independents, els dirigents de les entitats sobiranistes... Lluís Corominas i Marta Rovira, president i portaveu respectivament del grup parlamentari de J×Sí, són dels darrers d'arribar. Han estat fent consultes entre els diputats. La majoria es decanten per fer la DUI.

La reunió es fa en una sala molt àmplia contigua al Pati dels Tarongers. S'endarrereix més d'una hora perquè el president continua fent trucades.

Respon també els nous missatges que li ha enviat Urkullu proposant-li que convoqui eleccions: «19.39. Gracias lehendakari. Entiendo que si hay elecciones (que solo puedo convocar hasta el viernes por la mañana) habría suspensión del 155, sin DI en el Parlament. ¿Puedo exponerlo así a Junqueras?».

«19.42. Creo que sí. Te lo confirmaré.»

«19.43. Entendido.»

Tres quarts d'hora més tard, el lehendakari li reenvia el missatge que ha rebut de Pedro Sánchez i li indica que continua insistint amb Rajoy. El missatge diu el següent: «20.33. Respuesta de Pedro Sánchez: "Bien. Continuemos. He escrito pero no tengo todavía respuesta del presidente Rajoy. Creo, sinceramente, que hay que intentarlo, President!"».

A dos quarts de nou tothom és a lloc per a la reunió i comença la seva intervenció:

—El 155 serà un cop d'estat. Ens deixarà a tots fora de les institucions i no tindrem possibilitat de fer res —diu d'entrada.

A continuació, després d'una llarga explicació sobre les conseqüències de la pèrdua de control de la Generalitat, assegura:

—Abans que el 155 entri en vigor, tinc el deure de valorar si he de fer o no ús de la prerrogativa de fer eleccions. Si això evita el cop d'estat del 155, és la millor decisió que podem prendre per a Catalunya.

Dit això, els explica les negociacions que hi ha en marxa. Els parla d'Urkullu, d'Iceta i d'alguns grans empresaris que estan intervenint en les converses. El debat és intens. Molt intens.

Marta Rovira és molt dura. No vol eleccions. Vol la DUI.

—No ho podrem explicar a ningú, si fem això. Ens n'hem d'anar tots cap a casa.

Rovira l'amenaça que ERC se n'anirà del govern i que ell passarà a la història com el culpable de tot.

«No sé si actua d'acord amb Junqueras, però és duríssima amb mi», pensa. «Em fa sentir com si acabés de matar una criatura.»

Junqueras diu que tampoc no ho veu clar.

—Escolta, és una estupidesa anar a fer una república sense desplegar unes estructures d'estat —replica el president.

El debat puja de to i en un moment donat ell li proposa que agafi la presidència. «Ser el cap d'estat d'una república sense contingut és com ser el president de Freedonia.»

El vicepresident, però, no es pronuncia sobre l'oferiment que li acaba de fer. «Està fent de Junqueras al més pur estil», pensa.

Es fixa en Mundó, que fa pocs dies li va assegurar personalment que també era partidari d'anar a eleccions. Però Mundó no obre la boca, i Dolors Bassa, tampoc.

—No vull portar el país de la preindependència a l'autonomia —insisteix.

—Serem uns traïdors, i tu en seràs el responsable —hi torna Rovira—. ¿Com se't recordarà? No podem convocar eleccions!

—Et recordo que la facultat de convocar eleccions és meva, del president, de ningú més.

Artur Mas, que fa estona que es mira els uns i els altres, surt en defensa del president:

—No serem recordats per la quantitat de crítiques que ara rebrem, sinó per les conseqüències dels nostres actes. Hem de decidir què fem: prendre una decisió difícil de pair però segura, o arriscar-nos a un abisme.

Meritxell Borràs és partidària d'anar a eleccions. Josep Rull no acaba d'entendre la decisió del president, i Clara Ponsatí en discrepa obertament.

Oriol Soler, un dels membres de l'estat major, corrobora una de les afirmacions del president:

—És evident que el govern no té cap mena de complicitat internacional ni disposa de cap estructura d'estat que ens permeti aguantar una eventual declaració d'independència —diu.

A mitja reunió, passades les nou de la nit, s'hi incorpora el Síndic de Greuges, Rafael Ribó, que ha estat a Madrid. El Síndic ve de parlar amb Jordi Sànchez a la presó. «Ell també és partidari que convoquis eleccions», li diu. El president li ha demanat que sigui a la reunió per explicar-ho.

Són pràcticament les dues de la matinada i la decisió majoritària, amb més o menys convenciment, és anar a eleccions.

Marta Rovira li ha posat una condició: que demà el president convoqui una reunió del grup parlamentari i que ell ho vingui a explicar personalment.

Junqueras és dels darrers a intervenir:

—Nosaltres probablement no hauríem pres aquesta decisió, però t'acompanyarem —li diu textualment—. Si ho has de fer, fes-ho aviat. Convoca ara les eleccions.

En sortir de la reunió Santi Vila fa un comentari a peu dret a Puigdemont i Junqueras:

—A aquesta hora no podem pas convocar les eleccions. No seria seriós.

De fet, a cap dels dos no els havia passat pel cap fer-ho a aquesta hora.

A poc a poc, en grups, comentant la reunió, tothom marxa de Palau, excepte el president, que es torna a quedar a dormir a la Casa dels Canonges.

«No es pot dir que hi hagi hagut un acord de l'estat major per anar a eleccions. El que he fet és anunciar la decisió que he pres, que és meva i l'assumiré, i demanar respecte i comprensió.»

Quan ja travessa el pont que comunica el Palau de la Generalitat amb la Casa dels Canonges, per sobre del carrer del Bisbe, el crida Xavier Vendrell, que li diu:

—President: tu i jo sempre hem parlat clar. Em sembla bé el que finalment hem acordat. Però, si no et donen les garanties que demanes, ¿què faràs?

—La DUI.

—Perfecte. Bona nit.

Abans de posar-se al llit, envia alguns missatges a persones del seu cercle més íntim perquè n'estiguin al cas i estiguin mobilitzades de bon matí. Escriu, també, a Urkullu: «2.18. Lehendakari. Cuando leas este mensaje seguramente te habrán llegado noticias de prensa que me estoy planteando convocar elecciones. No es seguro que tome esta decisión, aunque anoche-madrugada he comunicado a mi gobierno, portavoz de Junts pel Sí y entidades soberanistas que si se retiraba o se suspendía el 155, yo convocaría elecciones hoy jueves».

Envia, a més, un missatge a Josep Rius: «2.33. Convocaré eleccions. Demà a les vuit tots a lloc. Em quedo a dormir a Palau. Demà em tocarà resistir».

Dijous, 26 d'octubre

S'ha llevat amb les piles carregades. Avui ha convocat el consell executiu, després s'ha de reunir amb el grup parlamentari i, si tot va com ha d'anar, al llarg del matí anunciarà que convoca eleccions.

Urkullu l'ha respost de bon matí. Li explica que ha reenviat el seu missatge a Rajoy i a Sánchez: «6.16. Estimado President! Como verás, he reproducido tu mensaje de esta madrugada, enviándolo al Presidente Rajoy y a Pedro Sánchez, junto con mi respuesta. (C. Puigdemont): Lehendakari, cuando leas este mensaje seguramente te habrán llegado noticias de prensa que me estoy planteando convocar elecciones. No es seguro que tome esta decisión, aunque anoche-madrugada he comunicado a mi gobierno, portavoz de Junts pel Sí y entidades soberanistas que si se retiraba o se suspendía el 155, yo convocaría elecciones hoy jueves. Presidente: No se puede llegar como se está llegando al enfrentamiento civil. Ha de abordarse todo antes que sigan las movilizaciones. Por favor! Iñigo Urkullu Renteria. Lehendakari. A disposición con un abrazo!»

A les vuit del matí ja és a Palau. Hi ha tot el seu equip. Al cap d'una hora, després de posar-los al corrent, truca a Iceta per explicar-li que avui anunciarà la convocatòria d'eleccions i li demana també si pot fer gestions per aconseguir garanties per escrit.

En acabat parla amb Cuatrecasas i Puig, i amb dues persones més, [redacted] i [redacted]

«El que m'arriba és que el cercle a Madrid és molt estret, que la negociació és a la taula de Mariano Rajoy i Soraya Sáenz de Santamaría, que ho gestionen directament.»

Li han fet saber, però, que el més complicat de tot plegat serà aturar la via judicial.

A les deu hi ha reunió del consell executiu, però, quan ja està a punt d'anar cap allà, arriba la consellera Borràs, que vol parlar en privat amb ell un moment. Borràs, que fins ara era una de les persones de l'executiu que més el collava per anar a eleccions, ha canviat d'opinió. Diu que ara no és partidària de convocar eleccions.

«El president Puigdemont anunciarà a finals d'aquest matí la convocatòria d'eleccions per al 20-D.» A les deu del matí, RAC1 deixa anar aquesta bomba informativa. El president s'indigna.

Pensa que algú ho ha filtrat per dinamitar qualsevol acord. «Són uns irresponsables.»

Ja es veu a venir que el matí serà complicat.

La reunió del consell executiu és ben estranya. El president entra i surt un munt de vegades. Té trucades constantment. Parla amb Urkullu, amb Omella...

—A Madrid no se'n refien, president —li diuen—. Temen que aprofitaràs la convocatòria electoral per dir que són unes eleccions constituents. Ells també volen garanties.

—Les tenen: no seran unes eleccions constituents. Per a mi el fonamental és aturar el 155 —els insisteix.

Truca a Jaume Giró, director general de la fundació bancària la Caixa. Li demana si pot fer gestions, ell que té molts bons contactes a Madrid, perquè no s'activi el 155. «Jo estic disposat a convocar eleccions, si pactem les condicions», li diu. De Giró se'n refia. Sap que és dels pocs que s'ha oposat al trasllat de la seu de la Caixa. S'hi ha vist en algunes ocasions, recentment. També s'ha vist amb el conseller delegat de Banc Sabadell, Jaume Guardiola. Però els troba la nit i el dia. «Van en direccions oposades; Giró és de les persones que s'estimen el país i que vol aprofitar tota la seva influència per fer un exercici de responsabilitat.»

Giró truca immediatament a la vicepresidenta Soraya Sáenz de Santamaría. La troba al cotxe, camí de la Moncloa. Li proposa la sortida possible per evitar el 155. Ella l'escolta amb atenció. Es coneixen des de fa temps, i entre ells hi ha una relació de respecte i cordialitat. Han dinat en diferents ocasions en restaurants de Madrid i de Barcelona des dels preparatius de la consulta del 9-N del president Mas, quan va ajudar que fos «tolerat».

Soraya no li diu ni que sí ni que no. Li diu que ella ho veu bé, però que necessita temps, un parell d'hores, perquè ho ha de consultar. Giró li recorda, però, que de temps no en queda.

El president torna a entrar al consell executiu, però al cap d'un moment n'ha de tornar a sortir.

«Ens demanen la garantia que les eleccions les convocaràs seguint la llei espanyola», li diuen els empresaris negociadors, que li proposen que, abans de fer públic el decret de convocatòria electoral, faci arribar el text a Madrid.

Urkullu li acaba de dir el mateix. I li fa una proposta de redactat: «9.55. Propuesta: "... procedo a Disolver el Parlament de Cataluña y Convocar Elecciones Autonómicas con arreglo al cumplimiento del procedimiento en el ordenamiento jurídico reflejado en la legalidad del Estatuto de Cataluña".»

Puigdemont li respon: «10.05. Esto no lo puedo decir en estos términos... Digo: "«Hoy, después de escuchar al Govern, he decidido disolver el Parlament y convocar elecciones para el día... Es una decisión mía, que solo puedo tomar yo y que solo puedo tomar antes de que el Senado apruebe la propuesta de intervención... y aunque es una decisión que no me gusta tomar, creo y estoy convencido de que es la mejor decisión que tocaba en estos momentos y en estas circunstancias"».

Urkullu contesta: «10.42. Estimat President! Estimo que sería conveniente que, además del discurso político anunciador que lo comprendo, los servicios jurídicos puedan plantear el Decreto de Disolución y Convocatoria recogiendo alguna referencia, algún término de ajustarse a la legalidad (Estatut y ordenamiento jurídico), en la línea de lo propuesto por mí anteriormente. Seguimos trabajando con el gobierno español».

«10.42. Esto sí lo veo posible»

I l'hi confirma més tard, després de consultar als serveis jurídics.

«12.18. En el decreto eso va a figurar»

«12.18. Ánimo!»

El text de la convocatòria electoral és idèntic al que s'ha utilitzat cada vegada els darrers anys. Cita l'Estatut i fa una especial menció a la LOREG, la Ley Orgánica del Régimen General, perquè quedi clar que es convoquen sota la legislació espanyola. Fins i tot cita expressament la Constitució, tal com li han suggerit també els dos empresaris, que li diuen després de llegir-se'l:

—És impecable. No hi haurà cap problema.

El text arriba a Madrid per diverses vies. A través del lehendakari, dels empresaris i de Josep Rius, que l'envia directament al compte de Gmail de Jorge Moragas.

Han passat les dues hores de temps que Sáenz de Santamaría li ha demanat a Giró. La vicepresidenta no li ha tornat resposta. El directiu de la fundació bancària li envia un SMS recordatori. No contesta. No es tornaran a parlar ni a escriure més.

Amb tantes entrades i sortides, la reunió del consell executiu ha acabat més tard del previst i el grup parlamentari ja està reunit a Palau. Són a l'auditori, una sala gran que hi ha just a sota del Pati dels Tarongers.

Hi ha una taula dalt de l'escenari i, a baix, les fileres de butaques, encoixinades de color vermell.

Els diputats ja són a lloc i ara s'hi incorporen també els membres de l'executiu. Ha demanat a Junqueras que sigui a dalt, amb ell, a la taula que presideix la trobada. També ho ha demanat a Carme Forcadell, la presidenta del Parlament, que declina l'oferiment.

Aquesta tarda, a les quatre, s'ha d'iniciar el ple convocat per avui i demà per debatre l'aplicació de l'article 155. Tot i el nom, en realitat és el ple on s'ha de fer la declaració d'independència. Forcadell ha de presidir la sessió. No ha volgut ser dalt de l'escenari perquè, des de baix, vol replicar al president.

—¿Per què, president? ¿Per què hem d'anar a eleccions? —li pregunta en un to molt dur.

—Perquè no som prou. Perquè amb el 47,5 % no aguantarem. La República no està preparada per aguantar el 155 des de fora de les institucions. El 155 ens expulsarà de les institucions i hi sortirem perdent. El 155 que ens han ensenyat serà un cop duríssim, i hi ha un clima de confrontació civil que no m'agrada. Jo ho puc aguantar tot menys que hi hagi morts. El nostre deure és preservar les institucions. Continuar treballant des de les institucions —insisteix.

Lluís Corominas també es mostra partidari de la DUI. També Marta Rovira, que torna a acusar el president de no voler arribar fins al final. Anna Simó s'hi afegeix:

—No pots prendre una decisió com aquesta en solitari.

—Soc el president, i soc qui té la facultat de convocar eleccions.

És evident que els diputats discrepen entre ells, però totes les intervencions les fan mirant el president i el vicepresident.

Gerard Gómez del Moral, de les JERC, tampoc no entén la decisió.

Neus Lloveras, de l'AMI, li diu que tampoc.

Montse Candini, del PDeCAT, en canvi, expressa el seu suport a la decisió del president.

«Si ens donen les garanties, hem d'anar a eleccions. El 155 serà molt dur.»

És pràcticament un tots contra un.

«És inhumà, això que m'estan fent. Estic defensant el que crec que és millor per al país, que em farà quedar a mi com un traïdor, i m'estan escorxant.»

Josep Rius, que durant una estona ha estat seguint la reunió, s'acosta a la taula del president i li deixa una nota.

—Tens una trucada urgent —diu, i li demana si pot sortir de la sala.

—¿Qui és? —li pregunta un cop són a fora.

—Ningú, president. T'he tret d'allà a dins perquè respiris una mica. Perquè això que t'estan fent no té nom.

—Gràcies.

La «trucada» durarà cinc minuts: el temps d'agafar aire i tornar a entrar a la sala.

«Avui fins i tot els meus, els tinc en contra. M'ha deixat sol tothom.»

A hores d'ara, els diputats que són a l'auditori de Palau ja han enviat missatges a tot arreu, i els mitjans de comunicació, que són a la plaça Sant Jaume, se'n fan ressò. Expliquen que membres del grup parlamentari de J×Sí discuteixen al president la decisió d'anar a eleccions.

A Twitter ja hi ha qui acusa el president de traïdor.

Una manifestació d'estudiants que s'havia convocat a la plaça Universitat per protestar contra el 155 canvia de ruta i es dirigeix cap a la plaça Sant Jaume. Quan arriben a Via Laietana, ja porten una pancarta on s'hi pot llegir: «Puigdemont, traïdor».

Al president l'hi expliquen quan és encara a la sala.

«¿Però com pot ser, que estiguem encara a dins discutint i ja hi hagi qui ha tingut temps de fer una pancarta? —es pregunta—. Em sembla que algú ho ha orquestrat, tot això.»

La discussió continua. El diputat Ferran Bel es posa al seu costat:

—Entenc les raons del president. Les seves raons són impecables, perquè, si no estan preparades les estructures d'estat, ¿què carai estem fent?

Irene Rigau també li dona suport:

—Hem de fer costat al president, sense dubtes ni dilacions. —I llavors, mirant primer Puigdemont i després Junqueras, afegeix—: Aquesta situació requereix autèntics homes d'estat.

El vicepresident s'encén i li demana que no li falti al respecte. L'exconsellera retreu públicament als republicans el que han insinuat en diferents ocasions aquest matí:

—A mig fer, no es pot marxar d'un govern.

Aquí s'hi afegeix també el president:

—El que és una autèntica falta de respecte són les acusacions de traïdor que alguns escampen pels carrers.

Tothom ha entès que es referia a Esquerra.

«A hores d'ara, a Madrid ja saben que ens estem barallant. I deixaran que ho continuem fent. És una irresponsabilitat, el que estan fent els meus socis de govern», pensa.

El diputat al Congrés Gabriel Rufián ha fet una piulada demolidora que tothom recorda: «155 monedas de plata».

Té el cap a punt d'explotar: «Però, ¿què s'han cregut? ¿No ho veuen, que a Madrid ara són feliços? "Se están peleando. Dejémoslos"».

Els esdeveniments se succeeixen de manera vertiginosa. Quan estan a punt d'acabar la reunió amb el grup parlamentari, a Madrid els senadors ja són a la comissió de la Cambra Alta que debat sobre la intervenció de l'autonomia a Catalunya.

Just abans que aquesta comenci la sessió, el líder del PP català, Xavier García Albiol, fa unes declaracions contundents als mitjans de comunicació: «Independentment d'altres factors, el Senat seguirà amb els tràmits previstos». El portaveu del PP al Senat, José Manuel Barreiro, diu el mateix: «Un posible anuncio de elecciones no implica que se resuelva la parte fundamental que ha dado lugar al 155, que es el restablecimiento de la legalidad». I el popular Javier Arenas hi afegeix: «Lo que hay en Cataluña es un problema de restablecimiento de la legalidad constitucional y estatutaria».

«¿Què està dient Albiol? ¿Què està dient Arenas? ¿Ens aplicaran el 155 independentment del que fem?!», s'exclama.

Escriu des de la mateixa reunió: «13.00. Lehendakari. ¿Es cierto eso que corre en los medios de comunicación, que Moncloa mantendrá el 155?».

«13.10. President! Estoy en el Pleno del Parlamento y no estoy siguiendo los medios. Creo que podemos valorar que el Presidente ciertamente no saldrá públicamente, pero estará muy atento a tu intervención y sabe que, además, él mismo ya dijo públicamente que valorará la convocatoria electoral (hay que entender e interpretar positivamente cuando, además, estoy convencido de que él no querría aplicarlo), también el PSOE, que cualitativamente es importante, muestra antes de hoy su objeción a la aplicación del 155 si convocas elecciones. Es necesario tambien ponerse "en la disposición del otro" y que los pasos han de ser graduales comenzando por la comparecencia de la Vicepresidenta esta tarde en la Comisión Mixta del Senado y que somos muchos quienes estamos presionando y trabajando para que la graduación sea positiva para la no aplicación del

155. Por eso era la mención a la vuelta de la legalidad que yo te proponía con una referencia a la legalidad aun cuando fuera en el Decreto (mensaje que ya he hecho llegar al Presidente Rajoy). Vamos a confiar»

«13.50. Me llega que aprobarán el 155 y en todo caso luego lo suspenderán. Albiol ha confirmado»

«14.02. La aplicación del 155 todavía no está aprobada. Mira también las declaraciones de Margarita Robles y piensa que las declaraciones de Albiol, Arenas, etc... quizás lo son en una estrategia de que después parezcan ellos los generosos»

La reunió, mentrestant, continua. Hi ha molta tensió. La CUP, que no hi ha estat convocada, també hi diu la seva des de fora: «El pas que vol fer Puigdemont seria una deslleialtat al poble», afirma el diputat Carles Riera en un tuit que de seguida llegiran i faran circular molts dels que estan reunits a la sala.

La reunió amb el grup parlamentari ha durat poc més d'una hora. El president es manté ferm en la seva decisió. Ha convocat els mitjans de comunicació per a dos quarts de dues de la tarda. Si té les garanties, anunciarà eleccions.

«Ha estat molt dur, molt dur. Però jo intento mantenir la perspectiva històrica. Sé que si frenem el 155 estem al costat correcte de la història. M'hauré de retirar de la política per sempre més. Però sé que prendré una decisió que podré explicar. El tuit de Rufián m'ha dolgut molt. Moltíssim. I la deslleialtat d'ERC anunciant que se'n va del govern i atiant les manifestacions que em diuen traïdor encara més. Però, si em donen garanties, convoco eleccions i me'n vaig a casa. És el que he de fer.

»ERC ho vol tot. Vol eleccions, i no vol dir que les vol. Saben que si jo convoco eleccions i ells es mantenen públicament dient que volen la DUI, jo i el meu partit estem acabats i que a les properes eleccions arrasaran. I, encara que a les properes eleccions les dues formacions sumem una majoria, tindran l'excusa ideal per dir que en nosaltres no s'hi pot confiar més i podran governar amb els comuns i els socialistes.»

A Palau hi ha molta gent anant amunt i avall i desenes de periodistes que esperen l'inici de la roda de premsa que s'havia convocat per a dos quarts d'una del migdia però que ara ja s'ha anunciat que es retardarà una hora.

Josep Rull i Jordi Turull entren a Canonges, on Puigdemont està reunit amb altra gent. Li retreuen que convoqui eleccions. Li reclamen la DUI. El president Mas, que també hi és, els escridassa:

«¿Però que no veieu el que esteu fent? —Els seus crits se senten des de fora del despatx—. ¿Que no veieu que l'esteu enviant a la presó vint anys? ¿I que no ho veieu, que a ERC també volen eleccions? ¿No ho veieu? ¿No ho veieu, que no ho diuen perquè siguem nosaltres qui convoquem eleccions i després poder sortir ells com els valents? Sigueu conscients del que esteu fent!».

Tothom el pressiona; els seus també. Els diputats Jordi Cuminal i Albert Batalla acaben d'anunciar la seva baixa del partit per discrepància amb la convocatòria electoral.

«14.02. Lehendakari, hay una revolución en marcha ya de los nuestros. Se me dan de baja los diputados. No puedo aguantar»

Rep la resposta: «14.05. Es una situación en que los extremos se unen, en la que la emocionalidad se impone en algunos pero imperará la razón. Piensa en quienes no se dan de baja y que se suman a toda la parte de la ciudadanía que no se manifiesta y que es la mayoría. Cuanto más tiempo tardes en salir, peor. Míralo con la perspectiva del medio y largo plazo. Estamos jugando al regate corto y eso no es lo mejor para el futuro de un Pueblo».

Urkullu li envia encara un altre missatge al mòbil: «15.10. Mensaje que he enviado al Presidente (y con valor para ti y para todos): "Presidente! Todo esto es ridículo y no sirve más que para el descrédito en la política! Qué necesidad de tensionar más la sociedad!"».

Està dolgut amb els seus. Però amb qui més dolgut està és amb ERC.

«Els diputats tenen la informació que tenen. Però jo havia pactat lleialtat amb el president d'Esquerra. "T'acompanyarem en la decisió", em va dir i repetir. Quin acompanyament que m'estan fent. M'acompanyen clavant-me punyals.»

Ara, un cop ha comunicat al govern i al grup parlamentari la seva decisió, i malgrat els enfrontaments que ha tingut, es concentra a aconseguir les garanties que ha demanat.

Ni Cuatrecasas ni Puig li han dit res més. Demana a Rius que truqui a Moragas per confirmar si ha rebut el decret de convocatòria d'eleccions i demanar-li garanties.

—O garanties o res, ¿eh? —li insisteix.

—Escolta, Jorge. A banda de saber que ho has rebut bé, el president necessitaria alguna garantia que no ens aplicareu el 155. Hem sentit les declaracions de García Albiol i d'Arenas i no sabem si creure'ns-les. Perquè, si és així, és que ho heu dinamitat tot —li diu Rius a Moragas.

—¿I quin tipus de garanties necessitaríeu? —li demana Moragas.

—En aquest moment, em sembla que una trucada entre els dos presidents seria la cosa més ràpida i fàcil.

—D'acord. Miro què hi puc fer i et dic alguna cosa.

El president engega diverses gestions alhora.

Truca a Miquel Iceta per demanar-li si en sap res, de les garanties. Iceta és clar:

—Les coses no van bé; no van per bon camí.

Parla també amb el cardenal Omella:

—Has de complir amb la llei —li etziba en un to molt desagradable.

«Em parla sense cap respecte», pensa el president.

—Si us heu saltat la llei, ara no us espereu segons què… —li engalta encara Omella.

—Perdoni, cardenal. Però nosaltres hem demanat unes garanties molt clares i, si hi són, convocarem eleccions —li replica.

Però quan s'adona que el cardenal ni tan sols l'escolta, penja.

Envia un whatsapp a Enric Millo: «Escolta, Enric. ¿Això que ha dit l'Albiol, és cert? ¿Aplicareu el 155 igualment?».

La resposta del delegat del govern arriba gairebé a l'instant, i és ambigua.

«L'interpreto de seguida. Em ve a dir que sí, que el que diu Albiol és cert.»

Finalment, parla amb Urkullu. El lehendakari li diu que a ell li consta el compromís que no aplicaran el 155 si convoca eleccions, però que no en donaran garanties.

«Actuarán en función de lo que hagas», li diu.

En aquest moment ho té clar: «Em tornarà a passar com el 10 d'octubre. Aquestes promeses no les compleixen. Ja em van trair aleshores, i no ho tornaran a fer. Faci el que faci, trobaran l'excusa ideal per fer-me dir el que no he dit». Té la roda de premsa d'aquí a res. «O surto a dir que tinc garanties i que convoco eleccions, o surto a dir que fem la DUI.»

A hores d'ara ja té la decisió presa: no el tornaran a trair.

N'informa el vicepresident Junqueras.

—Les coses no estan anant per bon camí. Vull que ho sàpigues —li diu.

Junqueras l'escolta. No diu res, però li fa una pregunta:

—¿I de les gestions que feia en Santi Vila, no en sabem res?

—No.

El síndic, Rafael Ribó, li truca per explicar-li que ha parlat amb una persona molt ben connectada que ha participat en una reunió amb directors d'un diari.

«Aquesta persona ha explicat que venia d'una reunió a la Moncloa i que allà li han dit que treballen amb cinc possibles hipòtesis: 1) que fem una DUI; 2) que fem una DUI i eleccions; 3) que convoquem eleccions; 4) que no fem res; o 5) que fem veure que fem una DUI i convoquem eleccions. A la reunió de la Moncloa els han dit que, en qualsevol d'aquestes hipòtesis, ells aplicaran el 155. Els ha assegurat també que el president del Consell Europeu, Donald Tusk; el president del Parlament, Antonio Tajani, i el president de la Comissió Europea, Jean-Claude Juncker, donaran suport a la decisió, tot i que no volen que hi hagi incidents. Segons ha explicat, en aquesta reunió s'ha visualitzat que Soraya Sáenz té dubtes i que a molts no els agrada que aneu a eleccions, perquè tenen ganes de guerra. Rubalcaba els ha dit que els seria molt complicat d'aplicar, el 155.»

És a la Casa dels Canonges. Hi ha Pascal, Bonvehí, Mas, Artadi, Rull, Turull, Corominas, Víctor Cullell i Josep Rius.

Són les quatre de la tarda.

Moragas no ha dit res més.

—No tinc més remei, farem la DUI —els anuncia—. Les coses se'ns complicaran molt. Molt i molt. No m'han donat garanties suficients i demà declararem la independència. Ens caldrà força, resistència i serenitat.

«M'han traït un cop. No ho tornaran a fer.»

Els demana que avisin Oriol Junqueras i Marta Rovira per comunicar-los la decisió.

—Podeu informar el grup parlamentari que farem la DUI. Ara ho anunciaré —els diu quan els té al davant.

—¿Com dius? —pregunta Rovira—. ¿Que farem el ple? ¿No t'han donat cap garantia?

—No. Farem el ple.

Demana a Marta Rovira si pot avisar ella la CUP, que ell ha d'anar a fer la compareixença programada.

—¿Pots dir-l'hi a l'Anna Gabriel?

Rovira fa cara de no veure-ho clar. El ple es farà. Ningú sap on són els diputats i, si es fa, han de ser al Parlament d'aquí a una hora.

La roda de premsa del president, anunciada per a dos quarts d'una del migdia, ajornada després a dos quarts de dues, i ajornada de nou a primera hora de la tarda, es farà finalment passades les cinc de la tarda.

Es dirigeix a les càmeres i diu:

> Benvolguts,
>
> En aquestes darreres hores, abans no expiri la meva potestat per convocar eleccions al Parlament com a resultat de l'entrada en

vigor de les mesures proposades pel govern espanyol en aplicació del 155, he considerat la possibilitat d'exercir-la i de convocar eleccions. És la meva potestat i diversa gent m'ha interpel·lat, en aquests dies, si pensava exercir-la o no. El meu deure i la meva responsabilitat és esgotar totes les vies, absolutament totes, per trobar una solució dialogada i pactada a un conflicte que és polític i que és de naturalesa democràtica. He estat disposat a convocar aquestes eleccions sempre que es donessin unes garanties que permetessin la seva celebració en absoluta normalitat. No hi ha cap d'aquestes garanties que justifiquin avui la convocatòria d'eleccions al Parlament. El meu deure era intentar-ho honestament i lleialment per evitar l'impacte sobre les nostres institucions de l'aplicació de l'article 155 tal com l'ha aprovat el Consell de Ministres i s'aprovarà al Senat. És una aplicació fora de la llei, abusiva i injusta, que busca erradicar no només el sobiranisme sinó tota la tradició del catalanisme que ens ha portat fins aquí. No accepto aquestes mesures, per injustes i perquè amaguen gairebé sense dissimular la intenció venjativa d'un estat que es va veure derrotat el dia 1 d'octubre.

Tampoc hi ha cap intenció d'aturar la repressió i de procurar unes condicions d'absència de violència en què unes possibles eleccions s'haurien de celebrar.

He intentat obtenir aquestes garanties. Crec que he obrat d'acord amb la meva responsabilitat i amb el sentiment de gent de diferents opcions que ho ha anat plantejant. Però això no ha aconseguit, una vegada més, una resposta responsable per part del govern espanyol, que ha aprofitat aquesta opció per afegir tensió en un moment en què el que cal és màxima distensió i diàleg.

En aquest punt, i naturalment sense haver signat cap decret de dissolució de convocatòria d'eleccions, correspon al Parlament procedir amb el que la majoria parlamentària determini en relació amb les conseqüències de l'aplicació contra Catalunya de l'article 155.

Ningú no podrà retreure a la part catalana voluntat de diàleg i de fer política. Ningú no podrà dir que no he estat disposat a sacri-

> ficis per garantir que es posarien totes les facilitats al diàleg. Però una vegada més comprovem, amb molta decepció, que la responsabilitat només ens és exigida i pressionada a uns, i a d'altres se'ls permet la seva absoluta irresponsabilitat. És la lògica d'una política feta a còpia de clams com l'«a por ellos» en lloc d'una basada en el «con ellos».

Ha fet la roda de premsa a la galeria gòtica del Palau de la Generalitat, acompanyat del conseller Jordi Turull, de Presidència; del conseller Josep Rull, de Territori, i de Joaquim Forn, d'Interior. Ningú més. No hi ha cap conseller d'Esquerra. Ni tampoc el vicepresident Junqueras. El trencament és evident.

Finalment, comença el ple. S'allargarà fins a les deu del vespre, quan la presidenta Carme Forcadell donarà temps fins l'endemà al matí per presentar les propostes de resolució. Una d'elles serà la Declaració d'Independència.

Miquel Iceta no s'ho creu i, un cop acabat el ple, encara es veu amb el president per insistir que cal trobar una solució.

—No m'han donat garanties, Miquel, farem la DUI.

—No pot ser!

—Doncs hauràs de convèncer ERC i trobar garanties.

Santi Vila el ve a trobar al despatx.

«Dimiteixo. Els meus intents de diàleg han tornat a fracassar. Espero haver estat útil fins al darrer minut al president i als catalans», ha dit fa uns moments en una piulada a Twitter.

—Em diu que el carrer es descontrolarà i que ell creu que això és un error i que no vol repressió. Està satisfet del referèndum, però entén que no estem legitimats per fer la DUI i que ell s'havia compromès a arribar fins aquí. Llavors va i m'entrega la carta de dimissió. Me la llegeixo i li dic: «Això no ho pots dir, Santi!». Ha fet una carta de dimissió en clau exculpatòria de futur. Diu coses que no són certes! «Aquesta carta no me la pots entregar així. És una falsedat calculada i no pots dir-hi el que hi dius! No l'accepto. L'has de refer», li he dit.

Vila s'endú la carta, però no la refarà mai.

«Per la seva dignitat, val més que aquesta carta no surti mai publicada», comenta.

«La combinació ha estat letal. Si només haguessin estat les declaracions d'Albiol i d'Arenas, no sé què hauria fet. Però el tuit de Rufián i la insinuació d'ERC que sortiria del govern... Aquesta deslleialtat amb el president... Si tots haguéssim pogut parlar les coses amb calma, amb ordre i lleialtat, tot hauria estat diferent. A Madrid no haurien vist discrepàncies, s'hauria pogut prendre la decisió, i després ERC hauria pogut anunciar el que hagués volgut i acusar-nos del que hagués volgut. Però després. Però aquesta pressió la feien a mig fer...

»Crec que convocar eleccions hauria estat un gest de responsabilitat històrica. Hauria estat polèmic molts anys, però jo em veia amb cor d'explicar-m'ho a mi mateix. Invalidat políticament, m'hauria retirat de la política, cosa que no em sabria cap greu. M'hauria sentit malament però bé, al mateix temps, perquè hauria fet el que era correcte. Però rendir-me sense condicions, sense cap condició, és impossible. Les reaccions d'Esquerra m'haurien fet passar com un traïdor per haver-me rendit de franc. Han transformat el que hauria pogut ser un pacte amb una rendició.»

El ple ha acabat tard. S'ha deixat el mòbil al despatx i no ha pogut veure els missatges que li han enviat. N'hi ha uns quants del lehendakari. A les 16.29; a les16.58; a les 17.02... Els repassa i es fixa en el de les 19.39: «19.39. Estimat President! Estoy siguiendo tanto tu Declaración como el desarrollo del Pleno del Parlament en el que te veo. En este momento me pregunta Pedro Sánchez si aceptarías —como también el Gobierno español aceptaría— la enmienda presentada por el PSOE en el Senado. Tan solo te traslado la pregunta y no te pregunto más por ahora. Como no se encauce bien, veo el riesgo del artículo 116».

L'article 116 de la Constitució fa referència a la declaració de l'estat d'alarma o d'excepció per part de l'Estat.

El respon a les 21.43: «21.43. Disculpa lehendakari. Me olvidé este terminal en el despacho, y solo tuve tiempo de llevar mi telf, personal. He estado en contacto con Iceta y me he visto con él al acabar el pleno. Está desolado. Yo hoy lo he pasado muy muy mal. Nadie en Moncloa ha leído la gravedad de mi decisión y han dinamitado todas las opciones con las declaraciones públicas. Te agradezco de por vida tu esfuerzo y ayuda».

«21.50. Ni te cuento lo desolado que estoy yo que habiendo hecho, desde Euskadi, lo posible a petición de todos vosotros ya tengo que empezar a soportar los carteles de "Urkullu cierra las puertas a la independencia" en mi pueblo. Aun así, seguiré a disposición porque creo firmemente en lo que he hecho y en lo que he transmitido, incluso cuando me has planteado que Junqueras te pedía "indicios" para la no aplicación del 155. Y de eso se trataba. Y aunque Pedro Sánchez, que apoyó al Gobierno español en la aplicación del 155, se apropie de la estrategia de aprobar el 155 pero no aplicarlo y lo traduzca a enmienda, creo sinceramente que sería la vía para el Gobierno español. Seguiré a disposición.»

«25.53, Siento estos problemas. Lamentable! Hoy me he explicado a corazón abierto en el grupo parlamentario y ya me he escuchado reproches de traición. No sé en qué condiciones, pero yo también a tu disposición.»

Divendres, 27 d'octubre

Els negociadors encara hi insisteixen. Urkullu li envia el que serà el darrer missatge d'aquests dies: «8.58. President! Te enviaré un correo dentro de un cuarto de hora por medio de mi secretaria».

«8.59. Ok»

L'empresari i enginyer Joaquim Coello també li envia un mail:

De: Joaquim Coello Brufau
Data: 2017-10-27 9:52 GMT+02:00
Assumpte: La Història et mira - text revisat
Per a: Carles PUIGDEMONT CASAMAJÓ

Benvolgut president,
En aquesta hora històrica t'escric sabent que potser no llegiràs aquesta carta; en deus tenir tantes...
Has conduït el procés fins a on ningú abans l'havia portat. Ara esteu tu i Catalunya en una cruïlla. Has de tenir la generositat i l'encert de triar la bona decisió.
Tens Europa en contra. No volen que Catalunya sigui l'exemple de la desintegració d'una unió d'estats que té les seves febleses i que podria entrar en crisi si Catalunya fos l'inici d'un pas de pocs estats a moltes regions-estat. L'afebliment d'Europa que aquest canvi d'estructura suposaria, més enllà que el resultat final pogués ser millor que el punt de partida, és un camí que cap estat membre vol recórrer, i per tant tampoc la Comissió. Si tens Europa en contra tens Occident en contra.
Tens l'Estat espanyol en contra. Catalunya representa el 20% del PIB espanyol. No és igual ser el 100% que el 80%, i menys quan el 20% que marxa és un generador net de recursos. Els lobbys econòmics que controlen els mercats regulats a Espanya no volen perdre el 20% de la seva facturació.
Tens una població de Catalunya dividida. Legítimament, uns volen la independència i els altres no. Catalunya té un grau de trencament profund. S'ha de cosir, hem de viure junts. L'antagonisme de Catalunya i Espanya ara és alt. La revenja i el boicot s'han instal·lat entre els catalans i els espanyols. Hem de reconstruir aquest veïnatge pel nostre interès i també pel seu.
Tens dues opcions: declarar la independència, amb vot secret, per evitar la revenja sobre els diputats que la votin, o convocar eleccions per preservar les institucions d'autogovern i evitar el caos social i el dany econòmic. La primera suposa seguir endavant portat per un poble entusiasta, però que no té camí a recórrer perquè la força de l'Art. 155 que imposarà l'Estat l'hi barrarà en sec.

L'Estat espanyol no vol una solució, vol una victòria clara i fer retrocedir l'autogovern. Per això no et fan cap oferiment que porti a la distensió i per això ningú t'ajuda com ho fa el lehendakari, a banda de la seva solidaritat amb tu i amb Catalunya. No l'hi posis fàcil a l'Estat espanyol.
La primera opció és un dany del qual no ens refarem en dues generacions. Patiran les persones. Els catalans d'ara i els seus fills.
La segona permet prendre alè i continuar un camí que ens ha aportat èxits polítics i benestar social en els darrers quaranta anys.
¿Per què no prens com a decisió teva personal la segona opció? Ha de ser la teva decisió, ningú la pot prendre per tu.
Si ho mires amb perspectiva històrica, no hi ha dubte que l'èpica de la primera opció és superior a la segona, però la gent vol viure millor i no pitjor, necessita viure en progressió i no malbaratar actius, esforços i guanys aconseguits amb treball i sacrifici al llarg dels anys.
La gent té dret a entendre el seu govern, la segona opció té raons lògiques que la suporten, la primera cap. Prenent-la deixes els catalans sota la perplexitat.
Hi ets a temps. Si declares demà lliurement que convocaràs eleccions, ningú podrà, per ètica i també per imatge, aplicar un Art. 155 integral i dur com està ara planificat. Tens uns dies fins que l'Article 155 sigui efectiu, et destitueixin i et portin a judici. No necessitem ni volem màrtirs; volem solucions que permetin reprendre el camí.
La força moral que aquesta decisió donarà a Catalunya serà gran i visible.
És amb els teus seguidors, que has d'exercir el teu lideratge.
La decisió, si la prens, la prendràs després d'haver esgotat totes les vies de negociació, com és en aquest moment evident per a tots i ho serà també per a la comunitat internacional.

La independència és un llarg camí que s'ha de recórrer almenys en dos passos. Sempre ha estat així. Fes-ne un ara i espera que un altre faci el segon més tard.
La decisió és teva, i una vegada presa serà la de tots els catalans.
Joaquim Coello Brufau

Rep una carta d'Urkullu. L'ha enviat a cinc persones alhora. A ell, a Rajoy, a Pedro Sánchez, a Marta Pascal i a Andoni Ortuzar. Creu que encara hi ha temps per negociar un acord al Senat. El 155 es pot aturar, els diu, amb una esmena al Senat. El president es llegeix la carta d'una tirada:

Vitoria-Gasteiz,
27 de octubre de 2017

Excelentísimo Sr. Presidente del Gobierno español, D. Mariano Rajoy;

Excelentísimo Sr. President del Govern de Catalunya, D. Carles Puigdemont;

Sr. D. Pedro Sánchez, Secretario General de PSOE;

Sra. Dª. Marta Pascal; Coordinadora General de PDeCAT;

Sr. D. Andoni Ortuzar; Presidente de EAJ-PNV

(Les envío a toda persona referenciada el mismo documento pero de manera individual.)

¡Con el debido respeto!

No podemos ni debemos desistir. Es nuestra obligación y responsabilidad como representantes políticos que deben procurar mejorar y no empeorar las condiciones de vida de sus conciudadanos.

En estas horas voy a impulsar un nuevo intento de abrir un resquicio de esperanza que evite el agravamiento de la situación y perfile una posibilidad de solución dialogada. Requiere la colaboración y la buena voluntad por parte de todos. Adjunto una propuesta de enmienda a presentar hoy en el Senado que solo tendría sentido si previamente obtiene una aceptación por parte de todos, entendiendo que llegados a la situación en la que nos hallamos es obligado situarse en la realidad y asumir el principio de realismo. La aceptación podría materializarse bien con el voto favorable de todos o con una abstención que no impidiera la aprobación de la misma, siempre que las partes afectadas al Govern de la Generalitat y al Gobierno español estuvieren de acuerdo. Se plantea como enmienda de adición y consta de tres puntos. Son los siguientes:

1. La ejecución de las medidas previstas en el Acuerdo del Consejo de Ministros y aprobadas por el Senado se suspenderá en tanto en cuanto el Parlament de Cataluña, el Govern de Cataluña o el President no declaren la independencia de Cataluña.

2. En este marco, el Gobierno de España y el Govern de Cataluña, atendiendo a la voluntad social mayoritaria de búsqueda de entendimiento, son instados a iniciar sin demora un proceso de diálogo específicamente encaminado a la consecución de un Pacto de Convivencia que ponga fin al desencuentro presente.

3. En este contexto, la no aplicación del artículo 155 se verá reforzada con la inmediata celebración de unas elecciones autonómicas, convocadas en uso de sus facultades por el president de la Generalitat, en la medida en que sus resultados permitirán conocer el sentir mayoritario de la sociedad catalana, así como su voluntad en torno a su futuro político y a la conformación del citado Pacto de Convivencia.

La presentación de esta enmienda se asienta en razones constitucionales. Su utilización desproporcionada y la ausencia de motivación pormenorizada e individualizada de los motivos y de las medidas supuestamente correctoras orientadas a atender, de forma «coyuntural» y no estructural, al incumplimiento de las obligaciones constitucionales van a derivar en una grave conculcación de derechos fundamentales (Título I de la CE y Carta de DFFF de la UE).

A partir de la genérica concesión del plácet por parte del Senado, es el Gobierno y solo el Gobierno el único responsable de su aplicación, de su suspensión, de su limitación material y temporal. Si solo se apela a la legalidad para invocar el art. 155, nos encontramos con la ausencia de motivación de su decisión: ni el Parlament, ni el Govern, ni el president han adoptado ningún acuerdo que declare la independencia.

A pesar de ello, se sigue adelante con un procedimiento presuponiendo que el incumplimiento se refiere a las sentencias del TC. Pero se da la circunstancia de que precisamente para los eventuales incumplimientos de las sentencias del TC, el Gobierno ha aprobado recientemente una reforma de la LOTC que establece un procedimiento especial para garantizarlo. Un procedimiento que se sustancia ante el propio TC y no ante el Senado.

En todo caso, el argumento principal que fundamenta la presentación de esta enmienda tiene que ver con la Convivencia.

El recurso al 155 representa el fracaso de la política. Pero, con todo, lo más grave es que su mera aplicación no solo no va a resolver nada, sino que va a agravar aún más la situación de desencuentro y ruptura. Este es el argumento definitivo. Toda persona afectada por la situación, todo espectador o analista prevé con claridad que el 155 no arreglará nada y que traerá problemas más graves todavía. Es necesaria una reacción ante este despropósito.

Esta enmienda persigue esta reacción. Interpela al president de la Generalitat e interpela al presidente del Gobierno para solicitarles que, por el bien de la concordia, la convivencia en democracia, la recuperación de los afectos y la evitación de destrozos irreversibles a la convivencia, no invoquen ni apliquen las medidas planteadas. Es una interpelación para reflexionar y sopesar el riesgo de generar un problema mayor del que intenta resolver y para no dejar en vía muerta la opción por el diálogo y la solución negociada.

La suspensión de la aplicación del artículo 155 sería un síntoma de fortaleza y confianza en la propia democracia. Representaría la apertura de una oportunidad real para el diálogo que permitiese reencauzar posicionamientos políticos. No debería desaprovecharse esta última oportunidad de dar cauce de solución política a un problema de raíz política.

Desgraciadamente, la senda por la que discurrirá su aplicación en caso de no atender esta propuesta nos llena de desazón y de preocupación como demócratas: conduce al abismo del desencuentro y de la confrontación.

Abramos un momento de distensión, recuperemos en lo posible la base de una confianza necesaria para que la solución política pactada se imponga. Acordar no es claudicar, es un ejercicio de respeto recíproco y de responsabilidad compartida. No debe ahondarse la fractura social y política. Apárquese la materialización de las medidas previstas y fortalézcase la democracia como base para la convivencia.

Estamos a tiempo de abrir una oportunidad legal y democrática a la distensión y al diálogo.

LEHENDAKARIAREN IDAZKARITZA / SECRETARÍA DEL LEHENDAKARI

Emilio Cuatrecasas i Marian Puig també fan un nou intent. Fa estona que volten per la plaça Sant Jaume. Volen veure el president, però Josep Rius els està donant allargues.

«Sé què em venen a dir i els he de dir que no. Perden el temps», li diu a Rius.

Finalment, però, accedeix.

«La meva decisió és ferma. Si la voleu canviar, parleu amb en Junqueras i amb el govern de Madrid. Són ells, els qui m'han dut fins aquí.»

Cuatrecasas li prendrà la paraula. Efectivament, al cap d'una estona parla per telèfon amb Junqueras. El vicepresident és al seu despatx al Parlament, quan rep la trucada de l'empresari. Al seu costat hi ha Toni Comín, que és testimoni de tota la conversa. Quan Cuatrecasas li demana ajuda per aturar la DUI, el vicepresident és dur:

«¿I on éreu, vosaltres, fins ara? ¿On éreu, quan us necessitàvem? ¿On éreu, quan teníem problemes?»

El president és camí del Parlament. El ple és d'aquí a res i abans s'ha d'acordar com es farà la votació. No és una reunió formal de l'executiu, però tot el govern es reuneix al Parlament, en un dels despatxos de les golfes.

«M'he plantejat la possibilitat de cessar tot el govern. Perquè així, d'aquesta manera, no tenen cap responsabilitat sobre el que ha de passar.»

La proposta es debat, però la descarten. Es fan moltes càbales. Hi ha fins i tot una proposta de cessar tot el govern i nomenar-ne un de nou amb persones jubilades, voluntàries i d'edat molt avançada. Són intents de descarregar responsabilitats al govern.

«Internament, però, em faig una reflexió. Si cesso tot el govern, no podrem anar a l'exili. I un govern a l'exili pot fer molta feina, pot internacionalitzar molt les coses. Un govern, a la presó, no hi fa res.»

«De l'opció de l'exili n'hem parlat després de l'1-O. N'he parlat moltes vegades, amb el vicepresident, del que faríem. I tant! Hem parlat de presó i d'exili. "Si ens volen a la presó, anirem a la presó", m'ha dit ell. Jo en discrepo, d'això: ¿què hi farem, a la presó? No hi podrem fer res!»

El president es mira les cares dels seus consellers.

«És inhumà —pensa—. Hi ha consellers que ho estan aguantant tot i que han d'acceptar condicions que són contràries a les seves conviccions.»

Veu que al Parlament hi ha [redacted] i el fa cridar al despatx.

«Escolta'm. No sé com acabarà, tot plegat, però hauries d'anar-te'n cap a Bèlgica i mirar quines possibilitats hi ha que el govern s'hi exiliï. A la presó no hi farem res, però a l'exili, sí. Podem ser molt incòmodes, un cop hàgim proclamat la República. I la podrem defensar millor des d'allà que des d'una Generalitat intervinguda. Veste'n a veure què.»

Mentrestant, als despatxos de J×Sí es debat com ha de ser la votació. Irene Rigau demana que sigui secreta. Argumenta que alguns diputats ja estan advertits pels tribunals —ella mateixa està condemnada pel TSJC pel 9-N— i es posen en risc innecessàriament.

Tothom ho accepta. També torna a sorgir, un cop més, la polèmica sobre qui ha de llegir la declaració d'independència. El president és taxatiu. Ell no la llegirà. Ha de ser el Parlament. Finalment, s'acorda que en un moment determinat del ple, abans de la votació, el diputat Roger Torrent demani la paraula per sol·licitar que es llegeixi. I que sigui Carme Forcadell qui ho faci a petició del diputat.

Assegut a l'hemicicle, està mut. No fa ús del dret que té el president d'intervenir en qualsevol moment. No parla perquè si ho fa generarà dret de rèplica a tots els grups, «i això serà un guirigall».

> Constituïm la República catalana com a estat independent i sobirà, de dret, democràtic i social; disposem l'entrada en vigor de la Llei de transitorietat jurídica i fundacional de la República i iniciem el procés constituent.

Amb aquestes paraules, llegides per la presidenta del Parlament, Carme Forcadell, el Parlament de Catalunya acaba de proclamar aquesta tarda la declaració d'independència.

Setanta vots a favor, deu en contra i dues abstencions. Cinquanta-dos diputats (els de Ciutadans, el PSC i el PP) han sortit de l'hemicicle abans de la votació. Els del PP han tornat a deixar banderes espanyoles i senyeres ocupant els seus llocs. Com que J×Sí i la CUP sumen setanta-u, és evident que no tots els diputats independentistes han votat sí. Com que el vot ha estat secret, aquesta estratègia permetrà que tots es defensin si s'obre un procés judicial. Cadascun dels diputats podrà al·legar que va ser ell qui es va abstenir, i que per tant no ha comès el delicte de declarar la independència, si és que declarar la independència és delicte. Ho podran al·legar tots, esclar, menys alguns diputats de CSQP, que han ensenyat la papereta a les càmeres amb un «no», abans de votar —com és el cas de Coscubiela— i alguns de la CUP, que han mostrat prèviament la papereta amb un «sí» com és el cas d'Anna Gabriel.

Potser no ho ha vist ningú més, però el diputat del PP [redacted], abans de sortir de l'hemicicle, en passar per davant d'ell, l'ha agredit. Li ha clavat un fort cop a l'esquena al mateix temps que li deixava anar un insult.

Quan falten tres minuts per a dos quarts de quatre de la tarda d'aquest divendres, el Parlament s'ha declarat sobirà. La declaració, però, no ha despertat eufòria a la cambra. Hi ha molt silenci. Una preocupació latent. ¿Sortirà el president a parlar?, es pregunten els periodistes. Després d'una estona de confusió, els aclareixen que sí, que el president i el vicepresident s'adreçaran als ciutadans d'aquí a uns moments. Primer parla Dolors Sabaté, alcaldessa de Badalona, després Oriol Junqueras i, finalment, el president.

Porta el guió del discurs escrit a mà. S'ha tancat al despatx fa una estona per escriure'l. A partir de les notes que du en un full, fa la seva intervenció. Més que celebrar la República ha insistit en la necessitat de protegir-la:

> Us adreço unes paraules que en aquests moments només poden sortir del cor, de l'emoció; també de la raó i la legitimitat. Però són també unes paraules que volen contribuir a la grandesa d'aquest moment. Avui el Parlament, el Parlament del nostre país, un Parlament legítim, un Parlament sorgit de les eleccions del 27-S, ha fet un pas llargament esperat i llargament lluitat. La immensa majoria dels representants polítics, legítimament escollits, han culminat un mandat validat a les urnes. Ciutadans de Catalunya: venen hores en què a tots ens pertocarà mantenir el pols d'aquest país, del nostre país, de mantenir-lo sobretot en el terreny de la pau, en el terreny del civisme i en el terreny de la dignitat, com ha passat sempre i com continuarà passant. Sense cap mena de dubte, són les institucions, i alhora les persones, les qui conjuntament, i de manera inseparable, construïm poble, construïm societat. Un poble no es pot

construir separant un d'aquests dos elements; i avui, alcaldes i alcaldesses, diputats i diputades, avui vosaltres representeu de manera molt exemplar aquesta unió, aquesta coordinació, aquesta complicitat, aquesta solidaritat entre ciutadans i institucions per poder fer, efectivament, construcció de poble i de país. Això és, amics i amigues, catalans i catalanes, el que hem de fer. És a les nostres mans, a les vostres mans, continuar enfortint les bases que fan de Catalunya no només una vella nació d'Europa (i aquest sol fet ja hauria de bastar per entendre els drets històrics que ens han portat fins aquí de manera legítima); no només una vella nació d'Europa amb una llengua i una cultura i un dret que duren segles, sinó sobretot una societat que sempre ha respost pacíficament i cívicament en els seus grans reptes democràtics. I per això aquests reptes, perquè s'han entomat de manera pacífica i cívica, s'han convertit després en conquestes democràtiques. Siguem-ne conscients, i sobretot, siguem-ne dignes. Visca Catalunya!

Conscient de la importància del moment, en acabar la intervenció ha guardat les notes que duia escrites a mà en un foli i ha demanat al seu equip que l'escanegi i el converteixi en un arxiu en format pdf per guardar-lo.

Al Parlament no hi ha eufòria. Al carrer, milers de persones criden celebrant-ho. No són, però, els milers i milers del dia 10. Tothom és conscient de les dificultats que venen.

La plaça Sant Jaume sí que és plena a vessar. Esperen poder saludar el govern que acaba de proclamar la República. Però no surt ningú. El govern és a dins, tancat, decidint què ha de fer. El president ha convocat el govern i tot l'estat major: «A les sis de la tarda a Palau». A alguns se'ls ha dit de paraula; d'altres han rebut la instrucció a través d'un missatge al mòbil.

Hi ha molta tensió. La cridòria del carrer no aconsegueix tapar el brogit dels helicòpters de la Guàrdia Civil que sobrevolen el Palau. Rep un missatge al mòbil d'un amic: «¿Què esteu fent, que no despengeu la bandera espanyola?».

Ja hi ha pràcticament tots els consellers i la mesa del Parlament. Hi són també [redacted], [redacted], el diputat Lluís Llach, Marta Pascal, els representants de les entitats sobiranistes —Marcel Mauri i Agustí Alcoberro— i la presidenta del Parlament, Carme Forcadell.

Intenta posar ordre. Finalment, quan comença la seva intervenció, s'adona que no hi són ni Marta Rovira ni Oriol Junqueras.

—¿Els heu vist? —pregunta.

Just en aquest moment entra per la porta la secretària general d'ERC.

—¿I el vicepresident? —pregunta Puigdemont.

—El vicepresident no vindrà. No es trobava gaire bé.

«¿No es trobava bé? Caram. Si fa poca estona érem al Parlament i no ha dit res.»

Però Rovira de seguida afegeix:

—Sí. Es trobava malament. I, de fet, és que... És que tenia també... Tenia també un compromís familiar.

Junqueras, que com Puigdemont ha estat bona part de la jornada en silenci, no assisteix a la primera reunió del govern de la República. No hi són ni Junqueras ni el conseller Mundó. El president està atònit. No s'explica com pot estar absent en un moment com aquest.

A aquesta hora Carles Mundó està reunit amb el consell de direcció del Departament de Justícia. Quan ha acabat el ple ha entès que probablement hi hauria una reunió a Palau, però li ha semblat que no era una convocatòria formal sinó que estava pendent de confirmació. Per això ha decidit reunir-se amb la seva gent de confiança del Departament de Justícia, amb la intenció d'explicar-los la situació. No serà fins a mitja reunió, quan ja són les vuit del vespre i fan una pausa, que veurà el missatge citant-lo a Palau. Ja han passat dues hores de l'hora de la convocatòria i la reunió al Departament de Justícia encara no ha acabat. Decidirà quedar-s'hi.

Junqueras és al seu domicili particular. Rovira explica que com que no es trobava bé l'ha acompanyat fins a casa i per això ella ha arribat tard.

La plaça Sant Jaume és plena a vessar. Hi ha fins i tot actuacions musicals.

La reunió està a punt de començar.

«La reunió més important que hem de tenir, la primera reunió de la República que demanaven tota l'estona, ¿i el vicepresident no hi ve? ¿I ni tan sols m'ho diu? —s'exclama interiorment—. Ha marxat sense dir-me res.»

—Aquest s'ha espantat —li diu Turull a cau d'orella.

Tothom es fixa en l'absència de Junqueras. El conseller Comín és dels pocs a qui no l'ha sorprès l'absència del vicepresident. Fa poc més de dues hores, després de la intervenció de Puigdemont i Junqueras a les escales del Parlament, ha tingut una conversa amb el vicepresident. La possibilitat d'anar a l'exili ja era en aquells moments una opció que tothom comentava.

—¿Què faràs? —li ha preguntat Comín en acabar els discursos.

—No us deixeu atrapar —li ha respost el vicepresident.

—¿Què m'estàs dient? ¿Que tu et quedes? ¿Què faràs? —li ha preguntat el conseller amb insistència.

El vicepresident, però, s'ha limitat a agafar-li la mà en un gest de cordialitat i se n'ha anat.

L'absència de Junqueras i les primeres intervencions marcaran el to de tota la reunió.

Una de les primeres a parlar és Carme Forcadell.

«Fa cara d'espantada. La persona que fa vint-i-quatre hores em plantava cara, ara fa cara de pànic», pensa Puigdemont.

—Perdoneu, però jo aquesta nit, per recomanació del meu advocat, no dormiré a casa meva —diu la presidenta del Parlament.

—Jo me'n vaig cap a París ara mateix, ara mateix —anuncia Clara Ponsatí.

El que havia de ser una reunió tranquil·la i serena es converteix, de cop, en un intercanvi de retrets i acusacions. El neguit s'escampa.

Ningú dels qui dies abans havien defensat la DUI aposta aquesta nit per defensar-la i fer-la efectiva.

«El vicepresident no hi és; Forcadell diu que no dormirà a casa... Quin panorama!»

Fa dies l'estat major va dissenyar l'anomenada «Operació Castell», pensada per fer-se forts a Palau i resistir. S'hi preveia com tancar els carrers adjacents al Palau, com mobilitzar la societat civil i com resistir fins que hi hagués algun reconeixement de la República catalana. Ningú reclama que es posi en marxa.

«Si posem en marxa l'Operació Castell, és l'inici d'un conflicte civil molt seriós.»

La UE, l'OTAN i l'OCDE han parlat públicament de la necessitat de preservar la unitat d'Espanya, i cap país s'ha pronunciat a favor de Catalunya.

A Madrid han posat en marxa el 155. Mariano Rajoy ha comparegut fa poca estona públicament per anunciar-ho. «Les informo que hoy he disuelto el Parlamento de Cataluña y que el próximo 21 de diciembre se celebrarán elecciones autonómicas en esa comunidad autónoma», ha afegit en un discurs en què ha assegurat que: «Es urgente devolver la voz a los ciudadanos catalanes».

A la reunió de Palau totes les opcions estan sobre la taula. Hi ha qui defensa que les actuacions judicials no seran imminents i que hi ha com a mínim un dia o dos de marge, perquè hauran d'obrir diligències i ells han de rebre les citacions corresponents. Hi ha qui defensa, però, que aquest marge no hi és, perquè en els casos de delictes flagrants poden decidir actuar de seguida. La possibilitat de marxar fora de Catalunya comença a prendre força.

El president és partidari d'actuar amb normalitat durant les properes hores. Fins i tot posa a debat si cal que vagi o no al partit que diumenge enfrontarà a l'estadi de Montilivi el Girona contra el Madrid de Florentino Pérez. Actuar o no amb normalitat, aquesta és la qüestió. Hi ha qui ho considera una provocació, anar a veure aquest partit.

Però la conversa torna de forma reiterada cap a la necessitat de marxar. Hi ha molts nervis, i ja se sap que els nervis s'encomanen fàcilment.

Ell reflexiona en veu alta i els diu:

—Escolteu. Han aprovat el 155 i ens fan fora de la Generalitat. No podem manar als funcionaris. No té sentit que els obliguem a quedar-se. I no podem disposar de cap euro per invertir en res, perquè des d'ara ja no tenim firma reconeguda. ¿Què fem?

Es prenen poques decisions, però transcendents. La primera, no posar en marxa els quaranta-dos decrets —[redacted]— que estaven previstos per desplegar la República. Es tractava dels decrets que establien quina organització tindria el nou govern, quants ministeris hi hauria... S'acorda no retirar la bandera espanyola de Palau.

«Aquí soc molt clar. No es pot ofendre una part de la població. No podíem. I menys en les circumstàncies que estàvem.»

Es decideix també que aquesta nit ningú dormi a casa seva i que, si no ha passat res de nou, dilluns s'intentarà entrar a Palau a treballar amb normalitat. Dilluns, si no hi ha cap daltabaix, es trobaran tots a Palau i al Parlament i tornaran a parlar de què fan els propers dies.

La discussió de l'exili, però, és sobre la taula. Antoni Comín i Clara Ponsatí defensen aquesta opció.

—¿No ho veieu, que no tenim res preparat, si ens quedem aquí? És una vergonya, haver arribat fins aquí i que no tinguéssiu res preparat! —els retreu Ponsatí—. Me'n vaig a París.

A París hi té uns amics que l'acolliran, i el que acaba de dir no era una amenaça: Ponsatí s'aixeca de la reunió i se'n va, com ha fet fa una estona Forcadell. Marxa tan ràpidament que s'equivoca i, en comptes d'agafar el seu mòbil —els havien deixat tots fora de la reunió—, s'endú el del president. Quan el president se n'adona, acabada la reunió, ha de demanar als Mossos si poden anar a recollir-li el mòbil a casa de la consellera.

Aquesta nit, però, la consellera no serà a temps d'agafar cap tren directe cap a la capital francesa. Farà nit a Perpinyà, fora de Catalunya, amb la intenció de reprendre el viatge cap a París demà a primera hora.

—Hem de marxar —diu també Turull.

Durant les últimes setmanes s'ha elaborat un pla per a quan fos necessari. [redacted] és qui en té tots els detalls.

—Podríem activar el pla —diu algú.

El pla preveu que, durant uns dies, i abans d'anar-se'n a una altra destinació, el govern s'estigui en unes cases rurals prop de Prada, a la Catalunya Nord.

Els helicòpters de la Guàrdia Civil no paren de sobrevolar el Palau. *Flap-flap-flap*.

«Se'ns han apoderat els nervis —reconeix—. Tothom diu: "marxem, marxem abans no vingui la policia..."»

El govern (o millor dit, la part del govern que continua a la reunió) decideix abandonar Catalunya en les properes hores, per protegir-se i per evitar ser empresonats, però també per evitar que es produeixin episodis de violència: «Si tanquen a la presó tot el govern, hauran acabat amb el procés. Hem de marxar i esperar fora de Catalunya les properes hores».

La decisió ja està presa. Tothom fora de Catalunya aquesta nit. Demà, els responsables del pla de sortida els donaran les indicacions que hauran de seguir els propers dies.

Cap dels consellers ha entrat amb el cotxe oficial al Palau de la Generalitat. A mitja tarda la plaça Sant Jaume ja era plena, i han hagut d'accedir a Palau a peu. Acabada la reunió, ell i Artur Mas conversen, drets, al Pati dels Tarongers, durant una estona. Toni Comín i Meritxell Serret no han pogut resistir la temptació d'anar fins al saló Sant Jordi del Palau, que és el que dona al balcó de la plaça Sant Jaume, per veure què passa a fora. Se senten les actuacions musicals i els crits d'alegria de la gent. «Quina dissonància emocional tan bèstia. Nosaltres aquí, patint, i la gent al carrer saltant», pensa el conseller de Salut.

Comín és l'únic conseller que quan marxa ho fa passant per la plaça Sant Jaume. L'hi ha suggerit un dels seus escortes. Tot i que els agents que vetllen per la seva seguretat retreuen sovint al conseller que se salti els seus consells i trenqui els protocols establerts, avui, just el dia que Comín està disposat a ser obedient i fer com tota la resta de membres del govern i evitar la plaça Sant Jaume per una qüestió de seguretat, un dels escortes que l'acompanyen li ha suggerit amb un somriure: «Conseller, avui potser és justament el dia...». Comín, que ha trucat a la seva germana Betona, que és a la plaça, perquè l'acompanyi, trigarà més de tres quarts d'hora per travessar Sant Jaume i arribar al cotxe oficial que l'espera a prop de Via Laietana. En condicions normals hauria tardat tres minuts.

La majoria dels consellers ja han fet saber als seus equips de confiança que, arran de l'article 155, han estat destituïts. Molts dels caps són als seus departaments respectius fent caixes amb els seus objectes personals i enduent-se'n la documentació que consideren delicada.

En sortir de Palau la majoria dels consellers es reuneixen amb els seus equips. Quan Comín arriba al seu departament, tots els membres del seu gabinet estan fent caixes. Aprofita l'última oportunitat per complir una promesa que els havia fet mesos enrere. Els divendres a la tarda el consell de direcció del departament es reunia en una taula molt gran i sempre feien broma dient que algun divendres, si aconseguien plegar aviat, hi farien una partida de ping-pong. Fa poques setmanes fins i tot li van fer broma regalant-li unes pales. Ara, quan les veu, Comín els proposa fer la partida que tenien compromesa. El conseller en sap i guanya tots els membres del seu equip. El mosso que els acompanya segueix el joc amb atenció i en acabat demana si pot jugar ell també. Comín en surt apallissat.

Apallissat però relaxat. Tots els consellers estan nerviosos. Han passat pels seus despatxos, s'han acomiadat del seu personal, i alguns, després de veure la família, ja han emprès el camí per marxar de Catalunya. Hi ha poc temps i molts nervis. Per a alguns el comiat de la família ha estat massa precipitat. No han tingut temps de donar gaires explicacions i marxen amb el cor encongit.

El pla és que entre aquesta nit i demà al matí tots han de ser fora, a la casa rural que els responsables de preparar el pla ja tenen a punt des de fa setmanes. Uns quants hi dormiran avui mateix; d'altres, hi aniran demà al matí.

El president també s'ha acomiadat del seu equip i ara ja és camí de casa seva, a la urbanització Golf Girona. Hi arriba que pràcticament és mitjanit. La seva dona l'espera amb uns amics.

—Me'n vaig —diu així que la veu—. Hem quedat que ningú dormiria a casa.

Aquesta afirmació dona peu a una discussió:

—Però, ¿on vols anar? ¿Que no ho veus, que us equivoqueu? ¿Acabeu de proclamar la República i us en aneu? Això no ho entendrà ningú! —li etziba un amic.

El president insisteix que aquesta nit no la pot passar a casa seva, que el vindran a detenir.

—Si més no, que no em trobin a casa.

La discussió és llarga i intensa. Té mal de cap. No hi ha manera de treure-se'l de sobre.

Les nenes no hi són. S'han quedat a dormir a casa d'una germana del president, a Amer. Per això tots plegats es permeten apujar el to en algun moment.

—¿Però com vols marxar, ara, de cop? ¿On vols anar? ¿Que no ho veus, que això no ho podeu fer? —li diu també la Marcela.

Ell hi insisteix. Un cop destituïts ells i els caps dels Mossos, tot plegat serà molt complicat, els explica; s'han de protegir de l'envestida de l'Estat.

De fet, a primera hora del matí, l'Estat ja cursarà les ordres pertinents perquè se'ls retiri als consellers l'escorta i el cotxe oficial. A ell, en canvi, se li manté la vigilància i el vehicle oficial en qualitat d'expresident, com s'ha fet amb tots els anteriors.

Un dels amics surt a parlar amb els mossos que hi ha davant de la casa. «Nosaltres continuarem aquí; no tenim cap instrucció de marxar», asseguren. L'amic no gosa preguntar-los què farien si en les properes hores rebessin una ordre de detenció del president.

Quatre agents dels Mossos, dos dins de la caseta que hi ha davant la residència del president i dos més que a mitjanit estan passejant pel carrer, discuteixen també entre ells la situació. Resen per no rebre cap ordre que els sigui complicada de complir.

A dins, la discussió continua. Finalment, el president decideix quedar-s'hi a passar la nit; en part perquè l'han convençut, en part també perquè el venç el cansament acumulat que porta a sobre, i en part perquè té la convicció íntima que no hauria de marxar.

«Sabíem que després de la declaració, en un escenari de resposta violenta de l'Estat, no hi havia res preparat —comenta—. Si nosaltres haguéssim pogut mantenir el govern, ferms, seria una altra cosa. Havíem previst quedar-nos i desplegar els decrets llei. Però fer tot això, tal com està actuant el govern espanyol, hauria generat violència. I amb violència nosaltres no hauríem guanyat. El nostre és un projecte que s'ha de guanyar per la democràcia, amb més vots que els altres, no pas perquè siguem més forts i tinguem més policies, que no ho som. No vull sang.»

Està cansat. Físicament i emocionalment. Aquesta nit dormirà com un soc. Durant quatre hores.

Al mòbil personal [al qual tindré accés molts mesos més tard, quan el pot recuperar], des que ha fet la declaració i fins que al cap de poca estona s'esgota definitivament la bateria, se l'hi han acumulat seixanta-set missatges d'amics i coneguts. No els ha obert tots. «Moltes felicitats!» «Gràcies infinites», li diuen la majoria. «President. Espero que algun dia li puguem recompensar els costos polítics i personals de tot el que ha fet per la ciutadania», diu un d'ells. Alguns l'adverteixen dels riscos personals: «Ara seràs l'objectiu». «El que vindrà serà molt dur. Si et puc ser útil, ja ho saps», li diuen d'altres. Hi ha pocs polítics. Molts són amics personals. «Has complert davant del país i de la història. Ara ens toca defensar-ho», li diu [redacted]. Alcaldes, regidors de l'Ajuntament de Girona i d'altres municipis i ciutats. Algun familiar. I uns quants, bastants, periodistes. «Benvolgut Carles, estimat president. Ara vull que imaginis que t'abraço. Estic amb tu, i malgrat tot estic feliç; mai havíem arribat tan lluny, i alguna cosa bona quedarà de tot això», li diu [redacted]

Nota al lector

A partir d'aquest instant, tot es complica. Per a tothom. Fins i tot per fer la feina d'escriure aquest llibre que teniu a les mans. Les reunions són simultànies i en llocs allunyats; no hi ha mòbils, el govern es dispersa i sovint bona part de l'executiu no sap on és l'altra part. Explicar i entendre alguns dels episodis que vindran tot seguit, se'm feia difícil —de fet, impossible— si continuava aquest moment sent l'ombra, com he procurat fer fins ara, només del president Puigdemont. Per això, a partir d'aquest moment i durant unes quantes pàgines, com ja he explicat en el pròleg, el lector veurà que en ocasions m'allunyo d'ell per narrar escenes i diàlegs en què Puigdemont no hi és. Per reconstruir-ho, a banda de converses esporàdiques amb molts dels implicats, he parlat sobretot amb Toni Comín, Aleix Sarri i Josep Rius, que m'han facilitat molt la feina. Espero haver aconseguit l'objectiu.

XEVI XIRGO

Dissabte, 28 d'octubre

És dissabte a primera hora del matí.

«La idea no és fugir, és intentar fer un govern a l'ombra, a l'exili, perquè no podem anar tots a la presó», diu el president, que admet que la convocatòria electoral anunciada per Mariano Rajoy aquest cop els ha enxampat amb el pas canviat.

«Probablement ha estat la primera vegada que ha pres la iniciativa ell, i això ens obliga a reflexionar, i molt, sobre què fem. I haurem de córrer, perquè hi ha poc temps. Hauríem de capgirar el relat, prendre la iniciativa.

»Ens hi hauríem de presentar i fer que els dos Jordis, ara empresonats, vagin al capdavant d'una llista electoral conjunta. Això seria un gran estímul. Ja em van trair una vegada i ho han volgut fer un segon cop. Però no. No els ho posaré fàcil. A ningú. Ni als de dins ni als de fora. Ja he patit el que havia de patir. Ara resistirem i farem república, però això ara és molt complicat, quan tothom ha marxat. Hem de fer que el govern vagi tornant a poc a poc. Ens hem de reordenar. Aquest cap de setmana jo em quedaré aquí i faré vida normal.»

Ha demanat poder fer aquest migdia una compareixença institucional des de la Delegació del Govern a Girona. I demà, diu, vol anar a la llotja del Girona FC a veure l'enfrontament de l'equip de la ciutat amb el Reial Madrid.

«Aquesta imatge, jo al costat d'en Florentino, serà espectacular.»

A cada hora que passa avança més cap a la idea de fer un govern a l'exili. De fet, és una idea que ja li va passar pel cap fa temps.

[redacted] continua a Bèlgica explorant la possibilitat d'arribar a acords amb el govern de Flandes i l'N-VA. La Nieuw-Vlaamse Alliantie (Nova Aliança Flamenca) és un partit polític flamenc sorgit arran de la separació de l'històric partit nacionalista flamenc Volksunie el 2001. En el seu ideari, l'N-VA, republicà i de centredreta, aposta per la plena sobirania de Flandes i en la seva constitució, per vies pacífiques, com a nou estat de la UE. Amb sis milions dos-cents mil habitants, a més de la demografia, Flandes té moltes característiques que fan pensar en Catalunya.

De fet, els independentistes flamencs han estat els primers a celebrar els esdeveniments polítics a Catalunya, ja que donen per fet que una eventual independència de Catalunya tindria efectes a la resta de la Unió Europea. El principal partit flamenc, l'N-VA, té situat com a primer ministre de l'Interior del govern federal belga Jean Jambon, que dies enrere ja va declarar que si Catalunya proclamava la independència d'Espanya, «Bèlgica hauria de ser el primer país a reconèixer-la». L'N-VA forma part de l'actual coalició de govern a Bèlgica. De fet, en forma part d'una manera inexcusable, perquè en les darreres eleccions, el 2014, l'N-VA va guanyar no només les eleccions regionals a Flandes, sinó també les eleccions federals a Bèlgica.

[redacted], doncs, està intentant esbrinar quin comportament tindrien el govern belga i l'N-VA en cas que el govern de Puigdemont decidís demanar-los empara.

«Ho sabrem en qüestió d'hores, quan torni [redacted]

Tornem a parlar de la possibilitat de concórrer o no a les eleccions del 21-D.

«Una victòria en aquestes eleccions consolidaria la República. Ho tinc clar, però ens podríem topar amb la negativa de l'ANC i d'Òmnium, que seria molt important que fessin campanya a favor.»

Parla sobre si els ciutadans entendrien una sortida del govern català per anar-se'n a l'exili.

«El que no entendrien és fugir; això sí que no s'entén. Sí que entendran que ens hem de protegir, i que un govern pot prendre decisions des de l'exili. No entendrien que desapareguéssim, però sí que ens protegíssim, i això probablement ho haurem de fer algun dia de la setmana vinent.»

«Ens ha fallat Europa —admet en un altre moment—. Espanya ha actuat molt violentament, i això no ho havíem previst. Però tampoc havíem previst que Europa s'ho mirés de lluny.»

Marcela Topor s'asseu també a escoltar el seu marit. De fet, des que el president va arribar ahir a la nit que pràcticament no ha tingut ocasió de parlar-hi amb calma.

—Tot el dia hi ha hagut gent a casa; no hem tingut ni cinc minuts per estar sols —es lamenta.

[redacted]

[redacted]

La Marcela, tot i que intenta fer el cor fort, en algun moment, molt pocs, interromp la conversa:

—¿Però com pot ser que féssiu un 1-O tan ben fet, que ho tinguéssiu tot preparat, i no tinguéssiu res previst per a l'endemà de la proclamació? ¿Com podeu anar així?

Ell replica:

—No és cert que no tinguéssim res preparat. Ho teníem tot preparat per a un escenari en què ens fèiem forts a les institucions, defensàvem la proclamació i entràvem en una etapa de transició que al final havia d'acabar en una taula de negociació.

Són les fires i festes de Sant Narcís de Girona i fa bon temps.

I per això, i per oblidar-se'n una mica del que estan passant, decideixen sortir a passejar una estona per la ciutat. Serà, també, un símptoma de normalitat, una manera que el president pugui transmetre imatge de tranquil·litat.

—Si tots són fora, algú ha de dir alguna cosa, ¿no? —comenta el president.

L'anunci del missatge institucional que farà des de la Delegació del Govern a Girona ha aixecat molta expectació, i corre el rumor que el president plantejarà convertir les eleccions en constituents. En la compareixença, deixa entreveure que és partidari de concórrer amb tota la normalitat possible a les eleccions que ha convocat Rajoy.

> El missatge que us voldria adreçar és que tinguem paciència, perseverança i perspectiva. Per això tenim clar que la millor manera per defensar les conquestes assolides fins avui és l'oposició democràtica a l'aplicació de l'article 155.

Miquel Iceta li envia pocs minuts abans un missatge al mòbil personal: «Carles, veig que compareixes i que us esteu plantejant convocar unes eleccions constituents. Si us plau, no portis això al límit perquè les conseqüències poden ser terribles. No tinc dret a demanar res. És un prec que faig a una persona que aprecio».

Li respon: «Miquel, jo opino el mateix que et vaig comentar. Crec que hem d'aprofitar les eleccions que hi ha convocades. Jo treballaré per això i perquè se celebrin amb normalitat. Vol dir sense detinguts, policies, etc. Ens haurem de continuar ajudant, des d'algunes distàncies i algunes proximitats. Hi estic d'acord. Una abraçada».

Marta Pascal li ha enviat també un missatge just abans de la compareixença: «President, et vaig escriure ahir però ja sé que ahir tot va ser molt difícil. Ara he vist això de la compareixença; no sé què tens previst dir, però potser el millor és aprofitar aquestes eleccions que ha convocat miserablement Rajoy per donar-los una lliçó sense precedents inundant el Parlament de vots (abans del sí, ara ja en el marc del nou país per la llibertat, l'amnistia i el dret a decidir o el que calgui). Si convoques constituents tal com algú rumoreja (no sé si és cert) es precipitaran grans bogeries per part d'Espanya i encara serà pitjor [...]».

«Jo no anuncio res. Faré un discurs de serenor i alhora de fermesa i confiança. I insistir molt en el civisme i la pau. Jo soc partidari d'aprofitar les eleccions convocades.»

«D'acord. Repicarem això.»

Dona una ullada als altres missatges del mòbil. N'hi ha desenes. La immensa majoria són mostres de suport. Algun li parla de por. «Estic molt espantada. ¿Ens en sortirem?», li diu una coneguda seva.

Acabat el missatge, passeja per Girona i va a dinar. Una riuada de gent els saluda. Tothom vol fer-se fotos amb ell.

Una càmera de La Sexta el segueix tota l'estona. S'hi afegeixen més periodistes. No fa declaracions, però quan arriba a una plaça s'atura de cop i assenyala amb un mig somriure la placa amb el nom. És la plaça de la Independència. Un gest cent per cent Puigdemont.

Torna cap a casa. [redacted] ja té resposta a algunes de les gestions que ha fet a Bèlgica.

—Hi ha alguna possibilitat —li diu—. Un asil polític és molt complicat, però sembla que si sou allà no és tan fàcil que us extradeixin d'un dia per l'altre. Hi ha opcions.

—Doncs aquest partit l'hem de jugar.

A aquesta hora els consellers del govern ja són a la Catalunya Nord. Alguns hi van arribar ahir a la nit. Els que falten, han rebut instruccions de ser a les dues de la tarda en un punt concret de Perpinyà. Allà els recolliran i els duran a un lloc segur. La consellera Ponsatí, que ha fet nit a Perpinyà amb la idea de continuar el viatge cap a París amb l'AVE, ha rebut a primera hora una trucada per informar-la que el govern és en una masia rural de la Catalunya Nord i que allà, quan hi siguin tots, es reuniran per parlar de la situació.

—Estic a punt de marxar cap a París —replica—, ¿però on heu quedat?

—A les dues a la plaça de l'Ajuntament de Perpinyà.

—És exactament on soc ara —respon la consellera, sense dissimular la seva perplexitat.

Al cap d'una estona els veurà arribar a tots, un per un, en cotxes separats i en moments diferents. Els queda una hora de camí per arribar a la masia rural que els aixoplugarà les properes hores i els servirà de punt de reunió.

A la masia rural no només hi ha pràcticament tot el govern. Marta Rovira hi va arribar ahir a la nit, i hi ha també dues membres de la mesa del Parlament: Anna Simó i Ramona Barrufet. Carme Forcadell s'ha quedat a Catalunya. També s'hi han quedat el president, Oriol Junqueras i Carles Mundó. Segons els expliquen, Toni Comín està de camí però arriba tard. És impuntual fins i tot quan marxa cap a l'exili.

No arribarà al punt de trobada fins a les set de la tarda, cinc hores més tard del que havien acordat. S'ha volgut acomiadar amb calma de la seva mare i del seu germà, que està malalt, i ha volgut marxar de Catalunya acompanyat de la seva parella, en Sergi, i de la seva filla, la Laia. Té clar que va a l'exili. Com que arriba tard i està preocupat per la seva seguretat, ha demanat a la seva germana que l'acompanyi amb un altre cotxe. Betona Comín el precedirà uns quants quilòmetres, fent de llebre, per si hi ha algun control policial. Com que no li feia gràcia viatjar sola ha posat com a condició al seu germà que la deixés anar acompanyada.

«Sí, però d'algú de molta confiança, que tot això és un secret molt gran.»

Betona Comín ha trucat a l'advocat Jaume Asens, actualment tinent d'alcalde de l'Ajuntament de Barcelona per Barcelona En Comú i amic de la família. Asens serà un personatge clau.

Comín arriba a la plaça de l'Ajuntament de Perpinyà cinc hores més tard del previst i acompanyat per la família. Una persona de la xarxa de suport els ha estat esperant. Ell està convençut que el duran a la masia on és tothom, però li diuen que no, que no els surt a compte fer el trajecte.

«Aquest vespre marxen tots de la masia per anar a Prada de Conflent. Allà es reuniran amb una persona que en aquests moments és amb el president Puigdemont i que vindrà a explicar-vos què passa. Val més que vagis directament a Prada i els esperis allà», li diuen.

Li donen l'adreça de l'hotel on es reuniran i li aconsellen que, per seguretat, la seva família s'estigui en un altre establiment.

El conseller hi arriba molt poca estona abans que hi desembarqui la resta del govern a l'exili. Es fixa en un detall: tots porten maletes petites. Ell en porta una de gran, immensa. «O ells estan tots equivocats, o ho estic jo», pensa.

Esperen durant una bona estona la persona que s'ha reunit amb el president Puigdemont i que els ha de venir a explicar què passa. És Marta Rovira, la secretària general d'ERC, que la nit abans havia estat a la masia amb els membres del govern i del Parlament i que havent dinat ha tornat a Catalunya Sud.

A entrada de vespre, efectivament, Rovira ha estat en una reunió de l'estat major (o millor dit, de la part de l'estat major que han pogut localitzar) en una masia de Vilaür, a l'Alt Empordà. Hi ha el president, també [redacted], el republicà [redacted], el dirigent del PDeCAT [redacted]; [redacted], de l'ANC, i [redacted] [redacted] i [redacted], d'Òmnium.

—Hem parlat amb Bèlgica i sembla que ens poden garantir que no ens expulsaran. A mi em sembla que aquesta és la millor opció —defensa el president—. Hauríem d'activar-la.

Tothom hi està d'acord. Decideixen que ERC s'encarregarà d'organitzar els preparatius. Ho faran d'acord amb alguns parlamentaris i dirigents de l'ALE, el grup de l'Aliança Lliure Europea, que agrupa diferents formacions polítiques que defensen el dret a l'autodeterminació.

Abans d'acabar la trobada de l'estat major d'avui resumeixen els acords als quals han arribat: 1) l'opció que sembla millor és l'exili; 2) dilluns, els consellers aniran als seus departaments amb l'argument de recollir el material que tenen als despatxos i aprofitaran per acomiadar-se del personal i donar-los un missatge de suport; 3) a continuació, tant ERC com el PDeCAT tenen executiva del partit, i els seus dirigents hi assistiran; 4) un cop acabades aquestes reunions, el govern es trobarà al Parlament, al despatx que hi té el president, per fer una roda de premsa per denunciar la persecució de l'Estat, i 5) quan acabin, es posarà en marxa el pla per anar cap a Bèlgica.

Marta Rovira arriba, doncs, a Prada. Els consellers i els membres de la mesa que eren a la masia ja havien tingut temps de debatre amb calma la situació i havien pres una decisió, però l'arribada de Comín els obliga a tornar-ne a parlar.

—Jo vinc amb una decisió presa —els diu Comín abans de saber què han decidit ells.

—Nosaltres també —li responen—. Ens hem passat moltes hores debatent-ho i ara no tenim ganes de tornar-hi.

Comín no s'espera a saber què pensen els seus companys.

—Hem d'anar a l'exili —els diu. Ho ha dit abans de saber què han decidit els altres perquè tem reobrir la discussió. Però no li calia patir.

—Nosaltres n'hem parlat i estem absolutament d'acord en l'opció de l'exili —li diu Serret.

—Però, si anem a l'exili, ¿és perquè ho considereu una opció política? ¿O és per raons personals, per protegir-nos? —pregunta Comín.

Ningú expressa cap dubte que l'exili és una opció política molt rellevant. Però, tot i la unanimitat, l'ambient és molt tens.

Marta Rovira els explica l'acord que s'ha pres a la reunió de Vilaür: tornar demà a la nit a Catalunya, anar dilluns als departaments, fer les reunions acordades i marxar després tots cap a l'exili.

Ningú no parla gaire.

—Jo vull dir una cosa —dispara Comín—. Aquest pla no m'agrada: si marxem, marxem. Això de tornar demà a Barcelona em sembla un risc del tot innecessari. I fer veure que anem a treballar tampoc no m'agrada. Em fa l'efecte que si a primera hora de la tarda fem una declaració institucional al Parlament cap de nosaltres no tindrà temps d'arribar a França.

—El pla és tornar a Catalunya i fer les reunions perquè dilluns sabrem en quins termes exactes se'ns haurà presentat la querella —aclareix Rovira—. Llavors veurem quines opcions hi ha. I si s'ha de marxar, com s'ha decidit, es marxarà. Però a la reunió de Vilaür hem quedat que tots ens reunirem dilluns al Parlament —insisteix.

—Si marxem, marxem ara —torna a dir Comín.

Josep Rull i Jordi Turull estan d'acord a anar a l'exili, però no hi volen anar directament. Abans volen tornar a Catalunya. Raül Romeva, en canvi, no té clar que l'exili sigui una bona sortida. Li sembla que no hi ha prou garanties.

Tot i que l'exili ja sembla una opció decidida, per uns moments es torna a obrir la discussió i no hi ha un acord definitiu. La reunió s'allarga. Són quarts d'una de la nit i estan esgotats. El neguit se'ls nota a la cara. Tornar és ple d'incerteses, però l'exili també.

Tothom dorm al mateix hotel. Han quedat que demà al matí tornaran a la masia i allà, amb més calma i més descansats, en parlaran de nou tots plegats. Les consultes, avui, hauran de ser amb el coixí. Ningú pot fer trucades. Ningú té mòbil. Per raons de seguretat, els han deixat a Catalunya. No poden parlar amb la família.

Però n'hi ha quatre que sí que hi podran parlar. Són els que finalment han decidit que se'n tornen a Catalunya avui mateix: Marta Rovira, el conseller Josep Rull —que demà es deixarà veure públicament en un acte de celebració del centenari de l'arribada del ferrocarril a Sant Cugat— i els membres de la mesa del Parlament Anna Simó i Ramona Barrufet, que són conscients que els seus riscos en l'àmbit penal seran, si és que en corren algun, molt menors que els de la resta.

Diumenge, 29 d'octubre

A les deu del matí, tot el govern és a la masia, menys el president, Junqueras, Mundó i, des d'ahir, tampoc Rull.

La reunió la presideix el conseller Jordi Turull:

—Si jo he de presidir la reunió, com m'heu demanat, en primer lloc vull fer una reflexió —els diu—: a mi em sembla que, finalment, la decisió que cadascú prengui ha de ser personal. Em sembla que en primer lloc hauríem de deixar clar que aquesta és una decisió política, però també personal. I que hauríem de prendre tots plegats un compromís: que mai ningú retregui a ningú la decisió que hagi pres; que ningú critiqui ningú. Que qui decideixi anar a l'exili no critiqui mai els que decideixin tornar, i que qui decideixi tornar no critiqui mai els que marxen.

Tothom hi està d'acord. Tothom té clar que, més enllà del vessant polític, la decisió de marxar o tornar també que comporta moltes conseqüències personals.

Continuen aïllats i sense telèfon. Condicionats per aquesta situació, pensen què poden fer.

—¿Quins països serien els més segurs? —pregunten a Raül Romeva, fins ara conseller d'Exteriors.

El conseller els explica que els darrers dies s'han sondejat quatre països: Bèlgica, l'Uruguai, Noruega i Suïssa.

—¿L'Uruguai?

—I de Suïssa no sé com van anar les gestions, perquè s'havien de fer per dalt —afegeix.

—¿Per dalt? —li pregunten.

Romeva no els ho acaba d'aclarir, però tots entenen que el president Puigdemont o el vicepresident Junqueras eren els encarregats de fer la gestió.

Ningú té clar quina és la millor opció. Els consta, perquè Marta Rovira els ho va explicar ahir, que el president també està fent gestions. Els consellers Romeva i Turull decideixen tornar a Catalunya: aniran fins a casa del president Puigdemont per veure si poden aclarir bé quina és la situació. El pla, però, continua sent el mateix: trobar-se demà tots a Barcelona i marxar cap a l'exili. Per tant, decideixen que les maletes que han dut fins a la Catalunya Nord ja s'hi quedin. La xarxa de suport s'encarregarà de fer-les arribar al punt de destí. Per al president hi ha previst un pla diferent, específic.

—Ja ens hi dureu també les nostres —diuen Turull i Romeva abans de marxar cap a Sant Julià de Ramis.

La reunió ha durat poc més d'una hora. A les onze tocades, els dos consellers surten de la masia.

A casa del president a Girona és un continu de visites des de primera hora del matí. D'amics i sobretot de companys de l'àmbit de la política. S'han de planificar els propers dies. El president aposta clarament per anar demà a Palau i després al Parlament.

«Donarem imatge de normalitat i convocarem tothom al Parlament, i a veure què passa. I quan acabem, tots cap a Brussel·les.»

Les reunions a casa seva s'encadenen. Hi ha Jaume Alonso-Cuevillas, l'advocat, que ha vingut per ajudar-los a analitzar la situació. I d'aquí a res l'han avisat que arribaran Jordi Turull i Raül Romeva, que el volen veure.

Tot i que en un primer moment volia anar a veure el Girona-Madrid, que juga aquesta tarda, finalment decideix no anar-hi. Perquè té reunions però també perquè sap que, si hi va, posarà el club contra les cordes. Si el club li dona tractament de president i el situa al centre de la llotja, probablement la Federació Espanyola de Futbol els acabarà sancionant. Puigdemont es perdrà, doncs, el millor partit de la història del Girona, la golejada per 2-1 al Madrid, amb remuntada inclosa i el camp convertit en una festa.

Jordi Turull i Raül Romeva ja han arribat. Rius és a la casa des de primera hora. Volen planificar l'estratègia de cara a demà i també més informació sobre la situació que es poden trobar si se'n van a l'exili. S'hi estan una bona estona. Ja han dinat i ara estan asseguts al sofà que els Puigdemont tenen en un costat del menjador. Sense mòbils a prop. La protecció és màxima, perquè ara ja hi ha la convicció que els serveis secrets espanyols els escolten més que mai. Per tant, davant de qualsevol risc, els mòbils es mantenen sempre allunyats. El president ha deixat els seus en un petit estudi que hi ha just a l'entrada de la casa.

Els explica la reunió d'ahir a Vilaür i els plans de marxar dilluns cap a Bèlgica.

Mentrestant, a la masia de la Catalunya Nord, Toni Comín i Clara Ponsatí se les han tingut. Han entrat en una espiral de retrets sobre per què el govern ha portat el país fins a aquesta situació. Recordem que Ponsatí va ser nomenada consellera fa pocs mesos, arran de la remodelació del govern, i troba increïble que tot plegat sigui tan improvisat. La discussió puja tant de to que finalment Comín decideix anar-se'n de la masia:

—Si no hi ha respecte, aquí us quedeu.

Ponsatí el segueix a fora i continuen discutint-se. Després d'escridassar-se es calmen i admeten tots dos que potser s'han passat de frenada per culpa de la tensió. Ponsatí torna a entrar. Comín, que encara no s'ha calmat del tot, decideix anar-se'n igualment. Demana que el portin a Prada, on fa vint-i-quatre hores hi ha deixat la parella i la filla, de qui des d'aleshores no en sap res.

Clara Ponsatí, partidària de l'exili, decideix al cap d'una estona anar-se'n pel seu compte a París, que ja era el seu primer destí. Si finalment la resta dels consellers també segueixen el camí de l'exili, ella s'hi reunirà, els diu.

—Feu-me saber què decidiu —els diu abans de marxar.

Comín ja és a Prada de Conflent. Allà, a banda de la parella i la filla, hi trobarà també la seva germana, la Betona, que li entrega un document que li ha fet arribar Jaume Asens.

—M'ha dit que és important que t'ho llegeixis —li diu.

A Sant Julià de Ramis, mentrestant, el president continua parlant amb Romeva i Turull de l'exili a Bèlgica.

—Serà complicat, però això ens permetrà continuar treballant —els diu. Segons explica als consellers, hi ha cert riscos—. Però si ens quedem —argumenta—, també correm el risc de ser empresonats, i si tots som a la presó, hauran acabat amb el govern.

Planifiquen, una altra vegada, el que ha de passar l'endemà: el pla és que a les nou del matí de dilluns el president sigui a Palau i es dirigeixi a tot el personal per comentar-los la situació i marxar després cap a Bèlgica.

Fins i tot ha planificat com serà la seva sortida de Catalunya. [redacted]

El vicepresident i els consellers que encara són a Catalunya, gràcies a una operació similar, podran traslladar-se també, si volen, fins a la capital europea.

Quan la reunió amb Romeva i Turull s'està acabant i repassen el *timing*, arriba un amic del president, [redacted], que s'afegeix a la conversa. Els consellers s'acomiaden i l'amic es queda a casa dels Puigdemont.

Poc abans de les nou del vespre l'amic decideix marxar, també. És en aquest moment quan s'adona del que ha fet.

—¿On he deixat el mòbil? —pregunta.

El seu mòbil i la seva cartera apareixen just al costat d'on estaven asseguts el president i els consellers repassant, un a un, els propers moviments. Tothom dona per fet que tots els mòbils que entren a casa del president estan intervinguts.

—Collons! —se sent unes quantes vegades.

Puigdemont empal·lideix. S'ha quedat mut.

Ateses les circumstàncies, decideixen que un dels agents dels Mossos de més confiança del president, a qui sempre ha explicat els seus plans, verifiqui si el mòbil del seu amic està intervingut. No és, ni molt menys, el primer cop que ho fan. És tan simple com dur el telèfon al centre de comandament —al complex Egara— i connectar-lo a un aparell que ho detecta.

El Complex Central Egara és el quarter general que els Mossos tenen a Sabadell. És allà on treballen les unitats més especialitzades del cos, des dels Tedax fins a la policia científica, la d'investigació criminal, la d'informació i, esclar, l'àrea d'escortes i l'àrea tècnica de planificació i dispositius. Quan l'agent hi truca ja des del cotxe per avisar que d'aquí a poca estona arribarà amb un mòbil per «repassar» s'adona que hi ha alguna cosa que falla. Al centre de comandament no hi ha la receptivitat que hi havia fins ara.

—¿No ho saps, que ja no treballes per al president? —li diuen.

Es comença a notar l'efecte del 155.

—Doncs m'agafo uns dies de vacances, si us sembla bé —respon l'agent.

Pel to de la conversa, és evident que alguna cosa passa. L'agent es comença a posar neguitós. I encara s'hi posarà més quan li entri aquest missatge d'una font que té a la seu: «El paquet que portes crema».

És el codi en clau que precipita tota l'operació.

Vol dir que han de marxar immediatament. No es poden esperar a demà. Els plans d'anar demà a Palau i sortir cap a Bèlgica a la tarda acaben de saltar pels aires. Han de sortir com més aviat millor.

Han d'activar l'operació [redacted], i el president encara no ho sap.

L'operació [redacted] és el nom en clau de l'operació que ha de dur el president fora de Catalunya en cas de perill. Està planificada des de fa temps. Sabia des de feia mesos que el dia que li parlessin d'activar aquesta operació volia dir marxar precipitadament. La seva dona també n'estava al cas. Per si el president no era a casa quan s'activés l'operatiu, tenien una frase en clau per avisar-la: «Hem d'anar a Mont-rebei». Si Puigdemont li trucava dient que se n'anava a Mont-rebei, Marcela Topor entendria immediatament que el seu marit havia de marxar de seguida.

La persona que comanda l'operació té clar que han de sortir com més aviat millor. I traça un pla. Recollirà el president a casa seva, amb l'Skoda oficial, i, un cop fora, en un dels carrers apartats de la urbanització Golf Girona canviaran de cotxe i se n'aniran definitivament amb el vehicle que els ha deixat un particular amic seu, un Mazda, i que recolliran en un punt que han establert prèviament.

—¿Com va? El president m'ha demanat que li porti uns llibres que tenia a Palau —diu el cap del dispositiu en arribar a la casa amb l'Skoda oficial. Aparca just davant l'habitatge i hi entra.

Un cop a dins de casa deixa anar la bomba:

—President, si ha de marxar, ho hem de fer avui. Ara mateix. Demà ja no podrà ser.

No caldrà que el president digui a la Marcela la temuda frase de Mont-rebei. La mirada del seu marit ho diu tot. La Marcela es posa les mans al cap i arrenca a plorar. S'abracen tots dos.

El president no té temps d'aturar-se a pensar. El pla era marxar dilluns. Fins i tot li havia demanat a Jami Matamala si el volia acompanyar.

Li telefonen per fer-l'hi saber. L'han d'avisar sense avisar-lo. Sospiten que els escolten.

—Jami, ¿pots venir? T'has deixat el carregador del mòbil i l'hauries de venir a buscar.

Ho ha entès a la primera. En arribar a la casa, i quan li confirmen que se'n van ara mateix i no dilluns, els explica que vol anar a buscar una muda.

—Millor —li diu el cap del dispositiu—. Millor si no sortim junts, així ningú sospitarà res. Quedem que ens trobarem a la primera àrea de servei després de la frontera.

Ara ja només els queda sortir de casa sense que els mossos que fan vigilància s'adonin que el president se'n va. El pla és entrar l'Skoda al garatge particular perquè el president hi pugi.

—He d'entrar el cotxe al garatge perquè així és més fàcil descarregar els llibres —explica el cap de l'operatiu als agents que custodien l'exterior de la casa.

Abans han hagut de treure del garatge el cotxe particular del president amb l'excusa que anaven a llençar les escombraries. A la urbanització, els contenidors estan molt allunyats d'algunes cases, i sol ser habitual fer el viatge carregant-les al cotxe. Treuen el cotxe particular i, pocs minuts després, hi entren l'Skoda suposadament carregat de llibres.

L'operació dura cinc minuts. Tanquen la porta i fan veure que descarreguen llibres. En realitat, quan l'Skoda és a dins, el president posa una maleta al maleter i s'asseu al seient del darrere. Els vidres són tintats, però, tot i que no es veu res, s'ajup una mica per si de cas.

El cotxe surt i el conductor saluda els seus companys amb la mà.

—He acabat el servei. Me'n vaig —els diu.

—Bon viatge —li responen.

No saben que a dins del cotxe hi ha el president i que els espera un viatge de mil tres-cents quilòmetres.

Roden uns pocs quilòmetres fins al carrer del Golf Girona convingut amb l'amic que els ha de deixar el cotxe, que ho fa sense ni saber per a qui era. L'amic fa cara de pòquer, en veure que qui baixa de l'Skoda és el president.

S'han intercanviat els cotxes. Puigdemont, abans de pujar al Mazda que els han deixat, allarga la mà al seu propietari per saludar-lo.

—Moltes gràcies.

Ningú fa cap pregunta. Ni el propietari que els ha deixat el cotxe, i que no sap on van.

No s'aturaran fins a l'àrea del Village Catalan, prop de Perpinyà. Allà ja els espera Jami Matamala, que l'acompanyarà. Els mitjans de comunicació no trigaran a preguntar-se qui és, quan al cap de pocs dies el veuen passejant per la capital europea amb Carles Puigdemont.

Matamala ha hagut de córrer. Com que són festes de Sant Narcís, el seu fill, que és qui el durà fins al punt de trobada, estava fent un tomb per la ciutat amb uns amics.

Mitja hora després d'haver travessat la frontera, la policia espanyola hi organitza un gran control. O és casualitat, o estaven alertats de la marxa. Però Puigdemont i Matamala ja són a l'altre costat. Els espera una nit llarga. Seran onze hores de cotxe sense baixar-ne ni una vegada.

El president és conscient que emprèn el camí cap a l'exili.

Tot i saber que seran moltes hores en cotxe i que podria anar més còmode, ha decidit posar-se americana i corbata.

«Soc el president, i vaig de viatge a Bèlgica amb tota llibertat. No hi ha cap ordre en contra meva. Surto com una persona lliure —diu. Però tot seguit afegeix—: Vaig amb americana i corbata per si, tot i això, em detenen. La imatge que he de donar és la del president de la Generalitat.»

No s'ha pogut acomiadar de les filles. Se'n va sense mòbil. No vol que el localitzin.

Abans de sortir de casa ha parlat per telèfon amb Josep Rius: «Tot es precipita. Allò que havíem de fer dilluns, ho hem avançat a aquesta nit. Avisa els altres». No vol ser més precís per si l'estan escoltant.

Mentre a Girona passava tot això, a la masia de la Catalunya Nord la tarda també ha estat moguda. Els consellers han debatut intensament la possibilitat d'anar-se'n a l'exili directament, sense tornar a Catalunya. Ho han fet sense Toni Comín, que era fora. El conseller de Salut, un cop s'ha acomiadat de nou de la seva família i la seva germana, ha començat a llegir atentament el document que la Betona li ha donat de part de Jaume Asens. És aleshores quan s'adona que no és d'Asens, sinó de l'advocat Gonzalo Boye, que ha redactat un informe sobre què els pot passar a partir d'ara. Comín no sap qui és Boye, però es llegeix detingudament l'informe titulat «Domino1»:*

* Aquest «Domino1», conjuntament amb els dos informes posteriors, es reproduirà en el segon volum d'aquest llibre.

En las actuales circunstancias entendemos que lo que sucederá es que se judicializará la causa mediante la presentación de una querella, que se presentará mañana lunes; el objetivo de la misma no sería otro que zanjar la discusión sobre el alcance y aplicabilidad del tipo penal de sedición, consiguiendo que sea el propio Tribunal Supremo quien dicte el auto de admisión a trámite de la querella dejando sentadas las bases, para cualquier otro órgano jurisdiccional del Estado, sobre cómo debe aplicarse el tipo penal a partir de ese momento. Obviamente, todo ello sin perjuicio de luego establecer o abordar el tema de la competencia.

Dicho en otros términos: se dejará claro que los hechos son incardinables en un delito de sedición y se adoptarán las primeras diligencias para asegurar las pruebas y detener a los posibles responsables para, luego, pasar al tema de la competencia; todo ello en virtud de lo establecido en la propia Ley de Enjuiciamiento Criminal - primeras diligencias/competencia.

L'informe és extens i contundent:

Las actuaciones iniciales irían encaminadas bien a ordenar la detención inmediata bien a una citación urgente de los investigados y, una vez tomada la primera declaración, decretar la prisión provisional.

Si no son encontradas las personas contra las cuales se dicten las órdenes de detención o, en el segundo de los casos, no compareciesen, se dictarán las correspondientes órdenes de búsqueda, detención y puesta a disposición que pueden incluir la de ingreso en prisión que sería el objetivo último.

Una orden de estas características se notificaría, de manera inmediata, al Sistema Schengen - Euroorden, no así a Interpol, a excepción de que cuenten con información relevante de que el/la o los buscados se encuentren fuera de Europa.

Dictada una Orden Europea de Detención y Entrega (OEDE), la misma se aplicará de diversa forma dependiente del país en que

> sea encontrada la persona reclamada; hay que tener presente que el sistema español de OEDE es uno de los más «administrativizados» —junto con el de Italia—, lo que implica que en la propia Ley de Euroorden se priva expresamente de la posibilidad de recursos cas trando, de esta manera, cualquier despliegue material en el ámbito de la defensa.

Analitzada la situació, sosté que en el seu cas, si juguen bé les cartes, l'euroordre d'extradició no ha de ser necessàriament automàtica:

> [...] Dicho en otros términos, solo para los delitos expuestos en la Decisión Marco (y *ut supra* transcritos), no es necesaria la aplicación del principio de doble incriminación y se estrecha el margen de discrecionalidad, PERO DELITOS COMO LOS COMPRENDIDOS EN LA POSIBLE QUERELLA SÍ REQUIEREN UNA DOBLE INCRIMINACIÓN Y EXISTE UN MARGEN DE DISCRECIONALIDAD IMPORTANTE, YA QUE: obliga, por definición, a entrar en el marco del análisis de las pruebas sobre la existencia del delito, indicios de participación, grados de participación, etc., lo que, como ya hemos dicho, nos sitúa en el plano de un procedimiento de extradición propiamente dicho que, con el escenario actual, implicaría un serio inconveniente para la ejecución de una solicitud de estas características.

L'advocat fa una llarga llista d'interrogants que ell mateix contesta en l'informe:

> [...] Ante estas preguntas, las respuestas que podemos dar son:
> 1.– ¿Dónde se puede uno defender mejor de una OEDE?
> Bélgica, Holanda o Reino Unido, siendo de destacar que llegar a los dos primeros es más sencillo.
> 2.– ¿En qué momento habría que comenzar a defenderse?
> Desde el mismo momento en que se tenga conocimiento de la existencia de la OEDE.

3.– ¿Cuáles serían los pasos a seguir para evitar, en todo momento, una posible detención y/o ingreso en prisión?
Tanto en uno como en otro país prima el *favor libertatis*, lo que implica que es la Fiscalía la que tiene que acreditar la intención de huida, el riesgo de destrucción de pruebas, etc., y, sobre todo, prima la buena fe.
Dicho lo anterior, si tuviese que defender un caso así, lo que haría sería:
a) Una vez conocida la existencia de una OEDE, proceder a poner a mi defendido a disposición judicial de forma inmediata y voluntaria, con lo que evitaría la detención y frustraría cualquier posibilidad de ingreso en prisión provisional.
b) Mediante esa puesta a disposición voluntaria estaría sentando ya las bases para una defensa de marcado carácter técnico-político en cuanto a una persecución en contra de mi defendido no por unos hechos sino por una actuación de índole político y en el marco de sus funciones políticas, y
c) con una puesta a disposición voluntaria, lo que estaría es enviando un mensaje muy claro: no huyo de la Justicia sino de la Justicia española, que no me ofrece ningún tipo de garantías. En este tipo de procedimientos el «relato» suele ser parte de la defensa y, en muchas ocasiones, la más importante.

Una defensa de estas características la podríamos articular con equipos de confianza tanto en el Reino Unido como en Bélgica o en Holanda. Nos referimos a profesionales de primer nivel con los que compartimos otras defensas de alto perfil, elevada sensibilidad política y riesgos.

«Hem de marxar ràpidament. No podem tornar a Catalunya —es diu Comín després de llegir l'informe—. No sé qui és aquest Gonzalo Boye, però, si és cert el que diu, hem de marxar immediatament. Hem d'anar a oposar batalla política des de Bèlgica.»

Són quarts de nou del vespre i Comín està a punt d'arribar de nou a la masia. «No sé com ho faré per convence'ls —pensa—. Ni com fer arribar al president aquest informe.»

Entra esverat a la casa rural. Tots els consellers l'estan esperant.

—Hem pres una decisió sense tu —li fa saber Meritxell Borràs així que el veu entrar—. Hem pres una decisió, i és ferma. Si no la comparteixes, només et demanem que no intentis convence'ns. No et donem l'oportunitat d'intentar convence'ns; ja ho hem decidit.

Comín s'esvera encara més.

—Jo també us porto una proposta, i em sembla que és la que hem de tirar endavant.

El conseller Forn esbufega:

—Toni, la decisió que hem pres és ferma. No intentis canviar-la. Ens hem passat moltes hores discutint mentre tu eres fora.

Comín no vol cap guerra, vol que l'escoltin:

—Mireu: ja sé que abans m'he enganxat innecessàriament amb la Clara. Però m'heu d'escoltar. Digueu-me què heu decidit i discutim-ho.

—No. De cap manera. Parla tu primer, Toni —replica Forn, taxatiu.

I Comín ho deixa anar:

—Hem de marxar cap a Bèlgica. Ara.

Els seus companys respiren tranquils. Han decidit el mateix: marxar ja cap a Bèlgica.

—¿Per què? —els pregunta Comín.

—Perquè ho veiem clar. I perquè el president ens ha fet arribar l'encàrrec que no ens esperem; que sortim avui mateix cap a Bèlgica. Hem decidit fer-li cas.

¿Qui els ha avisat? A l'hora de deixar-ne constància en aquest dietari, no ho he aclarit totalment.

Les versions no lliguen del tot i no seré jo qui les faci lligar artificialment.

El president Puigdemont sosté que en el moment de la seva sortida precipitada només va avisar Josep Rius. I Rius, que no va avisar la resta del govern fins l'endemà. Si Puigdemont no va avisar directament els consellers, i si no ho va fer Rius, és un misteri qui ho va fer.

La qüestió és, però, que els consellers abandonen la Catalunya

Nord a les nou del vespre de diumenge. Pugen de dos en dos en diferents vehicles i emprenen, en fila, el camí de l'exili. El president ja està en camí, també. Junqueras i Mundó no han marxat mai del Principat. Rull també és a Catalunya des de divendres, però ara ningú l'ha pogut avisar. De Romeva i Turull, que aquest mateix migdia, abans que tot es precipités, eren a casa del president, no en saben res.

Els consellers han sopat a correcuita i han enfilat amb els seus vehicles cap a l'autopista. No saben qui són els conductors. No els diuen el nom. Pel camí canvien tots de vehicle en dues ocasions. Continuen sense mòbil i han de fer confiança a la xarxa de seguretat que hi havia organitzada per a aquesta emergència. No saben res de les seves famílies. Han passat de ser consellers a ser uns «paquets» que uns desconeguts traslladen a l'estranger sense donar-los explicacions. Alguns se senten maltractats, però no diuen res. És el preu, pensen, d'un trasllat segur.

Arribaran a Brussel·les a les nou del matí de l'endemà, després de gairebé tretze hores de cotxe. El president hi arriba una mica més tard.

Al mòbil personal de Puigdemont, que com he explicat unes planes més enrere, ell recupera molts mesos més tard, s'hi acumulen missatges que no ha pogut obrir. Cent vuitanta-set en total.

El president no els llegirà mai.

I jo decideixo no obrir-los. Donant una ullada a la pantalla sense obrir-los només en puc veure el llistat i la primera línia del missatge. N'hi ha de Núria Marín, Oriol Soler, Aleix Clarió, Felip Puig, Vicent Partal, Jordi Turull, Pilar Rahola, Fidel Masreal, Josep Maria Vila d'Abadal, Susanna Griso, Jordi Évole, Xavier Trias, Francesc Homs, Joana Ortega, Jordi Pina, Ferran Bel, Joaquim Nin, Carles Duarte, Jordi Cabré, Agustí Colominas, Albert Ballesta, Enric Millo, Quico Sellés, Josep Lluís Cleries, Gemma Calvet, Joan Bagué..., entre molts i molts d'altres.

Seran per a un altre llibre.

Dilluns, 30 d'octubre

Els treballadors del Palau, alertats des d'ahir que el president hi arribarà a primera hora, l'esperen puntualment. Volen saber què passa a partir d'ara, si el president anirà a treballar amb normalitat i què succeirà amb els seus llocs de treball.

Però el president no apareix. Tot i que al seu compte d'Instagram ha penjat una foto feta des del Pati dels Tarongers amb un text que deia «Bon dia», el president no hi és. Els mitjans de comunicació especulen sobre si Puigdemont és o no a Palau, i es passen les primeres hores del matí analitzant la fotografia que ha penjat a les xarxes. Que si a la foto hi ha núvols però a Barcelona avui no n'hi ha, que si podria ser una foto antiga...

En realitat, la foto no l'ha penjat ell. L'ha penjat el seu *community manager*, Aleix Clarió, que està de viatge de noces al Japó. Clarió, amb qui es coneixen des que era alcalde de Girona, és fora, de viatge, des del 4 d'octubre. Com que no li ha arribat la notícia que el president era fora, ha penjat la foto del Pati dels Tarongers amb un «Bon dia» per donar una imatge de normalitat. Sigui com vulgui, aquesta fotografia serveix perquè, si més no durant unes hores, molta gent es pensi que el president és a Palau.

A Rius li sona el mòbil. És ell:

—Soc en Carles. Estem entrant a Bèlgica. ¿Has avisat els altres?

—¿Els altres? Encara no.

I queden que avisarà Turull i Romeva, que als altres membres del consell executiu ja hi ha altra gent que suposadament els ha avisat.

El conseller Josep Rull no en sap res i ha aparegut aquest matí a la seva conselleria. Ell mateix ha penjat una foto a la xarxa on se'l veu treballant amb una aparent normalitat. La foto no és cap muntatge, perquè sobre la taula s'hi veu la portada d'avui d'*El Punt Avui*, amb un titular gran a la portada que diu «A la feina». Però la visita de Rull a la seva conselleria durarà pocs minuts; el temps just de fer-se la foto.

Al cap d'unes hores, a primera hora de la tarda, Oriol Junqueras anirà al seu departament, i al vespre concedirà una entrevista a TV3. Serà al *Telenotícies Vespre*, amb Toni Cruanyes.

Segons explicarà en aquesta entrevista, durant el dia s'ha reunit amb el grup parlamentari i afegeix que també s'ha trobat amb Jordi Turull, Carles Mundó, Raül Romeva i Josep Rull. Romeva i Turull, doncs, són encara a Catalunya.

Per molt que s'intenti presentar aquest dilluns com si fos un dilluns normal, no ho és. Els Mossos estan recorrent totes les conselleries per advertir els consellers que no es poden incorporar a la feina perquè estan suspesos després que el govern espanyol hagi posat en marxa el 155 i els hagi cessat. Però els consellers no hi són.

Qui no perd el temps és el fiscal general de l'Estat, José Manuel Maza, que aquest matí ja ha anunciat la presentació de dues querelles contra el govern Puigdemont i contra la presidenta del Parlament, Carme Forcadell, acusant-los de rebel·lió, sedició i malversació. Tot i que el codi penal diu que per cometre un delicte de rebel·lió cal «una insurrecció violenta i pública», Maza tira endavant el procediment sense vacil·lar.

De moment l'informe de Gonzalo Boye l'està encertant de ple.

A les nou del matí, Puigdemont ja ha arribat a la capital europea i ha trucat al president de Flandes, Geert Bourgeois, per fer-li saber que és al país. Han quedat per veure's aquest mateix matí.

Abans, però, ha passat per la seu de l'Aliança Lliure Europea, l'ALE, el partit polític europeu al qual pertany Esquerra Republicana i que agrupa formacions polítiques europees que defensen el dret a l'autodeterminació dels pobles. Allà hi ha tots els consellers que van sortir ahir de la Catalunya Nord, que també acaben d'arribar. L'ALE inclou diputats occitans, de Flandes, del País Basc, de Sardenya, de Gal·les, d'Escòcia, de Veneto o del Tirol del Sud, per citar-ne només uns quants. La formació té la seu a la *rue* de la Pépinière de Brussel·les.

El president hi arriba només deu minuts després que els consellers.

Se saluden efusivament i els explica que ha parlat amb el president de Flandes i que d'aquí a una estona es trobaran.

—Hem marxat per intentar guanyar la batalla jurídica contra l'Estat espanyol. Jo he decidit plantar cara. No he fugit per salvar-me personalment. He vingut per posar-los-ho complicat —afegeix.

Tothom hi diu la seva, i en un moment donat el president diu:

—Que cadascú decideixi el que ha de fer. Però, si marxeu tots, jo no em quedaré. No té sentit que em quedi jo i prou. Això només té sentit si qui es queda és el govern, o bona part del govern. I, si no ho veieu clar, tornem tots.

Comín és el primer de pronunciar-se:

—Jo tinc molt clar que em quedo —assegura.

En el fons, tot i que no ho arriba a verbalitzar, n'està tan convençut que fins i tot té clar que ell sí que es queda encara que Puigdemont no ho faci. Comín els explica que té un document jurídic que argumenta molt bé el perquè s'han de quedar a Brussel·les. Demana que l'hi deixin imprimir i en reparteix una còpia a cadascun. És el Domino1 de Gonzalo Boye.

El president se'l llegeix atentament. Tampoc sap qui és Boye. En acabat plega els fulls, se'ls posa a la butxaca de l'americana i els diu que ha de marxar, que té la reunió amb Geert Bourgeois.

Es trobaran a la casa particular d'uns dirigents de l'N-VA.

«Nosaltres creiem que hi ha possibilitats que et puguem ajudar», li expliquen.

Li parlen també d'un advocat especialitzat en drets humans, un tal Paul Bekaert. No n'ha sentit a parlar mai.

«Si t'interessa t'hi podem acompanyar avui mateix», li diuen.

Decidirà anar-hi acompanyat del conseller Joaquim Forn: «Ell parla molt bé el francès, i és millor que hi vagi acompanyat d'algú més».

A hores d'ara la notícia ja és pública: Puigdemont és a Bèlgica. Fins i tot anuncia que demà farà una roda de premsa per explicar els motius de la seva presència allà. Els mitjans de comunicació es passen pràcticament tot el dia especulant sobre on és la resta del govern.

On passaran la nit i els propers dies ell i els consellers que l'acompanyen serà una incògnita per a molta gent. Centenars de periodistes els buscaran per tot arreu.

Un dels pocs que ho saben és Aleix Sarri, l'assistent de l'eurodiputat Ramon Tremosa. Sarri, que habitualment fa vida a Brussel·les, es va desplaçar a mitjans de la setmana passada a Barcelona per celebrar la proclamació de la República. El mateix divendres a mitja tarda, però, un comentari de l'eurodiputat Ramon Tremosa el va posar en alerta:

—No celebris gaire res… I estigues tranquil, que ja et trucaré.

Tremosa és dels pocs que sap que el president ja és fora de Catalunya. Mentre explica a Sarri que hi ha la possibilitat que en les properes hores s'hagi d'organitzar un exili a Bèlgica, Sarri rep una trucada que l'hi confirma. Es tracta de l'assessora de l'eurodiputat Jordi Solé, d'ERC.

—Els nostres amics, els consellers, estan pujant cap a Brussel·les i els haurem d'ajudar —li diu.

—¿Què vols dir? —pregunta Sarri, que encara no es pot creure que estigui passant el que li diuen que està passant.

—Doncs això, que els nostres amics del govern estan pujant cap a Brussel·les, i que hi hem d'anar ràpidament; ara mateix, ara.

Sarri, un home jove intel·ligent, és tot ell un nervi i actua com un nervi. Al cap de deu minuts ja és en un taxi trucant als seus pares perquè li portin una maleta amb roba perquè ha de marxar i no té temps de fer-se-la ell ni de passar per casa a buscar-la. No té temps perquè li acaba de trucar Elsa Artadi.

—¿Oi que te'n vas? —li ha preguntat Artadi per telèfon.

—Sí.

—Doncs passa primer per Palau, que et donarem una cosa.

Sarri no fa preguntes; ha entès a la primera que era molt arriscat. Ha sortit disparat de l'edifici de Provença, on s'ha de reunir la direcció del PDeCAT per analitzar la situació. Encara no saben que el president Puigdemont a aquesta hora està a punt d'arribar a Brussel·les i que no assistirà a la reunió. En baixar de la terrassa, Sarri i

Tremosa coincideixen amb el president Artur Mas a l'ascensor. Tenen el temps just de comentar la situació política, però, abans d'acomiadar-se'n, Mas els diu:

—Ara tenim reunió, a veure què voldrà fer el president.

Sarri i Tremosa gairebé emmudeixen.

—Sí, veurem... —es limiten a dir.

«És el primer cop que jo tinc més informació sobre el que està passant que el president Mas... Que fort!», pensa Sarri mentre surt corrents cap a Palau.

Efectivament, Sarri és dels pocs que sap que Puigdemont no anirà a la reunió del PDeCAT. Du a la mà un sobre que li ha donat Tremosa.

—Guarda'l bé; no el perdis. Hi ha l'adreça d'un advocat que pot ajudar molt.

L'assessor de Tremosa entra a Palau i demana per Elsa Artadi, però el fan passar al despatx de Josep Rius, cap de gabinet del president Puigdemont, on es troba també el seu adjunt, Jordi Moreso. Tots dos han estat cessats pel 155 i estan desant les seves pertinences en caixes.

Al cap d'un moment entra Artadi tota decidida i va per feina:

—¿Oi que t'has vist amb en Tremosa i t'ha donat un sobre? —li pregunta.

—Sí.

—Doncs hi ha un canvi de plans. Jo et dono un número de telèfon —li diu mentre l'hi anota en un paper—. Quan siguis a Brussel·les, truca-hi; és el número d'una persona que et posarà en contacte amb el president. És d'un amic seu. El sobre l'hi has de donar directament al president.

Sarri ha comprat el bitllet d'avió per telèfon mentre era al taxi i fa el *check-in* anant ja cap a l'aeroport, després d'haver recollit la maleta amb roba que li han portat els seus pares. Conscient que pot passar de tot, i per si de cas, els ha donat a ells el paperet amb el número de telèfon i ha optat per aprendre-se'l de memòria.

Un cop a l'avió, es passarà les dues hores de viatge repetint-lo un cop i un altre per por de oblidar-se'n. 629... 629... 629... Al vol coincideix amb l'eurodiputat Jordi Solé i alguns altres assessors. Tots van cap a Brussel·les. Aquesta setmana no hi ha activitat política, a la capital europea, i és per això que quan es miren els uns als altres no els cal dir-se res: és evident que hi van tots amb el mateix objectiu.

Així que l'avió aterra a l'aeroport de Zaventem, Sarri truca al número que ha memoritzat. No contesten. Ho torna a intentar.

—¿Sí?

—Hola. Soc l'Aleix Sarri. M'han dit que truqui a aquest número i que em posi a disposició del president.

—¿Qui t'ho ha dit?

—M'ho han dit l'Elsa Artadi i en Josep Rius.

L'interlocutor és Jami Matamala, l'amic del president.

—Et passo el president.

—President, soc l'Aleix Sarri. No sé si em recordes, però fa uns mesos em vas presentar un llibre. Ens hauríem de veure perquè porto un sobre per a tu. A part d'això, em poso a la teva disposició per al que necessitis.

Se'n recorda, efectivament. Es van conèixer a la presentació del llibre *L'Europa que ens ha fet fracassar*, de Ramon Tremosa i el seu assessor Aleix Sarri, que es va presentar el novembre de 2016 al Cercle de Gràcia. «Si Europa prescindeix de Catalunya, no se'n sortirà», va dir Puigdemont aquell dia.

Amb Sarri queden per més tard, perquè el president té un parell de reunions emparaulades, una amb l'NV-A i l'altra amb Paul Bekaert.

—Busca un lloc tranquil per veure'ns i ens truquem més tard —li diu el president, que ja li avança que té intenció de convocar una roda de premsa per a l'endemà i li demana si el pot ajudar.

Mentrestant, ja hi ha uns quants diaris digitals que informen que els consellers del govern podrien ser a la seu de l'Aliança Lliure Europea, l'ALE.

El primer de rebre'n la confirmació és l'eurodiputat Jordi Solé:

—Els consellers són a la seu de l'ALE, però hi ha desenes de periodistes a la porta esperant que surtin —li explica a Sarri.

Els consellers, efectivament, estan tancats a la seu de l'ALE des de fa hores. Els acaba d'arribar el text de la querella del fiscal Maza. El llegeixen en veu alta.

—No m'ho puc creure! No m'ho puc creure! —s'exclama Dolors Bassa.

Els acaba de caure el món a sobre. Per acabar-ho d'adobar, a més, no poden sortir de l'habitació perquè al carrer hi ha molts periodistes i els consellers no es volen deixar veure.

Sarri i Solé continuen pensant en com els poden ajudar a sortir. Tenen clar una cosa: Solé no s'hi pot acostar perquè és eurodiputat i una persona coneguda. Se n'ocuparà Sarri, que s'afanya a citar a casa seva uns quants col·laboradors d'eurodiputats catalans amb qui té confiança.

Un cop a casa seva, Sarri els posa al corrent de la situació. A Brussel·les, a la seu de l'Aliança Lliure Europea, hi ha cinc consellers: Antoni Comín, Lluís Puig, Meritxell Borràs, Meritxell Serret i Dolors Bassa. El conseller Joaquim Forn, d'Interior, és en un altre punt de Brussel·les amb el president Puigdemont, i la consellera Clara Ponsatí és a París, a casa d'uns amics. La resta dels consellers i la presidenta del Parlament són a Catalunya.

Al pis de Sarri fa un fred que pela. Fa pocs dies se li va espatllar la calefacció, però com que a Catalunya s'estava gestant la declaració d'independència i a Brussel·les aquesta setmana no hi havia activitat parlamentària, va optar per agafar un vol cap a Catalunya i va decidir que s'ocuparia de la calefacció quan tornés. Si ho arriba a saber, l'hauria fet arreglar abans. Avui tots els assessors que l'acompanyen li retreuen que no s'hi pot estar de fred. Ningú ha gosat treure's l'abric.

—Algú fa un resum de la situació, que és aquesta: tenim cinc consellers a la seu de l'ALE que han marxat de Catalunya i que estan tan cansats i atabalats que no es troben en condicions de donar gaires explicacions. Així que surtin els periodistes els cosiran a preguntes, i no ens podem permetre donar aquesta mala imatge, i menys en un moment en què la moral de molts catalans és baixa o que, com a mínim, hi ha molt desconcert.

El pla inicial és tan simple com fer creure als periodistes que la seu de l'ALE tanca, que no és cert que els consellers siguin a dins i que ja no hi queda ningú. Després d'una trucada, al cap d'una estona, els treballadors que queden a la seu de l'Aliança apaguen els llums i surten. El local de la rue de la Pépinière és gran i les parets són de vidre. És un local pensat perquè des de fora es vegi l'activitat de dins. És per això que, un cop apagats els llums, els consellers s'han de quedar tancats en una habitació a les fosques.

El pla fa efecte: els periodistes se'n cansaran i deixaran de fer guàrdia a l'exterior, però, just quan Sarri està a punt de sortir cap allà per assegurar-se que no en queda cap, li truca el president.

—¿On ens podem veure, que estiguem segurs? —li pregunta.

—Ara mateix, a casa meva —respon Sarri.

Cap al tard, Puigdemont truca al timbre. Sarri encara està acompanyat de Jordi Solé i alguns assessors parlamentaris: Raquel Casas, Laia Nebreda i alguns membres de l'ALE que coordinen l'estratègia perquè els consellers puguin sortir del local d'aquesta formació europea sense que els enxampi la premsa.

Puigdemont ha arribat acompanyat de Jami Matamala, Joaquim Forn i el mosso que l'ha portat des de Girona voluntàriament després d'agafar-se dies lliures o de vacances.

Puigdemont i Sarri fan un apart a la cuina de l'apartament:

—He tingut un parell de reunions, per això vinc tan tard. Els advocats em diuen que no demani l'asil. No sortirà bé, perquè soc ciutadà europeu, i que en tot cas provaran que no es compleixi l'extradició a Espanya quan facin una euroordre de detenció. —I llavors, amb un optimisme que deixa Sarri desconcertat, afegeix—: Això ens dona temps per arribar a les eleccions del 21-D, i si les guanyem tindrem més força.

Sarri veu un Puigdemont esgotat (de fet, no ha dormit gens des de fa dos dies) i preocupat, però també convençut. El president li diu que convoqui la roda de premsa perquè «hem de fer sortir el problema català arreu del món». Amb Solé i l'equip que han improvisat es posen en marxa.

—President, t'he de donar aquest sobre —li diu llavors Sarri.

—A aquesta hora, a fora de la seu de l'ELA encara hi ha una trentena de periodistes esperant, tot i que fa un hora que els llums estan apagats i que els hem assegurat que a dins no hi ha ningú —li explica Oriol Casas, un jove que treballa per a l'eurodiputat Josep Maria Terricabras i que ha anat a comprovar-ho personalment. Casas havia estat el responsable de premsa del govern de Girona quan Puigdemont era alcalde.

Fa hores que ningú ha menjat res i decideixen demanar unes pizzes. Puigdemont, Forn, Solé, Matamala, Sarri i els cinc o sis assessors més que els estan ajudant s'asseuen fent una rotllana amb les cadires, posen les pizzes al mig i sopen tot comentant la situació.

De sobte Puigdemont li diu a Sarri:

—Escolta, tinc una idea. Fes ara mateix una piulada dient que acabes de sopar amb el govern, sense especificar qui hi ha. Així despistaràs els periodistes.

—¿De veritat? —fa Sarri, que en un primer moment es pensa que és una broma.

«Acabats de sopar amb el president @KRLS i @govern preparant la roda de premsa de demà. Preparats per seguir internacionalitzant el 155», diu la piulada de Sarri.

Farà efecte. Al cap de res el periodista de TV3 Xavi Coral i dos periodistes més, un de Telecinco i un altre d'Antena 3, truquen a l'assessor de Tremosa.

—¿És cert que has sopat amb el president? ¿On sou? —li pregunten.

Sarri surt al carrer per atendre les trucades dels periodistes.

—Baixo perquè així senten soroll de cotxes i de carrer i els puc explicar que acabo de sortir de sopar i que ja soc fora del restaurant —diu als seus hostes.

Xavi Coral és insistent.

—No et puc dir res més —li diu Sarri abans de penjar.

Al cap d'una hora, dels trenta periodistes que hi havia al carrer de la Pépinière ja només en queden vuit, però no sembla que tinguin cap intenció de marxar.

A dins, els consellers continuen esperant, convençuts que la resta de companys de govern ja són també camí de l'exili. Fa una estona, Sarri els ha fet arribar el missatge que han sortit a les nou del matí cap a Brussel·les. A les deu del vespre, però, s'impacienten i tornen a preguntar on són els seus companys: si han sortit a les nou del matí, ja haurien d'estar a punt d'arribar. Ara els diuen que tot s'ha endarrerit: es veu que finalment han sortit de Catalunya cap al migdia i que arribaran a la mitjanit.

N'estan tots convençuts.

Fins que, cap a les deu de la nit, els arriba el missatge que Oriol Junqueras està sent entrevistat a TV3. Segueixen l'entrevista per internet. «Això és que ho ha deixat gravat, per despistar», pensa Comín, convençut que Junqueras arribarà d'un moment a l'altre.

Mentrestant, el conseller Forn agafa Sarri per banda. Li té confiança perquè el coneix de quan era regidor de l'Ajuntament de Barcelona. Sarri té un germà que treballava amb Forn i en alguna ocasió havien coincidit.

—Vull saber què en penses, de tot plegat, Aleix. Et tinc confiança i sé que seràs sincer. Però és que jo no veig res clar —li confessa Forn capficat, abatut i neguitós—. La gent no està entenent res. Es pensen que hem fugit. I jo no he tingut temps ni de parlar amb la meva família. Les reunions que hem fet amb els advocats no han anat bé; no ens han assegurat res... ¿Tu què creus que he de fer? —li pregunta.

Sarri no sap què contestar, perquè ell tampoc no té clar què pot passar. Però li fa una reflexió:

—No ho sé, Quim. Jo t'entenc molt bé, però ara ets aquí, i ja vas veure el que els va passar a Jordi Sànchez i a Jordi Cuixart... No ho sé... És complicat, donar consells, però jo veig que el que pot passar si tornes...

—Ho sé, ho sé..., però és que he marxat sense dir res a la família, i no entenen res... He de baixar, jo he de baixar...

Mentre Forn hi segueix donant voltes, els consellers continuen a la seu de l'ALE, on encara hi ha set o vuit periodistes muntant guàrdia perquè o bé es pensen que són a dins o bé sospiten que potser hi aniran. La qüestió, però, és que no se'n van.

«Jo vaig sortir de la reunió amb els advocats amb una idea: que teníem dos mesos per fer soroll i havíem d'aprofitar l'oportunitat. Forn, en canvi, en va sortir capficat perquè quedar-nos a Brussel·les volia dir no tenir seguretat jurídica. Si ens extradien, la presó era segura. S'ha d'entendre tot. En aquell moment no hi havia res segur del tot», reflexionarà el president bastant més endavant, quan analitzi què va passar aquells dies.

La seu de l'Aliança Lliure Europea és molt a prop del centre de la ciutat i de l'hotel on el president Puigdemont passarà aquesta primera nit. S'han allotjat a l'hotel Chambord, un establiment de tres estrelles situat molt a prop de la parada de metro Porte de Namur. Setanta-dos euros l'habitació individual, i cent noranta-nou la suite júnior.

«Demà els consellers han de fer una roda de premsa, i no pot ser que continuïn tancats, en silenci i a les fosques, en una habitació de la seu de l'ELA; han de descansar», diu l'equip que s'ha fet càrrec de la logística del govern aquestes primeres hores.

Després de l'èxit relatiu de la piulada estratègica de Sarri, no saben què fer. Finalment se'ls acut anar davant de l'hotel.

—Anirem a prop de la seu, on hi ha els periodistes, i començarem a parlar en veu alta, en català, fent una mica de xivarri, perquè ens sentin com marxem, a veure si això els acaba de fer decidir...

Sarri i uns quants col·laboradors es passen deu minuts a fora parlant català. Res. Els periodistes són estrangers i no ho detecten.

No els queda altre remei que esperar que als periodistes se'ls acabi la paciència: ja són les deu tocades i encara n'hi ha un parell fent guàrdia. Mentrestant, aprofiten per traslladar les maletes dels consellers (que les havien deixat també a l'hotel) fins a casa de Sarri. Sarri es fixa en un detall prou important: no només hi ha les maletes dels consellers que continuen tancats a les fosques, sinó també les dels consellers Raül Romeva i Jordi Turull. No sap per què els dos consellers no han arribat a Brussel·les, però en qualsevol cas, sí que hi ha les seves maletes.

Puigdemont, Forn, Matamala i el mosso que els acompanya continuen a casa de Sarri. Són quarts d'onze de la nit. El president no ha dormit des de la nit de dissabte i demà té una roda de premsa. Se'l veu esgotat i enfredorit.

—Vaja, Aleix, quin fred que fa al teu pis! —es queixa a Sarri, que acaba de tornar de l'intent fracassat de despistar els periodistes.

Sarri li explica que s'estan plantejant tornar a sortir i passejar-se per davant l'ELA un altre cop, però en aquesta ocasió amb el conseller Forn, a veure si el segueixen i se'n van.

—No sé si sortirà bé, però —diu Sarri.

Però no caldrà fer servir Forn d'esquer. Oriol Casas els truca al cap d'un moment per dir-los que acaben de marxar els dos últims periodistes que quedaven atrinxerats al carrer.

Finalment, després d'haver passat sis hores tancats a les fosques en una habitació i vigilant de no alçar la veu més del compte, poden sortir al carrer.

Han aconseguit despistar la premsa. ¿I ara què? ¿On van?: al pis d'Aleix Sarri, que s'ha convertit en la primera seu del govern a l'exili. Quan hi arriben, però, el president ja no hi és. Se n'ha anat a l'hotel a descansar i a preparar la roda de premsa de l'endemà.

—¿I en Junqueras? —pregunten.

—No vindrà.

La cara de Meritxell Borràs i de Dolors Bassa en sentir-ho és reveladora: és un gerro d'aigua freda. Les càbales que han estat fent tot el dia sobre què podia fer tot un govern a l'exili no es compliran.

Estan desfets i necessiten explicacions. Sarri no aconsegueix calmar el to de la protesta, que anirà *in crescendo*.

—Nosaltres no volem parlar amb tu; volem parlar amb el president. Som consellers a l'exili, ens hem passat hores tancats i incomunicats i necessitem saber el què, com han anat les reunions amb els advocats i què pot passar. Ens hi va el nostre futur! —s'exclama Comín.

El president, però, està preparant la intervenció de demà i no vol tornar a casa de Sarri. Està esgotat. Proposa que sigui Forn qui vagi a explicar-los el que els ha dit l'advocat. Forn és en un altre hotel. Quan li truca Sarri remuga —ja són dos quarts d'una de la nit i està cansat—, però es vesteix i surt cap a casa de l'assessor de Tremosa.

«Els entenc», pensa Sarri. «No saben res, no tenen mòbil, no saben què està passant ni a Catalunya ni aquí, no han pogut parlar amb la família i volen explicacions.»

Forn els calma i els explica amb tots els detalls el que els han dit els advocats.

—La meva visió no coincideix amb la del president. Jo crec que no ha anat bé, i el president creu que sí —els diu textualment.

Ja és pràcticament la una de la nit. A Brussel·les, això és la matinada. Sarri organitza un altre sopar, ara per als consellers. A quarts de dues comencen a repartir-se per passar la nit a casa dels col·laboradors dels eurodiputats catalans. Al pis de Sarri no s'hi vol quedar ningú més estona del compte. Hi fa un fred que no es pot aguantar.

Dimarts, 31 d'octubre

A les deu del matí, tots els consellers són un altre cop a la seu de l'ELA. Han pogut recuperar el mòbil i estan preparant la conferència que el president ha convocat a dos quarts d'una. Alguns han parlat amb els companys d'executiva que són a Catalunya. Dolors Bassa ha tingut una llarga conversa amb Marta Rovira, i Comín ha parlat una bona estona amb Carles Mundó.

—La probabilitat que us extradeixin és molt alta. I, si us extradeixen, us decretaran presó preventiva segur. Nosaltres, en canvi, com que anem a les llistes, si ens quedem aquí probablement evitarem la presó preventiva —li ha dit Mundó, advocat de professió.

—¿M'ho pots traduir en percentatges? —li ha demanat Comín.

—Vosaltres teniu el 20% de probabilitat d'evitar l'extradició i, per tant, el 80% de probabilitat d'acabar en presó preventiva; nosaltres, en canvi, estem al 50%.

Han estat més d'una hora parlant. Han valorat els riscos, les condemnes que els poden caure i els anys que es poden passar a la presó: «Si em cauen deu anys, en compliré cinc, i prefereixo cinc anys a la presó que vint a l'exili». Això és el que ha interpretat Comín de la conversa amb Mundó.

El conseller de Justícia li ha explicat que està en contacte amb tots els altres consellers que són a Catalunya. Junqueras, Turull, Rull, Mundó i Romeva han quedat per seguir junts des del Parlament la roda de premsa del president des de Bèlgica.

—El que hauríem de fer és veure'ns tots plegats per videoconferència aquesta tarda. Així parlem —li proposa Comín.

Després trucarà a Turull per dir-li el mateix:

—Tothom ha de dir davant de tothom el que ha fet i el que farà —els insisteix.

La consellera Ponsatí, que diumenge se'n va anar a París, a casa d'uns amics, també és a Brussel·les. La van avisar ahir i avui serà a la roda de premsa.

Aleix Sarri ha anat a primera hora del matí a l'hotel del president. Han repassat el discurs i se n'han anat un altre cop cap a la seu de l'ELA, on s'han reunit amb els consellers. No hi ha temps per a gaires explicacions sobre la situació en què es troben. Han convocat una roda de premsa a dos quarts d'una del migdia i són les onze. Repassen el text, parlen de les possibles preguntes que els poden fer i, quan tot sembla a punt, demanen a Sarri que el passi a net i en faci còpies en anglès per repartir-les.

A la sala de l'associació de la premsa de Brussel·les, el Press Club Brussels, pensada per acollir una vuitantena de persones, no hi cap ni una agulla. Hi ha més de tres-cents periodistes. Els fotògrafs s'enfilen a les cadires per treure la millor imatge, i els càmeres de televisió es claven cops de colze per poder captar l'arribada a la sala de Puigdemont i els consellers que l'acompanyen. Durant cinc minuts llargs, regna el desordre. Tothom vol la imatge. Hi ha desenes de mitjans de comunicació internacionals i l'expectació és molt gran.

Puigdemont i Ramon Tremosa criden Sarri deu minuts abans de començar i li diuen: «Hauràs de conduir tu la roda de premsa, fer la presentació i repartir el torn de preguntes».

«Glups!», pensa Sarri. Sobretot perquè, just abans d'entrar, hi afegeixen una altra instrucció:

«Al torn de preguntes, n'hauries d'acceptar sens falta cinc: tres de la BBC, aquestes segur, una d'Euronews i una de *Político*».

«¿I com volen que sàpiga qui són, d'entre els centenars de periodistes que hi ha?», es pregunta Sarri mentre entren ja a la sala.

Puigdemont hi ha entrat somrient, acompanyat de sis dels seus consellers: Joaquim Forn, Toni Comín, Lluís Puig, Meritxell Serret, Dolors Bassa, Meritxell Borràs i Clara Ponsatí.

El president català s'ha convertit, indiscutiblement, en el protagonista de l'actualitat política europea. Els periodistes internacionals, que a aquesta hora havien d'estar escoltant la portaveu de Juncker, han optat per saltar-se la roda de premsa setmanal i anar a sentir què diu el govern català a l'exili.

Puigdemont fa un discurs contundent i es mostra partidari de concórrer a les eleccions del 21-D a Catalunya, però, davant de tots els periodistes internacionals, pregunta: «¿L'Estat respectarà un resultat que doni la majoria a les forces independentistes?».

Després de demanar un compromís clar de l'Estat en aquest sentit, explica que són a Brussel·les no pas per fugir de la justícia, sinó per reclamar una justícia justa. «No defugim la justícia, però volem garanties que tindrem un judici just», declara. «No tinc intenció de demanar asil polític», assegura després d'aclarir un cop més que són a Brussel·les perquè a Espanya no se senten segurs.

Hi ha tanta gent a la sala que els consellers i Sarri, quan no parlen, s'estan gairebé asseguts a terra. No hi ha prou cadires. Sarri ja fa estona que rumia com s'ho farà per donar pas a les preguntes i seguir les instruccions que li han donat, però finalment té sort, perquè, pràcticament al final de la intervenció de Puigdemont, veu a la sala un periodista que duu un micròfon de la BBC i s'afanya a donar-li el torn. Mentre el president respon la primera pregunta, Sarri aprofita per preguntar als col·legues de la premsa qui és el corresponsal d'Euronews. Just quan Puigdemont acaba, l'hi assenyalen i Sarri li dona la paraula.

Com que no troba ningú més, pregunta discretament a un jove que té a prop:

—¿Tu d'on ets?

—De Skynews.

—Doncs prepara't, que faràs una pregunta.

Mentre Puigdemont respon se li acut escriure a Xavi Coral per saber si és a la sala i avisar-lo que li donarà la paraula.

—No soc a la sala; no hi cabia. Però hi ha la Txell, a dins.

Sarri no la veu per enlloc. Puigdemont acaba de callar. A Sarri no se li acut res més que fer veure que mira qui hi ha a la sala i, de cop, assenyalant on li sembla que hi ha més densitat de periodistes, diu:

—Tu, Txell, de TV3.

Ho ha fet a cegues, però la interpel·lada és allà. Sarri veu de cop la cara de sorpresa de la periodista de TV3, que no comptava fer cap pregunta, però recull el guant i reacciona ràpid. Sarri respira alleujat. Només queda l'última pregunta. Quan arriba el moment, com que no sap a qui donar la paraula, sent un periodista que crida més fort que els altres —«*Ici, ici, la télévision belge!*»— i l'assenyala a ell.

Sarri sortirà content de com ha anat tot, i Puigdemont encara més:

«Es tractava d'europeïtzar el conflicte i ho hem aconseguit. Ara, instal·lats a Brussel·les i amb centenars de periodistes preguntant pel cas català, ja no sé si podran continuar dient que el cas català és un afer intern de l'Estat espanyol, ¿no? —diu, somrient satisfet—. ¿Has vist la quantitat de periodistes internacionals que hi havia? ¿Has vist que tots coneixen el cas català, que estan al cas del que està passant i que el govern espanyol ho té cada cop més difícil, per escapolir-se de donar explicacions?»

A la roda de premsa hi han intervingut el president i pràcticament tots els consellers. Ho han fet en català, en francès i en anglès. La premsa internacional se'n fa un gran ressò.

La resposta de l'Estat no trigarà a arribar. Poques hores després, la jutgessa de l'Audiència Nacional anuncia que ha acceptat a tràmit la querella presentada pel fiscal general i que cridarà a declarar el president, el vicepresident i tots els consellers per un presumpte delicte de rebel·lió, sedició i malversació de fons públics. Al mateix temps, el Tribunal Suprem anuncia que citarà també a declarar la presidenta del Parlament i els membres de la mesa pels mateixos presumptes delictes.

Jordi Sànchez i Jordi Cuixart ja fa dues setmanes que estan empresonats, i els consellers i el president es pregunten si el seu destí no serà el mateix, quan els cridin a declarar.

Les crítiques habituals sobre la lentitud de la justícia a Espanya, en aquest cas queden desmentides categòricament. Els membres de l'executiu i els de la mesa del Parlament rebran l'endemà mateix les citacions per anar a declarar. Un cop més, hi ha «justícia exprés», quan es tracta de Catalunya.

El president i els consellers dinen junts després de la roda de premsa. Ha anat bé i se'n feliciten. Mentrestant, acaben de perfilar els detalls de com ho han de fer per reunir-se a la tarda amb els consellers que són a Barcelona. Serà a les cinc i no hi faltarà ningú. Els que són a Brussel·les s'hi connectaran des de la seu de l'ALE, i els que són a Barcelona es reuniran en un local que els ha buscat Òmnium Cultural.

Quan finalment es connecten per fer la videoconferència, des de Brussel·les veuen Turull, Rull i Romeva en primer pla, Mundó és en un costat i de vegades desapareix de la pantalla, i Junqueras es manté al darrere de tot, en silenci.

El president fa un resum de la situació en què exposa les reunions que han mantingut aquests darrers dies amb l'advocat Paul Bekaert, els parla de l'informe de Boye i els trasllada com veu ell la situació.

—Des d'aquí tenim l'oportunitat de plantar cara —assegura.

El president els proposa fer govern des de l'exili, però no hi insisteix. És Comín, qui els interpel·la directament:

—¿Què fareu? ¿De veritat que no vindreu?

Oriol Soler, un dels fundadors del diari *Ara* i que sovint era a les reunions on es parlava del procés, també és a la reunió entre els consellers que són a Barcelona. Comín es pregunta què hi fa, Oriol Soler, en una reunió de govern, però malgrat això, i que no li agrada que sigui ell qui doni les explicacions, i no pas els consellers, no diu res:

—Ahir va anar molt bé. Sou tots en un lloc segur. Aquí tots tenien coll avall que venien, també, però llavors es va obrir una conversa entre en Turull, en Romeva, en Rull i en Mundó i van decidir quedar-se —explica Soler en to taxatiu, com si haguessin determinat que es limitarien a comunicar la decisió però no en donarien explicacions.

—Però jo, en un moment com aquest, us ho vull sentir explicar a vosaltres, el que voleu fer, amb la vostra veu —replica Comín mirant-se els consellers.

—Jo em quedo —anuncia Romeva.

—Jo també —diu Turull.

Comín els demana que li argumentin la decisió, però Oriol Soler el talla:

—Les raons ja les vam parlar ahir, i la decisió està presa; aquesta videoconferència no es pot allargar tant, no tenim temps ni és el moment de parlar-ne. Ara no podem obrir un debat de fons.

Comín s'encén, però no diu res i, tot i que no veu Mundó a la pantalla, li pregunta:

—Carles, ¿i tu què faràs?

—Jo em quedo, també.

Oriol Junqueras continua al fons de la imatge, un pèl allunyat de la resta. No diu res. No obre la boca en tota la reunió i ningú li pregunta què farà ell.

Comín fa un intent de convèncer-los o de debatre la qüestió.

No li quadra, aquesta decisió. Jaume Asens li ha explicat que tenen moltes opcions, si opten per l'exili, i l'informe de Boye, que de moment l'està encertant en tots els pronòstics que fa, és molt clar.

—A mi això no em quadra —els repeteix—. Ens diuen que els de l'exili tenim una oportunitat per sortir-nos-en, i sembla que això, vosaltres, no ho contempleu.

Hi ha poc debat i les decisions semblen preses i inamovibles, però Comín se'n vol assegurar. No vol que prenguin una decisió sobre la base d'un càlcul que pot estar equivocat, segons m'explicarà uns dies més tard. Vol que quedi clar que l'exili és sobretot una opció política:

—Deixeu-me que us faci una pregunta: si us garantissin que hi ha el cent per cent de probabilitats que a l'exili no ens extradissin i us asseguressin que si us quedeu teniu el cent per cent de possibilitats d'entrar a la presó, ¿què escolliríeu?

—Quedar-nos —contesten tots alhora. Tots menys Junqueras, que continua al fons, callat.

—¿Confieu més en un jutge espanyol que en un jutge belga? —pregunta ara Comín—. ¿Creieu que un jutge belga ens pot extradir perquè ens considera uns criminals, i que un jutge espanyol us deixarà en llibertat provisional perquè sou bones persones?

Ja no sap com convèncer-los, però es vol quedar tranquil. Vol estar segur d'haver fet tot el que calia per fer-los veure que estan fent un càlcul equivocat.

Els posicionaments, però, han quedat clars. La videoconferència no ha durat més de mitja hora. A banda del president i de Comín, els altres pràcticament només han parlat per respondre alguna pregunta. Serà l'últim cop que es veuran i podran parlar tots plegats.

Així doncs, els cinc membres del govern que són a Barcelona han decidit quedar-s'hi. Tot i que no n'han donat explicacions, s'han mostrat molt ferms en la seva decisió. Els exiliats no tindran la pel·lícula sencera dels fets fins al cap d'uns quants dies, després d'haver recompost tot el que va passar gràcies a les converses telefòniques que tindran entre ells.

Sembla que ahir, dilluns, quan, mentre esperaven a la seu de l'ALE els van assegurar que la resta del govern estava de camí cap a l'exili, en realitat no els van mentir. Els quatre consellers i el vicepresident estaven citats a les dotze del migdia en un pis de Barcelona per emprendre el viatge junts cap a Bèlgica.

Turull, Rull, Mundó i Romeva havien estat els primers d'arribar-hi, tristos i capficats, perquè s'acabaven d'acomiadar de la família i perquè albiraven un futur incert. Mundó s'acabava literalment de casar. Mentre feien temps esperant el cotxe que els havia de traslladar, i Junqueras tampoc arribava, van tornar a valorar la situació. Romeva els va parlar de Pepe Beúnza, el primer objector de consciència de caràcter polític de l'Estat que va ser empresonat. Beúnza li havia fet una recomanació: «La presó pot i ha de formar part de la vostra lluita pacífica i democràtica. La presó ha de ser un instrument per evidenciar que no és acceptable el que està passant».

Mundó va exposar també el seu punt de vista. Mentre que fora de Catalunya s'imposa la tesi que tornar a Espanya és assumir uns riscos innecessaris, a Catalunya tenen cada cop més clar que l'exili és pràcticament sinònim d'extradició i presó.

El cotxe que els havia de recollir a les dotze de moment no arribava, i la conversa es va allargar i allargar.

Ja eren pràcticament les quatre de la tarda. Oriol Junqueras va aparèixer i el cotxe també. El vicepresident, però, els va comunicar que no hi havia anat per marxar, sinó per fer-los saber que es quedava. Finalment, tots van decidir quedar-se, convençuts que era la millor opció.

Per això s'han mostrat tan ferms durant la videoconferència i no han volgut reobrir el tema: ahir en van parlar quatre hores.

Pel que fa als que són a Brussel·les, un cop acabada la videoconferència, Joaquim Forn també els anuncia que se'n va.

—Hi he donat moltes voltes i sento que he de marxar —els explica.

Forn ha parlat aquest matí una bona estona amb Jordi Turull, que és a Barcelona. A la marxa de Joaquim Forn s'hi afegeixen la de

Dolors Bassa i la de Lluís Puig. Meritxell Borràs i els altres es queden, de moment, a Brussel·les.

La jutgessa ha acceptat la demanda de la Fiscalia, però no ha dictat ordres de detenció, i sembla que les declaracions davant l'Audiència Nacional no seran fins d'aquí a uns dies. Això fa que alguns dels consellers volin a Catalunya amb la idea de tornar cap a Brussel·les al cap d'uns dies.

—Volem veure la família, i tenim temps de tornar —diuen.

Comín es planteja també afegir-se al grup que se'n va a Barcelona per tornar més tard, però després de parlar amb la seva parella canvia d'opinió:

—Et vas acomiadar de la teva mare fa quatre dies i va ser un drama —li recorda en Sergi—. ¿Ara vols tornar a baixar només per quatre dies i tornar a fer un comiat com aquell? No tens dret a fer això.

Amb tot, veient les corredisses per agafar vols de tornada, Comín truca a Marta Rovira per preguntar-li si és que hi ha instruccions de tornar.

—No, no. Que cadascú faci el que cregui. No hi ha instruccions. Però a mi em sembla molt bé que algú es quedi a Brussel·les. Crec que és un bon disseny que hi hagi gent aquí i allà. Això ens farà més forts.

—Però si està tornant tothom! —replica Comín.

—Si marxa tothom, llavors no em convenç. Jo crec que uns quants us heu de quedar —replica Rovira—. Jo, si estigués en la teva situació, em quedaria a Brussel·les.

Comín trasllada la conversa a Meritxell Serret, que llavors decideix també quedar-se.

Meritxell Borràs també es queda a Bèlgica.

—¿Tu te'n vas de veritat? —pregunta a Forn.

—Sí. Sí. I si de cas, ja tornaré.

Dolors Bassa i Lluís Puig també estan convençuts de tornar.

—Però, ¿per què? —pregunta Comín.

—Per veure la família. Demà és festa —és Tots Sants— i volem parlar amb la família.

Forn, Bassa i Puig se'n tornen a Barcelona en avió. Abans que marxin, Sarri els pregunta, com ha fet Comín, si ja s'ho han pensat bé. Si finalment decideixen tornar a Brussel·les, els diu, només cal que l'avisin i ell els organitzarà l'arribada.

A més de Forn, Puig i Bassa, al vol de tornada hi van també els eurodiputats Ramon Tremosa i Josep Maria Terricabras. Abans d'anar-se'n, Tremosa agafa Sarri per banda:

—El president et té confiança i has organitzat molt bé la situació. N'hem parlat i a partir d'ara et quedes com a màxim responsable de la logística. La resta dels assessors es posaran a les teves ordres per al que els demanis.

El president sopa amb Toni Comín. Ha estat un dia estressant.

—Hem estat a punt de quedar-nos només tu i jo —li comenta el conseller.

A Brussel·les, avui, són quatre: Carles Puigdemont, Toni Comín, Meritxell Serret (que ha trucat a la família perquè pugi a la capital europea) i Meritxell Borràs, que també espera l'arribada del seu marit. La consellera Ponsatí torna a ser a París.

A mig sopar els arriba una notícia de darrera hora: la jutgessa instructora de l'Audiència Nacional, Carmen Lamela, no s'ha esperat ni un dia: ha citat a declarar en menys de quaranta-vuit hores els exconsellers del govern per un presumpte delicte de rebel·lió.

Intenten localitzar els membres del govern que just ara estan tornant a Catalunya per frenar-los: ja són a la passarel·la d'embarcament. Han travessat el núvol de càmeres que els esperaven a l'entrada, han passat els controls de seguretat i estan embarcant al vol de les nou del vespre.

—Aviseu-los, sisplau, aviseu-los —suplica Comín als assistents dels eurodiputats que viatgen al mateix vol.

Però els exconsellers han decidit marxar igualment.

—Ja eren a la porta, amb el bitllet, esperant veure els seus familiars... Emocionalment era massa tard —explica Comín al president després de fer l'última trucada.

Sarri ha decidit no sopar amb ells. Té feina: està buscant un nou hotel per al president. L'hotel Chambord ja el coneix tothom, i a més a més tot sembla indicar que s'hi han instal·lat un parell d'agents del CNI. Almenys és el que sospita la comitiva del president. Han de buscar un hotel més discret i —ara ja han après la lliçó— amb pàrquing interior.

Durant tot el dia fan córrer el rumor que el president tornarà a Catalunya. Puigdemont es deixa filmar quan surt de l'hotel Chambord per anar, diuen els periodistes, cap a l'aeroport. El taxista hi col·labora: quan els periodistes li pregunten on van, els diu que a l'aeroport. I, efectivament, és el que li han dit. Però no hi posaran els peus: voltaran per Brussel·les durant una bona estona, fins a estar segurs que no els segueixen, i s'instal·laran al nou hotel: el Renaissance, a la rue du Parnasse.

—President, ¿saps que a Catalunya tothom es pregunta on ets? Tothom va despistat, fins i tot els nostres —li diu Sarri quan ja s'hi han instal·lat.

—Aleix, és que ho vull així.

Puigdemont no vol que se sàpiga on és. Comença a preocupar-li la fúria de l'Estat i no sap fins a on són capaços d'arribar els serveis secrets. Avui li costarà dormir.

També li costarà a Meritxell Borràs, que és a l'apartament d'Aleix Sarri. Hi fa un fred que pela i, com que la calefacció no va, tampoc no hi ha aigua calenta.

Meritxell Borràs s'hi passarà una nit, a casa de Sarri. L'endemà, quan arriba la seva parella, se'n van a un hotel. Finalment, decideix també que se'n torna a Catalunya.

Sarri explica que no oblidarà mai la nit que Borràs va passar al seu pis. Hi va veure una consellera preocupada, afeblida i amb un dilema emocional molt gran.

«Per un costat, creia que havia de tornar a Catalunya i fer front a la situació, i per l'altre li costava fer el pas pel sentiment de lleialtat al president i a la resta de consellers. En un cantó de la balança hi havia les conviccions i la família, i a l'altre la fidelitat als consellers que s'havien quedat. Estava preocupada per la situació, esclar, però sobretot pels seus companys com a persones. Semblava més preocupada pels altres que per ella. A la Meritxell Borràs no la mouen només les conviccions polítiques, sinó l'estima cap als seus companys i amics. Això és el que més em va impressionar. No ho oblidaré mai.»

Tampoc no oblidarà mai la nota que la consellera Borràs li va deixar abans de marxar per donar-li les gràcies.

Dimecres, 1 de novembre

Tothom busca Puigdemont, però el president necessita fer una pausa i anar a algun lloc a distreure's ni que sigui una hora. L'acompanyen Matamala, Comín i Sarri. Els ha proposat anar fins a Gant. Ha recordat que els arquitectes del despatx d'Olot RCR —guardonats amb el premi Pritzker (el Nobel de l'arquitectura)— hi han inaugurat fa poc una biblioteca. L'edifici, de 18.000 metres quadrats, fet exclusivament d'acer, formigó i vidre, s'ha convertit en una atracció turística.

—Anem-la a veure.

Pel camí, però, Sarri exclama:

—*El Periódico* i *El Confidencial*, que tenen bones relacions amb els serveis d'informació de l'Estat, estan dient que estàs anant cap a Gant i que a les dotze hi faràs una roda de premsa.

—Però si no ho hem dit a ningú! Només ho sabem nosaltres quatre —fa Puigdemont.

Efectivament, només ho sabien Puigdemont, Matamala, Comín, el mosso que conduïa el cotxe i Sarri, a qui havien trucat per telèfon poca estona abans per demanar-li que els acompanyés.

TV3 s'ha afegit a la notícia i a hores d'ara, quan estan a punt d'arribar a Gant, ja hi ha unitats mòbils de diferents televisions que hi van de camí.

—Però de quin coi de roda de premsa parlen? —pregunta el president, intentant agafar-s'ho amb ironia.

Sarri, però, està preocupat pel desconcert que això està generant:

—Hi estan enviant unitats mòbils. Encara que nosaltres no haguem dit res, ens ho atribuiran a nosaltres.

Finalment, decideixen desmentir-ho. Sarri fa una piulada aclaridora: «No hi ha ni hi ha hagut mai cap roda de premsa a Gant. No feu cas de les filtracions del CNI. Feu cas només de fonts fiables». Serà una piulada doblement útil: no només ha acusat veladament *El Periódico* i *El Confidencial* d'estar al servei del CNI; també li ha servit per deixar clar que ell és l'interlocutor vàlid del president.

Els mitjans que anaven cap a Gant giren cua, però tothom es continua preguntant on és el president.

Se l'ha vist a Brussel·les, a la conferència internacional que va fer dimarts, però no se l'ha vist més. Només hi ha unes imatges d'ell passejant pel centre de la ciutat, parlant amb turistes que li pregunten sobre la situació política, i una fotografia que ha fet pública Radio Nacional de España on se'l veu fent un cafè en un bar amb una altra persona. És «la persona de cabells blancs» que s'ha fet famosa aquests darrers dies: Jami Matamala. Algunes ràdios i televisions, desesperades perquè no saben dir on és el president, es passen hores i hores mostrant la imatge de Puigdemont i Matamala i explicant qui és: un empresari gironí, amic del president, company de partit, que el va avalar quan va presentar-se a l'alcaldia.

Puigdemont i Comín passen el dia junts. Les dues Meritxells s'estan amb les seves respectives parelles.

Com que la visita a la biblioteca de Gant s'ha frustrat, trien una altra opció: visitar un cementiri de la Primera Guerra Mundial que hi ha a prop d'Ieper: «Vaja, quin dia, per anar a visitar un cementiri», pensa el conseller.

A Ieper, enmig de les tombes dels soldats, el president parla per primer cop amb les seves filles.

A Catalunya no hi ha novetats. Lluís Puig, però, ha arribat a casa seva, ha parlat amb la família i ha decidit que l'exili era la millor opció. No ha avisat els companys que són a Bèlgica, perquè li ha semblat que era córrer un risc, i ha decidit pujar-hi en cotxe pel seu compte. Però, quan mira al Google Maps la situació del trànsit, veu que hi ha cues significatives a tots els passos fronterers i dedueix que hi ha controls policials. En aquest moment li ve al cap, no sap per què, que a l'hospital transfronterer de Puigcerdà, gestionat conjuntament per les administracions dels dos costats de la frontera, hi ha una via de servei per a ambulàncies que connecta Espanya i França, i decideix marxar per aquesta via.

El president, Comín i ara també Meritxell Serret dinen junts. Aprofiten per repassar on és tothom i els esdeveniments dels últims dies. Comín és qui ho ha seguit més de prop i els explica tot el que sap, com ara que Carles Mundó s'ha casat. Després de brindar a la seva salut, decideixen trucar per felicitar-lo.

A la sobretaula, el president rep una trucada. És Meritxell Borràs.

—President, me'n torno a Catalunya.

Borràs ha passat el dia amb la seva parella i ha parlat per telèfon amb bona part de la família. El president no li demana més explicacions. Han decidit que és una situació prou complicada i que cadascú té dret a decidir el que vulgui. És Comín qui, en sentir la conversa, demana al president que li passi el telèfon.

—¿Què fas, Meritxell? —li diu.

—No soc prou valenta, per fer aquesta batalla a l'exili. Us encoratjo a fer-la, però jo no soc tan valenta com vosaltres.

Després de penjar es fa un silenci. Ningú sap què dir. Finalment és Sarri qui el trenca: li ha arribat un nou document de Gonzalo Boye per a Toni Comín.

Es titula «Efecto Domino».* Ha triat aquest títol perquè el primer document que va enviar a Jaume Asens es deia «Domino1» i per l'efecte dòmino que es pot produir si segueixen la seva estratègia judicial.

També és llarg i detallat. En un dels fragments recomana estratègicament que els qui tinguin una euroordre cursada, s'entreguin voluntàriament:

* Com el «Domino1», es reproduirà íntegrament en el segon volum com a document.

Con un gesto así se impide la detención por parte de la policía belga, que no sería traumática pero sí una mala foto.

Una puesta a disposición de estas características debería hacerse tan pronto como haya constancia de la existencia de la OEDE, y para ello no es necesario «estar notificado», porque no existirá esa notificación... Basta con el «me he enterado por la prensa» y aportar algunos artículos de prensa española al respecto una vez que se curse la orden, cosa que, en mi opinión, sucederá este jueves o viernes a más tardar. A partir de estar cursada, comienza a correr el reloj para hacer las cosas dentro de un marco estratégico.

En esa comparecencia debería aportarse un dosier de prensa importante, tanto española como extranjera, para, formalmente y dejando constancia en acta, se instruya al Juez sobre: realidad del conflicto catalán, realidad del caso, carácter de la persecución, manipulación del sistema de Justicia español, manipulación de los tipos penales por los que se le reclama, manipulación de la competencia a favor del órgano reclamante [...].

Conseguir evitar la entrega es un paso relevante para algo mucho más importante: el efecto dominó o estratégico de esta defensa en relación con el resto del o de los procesos penales existentes en España.

Si se consigue evitar la entrega, y no me cabe duda de que se podrá, esa resolución tiene que ser incorporada a los procesos que se siguen en España para, sobre esa base, plantear la necesidad de elevar una «cuestión prejudicial» al Tribunal Europeo de Justicia —TJUE— por la vía de urgencia prevista en el TFUE —Tratado de Funcionamiento de la Unión Europea— y allí cuestionar todo el proceso o los procesos que se están siguiendo en España.

En l'informe parla igualment de l'estratègia que cal seguir i hi fa algunes observacions interessants:

Lo que estamos diciendo es que se use el procedimiento de reclamación a Bélgica para obtener una resolución comprensiva de lo que está sucediendo judicialmente aquí y, entonces, trasladar esa resolución a los procesos en España para elevar todo al TJUE. Se trata de hacer un litigio estratégico para desmontar el andamiaje judicial y legal que han montado en España para perseguir a quienes han ejercitado su derecho a discrepar.

[...]

No debe perderse de vista que estamos ante un proceso que será largo y complicado, pero si no hay una estrategia de internacionalización del mismo, entonces difícilmente existirán posibilidades de ganarlo. En España el resultado ya se conoce, lo que hay que hacer es revertirlo sacando el «pleito» fuera de los Tribunales españoles, y la vía sería la siguiente:

1. conseguir una buena resolución en la reclamación judicial en Bélgica; 2. trasladar esa resolución a los pleitos en España, y 3. elevar el resto de los pleitos españoles al TJUE.

Cada cosa tiene su momento, su ritmo y su relevancia, pero sin una clara estrategia jurídica es muy difícil conseguir unos resultados que vayan más allá de la defensa individual o de individuos, y una defensa estratégica como la planteada también tiene unos réditos políticos que no somos los más adecuados para valorar pero que aparecen como evidentes: no se defiende a unos pocos políticos sino al conjunto del proceso, cosa que se entenderá muy bien y que, de pasada, descolocará al Estado desde el punto y momento que ellos solo han previsto jugar de locales, si se nos permite el símil futbolístico.

Dicho lo anterior, ha de tenerse presente que una estrategia de estas características tiene algunos efectos inmediatos no deseados o no comprendidos. Por una parte se tratará de responsabilizar a los «expatriados» de la situación procesal y personal de los que sí se presenten ante los jueces españoles, pero a medio y largo plazo se irá comprendiendo mejor que la lucha legal en Bélgica es para beneficiar a todos y, especialmente, internacionalizar el conflicto; de este modo, las autoridades estatales españolas irán comprobando que ya no están jugando de locales y que hay nuevos espectadores en el

> estadio para observar todo lo que van haciendo y lo que va sucediendo, lo que, de una u otra forma, irá afectando positivamente a quienes se vean afectados en España por los procesos aquí existentes.
>
> Es decir, primero se criticará y luego se comprenderá lo que se está haciendo y sus efectos; los «expatriados» no han huido, sino que han trasladado el campo de batalla a uno más favorable ante una correlación de fuerzas negativa a sus intereses.
>
> Obviamente, explicar todo esto en un documento no es sencillo y sería mejor hacerlo de forma personal si así se considera.

És evident que tot el que l'advocat deia en el primer document s'ha complert.

Després de llegir-lo, lògicament, Comín i Puigdemont experimenten una remuntada moral. A partir d'ara la sobretaula s'allargarà mentre planifiquen què poden fer des de Brussel·les. D'aquest dinar en sortirà la proposta d'organitzar una gran mobilització de catalans al centre de la capital europea.

Dijous, 2 de novembre

Tots a la presó. L'Audiència Nacional ha decretat presó provisional sense fiança per al vicepresident Oriol Junqueras i els consellers Josep Rull, Jordi Turull, Raül Romeva, Dolors Bassa, Meritxell Borràs, Joaquim Forn i Carles Mundó; és a dir, tots els membres del govern català que han anat a declarar, excepte el conseller Santi Vila, que, recordem-ho, va dimitir just abans d'aprovar-se la declaració d'independència.

Puigdemont i quatre dels seus consellers no han anat a declarar. Són Lluís Puig, Meritxell Serret, Toni Comín i Clara Ponsatí. Continuen a Brussel·les i han demanat declarar per videoconferència. La Fiscalia espanyola, però, ja ha anunciat que s'hi oposarà i que reclamarà a la jutgessa Lamela que emeti una ordre de detenció i entrega contra el president i els seus consellers, que considera pròfugs de la justícia espanyola.

En una aparició a TV3, Puigdemont alerta que venen temps difícils: «Preparem-nos per a una repressió llarga i ferotge. La fúria contra tot allò que ens ha fet una vella nació d'Europa és desbocada i ho amenaça tot», adverteix. «Entre barrots, el govern català és infinitament més digne que els seus il·lusos empresonadors», sentencia per acabar.

Mig govern ja és, doncs, a la presó. L'altre mig, a l'exili.

Els catalans es pregunten quin criteri ha seguit el govern català, donant per fet que es tracta d'una estratègia ben dissenyada i coordinada. El que hi havia era la voluntat de plantar cara en les millors condicions.

Joaquim Forn, Meritxell Borràs i Dolors Bassa, que dilluns eren a Brussel·les acompanyant Puigdemont en la seva roda de premsa però després van decidir tornar a Barcelona i anar a declarar a l'Audiència Nacional, avui han entrat a la presó.

«Gestionar les emocions és molt difícil. Si jo hagués fet com ells i hagués tornat a Catalunya, probablement hauria vist les meves filles i m'hauria quedat allà. Perquè és el que desitges», reflexiona en veu alta.

El vicepresident i els consellers que són a Catalunya, doncs, ingressen en presó incondicional per uns suposats delictes de rebel·lió, sedició i malversació de fons públics. Passades les vuit del vespre, els detinguts surten en furgons de la Policia Nacional; els homes cap al centre penitenciari d'Estremera, a la mateixa ciutat de Madrid, i les dues conselleres cap al centre penitenciari de dones Alcalá-Meco, a uns quaranta quilòmetres de la capital espanyola.

La resta del govern és a Brussel·les; ningú sap ben bé on, però a Brussel·les. La policia, sospiten, està intentant localitzar-los com sigui.

L'únic consol és que, per més seguiments que puguin fer els serveis d'intel·ligència espanyols per descobrir l'estratègia de l'executiu català, no en trauran res.

Divendres, 3 de novembre

Però, ¿on és Puigdemont?

Puigdemont és a Lovaina (Leuven en neerlandès, com es pot veure a tots els cartells), la capital de la província belga del Brabant flamenc. És a uns vint quilòmetres de Brussel·les, té uns noranta mil habitants (Brussel·les en té un milió cent mil) i és més segura. És considerada la capital de la cervesa, és la ciutat universitària de Bèlgica per excel·lència i hi ha molts apartaments de lloguer. Han pensat que pot ser un bon lloc perquè el president passi els primers dies i eviti l'assetjament de la premsa, que encara no sap on és. De fet, trigarà molts dies a descobrir-ho. Sobretot perquè el president pràcticament no es deixa veure pels carrers i perquè compta amb una escorta discreta que l'acompanya a tot arreu. En realitat en té dues, d'escortes: una d'oficial i una altra d'extraoficial. L'oficial l'hi ha posat el mateix govern belga: el president té permanentment dos agents que s'encarreguen de la seva seguretat. Van de paisà i en un cotxe camuflat (un Alfa Romeo Giulietta). Quan Puigdemont es vol desplaçar a qualsevol lloc, els ho comunica i els agents pentinen prèviament la zona per assegurar-se que no hi hagi periodistes o gent amb càmeres. És un servei extraoficial, perquè ja ha estat destituït oficialment com a president de la Generalitat i per tant no es tracta de cap viatge oficial, però el govern belga li ha dit que és una personalitat rellevant i que, per tant, l'escortaran mentre sigui allà.

Però també hi ha una escorta extraoficial. Es tracta d'uns quants agents dels Mossos que, voluntàriament, han deixat el seu servei habitual a Catalunya (agafant-se vacances i dient als seus caps que són en un altre lloc) i s'han ofert a acompanyar el president. No només han de vetllar contínuament per Puigdemont sinó també per ells mateixos, perquè han de vigilar molt de no sortir a cap fotografia que els comprometi. S'han pagat el desplaçament de la seva butxaca, han fet el viatge amb el seu cotxe particular i, aquests primers dies, es financen ells mateixos les despeses.

«Algun dia se'ls haurà de reconèixer, tot això», diu Puigdemont, meravellat davant l'actitud d'aquests agents, alguns dels quals ja eren membres de la seva escorta personal habitual a Catalunya.

Els agents dels Mossos fan torns i es desplacen en diverses ocasions de Catalunya a Bèlgica, en funció de les obligacions del servei que han de complir a Catalunya.

«Jo als companys els he dit que me n'anava a Andalusia a veure la família», explica un d'ells, que confessa que fins i tot els ha enviat fotografies on se'l veu allà; de les vacances d'altres anys, esclar.

Els agents belgues estan al cas d'aquesta situació extraoficial, però tracten els mossos com a policies desplaçats i amb totes les competències. Sovint comenten amb ells la situació política i s'interessen pels darrers esdeveniments i per l'ingrés en una presó de Madrid dels consellers.

«Se'ns fa difícil d'entendre», diu un d'ells.

Tot i que els primers dies tot és molt complicat (el president i els consellers han renunciat als seus mòbils per no ser detectats, i no parlen amb ningú de Catalunya; pràcticament ni amb la seva família), els primers desplaçaments (per anar a fer les rodes de premsa o algunes entrevistes) els coordina, a través del Casal Català de Bèlgica (un dels socis els ha cedit *sine die* el seu cotxe particular, un turisme de deu places), Aleix Sarri. Tot i que és molt jove —té trenta-dos anys—, ja en fa set que treballa per a Tremosa al Parlament Europeu. Sarri és llicenciat en Biotecnologia per la UAB i màster en Relacions Internacionals per l'IBEI. Aquests primers dies de govern a l'exili, serà el referent de Puigdemont i dels consellers que s'amaguen a Lovaina. Coordina els desplaçaments, les rodes de premsa, les entrevistes i la comunicació entre uns i altres, que estan en llocs separats.

La premsa espanyola ho intueix i, més d'una vegada, fins i tot l'aborden pel carrer per preguntar-li si Puigdemont dorm a casa seva. En una ocasió, fart que el persegueixi un periodista d'*OK Diario*, Sarri es limita a donar-los la seva targeta amablement.

¿On és, però, Puigdemont?

Puigdemont s'està en uns petits apartaments, als Boardhousing, al carrer Lodewijk E. Van Arenbergplein.

Els consellers sí que s'han instal·lat en un lloc més cèntric, un bloc d'apartaments, on, a banda dels quatre que ocupen, n'han llogat uns quants més per a quan vinguin visites.

Puigdemont pràcticament no surt de l'habitació. Està preocupat per la seva seguretat personal.

«Soc el principal enemic de l'Estat espanyol, a hores d'ara, i no m'estranyaria res: ni que patís casualment un accident, ni que un boig o un presumpte boig m'ataqués. No descarto ni tenir un atac de cor», diu, pensant en les morts estranyes que s'han produït a Espanya els darrers anys en relació amb casos de corrupció com el Gürtel.

Ho diu seriosament. No descarta res i, mentre no tingui la seguretat jurídica que busca a Bèlgica, pràcticament no surt de l'apartament. Va d'un apartament a l'altre —del seu al de Jami Matamala o als altres que tenen llogats per a les visites—, però no trepitja el carrer.

Està sopant amb un petit grup d'amics que han pujat acompanyant la Marcela. Està capficat. Preocupat. Fa contínues referències als consellers empresonats a Catalunya i a la situació que travessen tots plegats.

«Estem salvant els mobles», els diu.

No s'hi esplaia, però de tant en tant fa alguna referència a Santi Vila.

Està trist i molt callat. Els amics troben un Puigdemont del tot desconegut.

Fa una confessió esfereïdora:

«Em sento com un malalt terminal; com un condemnat a la cadira elèctrica».

Més que una conversa, és un encadenament de monòlegs en veu alta, ara de l'un, ara de l'altre.

«Jo hauria convocat eleccions —diu quan l'hi pregunten—.

M'hi han empès. L'Estat ens va enganyar i ERC es va portar malament. No van esperar ni trenta segons a fer córrer que jo era un traïdor. El dia abans ho havíem pactat, m'havien dit que no compartien la decisió però que la respectarien i em donarien suport. I jo encara no havia dit res i ells ja feien córrer que era un traïdor i convocaven un consell nacional per deixar el govern. I això m'ho feien els que se suposava que havien de tenir preparat l'1-O i no l'hi van tenir, i els que se suposava que havien de tenir preparat l'endemà de la declaració, i resulta que no hi havia res.»

Però ara això ja és el passat. Ara el que el preocupa és la seva seguretat i què passarà:

«No puc anar enlloc. Em coneix molta gent, aquí.»

Per sortir al carrer, aprofitant que fa fred, es posa gorra i bufanda i es treu les ulleres perquè no el reconeguin.

«Salut i força», ha desitjat alçant la copa per fer un brindis, però no ha explicat anècdotes ni ha allargat la conversa.

A dos quarts de dotze, Puigdemont i Topor es retiren. El president no té mòbil, no té ordinador, no té cap dels seus assessors i està en una habitació d'hotel d'on no pot sortir.

Parla en diferents moments amb el seu advocat, Paul Bekaert. És l'advocat que anys enrere va defensar la presumpta etarra Natividad Jáuregui quan va rebre tres ordres d'arrest dictades per l'Audiència Nacional espanyola els anys 2004, 2005 i 2015. L'advocat flamenc va aconseguir que el jutge belga desestimés l'extradició considerant que no hi havia prou garanties que Jáuregui rebés un judici just a Espanya. Per més prestigi que tingui l'advocat, però, Puigdemont pateix. Sembla que és només qüestió d'hores que arribi l'ordre internacional de detenció, i el president català serà detingut i portat a declarar davant d'un jutge. No ho diu en veu alta, però se li nota que pateix.

L'advocat li insisteix que és molt poc probable que la justícia belga li demani presó preventiva.

«M'ha dit que no entra a la seva cultura, que no anirem a presó, si més no, no abans que el jutge prengui una decisió en ferm.»

El seu advocat Paul Bekaert és optimista. Li ha tornat a trucat a mitja tarda per dir-li que no compta que hi hagi presó i que, com a molt, els imposaran una fiança quan s'entreguin. Perquè Puigdemont i els consellers, esclar, s'entregaran. No pensen fugir.

«Nosaltres el que volem és posar en evidència les diferències entre la justícia espanyola i la belga», insisteix.

—¿Però quan serà oficial, aquesta ordre de detenció? —ha preguntat al seu advocat.

—No ho sé. Però un cop Espanya ho tramiti, i ja ho ha fet, és qüestió d'hores o de dies.

Dissabte, 4 de novembre

Just quan toquen dos quarts de sis de la tarda, rep la trucada amb la informació que en el fons estava esperant des de feia dies. És el seu advocat.

—Hem quedat que demà, a dos quarts de deu del matí, serem davant la seu de la policia i que sereu vosaltres els qui us entregareu, evitant qualsevol imatge que no us convingui.

—Serà demà a dos quarts de deu del matí —repeteix Puigdemont després de penjar—. Demà quedarem detinguts i a disposició del jutge, que pot decidir que no compleix l'ordre o que ens extradeix.

Continua inquiet, però ara se'l veu més relaxat, perquè sap que demà hi haurà una decisió. Aquesta nit havien acordat que tots junts, el president, els consellers i els amics comuns, soparien. Hi ha una taula reservada en un restaurant proper els propietaris del qual són amics d'un membre de l'N-VA i, per tant, haurien estat discrets, però ho han hagut d'anul·lar. S'ha d'obeir la recomanació de no sortir de casa per no ser detinguts.

Finalment, doncs, improvisa un sopar a l'aparthotel. Hi ha dos amics, Puigdemont, Matamala i els dos mossos que fan el servei d'escorta al president.

La primera sorpresa és que el restaurant on havien d'anar ha volgut convidar-los igualment i els ha fet arribar a través dels escortes un sopar on no hi falta de res: amanides, carpaccios, formatges, torrades amb embotit, *foie*... i un parell d'ampolles de vi.

Finalment, es relaxa. Tot i que torna a confessar que se sent «com un malalt terminal», ja és el Puigdemont de sempre. Fa una classe d'història sobre les relacions entre Catalunya i Flandes, però sobretot sobre la relació entre Espanya i Bèlgica, de mal record, i, en un moment determinat, explica anècdotes de quan era jove, com la primera vegada que el va aturar un agent de la Guàrdia Civil.

—Jo era molt jovenet, i venia de Les Planes de comprar petroli per a la calefacció. Em va aturar la Guàrdia Civil i em va obligar a parlar en castellà «por respeto». I jo els deia: «Si en comptes de parar-me a mi haguéssiu aturat la meva àvia, ¿què faríeu? ¿No li parlaríeu català? Doncs això és el que heu de fer amb mi! Per educació i per respecte».

Al cap d'una estona de discutir amb ells i intentar fer-los veure que havien de respectar el seu dret a parlar català i que eren ells els qui se li havien d'adreçar en la seva llengua, els dos agents, marejats, el van deixar marxar amb dues multes. «Esto no te habría pasado si nos hubieras hablado en castellano.»

Un dels amics s'hi afegeix explicant el que li va passar quan treballava de guarda forestal i va voler multar uns guàrdies civils que havien fet foc al bosc en un dinar familiar.

—«Hombre, es que nosotros somos guardias civiles y no nos puedes multar» —em van etzibar.

—I tu, ¿què els vas dir? —pregunta Puigdemont.

—Collons, doncs que era justament per això, perquè eren guàrdies civils, que els multava.

Una nova foto de grup immortalitzarà la nit.

Just abans de fer el cafè, un dels mossos apareix amb un regal per a Puigdemont: una capsa de bombons. Avui és sant Carles i els escortes, que saben que és llaminer, han volgut tenir un detall amb ell.

Diumenge, 5 de novembre

Ni manilles, ni furgonetes, ni periodistes, ni res. A les nou i disset minuts el president i els quatre consellers refugiats a Brussel·les han entrat a peu a la comissaria del 202 de la rue Royale.

Això és el que el seu advocat havia previst anit i això és el que ha passat. Puigdemont i els consellers han sortit de Lovaina a dos quarts de nou del matí i, al cap de tres quarts d'hora i després de perdre's en un parell de carrers que el navegador del cotxe no assenyalava prou bé, s'han reunit amb els seus advocats a la plaça que hi ha just al costat de la comissaria.

No hi ha cap fotògraf. L'ordre de detenció, ahir, no va transcendir, i els pocs fotògrafs que fa dies que munten guàrdia per captar aquesta imatge, a aquesta hora, un diumenge al matí, encara no han arribat. Només han vist un fotògraf voltant per la zona, però afortunadament és a l'altre costat de la plaça i no els ha vist. Les dues furgonetes amb què s'ha desplaçat el grup han fet una volta per esquivar-lo.

Puigdemont és l'últim de baixar del cotxe. Tots els consellers ja són al carrer, a punt d'entrar a la comissaria, però ell ha demanat que el deixin un minut a dins del vehicle per fer una trucada: és l'aniversari de la Maria i li vol trucar per felicitar-la.

«El pare és fora de casa perquè té feina, però ens veurem aviat.»

Els consellers i el president entren a la comissaria enmig d'un silenci sepulcral; és el mateix silenci que pesarà com una llosa sobre els acompanyants mentre ens passem el dia voltant per Brussel·les a l'espera de la resolució del jutge, que no arribarà fins pràcticament quinze hores més tard, prop de la mitjanit i després de tasses i tasses de cafè intentant matar el temps i enganyar el neguit.

Passada la mitjanit, ja a Lovaina, el president, alleujat, explica com ha anat tot.

«Ha anat molt bé —diu—. Quan hem entrat ja hem vist que la cosa aniria bé, perquè ens han tractat d'una manera exquisida. El primer que ens ha dit el policia que ens ha rebut ha estat: "Hem de procedir formalment a complir l'euroordre i hem de fer alguns tràmits, però no es preocupin, vostès no han vingut aquí per ser humiliats".»

En tot moment el tracte ha estat molt amable.

El president i els consellers han estat conversant molta estona amb els policies.

La policia belga fins i tot ha fet una maniobra de distracció per protegir-los de les càmeres. Un cop fitxats i complerta l'euroordre de detenció, els havien de traslladar al jutjat, però hi havia desenes de periodistes a la porta.

«Aleshores han fet sortir una furgoneta blanca, i és la que han filmat els periodistes, pensant-se que nosaltres érem a dins. Però nosaltres anàvem amb cotxes cedits per la policia local. A l'hora de sortir, han fet coincidir un munt de policies i de cotxes, i així no hi havia manera de saber on érem.»

Un cop davant del jutge, la percepció ha continuat sent molt positiva. Es tracta d'un jutge neerlandès. A la sala (el jutge els interroga d'un en un en un despatx, i no en una sala de vistes), en alguns moments la conversa és amable i directa.

—¿Vostè està d'acord amb aquesta euroordre de detenció? —li pregunta el jutge.

—No.

—¿Està d'acord que el deixem en llibertat amb algunes condicions?

—Sí

—I, si li demanés una fiança, ¿quina creu que li hauríem de posar?

—Cinc mil euros —diu Puigdemont, que tot seguit afegeix l'argumentació que li ha aconsellat el seu advocat—: Amb tot, senyoria, jo consideraria que posar-me una fiança seria molt perjudicial i injust per a mi, perquè vull ser candidat a les properes eleccions, i, com que abans no reculli els diners de la fiança i pugui sortir hauran passat un parell de dies, es podria dir que he estat detingut. Per a mi i per a la meva carrera política seria una mesura molt perjudicial.

De fet, el fiscal no ha demanat ni presó ni fiança. El jutge li ha fet la pregunta, li explicarà després el seu advocat, gairebé per inèrcia, perquè, segons sembla, la fan habitualment.

Les explicacions de Puigdemont (les mateixes que faran també els consellers quan els facin la mateixa pregunta) faran el seu efecte: el jutge els deixarà sortir a tots amb unes condicions ben laxes: enviar un correu electrònic cada dia abans de les nou del matí dient on són i què faran durant la jornada, indicar un domicili on se'ls pugui localitzar i comprometre's a presentar-s'hi quan se'ls cridi en un futur per al judici.

—Li he demanat que cada dia abans de les nou del matí em digui on és i què farà —li aclareix el jutge—, però no cal que em digui què hi va a fer. Vull dir que si té previst anar a Brussel·les, o a qualsevol altre lloc, em digui simplement això. Però no m'ha pas de dir què hi va a fer.

Però el més sorprenent de tot és la pregunta que li fa en acabar:

—¿Què li ha semblat el tracte que li hem ofert?

—Molt correcte.

És una pregunta habitual en moltes vistes, segons li ha explicat Bekaert:

—Et detenen discretament, t'interroguen amablement, i en acabat et pregunten com ha estat el tracte. Francament, no hi estem acostumats —diu—. És al·lucinant, la diferència de com m'han tractat a mi i als consellers que som aquí, i com estan tractant els que són a Madrid. Una vergonya.

—Però aquí no es decideix si et jutgen o no; aquí es decideix si t'extradeixen, ¿no?

—Sí. Si ells decideixen no donar compliment a l'euroordre i no extradir-me, no seré jutjat. Això sí, m'hauré de quedar aquí. Per a tota la vida, potser. No podré sortir...

—¿Enlloc?

—Enlloc on sigui vigent l'euroordre.

A la sortida s'ha abraçat amb tots els consellers. Ara estan més relaxats, però durant el dia, mentre entraven d'un en un a parlar amb el jutge, han patit primer molts nervis i després no tant. La primera d'entrar ha estat Meritxell Serret, després Lluís Puig, després Clara Ponsatí, després Toni Comín i, finalment, el president Puigdemont. No han estat incomunicats en cap moment i han pogut comentar la jugada al llarg del dia en diverses ocasions. Quan s'ha sabut que el fiscal no demanava ni presó ni fiança per a Serret, la resta ja ha pogut declarar davant del jutge més tranquil·lament.

«Si el fiscal no demana ni presó ni fiança, seria molt estrany que ara ho fes el jutge», ens havia dit l'advocat abans d'entrar.

Això no treu, però, que tot plegat se'ls hagi fet molt llarg. Han dinat en una sala on els han dut un càtering i s'han estat moltes hores conversant amb els agents de policia que els custodiaven. Com és lògic, han acabat parlant de la situació política a Catalunya.

«Han escoltat molt atentament les explicacions que els hem donat sobre Catalunya i han pogut veure com coincidíem en alguns punts i discrepàvem en d'altres. Hem parlat del franquisme i del que passa ara... El conseller Comín els ha explicat que el seu pare va estar a la presó, i la consellera Ponsatí, que ella mateixa va formar part de la resistència comunista. També els hem explicat que estem vivint una situació molt semblant a la d'aleshores. Eren policies formats, que estaven al cas del que passa a Catalunya i de la nostra situació particular.»

Parlant de la seva estratègia de defensa, el president m'explica que es basaran en l'argument que és un atac als drets humans i que aquesta euroordre espanyola en realitat és una falsedat, perquè els fets que s'hi relaten no són certs.

«El que s'hi diu és una fantasia, una vergonya. Intenten enganyar la justícia belga relatant uns fets que no són», diu.

Dilluns, 6 de novembre

El president torna a estar en forma. Avui la periodista Mònica Terribas fa una entrevista a tot el govern a l'exili. S'enregistra aquesta tarda, però s'emetrà demà com si fos en directe.

Puigdemont ja pensa en les eleccions del 21-D com a candidat. Si aquests últims dies havia entrat en un sot, ara ja n'ha sortit.

Durant l'entrevista el president es mostra totalment partidari de fer una llista electoral conjunta el dia 21-D.

—Ens cal una refundació de l'esperit de l'Assemblea de Catalunya; aleshores deien «llibertat, amnistia, Estatut d'autonomia»; ara podem dir alguna altra cosa, però que connecti amb aquest sentiment que té molta gent a Catalunya... A mi, és el que m'agradaria que passés.

Quan Terribas li pregunta si està disposat a encapçalar aquesta candidatura, deixa anar:

—És que no tenim cap més alternativa que anar tots plegats, sincerament.

Conscient que molta gent pot veure el govern partit, perquè els uns són a Brussel·les i els altres detinguts a Madrid, explica el perquè:

—El cap de setmana, després de la declaració d'independència, ens va semblar que alguns havíem de marxar per garantir la legitimitat i la continuïtat de l'acció política d'un govern que continua sent un govern legítim i per intentar internacionalitzar al màxim el que és una causa cada vegada més clara de drets humans i democràcia. I per fer-ho, o teníem un altaveu internacional, o era molt difícil.

El president, molt dur contra el govern espanyol, parla de «la violència policial i econòmica de l'Estat» i critica obertament la inacció d'Europa. No s'està tampoc de carregar amb contundència contra Enric Millo, el delegat del govern a Catalunya:

—El senyor Millo representa un partit que és una autèntica minoria a Catalunya, i es creu amb dret de parlar de les nostres institucions. ¿Però qui s'ha cregut que és, aquest senyor? Aquest senyor, quan es presenta a les eleccions, perd, i perd clamorosament. ¿Amb quina autoritat gosa aquest senyor parlar en nom de les institucions catalanes? ¿Amb quina? No en té cap!

Demà, quan s'emeti l'entrevista, aquestes paraules sobre Millo provocaran la resposta immediata del delegat del govern espanyol a

Catalunya, que li envia un whatsapp demanant-li «modèstia, seny i tranquil·litat». «No t'havia vist mai tan exaltat», li diu Millo, que li recorda que ell tampoc no va ser mai candidat a les eleccions com a presidenciable.

—Que digui el que vulgui, en Millo. Ell sap el mal que ha fet, i no es mereix que perdi ni un minut llegint la seva resposta —diu Puigdemont després de referir-s'hi amb uns quants adjectius irreproduïbles.

Dimarts, 7 de novembre

Aquest migdia torna a demostrar que està en plena forma, quan assisteix a l'acte de suport que s'ha organitzat al Centre Bozar de la capital belga i que ha aplegat més de dos-cents alcaldes catalans que l'han rebut amb crits de «president, president!» i «llibertat!».

En el seu discurs s'ha dirigit directament al president de la comissió europea, Jean-Claude Juncker, i al de l'Eurocambra, Antonio Tajani, per preguntar-los si acceptaran els resultats de les eleccions del 21 de desembre a Catalunya o si, per contra, continuaran «ajudant» el president Rajoy en el seu «cop d'estat» a Catalunya. «Catalunya és l'únic territori a Europa que pateix l'anomalia democràtica de no tenir el seu govern ni el seu parlament escollits», diu Puigdemont en una intervenció dirigida teòricament als alcaldes, però que apunta directament als dirigents europeus.

«L'únic camí que hi ha per esdevenir una república independent és la democràcia», diu en un altre moment. «A l'Estat espanyol la repressió li serveix per imposar la seva força, però mai ens convenceran. Hem de vèncer tots plegats aquest cop d'estat del 155», sentencia entre els aplaudiments dels alcaldes.

Ha estat un discurs molt dur amb Europa que l'ha col·locat com a protagonista indiscutible de l'actualitat política no només a Catalunya i a Bèlgica, sinó també a bona part del continent i del món.

Rep cada dia centenars de peticions d'entrevistes de mitjans de primer nivell d'arreu del món. Ara que ja sap que ha guanyat un temps de seguretat jurídica a Bèlgica (fins al dia 17 no ha de tornar al jutjat), pot començar, per fi, a administrar les peticions.

«Ja podem desencallar les peticions», diu a Sarri.

A partir d'avui concedirà entre una i tres entrevistes al dia.

Divendres, 10 de novembre

Se sent president a l'exili i vol exercir com tal. I se sent també president legítim de Catalunya i vol exercir com a tal. Per això avui ha tornat a sortir a fer declaracions a favor de la llista conjunta.

—He de forçar la llista unitària —diu.

Han vingut a veure'l Artur Mas, Marta Pascal, David Bonvehí i Ferran Bel.

—¿I si no és possible, si ERC no ho vol?

—En aquest cas jo no puc ser el candidat del PDeCAT. O soc candidat de la llista unitària o no he d'anar a les llistes del PDeCAT.

«Ells saben que l'única possibilitat de supervivència del PDeCAT és que jo em presenti com a cap de llista; però també han entès que si jo anés amb les sigles del PDeCAT perdria les eleccions, i això seria nefast per al procés», pensa sense dir-ho.

Ja té clar que, contra el que ha assegurat sempre en públic i en privat, serà candidat a la presidència de la Generalitat.

—Ho he dit sempre, sí, però a mi em sembla que ara és sobretot una manera de defensar la meva posició. ¿Com puc defensar un president que ha estat cessat? Jo crec que la millor manera és tornant-ho a ser. Jo no em sento cessat, i, per tant, els ho he de demostrar sent actiu. Seré cap de cartell encara que després no torni a ser president, però els vull demostrar que estic políticament viu, molt viu.

»Si he optat per l'exili és precisament per això, per poder defensar la meva posició no només com a Carles Puigdemont, sinó també com a president de la Generalitat. En realitat, a mesura que avançava la reunió, m'he adonat que no havien vingut a convence'm que sigui cap de llista. Havien vingut a veure què fem, com encarem aquestes eleccions.

De fet, dies enrere ja va assegurar a Francesc Homs que ell no encapçalaria una llista del PDeCAT de cap de les maneres.

A la reunió, Ferran Bel s'alinea amb Puigdemont.

—Entenc molt bé el que dius. I el que hem de fer ha de ser una cosa nova. O anem a una llista conjunta, o anem a fer una cosa nova.

També es prenen algunes decisions sobre el que ha de passar els propers dies i s'estableix fins i tot un ordre de prioritats: la primera, que hi hagi una llista única, tranversal. Si s'aconsegueix, s'acorda també que el PDeCAT acceptarà que la proporció de candidats i càrrecs, vistes les enquestes que circulen aquests dies, sigui del 60 %-40 % en favor d'ERC. S'acorda fins i tot que aquest percentatge pugui ser encara més desfavorable al PDeCAT si, durant les negociacions amb els republicans, Puigdemont decideix que sigui així.

Si aquesta primera opció no és possible i no hi ha llista única, la formació que encapçalarà llavors en solitari serà la de Junts per Catalunya, i no hi apareixerà la marca PDeCAT. El nom de Junts per Catalunya es posa damunt la taula fins i tot com a proposta de marca per fer de paraigua amb ERC a la llista unitària.

Dilluns, 13 de novembre

El diari belga *Le Soir* publica una entrevista amb ell. «Una solució diferent a la independència de Catalunya és possible. Sempre he estat partidari del diàleg.» L'entrevista li ha fet Jurek Kuczkiewicz, cap de la secció internacional del diari, qui, un temps després, serà el director de comunicació del president del Consell Europeu, Charles Michel.

Dimarts, 14 de novembre

El president s'estarà uns dies a l'hotel Husa President Park de Brussel·les, a l'avinguda Roi Albert II.

La relació de Puigdemont amb l'hotel s'anirà intensificant a mesura que vagin passant els dies. S'hi faran fins i tot rodes de premsa, i també moltes de les reunions posteriors per negociar la formació del nou govern.

Serà tan públic i notori que l'establiment és la seu d'operacions del president que en algun moment, entre la clientela, hi ha també periodistes estrangers i, sospiten, algun agent del CNI. Molts se sorprenen, però, que el president hagi establert la seva base precisament aquí, sabent que el propietari de la cadena HUSA és Joan Gaspart, a qui políticament se situa més aviat com un unionista proper al PP.

—La veritat és que la relació va començar per casualitat, però ha estat molt bona; ens han tractat sempre molt bé i han estat sensibles a la situació —explica Matamala.

—Jo crec que Gaspart s'ha portat bé no pas perquè tingui cap sensibilitat política en relació amb la nostra causa, sinó simplement perquè ha entès les circumstàncies personals que travessem —afegeix Puigdemont.

Tant el president —en el seu cas en una sola ocasió— com Matamala —en unes quantes— han parlat personalment aquests dies amb Joan Gaspart per agrair-li les atencions.

Però la reunió d'avui amb Marta Rovira és al restaurant La Canne en Ville, a la rue de la Réforme, 22, de Brussel·les. L'acompanya Sergi Sol, que continua sent un dels homes de confiança d'Oriol Junqueras. La Canne en Ville és un restaurant de cuina tradicional que, per la cuina i fins i tot per l'estètica, al president Puigdemont li recorda el restaurant Can Marquès de Girona. És un local tranquil.

El president exposa els motius pels quals ha decidit tornar-se a presentar (des que s'ha fet pública la seva decisió, és el primer cop que en parlen) i els proposa directament que el PDeCAT i ERC es presentin conjuntament sota la fórmula de Junts per Catalunya.

—Estaria bé que continuéssim junts per continuar donant vida política a la República, perquè no hi anem com a derrotats sinó plantant cara junts.

Li fa l'efecte que Marta Rovira ho troba prou bé. Si més no, és el que sembla desprendre's de la seva reacció.

—Hem de continuar plantant cara a l'Estat —insisteix Puigdemont—, i ara no rendir-se passa per Brussel·les. Hem d'aconseguir la legitimitat, l'empoderament, per continuar vius i amb dignitat. I fer créixer la República. No ens podem quedar aquí simplement com a refugiats, com una salvació personal —afegeix—; som aquí com a govern legítim i tenim dret a fer política, i si guanyem les eleccions del 21-D, encara més.

«La Rovira va admetre inicialment que era una bona idea —explicarà més endavant—. Però després vaig tenir la sensació que tot eren traves: que què passa amb els drets electorals, que quines conseqüències jurídiques pot tenir, que com garantim la legalitat d'aquesta operació...»

Puigdemont ofereix a Rovira la possibilitat de firmar un contracte privat entre el PDeCAT i ERC en què quedi constància dels drets electorals que corresponen a cadascú, perquè d'aquí se'n deriva no només una part del finançament de la campanya, sinó també la presència als mitjans de comunicació.

«Em va acabar dient que, tot i que no ho veia malament, no ho acabava de veure clar i volia fer unes consultes jurídiques.»

L'endemà, Rovira li torna la resposta per correu electrònic: «Els nostres assessors jurídics ens diuen que no és possible», li diu la secretària general dels republicans. Els terminis per fer coalicions electorals ja s'han esgotat i Puigdemont havia proposat a Rovira resoldre moltes de les qüestions jurídiques amb contractes privats, però la secretària general d'ERC no ho veu clar.

En fa la seva pròpia lectura:

«És evident que a ERC no li interessa anar amb nosaltres. Les enquestes a hores d'ara els donen prop de quaranta diputats al Parlament, i al PDeCAT, només tretze o catorze. Tenen l'oportunitat de guanyar-nos per primer cop i la volen aprofitar. Però no entenen que ara no és moment d'això; ara és moment d'anar junts».

L'endemà de la trobada, amb la negativa d'ERC a fer una llista conjunta, el president es fa una promesa: «Anirem a totes i J×Cat trencarà totes les enquestes; serem la llista més votada. Jo m'hi jugo la vida. Si no quedo per davant d'ERC, i si l'independentisme plegat no suma majoria absoluta, jo dimitiré el 21-D al vespre i explicaré públicament el perquè».

Dimecres, 15 de novembre

Avui i els propers dies als apartaments Boardhousing de Lovaina hi ha una activitat frenètica. El president hi està instal·lat des de fa dies, i aquest dimarts unes quantes persones del seu cercle de confiança s'hi han traslladat per ajudar-lo en la confecció de les llistes. Hi ha Elsa Artadi, Jaume Clotet, Albert Batet i Josep Rius. Des de bon matí que s'han posat a treballar per confeccionar les llistes a les properes eleccions. Tenen poc més de quaranta-vuit hores i han començat de zero, sense compromisos previs.

El president ha parlat amb unes quantes persones perquè li suggereixin noms per a les candidatures. Agustí Colomines n'hi apunta uns quants. La llista comença a ser llarga, però encara els en falten. Volen que la llista inicial sigui molt llarga per després repartir-se les trucades i obtenir un sí o un no dels interessats. Intenten, esclar, anar sobre segur.

Puigdemont és a la seva habitació fent personalment les trucades més compromeses i delicades, les dels primers llocs. La resta, se les reparteixen Artadi, Clotet, Rius i Batet.

Artadi truca des del lavabo, per no interferir en les converses dels altres. Rius està assegut en una cadira de l'escriptori. Clotet s'ha instal·lat en un dels dos llits individuals que hi ha a l'habitació, i Batet, al llit del costat.

El frenesí durarà tres dies seguits. Cada cop que hi ha un sí s'avisen entre ells perquè n'estigui tothom al cas.

En alguns moments sembla una sala de bingo on els assistents van cantant en veu alta «línia!» o «bingo!» en funció de l'emoció que els produeixi que un o altre hagi acceptat formar part de la candidatura.

Cada cop que hi ha un sí, fan saber que ja hi ha un altre candidat «a la casa»: «Campdepadrós és *in the house*!» «Geis és *in the house*!» «Forné és *in the house*!».

A mitjanit del segon dia, gairebé tot està a punt, però han caigut alguns noms i la llista no compleix el criteri de paritat.

—¿Algú coneix una dona que sigui bona candidata per anar entre els deu primers llocs de Girona? —se sent.

—¿I un home per a Lleida?

Al cap de tres dies, totes les candidatures estan tancades; al límit del termini i amb alguna decepció. [redacted]

La majoria dels consultats han considerat «un honor» rebre la trucada i la proposta. De «no» n'hi ha pocs [redacted]

Sigui com vulgui, però, han tancat les llistes.

«A mi m'agrada molt com han quedat. No sé si guanyarem, però tinc la intuïció que hem fet una bona llista i que farem un bon paper, perquè hem complert amb el nostre objectiu de tenir candidats transversals i no de partit. D'això, me'n sento molt satisfet —assegura—. Però pateixo, perquè si no fem un bon resultat hauré de deixar-ho tot, i la meva "protecció" política, però també la personal aquí a Brussel·les s'afebliran molt.»

Dimarts, 5 de desembre

Primer dia de campanya electoral i gir espectacular. El jutge del Tribunal Suprem Pablo Llarena ha decidit retirar les euroordres de detenció dictades contra ell, Toni Comín, Lluís Puig, Meritxell Serret i Clara Ponsatí. Llarena, això sí, manté l'ordre de detenció en territori espanyol.

La notícia l'enxampa just quan acaba de sortir de la reunió que ha mantingut amb una vintena d'eurodiputats. Són membres de la plataforma Diàleg UE-Catalunya, presidida per l'exministre eslovè d'Afers Exteriors, Ivo Vajgl. La plataforma agrupa eurodiputats de més de quinze països i de sis grups polítics diferents al Parlament Europeu i ha nascut anunciant que treballa per a un acord negociat entre Catalunya i l'Estat espanyol que conclogui amb un referèndum pactat.

Ha estat una sorpresa. No s'ho esperava.

«S'han retirat abans de perdre», conclou.

La justícia belga havia anunciat que es pronunciaria sobre l'euroordre de detenció el proper 14 de desembre. Ara ja no caldrà.

Dijous, 7 de desembre

Ha estat espectacular. Més de quaranta-cinc mil catalans s'han manifestat avui a Brussel·les. S'han desbordat totes les previsions. Ha estat la manifestació convocada per no belgues més gran de la història de la capital comunitària.

No ha parat en tot el dia. S'ha fet milers de fotografies. Ha parlat amb centenars de persones. Està més que agraït. «La gent no es rendeix. En un dia fred, ventós, després d'haver recorregut més de mil quilòmetres, hi ha milers i milers de persones. És una imatge de cara al món.»

En la seva intervenció, s'ha dirigit directament a Jean-Claude Juncker, president de la Comissió Europea, i li ha demanat que li pregunti a Mariano Rajoy com és que els catalans es mobilitzen d'aquesta manera. «Potser és que som demòcrates, no criminals», ha deixat anar.

Ha agraït públicament els esforços dels ciutadans: «El vostre crit se sent dins de cadascun de nosaltres, i això ens va molt bé. Us ho vull agrair enormement».

S'emociona en veure tanta gent. I tants coneguts i desconeguts que se li apropen per felicitar-lo i donar-li ànims. «Això és com benzina; he omplert el dipòsit avui. Si mai Rajoy ha dit a algun mandatari europeu que això ja s'havia acabat, només de veure aquestes imatges ja hauran vist que no té raó.»

Dimarts, 12 de desembre

Puigdemont promet que tornarà a Palau si guanya les eleccions.

En una roda de premsa per videoconferència des de Brussel·les organitzada per l'Agència Catalana de Notícies, el president ha dit que tornarà a Catalunya i prendrà possessió del càrrec si guanya les eleccions i és proposat com a candidat a la Generalitat. No aclareix com, però diu textualment: «Si el govern espanyol respecta el resultat, tornarem. Si la voluntat del poble de Catalunya és que sigui investit president de la Generalitat, he de ser a Palau», diu textualment. «Si estem en una democràcia, han de pesar més els vots que les manilles.»

No té previst tornar a Catalunya si no és com a president ja investit. No li ha passat pel cap en cap moment tornar si no és d'aquesta manera. Continua pensant que des de l'exili pot ser molt útil, i que no ha de córrer el risc d'entrar a presó, que és el que passaria si tornés abans de ser investit. «Un cop reelegit president, la detenció cobraria una altra dimensió.»

Fa aquestes declaracions després que en plena campanya s'hagin sentit declaracions contradictòries, en alguns casos per part d'ERC, que posen en dubte que pugui tornar a ser president. Ja fa uns quants dies que circula un informe en què s'assegura que jurídicament la investidura de Puigdemont serà insostenible. Els republicans fins i tot han dit obertament que les alternatives passarien per Oriol Junqueras o, més probablement, Marta Rovira.

«Això és mentida. L'informe jurídic que tenim diu que legalment jo podria ser president, si es fa una lectura determinada del reglament que ho interpreta així. L'informe, que ERC coneix, diu que hi ha possibilitats que ho sigui, i també que en el cas de Junqueras és impossible. El que passa és que ERC ara busca el vot útil davant de l'Arrimadas i mira de tibar vots que van cap a nosaltres.

»No s'hi val, que ara parlin de guanyar a l'Arrimadas i d'impedir que C's sigui la força més votada. Quan ens vam reunir, li vaig dir que era molt important que els independentistes anéssim junts per evitar això, que C's fos la llista més votada. ¿I saps què em va dir? Que això tenia una importància relativa; que l'important era que els independentistes suméssim. I ara en fan el principal argument de la campanya.»

Dissabte, 16 de desembre

Li arriba un nou informe de Gonzalo Boye. Els dos primers la van encertar punt per punt. Tot el que es deia a l'informe «Domino1» del 29 d'octubre es va complir al cap de pocs dies. El que pronosticava «Efecto Domino», el segon informe, de l'1 de novembre, es va complir també al cap de tres dies. Avui Boye n'envia un tercer i Puigdemont dona per fet que els pronòstics de l'advocat també es compliran una altra vegada.

L'informe fa algunes advertències:

> La retirada de la OEDE no ha sido más que una maniobra táctica gestada por el pánico que les entró a partir de conocer, a través del fiscal belga, el posible desenlace de la reclamación en Bélgica; la versión oficial es que fue para evitar que solo fuesen entregados por el delito de malversación la realidad apunta a que no podían permitirse que el Juez se pronunciase sobre el 155. Sea cual sea la razón de fondo, lo cierto es que ha sido una victoria, pero, al mismo tiempo, ha de tomarse como una oportunidad por lo que se expondrá posteriormente.
>
> [...]
>
> ¿Por qué es importante dar esta batalla en el Supremo?
>
> Básicamente porque necesitamos poner de manifiesto sus contradicciones de cara a la próxima OEDE que, sin duda, tendrá que cursar en breve. Debemos acreditar que en el TS existen tantas vulneraciones como las que existían en la Audiencia Nacional.

[...]

Deberemos incorporar algunos informes jurídicos de terceros (centros de estudios, ONG, etc.) sobre la situación de precariedad democrática en España y de falta de garantías de debido proceso; en este tema ya estamos trabajando desde aquí para su utilización no solo en caso de OEDE, sino, también, para otras iniciativas legales.

[...]

TEDH: como hemos dicho antes, esa vía nos la abrirá el propio Llarena cuando nos deniegue los recursos que hemos planteado a partir de ayer; aquí iremos por la vulneración del Derecho de Defensa y del Proceso con las Debidas Garantías. En el TEDH los procedimientos son lentos pero, por ahora, lo que nos interesa es llegar y conseguir admisión a trámite, que es motivo bastante para utilizarlo en diversos escenarios, incluido el propio del Tribunal Supremo.

Cuando se presente la nueva OEDE tendremos otras vías, igualmente ante el TJUE, para plantear diversos temas y uno que creemos puede ser muy bueno, que se resumiría en: ¿Cómo afecta a la libertad de circulación la presentación, retirada y vuelta a presentar de una OEDE? Y otro en el sentido ¿Pueden ser unos mismos hechos delito en una parte de la UE y no en otra sin que ello afecte a la libertad de circulación?

Té un munt de pàgines, l'informe. I analitza al detall totes i cadascuna de les possibilitats que poden sorgir a partir d'ara. El mateix Boye en l'informe fa un resum del més important:

[...]

Resumen:

Con independencia del escenario electoral, sobre el cual no podemos entrar como abogados, de lo que se trata es de provocar los próximos pasos de España en el ámbito de lo legal, y específicamente en cuanto a la presentación de una nueva OEDE, para, de esa forma, buscar una respuesta judicial fuera del marco jurisdiccional

Español y, además, abrirnos las puertas a los distintos órganos jurisdiccionales de ámbito supranacional.

La provocación ha de gestarse tanto a nivel de discurso como de actuaciones jurídicas, para no solo conseguir el objetivo, sino, al mismo tiempo, generar el relato adecuado.

Las iniciativas que se están poniendo en marcha, al igual que sucedía antes, afectan al conjunto del procedimiento penal y, por tanto, benefician a todos los investigados, no solo a ustedes.

La gran ventaja que tenemos en vuestra defensa es que no nos vemos condicionados por las circunstancias personales (declaraciones judiciales —que no han sido buenas, si bien comprensibles—, prisión, libertad provisional, etc.), con lo que muchas de las cosas que se plantean y estamos haciendo no las pueden hacer el resto de defensas.

Dijous, 21 de desembre

Està eufòric. No només perquè les forces independentistes tornen a tenir majoria al Parlament, sinó perquè, a més a més, J×Cat ha tret dos diputats més (34) que ERC (32).

La força més votada ha estat Ciutadans: Inés Arrimadas ha obtingut 36 escons. Així doncs, el Parlament ha quedat així: 36 Cs; 34 J×Cat; 32 ERC; 17 el PSC; 8 Catalunya En Comú; 4 la CUP, i 4 el PP.

«Aquests últims dies els *trackings* electorals ja ens deien que anàvem guanyant ERC per vint mil vots, però jo no m'ho acabava de creure.»

S'abraça i se saluda amb tothom. Són en una sala del Congrespaleis NV de Brussel·les, a la rue Ravenstein. Han llogat dues sales. Una per als candidats i membres de J×Cat, i una altra, al costat, per als d'ERC.

«Amb la situació en què estem, de la manera com hem hagut de fer campanya, això és un èxit! És espectacular —repeteix cada cop